국조시산

國朝詩刪

국조시산

國朝詩刪

허경진 · 구지현 옮김

보고사
BOGOSA

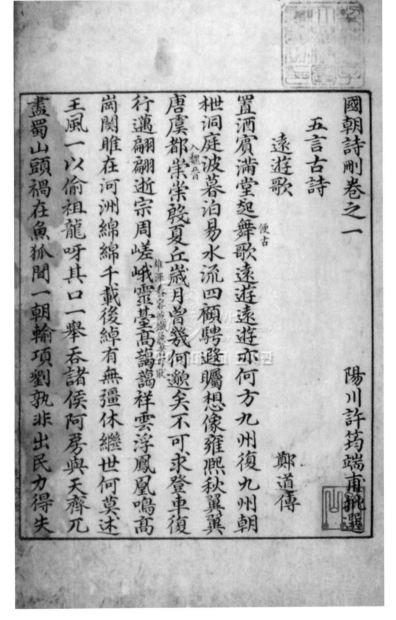

『국조시산』 권1 첫 장
'교산(蛟山)'이라는 인장이 찍혀 있어 허균 수택본임을 알 수 있다.

머리말

　교산 허균이 1607년에 편찬한『국조시산(國朝詩删)』은 이름 그대로, 조선시대의 시 가운데 대표 작품들을 골라내고 비평한 선집이다. 허균의 제자인 택당(澤堂) 이식(李植)이 "허균이『수호전』을 모방하여『홍길동전』을 지었다"고 증언했지만, 우리나라 최초의 소설로 인정받은『홍길동전』은 여러 세대를 거치면서 줄거리와 표기법이 바뀌었기에 원형을 확인할 수 없어 아쉽다. 그에 비하면『국조시산』은 허균이 당대의 명필들에게 필사하게 하고 자신의 도장을 찍은 수택본이 남아 있어, 허균전집 가운데 가장 확실한 모습을 보여준다.

　'산(删)'은 '덜어낸다'는 뜻이니, 조선 전기에 편집된 시선집들을 검토하여 자신의 기준에 맞지 않은 작품들을 덜어냈다는 뜻이다.『국조시산』이전에 편찬된 시선집들은 대개 왕명으로 국가 차원에서 편집되었는데, 허균은 그러한 위치에 있지 않으면서도『국조시산』이라는 커다란 이름으로 편찬하였다. 이 책이 나오기까지 두 차례 중국 문인들이 그를 자극하였다.

　정유재란에 참전했던 명나라 종군문인 오명제(吳明濟)가 허균과 허성 형제의 집에 머물며 편찬한『조선시선』은 대부분 허균이 수집해주었고, 후서(後序)까지 지어 공동편집임을 밝혔다. 그렇지만 시간과 자료가 부족한 전쟁 중인데다가 오명제와 허균의 선정 관점이 달라서 만족스럽지 못했기에, 10년이 채 되기 전에『국조시산』을 엮었다. 그러기에 실린 작품들의 성격도 상당히 다르다.

　1606년에 만난 명나라 사신 주지번(朱之蕃)이 우리나라의 대표적인 시를 뽑아 달라고 부탁하자, 허균은 신라시대 최치원(崔致遠) 이하 1백 24명의 시 8백 30편을 써서 4권으로 만들고 전달하였다. 이 가운데 신라와 고려 시대 시인을 빼고 조선시대 시인을 추가로 선발하여 비평을 덧붙이고『국조시산』을 마무리하는 작업이 일 년쯤 더 걸린 듯하다.

　허균의 미덕은 이 책의 부록에서 돋보인다. 작은형 허봉(許篈)과 누이 허난설헌(許蘭雪軒)의 시는 이미 오명제와 주지번에게 극찬을 받았고, 상사 주지번과 부사 양유년이『난설헌집』과『허문세고(許門世稿)』에 서문을 써 중국에까지 그 진가를 알렸지만, 허균은 문중의 시를 자신이 직접 고르지 않고 당대 최고의 시인인 석주(石洲) 권필(權韠)에게 선산(選刪)과 비평을 부탁하였다. 권필이 송강(松江) 정철(鄭澈)의 제자이자 서인(西人)이라는 점을 감안한다면,『국조시산』을 얼마나 객관적으로 편찬하여 후대에 남기려고 애썼는지 짐작할 수 있다.

　조선 초중기의 대표적인 시인 187인의 시 844제 953수를 시 형식별로 정리한『조선시선』은 그가 억울하게 역적으로 몰려 죽었다는 정치적인 제약점이 있음에도 불구하고 박태순(朴泰淳)이 목판본으로 간행하여 많은 문인들에게 읽혔고, 영인본으로도 간행되어 학자들이 연구자료로 활용하였다.

　그러나 박철상 선생이 허균 수택본『국조시산』을 발견하여 그 가치를 공개한 뒤에 임미정 박사의 학위논문『국조시산 연구』에서 이화여대 중앙도서관 소장본인 필사본『국조시산』이 허균 수택본이며, 목판본은 글자도 일부 달라지고 책의 편집순서도 다른 후대 가필본임을 밝혀 이화여대 도서관 소장본이 원본 형태임을 입증하였다.

　허균은 사자관(寫字官)인 이해룡(李海龍), 송효남(宋孝男), 이희철(李希哲), 신여탁(申汝擢), 이경량(李景良), 이유생(李裕生)에게 한두 권씩 필사를 부탁하여 그들의 서명(署名)을 남겼는데, 이 필사본 첫 장의 권수제 바로 아래에 "양천 허균 단보 비선(陽川許筠端甫批選)"이라 하여 허균이 시를 뽑고 시에 대한 비평까지 붙였음을 보여준다. 편자명 위에 "교산(蛟山)"이라는 인장이 찍혀 있어, 허균이 소장했던 책이라는 사실도 확인케 한다. 허균전집에서는 이화여대 중앙도서관의 허락을 받아 이 필사본을 번역하고, 낙질인 제4책(권10, 부록)은 같은 필사본 계열인 동국대 도서관 소장본을 저본으로 하여 번역하였다.

이 번역은 원래 『국조시산』을 가장 오래 읽고 검토했던 임미정 박사에게 부탁하였지만, 발주처에서 원하는 짧은 기간에 번역할 수 없었기에 내가 구지현 교수와 공동 번역하게 되었다. 마침 '한국의 한시' 번역을 몇십 권 해 놓았기에 이미 번역된 대부분의 시는 수정 절차를 거쳐 편집하였다. 구지현 교수가 나머지 시를 번역하고 전체적인 비어 평어들을 입력 번역하였다. 목판본에는 비(批)와 평(評)이 구분되었지만, 필사본의 체제에 따라 통틀어 번역하였다. 글자 크기도 원전 그대로 본문과 비평 부분을 구분하여 편집하였다.

박사논문을 대폭 수정하여 해제를 새로 써준 제자 임미정 박사, 귀중본의 이미지 사용을 허락해준 이화여대 중앙도서관과 허균전집 번역을 믿고 맡겨주신 양천허씨 강릉종중 여러분들께 감사드린다. 이 책의 부족한 점이 젊은 연구자들에 의해 보완되기를 기대한다.

2022년 12월 12일
번역자를 대표하여 허경진

차례

국조시산國朝詩刪 권2 칠언고시

국조시산國朝詩刪 권3 잡체시

국조시산國朝詩刪 권4 오언율시

국조시산國朝詩刪 권5 오언율시·오언배율

국조시산國朝詩刪 권6 칠언율시

국조시산國朝詩刪 권7 칠언율시 · 칠언배율

임진왜란에 나는 천만 뜻밖의 화를 당하고 탄핵을 받아 길주에 유배되었다. 길주의 노인인 첨지 박사호가 때때로 찾아와 만났는데, 하루는 어렸을 때 얘기를 하다가 모재 김안국 선생을 따라 여흥 시골집에 가서 동문인 훈도 김기에게 배우고 또 선생의 시문을 많이 외웠다고 하였다. 아! 나도 어렸을 때 김훈도를 따르며 잠깐 모재선생의 풍모를 듣고 분발했었다. 그때 선생은 이미 조정에 나갔다가 돌아가셨다. 비록 얼굴을 뵙고 말씀을 받들지는 못했지만 실제로 친히 모셨던 것과 다름이 없었다. 어찌 난리 끝에 외딴 변방에서 동문의 제자를 만날 줄 알았으랴. 살고 죽음을 느껍게 생각했기에 이것을 써서 드린다 壬辰之亂 余罹千萬不測之禍 及被譴來配吉州 州老朴僉知士豪時來相見 一日自言 少時 往從慕齋先生 之驪興村舍 仍受學於同門金訓導器氏 且誦先生之詩與文甚悉 噫 余又少從金訓導 竊聞先生之風而興起焉者 其時先生已入朝以歿 雖未及面承緒論 而實與親炙者無異也 豈自意干戈亂離之餘 得見同門之侯芭於絶塞之外哉 感念存歿 聊書此以贈 ································ 418

국조시산國朝詩刪 권9 칠언절구

국조시산國朝詩刪 **권10** 칠언절구

국조시산國朝詩刪 부록 허문세고許門世藁

허균이 가려뽑은 조선 초중기 한국 한시[1]
『국조시산』

1. 개요

『국조시산(國朝詩刪)』은 허균(許筠, 1569~1618)이 1607년에 편찬한 조선시선집(朝鮮詩選集)이다. 이 시선집은 정도전(鄭道傳, 1342~1398)부터 시작하여, 시선집 편찬 당시 생존하고 있었던 권필(權韠, 1569~1612)과 양경우(梁慶遇, 1568~1638)의 시까지 선발하였고, 허균이 수록 시에 비어(批語)를 붙여서 비평까지 겸하였다. 허봉(許篈, 1551~1588)과 허난설헌(許蘭雪軒, 1563~1589)을 포함한 허씨(許氏) 일가의 시는 부록으로 편집된 특징이 있다. 『국조시산』은 조선 초중기 문인 187인의 시 844제 953수를 시 형식별로 정리하여, 조선 초중기 한시의 성과를 압축적으로 정리한 대표적인 조선시선집이다.

2. 편찬 배경

『국조시산』 이전의 조선시선집은 대개가 중국에서 조선의 한시를 보고자 하는 요청에 응하여 제작되었다. 왕명에 의해 시선집 편찬이 기획되고, 홍문관에서 대제학을 중심으로 하는 찬집관이 구성되면서

---

1   본 해제는 임미정(2017), 『국조시산 연구』(보고사)를 토대로 발췌, 요약, 재정리한 것임을 밝혀둔다.

국가 사업의 일환으로 조선의 대표적인 작가와 시가 뽑혔던 것이다. 그러나 『국조시산』은 허균이라는 한 개인 편찬자에 의해 기획·편찬된 사찬 시선집이다.

『국조시산』의 편찬 배경에는 허균의 개인적 경험들이 복합적으로 작용했던 것으로 판단된다.

먼저, 허균은 중국 문인과 접촉하게 되면서 중국 측의 조선 한시에 대한 관심과 수요를 직접적으로 확인한 바가 있다. 1597년 정유재란을 기점으로 명의 장수들이 조선에 왔었는데, 이때 허균은 중국인 오명제를 만나서 역대 한국 시인의 시를 정리해서 건넸다. 1602년 중국 사신이 20년 만에 조선을 방문했을 때나 다음 사신 행차인 1606년에도 허균은 중국 사신을 응대하는 접반사의 종사관으로 활동하였다. 허균이 만났던 오명제와 주지번 등은 허균에게 조선시선집을 직간접적으로 부탁했고, 허균은 중국 측의 조선 문단에 대한 관심에 응하고자 곧바로 조선시선집을 제작하였다.

다음으로는, 허균이 자신의 가문을 드러내고, 조선 문단의 수준을 중국에 알리고자 한 목적이다. 허균은 중국 문인과 접촉하는 과정에서 그들이 동시대 조선 문단에 대해 호기심 이상의 관심을 보이고, 조선의 시에 대해 긍정적인 평가를 한 것을 경험하였다. 허균은 『국조시산』 편찬을 통해 조선 문인의 수준을 중국에 정확하게 알릴 수 있었다. 여기에 더하여 『국조시산』 부록에 배치된 「허문세고」는 이미 오명제를 통해 중국에 이름이 알려진 허난설헌을 비롯한 허씨 가문의 문학적 성취를 별도로 부각시키기에 적합한 방식이었다.

허균은 이미 『학산초담』 저술을 통해 한시 비평의 수준을 일찍이 보여주었고, 또 10여 종의 중국시선집 제작을 통해 한시의 형식과 시대를 막론하는 높은 안목을 과시한 바가 있다. 이 과정에서 이반룡(李攀

龍)의『고금시산(古今詩刪)』을 재편하는 방식으로 중국시선집을 여러 번 제작하였고, 조선시선집 제작의 전범을 상정하기도 하였다. 허균은 중국 문인과의 만남, 그리고 가문 내에서의 한시 학습과 단계적인 한시 비평 능력의 배양을 통해 조선 한시를 선발할 수 있는 안목과 역량, 경험까지 두루 갖추었던 문인이었다. 이러한 배경에서『국조시산』은 1607년 허균에 의해 편찬되었다.

3. 이본(異本) 현황

허균이 1607년에 편집을 완료한『국조시산』은 오랜 기간 필사본으로만 전승되다가, 1695년 박태순(朴泰淳, 1653~1704)에 의해 목판으로 간행되었다. 현존하는『국조시산』의 이본들은 다양한 모습의 필사본과 한 차례 간행된 목판본이 다수 확인된다. 이중 필사본은 원본 계열과 목판본을 베낀 목판본 계열로 나뉜다.『국조시산』의 목판본은 목판본 간행자인 박태순의 재편집본이기 때문에 허균이 편찬한『국조시산』의 모습과는 거리가 있다. 지금까지의『국조시산』에 대한 연구와 번역은 대부분 목판본을 대상으로 하였지만, 문헌 연구가 축적되면서 허균이 의도했던『국조시산』의 본 모습을 원본 계열 필사본들을 통해 재구할 수 있게 되었다. 본 번역본도 목판본이 아닌 원본 계열을 통해 시도하는 첫 번째 결과물이다.

현존『국조시산』의 필사본 중에서 연구 대상 자료로 가장 중요한 자료는 이화여자대학교 중앙도서관에 소장된『국조시산』 3책본(청구기호 811.1085허 17a, 이하 이대본으로 칭함)이다. 이 책은 허균과 같은 시대의 사자관(寫字官)인 이해룡(李海龍), 송효남(宋孝男), 이희철(李希哲), 신여탁(申汝擢), 이경량(李景良), 이유생(李裕生)이 한두 권씩 맡아서 필사하고 서명(署名)을 남긴 귀중본이다. 더불어 첫 장의 권수제 바로 아래에 "양천허균단보비선(陽川許筠端甫批選)"이라 하여 허균이 시를 뽑고 시에 대한 비평까지 가했음을 보여준다. 또 편자명 위에는 "교산(蛟山)" 이라는 인장(印章)이 찍혀있는데, 이 책이 허균 생전에 만들어졌고, 또 허균이 소장했던 책이라는 사실을 확인케 한다.

이대본은 모두 9권 3책이며 제1책은 권1~3, 제2책은 권4~6, 3책은 권7~9로 되어 있다. 권1은 오언고시인 정도전의 「원유가(遠遊歌)」, 「오호도조전횡(嗚呼島弔田橫)」, 권근의 「효소주사이사인안주서견방(效蘇州謝李舍人安注書見訪)」의 순서로 이어진다. 이대본의 편차를 자세히 살펴보면, 권1 오언고시, 권2 칠언고시, 권3 잡체시, 권4 오언율시, 권5 오언율시와 오언배율, 권6 칠언율시, 권7 칠언율시와 칠언배율, 권8 오언절구와 육언절구, 권9 칠언절구로 되어있다. 모두 9권이 전하는데, 이대본의 권9 칠언절구는 신잠(申潛, 1491~1554)의 시로 끝난다. 목판본을 비롯한 다른 완질본에는 신잠(申潛)의 시에 이어 시 수백 수와 부록 「허문세고」가 이어져 있기 때문에 마지막권인 제10권이 빠진 결본임을 알 수 있다.

이대본은 현존하는 모든 이본 중에서 성책 시기가 가장 앞선 선행본이자, 시에 부기된 비어(批語)도 다른 이본에 비해 온전하여 자료적 가치가 높은 책이다. 다만 결질이라는 한계와 필사 과정에서 생긴 것으로 추정되는 몇몇 오기들이 있어서[2] 이 문제들은 원본 계열의 다른 이본과 교감하여 보완해야 한다.

동국대학교 중앙도서관에 소장된 『국조시산』(청구기호 811.9082 허17

---

2 권4 오언율시 이첨의 「登州」에서 제4구 "乞火孝康船"의 '孝康船'은 '孝廉船'으로, 김인후의 「華陽序」은 「華陽亭」으로, 권9 칠언절구 성현의 「帶雨題淸州東軒」의 제1구 "畫屛高枕掩龍幃"에서 '罷'는 '羅'로, 이우의 「羽溪」의 비평 "蕭宗有趣"는 "蕭索有趣"로, 신광한의 「崔同年鏡浦別野次昌邦韻」의 "別野"는 "別墅"로 바로잡아야 한다.

ㄱ 1-2, 이하 동국대본으로 칭함) 10권 2책본은 현재까지 알려진 바로는 원본 계열 필사본 중에서 유일한 완질본이다. 제1책은 1~6권까지, 제2책은 7~10권과 부록이 함께 필사되어 있다. 이 동국대본은『국조시산』원본의 전모를 확인할 수 있다는 점에서 매우 중요하다. 동국대본의 제1권은 오언고시로, 첫 시는 정도전의「원유가」이다. 1권부터 9권까지 남아있는 이대본과 대조해보면 시의 순서는 두 본이 같다. 특히 동국대본에서는 이대본에는 없는 제10권이 완전하게 전한다.

권10의 칠언절구 부분은 소세양(蘇世讓, 1476~1528)부터 양경우까지의 시가 수록되어 있으며, 본문이 끝나면「허씨세계고략(許氏世系考略)」이 이어진다.「고략」의 말미에는 "詔使朱之蕃梁有年爲著序文云"으로 되어 있어서 허균이『국조시산』을 집필하기 한 해 전인 1606년에 주지번(朱之蕃)과 양유년(梁有年)을 만나서『양천세고』를 건네고 서문을 받은 정황을 보여준다.[3] 또 "國朝詩刪附錄"이라 하여「허문세고(許門世藁)」가 이어진다. 이렇게 부록으로 배치한 허균 집안의 시들은 권필(權韠)이 뽑고 비평을 가한 것이어서 부록 권수제면에는 "永嘉權韠汝章批選"으로 기록되어 있다.「허문세고」의 체재도『국조시산』본문의 각체 배열과 동일한 '오언고시-칠언고시-오언율시-칠언율시-오언절구-칠언절구'의 순서이며, 권필이 붙인 비어가 소자(小字)로 부기되어 있다. 부록의 마지막 시인「유선사(遊仙詞)」에는 주지번과 양유년의 시평(詩評)이 있는데, 이 역시 허균이 1606년에 두 중국 문인에게『난설헌집(蘭

---

3 『惺所覆瓿藁』「丙午紀行」에 따르면 1606년 4월 20일에『陽川世藁』의 서문을 주지번에게 받았고, 4월 26일에는 양유년에게 부탁하여 다음날『世藁』의 서문을 받았다고 한다. 이 때에 받은 글들은『陽川世稿』에 편입되어 전해지고 있으며, 주지번의 글을 보면 이 당시 허균이 주지번에게 보여주었던 世稿는 중조까지의 시문만이 수록된 것으로 부친과 형, 누이의 글을 편집하기 전이었다.(朱之蕃,『陽川世稿』,「題陽川世稿」, "… 將附以父曄兄筬及其妹氏遺稿 …")

雪軒集)』을 보여주고 받았던 평가이다.

동국대본은 "當宁元年庚戌六月二十二日膽出華南精舍"라는 필사기가 있어서 1850년에 필사된 책임을 알 수 있다. 목판본이 1695년에 간행되었음에도 동국대본은 목판본의 영향을 전혀 받지 않았다. 또한 동국대본에는 주목할 만한 기록이 있다. 제6권의 첫 장 왼쪽 하단에는 "申汝擢", 제8권의 첫 장 왼쪽 하단에는 "李景良"이라는 작은 글씨가 확인되는데, '신여탁'과 '이경량'은 앞서 소개한『국조시산』이대본을 필사했던 사자관의 성명이다. 이 기록이 이대본과 동국대본의 같은 위치에 보이는 것은 동국대본의 저본이 이대본을 모본으로 하는 필사본임을 알려준다. 또한 동국대본이 완질이라는 점에서 동국대본이 모본으로 하는 이대본 역시 완질로 성책되었다는 사실을 짐작하게 한다.

동국대본에도 필사 과정에서 생긴 오기들이 있다. "畫"를 "書"로 "序"를 "亭", "尹"을 "君"으로 쓴 실수부터, 권1에서 남효온, 김정, 권4에서 이첨, 최수성, 권8 성삼문의 성명이 빠진 것이다. 그러나 문제가 되는 오류들은 모두 이본 교감을 통해 보정할 수 있으며, 수록 시는 한 수도 누락되지 않고 953수 모두 필사되어 있다.

이대본은 허균이 사자관에게 필사를 맡겨서 제대로 만든 책이자, 허균이 직접 소장했던『국조시산』의 원본이다. 그러나 현존 이대본에서 누락된 시수는 제10권과 부록인「허문세고」까지 더하면 235수나 된다. 이는『국조시산』수록 시의 약 1/4에 해당하는 분량이기 때문에 완질로 현존하는 동국대본의 존재에 주목할 수밖에 없다.

이대본과 동국대본 외에 주요 이본으로는 단국대학교 율곡기념도서관에 소장된『국조시산』(청구기호 고 851.905 허509ㄱ, 이하 단국대본으로 칭함)이 있다. 단국대본은 전체 2책으로 만들어졌으나 현재 불분권 1책으로 남아있는 결질이다. 이 책은 분권을 하지 않았고, 결본이라는 한

계가 있다. 그러나 원본 계열의 제7권부터 부록까지 필사되어 있어서, 이대본에서 빠진 제10권과 부록을 동국대본과 함께 보완할 수 있는 중요한 이본이다.

이밖에 일본 동경대학교 아천문고에 소장된 『국조시산』(청구기호 E45-1375, 국립중앙도서관 복제본 청구기호 古3643-529)이 있다. 원래 2책으로 만들어졌으나 현재 1책(권1~6)만이 남아있는 결질이다. 비어는 모두 빼고 시만 필사되었고, 허균이 부록으로 배치했던 친족들의 시가 본문 각권에 흡수되어있다. 이대본·동국대본과는 달리 시가 몇 수씩 누락되어 있으며 오사(誤寫)도 많이 확인되는 이본이다. 또한 계명대에도 『국조시산』(청구기호가 (고) 811.1 허균ㄱ) 원본 계열의 필사본 1책이 전하고 있지만, 『국조시산』의 전반부만 필사한 미완성본이다.

『국조시산』의 목판본은 필사본으로만 전해지던 『국조시산』을 박태순이 광주부윤(廣州府尹) 재임(1695년 6월~1697년 4월) 때인[4] 1695년[5]에 목판에 새겨 간행한 것을 가리킨다. 이 목판본은 이이(李珥)가 불교에 귀의했다는 내용의 시를 삭제하지 않고 그대로 간행한 것이 문제가 되어 결국 훼판(毁板)이 되었다. 따라서 현존 목판본은 한 종만이 확인되며 모두 동일 판본이다. 현재 확인되는 목판본의 형태는 9권 3책의 형태가 대부분이며, 간혹 4책으로 묶은 것도 있다. 목판본은 제명과

4　『肅宗實錄』肅宗 26年 2月 26日. "朴泰淳之尹廣州也, 刊行許筠所裒國朝詩刪.…"

5　그동안 박태순이 광주부윤에 부임한 시기를 1697년으로 파악하여, 목판본의 서문 작성 시기(1695)를 인정하지 않고 2년이 지난 1697년에 간행되었다고 본 경우도 있었다. 그러나 1695년 11월의 『숙종실록』 기록(『肅宗實錄』肅宗 21年 11月 2日)을 보면 이미 1695년 11월에 박태순이 광주부윤이었음을 알 수 있으며, 또 『남한지』에 따르면 박태순의 광주부윤 재임 기간에 대해 "朴泰淳 乙亥六月以通政拜 丁丑四月利拜大司諫"으로 명시하고 있어서 박태순이 1695년 6월부터 1697년 4월까지 광주부윤으로 재임하였음을 확실히 알 수 있다. 따라서 목판본의 서문을 썼을 때에 이미 광주부윤이었기 때문에 서문의 기록을 따라 1695년을 간행 연도로 확정해도 될 것이다.

권수제, 판심제 모두 '국조시산(國朝詩刪)'이다. 특히 목판본에는 원본 계열에는 없는 간행자 박태순의 서문(序文)이 본문에 앞서 위치한다.

이 목판본의 모습은 앞서 살핀 원본 계열 필사본들과는 차이가 있다. 간행자인 박태순이 서문에서 밝혔듯 "필사되어 전하던 허균의 『국조시산』여러 본을 널리 구하여 고증하고 확정하였으며, 또 제가의 시화를 모아 분류하여 보충하고 베껴 써서 몇 권의 책을 만든"[6] 결과물이기 때문이다. 사실 이러한 문제들은 시 외의 부수적인 부분을 보완하거나 재편한 것이어서 『국조시산』의 수록 시만을 살필 목적이라면 목판본을 보아도 크게 문제될 것은 없다. 그러나 허균의 작업으로서 『국조시산』를 고찰할 때에는 목판본의 재편집과 간행 과정에서 생긴 여러 오류들 때문에 잘못된 판단을 하게 될 소지가 있다. 『국조시산』관련 연구에는 반드시 현존 문헌 상황과 각 이본의 성격에 대한 정확한 이해가 선결되어야 할 것이다.

4. 선시(選詩) 방식

『국조시산』은 조선 시인의 시만 수록한 '조선시선집'이다. 현존하는 조선시선집들은 모두 선행 시선집의 시선 결과를 의식하면서 선시 범위나 편찬 방향을 결정하였는데, 허균의 『국조시산』도 마찬가지였다. 허균은 『국조시산』의 편찬을 완료하고 쓴 「제시산후(題詩刪後)」에서 『국조시산』의 선시 과정을 밝힌 바가 있다.[7] 허균의 설명에 의하면,

---

6   朴泰淳, 『東溪集』, 「國朝詩刪序」(韓國文集叢刊 續51輯), "於是廣求諸本, 頗加證定, 又取諸家詩話, 以類補綴, 繕寫爲幾卷."

7   許筠, 『惺所覆瓿藁』卷13, 「題詩刪後」(『韓國文集叢刊』74輯), "… 選東詩者六家, 卽前後風雅文選及詩賦選是已. 諸公皆鉅公, 或多士其裒集, 初亦費心. 以余之薄識淺見, 會衆說而去就之, 宜刪其之勞. 雖然有不合而棄之滄海, 或歎其遺珠也. 至於不合度而進之者, 則無有焉, 庶免魚目相昆之誚也. 刪之毋曰狹焉. 爲卷凡十, 而篇凡千, 足以盡

『국조시산』은 기존의 조선시선집 6종인 『청구풍아(靑丘風雅)』·『속청
구풍아(續靑丘風雅)』·『동문선(東文選)』·『속동문선(續東文選)』·『해동시
부선(海東詩賦選)』·『속해동시부선(續海東詩賦選)』을 바탕으로, "중설을
모으고 취사하였다.[會衆說而去就之]"라고 하였다. 허균이 『국조시산』
이전에 만들어진 조선시선집 중에서 유희령의 시선집 3종만 제외하고
모두 선시의 자료로 활용했음을 알 수 있다.[8]

　허균이 언급한 6종의 시선집은 김종직이 편찬한 『청구풍아』(1473),
대제학 서거정이 편찬을 주도했던 시문선집 『동문선』(1478), 성종의 명
령으로 대제학 신용개와 김전, 남곤이 『동문선』 이후 40년간의 시와
문을 뽑아 수록한 『속동문선』(1518), 선조의 명령으로 찬집청을 만들고
대제학 유근의 주도로 제작한 『해동시부선』(1605)과 이듬해 중국 사신
주지번의 요청으로 유근이 이를 개찬한 『속해동시부선』(1606), 『속해
동시부선』 이후 바로 간행된 것으로 추정되는 유근의 『속청구풍아』
(1606년경)이다. 『청구풍아』를 제외하고는 모두 대제학이 편찬을 주도
했던 관찬이면서, 또 대개가 조선의 시에 대해 관심을 보였던 중국의
요청이 동기가 되어 제작되었다. 이러한 선행 시선집의 편찬 배경이나
성과를 고려했을 때, 허균이 기간된 관찬 시선집의 성과를 수용하는
방식으로 '산삭'을 택한 것은 당연한 수순으로 보인다.

　『국조시산』의 선시 과정에서 높은 비중으로 안배된 시의 수집 방식

之也."
8　허균이 『국조시산』의 선시 과정에서 참조하지 않은 선행 조선시선집은 유희령의 『당송연
　　주시격부록(唐宋聯珠詩格附錄)』(1525), 『대동시림(大東詩林)』(1542), 『대동연주시격
　　(大東聯珠詩格)』(1542)이다. 허균은 『학산초담』에서 『대동시림』을 언급하였고, 이를 근
　　거로 『대동시림』을 접했다는 사실을 알 수 있으나 선집 편찬 때는 이 책을 참조하지 않았
　　다. 허균이 이 세 시선집을 제외시킨 것은 유희령의 작업이 『동문선』, 『청구풍아』와 같은
　　시기이기도 하고, 권응인이 『송계만록』에서 『대동시림』의 여러 문제점에 대해서 지적한
　　사실도 있어서 허균 역시 유희령의 선시 결과에 신중하게 접근했던 것으로 추정된다.

은 이미 편찬된 조선시선집에서 재선하는 작업이었다. 『국조시산』 절반의 시는 선행 시선집에서 취하였는데, 이는 중론을 수용한 객관적인 선시 태도로 평가할 수 있다. 물론 이렇게 선발된 시들은 기본적으로 허균의 취사선택을 거친 결과물이긴 하지만, 선집을 재차 검토하고 선발했다는 점에서, 편찬자의 개성적인 면을 발휘하기에는 근본적인 한계가 있다. 허균은 선행 시선집을 산삭하는 방식으로 『국조시산』의 절반을 채웠지만, 그 나머지는 직접 시를 선발하였다.

『국조시산』에는 선행 시선집에 확인되지 않는, 허균이 뽑은 시도 절반을 차지한다. 『국조시산』 편찬 당시의 생존 작가인 최립·이달·권필 등의 작품을 비롯하여 선행 시선집에서 수록하지 않은 황정욱 등의 시는 개인의 문집을 후손에게 부탁하여 이를 토대로 시를 선발하였다. 이미 문집이 있는 경우는 문제가 없었지만, 시문이 정리되지 않은 생존 문인이나 후손가의 입장에서는 시선집 편찬에 쓸 자료를 제공하는 과정에서 문집 편찬이 이루어지기도 하였다. 문집을 통해 시를 선발하던 방법은 선행 시선집에서 누락된 작가나, 허균 당대 작가의 시를 선발할 때에 유효한 방식이었을 것으로 짐작된다. 다만, 허균이 추가로 보완했던 시들이 모두 문집을 기초 자료로 한 것은 아니었다. 허균은 『국조시산』 편찬 이전부터 조선 한시에 대한 비평 활동을 해왔고 이미 자신만의 목록을 가지고 있었다. 이 목록들은 『국조시산』 전반에 자연스럽게 흡수되기도 하였다. 결론적으로 『국조시산』의 선시 방식은 시선집으로서 납득할 만한 객관성을 최대한 확보한 바탕 위에서 허균만의 예술적 취향과 감식안을 드러내기에 적합한 편찬 방식을 보여준다고 할 수 있다.

5. 비어(批語) 부기

『국조시산』이대본의 권수제 면에는 "양천허균단보비선(陽川許筠端甫批選)"이라는 기록이 보인다. 실제로『국조시산』은 허균이 시 선발만 한 것이 아니라, 대부분의 시에 비어가 붙어있는 특징이 있다. 비어는 대상 한시에 붙여 직접 평가하는 비평 방식의 하나로,[9] 대개가 시/시구/시어와 조응한다. 따라서 시의 기본적 틀의 문제인 양식이나 작품의 방향에 대해 설명하거나, 작법이나 품격에 대한 평가를 보여주게 된다.『국조시산』의 비어는 허균이 자신이 뽑은 시에 설명을 더하거나 선시의 의도를 이해시키는 한편, 작가와 시의 성취를 판단하여 후학에게 학시의 지침을 제시하는 목적에서 붙인 것이다. 특히『국조시산』에 부기된 비어는 '시선'이라는 한 차례 비평 과정을 거친 결과물과 나란히 배치되어, 선시 과정에 적용된 비평의 준거를 직접적으로 확인시킨다는 점에서 중요하다.

『국조시산』이전 조선시선집의 경우, 김종직이『청구풍아』를 편찬하면서 시에 비평을 붙인 선례가 있다. 김종직에 의하면, "용사가 어렵고 까다로운 곳은 그 아래에 원래의 사실을 간략하게 주소를 달고 간혹 의심나고 알기 어려운 곳이 있으면 주관적 생각으로 평석을 하였다."[10] 라고 하고 있어서 시를 설명하기 위한 목적에서 일부 시에 비평을 가했음을 알 수 있다.『청구풍아』의 모습은 당시 통행된 중국시선집의 모습을 의식했을 수는 있지만, 중국의 평점본이나『국조시산』과 같이 본격적인 비평을 보여준다고 평가하기는 어렵다.

---

9   심경호는 '비(批)'에 대하여 기존의 학설을 소개하면서 "본문에 덧붙이는 '짧은 평문'"이라고 정의한 바 있고, 담범(譚帆)의 책을 인용하여 "'批'는 특히 자구나 작품의 어느 한 대목에 대한 정밀한 분석을 가할 때 사용되는 경향이 있다."고 하였다.(심경호 지음,『한국한문기초학사』3, 태학사, 2012, 297~9면, 참조.)

10 金宗直,『佔畢齋先生全書』卷5,「靑丘風雅序」(계명한문학연구회, 학민문화사, 1996, 296면) "用事之險僻者, 略疏本實于下, 間有疑難, 竊以臆見評釋之."

『청구풍아』 이후 조선시선집에 비어가 등장한 사례는 허균의 『국조시산』이다. 이 두 시선집의 사이에는 국초에 만들어진 방대한 분량의 『동문선』, 『동문선』 이후 40년간의 성과를 정리한 『속동문선』, 대제학 유근이 편찬했던 『해동시부선』과 『속해동시부선』 등이 있다. 이들 시선집에는 전혀 비어가 없고, 허균의 『국조시산』에 이르러서야 비어가 확인된다. 『청구풍아』와 『국조시산』에만 비어가 부기된 것은 두 책 모두 '사찬(私撰)'이라는 공통점을 떠올리게 하며, 허균이 당시 원과 명에서 간행된 평주본 시선집 간행의 분위기를 적극적으로 수용한 사례로도 판단할 수 있을 것이다. 관찬 시선집의 경우는 찬집청에서 시선집 편찬의 업무를 여러 명이 담당하기 때문에 관점을 조율하고 합의해야하는 시평 작업은 시 선발 이상으로 어려울 수밖에 없다.[11] 따라서 『국조시산』의 비어는 사찬 시선집이 지니는 특징적인 면으로 이해해 볼 수 있는 것이다. 또한 허균 개인적으로는 송익필의 『비선구봉선생시집(批選龜峯先生詩集)』이나 허적의 『수색집(水色集)』을 통해 비어 작업을 한 적이 있다. 『국조시산』의 비어는 허균이 적극적으로 시도했던 하나의 문학 비평 방식이 반영된 결과로, 허균의 시에 대한 안목 과시와 더불어 시선의 이유를 밝혀서 시선 결과를 설득시키기에 적절한 방식이었다.

『국조시산』 비어의 방향은 크게 세 가지로 나뉜다. 첫 번째는 작풍

---

11 정조는 시선집 편찬 중에서도 조선시선집 편찬의 고충을 토로한 바 있다. "훌륭한 문장가가 되기도 어렵지만 좋은 문장을 뽑는 것도 어렵다. 호곡 남용익이 『기아』를 편찬한 당시에도 시끄럽게 많이들 다투었다고 한다. 남겨 두고 빼고 쓰고 삭제하는 것도 또한 우열(優劣)과 장단(長短)을 따지는 일에 관계되니, 내가 일찍이 정무를 보는 틈틈이 여기에 마음을 두었으면서도 오래도록 실행에 옮기지 못한 것은 이 때문이다.[作家難, 選家亦難. 南壺谷箕雅當時, 亦多有爭鬧云. 檗存拔筆削之際, 亦係是軒輊長短, 予嘗於萬幾之餘, 留意於此, 而久猶未果者以此]"(正祖, 『弘齋全書』 卷163, 「日得錄」 3)

과 관련하여 시에서 드러나는 작품이나 작가의 특징을 밝히는 것이다. "난숙하여 묘한 경지에 들었으니 만송이 무슨 해가 되랴.[爛熟入妙, 何害晚宋]", "호음과 소재도 이 같은 기이한 구가 없었다.[湖蘇無此奇]"와 같은 것들이다. 두 번째는 형식이나 구조에 대한 것으로 수사법과 자구의 운용방식 등에 대해 지적한 것들이다. "두 편은 모두 문선체이니, 동방에 이러한 작품이 있으리라곤 생각지도 못했다.[二篇俱是選體, 不意東方有此作也]", "이것만이 성당의 가행법을 얻었다.[是獨得盛唐歌行法]", "쌍관으로 말을 하여, 위를 받아 아래가 생겨나니 적당하다.[雙關說來, 承上生下, 恰好]" 등으로 표현된 것이다. 세 번째는 허균의 시에 대한 부연 설명과 감상이 비어를 통해 드러났다. 허균은 김종직의 「동도악부(東都樂府)」를 권3 잡체시에 배치하면서 "고악부가 아니어서 여기에 수록한다.[非古樂府, 故錄之于此.]"라고 설명을 더하였고, "맑은 생각이 그 사람과 닮았다.[淸思逼人]"나 "비록 그 사람에 대해서는 성내고 비난할 만하나 시는 절로 좋다.[雖其人可怒可唾, 而詩自好]"와 같은 감상을 비어를 통해 남기기도 한 것이다.

또한 비어의 방식에서는 비유적 표현이 많았는데, 그 출전은 대부분 중국 문헌이었다. 비어를 통해서 허균이 『국조시산』에서 여러 방식으로 드러낸 중국 문단에의 영향을 재확인할 수 있으며, 대가 비평의 방식도 볼 수 있다. 이는 허균이 『국조시산』에서 보여준 풍격 비평이기도 하다. 단자/단문의 대가 비평은 전통적인 평주본의 방향에서 탈피한 허균만의 특징적인 면이다. 『국조시산』 수록 시들은 허균 개인적으로는 오랜 기간에 걸쳐 다듬고 축적된 결과물이었으며, 『국조시산』의 비어는 시의 출처와 허균의 의식, 독서의 범위, 학시 과정, 허균의 시관 등을 다방면에서 확인시켜 주는 자료로 주목할 수 있다.

6. 시선(詩選)의 실제

『국조시산』은 모두 10권에 부록이 이어진 구성이며, 시 형식별로 묶어서 각권에 배치하면서 시의 순서는 작가의 생몰년 순을 따랐다. 권차별 시 형식은 다음과 같다.

〈표 1〉『국조시산』의 권차별 시 형식

권차	권1	권2	권3	권4	권5	권6	권7	권8	권9	권10	부록
형식	오고	칠고	잡체	오율	오율 오배	칠율	칠율 칠배	오절 육절	칠절	칠절	허문 세고

허균은 『국조시산』을 각체별로 분리하였고, 각체의 순서는 '고시-율시-절구'의 순으로 정리하였다. 고시부터 율시와 절구로 이어지는 것은 시의 발전 순서와도 맥을 같이 하는 것으로[12] 허균이 보았던 시선집이나 그가 편찬한 시집들은 아래 〈표 2〉와 같이 대개 이 순서를 따르고 있다.

〈표 2〉 허균이 참조한 주요 시선집과 허균이 편집한 문집의 각체별 순서

『국조시산』	오언고시-칠언고시-잡체-오언율시-오언배율-칠언율시-칠언배율 -오언절구-육언절구-칠언절구
『난설헌시집』	오언고시-칠언고시-오언율시-칠언율시-오언절구-칠언절구
『손곡집』	고풍-가-오언율-칠언사운-오언절구-육언절구-칠언절구

---

12 절구의 기원 문제와 관련하여 율시와 절구의 선후 관계에 대해 이견이 있긴 하지만, 대체로 우리가 일반적으로 알고 있는 절구(근체절구)는 율시보다 나중에 생겼다고 보는 견해가 우세하다. 왕력 지음, 송용준 옮김, 『중국시율학』 1, 소명출판, 2005, 102쪽 참조.

『청구풍아』	오언고시-칠언고시-오언율시-칠언율시-오언절구-칠언절구
『동문선』	오언고시-칠언고시-오언율시-오언배율-칠언율시-칠언배율-오언절구-칠언절구-육언
『속동문선』	오언고시-칠언고시-오언율시-오언배율-칠언율시-칠언배율-오언절구-칠언절구-육언절구-잡체
『고금시산』	오언고시-칠언고시-오언율시-오언배율-칠언율시-칠언배율-오언절구-칠언절구

위의 〈표 2〉를 보면 시 형식의 배치 순서는 특별한 의도가 있다기보다는 『국조시산』이 편찬된 17세기 초반의 일반적인 흐름을 따른 것으로 판단된다. 허균이 편찬한 개인 문집도 모두 『국조시산』과 같은 시 형식 순으로 되어있으며, 허균이 참조했던 선행 조선시선집이나 이반룡의 『고금시산』까지 모두 '고시-율시-절구'의 순서였다.

시 형식별로 각 권차에 배정된 작가 수와 시수는 다음과 같다.

〈표 3〉 시 형식별 작가 수와 시수

형식	오고	칠고	잡체	오율	오배		칠율		칠배	오절	육절	칠절		
권차	권1	권2	권3	권4	권5		권6	권7		권8		권9	권10	부록 (허문세고)
작가 수	30	23	6	42	16	6	36	41	3	34	2	55	65	7
시수	53제 56수	33제 36수	10제 42수	90제 91수	60제 60수	6제 6수	101제 110수	109제 116수	3제 3수	47제 49수	2제 2수	133제 148수	156제 170수	41제 64수

전10권 180인 803제 889수 (부록 허문세고 포함 187인 844제 953수)

〈표 3〉은 『국조시산』 시 형식을 기준으로 한, 각체가 배치된 권차와 작가 수와 시수를 정리한 것이다. 그동안 『국조시산』 작가 수와 시인 수는 목판본을 기준으로 한 것이어서 본 해제에서는 이대본을 중심으로 하는 원본 계열을 토대로 작성해보았다. 위의 표를 통해서 권차별,

시 형식별 작가 수나 시수를 쉽게 확인할 수 있으며, 『국조시산』의 전체
작가 수와 시수까지도 부록 포함 187인 844제 953수라는 것을 밝혔다.

　각체 내에서의 시의 순서는 작가의 생몰년을 기준으로 하였다. 이
순서는 『국조시산』 내에서 일관되게 유지되고 있지만, 작가의 생년이
나 몰년 중의 하나를 일정한 기준으로 삼은 결과는 아니다. 이하 『국조
시산』의 수록 작가를 책의 순서대로 나열해보았다.

鄭道傳(1342~1398)，　權近(1352~1409)，　趙云仡(1332~1404)，
成石璘(1338~1423)，　偰長壽(1341~1399)，　姜淮伯(1357~1402)，
朴宜中(1337~1403)，　李詹(1345~1405)，　曹庶(?~?)，
鄭摠(1358~1397)，　卞仲良(1345~1398)，　李稷(1362~1431)，
權遇(1363~1419)，　鄭以吾(1347~1434)，　卞季良(1369~1430)，
申叔舟(1417~1475)，　柳方善(1388~1443)，　尹淮(1380~1436)，
朴致安(?~?)，　趙須(?~?)，　姜碩德(1395~1459)，
崔恒(1409~1474)，　成三問(1418~1456)，　金守溫(1410~1481)，
姜希顔(1418~1465)，　成侃(1427~1456)，　徐居正(1420~1488)，
成任(1421~1484)，　姜希孟(1424~1483)，　魚世謙(1430~1500)，
洪貴達(1438~1504)，　金克儉(1439~1499)，　李承召(1422~1484)，
崔淑精(1432~1479)，　金宗直(1431~1492)，　李瓊仝(?~?)，
金時習(1435~1493)，　朴撝謙(?~?)，　成俔(1439~1504)，
金訢(1448~1492)，　婷(1454~1488)，　深源(1454~1504)，
楊熙止(1439~1504)，　俞好仁(1445~1494)，　曹偉(1454~1503)，
申從濩(1456~1497)，　李黿(?~1504)，　南孝溫(1454~1492)，
賢孫(?~?)，　安應世(1455~1480)，　金宏弼(1454~1504)，
鄭汝昌(1450~1504)，　金千岭(1469~1503)，　昌壽(1453~1514)，
柳洵(1441~1517)，　崔溥(1454~1504)，　李孝則(1476~1544)，
鄭希良(1469~?)，　申沆(1477~1507)，　朴繼姜(?~?)，
李胄(1468~1504)，　朴誾(1479~1504)，　魚無迹(?~?)，
李鱉(?~?)，　辛永禧(1442~1511)，　姜渾(1464~1519)，

崔淑生(1457~1520),
黃衡(1459~1520),
金安國(1478~1543),
金淨(1486~1521),
崔壽峸(1487~1521),
成世昌(1481~1548),
趙仁奎(?~?),
黃汝獻(1486~?),
閔齊仁(1493~1549),
宋麟壽(1499~1547),
趙昱(1498~1557),
嚴昕(1508~1553),
洪春卿(1497~1548),
金麟厚(1510~1560),
李洪男(1515~?),
尹潔(1517~1548),
權擘(1520~1593),
朴淳(1523~1589),
鄭礦(1526~?),
李珥(1537~1584),
權應仁(1517~?),
丁胤禧(1531~1589),
黃廷彧(1532~1607),
鄭澈(1536~1593),
鄭碏(1533~1603),
崔岦(1539~1612),
宋翰弼(?~?),
徐益(1542~1587),
鄭之升(1550~1589),
申櫓(1546~1593),
誠亂(1570~1620),

李瑀(1542~1609),
南袞(1471~1527),
李希輔(1473~1548),
柳雲(1485~1528),
申光漢(1484~1555),
申潛(1491~1554),
曺伸(?~?),
沈彦光(1487~1540),
李彦迪(1491~1553),
沈思順(1496~1531),
林億齡(1496~1568),
洪暹(1504~1585),
李滉(1501~1570),
林亨秀(1514~1547),
尹鉉(1514~1578),
盧守愼(1515~1590),
奇大升(1527~1572),
楊應鼎(1519~1581),
楊士彦(1517~1584),
李後白(1520~1578),
梁士俊(?~?),
成渾(1535~1598),
柳永吉(1538~1601),
李純仁(1533~1592),
辛應時(1532~1585),
白光勳(1537~1582),
梁大樸(1544~1592),
洪迪(1549~1591),
李春英(1563~1606),
李嵩(1560~1582),
鄭鎔(?~?),

成夢井(1471~1517),
李荇(1478~1534),
朴祥(1474~1530),
奇遵(1492~1521),
洪彦弼(1476~1549),
蘇世讓(1486~1562),
鄭士龍(1491~1570),
成運(1497~1579),
徐敬德(1489~1546),
羅湜(1498~1546),
朴光佑(1495~1545),
鄭礥(?~?),
柳希齡(1480~1552),
鄭惟吉(1515~1588),
金質忠(?~?),
沈守慶(1516~1599),
金貴榮(1520~1593),
宋寅(1517~1584),
姜克誠(1526~1576),
朴枝華(1513~1592),
高敬命(1533~1592),
尹斗壽(1533~1601),
河應臨(1536~1567),
李誠中(1539~1593),
崔慶昌(1539~1583),
李達(1539~1612),
宋翼弼(1534~1599),
林悌(1549~1587),
棣(?~?),
權韠(1569~1612),
崔澱(1567~1588),

具容(1569~1601),   尹忠源(?~?),   白大鵬(?~?),
梁慶遇(1568~1638)

이 작가의 순서를 기준으로, 각 작가의 시제수를 권별로 정리하면
아래 〈표 4〉과 같다. 이를 통해서 『국조시산』의 작자 수와 전체 시수,
그리고 작가별 시수를 알 수 있으며, 각 권별 시수나 시 형식별 시수도
알 수 있어서 여러 목적에서 이 표는 활용할 수 있을 것이다.

〈표 4〉 『국조시산』 작가별 시수

		五古	七古	雜體	五律	五排	七律	七排	五絶	六絶	七絶	合計
1	鄭道傳	2	1		1		2				4	10
2	權近	1					1				2	4
3	趙云仡										3	3
4	成石璘						1		1		2	4
5	偰長壽						1					1
6	姜淮伯						1				1	2
7	朴宜中				2						1	3
8	李詹		1				1				4	6
9	曹庶										1	1
10	鄭摠										1	1
11	卞仲良	1			1						2	4
12	李稷				1							1
13	權遇				1						1	2
14	鄭以吾						1				2	3
15	卞季良	1			2		2					5
16	申叔舟	1										1
17	柳方善				2		1		1		1	5
18	尹淮						1					1
19	朴致安						1					1
20	趙須				1							1
21	姜碩德										1	1

		五古	七古	雜體	五律	五排	七律	七排	五絶	六絶	七絶	合計
22	崔恒										1	1
23	成三問								1			1
24	金守溫								1			1
25	姜希顔								1			1
26	成侃	2	1						1제3수		6제10수	10제16수
27	徐居正		3		5		5		1		6	20
28	成任					1						1
29	姜希孟			1제14수	1					1	4	7제20수
30	魚世謙			2								2
31	洪貴達				1							1
32	金克儉				1				1			2
33	李承召						3				2	5
34	崔淑精						1					1
35	金宗直	2	1	2제12수	6		10				2	23제33제
36	李瓊仝	1										1
37	金時習			3제9수	5제6수		4제6수				1	13제22수
38	朴撝謙										2	2
39	成俔	1	3				2				1	7
40	金訢						1				2	3
41	婷	2								2	2	6
42	深源	1제2수					1				2	4제5수
43	楊熙止										1	1
44	兪好仁				2						2	4
45	曹偉				1						2	3
46	申從濩		2				1				2제3수	5제6수
47	李𥖋						1					1
48	南孝溫	1									4	5
49	賢孫	1										1
50	安應世										2	2

		五古	七古	雜體	五律	五排	七律	七排	五絕	六絕	七絕	合計
51	金宏弼										1	1
52	鄭汝昌										1	1
53	金千齡										1	1
54	昌壽										1	1
55	柳洵										1	1
56	崔溥										1	1
57	李孝則										1	1
58	鄭希良		1				5					6
59	申沆							1				1
60	朴繼姜							1				1
61	李冑				2		7				5	14
62	朴誾	1			3		7제10수				11제14수	
63	魚無迹		1		1						1	3
64	李鼈	1										1
65	辛永禧	1										1
66	姜渾						3				3제5수	6제8수
67	崔淑生						2				1제3수	3제5수
68	李瑀										1	1
69	成夢井										1	1
70	黃衡										1	1
71	南袞										1제6수	1제6수
72	李荇	9			7		10				12	38
73	金安國	2			2		1				5	10
74	李希輔										2	2
75	朴祥		2				10제11수	1			2	15제16수
76	金淨	1	2제5수		6		1제4수		4		1	16제21수
77	柳雲						1					1
78	奇遵	2			3		2		1		1	9
79	崔壽峸				2				1			3

		五古	七古	雜體	五律	五排	七律	七排	五絕	六絕	七絕	合計
80	申光漢				3	1	6				18제 19수	28제 29수
81	洪彦弼				1							1
82	成世昌				1							1
83	申潛										1	1
84	蘇世讓				1		2				3	6
85	趙仁奎						1					1
86	曺伸						1					1
87	鄭士龍				5		18제 19수	1			3	27제 28수
88	黃汝獻		1		1						1	3
89	沈彦光				1		4				2	7
90	成運				1							1
91	閔齊仁						1					1
92	李彦迪										1	1
93	徐敬德						2				1	3
94	宋麟壽						1					1
95	沈思順										1	1
96	羅湜								3			3
97	趙昱										2	2
98	林億齡	2			3	1	2		1		3	12
99	朴光佑						1					1
100	嚴昕				1							1
101	洪暹				1		1					2
102	鄭磏								1		1	2
103	洪春卿										1	1
104	李滉	1	2		1		1제 2수				1	6제 7수
105	柳希齡				1							1
106	金麟厚	1			4	1	2				1	9
107	林亨秀						1				2	3
108	鄭惟吉				1		1				3	5
109	李洪男				1		1					2
110	尹鉉				2							2

		五古	七古	雜體	五律	五排	七律	七排	五絕	六絕	七絕	合計
111	金質忠						1				1	2
112	尹潔		1		2		1		1		2	7
113	盧守愼	1	1		22	1	10				1	36
114	沈守慶				2		1					3
115	權擘		1				4					5
116	奇大升	1										1
117	金貴榮										1	1
118	朴淳		1				1				8	10
119	楊應鼎						1				3	4
120	宋寅										1	1
121	鄭礥										1	1
122	楊士彦		1	1			1		1		1	5
123	姜克誠								1		1	2
124	李珥						1					1
125	李後白								1			1
126	朴枝華				1		1				2	4
127	權應仁				1		1					2
128	梁士俊						1					1
129	高敬命				1		5				2	8
130	丁胤禧				1							1
131	成渾										4	4
132	尹斗壽										1	1
133	黃廷彧						17제 18수				3	20제 21수
134	柳永吉				2						5	7
135	河應臨				1				1		2	4
136	鄭澈										2	2
137	李純仁								1		1	2
138	李誠中								1			1
139	鄭碏						2				3	5
140	辛應時						1				2	3
141	崔慶昌	5	2		8		1제 2수		1		16제 17수	33제 35수

		五古	七古	雜體	五律	五排	七律	七排	五絕	六絕	七絕	合計
142	崔岦		1									1
143	白光勳	2			5		1		4		9	21
144	李達	4	1		6		7		1	1	18제 27수	38제 47수
145	宋翰弼								1			1
146	梁大樸						4					4
147	宋翼弼										1	1
148	徐益										1	1
149	洪迪										1	1
150	林悌				1	1	1		1		3제 4수	7제 8수
151	鄭之升		1				1		1		1	4
152	李春英						1제 4수					1제 4수
153	棣										1	1
154	申櫓										1	1
155	李嶸										1	1
156	權韠	1제 3수	2	1제 4수	5		4				9제 12수	22제 30수
157	誠儿	1										1
158	鄭鎔								5		1	6
159	崔澱										2	2
160	具容										1	1
161	尹忠源				2						1	3
162	白大鵬				1							1
163	梁慶遇						1				1	2
164	金氏								1			1
165	無名氏								2			2
166	曹氏										1	1
167	楊士奇妾										1	1
168	李媛							1			4	5
169	田禹治										1	1
170	釋 參廖										1	1
171	釋 行思										1	1

		五古	七古	雜體	五律	五排	七律	七排	五絕	六絕	七絕	合計
172	釋 慶雲										1	1
173	釋 卍雨			1								1
174	伽倻仙女						1					1
175	李顯郁						1				1	2
176 – 180	失名氏						1				4	5
	합계	53제 56수	33제 36수	10제 42수	150제 151수	6제 6수	210제 226수	3제 3수	47제 49수	2제 2수	289제 318수	803제 889수

다만 위의 〈표 4〉는 본문의 작가와 시수만 정리한 것이어서, 『국조
시산』의 부록 「허문세고」는 별도로 〈표 5〉로 만들었다. 허균이 권필에
게 선발을 맡긴 허씨 일가의 시선집 「허문세고」에는 생몰년 순으로
허종(許琮)·허침(許琛)·허집(許輯)·허한(許澣)·허엽(許曄)·허봉(許篈)·
허씨(許氏)까지 7인의 시 41제 64수로 구성되어있다. 아래 〈표 5〉에서
보이듯 허봉의 시와 '허씨'라고 기록된 허난설헌의 시가 높은 비중을
차지한다.

〈표 5〉『허문세고』 작가별 시수

		五古	七古	五律	七律	五絕	七絕	合計
1	許琮						1	1
2	許琛		1		4		1	6
3	許輯						2	2
4	許澣						1	1
5	許曄	1					1	2
6	許篈	2	5	2	2		4	15
7	許氏		2	3	1	4제8수	4제23수	14제37수
		3	8	5	7	4제8수	14제33수	41제64수

이상으로 『국조시산』 시 형식별 권차와 작가의 수, 시의 편수를 제

시해보았다. 『국조시산』은 논문마다 시수나 작자 수 기록에 차이가 있어서 본고에서는 원본을 토대로 시제수를 모두 바로잡았다. 실명씨의 시는 각각 개별 작자로 보아서 시수대로 작가 수를 반영하였다.

이어서 수록 작가와 관련하여 허균이 『국조시산』에서 조선의 대표 작가로 특별히 부각시킨 인물들을 살펴본다.

〈표 6〉『국조시산』 수록 시 상위 작가

	작가	시제 수	각 시체별 시수
1	이달(李達, 1539~1612)	38제 47수	七絶(27)七律(7)五律(6)五古(4)七古(1)五絶(1)六絶(1)
2	이행(李荇, 1478~1534)	38제 38수	七絶(12)七律(10)五古(9)五律(7)
3	노수신(盧守愼, 1515~1590)	36제 36수	五律(22)七律(10)五古(1)七古(1)五排(1)七絶(1)
4	최경창(崔慶昌, 1539~1583)	33제 35수	七絶(17)五律(8)五古(5)七古(2)七律(2)五絶(1)
5	신광한(申光漢, 1484~1555)	28제 29수	七絶(19)七律(6)五律(3)
6	정사룡(鄭士龍, 1491~1570)	27제 28수	七律(19)五律(5)七絶(3)
7	김종직(金宗直, 1431~1492)	23제 33수	雜體(12)七律(10)五律(6)五古(2)七絶(2)七古(1)
8	권필(權韠, 1431~1492)	22제 30수	七絶(12)五律(5)七律(4)雜體(4)五古(3)七古(2)
9	백광훈(白光勳, 1537~1582)	21제 21수	七絶(9)五律(5)五絶(4)五古(2)七律(1)
10	황정욱(黃廷彧, 1532~1607)	20제 21수	七律(18)七絶(3)
11	서거정(徐居正, 1420~1488)	20제 20수	七絶(6)五律(5)七律(5)七古(3)五絶(1)

『국조시산』에서 가장 많은 시가 수록된 작가는 손곡 이달이다. 이달은 허균의 『국조시산』 편찬 당시에도 생존하고 있어서 『국조시산』에서 처음 소개되는 작가였다. 이달과 같이 『국조시산』에 많은 시가 수록되었지만 기존 시선집에 선발되지 않았던 작가는 위의 〈표 6〉에서 확

인되듯 권필이 있다. 또한 황정욱의 경우도 허균보다 윗세대이기는
하나, 1605~6년에 조선시선집들 ─『해동시부선』『속해동시부선』『속
청구풍아』─이 편찬될 당시에는 생존 작가라는 이유로 선행 시선집에
이름이 들지 못했다. 그의 시가 최초로 수록된 시선집은 『국조시산』이
다. 이 세 시인은 『국조시산』에서부터 조선시선집에 등장하면서 16세
기 조선 시단의 성과를 대표하는 작가로 자리매김하게 된다.

　그러나 『국조시산』에서 시가 많이 수록된 작가의 대부분은 이미 대
가로 인정받았던 조선 대표 시인들이다. 황정욱을 비롯한 이행·노수신
·신광한·정사룡·서거정은 대제학을 역임한 인물이다. 김종직 역시 허
균이 국초를 대표하는 작가로 꼽은 적이 있으며,[13] 최경창과 백광훈은
당풍 작가로 유명했다.[14] 이 외에 『국조시산』에 시가 많이 수록된 작가
로는, 정도전 10제 10수, 성간 10제 16수, 김시습 13제 22수, 이주 14제
14수, 박은 11제 14수, 박상 15제 16수, 김정 16제 21수, 임억령 12제
12수, 박순 10수 10수, 허봉 15제 15수, 허난설헌 14제 37수가 있다.

　위의 〈표 6〉에는 각 작가의 각체별 수록 시수도 밝혀놓았는데, 허균
이 특정 작가에 대해 특정 시 형식을 선발한 정황을 알 수 있다. 허균은
이달의 칠언절구, 노수신의 오언율시, 정사룡과 황정욱의 칠언율시를

---

13 "나의 중형은 논평하기를, 국초 이래 문은 경렴당(景濂堂)을 제일로 치고, 지정(止亭)을
　다음으로 치며, 시는 충암(沖庵)의 높음과 용재(容齋)의 난숙함을 모두 미칠 수 없다고
　여겼다. 나의 망령된 생각으로는 충암은 세련되지 않은 것 같고 용재는 너무 진부하니,
　시 또한 경렴을 으뜸으로 치는 것이 옳다.[仲氏論國初以來, 文以景濂堂爲弁, 而止亭次
　之. 詩則沖庵之容, 高齋之熟, 皆不可及. 余之妄見, 沖庵似生, 容齋太腐, 詩亦當以景
　濂爲首]"(許筠, 『鶴山樵談』)
14 "고죽(孤竹)의 시는 편편이 다 아름다우니 반드시 갈고 닦아 마음에 걸림이 없는 다음에야
　내놓기 때문이다. 이가(二家 최경창과 백광훈)의 시를 나는 골라서 『국조시산(國朝詩刪)
　』에 넣은 것이 각기 수십 편인데 이 시들은 음절이 정음(正音)에 들어갈 만하다.[孤竹詩,
　篇篇皆佳, 必鍊琢之, 無歉於意, 然後乃出故耳. 二家詩, 余選入於詩刪者各數十篇, 音
　節可入正音]"(許筠, 『鶴山樵談』)

집중적으로 뽑았다. 각 작가별 성취를 고려하여 각 형식의 정수를 보여주고자 했음을 짐작할 수 있다. 이어서 시 형식별 선발 결과를 살펴보도록 한다.

〈표 7〉 각체별 상위 작가 시수

五古	七古	雜體	五律	七律	五絕	七絕
이행(9)	서거정(3)	김시습(3)	노수신(22)	정사룡(19)	정용(5)	이달(27)
최경창(5)	성현(3)	김종직(2)	최경창(8)	황정욱(18)	김정(4)	신광한(19)
이달(4)	김정 이황 최경창 권필 박상(2)	어세겸(2)	이행(7) 김종직 김정 이달(6)	이행 박상(11) 노수신 김종직(10)	백광훈(4) 나식(3)	최경창(17) 이행(12)

허균은 시 형식별 편집을 통해, 자연스럽게 특정 시 형식에 장기가 있는 작가를 확인할 수 있도록 하였다. 위의 〈표 7〉을 보면 허균은 오언고시에 이행의 시를 많이 뽑았다.

> 우리나라 시는 마땅히 이용재(李容齋)를 첫째로 해야 한다. 그의 시풍은 침착하고 화평하며 아담하고 순숙(純熟)하다. 오언고시(五言古詩)는 두보(杜甫)와 진후산(陳後山 진사도)의 품격과 비슷하여 고고(高古)·간절(簡切)하여 글이나 말로는 찬양할 수가 없다.[15]

허균은 『성수시화』(1611)에서 이행을 조선 제일의 작가로 칭하면서, 특히 이행의 오언고시를 칭찬하고 있다. 허균은 이행의 오언고시를 두보와 진사도에 견주면서 성취를 적극적으로 드러내었는데, 이러한 허균의 태도는 시화에서의 직접적인 칭찬, 『국조시산』에서 다수의 시

---

15 許筠, 『惺所覆瓿藁』 卷25, 「惺叟詩話」(『韓國文集叢刊』 74輯), "我國詩, 當以李容齋爲第一. 沈厚和平, 澹雅純熟. 其五言古詩, 入杜出陳, 高古簡切, 有非筆舌所可讚揚."

선발로 증명했을 뿐 아니라, 그의 오언고시에 대해 "諸篇從黃陳中來殊
蒼古."라고 비어까지 붙여서 시에 대한 평가를 공고히 하였다. 허균은
『국조시산』편찬을 통해 각 시 형식마다의 모범적인 작품의 제시라는
시선집의 소극적인 목적에 한정하지 않고, 형식마다의 특정 작가의
성취를 부각시키면서 이를 시풍의 선택과도 연결시켰다.

다음으로는 수록 작가와 관계없이 『국조시산』에 수록된 각체별 시
제수만 살펴보기로 한다.

〈표 8〉『국조시산』각체별 비중

五古	七古	雜體	五律	五排	七律	七排	五絕	六絕	七絕	合計
53제 56수	33제 36수	10제 42수	150제 151수	6제 6수	210제 226수	3제 3수	47제 49수	2제 2수	289제 318수	803제 889수
6.3	4.0	4.7	17.0	0.7	25.4	0.3	5.5	2.2	35.8	

〈표 8〉을 통해서 허균이 『국조시산』에서 칠언절구를 가장 비중 있
게 선발했으며, 이어서 칠언율시, 오언율시, 오언고시의 순임을 알 수
있다. 시 형식은 특정 시대나 시풍과 관계되기 마련이다.

> 한(漢) 위(魏) 진(晉)은 오언고시에 뛰어났고 당(唐)은 칠언고시에 뛰어
> 났고, 중당은 오언율시에 뛰어났고 송(宋)은 칠언율시에 뛰어났다. 명
> (明) 이하로는 칠언절구에 뛰어났다. 대개 모든 시 형식을 겸비하기는
> 거의 드문 일이며, 세상의 상론하는 선비들이 능히 시인이 본뜻을 얻었
> 다고 하는 일도 또한 거의 드문 것이다.[16]

---

16 李晦淵, 「醉霞詩集序」(趙秉鉉, 『成齋集』, 『韓國文集叢刊』301集). "漢魏晉長於五古,
唐之初長於七古, 中晚長於五律, 宋長於七律, 明以下長於七絕, 盖能兼盡之者幾希矣,
而世之尙論之士, 能得乎詩人本旨者, 亦甚尟焉."

『국조시산』에서 35.8% 라는 비중을 차지하는 시 형식은 칠언절구이
다. 이 시 형식은 당나라 때에 이르러 본격적으로 발전한 것이어서,
성당 이전의 칠언절구는 작품의 수도 적을 뿐 아니라 그 성과도 주시할
만한 것이 거의 없다. 따라서 칠언절구는 곧 성당을 대표하는 시 형식
이라고 할 수 있다. 또한 위의 인용문에서 보듯, 당 이후 칠언절구를
주로 지었던 시대는 명으로, 명 문단은 곧 전후칠자(前後七者)의 문학으
로 대표된다. 이들의 문학 방향은 '시필성당(詩必盛唐)'이었기 때문에
'칠언절구'와 '성당'과 '명'은 긴밀하게 연결된다고 하겠다.

　이러한 배경에서『국조시산』에서 확인되는 칠언절구를 중심으로 한
선시 방향은 곧 허균이 동시기 명 문단의 문학론을 수용하여 당시를
전범으로 선호했던 결과로 이해해볼 수 있는 것이다.『국조시산』이 포
괄한 조선 초중기 시의 '주류'는 칠언율시였고, 또 고려 말부터 허균
당시까지는 여전히 송조(宋調)의 시풍이 만연하였다. 칠언절구가 주로
당조(唐調)와 연결되는 점을 생각한다면『국조시산』의 선시 결과는 실
제 많이 지어진 시 형식을 비중있게 반영했다기보다는 허균이 생각하
는 바람직한 시의 방향에 따라 시선이 이루어졌음을 짐작할 수 있다.

　『국조시산』에 1년 앞서 편찬된 유근의『속청구풍아』는 칠율(37%)-
칠절(29%)-오율(21%)의 순이니, 두 시선집의 선시 결과는 두 편찬자의
시에 대한 생각이 다르다거나, 시선의 목적이 다른 것으로 생각할 수
있다.

　　*『속청구풍아』(1606년경 편찬) : 칠율(37%)-칠절(29%)-오율(21%)
　　*『국조시산』(1607년경 편찬) : 칠절(36%)-칠율(25%)-오율(17%)

　『속청구풍아』는 편찬자 유근이 대제학의 위치에 있을 때 편찬한 조
선시시선집이다. 칠언율시가 다수를 점하고 있다는 점은 대제학으로서

공식적인 시문에 대한 학시를 권면하는 입장도 있을 것이며, 실제 17세기 초의 시선집이 결산할 수 있었던 15~16세기 실제 시의 유행이 송풍이 주류였기 때문에 칠언율시에서 좋은 작품이 다수 배출된 결과를 그대로 반영했기 때문일 수도 있다. 이러한 점들을 두루 고려한다면, 허균의『국조시산』은 사찬 시선집으로서 편찬자 개인의 문학적 취향을 유감없이 발휘한 결과로 이해될 수 있다. 특히 그가 비중을 두고 선발한 칠언절구에 가장 많은 시가 수록된 작가가 이달이고, 이달의 시가 결국『국조시산』에서도 시수로 수위를 점한다는 사실을 생각해 본다면,『국조시산』의 선시 방향은 명확해 보인다.

> 옹의 시는 우리나라 여러 이름난 작가를 넘어섰으니, 어찌 나의 글을 기다려 썩지 않는 것이 되랴. 그러나 남긴 시들을 주워 모아 천 년 뒤에까지 전하자는 것이 나의 마음인데 부처님의 머리를 더럽혔다는 나무람을 회피하겠는가? 위아래 수백 년에 이르러 여러 노대가를 평하고서 옹을 언급한다는 것이 너무나도 참월하여 한 시대의 사람들을 놀라게 하는 것임을 알고 있으나 오래되면 의논은 정해질 것이니, 어찌 한 사람도 말을 아는 자가 없겠는가?[17]

허균은 이달의 시를 모으고 그의 시집에 서문을 쓰면서, 이달의 성취는 알려진 대가들보다 뛰어나다고 평가하였다. 이달의 신분을 고려했을 때 자신의 이러한 평가가 참람되고 황당한 논의로 여겨질 수 있다는 사실을 알고 있었지만, 결국 나중에는 정론이 되리라 확신하였던 것이다.

---

17 許筠,『惺所覆瓿藁』卷13,「蓀谷集序」(韓國文集叢刊 74輯). "夫翁之詩, 度越國家諸名家, 豈待鄙文爲不朽哉. 雖然, 掇拾遺詩, 期以傳千載者, 不佞心也, 其可避汚佛首之誚乎. 至於上下數百年, 評隲諸老, 以及乎翁者, 極知僭越而駴一時之人, 要之久則論定也, 夫豈無一人知言哉."

『국조시산』의 선시 양상은 작가의 명성보다는 시 자체의 예술성에
비중이 있었고, 또 허균이 추구하던 당풍의 시가 다수 배치되면서 허
균 개인의 시에 대한 특정 관점이 드러났다고 할 수 있다. 다만 그의
시에 대한 안목은 정확했기 때문에, 『국조시산』에 수록된 시와 작가는
실제로 당시 모두가 인정하는 대가의 작품이 다수이다. 그리고 허균이
특별히 주목한 이달이나 권필, 황정욱과 같은 허균 당대의 인물은 『국
조시산』에 처음 시가 선발되었고, 이들의 시문은 후대에 조선 중기의
성과로 지속적으로 언급되었다. 『국조시산』은 중론을 수용한 바탕에
허균이 제안하는 새로운 시의 방향을 반영한 결과라고 정리할 수 있다.

7. 목판본의 간행과 후대에 끼친 영향

『국조시산』이 편찬된 후, 조선 문인들은 이 시선집에 대해 긍정적인
반응을 보여주었다. 이는 허균이 선행 시선집을 재선하는 방식으로
중론을 수용한 바탕에, 허균 당대에 도래한 새로운 시풍을 적극적으로
제안했기 때문이다. 또한 여기에 선시 이유를 설명하거나 시의 성취를
품평하는 비어까지 더해졌기 때문에 『국조시산』에 대한 평가와 수용
도 다양한 방식으로 전개되었다.

『국조시산』이 편찬된 후 88년이 지나 간행된 『국조시산』의 목판본
은 여러 시화를 참고하여 비평을 추가하였고, 작가에 대한 기본적인
설명도 더하였다. 목판본 『국조시산』의 출현은 허균의 시선집이 단순
한 시선집 이상의 시학서로서 유용한 참고서임을 증명하는 일이었다.

또한 『국조시산』은 허균 개인의 이후 저술 활동에도 영향을 끼쳤다.
특히 『성수시화』는 한시 비평서라는 점에서 두 저술의 관련성에 주목
해볼 수 있다. 같은 시에 대한 평가가 동일한 문형으로 표현되거나 비
슷한 관점에서 서술되고 있다는 점에서 허균의 시관이 『성수시화』까

지 견고하게 유지됨을 알 수 있다. 다만 두 저술은 시선집과 시화집이라는 장르의 차이에서 기인하는 성격과 방향성 차이가 존재하는데, 『성수시화』는『국조시산』과 달리 각 시 형식을 고루 선발해야 하는 장르적 제약이 없는 관계로 허균이 선호했거나 조선에서 성취가 있었던 시 형식을 집중적으로 선택하고 기술한 특징이 있다.

　조선시선집사(朝鮮詩選集史)에서 보면,『국조시산』출현 이후에 등장한 조선시선집『기아』는『국조시산』을 거의 전재하였고,『국조시산』의 범위를 넘어서는 부분만 추가하는 방식으로 편찬되었다. 조선에서 대제학 남용익을 통해 공식적으로 제작하고 또 활자로 찍어낸『기아』가『국조시산』을 전적으로 수용한 사실은『국조시산』의 목록이 조선을 대표하는 시로 확고해지고『국조시산』이 조선시선집사에서 공고한 위상을 확보하고 있음을 짐작하게 한다.

국조시산 권1

양천(陽川) 허균(許筠) 단보(端甫) 비선(批選)

오언고시(五言古詩)

원유가[1]

遠遊歌 정도전(鄭道傳)

置酒賓滿堂	술잔치 벌여 손님이 당에 가득한데
起舞歌遠遊	일어나 춤을 추며 원유(遠遊)[2]를 노래하네

便古 예스럽다.

遠遊亦何方	멀리 노닌다면 어느 곳에 갈 건가
九州復九州	구주[3]를 돌고 또 구주를 돌아보리라
朝枻洞庭波	아침에 동정호 물결에 배를 띄워
暮泊易水流	저물녘 역수[4]에 닻을 내리면

---

1 이때 공민왕(恭愍王)이 노국공주(魯國公主)를 위하여 영전(影殿)을 짓는데 토목의 역사(役事)가 자주 일어나므로 공이 주(周)나라와 진(秦)나라의 잘잘못을 칭탁하여 풍자한 것이다. (『삼봉집』 원주)

2 굴원(屈原)이 지은 『초사(楚辭)』「원유(遠遊)」에 "슬프다 세상의 박절함이여, 훌쩍 날아 멀리 노닐기를 원하노라.[悲時俗之迫阨兮 願輕擧而遠遊]" 하였다. 세속을 하찮게 여기고 인간의 수명이 짧은 것을 슬퍼하며 세상 밖에 노닐고픈 염원을 읊은 노래이다.

3 『서경』 서(序)에 "우(禹) 임금이 구주를 구별해서 산을 따라 내를 준설하고 토양에 맞게 공물을 짓게 했다.[禹別九州 隨山濬川 任土作貢]"라고 하였다. 옛날 중국 전역을 아홉 지역으로 나누어 명명하였는데, 『서경』「우공(禹貢)」에서는 기주(冀州)・연주(兗州)・청주(靑州)・서주(徐州)・양주(揚州)・형주(荊州)・예주(豫州)・양주(梁州)・옹주(雍州)를 구주라고 하였다.

4 하북성(河北省) 연경(燕京) 근처에 있는 강으로, 호남성에서 한나절에 멀리 왔다는 뜻으

四顧騁遐矚 　사방을 돌아보며 아득히 눈을 들어
想像雍熙秋 　지난날 태평시대[5] 되새기리라
翼翼唐虞都 　넓고 넓은 요순의 도읍터나

　　　　入魏晉 위진 시의 경지에 들었다.

崇崇殷夏丘 　높고 높은 은하[6]의 언덕들
歲月曾幾何 　세월이 얼마나 흘렀는지
邈矣不可求 　아득해서 찾을 길 없구나
登車復行邁 　수레에 올라 또다시 길을 떠나
翩翩逝宗周 　나는 듯이 주나라로 향해 가네
嵯峨靈臺高 　우뚝하구나[7] 높은 저 영대[8]

　　　　雄渾春容 彼纖麗者可厭 웅혼하고 전아하여 저 곱기만 한 시들은 염증이 난다.

靄靄祥雲浮 　뭉게뭉게 오색구름 중천에 떴네
鳳凰鳴高岡 　봉황새는 고강에서 울고[9]

로 썼다. 전국 시대에 자객 형가(荊軻)가 연(燕)나라 태자 단(丹)을 위해 진왕(秦王)을 죽여서 복수를 해 주려고 비수를 끼고 떠나던 날, 수많은 사람들이 역수 가에 이르러 그를 송별하였다. 이때 형가의 친구인 고점리(高漸離)가 축(筑)을 타자, 형가가 이에 화답하여 노래하였다. "바람이 쌀쌀하게 부니 역수가 차갑구나. 장사는 한번 가면 다시 오지 않으리로다.[風蕭蕭兮易水寒, 壯士一去兮不復還.]" 『사기』 권86 「자객열전(刺客列傳) 형가(荊軻)」

5 원문의 옹희(雍熙)는 요순(堯舜) 시대에 천하가 잘 다스려져 백성들이 화락(和樂)하고 밝게 교화된 데서 연유한 표현이다. 진(晉)나라 장형(張衡)의 「동경부(東京賦)」에 "백성들이 부유함을 함께하고, 상하가 그 옹희(雍熙)를 함께 누린다.[百姓同於饒衍 上下共其 雍熙]"라고 하였다.

6 『삼봉집』에는 '夏殷'으로 되어 있다.

7 『삼봉집』에는 '峨峨'로 되어 있다.

8 주나라 문왕(文王)의 대(臺) 이름이다. 『시경』 「영대(靈臺)」에 "영대를 짓기 시작하여 공사를 벌이니, 서민들이 일하는지라 하루가 못 되어 완공하였도다. 빨리 하지 말라 하셨으나 서민들이 자식처럼 와서 일하였도다.[經始靈臺 經之營之 庶民攻之 不日成之 經始勿亟 庶民子來]"하였다. 영대(靈臺)의 '영(靈)'에 대해 『시경집전(詩經集傳)』에서는 "신속하게 만들어져서 마치 신령(神靈)이 만든 것 같다는 뜻에서 영(靈)이란 이름을 붙였다."라고 하였다.

關雎在河洲 징경이는 하수의 물가에 있네[10]

綿綿千載後 면면히 이어져 천 년 지난 뒤에도

綽有無疆休 그지없는 아름다움 지녔더니만

繼世何莫述 어찌타 뒷임금 계술[11]이 없어

王風一以儳 왕도 정치 나날이 사라졌는가[12]

祖龍呀其口 악독한 조룡(祖龍)[13]이 입을 벌리어

一擧呑諸侯 한꺼번에 여섯 나라 제후 삼켰네

阿房與天齊 아방궁이 하늘과 가지런해지자

兀盡蜀山頭 촉산의 머리가 우뚝해졌네[14]

禍在魚狐間 물고기와 여우[15] 사이에 화가 일어나

---

9 『시경(詩經)』 대아(大雅) 「권아(卷阿)」에 "봉황이 우네 저 고강에서[鳳凰鳴矣 于彼高岡]"라고 하였다. 이는 주나라 성왕(成王)을 경계한 시다.

10 『시경』 국풍(國風) 주남(周南)의 첫 번째 편인 「관저(關雎)」의 첫 부분이다. "곽곽 우는 징경이, 하수의 모래섬에 있도다. 요조한 숙녀는 군자의 좋은 짝이로다.[關關雎鳩, 在河之洲. 窈窕淑女, 君子好逑.]" 「관저(關雎)」는 주나라 문왕(周文王)과 후비의 훌륭한 덕을 읊은 시로, 부부간 금슬이 좋아 그 교화가 백성에게 미친 것을 찬미하였다.

11 효자가 선세(先世)의 업적을 잘 계승하는 것을 말한다. 『중용장구』 제18장에서 공자(孔子)가 이르기를 "근심이 없으신 분은 오직 문왕(文王)이실 것이다. 왕계(王季)를 아버지로 삼으시고, 무왕(武王)을 아들로 삼으셨으니, 아버지가 시작을 하시고 아들이 계술(繼述)하였다."라고 하였다.

12 『삼봉집』에는 '日以渝'로 되어 있다.

13 『사기(史記)』 권6 「진시황본기」에 "금년에 시황이 죽는다.[今年祖龍死]"는 예언이 실렸는데, 이에 대해 배인(裴駰)이 "조(祖)는 처음이고 용(龍)은 임금의 상이니, 시황(始皇)을 이른다.[祖, 始也. 龍, 人君象. 謂始皇也.]"라고 하였다.

14 당나라 시인 두목(杜牧)의 「아방궁부(阿房宮賦)」에 "촉산이 우뚝해지니, 아방궁이 나왔네.[蜀山兀 阿房出]" 하였다. 촉산은 사천성에 있는 산이고, 올(兀)은 민둥산의 높고도 번번한 모습이다. 아방궁을 세우려고 수많은 나무를 베어버려 촉산이 민둥산이 되었다는 뜻이다.

15 진(秦)나라의 수졸(戍卒) 진승(陳勝)과 오광(吳廣)이 반란을 일으킬 때에 군사의 마음을 선동하기 위해 물고기와 여우를 이용한 이야기가 『한서(漢書)』 열전 권1 「진승 항적전」에 보인다. "비단에다 붉은 물감으로 '진승왕(陳勝王)'이라고 써서 어부가 그물로 잡은 물고기 뱃속에 넣어 두었다. 그 물고기를 사서 끓여 먹던 병졸들이 이 글자를 발견하고 기이하게 여겼다. (진승은) 또 오광을 시켜 숙영지 근처의 신사(神祠)에 몰래 들어가 어두워지기

一朝輸項劉　하루 아침 항우와 유방에게 넘겨 주었네[16]

孰非出民力　어느 것인들 백성의 힘에서 나오지 않았으랴만

得失如薰蕕　잘되고 잘못된 건 훈유[17] 같구나[18]

徘徊感今昔　지금과 옛날을 느끼며 서성대다가

日晏旋我輈　날이 저물어 내 수레를 돌이켰네

滿堂賓未散　당에 가득한 빈객은 아직도 흩어지지 않아

擧酒相獻酬　술을 들어 서로 주고 받네

高歌未終曲　드높은 노래가 멎기도 전에

雙涕爲君流　두 줄기 눈물이 그대 위해 흐르네[19]

卒章奇杰 마지막 장이 기걸차다.

滔滔洪遠 當是國初大手 도도하고도 홍원하니 마땅히 국초의 대가이다.

를 기다려 향로에 불을 피워서 도깨비불처럼 보이게 한 뒤 여우 소리를 흉내내며 '대초(大楚)가 부흥한다. 진승이 왕이다.'라고 외치게 했다."

16 진시황이 죽게 되자 조고(趙高) 등이 공자(公子)인 부소(扶蘇)를 죽이고 호해(胡亥)를 2세(世)로 세웠으나 곧 천하가 어지러워져 반란이 일어났으며, 항우와 유방이 천하를 다투다가 결국 유방이 통일하여 한(漢)나라를 세웠다.

17 훈(薰)은 향초(香草)이고 유(蕕)는 악취 나는 풀인데, 이 두 가지를 섞어 놓으면 10년이 지나도 오히려 악취가 남는다고 하였다. 선(善)은 소멸되기 쉽고 악은 제거하기 어려움을 비유한 말이다. "일훈(一薰) 일유(一蕕)는 10년이 가도 오히려 남은 냄새가 있다.[一薰一蕕 十年尙有餘臭]"『좌전(左傳)』「희공(僖公) 4년」

18 『삼봉집』에 안(按)이 붙어 있다. "뒷사람의 평에 '이는 영대와 아방궁이 다같이 백성의 힘을 이용했건만 흥망이 서로 다름을 말한 것이다'라고 하였다.[按後人評曰, 此言靈臺, 阿房俱用民力, 而興亡相懸.]"

19 『삼봉집』에 안(按)이 붙어 있다. "뒷사람의 평에 '종말에는 눈물을 흘려 가며 일러주니 풍자가 깊고 간절하다' 하였다.[後人評曰, 終至於流涕而道之, 諷之深切.]"

오호도에서 전횡[20]을 조상하며

嗚呼島 弔田橫[21]

曉日出海赤	새벽 해가 붉게 바다 위에 솟아
直照孤島中	외로운 섬을 곧장 비치네
夫子一片心	부자의 한 조각 붉은 마음이
正與此日同	정히 이 해와 같아라

激烈 격렬하다.

相去曠千載	서로 몇 천 년이나 떨어졌지만
嗚呼感予衷	아아! 나의 충정이 느껴지니
毛髮竪如竹	머리털이 치솟아 대나무 같아
凜凜吹英風	으시시 영웅의 풍모가 느껴지는구나

終謝子安累塵 끝내 자안(子安)[22]이 연루된 것에 사죄하였다.

위소주 시를 본받아, 이사인(李舍人)과 안주서(安注書)가 찾아온 것에 감사를 표하다[23]

效蘇州 謝李舍人安注書見訪   권근(權近)

地僻寡輪鞅 땅이 외져 수레 탄 손님 적으니[24]

---

20 전횡(田橫)은 전국시대 제왕(齊王)의 후예로서 진(秦)나라 말기에 자립하여 왕이 되었는데, 형세가 불리해지자 부하 500여 명과 함께 오호도(嗚呼島)로 피해 들어갔다. 왕후(王侯)에 봉해 주겠다는 한나라 고조(高祖)의 부름을 받고 낙양(洛陽)으로 가다가, 머리를 굽혀 신하가 되는 일은 차마 하지 못하겠다면서 자결하였다. 그러자 그 무리 500여 명도 모두 따라서 자결하였다. 『사기(史記)』권94「전담열전(田儋列傳)」

21 갑자년(1384) 가을에 공이 전교부령(典校副令)으로서 성절사(聖節使) 정몽주(鄭夢周)를 따라 명나라에 들어갔다. (원주) '弔'가 '子'로 잘못 필사되었다.

22 자안(子安)은 이숭인(李崇仁, 1347~1392)의 자이다. 조선 개국에 뜻을 같이 하지 않은 것에 앙심을 품은 정도전에 의해 장살(杖殺) 당했다. 이숭인은 생전에 전횡을 애도한「오호도(嗚呼島)」를 지은 바 있다.

高樓含夕淸　높은 다락이 맑은 밤에 잠겨 있구나
詞人挈榼至　시인이 술병을 들고 찾아오니
對咏仍細傾　마주 앉아 시 읊으며 차분히 기울이네
煩想一消散　번잡한 생각 다 흩어지고

　令上　훌륭하고 탁월하다.

微風生兩楹　미풍이 추녀 끝에 불어오누나
草根露華滋　풀뿌리는 이슬에 함빡 젖고
候蟲有哀聲　가을 벌레는 애처롭게 우네

　入選　당선이다.

歡諧未云洽　즐거운 회포를 풀기도 전에
去住良可驚　가신다니 참으로 섭섭하구려
相期後夜會　뒷날 밤 모임을 다시 기약하리니
莫負華月明　저버리지 마소 밝은 저 달을

유자음

遊子吟[25]　　　　　　　　　　　　　　　　　　변중량(卞仲良)

遊子久未返　객지에 떠도는 자식 오래 돌아가지 못해
弊盡慈母衣　어머니 주신 옷이 다 헤어졌네
故山苦遼邈　고향이 아득하게 머니
何時賦言歸　어느 때에나 돌아가려나
人生不滿百　인생이 백 년이 되지 못하니

23　권근의 문집인 『양촌집』 제목을 보면 이사인은 이결(李結)이고 안주서는 안노생(安魯生)이다.

24　도연명의 「귀전원거(歸田園居)」에, "궁박한 골목이라 찾아오는 수레도 적구나.[窮巷寡輪鞅]" 하였다.

25　당나라 맹교(孟郊)의 「유자음(遊子吟)」을 변중량이 차운하였다.

惜此西日暉   서산에 지는 햇빛이 아깝구나

此次孟參謀韻者 亦自悲切 이 시는 맹참모의 시에 차운한 것인데, 또한 절로 슬프고
도 절실하다

감흥

感興[26]   변계량(卞季良)

綺樓何鮮明   화려한 누각이 어찌도 선명한지
照耀浮雲邊   뜬구름 가에 그 빛이 비쳤네
樓中有佳女   누대 가운데 미녀가 있어
容色妖且姸   그 자태 예쁘고 곱기도 해라
一笑竟不發   끝내 한 번도 웃지 않으니
芳心誰爲傳   고운 마음 누구에게 전하려나
試取鳴琴彈   시험 삼아 거문고를 가져다 뜯었더니
哀響飛靑天   서글픈 소리가 푸른 하늘로 퍼지네
願爲君子逑   바라는 건 군자의 짝이 되어서
偕老終百年   함께 늙으며 백년을 마치는 걸세

頗得古詩遺法 고시의 유법을 자못 터득하였다.

이태백의 자극궁 감추시(紫極宮感秋詩)에 화운하여 감회를 쓰다

和太白紫極宮感秋詩韻書懷[27]   신숙주(申叔舟)

西風萬里來   서풍이 만리에서 불어와
秋聲起叢竹   가을 소리가 대나무 떨기에 이니

---

26 변계량의 『춘정집(春亭集)』에 7수가 실렸는데, 그 가운데 제6수이다.
27 『보한재집』 권10에는 「시림광기를 보다가 동파(소식), 산곡(황정견), 후촌(유극장), 첨산

高堂夜不寐　고당에 밤 되어도 잠 이루지 못해

幽思正堪掬　깊은 시름이 풀리지 않네

緬懷追前修　옛사람 길이 생각해 보니

黽勉愼所獨　홀로 있을 때에도 삼가기를[28] 힘썼으며

有德不敢忘　덕이 있으면 감히 잊지 못하고

持論破竅 지론을 가지고 깨뜨려 통하였다.

有怨不敢宿　원한 있어도 감히 품지 못하였지

五十尙迷途　나는 쉰이 되어도 길을 찾지 못했으니

從茲亦可卜　이로 미루어 결과를 짐작할 수 있네

回輿及未暮　더 저물기 전에 수레를 돌리면

思邊之語 『사변(思邊)』[29]의 말이다.

庶幾不遠復　더 이상 멀어지지는 않으리라

行行遵大路　큰 길을 따라 걷고 걸어서

視彼前車覆　저 앞 수레가 전복된 것을 보며

一日更一日　하루 또 하루를 힘쓰면

人事備生熟　세상 살기에 서투르고 익숙함이 갖춰지리라

(사방득)이 이태백의 자극궁 감추시(紫極宮感秋詩)에 화답한 것을 보고 그 운에 따라 감회를 쓰다[閱詩林廣記 見東坡 山谷 后村 疊山和李太白紫極宮感秋詩 依韻書懷]」라 는 제목으로 실려 있다. 『시림광기(詩林廣記)』는 송나라 문인 몽재(蒙齋) 채정손(蔡正孫, 1239~?)이 20권으로 편찬한 시선집이다.

28 『중용』제1장에 "그러므로 군자는 보이지 않는 곳에서도 경계하고 삼가며, 들리지 않는 곳에서도 겁을 내고 두려워하는 것이다. 은미할 때가 가장 잘 드러나므로, 군자는 혼자 있을 때를 조심해야 한다.[是故 君子戒愼乎其所不睹 恐懼乎其所不聞 莫見乎隱 莫顯乎 微 故君子愼其獨也]"라고 하였다.

29 『사변(思邊)』은 이백(李白)의 시 제목이다. 변방에 수자리 살러 간 남편을 그리워하는 여인의 노래이다.

안특진의 체를 본받다

效顔特進[30]   성간(成侃)

三辰霽玄穹 해와 달, 별이 하늘에 개이니

太逼延之口氣 안연지(顔延之)의 말버릇과 매우 비슷하다.

百祥凝赤縣 온갖 상서로움이 땅[31]에 엉기네

龜筮夾日時 점을 치니 날과 때가 맞고

土圭正方面 방위를 재니 방향이 바르구나

翼翼敞周庭 날아갈 듯 높은 주나라 궁정에

雕績雖切 已隳李唐 꾸민 공적이 비록 절절하나 이미 당시를 실추시켰다.

巍巍開漢殿 우뚝 솟은 한나라 전각에

重簷鬱層雲 겹처마는 층층 구름에 얽혔고

富艶得稱 풍부함과 아름다움이 걸맞다.

丹櫨閃流電 단청 두공은 번개에 번득이네

繁露下空明 짙은 이슬이 하늘에서 내리니

瑞樹交蒨蔥 상서로운 나무들 우거져 푸르구나

華月麗中闈 환한 달이 규중에 비치고

鋪得甚洪麗 포치가 매우 넓고 아름다움을 얻었다.

鮮風擁丹輦 신선한 바람이 단연(丹輦)을 감싸네

萬億握靈符 억만년 신령한 부절을 잡고

逍遙享淸燕 소요하며 한가로움을 누리네

天開氛祲消 하늘이 열려 요망한 기운 사라지고

---

30 『진일유고』 제1권 「잡시(雜詩) 3수」 가운데 제2수이고, 아래 시는 제3수이다.

31 원문의 적현(赤縣)은 중원, 또는 중국을 가리키는 '적현신주(赤縣神州)'를 줄인 말이다. 『사기』 권74 「맹자순경열전(孟子荀卿列傳)」에 "중국 이름을 적현신주라 하는데 적현신주의 안에 구주(九州)가 있으니, 하(夏)나라 우왕(禹王)이 만든 구주가 바로 이것이다."라고 하였다.

轉換如彈丸脫手 전환이 탄환이 손을 벗어난 듯 빠르다.

運泰謳歌遍　운수 태평해 칭송하는 노래 퍼지네

起迹感風雲　자취를 일으키니 풍운의 느낌이 있고

楊名蓮冠弁　이름을 떨치니 관직은 버금이어서

奏疏列謀猷　소장을 바쳐 경륜의 계책 펼치고

獻賦承顧眄　시부를 올려 임금의 돌아보심을 얻었네

道拙却懷慙　도가 졸렬하여 부끄럽지만

情紆不知倦　정이 얽혀져 지겨움을 모르겠구나

　結尤似魏晉格 결구가 더욱 위진의 시격 같구나.

　二篇俱是選體 不意東方有此作也 두 편이 모두 『문선의』 선체이니, 동방에 이런 작품이 있으리라고는 뜻하지 못했다.

포참군의 체를 본받다

效鮑參軍

　極力躡踪 亦有逕廷 힘을 다해 뒤쫓았으나 역시 현격한 차이가 있다.

宛馬紫游韁　대완마의 자줏빛 고삐는

　便是俊逸 준일해졌다.

翩翩五陵間　오릉 사이에 너울거리고

瑪弓揷雙鞬　아로새긴 활은 두 활집에 꽂아

晨夕騁遊般　새벽부터 저녁까지 달리며 노네

鬪鷄臨東郊　싸움닭은 동쪽 들에 다다르고

　極似魏晉人語 위진의 시어와 지극히 흡사하다.

驅獸上南山　쫓기는 짐승은 남쪽 산으로 오르네

柔風蕩近甸　부드러운 바람이 근교에 불고

　如是 이와 같다.

丹葩耀陽巒　붉은 꽃은 양지바른 산에 빛나는구나

陳筵薦美酒　자리 펼치고 맛있는 술을 올리니
燕趙發淸彈　연조(燕趙)의 여인들이 악기를 연주하네
　　婉麗可喜 예쁘고 고움이 기뻐할 만하다.
留連歲云徂　머뭇거리는 사이에 세월은 가니
嘲謔心未闌　웃으며 희롱해도 마음은 편치 않네
岩棲有隱士　바위굴에 깃들인 숨은 선비 있으니
逸駕誰能攀　그 누가 달리는 수레를 붙잡으랴
采綠騫春華　조개풀을 뜯다가 봄꽃을 망쳐 버리고
　　又似陸長公口氣 또 육장공(陸長公)의 말투와 비슷하다.
班坐蔭秋蘭　자리 벌여 앉으니 가을 난초 가렸구나
潛德旣已殷　숨은 미덕이 이미 넉넉하건만
十年閉重關　십 년 동안이나 겹문을 닫았네
滿歆物之忌　가득 차서 넘치면 만물이 꺼리고
　　曲曲得体 굽이굽이 꼭 들어맞는다.
謙益身之完　겸손해서 더 받으면 몸이 온전하네
山從太卑進　산은 아주 낮아야 나아가고
器從太美刓　그릇이 너무 아름다우면 이지러지네
　　名言破的 명언이 요점을 찔렀다.
喟焉群居士　아! 여러 선비들이여
持此須鑑觀　이 말을 모름지기 본받고 살피시게
　　殊快人意 사람의 마음을 아주 유쾌하게 한다.

봉대곡[32]

鳳臺曲   김종직(金宗直)

昭帝上官后 소제의 상관황후[33]에 대하여

秦女儷簫史	진나라 목공의 딸이 소사와 짝이 되어
日夕吹參差	밤낮으로 퉁소를 함께 불었네
崇臺遺鏡匳	높은 봉대에 화장 그릇 남겨 두고
巾袖雲披披	옷소매를 구름 속에 길게 늘어뜨렸네
暮伴鳳凰宿	저녁에는 봉황과 짝하여 자고
朝侶鳳凰嬉	아침에는 봉황과 짝하여 노닐었지
天地以永久	천지와 함께 영구히 전해지리니
那識人間悲	어찌 인간 세상의 슬픔을 알랴
妾淚不可忍	첩의 눈물을 참을 수가 없으니

嗚咽欲絶 오열로 숨이 끊어질 듯하다.

| 此生長別離 | 이생에서는 영원히 이별이라오 |

寓意深切 담긴 뜻이 깊고 절실하다.

---

32 봉대곡(鳳臺曲)은 악부(樂府) 곡사(曲辭)의 하나이다. 진(秦)나라 목공(穆公)의 딸 농옥(弄玉)이 퉁소를 잘 불던 소사(簫史)와 서로 좋아하므로 그에게 시집을 보냈는데, 농옥도 퉁소를 배워 봉황(鳳凰)의 울음소리를 잘 내자 봉황이 그의 집에 모여들었다. 마침내 봉대를 짓고 그곳에 살다가 어느 날 부부가 함께 봉황을 따라 신선이 되어 갔다는 내용을 노래한 것이다.

33 상관 황후는 상관안(上官安)의 딸로 6세 때에 한나라 소제(昭帝)의 황후가 되었는데, 얼마 후에 친정아버지가 역모(逆謀)를 하다가 발각되어 멸족(滅族)을 당하였다. 황후가 14세 때에 소제가 붕어하자, 황후는 이때부터 홀로 되어 슬픔 속에 지내다가 선제(宣帝)가 즉위한 후에 나이 52세로 붕어하였다. 『한서(漢書)』 권97 「외척전(外戚傳)」

고낭월자[34]

古朗月子

平帝王后 평제의 왕황후[35]에 대하여

金魄非自朗	달은 저 혼자 밝은 것이 아니라
受此陽烏影	이 태양의 빛을 받기 때문일세
兩曜若合璧	두 빛이 옥벽을 합해 놓은 듯하니
萬國仰光景	만국이 그 광휘를 우러러 보네
陽烏一搨翼	태양이 날개 한 번 거두어 버리자
金魄所不幸	달빛이 불행하게 되었네
長年兎擣藥	긴 세월 토끼가 약을 찧지만
未信醫災眚	재앙 치유할는지 믿을 수 없네
蕭蕭桂已蠹	쓸쓸한 계수나무 이미 좀먹었으니
雖華焉得永	아무리 화려한들 어찌 영구하랴
感嘆徹遙夜	감탄하며 긴긴 밤을 지새노라니
肝膽不能靜	마음이 진정되지 않는구나

托興亦妙 흥을 부친 것이 또한 묘하다.

---

34 낭월(朗月)은 밝고 맑은 달인데, 포조(鮑照)와 장점(張漸)이 「낭월행(朗月行)」을 지었다. 「고낭월자」는 악부의 옛 제목을 빌려 지은 것인데, 이백(李白)이 「고낭월행」을 지었다.

35 왕황후는 왕망(王莽)의 딸로 어려서 한나라 평제(平帝)의 황후가 되었는데, 수년 뒤에 평제가 붕어하고 자기 아버지인 왕망이 한실(漢室)을 찬탈하였다. 황후의 나이 겨우 18세였는데, 그 후로는 항상 병을 핑계로 조회도 받지 않았다. 뒤에 한나라 군대가 왕망을 잡아죽이고 미앙궁(未央宮)을 불태우자, 왕황후가 "무슨 면목으로 한가(漢家)를 보겠느냐." 하고는 스스로 불속에 뛰어들어 자결하였는데 27세였다. 『한서(漢書)』 권97 「외척전」

안동 아판과 헤어지며 포소의 동문행에 차운하다

用鮑昭東門行韻 別安東亞判　　　　　　　　　　　　이경동(李瓊仝)

離絃不堪聽　이별곡 거문고소리 차마 들을 수 없어

便覺凄切 문득 처절하게 느껴진다.

絃急無和聲　급한 가락 화답하는 소리 없구나

離觴不可醉　이별주 술잔에 취하지 않아

兩句逼孟參謀 두 구절이 맹참모에 가깝다.

觴盡還淚零　잔 비우자 눈물이 쏟아지누나

停盃且勿彈　술잔 멈추고 거문고 뜯기도 멈추고

與君相一訣　그대와 이별하는 말을 나누네

丈夫識輕重　장부는 워낙 경중을 아니

思別 이별을 생각한다.

悲懽不在別　슬픔과 기쁨이 이별에 있지 않네

高堂在萬里　만 리 밖에 계신 그대의 양친

惆悵桑楡晚　애달프게도 연세가 높으시지[36]

稍脆 조금 연약하다.

調膳子所職　봉양은 자식이 맡은 일이니

未嘗忘一飯　밥 한 술 먹을 동안도 잊지 못하네

棄官豈養志　벼슬을 버리면 어찌 어버이 뜻을 받들랴

去住難自斷　거취를 판단하기 어려웠지만

留家奉晨昏　집에 머물며 아침 저녁 모실 생각에

南望眼長寒　남쪽을 바라보며 눈이 시어라

---

36 원문의 상유(桑楡)는 노경(老境)을 일컫는 표현이다. 『회남자(淮南子)』에서 "해가 서편에 드리우면 햇살이 나무 끝에 걸린다. 이를 일러 상유(桑楡)라 한다.[日西垂 景在樹端 謂之 桑楡]"고 한 데서 나왔다.

除書昨日下　어제 위에서 안동판관 제수하는 글 내려오니

捧檄喜見顔　교지를 받들고 기쁨이 얼굴에 드러나네

君歸勉爲官　그대여, 돌아가 직무에 힘쓰게나

　至此方造古體 이에 이르러 바야흐로 고체가 만들어졌다.

忠孝非兩端　충성과 효도가 둘이 아니라네

결객소년장행

結客少年場行[37]　　　　　　　　　　　　　　성현(成俔)

少年不讀書　젊은이가 책은 읽지 않고

學劍敵萬夫　검술 익혀 만 사내를 대적하려니

所交皆荊聶　사귀는 이들은 모두 형가와 섭정[38] 같아

出入長安衢　장안의 번화가에 드나드는구나

腰間挾匕首　허리에는 날카로운 비수를 꽂아

紫電光射途　자전[39]의 붉은 섬광 번쩍거리니

　詞采傑然 말의 문채가 걸출하다.

刺人白晝市　대낮에 저자에서 사람 찌르고

---

37 악부의 잡곡가사(雜曲歌辭) 가운데 하나이다. 노조린(盧照隣)이나 우세남(虞世南), 이백(李白) 등이 이 제목으로 시를 지었는데, 대부분 연소한 유협(遊俠)이 혈기를 믿고 노니는 모습을 읊었다. '행(行)'은 서사증(徐師曾)의 『시체명변(詩體明辨)』에 "걷고 달리고 말로 치달리는 듯하며 트여서 막힘이 없는 문체를 행이라고 한다.[步驟馳騁 疏而不滯者曰行]"라고 하였다.

38 원문의 형섭(荊聶)은 전국시대(戰國時代)의 이름난 자객인 형가(荊軻)와 섭정(聶政)을 가리킨다. 형가는 연(燕)나라 태자(太子) 단(丹)의 부탁으로 진왕(秦王) 정(政)을 죽이려다가 실패한 사람이고, 섭정은 엄수(嚴邃)란 사람의 부탁으로 한(韓)나라 재상 괴(傀)를 죽인 사람이다.

39 고대의 보검(寶劍) 이름이다. 왕발(王勃)의 「등왕각서(滕王閣序)」에, "자전과 청상은 왕장군의 무고로다[紫電淸霜 王將軍之武庫]"라고 하였다. 번쩍이는 칼날을 묘사한 것이기도 하다.

報怨忘其軀　원한을 갚느라고 위험도 잊네

　氣槩雄迅 기개가 웅장하고 빠르다.

前年赴召募　지난해 출정하는 군사로 자원해

走馬西擊胡　서쪽으로 말 달려가 오랑캐 칠 때

　蒼古 아주 예스럽다.

先行度沙漠　앞장서서 먼지 이는 사막을 건너

叱咤風雲驅　고함치며 풍운처럼 달려갔었지

　凌厲宇宙 우주에 사납게 내달린다.

霜鶻奮老拳　송골매가 노련하게 발로 차면[40]

飛鳥散驚呼　새들 놀라 소리치며 흩어지듯

探盡豺虎穴　호랑이굴 샅샅이 수색한 뒤에

長歌回大都　노래하며 큰 도회로 돌아왔었지

功名若固有　공명을 본래부터 지닌 것처럼

不願朱紫紆　높은 벼슬 갖기를 바라지 않고

還隱舊屠肆　예전 살던 도축장[41]에 돌아가 숨어

　癡語逼古 못난 말이 옛 시에 가깝다.

蒲博聚其徒　도박하며 무리를 끌어모으네

　有鮑家氣格可貴 포가의 기격이 있으니 귀하다.

---

40 두보(杜甫)의 시 「기악주가사마륙장파주엄팔사군량각로(寄岳州賈司馬六丈巴州嚴八使君兩閣老)」에 "갈매기는 머리 깨짐을 방어하지만, 송골매는 헛발질한 적이 없다네.[浦鷗防碎首 霜鶻不空拳]"라고 하였다.

41 자객 형가가 연나라에 가서 개백정과 친하게 지냈다. 섭정도 원수를 피해 백정들 사이에 숨어 지냈다.

임 생각

有所思   이정(李婷)

朝亦有所思   아침에도 임 생각
暮亦有所思   저녁에도 임 생각
所思在何處   그리운 임은 어디에 있는가
千里路無涯   천리 길에 끝이 없어
　　唐人佳品 당인의 훌륭한 작품이다.
風潮望難越   풍파에 바라만 보고 건너지 못해
雲鴈託無期   편지도 전할 길 없네
欲寄音情久   소식을 전하려 한 지 오래 되니
中心亂如絲   속마음 실같이 헝클어졌네

달 뜨기를 기다리며

待月有懷   이정(李婷)

灩灩高樓月   휘영청 높은 다락의 달
團團玉窓裏   둥글둥글한 옥창 안에 둥글구나
　　從迢迢牽牛星出來 멀리 아득한 견우성을 따라 나온다.
娟娟一美人   곱디고운 한 미인이
渺渺隔秋水   아득하구나 가을 물 건너편에 있네
紉佩不可見   허리에 찬 것 보이지 않아도
蘭香空在玆   난초 향내가 여기 있는 듯
思之望何處   그리워라 어디를 바라보나
腸斷亦天涯   애달파라 역시 하늘 끝일세

세 여인

三娘歌   이심원(李深源)

　　卽古三婦艷之遺也 옛 삼부염체[42]의 유법이다.

一娘繅橦絮	첫 번째 여인은 물레에서 실을 켜고
二娘書諺文	두 번째 여인은 언문을 쓰네
三娘堂下立	세 번째 여인이 당 아래 섰는데
鬢髮雙朶雲	머리털이 구름결 같구나
客子且來坐	손님이 와서 앉으니
斜陽猶未曛	지는 해는 아직도 노을지지 않았네

一娘汲水去	첫 번째 여인은 물 길러 가고
二娘當竈炊	두 번째 여인은 부엌에서 밥하고
三娘窓下坐	세 번째 여인이 창 아래 앉았는데
彩線綉紅褵	오색 실로 붉은 주머니에 수를 놓네
客子且停騎	나그네가 말을 세우고
日沈鷄上塒	날이 저물자 닭이 횃대에 오르네

　　稍有樂府古態 故存之 악부의 고태가 조금 있기에 남겨 두었다.

신을 끌면서 상송(商頌)을 외우는 노래[43]

曳履商歌   남효온(南孝溫)

累我以利名　나를 명리로 얽어 매고

---

42 삼부염체(三婦艷體)는 서로 화답하는 잡체시의 하나로 대부(大婦), 중부(中婦), 소부(小婦)의 모습을 묘사한 여섯 구가 있다. 제(齊)나라 왕융(王融)이 지은 「삼부염(三婦豔)」이란 시가 대표적이다.

43 증자(曾子)기 7일을 굶고 신을 끌면서 상송(商頌)을 외우는 소리가 금석(金石)에서 나오

辱我以爵位　나를 벼슬로 욕되게 하니
與改我初服　나의 첫 뜻을 고치느니보단
寧守我弊屨　차라리 내 헌 신을 지키리라
曾聞一貫語　일찍 일관[44]이란 말 들었으니

　　自托於子輿 意甚警　스스로 자여에게 기탁하였으니 뜻이 매우 빼어나다

豈無東周意　동주[45]의 뜻이 어찌 없으랴
方圓知不周　방원이 맞지 않음을 알고 나니
商歌徹天地　상가가 천지를 울리네

　　放浪語亦稱人　내키는 대로 하는 말 역시 그 사람에게 걸맞다.

천천히 걷다

晩步　　　　　　　　　　　　　　　　　　　　　이현손(李賢孫)

散髮携短筇　흐트러진 머리에 짧은 지팡이 짚고
衣裳不自整　옷도 되는 대로 걸쳐서 입고
緩步空庭曲　빈 뜰을 천천히 걸어가노라니
齟齬隨孤影　외로운 그림자만 어기적거리며 따르네
颼颼晩風動　우수수 저녁 바람이 일고
孤光沒西嶺　초승달이 서산에 기울었는데
頹畦菜花殘　묵은 이랑에 채소꽃 다 떨어지고
疏蔓秋瓜冷　가을 오이 성긴 덩굴이 싸늘하구나
白露團翠篠　푸른 댓잎에 흰 이슬이 동글동글

───────────────

　　는 것 같다 하였다. 『추강집』에는 「병풍 십영(屛風十詠)」 가운데 제1수로 실렸다.
44　『논어』 「이인(里仁)」에서 공자가 증자에게 "우리 도(道)는 하나로 꿰느니라.[吾道一以貫
　　之] 하였다.
45　『논어』 「양화(陽貨)」에서 공자가 "만일 나를 써주는 사람이 있으면, 나는 (노나라를) 동주
　　로 만들겠다.[如有用我者 吾其爲東周乎]"라고 하였다.

淡語淸泠 담박한 말이 맑고 서늘하다

淡煙生古井　낡은 우물에 허연 연기가 나는데

翩翩歸鳥集　잘 새가 훨훨 모여들어

深林暝色逈　깊은 숲에 어둠이 깊어가누나

入微 은미한 곳으로 들어간다.

微物亦知棲　미물도 제 집을 찾을 줄 알건만

我何長泛梗　나는 왜 늘상 떠돌아다니는가

歸來臥一室　돌아와 방안에 혼자 누워서

冷語收拾 냉어로 수습하였다.

幽吟四壁靜　그윽이 읊노라니 사면이 고요하구나

택지에게 보내어 화답을 구하다[46]

投擇之求和　　　　　　　　　　　　　　　박은(朴誾)

丈夫一發憤　대장부가 한 번 발분하면

金石亦可摧　쇠와 돌도 꺾을 만하네

當時魯連子　옛날 노중련이 몸을 던질 때

磊磊不凡 뇌락하여 범상치 않다.

東海小如盃　동해를 잔처럼 작게 보았지[47]

---

46 박은의 문집에는 「열흘 동안이나 장마가 계속되어 문에 내객이 없고 초연한 회포가 있기에, '구우래금우불래'로 운을 삼아 택지에게 보내어 화답을 청하다[霖雨十日門無來客悄悄有感於懷取舊雨來今雨不來爲韻投擇之乞和示]」 7수 가운데 제3수로 실렸다.

47 전국시대 제(齊)나라의 고사(高士)인 노중련(魯仲連)이 조(趙)나라에 가 있을 때 진(秦)나라 군대가 조나라의 서울인 한단(邯鄲)을 포위했는데, 이때 위(魏)나라가 장군 신원연(新垣衍)을 보내 진나라 임금을 천자로 섬기면 포위를 풀 것이라고 하였다. 노중련이 "진나라가 방자하게 천자를 참칭(僭稱)한다면 나는 동해를 밟고 빠져 죽겠다." 하니, 진나라 장군이 이 말을 듣고 군사를 후퇴시켰다. 『사기(史記)』 권83 「노중련 추양열전(魯仲連鄒陽列傳)」

人生會一死　인생은 한 번 죽게 마련이지만
臨死或低回　죽음에 다다라선 혹시 망설이네

　　奮發激烈 떨쳐 일어나 격렬하다.

此心苟能推　이 마음을 진실로 미룬다면
餘風庶靡頹　여풍이 무너지지 않으련만
吾徒有餘愧　우리는 부끄러움 하도 많으니
非命豈不哀　비명이 어찌 슬프지 않으리

　　似指淳夫沈江事 순부[48]가 물에 몸을 던진 일을 가리키는 듯하다.

江流深莫測　흐르는 강물은 깊기만 하고
四山鬱崔嵬　사산이 우뚝 둘러섰으니
欲招平生魂　평생의 혼을 부르려 하나
千秋倘歸來　천년 뒤에나 혹시 되돌아오려나[49]

　　殊非古選家法 故只取此云 옛날 시를 뽑던 이들의 법이 특히 아니기 때문에 다만
이것을 취하여 말한다.

방언
放言

이별(李鼈)

我欲殺鳴鷄　내가 우는 닭을 죽이려 하니
恐有舜之聖　순 임금의 거룩함이 있을까 두렵고[50]
雖欲不殺之　죽이지 않으려 하니
亦有跖之橫　도척의 횡포가 또한 있구나

---

48 순부는 박은의 선배인 정희량(鄭希良)의 자인데, 무오사화(戊午士禍) 때 모친상으로 복
(服)을 입던 중 세상을 떠나 종적을 감추었으므로 이렇게 말하는 것이다.

49 이 해 5월에 정순부가 강에 몸을 던져 자살했다. (문집 원주)

50 『맹자』 「진심(盡心) 상」에, "닭이 울자 일어나서 부지런히 선(善)을 하는 이는 순(舜)의
무리요, 닭이 울자 일어나서 부지런히 이익만 구하는 것은 도척의 무리다." 하였다.

風雨鳴不已   비바람 불어도 그치니 않으니
舜跖同一聽   순 임금과 도척이 같이 들어서
善惡各孜孜   선과 악을 저마다 부지런히 행하니
不鳴非鷄性   울지 않으면 닭의 천성 아니로다

우의

寓意   신영희(辛永禧)

男僕掃庭除   남종은 뜰을 소제하고
女僕掃閨堂   여종은 안채를 쓰네
丈夫掃邊塵   장부는 변방의 티끌을 소탕하고자 하니
　　滄海橫流 處不安也 창해가 횡류하여 처한 곳이 불안하다.
志不在門楣   뜻이 집안에 있지 않네
高臥斗屋下   오두막에 높이 누워
掉我胸中旗   내 흉중에 있는 기를 흔드노라
野人非丈大   야인은 장부가 아니니
大夫各自奇   장부는 저마다 스스로 기이하네

일실(一室). '축융봉'[51] 시의 운자를 쓰다

一室 用祝融峯韻   이행(李荇)

　　諸篇 從黃陳中來 殊蒼古 제편이 황정견(黃庭堅), 진사도(陳師道)에서 유래하여 특
　　히 고색창연하다.

下有淸溪流   아래에는 맑은 시내 흐르고

---

51 주희(朱熹)의 시 「상봉사로부터 축융봉 절정에 올라. 경부의 시에 차운하다.[自上封登祝
　　融峯絶頂 次敬夫韻]」를 가리킨다.

上有靑山高   위에는 푸른 산 높이 솟은 곳

其間數間屋   그 사이 몇 칸의 집 있으니

默坐如藏逃   묵묵히 앉아 은거하는 듯하구나

景物自四時   경치는 사철에 따라서 바뀌니

耳目唯爾遭   이목이 만나는 건 이뿐일세

安排處得意語 안배하여 뜻을 터득한 말을 놓았다.

莫登喬嶽頂   높은 산 꼭대기 오르지 말고

委曲 자세하고 소상하다.

莫涉滄海濤   넓은 바다 물결 건너지 말라

岳有虎與羆   산에는 사나운 범과 곰이 있고

海有鯨與鼇   바다엔 큰 고래와 자라 있으니

頃刻或不戒   잠깐이라도 혹 경계하지 않으면

性命輕秋毫   목숨을 가볍게 잃고 말리라

紆餘不盡 굽이굽이 끝이 없다.

世路豈不夷   세상길 어이 평탄치 않으랴만

勢利分錐刀   권세와 잇속을 잗달게 따지니

咄哉亦莫前   아서라! 앞으로 나아가지 말라

死汝以貪饕   탐욕스럽다고 너를 죽이리라

蕭然一室內   쓸쓸히 한적한 일실 안에서

偃息可無勞   내 뜻대로 기거하면 편안하건만

歲月不相貸   세월은 날 기다려 주지 않으니

奈此雙鬢毛   희게 센 이 머리털 어이할거나

長夜何漫漫   긴긴 밤은 얼마나 멀고 먼지

老懷何滔滔   늙은이 회포는 얼마나 많고 많은지

常有新意不覺爲煩 항상 새로운 뜻이 있어 번잡하게 느껴지지 않는다.

莫如讀我書   나의 책 읽는 것이 가장 좋으니

恰似痒處搔   마치 가려운 곳을 긁어 주는 듯하구나[52]

봄눈. '대설(大雪)'[53] 시의 운자를 쓰다
春雪 用大雪韻

天公好戲劇	천공이 장난질을 좋아해
與人多參差	사람의 일과 많이 어긋나누나
春後遣滕六	봄이 온 뒤에 눈을 내려 보내
入我雙鬢垂	나의 머리털에 들어오게 하다니
久知老縛律	이 늙은이 예법에 얽매인 줄 알고
試以群玉妃	많은 옥비[54]를 보내어 시험하는구나

　奇而襯 기이하면서도 딱 맞는다.

不貪是爲寶	탐내지 않는 마음이 바로 보배이니
何有珠與璣	구슬과 옥이 있은들 무엇하랴[55]
用意自有在	나의 뜻한 바는 따로 있으니
定非兒輩知	어린 것이 알 게 아닐세[56]
藹藹山氣夕	자욱한 산 기운은 저물어 가고

　辭條蔓蔚 動心駭聽 말의 가지가 무성하게 뻗어나가 마음을 움직이고 이상스레 들린다.

---

52 당나라 두목(杜牧)의 시 「독한두집(讀韓杜集)」에 "두보의 시 한유의 문을 시름겨울 때 읽으니, 마치 마고에게 부탁해 가려운 곳 긁는 듯하구나.[杜詩韓文愁來讀 似倩麻姑痒處搔]"하였다.

53 주희 시의 원제목은 「큰 눈이 올 때 말 위에서. 경부의 시에 차운하다.[大雪馬上 次敬夫韻]」이다.

54 옥비는 눈이다. 한유(韓愈)의 시 「신묘년 눈(辛卯年雪)」에 "흰 무지개가 먼저 길 열더니만, 만 명의 옥비가 이어 내려오네.[白霓先啓塗 從以萬玉妃]"하였다.

55 주희의 원운(原韻)에 "만 개의 옥과 구슬 던져 주도다.[投之萬璧璣]"하였다.

56 어린 것[兒輩]은 조물주를 가리킨다. 당나라 두심언(杜審言)이 병이 위중할 때 송지문(宋之問)과 무일평(武一平)이 찾아가서 병세가 어떤가를 묻자, 두심언이 대답하기를 "조물주 어린 것[造化小兒]에게 몹시 시달리니, 무슨 말을 하랴." 한 데서 유래하였다. 『신당서(新唐書)』 권201 「두심언열전(杜審言列傳)」

漠漠雲陰低　흐릿한 구름장은 낮게 드리워

强起傍寒梅　억지로 일어나 찬 매화 곁에 가니

瀟灑塵外姿　씻은 듯 맑은 모습 속세를 벗어났네

折之欲誰贈　이 가지 꺾어서 누구에게 줄거나[57]

渺渺余所思　내 그리운 벗은 아득히 멀구나

　　情曲深至 간곡한 정이 깊이 이른다.

相看兩不厭　매화는 아무리 봐도 지겹지 않아

脈脈空自奇　말없이 나누는 정이 절로 기이해라

短節固吾有　짧은 지팡이는 본래 나의 것이요

　　何等風流 어떠한 풍류더냐?

麴生亦我隨　술 또한 나를 따라다니니

投杖作一醉　지팡이 내던지고 한바탕 취해

　　正在有意無意之間 곧 마음이 있음과 없음의 사이에 있다.

敲杖吟新詩　지팡이 두드리며 새 시를 읊노라

天運有相代　하늘 운행은 번갈아 바뀌어도

　　達見 峽潰何決 달견이니 협곡이 무너져 어떻게 터질 것인가?

此趣無窮時　이 흥취는 다할 때가 없으리라

중열(仲說) 사화(士華)와 함께 북원(北園)에 노닐며
與仲說士華遊北園

春風喧百鳥　봄바람에 온갖 새들 지저귀고

草木漸和柔　초목들은 차츰 생기를 띠어가네

---

57 남조(南朝) 송(宋)나라의 육개(陸凱)가 강남에 있을 때 교분이 두터웠던 범엽(范曄)에게 매화 한 가지를 부치면서 "매화를 꺾다 역사를 만났기에, 농두에 사는 그대에게 부치네. 강남에는 아무것도 없어, 한 가지 봄을 보낸다오.[折梅逢驛使 寄與隴頭人 江南無所有 聊贈一枝春]"라는 시를 함께 부쳤다.

勝事不覺懶　좋은 모임에 지칠 줄 몰라

更作今日遊　다시금 오늘 놀이를 벌이네

可人與同好　서로 마음 맞는 벗들 사이라서

　　媚嫵 교태롭다.

一笑豈待謀　의논을 기다릴 것도 없이 쉬 만났건만

天公有老眼　천공이 노안을 가졌는지

爲閟山水幽　그윽한 산수를 감추는구나

　　倏然有味 갑자기 맛이 있다.

邂逅落吾輩　반가운 해후는 우리들 몫이니

　　聲色臭味俱好 소리와 색, 냄새와 맛이 모두 좋다.

短筇寄冥搜　짧은 지팡이로 기이한 곳 찾아 나서네

醉罷得佳趣　술자리 끝내고도 즐거움을 얻으니

詩淸仍暗投　시상에 젖어 시구를 주고받네

俗子但聞此　속된 나는 그저 듣기만 할 뿐이니

蟪蛄論春秋　쓰르라미와 여치가 봄가을을 논하는 셈일세

三嘆謝主人　세 번 탄식하고 주인께 사례하노니

樂地非外求　즐거움은 밖에서 얻는 게 아니로다

　　如入宋廟 但見禮樂器 마치 송묘에 들어간 것 같아 예악기(禮樂器)만 보인다.

감회

感懷

白髮非白雪　흰 머리털이 흰 눈은 아니니

豈爲東風滅　봄바람이 분다고 어찌 없어지랴

春愁若春草　봄 시름이 마치 봄풀과 같아

日夜生滿道　밤낮없이 자라서 길에 가득해라

東海無返波　동해에선 돌아오는 물결 없고

西日難再早   서녘 해는 뒤로 물리기 어려구나
大運只如此   천지의 운행이 이 같을 뿐이니
安得不衰老   어찌 늙고 쇠하지 않을 수 있으랴
　　達見達見 달견이다. 달견이다.
生也本澹泊   사람의 삶이란 본래 담박한데
外物作煩惱   외부의 사물이 번뇌를 일으킨다네
　　透玄關 현관을 투과하였다.
奈何今之人   어찌하여 오늘날의 사람들은
不自寶其寶   자기 보배를 보배로 여기지 않는가
簞食是金液   변변찮은 음식이 금장옥액[58]이요
　　可與知道者言 도를 아는 사람의 말이라 허여할 만하다.
陋巷乃蓬島   누추한 거리가 바로 봉래산이니
超然萬世內   만세의 세월 안에 초연히 서서
下視彭鏗夭   장수와 단명[59]을 내려다보네

무진정[60]
無盡亭

十日九官府   열흘에 아흐레는 관부에 살기에
未信腰脚頑   허리 다리 완강할 줄은 몰랐다가
漸染已如此   차츰 습관 들어 이같이 되었으니
吾生自作艱   이내 삶 스스로 고생을 하는구나

---

58 금과 옥을 주초(朱草)에 녹여서 만든 도가(道家)의 선약(仙藥)이다.

59 팽갱(彭鏗)은 팽조(彭祖)인데 요임금 때부터 하(夏)나라를 거쳐 은(殷)나라 말기까지 8백년을 살았다고 한다. 『장자』「제물론(齊物論)」에 "요절한 소년보다 더 장수한 이가 없고, 팽조가 요절했다고 할 수도 있다.[莫壽乎殤子 而彭祖爲夭.]"라고 하였다.

60 『용재집』 권3에는 「차운(次韻)」 제2수로 실려 있다.

今晨得休告 오늘 아침에는 휴가를 얻어

　一往奔詣 故復自佳 한 번 가서 달려 나아가기 때문에 다시 절로 아름답다.

把酒登南山 술병을 들고 남산에 올라 보니

高秋葉歸本 가을이라 잎새들은 흙으로 돌아가고

　玲瓏不可湊泊 영롱하여 모을 수가 없다.

薄暮鳥知還 저물녘 새들은 보금자리 찾는구나

平生倚坦率 평생 대범한 성품대로 살아왔더니

到頭多厚顔 결국은 낯 두꺼운 일들이 많았네

醉眠松下石 솔 아래 바위에서 술 취해 조노니

細故何足關 자질구레한 일 따위가 무슨 상관이랴

山靈故戲我 산신령이 짐짓 나를 희롱하는지

洗耳聞潺潺 귀 씻으라고 졸졸 시냇물 소리 들리네

차운하다[61]

次韻

西風入我室 서풍은 나의 방에 불어오고

秋月照我幃 가을 달은 나의 휘장을 비추니

我懷不能定 나의 회포 진정할 수 없어

天運自相差 하늘 운행이 절로 어긋나누나

攬衣出門去 옷을 걷어 잡고 문을 나서서

竹杖仍手持 대지팡이를 손에 짚으니

　閑澹沖融 酷似淵明 한담하고 충융하여 도연명과 아주 매우 닮았다.

山氣夕固佳 산기운은 저녁 무렵이 더 좋아

爲我生新姿 나를 위해 새 자태를 만들어내네

---

61 『용재집』 권3에 실린 위의 시의 제1수이다.

獨賞有餘興　홀로 완상하노라니 여흥이 많아

安用兒輩隨　어찌 아이놈들 따라올 필요 있으랴

群動一已靜　뭇 동물들 죄다 이미 잠들어

竚立亦多時　우두커니 서서 한참을 보냈네

歸還臥空榻　집에 돌아와 빈 침상에 누워

幽夢慰所思　그윽한 꿈속에 님 생각을 달래노라

渾金璞玉 莫知名其器 제련하지 않은 금과 갈지 않은 박옥이니 그 그릇을 무엇이라
이름할지 알지 못한다.

임술년 칠월 잠두에 놀던 때를 추억하며 장호남의 시운을 쓰다[62]
追憶壬戌七月蠶頭之遊 用張湖南詩韻

赤壁千載後　적벽부 천년 지난 뒤에

勝絶蠶頭峯　경치 빼어난 잠두봉에

當時兩玉人　당시에 함께 놀던 두 옥인이

幽興頗疊重　그윽한 흥 겹겹이 많았네

扣舷泝流光　뱃전 두들기며 유광 거스르고[63]

俯瞰馮夷宮　풍이[64]의 궁전을 내려다보았지

擧酒徵舊令　술잔 들어서 옛 주령(酒令)을 찾고

---

62 『용재집』권8에 「임술년 칠월 기망(旣望)에 남지정(南止亭), 박취헌(朴翠軒)과 잠두봉
(蠶頭峯) 아래 배를 띄우고 놀았던 때를 추억하며, '칠월 십오일 밤이라는 장호남의 시를
읽고[讀張湖南七月十五夜詩]' 시의 운자를 사용하다.」라는 제목으로 실려 있다. 주희가
지은 시의 원제목은 「궁림각에서 칠월 십오일 밤이라는 장호남의 시를 읽고 오래도록
읊조리며 탄식하다가 차운하여 짓다.[穹林閣讀張湖南七月十五夜詩 詠歎久之 因次其
韻]」이다.

63 유광(流光)은 달빛이 비친 흐르는 물결이다. 소식(蘇軾)의 「적벽부(赤壁賦)」에 "이에 술
을 마시고 몹시 즐거워 뱃전을 두들기며 노래하였으니, '계수나무 노와 목란 상앗대로,
텅 비고 밝은 달빛을 치고 달빛 비친 흐르는 물결 거슬러 오른다.' 하였다." 하였다.

64 풍이(馮夷)는 수신(水神) 하백(河伯)의 이칭이다.

淸響敵笙鏞　맑은 음향은 생황에 필적했건만
俛仰已陳迹　잠깐 사이 이미 옛일이 되어
白首空龍鍾　백발의 몸으로 속절없이 늙었구나

　　通篇 如寫水着地 正自縱橫流漫 略無正方圓者 시편을 통틀어 마치 쏟아져나온 물
　　이 땅에 붙어서 곧 절로 종횡으로 흘러넘치니 네모난지 둥근지 대략 정확한 모양이
　　없는 것과 같다.

高歌廣陵散　광릉산[65]을 소리 높이 노래하니
落日生悲風　지는 해에 슬픈 바람이 이네

칠월 팔일에 홍언필 조신 두 사람과 적암에서 만나 운(韻)을 나누어 경(境) 자를 얻다[66]

七月八日 與洪彦弼 曺伸二君會適庵 分韻 得境字

留客石屛深　돌 병풍 깊은 곳에서 손님을 붙들고
勸酒巖泉冷　바위 틈 샘물 찬 데서 술을 권하네
偶爾了佳約　우연히도 좋은 만남을 이루었으니
听然悟眞境　기뻐서 참다운 경지를 깨닫네
人好物無醜　사람이 좋으니 사물도 다 좋건만
地勝語難警　경치가 빼어나 아름다운 구절 얻기 어렵네

　　名言名言 명언이다, 명언이다.

---

65 광릉산(廣陵散)은 삼국시대 위(魏)나라 혜강(嵇康)이 잘 연주한 곡인데, 이 곡을 남에게
　　는 전수하지 않았다. 그가 후에 참소를 입고 죽임을 당하게 되자 소금(素琴)으로 이 곡을
　　연주하면서 "광릉산이 이제는 끊어지는구나." 하였다. 『진서(晉書)』 권49 「혜강열전(嵇康
　　列傳)」 여기서는 참소로 목숨을 잃은 읍취헌(挹翠軒) 박은(朴誾)을 그리워한 것이다.
66 『용재집』 권3에 「칠월 팔일, 숙달(叔達), 호숙(浩叔), 자미(子美), 숙분(叔奮)과 함께 적
　　암(適庵)에 모여 '결려재인경(結廬在人境)'으로 운(韻)을 나누어 나는 경(境) 자를 얻다.
　　[七月八日 同叔達 浩叔 子美 叔奮 會適庵 以結廬在人境 分韻 得境字]」라는 제목으로
　　실려 있다.

木末迓祥飆　나무 끝에 상서로운 바람 맞이하고
雲外繫隆景　구름 밖에는 뜨거운 해가 매였으니
遇賞互忘返　좋은 풍경 만나서 돌아가길 잊고
待月時引領　달 뜨길 기다리며 이따금 목을 빼네

우연히 짓다

偶題

莫謂生足樂　삶에 즐거움 많다 말하지 말라
未始不爲死　애초에 죽음이 따르게 마련이니
死者或不朽　죽은 자가 혹 썩지 않는다면
　　富貴無能磨滅 誰記 부귀는 갈아 없앨 수 없다고 누가 기록했던가?
與生亦何異　산 것과 또한 무엇이 다르랴
春秋迭代謝　봄과 가을은 번갈아 바뀌고
禍福互伏倚　화와 복은 서로 맞물려 있네
浩然天地間　호연하구나 이 천지 사이에
中夜存一氣　한밤중 한 기운을 간직하노니[67]
彼何預吾事　저것이 나와 무슨 상관이랴
我自有餘地　나는 스스로 여지가 있네
　　語到會心處 自覺理竅通 말이 마음이 이해되는 곳에 이르니 절로 이치를 깨달아
　　통한다.

---

67 『초사(楚辭)』「원유(遠遊)」에 "전일한 그 기운 매우 신명하여[壹氣孔神兮] 고요한 밤중에
　　존재하도다[於中夜存]"라고 하였다.

보이는 대로 쓰다
即景   김정(金淨)

入俗離途中作 속리산에 들어가는 길에 짓다.

夕陽沒西峯　석양이 서편 봉우리에 지니
奇彩在東嶺　기이한 빛이 동쪽 고개에 있네
參差高與低　울쑥불쑥 높고도 낮아
巧分靑紫影　푸르고 검은 그림자를 교묘하게 나누었네
風生洞雲瞑　바람이 일어나자 골짜기 구름 어두워지고
　　輞川高韻 망천[68]의 고상한 운이다.
露沐巖樹淨　이슬이 씻어내니 바위 나무가 깨끗하구나
百態各呈媚　온갖 자태로 아름다움을 드러내어
遠近互掩映　원근이 서로 조화를 이루네
世人眼俱肉　세상 사람들 눈이 모두 고깃덩어리니
眞畫誰能省　참다운 그림을 그 누가 알아보랴
　　意好 뜻이 좋다.
我亦無妙思　나 또한 오묘한 생각 없으니
多慙寫奇勝　기이한 경치 그려내기가 많이 부끄러워라

감회
感懷

客散酒初醒　손님들 흩어지고 술이 막 깨어보니
茅軒坐幽獨　초가집에 나 홀로 앉아 있구나

---

68 당나라 시인 왕유(王維)가 별장을 지어놓고 시를 지었던 곳이다.

華月流素光   밝은 달은 하얀 빛이 흐르는데

　蘇州艶處 위소주의 고운 경지이다.

層城藹遐矚   층층이 진 성곽을 멀리 바라보네

雲湛瑤空露   구름 맑아 이슬 반짝이는데

　淸冷有韻 청랭하여 운치가 있다.

葉疏虛簷木   나뭇잎 성겨 처마 끝 나무 비었구나

簫簫黃竹林   쓸쓸히 지는 누런 대숲에

寒風碎叢玉   차가운 바람소리 옥을 깨누나

侯蟲罷秋吟   가을 벌레 소리도 그치고

蔓草歇芳綠   덩굴풀도 푸르름이 그쳤건만

觀靜跡已冥   고요히 바라보니 자취가 남아

感時思還續   시절을 느끼니 생각은 이어지네

遺聲儻可因   남은 소리 만약 인연이 있다면

寄之雙黃鵠   쌍쌍이 나는 누런 고니에게 부치리

　盛李中李之間 自成幽思 성당(盛唐)과 중당(中唐)의 사이에서 절로 그윽한 생각을
　이루었다.

고의. 차운하다

古意. 次韻   김안국(金安國)

壯志惜流景   장대한 포부로 흘러가는 풍광을 아쉬워하고

慷慨揮黃金   강개한 마음은 황금을 뿌리노라[69]

---

69 벼슬을 그만두고 편안하게 즐기면서 만년을 보내는 것을 말한다. 한(漢)나라 태부(太傅)
소광(疏廣)이 나이가 들어 은퇴하자, 선제(宣帝)와 황태자가 많은 황금을 선물로 주었는
데, 고향에 돌아와 주연을 베풀며 황금을 소비했던 고사가 있다. 『한서(漢書)』「소광전(疏
廣傳)」. 두보(杜甫)의 시(「秋日寄題鄭監湖上亭」三)에 "사리상 휘금해야 마땅하리니,
패옥 올리는 일이 어찌 내 몸에 맞겠는가?[揮金應物理 拖玉豈吾身]"라는 구절이 있다.

逐日不自量   날마다 분주하여 스스로를 헤아리지 못하니
萬古空鄧林   만고에 과보(夸父)의 등림(鄧林)[70]이 텅 비었네
悲歌未成寐   슬픈 노래 부르며 잠 못 이루니
撫枕淚流衾   베개 어루만지며 이불 위로 눈물을 흘리네
運化無停息   천지조화는 머물지도 쉬지도 않아
高陵或變深   높다란 언덕이 혹은 깊은 골로 변하니
良宵鷄易呼   좋은 밤에 새벽 닭이 쉬이 울부짖고
白日忽復陰   밝던 해가 홀연 다시 어두워지기도 한다네
所懷在天涯   그리워하는 사람이 하늘가에 있어
路遠不可尋   길이 멀어 찾을 수가 없구나
寂寞橫素琴   가로로 타는 흰 거문고가 적막하니
有調無其音   줄을 고르기만 하고 소리는 내지 않누나
鍾期聽憮然   종자기가 듣고는 머쓱해 하나니
見指難得心   손가락은 보아도 마음 얻기는 어려워라
仰睇遙漢間   우러러 먼 하늘 은하수를 훔쳐보지만
飜飛有孤禽   몸 뒤집으며 날아가는 새만 외로워라

정축년 칠월 대궐에 숙직하며 회포를 읊다

丁丑七月 禁直詠懷   기준(奇遵)

黃鵠千里遠   황곡은 천리 멀리 날아가니
矢繳杳何施   화살이나 주살도 아득해 미칠 수 없네
江鴻戀香稻   강 기러기는 향긋한 벼가 그리워

---

70 등림은 고대 신화 속에 나오는 신령스러운 숲 이름이다. 과보(夸父)가 태양과 경주를 하려
   고 해의 그림자를 좇아다니다가 지친 나머지 쓰러져 죽었는데, 그가 내버린 지팡이가
   나무로 변하여 사방 천리에 숲이 형성되어 등림이 되었다고 한다. 『산해경(山海經)』 권8
   「해외북경(海外北經)」 참조.

唧蘆遵水涯　갈대 물고서 물가 너머로 날아가네
出門望鄕關　문 나서서 고향을 바라보지만
客子何所之　나그네 어디로 가야하는가
蕭蕭楓桂林　쓸쓸하게 계림에 단풍 드니
日夕顔色衰　낯빛은 하루하루 쇠하는구나
寒雲落空庭　찬 구름이 빈 뜰에 내려앉고
　　何請王適六朝正韻 어찌 왕적(王適)⁷¹의 육조 정운을 청했나?
菊花依短籬　국화는 낮은 울타리에 의지해 피었네
美人隔湘浦　님은 상포 너머에 있어
日夜長相思　밤낮으로 오래오래 생각하건만
相思不可見　그리워해도 만날 수 없어
日日秋風吹　날마다 가을바람만 불어오네
　　藉可詠 기대 읊을 만하다.

대궐에서 숙직하며 회포를 읊어 원충⁷²에게 보이다
禁直詠懷示元沖

南山松柏幽　남산에는 소나무 잣나무 울창하고
北山煙霧深　북산에는 연기와 안개 짙게 끼었네
遊子暮何之　나그네는 다 저물어 어디로 가나
庭樹生秋陰　뜨락 나무엔 가을 구름 피어오르네
歸雲向遙岑　구름은 먼 봉우리 향해서 가고
宿鳥棲前林　저녁 새는 앞 숲에 깃들이는데
幽懷杳不極　깊은 회포 아득하여 끝이 없으니

71　당나라 시인. 자는 달부(達夫)로, 당 숙종(唐肅宗) 때 간의대부(諫議大夫)가 되었다.
72　앞에 나온 김정(金淨, 1486~1521)의 자가 원충으로, 호는 충암(沖庵)이다.

淸風吹我襟　맑은 바람만 내 옷깃에 불어오누나

　浩然遺韻 호연한 유운이 있다.

낙산사에 쓰다

題洛山寺　　　　　　　　　　　　　　　　　　임억령(林億齡)

　從韓蘇來得大篇宏放法 한퇴지와 소동파로부터 대편 굉방법을 얻어왔다.

江南綠髮翁　강남의 푸른 머리의 노인은

本自淸都謫　본래 하늘에서 귀양왔다오

雖乘使者車　사자의 수레를 탔더라도

足有王喬鳥　왕교[73]의 신은 충분하다오

暮投洛寺樓　저녁에 낙산사에 들어가니

逈與金山敵　멀리 금산과 맞서 있구나

大洋衝其下　큰 바다가 그 아래를 부딪치니

頓覺天地窄　불현 듯 천지가 좁게 느껴지네

　便覺突兀 우뚝 솟은 듯 느껴진다.

有物名曰鯨　어떤 생물 이름이 고래라 하니

嵯峨露鼻額　울쑥불쑥 코와 이마 내놓고 있네

　汪洋自恣 峻絶難攀 충만하여 제멋대로이고 매우 험준하여 올라가기 어렵다.

鬐鬣蔽靑天　지느러미가 푸른 하늘을 덮고

水族皆辟易　물고기들 모두 물러난다네

揚波六合昏　물결 일으키면 온 우주가 어둡고

　何等氣魄 어떠한 기백인가?

---

73 왕교가 일찍이 섭현(葉縣)의 영(令)으로 있을 때 매달 초하루와 보름날 수레도 없이 먼
　대궐까지 와서 조회에 참석하였다. 알아보니 그가 올 때마다 오리 두 마리가 동남쪽에서
　날아왔으므로 그물을 쳐 잡아 보니 왕교의 신발이었다고 한다. 『후한서(後漢書)』 권82상
　「방술열전 왕교(方術列傳 王喬)」

噴雪千里白　눈 같은 물 뿜어 천 리가 하얗다네

鬪罷血連波　싸움 끝나면 피가 파도에 이어지고

朽骨堆沙磧　썩은 뼈는 모래사장에 쌓이네

俄有白龍升　이윽고 흰 용이 하늘로 올라가

裂缺兼霹靂　하늘이 갈라지더니 벼락이 치네

　　變轉頃刻轉好 변하고 바뀌어 경각에 좋아졌다.

蜿蜿沒驪雲　꿈틀꿈틀 달리던 구름이 걷히고

爪牙森劍戟　발톱과 이빨이 칼과 창같이 빽빽하구나

　　鉅魚奇觀不厭 큰 물고기의 기이한 구경이 질리지 않는다.

去入無窮鄕　끝이 보이지 않는 바다로 들어가니

猛氣拔木石　사나운 기운 목석도 뽑을 듯하네

　　雄猛奔放 웅맹하고 분방하다.

銀柱倒揷濤　은 기둥이 뒤집혀 내리꽂히는 파도

蕩似天河坼　출렁이는 물결은 은하수가 터진 듯하구나

　　壯浪駭目 장대한 물결이 눈을 놀라게 한다.

竝驅魚與蝦　물고기와 새우를 나란히 몰고

陽侯又附益　바다 신도 붙어서 도와주는구나

山僧相謂曰　산승이 서로 일러 말하길

如此大雨射　이처럼 큰 비가 쏟아질 때면

攙攙羽林槍　곧게 선 우림위의 창이

　　狀景深至 형상과 경물이 깊이 이르렀다.

散落穿窓壁　흩어져 내려 창과 벽을 뚫는 듯하다고

長風掃東南　모진 바람이 동남쪽을 쓸어버리니

　　煙波萬里 안개 물결이 만리에 퍼졌다.

澄澄上下碧　맑디맑아 하늘도 물도 모두 푸르네

高枕夜向晨　고침안면 하고서 새벽 맞으니

天鷄鼓兩翮　하늘의 닭이 두 날개를 푸닥거리네

火山橫大壑　불타오르는 산이 바다를 가로질러
　眩晃怳惚 不可羈束 눈이 부시고 황홀하여 붙잡아 매어둘 수가 없다.
氣射半天赤　빛을 뿌리니 하늘은 반이나 붉었네
暘谷烘爲窯　양곡이 불붙어 가마가 되니
如羹沸釜鬲　마치 국이 솥에서 끓는 듯하다네
騰涌上黃道　거센 파도 황도를 올려 놓으니
照灼臨下赫　사방을 비추며 땅을 붉게 물들이네
寥寥據枯梧　쓸쓸하게 마른 오동나무에 의지하니
蒼蒼日之夕　희미하게 해가 저녁이 되는구나
皎皎白蓮花　희디 흰 백련화가
浮出龍王宅　떠서 용왕의 집에서 나오네
　淋漓鼓舞 성대히 고무시킨다.
坐令獩貊墟　앉아서 예맥의 터로 하여금
化爲水晶域　변하여 수정의 영역이 되게 하네
姮娥喚欲應　항아가 부르면 응하려 하고
桂華手堪摘　계수나무 꽃은 손을 딸 만하네
吾觀宇宙間　내가 우주 사이를 살피니
萬變一局奕　수만 가지 변화가 바둑 한 판이로구나
　極其麗之觀以冷語結局 아름다운 구경을 다하고 냉어로 끝을 맺었다.
醉來臥梨亭　취하여 배꽃 정자에 와서 누우니
落花盈我幘　떨어진 꽃이 내 망건에 가득하네
　敍事頓挫 文氣激陽 當與此境同壯 서사가 갑자기 꺾이고 문기가 격양되니 마땅히
　이 경지와 함께 장대하다.

서쪽 창 밖에 대나무를 심자 석양을 가려주고 바람이 불어 그림자가 산란하여 그림보다 훨씬 뛰어나므로 시로 형상을 그려본다
種竹西窓外 以遮夕陽 風吹影亂 絶勝圖畫 詩以狀之

古來竹傳神　예로부터 대나무의 전신(傳神)으로는
皆稱文與可　모두 문여가(文與可)[74]가 제일이라 칭한다만
似而不生活　비슷하되 살아 움직이지 않아
亦未逼造化　역시나 조화옹에 핍진하지는 않지
風本自然吹　바람은 본디 제 절로 불고
竹亦無心者　대나무 역시 무심(無心)하여

　　看他擺玩造化處 그가 조화를 벌려놓고 완상하는 곳을 보라.

適然兩相值　마침 이 둘이 서로 만나
拂我西窓下　나를 서쪽 창 아래로 잡아끄네

　　儘是奇動 모두 기이하게 움직인다.

分明紙窓面　분명하게 종이 창 위에
如以淡墨洒　마치 옅은 먹을 뿌린 듯하고

　　快活中藏巧思 쾌활한 가운데 공교한 생각을 감추고 있다.

風微乍蕭森　바람이 살랑 불자 잠깐 스산하더니

　　弄得至此 가지고 놀아 여기에 이르렀다.

風急復掀簸　바람 급해지자 다시 마구 뒤흔드네
涼氣滿室中　서늘한 기운이 방 안에 가득하거늘
誰云五月煮　누가 말하나, 오월을 찌는 듯하다고

　　稍談 조금 얘기한다.

---

[74] 문여가(文與可)는 송나라 문인화가 문동(文同, 1018~1079)으로, 자가 여가이다. 사천성 삼태현(三台縣) 사람으로 호가 소소거사(笑笑居士)이다. 호주 자사(湖州刺史)에 임명되었으므로 문 호주(文湖州)라고도 일컫는다. 특히 대나무 그림에 뛰어나 '문호주죽파(文湖州竹派)'를 형성하였다.

如入竹林中 마치 죽림 속에 들어간 듯하여

俗思 속된 생각이다.

手把劉伶罋 손에 유령(劉伶)[75]의 술잔을 쥐었다네

저녁에 걸으며[76]

晚步   이황(李滉)

先生詩 不蘄高而自高 乃所以爲高 선생의 시는 높아지려 하지 않아도 저절로 높으
니 이것이 바로 높게 된 까닭이다.

苦忘亂抽書 잘 잊어 이 책 저 책 다 뽑아 놓고

散漫還復整 흩어진 걸 도로 다 정리하자니

曜靈忽西頹 해가 문득 서쪽으로 기울어지고

江光搖林影 강물에 숲 그림자 흔들리누나

選法高處 선법이 높은 곳이다.

扶筇下中庭 막대 짚고 뜨락으로 내려가

閑遠自在 한가하고 요원함이 절로 있다.

矯首望雲嶺 고개 들고 구름재를 바라보니

漠漠炊烟生 아득하게 밥 짓는 연기 일어나고

從陶柳門中來 오류선생 도연명에서 유래하였다.

蕭蕭原野冷 으스스 들판은 차가워지네

田家近秋穫 농가에 가을걷이 가까워지니

---

75 유령(劉伶)은 진나라 때 죽림칠현(竹林七賢)의 한 사람.「주덕송(酒德頌)」을 지어, "누룩을
베개 삼아 베고 술지게미를 깔고 눕는다.[枕麴藉糟]"라고 하고, "해와 달을 빗장과 창문으로
삼고 광활한 천지를 뜰과 길거리로 여긴다.[日月爲扃牖, 八荒爲庭衢.]"라고 했다.

76 『퇴계집』권1에 실려 있다. "명양정 현손이 일찍이 이 제목으로 지었는데, 우연히 읽고는
사랑스러워 그 운을 써서 지었다[明陽正賢孫嘗有此詩 偶讀而愛之 用其韻]"라는 원주가
있다.

喜色動臼井　기쁜 빛이 방앗간 우물터에 돌아
鴉還天機熟　갈까마귀 날아드니 천기 익었고
鷺立風標逈　해오라기 선 모습 훤칠하구나
　　悟理之言 이치를 깨달은 말이다.
我生獨何爲　내 인생은 무엇을 하는 건지
宿願久相梗　숙원이 오래도록 풀리지 않네
無人語此懷　이 마음 이야기 나눌 사람이 없어
瑤琴彈夜靜　고요한 밤에 거문고를 타네
　　活潑潑地 살아서 펄떡대는 곳이다.

석천제 수창

石川第酬唱　　　　　　　　　　　　　　　　김인후(金麟厚)

酬酢淺深杯　깊고 양은 술잔이 오고 가면서
唱和長短吟　길고 짧은 노래를 주고 받누나
此間有眞意　이 사이에 참다운 뜻이 있으니
誰人知大音　그 누가 대음(大音)을 알아 들으랴
仰面發一笑　얼굴 들어 한바탕 허허 웃고는
靜聽松風琴　솔바람 소리를 고요히 듣네
　　氣自豪放 기운이 절로 호방하다.

중국에 사신으로 가는 좌랑 허성을 보내며

送許佐郎筬朝天　　　　　　　　　　　　　　노수신(盧守愼)

抱病亟移枕　병 끌어안고 자주 뒤척이노라니
今宵星斗明　오늘 밤에는 북두칠성이 밝구나
　　澹語造奇 담박한 말로 기이하게 만들었다.

南窓竹光分　남쪽 창가 대나무는 빛을 나누어 받고

意景俱佳 의경이 함께 아름답다.

北窓枯竹鳴　북쪽 창가 마른 대나무는 우는구나

世人輕夜氣　세상사람들은 야기(夜氣)를 가볍게 여겨

不謂萌蘖生　싹이 나온다[77]고 말하지 않네

起坐問前途　일어나 앉아 앞길을 물으니

倏忽到底 갑자기 바닥까지 이르렀다.

而有車馬聲　수레와 말 소리가 들리는구나

此時何許子　이때에 허자는 어찌

不憚萬里行　만리 먼 길을 꺼리지 않는가

令人釋氷炭　얼음과 숯 같은 남의 관계 풀게 하지만

得杜夔後之音 두기(杜夔) 후의 음을 얻었다.

其如二竪嬰　자신은 심한 병에 걸린 듯하리

'하늘가 구름'으로 노공을 전송하다[78]

天際雲 送盧公　　　　　　　　　　　　　　　기대승(奇大升)

悠悠天際雲　유유한 하늘가 구름이

浩浩欲成雨　넓고 넓어 비가 내리려 하네

---

77 『맹자』「고자 상(告子上)」에 "우산(牛山)의 나무가 일찍이 아름다웠는데, 큰 나라의 교외
(郊外)이기 때문에 도끼와 자귀로 날마다 나무를 베어 가니, 아름답게 될 수 있겠는가.
밤낮으로 자라나고 우로(雨露)가 적셔 주니 싹이 나오는 것이 없지 않건만, 소와 양이
방목되므로 이 때문에 저와 같이 민둥민둥하게 되었다. 사람들은 그 민둥민둥한 것만
보고는 훌륭한 재목이 있던 적이 없다고 여기니, 이것이 어찌 산의 본성이겠는가.[牛山之
木 嘗美矣 以其郊於大國也 斧斤伐之 可以爲美乎 是其日夜之所息 雨露之所潤 非無萌
蘖之生焉 牛羊又從而牧之 是以若彼濯濯也 人見其濯濯也 以爲未嘗有材焉 此豈山之
性也哉]"라고 하였다.

78 『고봉집(高峯集)』권1에 「'하늘가 구름'으로 거듭 노진을 전송하다[天際雲二篇 重送盧
禛]」 2수 중 제2수로 실려 있다. 노진(盧禛, 1518~1578)의 본관은 풍천(豐川), 자는 자응

隨風亂如絲　바람 따라 날리는 실낱같아
微潤不入土　미미한 윤기 땅에 들어가지 못하네

　　意好 뜻이 좋다.

空堂坐支頤　빈집에 턱을 괴고 앉아서
世事默自數　세상일 묵묵히 스스로 헤아려보니
有來必當去　오면 반드시 감도 있고

　　理當 이치가 마땅하다.

旣散還復聚　흩어지면 다시 모이기도 하네
紛紛夢中夢　분분하여 꿈속의 꿈 같으니
造物以何故　조물주는 무슨 까닭으로 그러한가
君如海上鶴　그대는 바다 위의 학과 같아
鬌影振毛羽　너울너울 털과 깃 떨치는데
我如路傍塵　나는 길가의 먼지와 같아
飄飆迷處所　나부끼어 정한 곳이 없구나
漢陰一分手　서울에서 한번 헤어진 뒤
佳期杳何許　좋은 기회 아득하니 언제나 될까
努力勵素業　노력하여 학업을 힘쓰고
玉音俾無阻　소식도 막히지 말도록 하소

　　昌黎家遺法 氣自渾昌 창려의 집안에 남은 법이니 기운이 절로 혼후하고 창대하다.

도연명의 확도(穫稻)에 차운하다

次陶穫稻韻　　　　　　　　　　　　　　　　최경창(崔慶昌)

萬事相糾紛　모든 일이 서로 얽히고 설켜
憂樂亦多端　걱정과 즐거움이 가지가지 많아라

(子膺), 호는 옥계(玉溪), 시호는 문효(文孝)이다. 저서에 『옥계집』이 있다.

居富苦未足　부자가 되고도 모자란다고 툴툴거린다니

　　便是名訓 문득 명훈이다.

處貧孰能安　가난하게 살면서 어찌 마음 편하랴만

達人乃遺榮　뜻 높은 사람은 속된 영화 버리고서

超然獨冥觀　초연히 세상일을 그윽이 살핀다네

豈但恥折腰　어찌 허리 굽힘만 부끄러워하여

　　一團洒落 전체가 씻은 듯 깨끗하다.

園林早宜還　전원으로 일찍 돌아가는 게 옳은 일이랴

力耕亦有穫　힘써 밭 갈아 거둬들여도

　　陶翁口吻氣 도연명의 말투이다.

而不免飢寒　배고픔과 추위를 벗어나지 못한다네

平陸起風波　평온한 땅 위에도 풍파는 일어나고

坦道生險艱　평탄한 길에도 험난한 일 생기는 법

謝絶世上交　세상과의 사귐을 끊어버리리라

物累寧我干　외물(外物)의 속박을 내 어찌 구하랴

田父時時至　농부들이 때때로 찾아오면

　　看他許多閑適之意 그의 허다한 한적한 뜻을 보라.

農談共開顔　농사일을 이야기하며 함께 웃으리라

旣去山日夕　그들이 떠나고 산 속의 해가 저물면

寂寞掩柴關　적막한 사립문 빗장을 지르리라

知音苟不存　이 마음 알아주는 사람이 없더라도

已矣何足嘆　어쩔 수 없지, 내 무엇을 탄식하랴

　　冷軟動人 서늘하고 부드러워 사람을 감동시킨다.

　　擬議以成變化 의논으로써 변화를 이루었다.

낮에 대자천에서 쉬다

晝憩大慈川上

午憩高陽口　낮에 고양 땅 어구에 이르러
秣馬大慈川　대자천 가에서 말을 먹이네
川水自東注　시냇물이 동쪽에서 흘러와

　古雅 고아하다.

灣回小山前　작은 산 앞에서 돌아들었네
側峭巖石古　옆 산에는 바윗돌이 예스럽고
屈曲抱重淵　굴곡을 이루어 깊은 못을 안았네

　泓崢蕭瑟 詠此覺神超形越 깊은 물과 높은 산을 대하여 느끼는 소슬함이니 이를
　읊으면 정신과 형체가 초월함을 느낀다.

倒影雜楓栝　단풍과 노송나무 섞여 거꾸로 비치는데
其下可方舡　그 아래에 배 하나를 띄울 만하구나
神物蟠深黑　신물은 깊고 어두운 곳에 서려 있고

　渟泓幽深 물이 가득 흘러 그윽하고 깊다.

弱鱗遊淸漣　작은 물고기는 맑은 물에 노니네
臨岸藉晴莎　언덕에 올라 깨끗한 잔디를 깔고 앉아
披襟散幽悁　옷깃 헤치고 마음속 근심을 흩어버리네
棲遲宜結廬　한가롭게 노닐며 오두막 지으면 좋으련만

　較萎 비교적 말랐다.

奈此官道邊　여기는 관도(官道) 가이니 어찌하랴
欲去屢回首　떠나면서도 자주 머리 돌리니
留思忽紛然　머물려던 생각이 홀연 어지럽구나

　諸篇出選入唐 可貴而較弱 氣不逮 여러 편이 뛰어나 당시의 경지에 들어가니 귀하
　게 여길 만 하나 비교적 약하여, 기가 미치지 못한다.

감우[79]
感遇

山翁得乳虎	산 속 늙은이가 호랑이 새끼를 얻어
養之置中園	그놈을 우리에 두고 길렀네
馴擾日已長	잘 길들어지며 나날이 자라
狎近如家豚	제 자식처럼 가까이 두고 귀여워했네
妻言虎性惡	호랑이는 본성이 악하다며 아내가 말했건만
翁怒愛愈敦	늙은인 성을 내며 더욱 사랑했네
畢竟噬翁死	지금까지의 은혜를 돌아보기는커녕
寧復顧前恩	끝내 늙은이를 물어 죽였으니
人皆笑翁愚	늙은이가 어리석다고 모두들 비웃건만
我獨爲翁冤	나만은 억울한 늙은이를 슬피 여기네

未乾薦補墨已彎射羿弓 천거한 먹이 마르기 전에 이미 예를 쏘려는 활을 당겼다.[80]

산속
山中

山中風氣寒	산 속이라 날이 차가워
霜霰日已積	서리와 우박이 날마다 쌓이네
靡靡暑景促	해 그림자까지 조금씩 촉박해져
纔早已成夕	아침이 오자마자 벌써 저녁이 되네

---

79 『고죽유고(孤竹遺稿)』에는 「양호사(養虎詞)」라는 제목으로 실려 있다.

80 구양수(歐陽修)가 장지기(蔣之奇)를 추천하여 어사가 되었는데, 장지기가 도리어 구양수를 모함하여 박주 지사(亳州知事)로 좌천되었다. 그 사례하는 표문(表文)에 이르기를, "예형(禰衡)을 천거한 먹이 마르기도 전에 이미 자기 스승인 예(羿)를 쏘려는 활을 당겼다.[未乾薦禰之墨, 已關射羿之弓.]"라고 한 구절이 나온다.

林空無留景　숲이 텅 비어 볼 만한 경치 없고
暝後有歸翼　어두워진 뒤에야 새들이 돌아오네
　　古雅 고아하다.
寂寞誰相顧　적막한 이곳에서 누구를 만나랴
憂來不能釋　걱정이 찾아와도 풀 수 없구나

옛 뜻
古意

轔轔雙車輪　윙윙대는 두 개의 수레바퀴
一日千萬轉　하루에도 천만 바퀴 돌아가누나
同心不同車　마음 같건만 수레 함께 타지 못하고
別離時屢變　헤어진 지 세월 많이 바뀌었구나
車輪尙有跡　수레바퀴 자국 아직 남아 있건만
相思獨不見　님의 생각 떠올려도 보이지 않네
　　張王雅韻 장적(張籍) 왕건(王建)의 바른 운이다.

밤에 앉아서 우연히 지어 양응우에게 부치다
夜坐偶成寄楊應遇　　　　　　　　　　　　　　백광훈(白光勳)

涼風生高樹　높은 나무에 서늘한 바람이 일자
微雨灑秋響　보슬비 소리에도 가을이 느껴지네
幽人起中夜　묻혀 사는 사람이 밤중에 일어나니
默感千里想　고요한 가운데 마음은 천 리를 달리네
居然年景迫　어느덧 한 해가 저물었는데
　　有味其言 그 말에 의미가 있다.
復此音徽曠　이제는 소식마저 듣기 힘들어라

雲波滿無期　구름 아득해 기약이 없고
嶺陸互迷望　고갯마루가 어딘지 길도 아슬해라
愁來取琴彈　시름겨워 거문고를 뜯어 보지만
調古無人賞　옛 곡조를 즐길 줄 아는 이가 없어라
瑤草行休歇　아리따운 풀 위에 발길을 잠시 쉬자
　　清冷入幽 청랭하고 그윽하게 들어간다.
流螢度虛幌　반딧불이 빈 휘장을 넘어오네
榮華諒難恃　인간 세상의 부귀영화는 믿기 어려우니
物情靡定狀　세상 물정은 언제나 바뀐다네
歎息竟此辰　한숨과 탄식으로 이 밤을 지새우며
放歌當自廣　노래를 맘껏 불러 내 마음을 달래네
　　白地明光錦酷無裁製 흰 바탕에 밝은 광택이 나는 비단이 마름질한 흔적이 전혀
　　없는 듯하다.

서재에 머물며 감회를 고죽에게 부치다
齋居感懷 寄孤竹

齋居寂無事　서재에 머물며 일도 없기에
閉門春日遲　문까지 닫아걸었더니 봄날이 더디 가네
幽卉漸映砌　풀잎이 그윽하게 섬돌에 그림자지고
新流已滿池　새로 흘러온 물은 못을 가득 채웠네
　　簡澹 간이하고 담담하다.
復此時雨霽　이제야 때맞춰 내린 비도 개이고
好鳥鳴高枝　즐거운 새는 높은 가지에서 우네
所思不在此　그리운 사람이 여기에 있지 않으니
誰可共華滋　그 누구와 함께 이 즐거움을 나눌까
日夕西南望　날 저물녘에 서남쪽을 바라보며

默默中自悲   말없이 앉았노라니 저절로 서글퍼져라

閭韋柳者 위응물(韋應物), 유종원(柳宗元)을 엿본 자이다.

얼룩진 대나무에 원한이 맺혀[81]

斑竹怨   이달(李達)

石洲云 置之太白集 不易辨 석주가 말하였다. "『태백집』에 넣어 두더라도 쉽게 구분
하지 못하겠다."

二妃昔追帝   그 옛날 두 왕비가 순임금을 뒤쫓아

南奔湘水間   남쪽으로 상수까지 달려갔었지

有淚寄湘竹   피눈물 흘려 상수의 대나무에 젖었으니

至今湘竹斑   상수의 대나무는 아직까지도 피얼룩졌네

雲深九疑廟   구의묘는 구름 속에 덮였고

望美人於瀟湘洞庭之間 輒有騎氣之思 소상강과 동정호 사이에서 미인을 바라보니
문득 구름을 타고 날아오르고 싶은 생각이 든다.

日落蒼梧山   창오산에는 해가 지는데

餘恨在江水   두 왕비의 남은 한이 강물에 있어

滔滔去不還   넘실넘실 흘러선 돌아오지 않네

고죽의 산장을 찾아서

尋孤竹坡山莊

累月抱睽曠   여러 달 만나지 못했기에

及此喜相尋   오늘 기쁘게 찾아왔네

---

81 순임금이 순행하다가 창오산에서 죽자, 아황과 여영 두 왕비가 뒤쫓아와서 피눈물을 흘
리다가 상수에 몸을 던져 죽었다고 한다. 구의묘는 아황과 여영 두 왕비의 혼을 모신
사당이다.

田廬樹木下　농가는 나무 아래에 있고
瓜蔓懸秋林　오이 덩굴이 가을 숲에 걸려 있네
主人固無恙　주인은 참으로 탈 없이 지낸다며
貧窶不嬰心　가난을 마음에 꺼리지 않네
怡然坐庭草　즐거운 낯빛으로 뜨락 풀 위에 앉아
　胸中無宿物 가슴 속에 묵은 것이 없다.
爲我奏鳴琴　나를 위해 거문고를 뜯어주네
琴盡卽還別　거문고 다하면 다시 헤어져야 하니
悢悢恨彌襟　슬픔만 서러움만 가슴에 가득해라
　出儲入韋 저광희에게서 나와 위응물에게 들어갔다.

회양부에서 안변의 양봉래에게 부치다
淮陽寄安邊楊明府

十月發漢陽　시월에 한양을 떠나
今在交州道　지금 강원도에 있네
交州雨雪多　강원도에는 눈 비가 많아
明發恐不早　내일 출발이 늦어질까 걱정이라네
相思隔重關　서로 그립지만 몇 겹이나 막혔기에
一夜令人老　하룻밤 사이에 사람만 늙게 하네
　短語亦紆餘 짧은 말도 또한 넉넉하다.

강선루, 이환 이각의 시에 차운하다
降仙樓 次泥丸李覺韻

月明露華白　달 밝아 이슬 하얗게 빛나고
　王孟仙韻 왕유와 맹호연의 선운이다.

夜靜秋江深　밤 고요해서 가을 강은 깊구나

仙閣一杯酒　신선 누각에서 한 잔 술에다

泠泠三尺琴　거문고 소리까지 맑아

不是感時節　시절을 느낀 게 아니건만

　無點綴艱辛而自有情調 고생으로 점철된 것이 없이 절로 정조가 있다.

自然傷我心　내 마음 저절로 아파라

내가 한가히 살며 하는 일이 없다 보니 나태한 습성이 들어 붕우와 서로 만나는 즐거움마저 끊어 버렸다. 그래서 도연명(陶淵明)의 시를 회심(會心)의 벗으로, 현학금(玄鶴琴)을 지음(知音)의 벗으로, 술을 망형(忘形)의 벗으로 삼았다. 이에 세 수의 시를 지어 이 뜻을 적어 둔다

余居閑無事 習懶成癖 絶朋友過從之樂 因以淵明詩爲會心友 玄鶴琴爲
知音友 麴生爲忘形友 遂題三詩以志之　　　　　　　권필(權韠)

　三篇俱自陶陳中點化來 容齋之後 僅見平韻 세 편이 모두 도연명이 진술한 것으로부터 점화되어 나왔으니 용재 이후 겨우 평운을 본다.

禮樂歸金刀　예악이 금도에게로 돌아가니[82]

平陸渾成江　육지가 온통 강이 되었구나

斗粟聊爾耳　몇 말의 곡식을 잠시 받는 것으로

高節不可降　높은 절개를 굽힐 수가 없었네

秋花非俗物　가을 국화는 속물이 아니요

　開口便眞 입을 열면 진실해진다.

濁醪盈我缸　탁주는 내 단지에 가득 담겼네

---

82 금도는 묘금도(卯金刀)의 준말로 '유(劉)'를 파자(破字)한 것이니, 도연명의 고국인 동진(東晉)이 망하고 유유(劉裕)가 세운 남조(南朝) 송(宋)이 들어섰음을 뜻한다.

平生五字句　평생에 오언시를 잘 지어
古意極醇厖　예스러운 뜻이 몹시 순후했지
吾今百世下　나는 지금 백세 뒤에 태어나
夢想拜老龐　꿈결에도 노방께 절하고자 하노니[83]
每到會心處　마음에 와 닿는 곳 만날 때면
淸風生北窓　청풍이 북창에서 이는 듯하구나[84]

洒然可人 씻은 듯하여 본받을 만한 사람이다.

孤桐生龍門　외로운 오동이 용문에서 자라
直上高十尋　곧바로 뻗어 올라 높이 열 길 되니
下臨不測淵　아래로는 깊이 모를 못을 굽어보고
上有哀鳴禽　위에는 슬프게 우는 새가 있었지

寓意 뜻을 담았다.

何年斸天骨　어느 때 그 오동나무를 베어내어
製此丘中琴　이 구중의 거문고[85]를 만들었는가
一鼓淸人耳　한 번 연주하니 사람의 귀가 맑아지고
再鼓和人心　두 번 연주하니 사람의 마음이 화평해지네
擧世無鍾期　온 세상에 종자기[86]가 없으니

83　후한(後漢) 때 제갈량(諸葛亮)이 방덕공(龐德公)을 찾아가면 반드시 방덕공이 앉은 상
　　(牀) 아래서 공경히 절하였고 방덕공은 태연히 절을 받았다. 『자치통감(資治通鑑)』 권65
84　『석주집』 권1에 실린 이 시 뒤에 “위는 도연명(陶淵明)의 시권(詩卷)에 쓴 것이다.[右題淵
　　明詩卷]” 하였다. 아래의 시들도 현학금(玄鶴琴)에 쓰고, 국생(麴生)에 대해 지은 것이다.
85　좌사(左思)의 「초은시(招隱詩)」에 “지팡이를 짚고 은사를 부르니 황량한 길이 고금에 가
　　로놓였네. 암혈에는 집이 없고 구중에는 우는 거문고 있구나.[杖策招隱士 荒塗橫古今
　　巖穴無結構 丘中有鳴琴]” 하였다.
86　춘추시대 거문고의 명인 백아(伯牙)가 높은 산에 뜻을 두고 연주하면, 친구인 종자기가
　　“훌륭하다. 마치 태산(泰山)처럼 높기도 하구나.”라고 평하였고, 흐르는 물에 뜻을 두고
　　연주하면 “훌륭하다. 마치 강하(江河)처럼 넘실대는구나.”라고 평하였다. 종자기가 죽고
　　나자 백아가 더 이상 세상에 지음(知音)이 없다고 탄식하며 거문고 줄을 끊어 버렸다.

誰知音外音　그 누가 음 밖의 음을 알랴

世路極險巇　세상길이 너무나 험난하니
吾身安所歸　이내 몸이 어디로 돌아갈까
幸有麴秀才　다행히도 국수재[87]가 있으니
風味不我違　풍미가 나와 어긋나지 않네
平生老瓦盆　평생에 술 따르는 늙은 사발[88]
白首相因依　백발이 되도록 서로 의지하면서
一盃遺萬物　한 잔의 술에 만물을 잊으니

達道之言 聊托於酒耳 달도(達道)의 말을 애오라지 술에 의탁했을 뿐이다.

寧復爲人羈　어찌 다시 남의 구속을 받으랴
聖處不難到　성인에 이르기 어렵지 않으니
酒德能庶幾　술의 덕이 그렇게 할 수 있네
未覺軒冕榮　높은 관작도 영화로운 걸 모르겠으니
豈知蓬蓽微　초라한 집 하찮은 줄 어이 알랴
至味諒斯在　지극한 맛이 참으로 여기 있으나
所貴知者稀　귀중한 줄 아는 이가 드물어
回語獨醒人　혼자 깬 사람[89]에게 말하노니
醉鄕無是非　취향에는 세상의 시비가 없다오

極妙極妙 지극히 묘하고 지극히 묘하다.

『열자(列子)』「탕문(湯問)」

87　당나라 현종(玄宗) 때 섭법선(葉法善)이라는 도사가 잔치를 벌였을 때에 국수재(麴秀才)라
　　는 자가 찾아왔다가 술병으로 화하였다. 후대에는 술을 뜻하는 말로 쓰여 이규보가 「국수재
　　전」을 지었다고 했으며, 최연(崔演)의 『간재집(艮齋集)』에도 「국수재전」이 실려 있다.
88　두보(杜甫)의 「소년행(少年行)」에 "농가의 늙은 사발을 비웃지 말라. 술을 담으면서부터
　　자손들을 길러 왔네.[莫笑田家老瓦盆 自從盛酒長兒孫]" 하였다.
89　굴원의 「어부사(漁父辭)」에 "온 세상이 흐린데 나만 홀로 맑고, 뭇사람들은 모두 취했는데
　　나만 홀로 깨어 있다.[世人皆濁 我獨淸 衆人皆醉 我獨醒]" 하였다.

감흥

感興 성윤(誠胤)[90]

明月出東林	밝은 달이 동쪽 숲에서 나와

便不俗 문득 속되지 않다.

流光射簾隙	흐르는 빛을 발 틈으로 쏘네
開軒坐南榮	문을 열고 남쪽[91]에 앉아
一盃聊自適	한 잔 술을 스스로 즐기네
宿鳥栖卑枝	자는 새는 남은 가지에 깃들고
飢鼯窺破壁	굶주린 다람쥐는 부서진 벽으로 엿보는데
夜深玉宇淨	밤이 깊자 달빛 맑아지고
銀河橫歷歷	은하수도 더 밝아지는구나
露脚濕桂枝	이슬이 계수나무 가지를 적셔
清香飄虛碧	맑은 향내가 푸른 허공에 흩날리는데

六朝聲氣 육조의 성기(聲氣)이다.

所思終不來	그리운 님은 끝내 오지를 않아
沈吟終永夕	긴긴 밤을 시름겹게 읊조리네

沖淡爲貴 충담함이 귀하다.

---

90 성종(成宗)의 4대손으로, 15세 때 금산수(錦山守)에 예수(例授)된 이성윤(李誠胤, 1570~
1620)이다. 임진왜란이 일어나자 선전관이 되어 세자 광해군을 지킨 공으로 호종공신
2등에 오르고, 선조의 혼전(魂殿)을 지켜 도정(都正)으로 승진하였다. 그러나 폐비론(廢妃
論)을 앞장서서 반대하다가 관직을 삭탈당하고 남해에 안치되었으므로 성을 쓰지 않았다.

91 『초사(楚辭)』 왕포(王褒)의 「구회(九懷)·사충(思忠)」의 왕일(王逸) 주에 "남쪽은 겨울에
도 따뜻해 초목이 늘 무성하므로 '남영'이라 한다.[南方冬溫, 草木常茂, 故曰南榮.]" 하
였다.

칠언고시(七言古詩)

공주 금강루

公州錦江樓   정도전(鄭道傳)

君不見賈傅投書湘水流   그대는 보지 못했는가 가태부가 글을 써 소상
                               강물에 던지고[1]

  滾滾如翻三峽波濤 마치 삼협의 파도가 뒤집히는 것처럼 거세다.

翰林醉賦黃鶴樓   이 한림이 술에 취해 황학루 시 지은 것을[2]

生前轗軻無足憂   생전의 곤궁이야 어찌 근심하랴

逸意凜凜橫千秋   빼어나고 늠름하게 천추에 비끼었네

又不見病夫三年滯炎州   또 보지 못했나 병든 이 몸 삼년간 남방에 갇혀
                              있다가

歸來又到錦江頭   돌아오는 길에 또 금강 머리에 온 것을

但見江水去悠悠   다만 강물이 유유히 흘러감을 볼 뿐이지

  冷語 냉어[3]이다.

那知歲月亦不留   세월이 머물러 주지 않음을 어찌 알리

---

1 한(漢)나라 장사왕(長沙王)의 태부(太傅)를 지낸 가의(賈誼)가 상수(湘水)를 지나면서
    굴원(屈原)을 조상하는 부(賦)를 지어 물에 던졌다.

2 당(唐)나라 한림공봉(翰林供奉)을 지낸 이백(李白)이 "나는 또 그대를 위해 황학루를 쳐
    부수겠다.[我且爲君搥碎黃鶴樓]" 하였다.

3 냉어(冷語)는 냉담한 말이란 뜻으로, 전하여 조롱이나 풍자하는 말을 가리킨다.

此身已與秋雲浮　이 몸은 가을 구름같이 둥둥 떴으니

功名富貴復何求　공명이나 부귀를 어찌 다시 구하랴

　宛轉有力 말을 둘러서 힘이 있다.

感今思古一長吁　오늘을 느끼고 옛날을 생각하며 길게 탄식하니

歌聲激烈風颼颼　노랫소리 격렬하고 바람 으스스하구나

忽有飛來雙白鷗　갑자기 흰 갈매기 쌍쌍이 날아오네

　浩蕩可喜 호탕하여 즐길 만하다.

　豪逸宏肆 足爲壓卷 호방하고 원대하니 압권이라고 할 만하다.

적선(謫仙) 노래 – 이교수(李敎授)와 작별하면서

謫仙吟 與李敎授別　　　　　　　　　　　　　　　　이첨(李詹)

太白飄然謫夜郎　이태백이 멀리 야랑으로 귀양가니

長安故人消息絶　장안 친구들 소식 끊어졌네

梨園不奏淸平詞　이원에서 아뢰는 청평사 들을 수 없어

沈香百花香色歇　침향정의 온갖 꽃도 향내가 멎었네

　思佳 생각이 훌륭하다.

知音獨有杜草堂　지음은 오직 두보 한 분이건만

夢中見之夢中別　꿈에 만나 꿈에 작별하였네

　怳惚似見語 황홀하여 마치 본 것 같다는 말이다.

風吹羽翼天網恢　바람이 날개에 불고[4] 하늘 그물 넓어서

錦袍坐弄水底月　금포 입고 앉아 물속의 달을 희롱하며

醉中俯仰度春秋　취한 가운데 봄 가을 보내니

　自肆 마음껏 말하였다.

4　두보의, 「이백을 꿈에 보다[夢李白]」라는 시에, "그대 지금 그물 속에 갇혀 있는데 어찌 새 날개를 가졌는고." 하였다.

萱花柳絮白如雪　갈꽃 버들개지 눈처럼 희구나
濯纓才罷好歸來　갓끈 씻기 끝나거든 좋게 돌아오소
江湖風波不堪說　강호의 모진 풍파가 이루 말할 수 없으니
　　冷然 차갑다.

노인행

老人行　　　　　　　　　　　　　　　　　　성간(成侃)

隴雉雙飛草深碧　언덕에 꿩은 짝 지어 날고 풀은 몹시 푸른데
　　興也 흥겹다.
隴上老人長歎息　언덕 위에 앉은 노인 길게 탄식하누나
我生今年七十餘　나의 나이 올해에 일흔이 되고 보니
手脚胼胝面黧黑　손과 발엔 못 박히고 얼굴에는 주름졌네
男婚女嫁知幾時　아들딸 시집 장가 어느 때나 보내려나
短衣襤衫纔掩膝　짧은 옷 해진 적삼 무릎만 겨우 가리는구나
昔年召募度流沙　옛날에 징집되어 변방 지역 떠돌다가
萬里歸來鬢如雪　만리에서 돌아오니 살쩍 쇠해 눈과 같네
殷勤荷戟還荷鋤　창을 잡던 손으로 농사 다시 지으려니
石田磽确牛蹄脫　자갈밭 자갈돌에 소발굽 다 빠지고
牛蹄脫兮空汗流　소발굽 다 빠져서 괜히 땀만 흘려대니
獨坐茫然心斷絶　홀로 앉아 멍하니 이 마음 미어지네

　　國初諸人俱尚蘇長公 獨此君知法盛唐 如此作 雖非王岑之比 亦無愧張王樂府 국
　　초의 여러 시인들이 모두 소장공을 숭상하였지만, 홀로 이 사람만은 성당(盛唐)을
　　본받을 줄 알았다. 이같은 작품을 비록 왕유(王維)나 잠삼(岑參)에 비할 수는 없지만,
　　장적(張籍)이나 왕건(王建)의 악부(樂府)에는 부끄럽지 않다.

고의

古意   서거정(徐居正)

海底珊瑚高幾丈   바다 속의 산호수는 높이가 몇 길이던가
千年試作千尋網   천 년에 시험 삼아 천 길 그물을 만들었네
萬牛挽出滄溟深   만 마리 소로 깊은 바다에서 끌어 내올 땐
蛟龍贔屭霹靂響   교룡이 힘을 써서 천둥소리 울려 퍼졌고
榑桑日出紅濤熱   동방에서 해 떠올라 붉은 파도 뜨거울 땐
　語奇 말이 기이하다.
光芒照耀黃金闕   빛살이 황금대궐 찬란하게 쏘아 비추었지
平生季倫麤男兒   계륜은 평생에 거칠고 굳센 남아였기에
一擊破碎紛似雪   한 번 내리쳐 눈발처럼 잘게 부숴버렸지[5]
紛似雪不足惜   눈발처럼 잘게 부순 건 아까울 게 없지만
從此至寶無顔色   이로부터 지극한 보배가 빛이 없게 되었네
　意有所指 뜻이 가리키는 바가 있다.

봄날 규방의 원망

春閨怨

春風昨夜吹洞房   봄바람이 어젯밤 규방에 불어오더니
杏花零落桃花香   살구꽃은 떨어지고 복사꽃 향기롭구나
短屛月色瑠璃光   짧은 병풍에 비친 달은 유리 빛 같은데
半被老却雙鴛鴦   이불 반쪽에 늙은 건 한 쌍의 원앙일세

5　계륜(季倫)은 진(晉) 무제(武帝) 때 부호(富豪)로 유명했던 석숭(石崇)의 자이다. 석숭이
　일찍이 무제가 왕개(王愷)에게 하사한 산호수(珊瑚樹)를 철여의(鐵如意)로 마구 부수어
　버렸던 데서 온 말로, 의기가 호방함을 의미한다.

强撥琵琶不成曲　억지로 비파를 타건만 곡조는 이루어지지 않아
淚痕點染臙脂額　연지 바른 이마에 눈물 자국만 얼룩지네
春愁如許深似海　봄 시름이 이렇게 바다같이 깊건만
靑鳥一去無消息　청조[6]는 한번 가서 아무 소식이 없네

　溫李遺韻 온정균과 이상은의 유운이 있다.

청춘곡
靑春曲

瓊樓畫閣雪未殘　화려한 누각에 눈이 남김없이 녹았건만
曲闌剪剪餘春寒　굽은 난간 바람에 봄추위는 남았구나
流蘇帳暖錦屛開　오색 술 드리운 휘장 아래 비단 병풍 펼치고
　殊富 자못 넉넉하다.
羊羔兒酒鸚鵡杯　앵무배에 양고아주를 따라 마시네
美人低唱金縷衣　미인은 고운 소리로 금루의를 부르면서[7]
十纖宛轉朱桐絲　가느다란 열 손가락으로 장단 맞춰 비파 줄 타네
攬鏡韶華又一春　거울 보니 꽃다운 청춘 또 한 봄이 흘러
曲渚鴛鴦愁殺人　굽은 모래톱 원앙이 사람을 시름케 하네
　亦是流艶 또한 유창하고도 곱다.

<hr>

6　청조(靑鳥)는 선녀인 서왕모(西王母)의 사자(使者)를 말한다.
7　금루의(金縷衣)는 곡조 이름이다. 당나라 금릉(金陵)의 소녀 두추랑(杜秋娘)이 15세에
　이기(李錡)의 첩이 되었는데, 그가 이기를 위해 사(詞)를 지어 노래하였다. "주군께 권하
　노니 금루의를 아끼지 말고, 모름지기 소년 시절을 아끼소서. 꽃이 피어 꺾을 만하면
　바로 꺾어야지, 꽃 없는 때에 빈 가지만 꺾지를 마소서.[勸君莫惜金縷衣 勸君須惜少年
　時 花開堪折直須折 莫待無花空折枝]"『사문유취(事文類聚) 후집』권16

금강산에 올라 해 뜨는 것을 구경하다

登金剛山 看日出   김종직(金宗直)

> 鏗鏘幽眇 足使長公作衙官 쟁그랑거리는 소리가 그윽하고도 오묘해서 소장공을 아
> 관으로 삼기에 넉넉하다.

金剛之山高揷天　금강산이 높아 하늘을 찌를 듯하고

> 便是崔崒 문득 높고도 험하다.

白石亭亭露秋骨　우뚝 솟은 바위들은 가을 뼈를 드러냈구나

搏桑遠影暗句引　박상[8]의 먼 그림자 은연중에 끌어들여서

日觀孤標共嶕崒　일관봉 높은 표치와 함께 우뚝하구나

我昔討奇凌絶頂　내 옛날 기이한 곳 찾아서 절정에 올라

手闢雲關敲石室　손으로 구름 헤치고 석실[9] 문을 두드렸더니

滄溟眼底小如杯　동해 바다는 눈 아래 작은 술잔 같았고

> 凌厲翩然 높이 떨쳐 나는 듯하다.

八極風來神橫逸　팔방의 바람 다 불어와 정신이 방일했었지

同遊老僧倚壁睡　함께 놀던 늙은 스님은 벽 기대고 졸다가

夜半蹴客候初日　한밤중에 손님을 깨워 해돋는 것 구경하자네

北方沆瀣澄似酒　북방의 새벽 기운은 맑기가 술과 같고

天外鷄鳴聞彷彿　하늘 밖엔 닭 우는 소리 어렴풋이 들리는데

是時暘谷半明暗　이때에 해돋이가 밝고 어두움 반반이어서

> 狀得惝怳 어슴푸레한 상태이다.

臥牛車蓋爭點綴　누운 소 수레 일산 다투어 띄엄띄엄 보이네

長庚睒睒欲收芒　장경성 언뜻 보였다 빛을 거두려는데

---

8 박상은 동쪽 바다의 해 돋는 곳에 있다는 신목(神木), 또는 그 신목이 있는 곳을 가리킨다.

9 신선이 사는 석혈(石穴). 상고시대 선인(仙人) 광성자(廣成子)가 공동산(崆峒山) 석실에
　서 살았다고 한다.

火輪忽輾波濤出　태양 바퀴 갑자기 파도를 감돌아 나와

令人愕眩 사람을 놀라고 아찔하게 한다.

紅光騰起數十丈　붉은 광채가 수십 길을 뛰어 오르니

萬里驚盪魚龍窟　만리 파도가 어룡의 굴을 뒤흔드네

人寰鼻息尙雷鳴　속세에는 코고는 소리 아직 우레 같은데

奏雅 아악을 연주하였다.[10]

輒向峯頭晞我髮　나는 산봉우리 향해 머리털 말리네

平生偉觀此已足　평생에 기이한 구경 이만하면 이미 족하니

岱宗之遊豈相埒　태산에 노닌다고 어찌 이와 같으랴

不須崦嵫看入處　엄자산 들어가는 곳은 구경할 것 없으니

至今冷笑夸父渴　이제는 과보의 목마름[11]이 우습기만 하구나

효선요[12]

曉仙謠　　　　　　　　　　　　　　　　　　　성현(成俔)

桂華影濕姮娥宮　월궁(月宮)에는 계수나무 그림자 축축한데

鶴馭伴月還靑空　학을 타고 달과 짝해 하늘로 돌아가네

淸香滿室悄無語　맑은 향내 가득한 방에 말소리 들리지 않고

夜闌張燭寒銷紅　한밤중 찬 공기에 촛불만 가물거리네

腴艷鬱達 足嗣溫李本色 살지고 요염하여 창달하니 온정균과 이상은의 본색을 이을
만하다.

---

10 문장이나 예술의 표현이 끝날 때쯤 더욱 훌륭해지는 것을 의미한다.

11 상고시대 과보가 자기 힘을 헤아리지 않고 태양과 경주(競走)를 하다가 목이 말라서 죽었
　　다고 한다. 『열자(列子)』 「탕문(湯問)」

12 신악부사(新樂府辭) 중의 하나로, 당나라 온정균(溫庭筠)의 작품이 있다. 지상에 내려
　　와 머물다가 하늘나라로 돌아간 선녀와 다시 만나 사랑을 나누고자 하는 바람을 노래한
　　것이다.

流蘇亂逬鮫珠淚 어수선한 주렴은 교인(鮫人)의 눈물인 듯
寶釵斜籠金翡翠 황금과 비취 머리 장식을 바구니에 남겨 두었네

　　彩繪如組 채색 그림으로 짠 듯하다.

悵望銀橋幾千丈 수천 길 밖 은교[13]를 슬프게 바라봐도
天高難可通姓字 하늘이 높디높아 통성명을 못하겠구나
若爲遐擧乘紫煙 어찌하면 멀리 날아 붉은 연무를 탈 수 있나
伐毛洗髓隨飛仙 털을 깎고 골수 씻어 신선을 따르고 싶네

　　稍墮宋人壘中 송나라 시인의 성채 안에 조금 떨어졌다.

人寰塵土已迥脫 인간 세상 진토를 이미 멀리 벗어나면
身世羽化飄飄然 날개 달린 신선 되어 표표히 날아가리라
何處吹簫鳴作鳳 어디선가 통소 불면 봉새 되어 울리니

　　又入當行 마땅히 갈 곳으로 또 들어갔다.

耳邊彷彿聞三弄 귓가에 「매화삼롱」[14] 들려오는 것만 같네
高唐神女是何人 고당의 신녀는 어떤 사람이기에
一朝來入襄王夢 하루아침 초 양왕의 꿈속으로 들어왔나[15]

　　結局亦好 결국 또한 좋다.

---

13 은교(銀橋)는 신선의 지팡이가 변해서 된, 월궁(月宮)으로 통할 수 있는 다리이다. 당나라 현종(玄宗)이 달을 감상하고 있을 때에 공원(公遠)이 달나라에 가 보지 않겠느냐고 하면서 공중을 향하여 지팡이를 던졌는데, 은빛이 나는 큰 다리로 변하였으므로 현종이 공원과 함께 다리를 건너가 월궁에 이르렀다고 한다. 『신선감우전(神仙感遇傳)』

14 진(晉)나라 환이(桓伊)가 작곡한 적곡(笛曲)으로, 상설(霜雪)에도 굴하지 않는 매화(梅花)의 기상을 담고 있다고 한다. 환이는 본디 젓대를 잘 불었는데, 어느 날 청계(淸溪)를 지날 적에 서로 안면이 없던 왕휘지(王徽之)가 사람을 시켜 그에게 젓대 한 곡(曲)을 불어 달라고 하자, 문득 수레에서 내려 호상(胡牀)에 걸터앉아 세 곡을 연달아 불고는 서로 한마디 말도 나누지 않고 떠났다고 한다. 『세설신어(世說新語)』「임탄(任誕)」

15 전국시대 초(楚)나라의 양왕(襄王)이 운몽택에서 사냥하다가 그 주위에 있는 고당(高唐)이란 누관(樓觀)을 바라보니, 그 위에 이상한 모양의 구름이 있었다. 송옥(宋玉)에게 물어보니, 송옥이 답하기를 "옛날에 선왕인 회왕(懷王)이 일찍이 고당에서 낮잠을 자는데, 꿈에 한 여인이 와서 말하기를 '저는 무산(巫山)의 여자로 고당의 나그네가 되었는데, 임금님이 여기에 계시다는 소문을 듣고 왔으니, 원컨대 침석(枕席)을 같이하소서.' 하므

소상곡[16]

瀟湘曲

九嶷雲掩靑巑岏	깎아지른 구의산에 짙은 구름 덮이고
沅湘夜雨波生寒	원수와 상수[17]에는 찬 밤비가 내리네
重瞳一去不復返	중동[18]이 한 번 간 뒤 돌아오지 않기에
湘靈鼓瑟愁空山	상령이 비파 타며 텅 빈 산에서 시름하네
曲終聲盡空明間	곡이 끝나 허공으로 비파 소리 사라지자
愁思鬱結傷秋蘭	시름겨운 가을 난초 슬픔에 잠기네
臨江翠竹凡幾竿	강 옆의 짙푸른 대 몇 줄기나 되는지
至今淸淚猶斑斑	지금껏 맑은 눈물 얼룩덜룩 묻었구나[19]

亦自淸麗 역시 절로 맑고 곱다.

로, 회왕이 하룻밤을 같이 잤습니다. 그 다음날 아침에 여인이 떠나면서 '저는 아침이면 구름이 되고 저녁에는 비가 되는데, 아침마다 양대(陽臺) 아래로 내려옵니다.' 하였습니다. 그런데 다음 날 아침에 보니 과연 그 말과 같았으므로, 그곳에 사당을 세우고는 조운묘(朝雲廟)라고 하였습니다."라고 하였다. 양왕도 그 누대에서 묵었는데, 그날 밤 꿈속에서 그 선녀를 만나 보니 아주 고왔다고 한다. 『문선(文選)』「고당부(高唐賦)」

16 서사증(徐師曾)의 『시체명변(詩體明辨)』에는 "높고 낮게, 길고 짧게 하여 감정을 곡진하게 다 드러내어 은미한 뜻을 말하는 것을 곡이라고 한다.[高下長短 委曲盡情 以道其微者 曰曲]"라고 하였다. 소상곡(瀟湘曲)은 남쪽 지방을 순행하다 창오산(蒼梧山)에서 죽은 순(舜) 임금을 찾아가다가 소상강(瀟湘江)에 빠져 죽었다는 순 임금의 두 아내 아황(娥皇)과 여영(女英)의 전설을 노래한 것이다.

17 원수(沅水)는 초나라 때 굴원(屈原)이 빠져 죽은 강물이고, 상수는 소상강이다.

18 중동(重瞳)은 한 눈에 눈동자가 둘이었다는 순 임금을 가리킨다.

19 순임금을 찾아가던 아황과 여영의 피눈물이 강가의 대나무를 적셔 대나무에 아롱다롱한 무늬가 생겼다고 하기에, 소상강의 대나무를 반죽(斑竹) 또는 상비죽(湘妃竹)이라고 부른다.

호가곡
胡笳曲

三點四點北斗明	석 점 넉 점 북두성이 반짝이니
一拍兩拍胡笳聲	한 박 두 박 호가 소리 퍼져 나가네
胡笳聲中霜滿城	호가 소리 퍼지는 가운데 성안에는 서리 가득해
邊人聽之淚縱橫	변방 사람 듣고서 눈물 줄줄 흘리며
思家步月難爲情	고향집이 그리워서 달빛 아래 서성이네

悲切 슬픔이 절실하다.

집에 준마(駿馬) 한 필이 있어 기른 지 몇십 년이 되었는데, 어떤 날 병도 없이 죽었다. 내가 오랫동안 슬퍼하고 아까워하다가 시를 지어 그 사연을 적었다

家有一馬甚駿 畜之幾十年 一日忽無病而死 余嗟惜者久 作詩而記之

신종호(申從濩)

有馬有馬黃騮馬	말 있었네, 말 있었네, 말 중에도 황류마가
眼挾菱鏡耳批竹	화경 같은 두 눈에 대쪽 같은 귀
渡海遠自耽羅國	바다 건너 멀리 탐라국에서 와서
長安市上驚飛肉	장안 시장에서 그 날쌘 몸을 자랑했었지
不顧章臺香土數十里	장대 향토 수십 리 돌아보지 않고

鋪得雄麗 웅장하고 곱게 펼쳐졌다.

翠幔珠簾綠楊裏	취막과 주렴 푸른 버들 속으로
金鞭弄影四蹄驕	금채찍 한 번 쳐들자 네 발굽이 껑충껑충
滿路紅雨東風起	길 가득 지는 꽃에 봄바람이 일으키는 것도 바라지 않고
又不顧玉帳分弓萬貔貅	옥장에서 활을 나누어[20] 만군의 대장을 태우고

何等宏放 어떠한 굉장함과 호방함인가?

皐蘭山下戰未休   고란산 아래 아직 싸움이 멎지 않아

丈八蛇矛鋳鍛鞍   장팔사모 쇠 안장으로

塞外追斬戎王頭   새외에서 오랑캐 왕의 머리를 베는 것도 바라지 않았지

三生宿願厭豪奢   너는 삼생 숙원이 호사를 싫어하여

寂寞來到詩人家   하필이면 적막한 시인의 집에 와서

吟鞭傍掛一壺酒   음편 옆에 술 한 병을 걸고

　　冷語筅鎖 냉어로 풀고 잠갔다.

遊遍山顚與水涯   산꼭대기 물가를 두루 놀러 다녔지

昔時謫宦洪陽城   내가 전에 홍양성으로 귀양갔을 때

天寒古屋無人聲   날이 춥고 낡은 집에 인기척도 없는데

雪花如席霜如錢   눈이 방석만하고 서리가 동전만해

衾鐵稜稜睡未成   쇠마냥 싸늘한 이불에 잠 못 이룰 때

隔窓終夜亂枯其   너는 창 너머서 밤새껏 마른 콩깍지를 널어서

半江寒浪枕邊吹   반강의 찬 물결을 내 베갯머리에 불었었지

他鄕流落憶故鄕   타향에 떠돌아다니며 고향을 생각하면

　　此句法 於科曰則切 而於古法 則千里思子 疲兵之不入選 皆生于此 이 구법은 종래의 법식에 대해서는 적절하나 옛 법에 대해서는 천 리 멀리 자식을 그리워하는 것이니 피로한 병사가 뽑히지 못하는 것이 모두 여기에서 생겨나는 법이다.

除却此馬無親知   너 말고는 친지가 없었네

鸞書催召墨色濃   먹빛 짙은 난서로 소명이 내려와

繭雲飛上蓬萊宮   별안간 구름 타고 봉래궁으로 올라올 때

奮迅長尾似有得   너는 꼬리를 뻗히고 득의양양 냅달아

闕下喜聞長樂鐘   궐하에서 장락궁 종소리를 반가이 들었지

---

20 옥장은 군대에서 원수(元帥)가 거처하는 막사인데, 옥처럼 견고하다는 뜻에서 붙여진 이름이다. 두보(杜甫)의 「봉화엄정공군성조추(奉和嚴鄭公軍城早秋)」 시에 "가을바람 산들산들 높은 깃발 펄럭이는데, 옥장에서 활을 나누어 오랑캐 군영을 쏜다.[秋風嫋嫋動高旌玉帳分弓射虜營]"라고 하였다.

九龍殿中九鳳幛　구룡전 대궐 안에 구봉 장막

　氣自滔滔 기운이 절로 도도하다.

獸鑪三尺煙霏霏　수로의 연기가 석 자나 올라가는데

宮壺勅賜葡萄春　궁중의 포도주를 하사하실 때

日暮天街馱醉歸　날 저물어 천가에 취한 나를 싣고 돌아왔지

房精一夕忽上天　방정[21]이 하루 저녁에 문득 하늘로 올라가니

　不了語結局 말을 마치지 않고도 마무리하였다.

欲喚景純知無緣　경순[22] 불러 까닭을 물으려 하나 어쩔 수 없네

家人共謀葬銅瀝　집안 사람들은 동력에다 장사하자 하지만

忍見塵蒙杏花轜　차마 네 살구꽃 언치에 먼지를 묻히다니

靈虯滴滴催五夜　이무기가 한밤중에 비를 뚝뚝 내려서

　又奏一着好 한번 둔 것이 또한 좋다.

陌上泥深雨如瀉　거리가 진창 될 만큼 비가 쏟아지는데

燈前草疏欲朝天　등불 앞에 소를 초하여 조회 때 바치려니

更向東隣借果下　동편 이웃집에 과하마[23]를 빌려야겠네

　深得大篇法 큰 작품 쓰는 법을 깊이 터득하였다.

일출부상도
日出扶桑圖

東方碧海蘸天濕　동쪽의 푸른 바다가 하늘 끝을 적시니

---

21 이십팔수(二十八宿) 중의 하나이자 창룡칠수(蒼龍七宿)의 네 번째 별이 방성(房星)인데
데, 천사(天駟) 또는 방사(房駟)라고도 한다. 이 방성의 정기를 받고 태어난 말이 명마가
된다고 한다. 『송사(宋史)』 권50 「천문지(天文志) 3」

22 경순(景純)은 진(晉)나라 곽박(郭璞)의 자(字)로, 음양 점술(陰陽占術)의 대가이다.

23 과하마(果下馬)는 키가 작아 '과일나무 아래'로도 다닐만 한 말[馬]이다. 『후한서(後漢
書)』 「동이전(東夷傳)」

鼇極浮浮如覆笠 두둥실 떠 있는 섬이 갓을 엎은 것 같구나

眇冥儵儵 어둠 속에서 빠르다.

搏桑枝頭鷄一聲 부상 가지 끝에 닭 한 마리가 우니

萬縷丹霞吹水立 만 올 붉은 놀이 물을 불며 일어서네

宏麗 크고도 곱다.

羲和女子獨西行 희화 여자[24]가 혼자 서쪽으로 가서

浪底敲日玻瓈聲 물결 밑에 해를 두드려 유리 소리를 내니

幽邈之觀 그윽하고 먼 광경이다.

火龍擎出黃金輪 화룡이 황금 바퀴를 받들고 나와

非溫非李 自成偉艶 온정균도 아니고 이상은도 아니니 절로 위염을 이루었다.

霓旌絳節紛縱橫 무지개 깃발과 붉은 절이 마구 펄럭이네

人間更漏檛未畢 인간 세상의 물시계는 아직 다 치지 않아

始入宮體 비로소 궁체에 들어갔다.

三十六宮夜如漆 삼십육 궁이 모두 칠흑같이 어두운 밤

蘭房香夢春酣酣 난방의 향기로운 꿈이 한창 무르녹고

何等鋪麗 어떠한 포치의 고움인가?

寶欄十二湘簾密 열두 보란에 상렴이 겹으로 둘렸는데

須臾千門萬戶闢 이윽고 천문·만호가 활짝 열리니

一抹晨光射天赤 한 가닥 새벽빛이 하늘을 빨갛게 쏘네

擺弄到此地頭 가지고 노는 것이 이 곳 머리까지 이르렀다.

看圖使我雙眸開 그림을 보니 내 두 눈이 활짝 열려

怳然身在琅琊臺 이 몸이 바로 낭야대[25]에 있는 듯해라

秦橋鞭石血未乾 진교의 돌 채찍질[26]은 피가 아직 안 말랐으니

---

24 해의 수레를 모는 어자(御者)가 희화국(羲和國)의 여자라고 한다. 『산해경(山海經)』

25 낭야대(琅琊臺)는 중국 산동성(山東省) 바닷가에 있던 대(臺)인데, 진시황(秦始皇)이 그 대를 묻고 돌에 공을 새겼다고 한다.

26 진시황이 돌다리를 만들어서 바다를 건너 해 뜨는 곳을 가 보려 하니, 신인(神人)이 나타

羨門安期安在哉　선문생·안기자는 어디에 있단 말인가
兩袖仙飆冷似水　양 소매의 신선 바람이 물처럼 서늘하니
吾欲乘此觀蓬萊　내 이 바람 타고 봉래를 구경하려네
　　曲終奏雅 곡조가 끝나고 아악을 연주하였다.[27]
　　誠唐宋作家佳品 참으로 당송 작가의 가품이다.

혼돈주가

渾沌酒歌　　　　　　　　　　　　　　　　　　정희량(鄭希良)

長繩欲繫白日飛　긴 밧줄로 가는 해를 잡아매고
大石擬補靑天空　큰 돌로 하늘을 기우려 하여
狂圖謬算坐濩落　허튼 생각, 오산으로 허공에 빠졌다가
半世倏忽成老翁　반 세상에 문득 늙은이가 되었구나
豈如飮我渾沌酒　두어라, 혼돈주나 흠뻑 마시고
坐對唐虞談笑中　담소중에 당우 시절을 대하여 보세
　　可人可人 마음에 드는 사람이다, 마음에 드는 사람이다.
渾沌有道人未試　혼돈의 도를 내 처음 시작했으니
此法遠自浮丘公　이 법이 부구공에서 전하여 왔네
不夷不惠全其天　백이도 아니고, 유하혜도 아니고[28]

　　나 돌을 몰아 바다로 내려갔다. 돌이 빨리 가지 않으면 신인이 채찍으로 갈겨 돌에 피가
　　났다고 한다.

27 문장이나 예술의 표현이 끝날 때쯤 더욱 훌륭해지는 것을 뜻한다. 『한서(漢書)』「사마상
　　여전찬(司馬相如傳贊)」에 "양웅은 '화려한 부가 백 가지 일을 보고 풍간하는 것이 한결같
　　으니 정나라 위나라 소리로 함부로 내달리다가 곡조가 끝나면 아악을 연주하는 것 같으니
　　장난스럽지 않은가?'라고 하였다.[揚雄以爲靡麗之賦 勸百而風一 猶騁鄭衛之聲 曲終
　　而奏雅 不已戱乎]"라고 한 구절에서 연유한 말이다.

28 『맹자』「등문공(滕文公)」에 "백이(伯夷)는 성(聖)의 청자(淸者)요, 유하혜(柳下惠)는 성
　　의 화자(和者)"라고 하였다.

非聖非賢將無同　성인도 아니고, 현인도 같지 않네[29]

招呼麴君囚甕底　누룩 군을 불러다가 독에 가두어

　　愉怡酣適 何等風味 즐겁고 자적하니 어떠한 풍미인가?

日夜噎氣聲蓬蓬　밤낮으로 숨소리가 꼬록꼬록 하더니

俄頃春流帶雨渾　이윽고 봄 강에 비가 와 흐뭇하듯이

醞釀古色清而濃　빚어진 색깔이 맑고도 무르익었네

酌以巨瓢揖浮丘　바가지에 따라서 부구에게 인사하고

澆下萬古崔巍胸　가슴속 만고의 불평을 씻어 버리네

一飲通神靈　　한 번 마시니 신령과 통하여

宇宙欲闢猶蒙曨　우주가 개벽하는 듯, 아직 몽롱하고

再飲合自然　　두 번 마시니 자연과 합하여

陶鑄渾沌超鴻濛　혼돈을 도주하여[30] 초자연으로

手撫渾沌世　　손으로 혼돈 세상을 어루만지고

　　淋漓鼓舞 질펀하게 고무한다.

耳聽渾沌風　　귀로 혼돈 바람소리를 들으니

醉鄉廣大我酒主　넓고 큰 취향에 내가 주인이라

此爵天爵非人封　이 벼슬은 천작이라 인작 아닐세

　　男兒到此 方可稱不凡 남아가 이 경지에 이르면 평범치 않다고 일컬을만하다.

何用區區頭上巾　구구한 두건을 무엇에 쓰리

淵明亦是支離人　도연명[31]도 역시 지리한 사람이었네

　　出長公而穠 소동파에게서 나왔지만 무르익었다.

---

29 이백(李白)의 「독작(獨酌)」 시에 "이미 청주는 성인에 비견됨을 들었고, 다시 탁주는 현인과 같다고 말하네.[已聞清比聖 復道濁如賢]"라고 하였다.

30 도공(陶工)이 도기(陶器)를 만들듯 철공(鐵工)이 주철(鑄鐵)하듯 한다는 말인데, 『장자』「소요유(逍遙遊)」에 "고야산(姑射山)의 신인(神人)은 그의 찌꺼기를 가지고도 요순(堯舜)을 만들어[陶鑄] 낼 수 있다." 하였다.

31 도연명은 두건을 쓰고 다니다가, 술이 마시고 싶으면 벗어서 탁주를 걸러 마셨다. 이백(李白)의 「희증정율양(戲贈鄭溧陽)」이란 시에 "소금은 본래부터 현이 없고, 술 거를 땐 갈건

유랑민의 탄식

流民嘆   어무적(魚無赤)

蒼生難蒼生難　　백성들 살기 어려워라, 백성들 살기 어려워
年貧爾無食　　　흉년 들어 네가 먹을 것이 없건만
我有濟爾心　　　나는 너를 구제할 마음이 있어도
而無濟爾力　　　너를 구제할 힘이 없구나
蒼生苦蒼生苦　　백성들 괴롭구나, 백성들 괴로워
天寒爾無衾　　　날이 추워 네가 이불이 없건만
彼有濟爾力　　　저들은 너를 구제할 힘이 있어도
而無濟爾心　　　너를 구제할 마음이 없구나
願回小人腹　　　바라건대 소인의 뱃장을 돌려
暫爲君子慮　　　잠시 군자를 위해 염려하노니
暫借君子耳　　　잠깐 군자의 귀를 빌려
　曲盡情曲 정곡을 곡진히 하였다.
試聽小民語　　　소민의 말을 들어 보소
小民有語君不知　소민들이 말하여도 그대는 모르네
今歲蒼生皆失所　올해엔 백성들이 다 살 길 없네
北闕雖下憂民詔　나라에선 백성 걱정하는 조서를 내리셨으나
州縣傳看一虛紙　고을에선 빈 종이 한 장만 돌려볼 뿐
　至今通患 지금까지 공통되는 걱정이다.
特遣京官問民瘼　경관을 특별히 보내 백성들 아픔을 물으려고
馹騎日馳三百里　역마로 하루에 삼백 리를 달려도
吾民無力出門限　백성들은 문턱에 나설 힘이 없으니
　堂陛千里 조정이 천 리 멀다.

━━━
　을 사용하였네.[素琴本無絃 漉酒用葛巾]"라고 하였다.

何暇面陳心內事　어느 겨를에 맘속 일을 아뢰랴

縱使一郡一京官　한 고을에 한 경관이 온다 하여도

京官無耳民無口　경관은 귀가 없고 백성은 입이 없네

不如喚起汲淮陽　급회양[32]을 불러 일으켜

　素聲一擊 萬騎寂然 소박한 소리가 한 번 치자 수만 기병이 고요해진다.

未死子遺猶可救　죽기 전 남은 백성이라도 구하는 게 나으리라

　當爲司牧者之鑑砥 不特詩工而已 시만 공교로운 것이 아니라, 마땅히 목민관의 거
　울이자 숫돌이다.

이진주 형제의 영친도에 쓰다[33]

題李晉州兄弟圖　　　　　　　　　　　　　　　　　　　　박상(朴祥)

斑衣且作悅親具　색동옷만으로도 어버이 기쁘게 하는 도구인데

　徒然峻整 공연히 준엄하고 정연하다.

況此釋褐穿錦袍　하물며 베옷 벗고 비단 관복 입게 되었음에랴

存者以宴歿者祭　살아계신 분에게는 잔치를, 돌아간 분에게는 제사를

推恩所生均寵褒　낳아주신 은혜 미루어 사랑과 기림 받네

龍駒蟬嫣指李孫　용마가 연이은 집이 이씨네 손자를 가리키니

　鋪得宏達 포치가 굉달함을 얻었다.

大小二難俱儁髦　크고 작은 두 형제 다 준수하구나

東堂郤桂擢兩枝　동당의 계수나무[34] 두 가지를 꺾었으니

32　한나라 무제(武帝) 때 동해 태수(東海太守)로 맑은 정사를 하였고 회양 태수(淮陽太守)로
　　죽기까지 선정(善政)을 베풀던 급암(汲黯)을 가리킨다.

33　『눌재집』권2에 실린 제목 '題李晉州兄弟榮親圖'를 참조하여, '榮親' 두 글자를 넣어서
　　번역하였다.

34　원문의 '극계(郤桂)'는 극선(郤詵)의 계림일지(桂林一枝)에서 온 말로, 장원급제를 의미
　　한다. 진(晉)나라 무제(武帝) 때 극선의 현량 대책(賢良對策)이 천하제일로 뽑혔을 적에
　　무제가 극선에게 "경(卿)은 스스로 어떻게 생각하는가?"라고 하자, 극선이 "신의 현량

靑雲發軔車已膏　청운의 길 떠나며 수레에 이미 기름을 쳤네
一朝捧檄下嶺海　하루아침에 격문 받들고 영해로 내려오니
魯衛連城常棣高[35]　노나라와 위나라가 성을 잇고[35] 아가위나무 높았네
魚軒大家往來穩[36]　대부인 어헌[36]을 타니 오가기에 안온하여
怡愉不識南征勞　마음 기뻐서 남쪽으로 가는 수고를 모르는구나
昨日春官上啓目　어제 예조에서 계목을 올려

　　質而不俚 질박하면서도 속되지 않다.

門下奉敎申地曹　승정원에서 교지 만들어 호조에 전달하였네
遙賜榮筵古康州[37]　멀리 옛 강주[37]에 영친연을 내리니
九重聖澤傾滔滔　구중궁궐 성왕의 은택이 도도하게 베풀어지네
鳳鳴朱樓壓城敞　봉새 우는 붉은 누각은 도성을 누르고 드러났으며

　　雄麗滔滔 웅려함이 도도하다.

紫霞萬瓮釃仙醪　자하주 만 항아리에서 신선의 술 걸러내네
陸海狼籍物其備　땅과 바다의 진기한 음식 다 갖추었으니
刲羊擊豕已空牢　양을 죽이고 돼지를 잡아 이미 우리가 비었네
白幰扶雲覆廣庭　흰 장막이 구름 떠받치며 넓은 마당을 덮었고

대책이 천하제일로 뽑힌 것은 마치 계림의 계수나무 한 가지나 곤륜산의 한 조각 구슬과
같은 것입니다.[臣擧賢良對策 爲天下第一 猶桂林之一枝 崑山之片玉]"라고 대답했다
한다. 『진서(晉書)』권52 「극선열전(郤詵列傳)」

35 노(魯)나라는 주공(周公)의 봉국(封國)이고 위(衛)나라는 주공의 동생 강숙(康叔)의 봉국
이어서, 『논어』「자로(子路)」에 "노나라와 위나라의 정사를 보아도 형제처럼 비슷하다.
[魯衛之政 兄弟也]"라고 하였다.

36 부인이 타는 수레이다. 『춘추좌전(春秋左傳)』민공(閔公) 2년에 "부인에게 어헌을 보내
다.[歸夫人魚軒]"하였고, 그 주에 "어헌은 부인의 수레인데 어피(魚皮)로 꾸몄다."하
였다.

37 진주의 옛 이름이다. 『신증동국여지승람』권30 「진주목 건치연혁」에 "본래 백제의 거열성
(居列城)인데 신라 문무왕(文武王)이 빼앗아서 주(州)를 설치하였다. 신문왕(神文王)은
거타주를 분할하여서 진주총관(晉州摠管)을 설치하였고, 경덕왕(景德王)은 강주(康州)
라 고쳤다."라고 하였다.

半千歌舞森週遭　노래하고 춤추는 수백 명이 즐비하게 둘렀네

彩棚突兀移造化　채붕[38]이 우뚝하니 조화를 옮겨놓은 것이라

三山彷髴駕金鼇　삼신산이 금자라를 올라탄 것 같네

是時淸和屬初夏　때는 맑고 온화한 초여름이라

初柳冥冥蔭塹壕　여린 버들이 어둑하게 참호를 덮었네

雁行袍笏擁雙蓋　관복 차림의 형제를 한 쌍의 덮개가 옹위하고

　　鼓舞恣肆 제 마음대로 북을 치고 춤을 춘다.

宮花獵獵飜隨䫻　궁중의 꽃 한들한들 바람 따라 뒤집히네

依然放榜金門回　관례대로 방이 나붙어 금문에서 돌아오자

丫童百隊聲呀嘈　아이들 백여 무리가 시끌벅적 소리내네

優人散落奏伎倆　광대들 모였다 흩어지며 재주를 부리는데

來觀十郡奔波濤　열 고을 백성 파도처럼 모여들어 구경하누나

夫人自慶懷抱中　부인은 품에 있던 아이들 절로 경사스러우니

做得兩箇名世豪　둘씩이나 세상에 이름난 호걸 되었구나

津津色笑擧壽杯　즐겁게 웃으며 축수하는 술잔 올리니

鶴髮炯炯顔如桃　흰 머리 빛이 나고 얼굴은 복사꽃 같아라

頭流拱翠飛瑞氣　두류산은 푸른빛에 싸여 상서로운 기운 날리고

靑鶴仙人簇羽旄　청학동 선인들은 깃발을 들었네

　　何等氣槪 어떠한 기개더냐?

鼉鼓逢逢幾通雷　악어북 둥둥 소리가 거의 우레와 같고

鯤絃鐵撥轟檀槽　곤현을 쇠술대로 타니 단조가 꽝꽝 울리네[39]

---

38 임금이나 사신의 행차가 지나가는 곳의 성문, 다리, 지붕, 문 위 등에 색실, 색종이, 색헝겊 등을 내걸어 장식하던 일종의 환영의 표시로, 결채(結綵)라고도 한다.

39 "당나라 개원(開元) 연간에 악공 하회지(賀懷智)가 비파를 잘 연주하였는데, 돌로 조(槽)를 만들고 곤계(鵾雞)의 힘줄로 현(絃)을 만들어 쇠로 퉁겼기 때문에, 소식(蘇軾)의 시에 '곤계의 현줄을 철로 퉁기는 솜씨여, 세상에 다시 볼 수 없도다.[鵾絃鐵撥世無有]'라는 표현이 있게 되었다."라는 말이 『산당사고(山堂肆考)』 권162 「계근작현(雞筋作絃)」에 나온다. 조(槽)는 현악기 위에 현을 올려놓는 움푹 파인 격자(格子)를 말하는데, 단목(檀木)

抑六龍首頓羲轡　육룡의 머리 누르고 희화의 고삐를 잡았지만

　　奇杰磊砢 疊疊無厭 기이하고 걸출한 삼라만상이 첩첩이 쌓여 질리지 않는다.

窮歡已到塒鷄號　맘껏 즐기다 보니 어느새 횃대 닭 울음소리 들리네

聞者不量才品殊　소문 들은 사람들 재주 다른 것 생각지 않고

　　痴語收拾 어리석은 말로 수습한다.

累月笞兒還怨呲　여러 달 아이 매질하고 도리어 원망하네

人間勝事不可泯　인간 세상 좋은 일이 없어지면 안 되니

丹靑忽落秋冤毫　가을 토끼털 붓으로 단청을 다시 하네

菁川夜夜鬼神泣　청천에선 밤마다 귀신이 울고

文物江山無一毛　강산의 문물은 한오라기도 없게 되었네

　　擺怪伎倆 괴이함을 물리치는 기량이다.

傳家科第是靑氈　집안에 전해오는 문과 급제는 가보이니

雲仍感興承風騷　후손[40]들의 감흥이 풍소를 계승하리라

　　不了語結住 끝나지 않은 말로 맺었다.

　　敍事鴻麗大篇神品 서사가 넓고 고우니 큰 시편이자 신령한 작품이다.

선천의 자석연

宣川紫石硯歌[41]

　　김성지(金成之)가 의주(義州) 목사로 나가서 선천(宣川)의 자석연(紫石硯)을 얻었는데, 매화와 대나무의 뿌리가 얽힌 모습을 조각하여 솜씨가 몹시 공교로웠다. 학유(學諭) 남주(南趎) 편에 시와 함께 보내왔는데, 당시는 상중이어서 시를 읊을 수

　　으로 만들면 단조(檀槽)라고 한다.

40　원문의 '운잉(雲仍)'은 매우 먼 대(代)의 후손을 뜻한다. 증손의 다음이 현손(玄孫)이고 그 이하 차례로 내손(來孫), 곤손(昆孫), 잉손(仍孫), 운손(雲孫)인데, 일반적으로 후손을 뜻하는 말로 쓰였다.

41　당나라 이하(李賀)가 지은 「양생청화자석연가(楊生靑花紫石硯歌)」를 생각하며 지었기에, 많은 시어들이 겹친다.

없었기에 답시를 보내지 못하였다. 상을 마치고 조정으로 돌아와 보니, 성지는 또 경상도 관찰사로 나가 있었다.[42]

宣城石工手握昆吾刀　선천의 석공이 손에 곤오도[43]를 쥐고

突兀起居 우뚝하게 시작하여 자리잡았다.

夜沒萬丈碧玉寒　밤중에 만장 속에 들어가니 벽옥이 차갑구나

隱隱如聞地下哭　은은히 지하의 곡성이 들리는 듯한데

剒出千年赤龍肝　천년 묵은 붉은 용의 간을 도려냈네

奇杰 기이하고 걸출하다.

龍饞饞食丹砂肉　용이 식탐이 있어 단사육을 게걸스럽게 먹더니

造語甚悍 조어가 매우 사납다.

腥血未醲頑復頑　진한 비린 피가 입맛에 맞아 게걸스럽게 또 먹었네

磨刀琢削天爲驚　칼을 갈고 쪼고 깎으니 하늘도 놀라

卓詭不群 탁월하여 무리에서 뛰어나다.

排空列星落斑斑　공중에 늘어선 여러 별들이 밝게 빛내며 떨어졌네

風漪瑟瑟含秋色　바람은 소슬하게 잔 물결 일으키며 가을 빛 머금고

巧而不刻 솜씨가 뛰어나면서도 꾸미지 않는다.

泉眼納納天池寬　연지(硯池)가 큼직해 천지처럼 넓구나

琅玕渭骨補精彩　낭간의 대나무 위수의 뼈가 정채를 돕고

交帶大庾春前信　대유령 매화의 봄 전 소식 섞여 있네

金聲玉德配君子　금성과 옥덕은 군자에 어울리니

過文儵儵 과도한 문자가 흘연 나타난다.

六丁將過龍灣鎭　육정신이 가지고 용만진에 들렸네

---

42 김극성은 1515년에 의주 목사로 부임하고, 박상은 1517년에 모친상을 당하였다. 김극성이 1519년에 경상좌도 관찰사로 부임하였으니, 그 직후에 지은 시이다.

43 옥을 깎아내는 칼이다. 주나라 목왕(穆王)이 서융(西戎)을 정벌하자 서융에서 곤오도와 화완포(火浣布)를 바쳤는데, 곤오도로 옥을 자르니 진흙처럼 잘려나갔다고 한다.

龍灣將軍拔劍奪　용만의 장군이 검을 뽑아 빼앗으니
　　偶奇語 기굴한 말이다.
紫氣漫空霹靂震　붉은 기운이 하늘에 가득 차고 벼락이 치네
婆律香水百洗過　파율 향수로 백번이나 씻어
　　妥帖 타당하게 붙었다.
玉露曉瀉銀蟾蜍　옥 같은 이슬이 새벽에 은 같은 달빛을 쏟아내네
春薰松麝玄雲起　봄 훈풍 송사 먹향에 검은 구름 일어나
　　婀娜 어여쁘다.
鴨江晝昏無日車　압록강이 낮에 어둡고 해가 없어지네
　　語如許大 말이 큰 듯하다.
將軍生怪不敢蓄　장군이 괴물을 감히 기르지 못해
什襲萬里遙示余　여러 겹으로 싸서 만릿길 멀리 나에게 보여주었네
鳳山居士再拜受　봉산거사[44]가 두 번 절하고 받아
珍重不下金錯刀　금착도 못지 않게 진중하게 간직했네
銅雀斷瓦忽無顏　동작대의 깨진 벽돌 벼루가 홀연 무색해지니
寬刓孔硯那爭高　닳아 문드러진 공자의 벼루가 어찌 낫다고 다투랴
呼爲唾面待乾客　벼루 바닥에 침 뱉어 마르기를 기다려보니
遲鈍不數輕銳冑　더디고 둔해 가볍고 날카로운 벼루는 축에도 안 끼워
　　　　　　　　　주네
　　强硬勝前篇 강경하여 앞 작품보다 낫다.

방생의 우도 이야기를 듣고서

聞方生談牛島歌　　　　　　　　　　　　　　　　　　김정(金淨)

瀛洲東頭鰲抃傾　영주산 동쪽 머리 자라 기둥을 쳐서 기울어

---

44 광주 방하동 봉황산 아래에서 태어난 박상의 자칭인데, 뒤에 봉황산에 묻혔다.

通篇以顯晦起伏 전편을 통틀어 드러냄과 감춤으로 기복하였다.

千年閟影涵重溟　천년의 신비한 그림자가 큰 바다에 잠겨 있네

　晦 감추었다.

群仙上訴攝五精　여러 신선이 상제께 호소하여 오정을 끌어당기니

巨屭一夜轟雷霆　힘차게[45] 하룻밤에 뇌성이 울렸네

雲開霧廓忽湧出　구름이 열리고 안개가 걷히자 홀연히 솟아났으니

　顯 드러냈다.

瑞山新畫飛王庭　상서로운 산의 새 그림 왕의 뜰에 날았네

溟濤崩洶嚙山腹　바다 물결 무너지듯 산 중턱을 물어서

哈呀洞天深雲扃　훤히 트인 빈 골짜기 구름문이 깊구나

　又晦 또 감추었다.

凌層鏤壁錦纈殷　모나게 새긴 벽에 비단 무늬 검붉으니

扶桑日照光晶熒　부상의 해가 비쳐 광명하게 빛나네

　又顯 또 드러냈다.

繁珠凝露濺輕濕　많은 구슬이 이슬 엉기듯 가볍게 젖으니

壺中瑤碧躔列星　호리병 속 푸른 옥을 별처럼 벌여놓은 듯

　顯而晦 드러냈다가 감추었다.

瓊宮淵底不可見　깊은 물속 화려한 궁궐을 볼 수는 없어도

有時隱隱窺窓櫺　때로 어렴풋이 창문 난간에 보이네

　顯而晦 드러냈다가 감추었다.

軒轅奏樂馮夷舞　헌원씨는 음악을 연주하고 풍이는 춤을 추니

　極幽邈 詭怪之觀 지극히 깊고 머니 괴이한 광경이다.

玉簫窅篠來靑冥　옥퉁소 소리 아득히 하늘에서 들려 오네

宛虹飮海垂長尾　굽은 무지개 긴 꼬리 늘어뜨려 바닷물을 마시는 듯

---

45 장형(張衡)의 「서경부(西京賦)」에 "거령이 힘차게 손바닥으로 높이 떠받들고 발바닥으로 멀리 차 버려, 하수를 흐르게 하였다.[巨靈屭贔高掌遠蹠 以流河曲]"라고 하였다.

䲘鵬戲鶴飄翅翎　큰 붕새 학을 희롱해 나래 치는 듯
曉珠明定塵區黑　새벽 구슬 광명이 걷히어 세상이 어두워지니

　顯而又晦 드러냈다가 또 감추었다.

燭龍爛爗雙眼靑　촉룡의 두 눈이 푸른 광채를 발하네
駿虯踏鯶多娉婷　교룡을 탄 듯 잉어를 밟은 듯 많이 아름다워라
天吳九首行竛竮　아홉 마리 천오가 비틀거리니

　已下皆入晦 이하 모두 감춤에 들어간다.

幽沈水府囚百靈　그윽하게 잠긴 용궁에 백 가지 영물이 갇혀 있어

　如凄風苦雨 四面而至 而毛髮森竪 서늘한 바람과 괴로운 비가 사면에서 이르러 머
　리털이 쭈뼛 서는 것 같다.

邪鱗頑甲毒風腥　비스듬한 비늘과 완악한 껍질의 비린내가 독하구나
太陰之窟玄機停　태음의 굴에 현기가 정지되어

　極入幽晦之中 깊고 어두운 가운데로 지극히 들어간다.

仇池禹穴傳神蹟　구지[46]와 우혈에 신이한 자취가 전해졌는데

　引事繳得甚委曲 일을 인용하여 매우 곡진하게 잡아 얻었다.

惜許絶境訛圖經　아깝게도 절경에 허락하여 도경에 빠졌구나
蘭橈挐入攫神形　목란 노를 끌고 들어가니 움켜잡는 귀신이 나타나고
鐵笛吹裂老怪聽　쇠 피리 불어 찢는 듯하니 늙은 괴물이 듣는구나

　幽陰鬼語 깊고 음침한 귀신의 말이다.

水咽雲暝悄愁人　물은 목메이고 구름은 어두워 사람을 서글프게 하니
歸來怳兮夢未醒　돌아와서도 황홀하여 꿈이 깨지 않네
嗟我只道隔門限　슬프다 내가 다만 문이 막혔음을 말할 뿐이니

　方入自己語結局 바야흐로 자기의 말로 들어가 판국을 맺었다.

---

46 구지산은 중국 감숙성(甘肅省) 성현(成縣) 서쪽에 있다. 두보(杜甫)의 「진주잡시(秦州雜
詩)」 제14수에 "만고의 구지 구멍은 별천지 소유천과 몰래 통했네. 신기한 고기 본 사람
없어도 복된 땅이란 말 참으로 전해 온다네.[萬古仇池穴 潛通小有天 神魚人不見 福地語
眞傳]"라고 하였다.

安得列叟乘風冷　어찌하면 열어구와 같이 서늘한 바람 타고 다니려나

晦顯幽儵 眇冥惝悅 出神入鬼 極瓌盡詭 理勝於協律 事實於玉泉

감춤과 어둠이 그윽하고 빠르며 밝음과 어둠이 황급하여 귀신을 출입하고 기괴함을 다 하였다. 이치는 협률보다 낫고 일은 옥천보다 실제이다.

사시사

四時詞

規模長公 而出入于唐季 自穠自艶 규모는 장공[소동파]이나 만당을 출입하니 절로 번성하고 절로 아름답다.

日照千山紅錦爛　해가 천 산을 비추니 붉은 비단이 타오르고

烟愁芳草青春晚　방초는 시름겨운 안개에 젖어 푸른 봄이 저무네

簾前蝶散落花寒　주렴 밖에 나비 흩어지니 떨어지는 꽃이 춥겠고

溫之雅 따뜻하고 우아하다.

堤上鶯飛新柳短　제방 위에 꾀꼬리 나니 새 버들 싹이 나네

曉起濃粧畫蛾眉　새벽에 일어나 진하게 화장하며 눈썹을 그리니

自熏蘭葉護臙脂　향기로운 난초 잎은 연지를 보호하네

綠窓無夢夜如海　푸른 창에 잠 못 이뤄 밤이 바다 같으니

腸斷東風聽子規　애끊는 봄바람 속에 두견새 소리를 듣네

本色描就 본색이 묘사되어 나온다.

芍藥花開緋露重　작약꽃이 피니 붉은 이슬 무겁고

當行家語 전문가의 말이다.

夜來烟濕清香動　밤이 오니 안개에 젖어 맑은 향기 움직이네

遊蜂戀戀過雕墻　날아다니는 벌은 아쉬운 듯 아로새긴 담장을 지나고

乳燕交交飛畫棟　어린 제비는 이리저리 그림 그려진 기둥을 나네

輕箑微颸拂翠幛　가벼운 부채 산들바람에 비춰 휘장 떨어내고

粉珠凝雪沁羅衣　분 덩이는 눈에 엉긴 듯 비단옷에 배어드네
　　嬌姿媚嫵 교태로운 자태가 어여쁘다.
西湖連伴納涼去　서호에 친구 따라 바람 쐬러 갔다가
折得滿船紅藕歸　붉은 연뿌리를 꺾어 배에 가득 싣고 오네

木落千山江杳杳　온 산에 나뭇잎 지고 강은 아득한데
秋天一雁秦雲曉　가을 하늘 기러기 한 마리에 구름이 밝아오네
空階月皎蛩音長　빈 계단에 달이 밝고 귀뚜라미 소리 슬픈데
蔓草露薄螢影小　덩굴풀에 이슬 진해 반딧불이 그림자 작구나
　　尖細 뾰족하고 세세하다.
耿耿蘭燈焰半斜　깜박거리는 난등 불꽃은 반쯤 기울고
紅樓西畔落星河　붉은 누각 서쪽에 은하수가 쏟아지네
　　高着 높이 붙었다.
邊衣翦罷涼無睡　변방에 보낼 옷 마름질하다 서늘해 잠 못 이루니
一夜雨聲鳴敗荷　밤새 빗소리가 시든 연잎에서 나네
　　最警絶 가장 놀라운 절창이다.

北風舞雪散穹昊　북풍에 눈이 춤추며 넓은 하늘에 흩어지고
萬瓦凝氷天地皓　기와가 다 얼어붙어 천지가 하얗구나
梅吐輕香玉蕊踈　매화는 가벼운 향기를 토하고 꽃술 성긴데
松含寒凍鶴巢倒　소나무는 추위 머금고 학 둥지가 거꾸로 매달렸네
沈沈錦幎暖圍春　침침한 비단 장막이 따스하게 몸을 감싸고
珠貝玲瓏甲帳新　구슬 영롱해 가죽 장막이 새롭구나
　　藻績滿眼 꾸민 공적이 눈에 가득하다.
粧罷酡顔微暈上　화장 마치니 취한 얼굴에 연한 붉은빛 오르는데
麝煤董惹綉鞋塵　먹[47]이 걸핏하면 비단 신을 얼룩지게 하는구나

죽지가

竹枝歌   황여헌(黃汝獻)

竹枝歌竹枝歌   죽지가 죽지가여
歌罷千年遺恨多   노래 끝나도 천년의 한이 많기도 해라
西風一夕湘水冷   서풍 부는 저녁에 상수는 차갑고
洞庭木落生層波   동정호에 잎 다 지니 파도가 이는구나
黃陵廟前楓桂林   황릉묘 앞은 단풍든 계수나무숲
凄涼落日啼棲鴉   처량히 날이 지니 갈까마귀 우네
　　蕭瑟 소슬하다.
舟人爭唱競波曲   뱃사람은 다투어 뱃노래를 부르는데
碧海千尋連泊羅   천길 푸른바다는 멱라수로 이어졌네
泰關一閉歸不得   진 관문 한번 닫자 돌아갈 길 없고
滿庭秋草埋章華   온 뜰엔 가을 풀 화려함을 묻었네
可憐虞姬帳中泣   가련한 우미인은 장막 속에서 흐느끼고
英雄一逝恨無涯   영웅 한번 가니 한은 끝이 없어라
　　三句收拾盡無欠 3구에서 수습하여 다 흠이 없다.
楚山蒼蒼楚水碧   초산은 창창하고 초수 또한 푸른데
騷人遷客幾經過   시인과 나그네 몇이나 이곳 지났던가
請君今日莫更歌   그대에게 청하노니 오늘 다시는 노래 말게나
天涯落魄淚橫斜   하늘 끝에 낙백한 이 눈물 흘리리
　　雖涉元格 而澹宕可咏 비록 원래 격조를 이루었으나 담탕(澹宕)하여 읊을 만하다.

---

47 먹[墨]을 만들 때에 송연(松煙 소나무를 태운 그을음)을 사용하는데, 먹의 향기를 사향의
　　향기에 비유하여 먹을 사매(麝煤)라고 불렀다.

호당에서 새벽에 일어나 소동파의 '정혜원'[48] 운을 쓰다

湖堂曉起 用東坡定惠院韻 이황(李滉)

雞鳴水村月掛簷　닭이 우는 물가 마을에 달이 처마에 걸려
一枕歸夢驚殘夜　얼핏 잠들어 고향을 꿈꾸다 남은 밤에 놀라네
窓櫳闃寂蓬觀裏　고즈넉한 창 난간 봉관[49] 안에는
曙色蔥朧花樹下　꽃나무 아래 새벽빛 어슴푸레하구나
庭梅半落香更吹　반쯤 떨어진 뜰의 매화 계속 향기 퍼뜨리고
　　裊娜可愛 하늘하늘하여 사랑스럽다.
石澗新疏響轉瀉　바위 사이 시냇물 새로 트여 쏟아져 구르며 소리내네
欲知仙境定何如　신선 세계 알고 싶으니 참으로 어떻던가
聞說瑤臺此其亞　요대가 좋다 해도 이보다는 다음일세
綺飱常繼太官供　아름다운 선물 늘 이어지니 태관[50]에서 보낸 것이고
蘭燭時容漁店借　난촉을 밝혔으니 어부 집에서 빌려 왔네
病來酒伴已全踈　이 몸에 병이 드니 술친구가 멀어지고
老去詩情渾未謝　시 짓는 정취는 늙어도 그만 두지 못하네
靑春欲謝鳳城塵　서울의 티끌 속에 푸른 봄이 저물어 가니
白雲空憶芝山舍　흰 구름 바라보며 지산의 집[51]을 생각하네
　　有許多情 허다한 정이 있다.

---

48 호북성 황주(黃州)에 있는 절 이름으로, 소식(蘇軾)이 황주로 귀양가서 한때 정혜원에
　머물며 많은 시를 지었다.
49 한(漢)나라 때 궁중의 저술을 관장하고 서적을 보관하던 곳으로, 낙양(洛陽)의 남궁(南宮)
　에 있었다. 여기서는 호당, 즉 독서당을 가리킨다.
50 제왕이 먹는 음식과 연향(燕享)을 관장하던 관직이다. 송대(宋代)에는 황제의 음식은 상
　식국(尙食局)에서 전담하고, 태관은 제물(祭物)만 관장하였다. 조선시대에는 궁중의 제
　사나 연회 등의 음식물 공급을 봉상시(奉常寺)·내자시(內資寺)·내섬시(內贍寺) 등 삼사
　에서 맡았다.
51 온계의 남쪽, 지산의 북쪽에 세운 지산와사(芝山蝸舍)를 가리킨다.

年多老松栖怨鶴　해 묵은 늙은 소나무에 깃든 학이 원망하고
雨荒幽圃抛寒藷　그윽한 채마밭에 거친 비 내려 언 감자를 내버리네
榮辱如雲本來無　영화와 치욕은 구름 같으니 본래 없는 것이라
富貴逼人眞堪怕　부귀가 다가와도 참으로 두렵구나

達人所見到底 달인의 소견이 바닥까지 닿는다.

朝來百囀林下鶯　숲 아래 꾀꼬리는 아침 왔다 지저귀며
似與詩僧助嘲罵　시 짓는 스님과 더불어 나를 놀리는 듯하네

韻調逼東坡 自是淸健雅婉 운조가 소동파에 가까우니 저절로 청건하고 아완하다.

호당(湖堂)에 봄이 저물어서야 매화가 비로소 피었기에 진소유의 운을 써서 짓다[52]

湖堂春暮梅花始開 用秦少游詩韻

我昔南遊訪梅村　내가 예전 남도에 노닐며 매화촌을 찾았더니

便是長公口吻語 장공[소동파]의 말투가 되었다.

風烟日日銷吟魂　풍연이 날마다 시혼(詩魂)을 녹였지
天涯獨對歎國艶　땅끝에서 홀로 보며 경국지색을 찬탄하고
驛路折寄悲塵昏　역로에서 부치며[53] 어둔 세상 슬퍼했네
邇來京輦苦相憶　서울에 온 이래로 간절히 그리워서

有情 정이 있다.

淸夢夜夜飛丘園　맑은 꿈은 밤마다 전원으로 날아갔네
那知此境是西湖　여기가 서호일 줄 어찌 알았으랴

---

52 『퇴계집』 권1에는 「호당에 매화가 삼월에 비로소 피었기에 동파(東坡)의 운을 써서 짓다 [湖堂梅花 暮春始開 用東坡韻]」라는 제목으로 2수가 실렸는데, 그 가운데 제1수이다. 소동파가 제자인 진관(秦觀)에게 지어준 시에 차운한 것이다.
53 남조(南朝) 송(宋)의 육개(陸凱)가 강남의 매화 한 가지를 꺾어 역사(驛使)를 통해 친구 범엽(范曄)에게 부치며 아울러 시를 지어 전하였다.

邂逅相看一笑溫　우연히 서로 만나 정답게 한번 웃었네
芳心寂寞殿殘春　꽃다운 마음 고즈넉이 늦은 봄에 피어서

　　嬌艶動人 교염(嬌艶)함이 사람을 격동시킨다.

玉貌婥約迎初暾　옥빛 자태 아름답게 돋는 해를 맞이하네
伴鶴高人不出山　학을 짝한 높은 선비 산에서 나오지 않고

　　蕭瑟悽惋 소슬하고 처완(悽惋)하다.

辭輦貞姬常掩門　연(輦) 사양한 정숙한 여인 항상 문을 닫고 있네[54]
天敎晚發壓桃杏　하늘이 늦게 피어 복사 살구를 누르게 했으니

　　有味 맛이 있다.

妙處不盡騷人言　묘한 뜻을 시인도 다 말하지 못하리라
媚嫵何妨鐵石腸　아름다운 그 모습 철석간장이 무슨 소용이랴
莫辭病裏携甖罇　병든 몸이 술병 들고 찾아감을 사양치 말라

　　非唯理學爲東方祖 而詩亦壓倒諸公 단지 이학으로 동방의 시조가 될 뿐만 아니라
　　시 역시 제공을 압도한다.

반통투수사

飯筒投水詞[55]　　　　　　　　　　　　　　　　　　　　윤결(尹潔)

沅有沱兮湘有汜　원수(沅水)에 타수(沱水) 있고 상수(湘水)에 사수(汜
　　　　　　　　　水) 있어

54　한나라 성제(成帝)의 후궁(後宮) 반희(班姬)가 임금이 한 수레[輦]에 타라는 것을 사양하
　　였다. 뒤에 버림을 당하여 장신궁(長信宮)에서 문을 닫고 적막하게 생활하였다.
55　반통(飯筒)은 찹쌀가루를 반죽하여 송편처럼 만든 떡을 기름에 지진 뒤 통에 담은 것으로,
　　5월 5일에 전국시대 초(楚)나라 굴원(屈原)이 소상강(瀟湘江)의 멱라연(汨羅淵)에 몸을
　　던져 죽은 것을 추모하여 강물에 반통을 던져 넣어 굴원을 제사지낸다고 한다. 『본초강목
　　(本草綱目)』「곡(穀) 4」에 나온다. 이수광은 『지봉유설』 권9 문장부(文章部) 2에서, "우
　　리나라의 시는 장편이 가장 예스럽지 못한데, 근세의 윤결의 「반통투수사」와 안수(安璲)
　　의 「피병편(疲兵篇)」은 근사하다."라고 평가했다. 한편, 허균의 「학산초담」에 따르면 홍
　　경신도 「반통투수사」를 지은 것이 있었다.

蒼古 예스럽다.

九疑山高皆相似　구의산[56]은 높아서 서로 비슷하여라

芳洲五月發芙蓉　방주의 오월에는 부용꽃이 피고

風吹香氣動南紀　바람이 불자 향훈이 남쪽 지방에 일어나네

極有雅致 지극히 아치(雅致)가 있다.

滿船竹枝楚國人　배에 가득하여 죽지사 부르는 이는 초나라 사람들

且將飯筒投江水　또한 반통을 강물에 던지네

切近有趣 절실히 가까워서 지취가 있다.

云是離騷屈大夫　말하길, "『이소』의 대부 굴원이

五月五日沈江死　오월 오일 강물에 빠져 죽었거늘

祇今猶有未招魂　지금까지 여전히 초혼을 한 적이 없어

萬里寒潮朝夕至　만리에 차가운 조수가 아침저녁으로 밀려오니

幽情動人 그윽한 정이 사람을 감동시킨다.

芰荷裳盡木蘭空　기하의[57]도 다 하고 목란 상앗대의 배도 텅 비어

生別美人長已矣　미인을 생이별하여 이미 오래되었다오"

恨情可掬 한스러운 정이 손에 잡힐 듯하다.

江潭日暮採杜蘅　강과 못에서 날이 저물면 두형(杜蘅)을 캔다만

楓岸蕭條欲誰寄　단풍나무 기슭이 쓸쓸하거늘 누구에게 부치랴

空將幽怨動郢人　공연히 유원(幽怨)이 영(郢) 땅 사람들 마음을 움직여

舊俗傳來成往事　옛 풍속이 전한다만 이미 지난 일이 되고 말았네

沙棠舟上客倚槳　사당주(沙棠舟)[58] 위의 객은 상앗대에 의지하여

---

56 구의산은 지금의 중국 호남성(湖南省) 영원현(寧遠縣) 남쪽에 있다. 순(舜) 임금이 묻힌 곳이라 하여 흔히 임금의 무덤을 뜻한다.

57 기하(芰荷)는 연(蓮)을 말한다. 굴원의 「이소(離騷)」에 "기하로 옷을 만들어 입고 부용으로 치마를 만들었다.[製芰荷以爲衣, 集芙蓉以爲裳.]"라고 하였다.

58 사당(沙棠) 나무로 만든 배. 진(晉)나라 왕가(王嘉)의 『습유기(拾遺記)』「전한 하(前漢下)」에 "황제가 삼추(三秋) 한가한 날에 비연(飛燕)과 함께 태액지(太液池)에서 놀았는데, 사당목으로 배를 만들었으니 그 배는 침몰하지 않아서 귀하다." 하였다. 유람선을

一曲悲歌數行淚   한 곡조 비가를 불러 서너 줄기 눈물을 떨구네
　　繳得的當 딱 맞게 잡아들였다.

人生何必醒自苦   인생이 절로 슬픈 것을 하필 술에서 깨랴[59]
　　結以別思 이별 생각으로 맺었다.

一尊爲爾臨江醉   한잔 술로 너를 위해 강에 임하여 취하리라

기로연에서 짓다

耆老宴作   노수신(盧守愼)

所貴稀年且達官   수가 칠순에 이르고 고관도 된 이들이
　　終篇以奇思奇語 寫入神境 시편 끝까지 기이한 생각, 기이한 말로 신령스러운 경지
　　에 쏟아넣었다.

九人而已亦才難   아홉 사람뿐이니 역시 인재 얻기는 어렵구나[60]
　　好 좋다.

金章鳩杖聯翩來   금장 차림에 구장을 짚고[61] 연달아 들어와

八溪敞宇華筵開   팔계 위의 널따란 집에 화려한 자리 열었네
　　鄭君宗榮封君 정종영[62] 군이 군에 봉해졌다.

통칭한다.

59 하필 술에서 깨랴 : 굴원(屈原)이 참소를 입고 쫓겨나 "뭇사람이 다 취했거늘 나 홀로
　　깨었는지라, 이 때문에 내가 추방되었노라.[衆人皆醉我獨醒, 是以見放.]"라고 한 데서
　　온 말이다. 『초사(楚辭)』 「어부사(漁父辭)」에 나온다.

60 주나라 무왕(武王)이 이르기를 "나는 다스리는 신하 열 사람을 두었노라.[予有亂臣十人]"
　　라고 한 데 대하여, 공자(孔子)가 이르기를 "인재 얻기 어렵다는 말이 옳은 말이 아니겠는
　　가.[才難 不其然乎]"라고 하였다. 『논어』 「태백(泰伯)」

61 금장(金章)은 황금의 관인(官印), 고관의 관복을 가리키고, 구장(鳩杖)은 머리 부분에
　　비둘기 형상을 조각한 지팡이를 말하는데, 옛날에 제왕(帝王)이 공훈이 있는 노대신(老大
　　臣)에게 이 지팡이를 하사했다고 한다.

62 정종영(鄭宗榮, 1513~1589). 본관은 초계(草溪). 자는 인길(仁吉). 1543년 식년문과에
　　급제, 벼슬이 육조 판서에 이르렀다. 김안국의 문인. 팔계군(八溪君)을 습봉하였다.

小至霜風振駝駱　소지의 서릿바람이 타락을 흔들어 대니[63]

　　山名 산 이름이다.

今者不醉餘幾日　지금 취하지 않으면 남은 생이 얼마나 되랴

　　凄切 처절하다.

我如老牛鞭不動　나는 채찍 쳐도 꼼짝 못하는 늙은 소와 같으니

未罷歡娛更蕭瑟　즐거운 잔치 마치기도 전에 다시 쓸쓸해지는구나

새벽에 가다

曉行　　　　　　　　　　　　　　　　　　　　　권벽(權擘)

南村北村鷄亂鳴　남촌 북촌에서 닭이 어지럽게 우니

東方大星如鏡明　동방의 큰 별이 거울같이 밝구나

　　寫得曉景便眞 묘사한 새벽 풍경이 진실해진다.

山頭霧卷月猶在　산머리에 안개 걷히니 달이 아직도 있고

橋上霜凝人未行　다리 위에는 서리 달라붙어 사람이 다니지 못하네

　　入妙 묘함에 들어갔다.

征馬蕭蕭朔風急　길 떠나는 말은 울고 북풍이 급하게 부니

客子悲吟僕夫泣　나그네 슬피 신음하고 마부도 우는구나

何當早賦歸去來　어찌 귀거래사를 일찍 지으랴만

一醉都忘百憂集　한번 취하니 온갖 걱정을 다 잊어버리네

---

63 소지(小至)는 동지(冬至)의 하루 전날을 말한다. 타락(駝駱)은 서울 종로구 일대에 걸쳐 있는 산인데, 산의 모양이 낙타와 같이 생겼다 하여 낙산(駱山)이라고 하였다.

어부사

漁父辭　　　　　　　　　　　　　　　　　　　　　박순(朴淳)

山民重獸鳴桑弓　산골 백성은 짐승을 소중히 여겨 뽕나무 활을 울리니
好魚獨有南來翁　물고기 좋아하는 건 오직 남쪽으로 내려온 이 늙은이
　　　　　　　　　뿐일세
　　古雅 고아하다.
纖纖繭絲結短網　가늘디가는 명주실로 작은 그물을 짜서
遮得玉鱗澄潭中　맑은 물속에서 옥비늘 고기를 막아서 잡네
輕刀割處水聲寒　가벼운 고기 써는 곳에 물소리 차가운데
石上坐對靑山餐　바윗돌 위에 앉아 푸른 산 음식을 마주하였네
　　閑遠有味 한원(閑遠)하여 맛이 있다.
向日覓魚長安市　지난날에는 장안 시장바닥에서 물고기를 구했으니
　　意便佳 뜻이 훌륭해졌다.
腐臭至今令眉攢　썩은 냄새가 지금까지도 눈살을 찌푸리게 하는구나

미인곡

美人曲　　　　　　　　　　　　　　　　　　　　　양사언(楊士彦)

美人端坐光碧之高堂　미인이 광벽한 당[64]에 높직이 앉으니
　　從李靑蓮門中來 이후백의 문중에서 배운 것이다.
玉容絶世而獨立　옥 같은 얼굴 홀로 뛰어나 견줄 사람이 없네
美人手揮龍門之孤桐　미인이 손으로 용문산 오동 거문고를 잡아

---

64 김윤식이 지은 「사인암(舍人巖)」 시에 "瓊華之闕光碧堂"이라 하였는데, 벽옥당(碧玉堂)
　이나 경화실(瓊華室)이 모두 서왕모(西王母)의 처소이다. 광벽당이 고유명사인지 확실치
　않다.

獨奏陽春日雪曲　홀로 양춘 백설곡을 연주하니[65]

調高千載少知音　곡조가 고상하여 천년 되어도 아는 이 적네

　　雙關說來承上生下恰好 앞뒤의 시구를 연관시킨 것이다. 위의 말을 가져다가 이어
　　서 아랫말을 만들어 잘 어울어졌다.

秀色曠世難再得　고운 자색은 세상에 없어 다시 얻기 어려운데

爲我彈鳳凰　나를 위해 봉황곡을 타니

百鳥吞聲廢啾唧　온갖 새들이 소리 삼키고 울지 못하네

再鼓龍虎吟　다시금 용과 범의 소리를 타니

　　奇變渾渾 변화가 기이하며 꾸밈없이 산뜻하다.

震風卷海雲涌碧　바람을 흔들어 바다를 말고 구름이 하늘에서 솟네

慢調乍變樹冬華　은은한 곡조로 잠시 변하더니 겨울나무에 꽃이 피고

羽商亂撥天夏雪　우상(羽商) 곡조를 어지럽게 타니 여름 하늘에 눈이
　　　　　　　　　　날리네

　　出之不窮 쓰기는 했지만 뜻을 다하지 못하였다.

陶然忽回天地春　얼근해지더니 갑자기 천지에 봄이 되돌아오는 듯

憂憂韶鈞諧六律　맑은 음악이 육률에 조화되니

雖氓解慍鄙夫淸　어리석은 사람 화를 풀고 비천한 사람 맑아지네

象尼有聞應不肉　중니[66]께서 들으시면 고기 맛도 잊으리라

胡然爲帝胡爲天　어찌 이렇게 상제를 위하고 신을 위하게 되었는지

---

65 송옥(宋玉)의 「대초왕문(對楚王問)」에 "영중에서 노래하는 나그네가 있어 맨 처음 하리
곡 파인곡을 노래하자 국중에서 그것을 이어 창화하는 자가 수천 인이었지만 … 양춘곡,
백설곡을 노래하자 국중에서 그것을 이어 노래하는 자는 수십 인에 불과했으니 … 이는
곧 곡조가 고상할수록 창화하는 자가 더욱 적기 때문이다.[客有歌于郢中者 其始曰下里
巴人 國中屬而和者數千人 … 其爲陽春白雪, 國中屬而和者不過數十人… 是其曲彌高
其和彌寡]"라고 하였다.

66 두보(杜甫)의 「기부서회사십운(夔府書懷四十韻)」에 "난리를 만나니 초 땅의 누각에 오른
사람이 슬프고, 기린이 다치니 이구산(尼丘山)을 닮은 공자[象尼]가 울도다.[豺遭哀登楚
麟傷泣象尼]" 하였다.

使我一見腸斷絕　내가 한번 보고는 창자가 끊어질 듯하고

滔滔洪遠 도도하여 넓고 멀다.

腸斷絕斷復續　창자가 끊어졌다가 다시 이어지네

百年三萬六千日　백년 삼만 육천 일에

日日相隨無遠別　날마다 서로 따르며 멀리 이별하지 않으리라

古人亦有言得意則可樂　옛사람 말하길, 뜻이 맞으면 즐겁다 했으니

雲屛錦帳夜同寢　구름 병풍 비단 휘장 치고 밤에 함께 자며

瓊糜琅玕朝共食　쌀밥에 맛있는 반찬 아침에 함께 먹으며

調古 가락이 예스럽다.

紉蘭扈杜襲芳馨　난초와 두약을 함께 차니[67] 향기가 스며드네

坐令靑天駐白日　앉아서 푸른 하늘에 명하여 해를 머물게 하니

美人兮美人　미인이여 미인이여

莫學春風桃與李　봄바람에 복사꽃 오얏꽃 배우지 말고

願作歲寒之松栢　바라건대 찬 겨울의 소나무 잣나무가 되소서

是獨得盛唐歌行曲 성당 때의 가행곡에서 홀로 얻은 것이다.

이소부 만사

李少婦輓詞　　　　　　　　　　　　　　　　　　　최경창(崔慶昌)

相公之孫鐵城李　상공의 손녀 철원 이씨가

養得幽閨天質美　깊은 규방에서 양육되며 천품이 고왔네

幽閨不出十七年　규방을 나서지 않은 지 십칠 년에

一朝嫁與梁氏子　하루아침 양씨의 아들에게 시집갔네

---

67 원문에 '約蘭'으로 되어 있지만, 『초사(楚辭)』 권1 「이소(離騷)」에 "강리(江離)와 벽지(辟芷)로 옷을 해 입고 가을 난초를 엮어 장식하노라[扈江離與辟芷兮 紉秋蘭以爲佩]"라고 하였기에 '紉蘭'으로 고쳐 번역하였다.

梁氏之子鳳鸞雛　양씨의 아들은 훌륭한 분의 후예로
珊瑚玉樹交枝株　산호와 옥수가 서로 사귀었네
池上鴛鴦不失侶　연못가 원앙은 짝을 잃지 않는데
園中蛺蝶何曾孤　정원의 나비는 어이 외로운가
梁家嚴君仕遠方　양씨 아버님이 먼 곳에 벼슬살아
千里將行拜高堂　천릿길 가려고 부모님께 절하네
出門恩愛從此隔　문을 나서니 은혜와 사랑이 이로부터 떨어져
山川阻絶道路長　산천이 막히고 끊겨 길이 멀어졌네

　　古意蒼淵 옛 뜻이 창연하다.

不是征戍向邊州　수자리 가느라 변경을 향한 것도 아니요
不是歌舞宿倡樓　노래하고 춤추느라 창루에서 잔 것도 아니었네
心知此去唯爲親　마음으로 이번 가는 것이 어버이 위함인 줄 알고
好着斑衣膝下遊　색동옷 잘 입고 부모 슬하에서 놀았네
兒女私情不忍別　아녀의 사사로운 정으로 차마 이별을 못하니
別來幾時腸斷絶　이별한 뒤에 얼마나 창자가 끊어졌을까
秋梧葉落黃菊香　가을 오동잎 떨어지고 국화 향기로워
忽驚今朝是九日　문득 오늘 아침이 중양절인 것에 놀랐네
佳辰依舊人不在　아름다운 철은 여전한데 사람은 없으니
滿苑茱萸誰共採　정원 가득한 수유를 누구와 함께 따겠는가
獨上高樓望北天　홀로 높은 누각에 올라 북녘 하늘 바라보니
天涯極目空雲海　하늘 끝까지 눈을 다해도 부질없는 운해뿐일세
不向傍人道心事　옆 사람에게도 심사를 말하지 못하고
回身暗裡潛下淚　몸을 돌려 몰래 살며시 눈물을 떨구었네
牛羊歸盡山日夕　소와 양도 산속 석양엔 다 돌아가는데
門外終無北來使　문밖에는 끝내 북에서 온 심부름꾼이 없네
此身願得歸泉土　이 몸은 저승으로 돌아가길 바라니
死後那知別離苦　죽은 뒤에는 어찌 이별의 괴로움을 알랴

一聲長吁掩玉顔　한 소리로 길게 탄식하며 어여쁜 얼굴을 가리고
芳魂已逐郎行處　꽃다운 혼이 이미 낭군 간 곳으로 쫓아갔네
當時未生在腹兒　당시 뱃속 아이는 태어나지 않았는데

　痴語反高 어리석은 말이 도리어 고상하다.

母兒同死最堪悲　어미와 아이가 함께 죽은 것이 가장 슬펐네
魂兮不作武昌石　혼은 무창의 돌[68]이 되지 못하고
定化湘江斑竹枝　아마도 소상강의 반죽 가지가 되었으리
斑竹枝頭杜鵑血　반죽 가지 끝에 두견새 피나게 울어

　何等峭麗 이 어떠한 초려(峭麗 : 굳세고 빼어남)함이냐?

血點淚痕俱不滅　피와 눈물 자국이 모두 없어지지 않으리
嗚呼萬古何終極　오호라! 만고에 어찌 끝이 있으랴
一片靑山墳上月　청산 무덤 위에 한 조각 달이 비치네

　銓古爲貴 而氣或不逮且涉萎 예스러움을 가려뽑는 것은 귀하나 기운이 혹 미치지
　못한데다 메마름에 이르렀다.

어사 정이주가 갖옷을 빌려기에 지어 주다[69]

鄭御史以周 借裘題贈

我家舊有錦貂裘　나의 집에 예로부터 비단 담비 갖옷이 있으니
香毛柔膩墨色深　향기로운 털 부드럽고 윤나는 짙은 먹빛이라오

68　남조(南朝) 송(宋)나라의 유의경(劉義慶)이 지은 『유명록(幽明錄)』에 망부석 이야기가
　　실려 있다. "무창의 북산에 망부석이 있는데 모습이 마치 사람이 서있는 것과 같다. 전설
　　에 의하면 옛날에 어떤 정부(貞婦)가 있었는데, 그 남편이 부역에 종사하여 멀리 국난에
　　달려가게 되자 부인이 어린 자식을 데리고 북산에서 전송하고, 서서 남편을 바라보다가
　　선돌로 변하였다고 한다.[武昌北山有望夫石 狀若人立 古傳云 昔有貞婦 其夫從役 遠赴
　　國難 攜弱子 餞送北山 立望夫而化爲立石]"
69　정이주는 1576년 3월에 경기어사가 되었다. 최경창도 1576년에 명나라에 종사관으로 다
　　녀왔으니, 그 이듬해에 이 시를 지었다.

前年被向燕京道 지난해 입고서 연경 길을 가는데
萬里朔氣連窮陰 만리의 북녘 찬 기운에 엄동이 이어졌지
雪裡駈馬渡遼河 눈 속에 말을 몰아 요하를 건너가니
邊風蕭蕭日西沉 변방 바람은 쓸쓸한데 해는 서편에 졌건만
肌膚重暖如陽春 살과 피부 몹시 따뜻하기가 봄볕 같아서
遠行不愁苦寒侵 먼 길 가며 모진 추위 근심하지 않았소
歸來置諸篋笥中 돌아와 벗어서 상자 속에 간직하고
以此愛之輕南金 이 옷을 사랑하여 남금[70]도 가볍게 여겼소
今日殷勤持贈君 오늘 은근히 그대에게 드리고
別離始見平生心 헤어지며 비로소 평생 마음을 본 듯하네

題甚難而出之容易 是爲甚工 제목이 매우 어려우나 용이하게 나왔으니 곧 매우 솜씨가 좋은 것이다.

정참판을 따라 연경에 가는 이정을 송별하다[71]

送李楨從鄭亞判赴京

최립(崔岦)

國朝丹靑誰出群 우리 왕조의 그림 솜씨는 누가 출중하랴

從少陵門中來 소릉[두보]의 문하에서 유래한다.

安可度後李將軍 안가도 나온 뒤에는 이장군일세[72]

便渾渾 뒤섞인 상태가 되었다.

---

70 남방에서 생산되는 동(銅)을 가리키는데, 귀중한 물건에 비유한다. 백거이(白居易)의 「수장태축만추와병견기(酬張太祝晩秋臥病見寄)」 시에 "무엇으로 진중한 시에 보답할까, 쌍남금이 없어 부끄러울 뿐이네.[何以報珍重 慚無雙南金]"라고 하였다.

71 『간이집』 제목에는 정몽여(鄭夢與)를 따라갔다고 했는데, 몽여는 정사호(鄭賜湖)의 자이다. 명나라 황제가 한림원 시강(翰林院侍講) 고천준(顧天峻)과 행인사 행인(行人司行人) 최정건(崔廷健)을 보내 황태자 책봉 조서를 보내오자, 1601년 11월에 이조참판 정사호(鄭賜湖)를 사은사(謝恩使)로 삼았다.

72 가도(可度)는 안견(安堅)의 자이다. 당나라 산수화의 대가 이사훈(李思訓)이 우무위 대장

山水平遠是餘事　산수의 평원[73] 쯤이야 그저 여기(餘技)이니

安帖承接得好 안정되어 이어 접한 것이 좋다.

御容繪成泣嗣君　어진(御眞)을 그리고 나자 사군이 눈물 흘렸네[74]

二孝伯仲世其名　백씨 중씨 이효[75]가 대를 이어 이름을 전했는데

敍事典則 일을 서술함이 법칙에 따랐다.

今之存者孫阿楨　지금 남아 있는 이는 손자인 우리 정뿐일세

昔余遇之亂離際　내가 그를 옛날 난리가 일어났던 때 만났으니

始任戴冠藝已成　약관(弱冠)의 나이에 기예가 벌써 성취되었지

冬裘夏葛不時換　삼베옷 털옷[76]을 때에 맞게 갈아 입지도 못했지만

李君固奇 而敍得亦奇 이 군이 본디 기이하나 서술함 역시 기이함을 얻었다.

此不能爲切身患　이런 것은 몸에 절실한 걱정이 될 수 없었네

爲人揮灑風煙生　남을 위해 붓 잡으면 바람과 안개를 일으키고

有酒卽傾醉不亂　술이 있으면 곧장 기울여 취해도 끄떡없었네

古朴倔㘴 眞得杜法 고박하고 굴물(倔㘴)하니 진실로 두법의 방법을 터득하였다.

年少相戱號無腸　연소배가 속이 없다고 놀려먹기도 하였지만

不知其中堅且剛　마음이 굳세고 강한 줄을 그들은 알지 못했네

군(右武衛大將軍)이었으므로 그를 대이장군(大李將軍)이라 부르고, 그의 아들 이소도 (李昭道)를 소이장군(小李將軍)이라고 불렀기 때문에, 부자가 화가로 이름난 이상좌(李上佐)를 이장군이라고 부른 것이다. 이정(李楨)은 이상좌(李上佐)의 손자이다.

73 평원(平遠)은 산수화에서 원근(遠近)을 표시하는 기법 중의 하나이다. 송나라 곽사(郭思) 가 「임천고치(林泉高致)」에서 자기 부친인 곽희(郭熙)의 '삼원설(三遠說)'을 인용하여 "산 아래에서 산 꼭대기를 바라보는 것을 고원(高遠)이라 하고, 산 앞에서 산 뒤를 엿보는 것을 심원(深遠)이라 하고, 가까운 산에서 먼 산을 바라보는 것을 평원(平遠)이라고 한 다."고 하였다.

74 이상좌가 인종(仁宗) 1년(1545)에 중종(中宗)의 어진(御眞)을 추사(追寫)하였다.

75 이상좌의 두 아들 이승효(李崇孝)와 이흥효(李興孝)도 역시 화원(畫員)으로 활약하였다. 이정은 이승효의 아들이었는데, 부모를 일찍 여의는 바람에 숙부인 이흥효에게 양육을 받으며 가법(家法)을 배웠다.

76 당나라 한유(韓愈)의 「원도(原道)」에 "여름에는 삼베옷을 입고 겨울에는 털옷을 입어야 한다[夏葛而冬裘]"고 하였다.

余爲太守邀館置　내가 태수로 있을 적에 불러다 관사에 두었으니

心取有在非專長　마음에 취할 점 있어서지 그림 때문이 아니었네

班氏文章孫子略　반씨(班氏)네 문장이며 손자병법과 같은 것을

願從之學如嗜欲　내키는 대로 나를 따라 배워 보기를 원했는데

嗟余屢躓甘轉蓬　내가 누차 낭패를 당해 떠돌이 달게 여기는 터에

能使斯人忘桂玉　이 사람이 계옥의 걱정 잊게 할 수 있었으랴[77]

吏曹鄭公同余愛　이조의 정공[78]도 우리 정을 나만큼 사랑하여

談笑得之形骸外　형체를 초월해 담소하며 어울려 노닐었기에

　　氣自淋漓 기운이 절로 질펀하다.

奉使今爲萬里行　지금 사명(使命) 받들고 만릿길을 떠나면서

託將弓刀逐車蓋　활과 칼을 맡겨 주고 수레를 따르게 하였네

悲歌感慨燕趙風　연조풍(燕趙風)의 슬픈 노래 감개스러우니

知有合否屠沽中　도고 중에 지금도 그만한 인물이 있으려나[79]

　　何等風骨 어떠한 풍골이더냐?

近邊物色無足異　변방 근처의 물색이야 특이할 게 있으랴만

廟貌雙節與三忠　쌍절과 삼충[80]의 사당만은 한번 찾아보소

　　滔滔不窮 도도하여 끝이 없다.

渠家能事在傳神　전신의 일[81]에 능란한 가문의 전통이 있어

77　계옥(桂玉)은 전국시대 소진(蘇秦)이 초(楚)나라를 떠나려고 하면서 "식량은 옥을 구하기
　　보다도 어렵고, 땔감은 계수나무보다도 구하기 어렵다.[食貴于玉 薪貴于桂]"고 말했다
　　는 고사에서 나왔다.

78　사은사의 정사인 이조참판 정사호를 가리킨다.

79　옛날 연나라와 조나라 땅에는 자객(刺客) 형가(荊軻)처럼 비분강개하는 호걸들이 많이
　　있었는데, 그가 어울려 노닐었던 백정과 술집[屠沽] 가운데 그와 같은 인물들을 지금도
　　찾을 수 있을지 모르겠다는 말이다.

80　쌍절(雙節)은 백이(伯夷)와 숙제(叔齊)를 가리키고, 삼충(三忠)은 제갈량(諸葛亮)·악비
　　(岳飛)·문천상(文天祥)을 가리킨다.

81　전신(傳神)의 일은 인물화 그리는 것을 말한다. 진(晉)나라 화가 고개지(顧愷之)가 초상
　　화를 그리면서 몇 년 동안 눈동자를 찍지 않기에 그 이유를 물으니, "그림 속에 정신을

就寫五軀當逼眞 　다섯 분의 초상화를 생동감 있게 그릴 테니

白日靑天一展哭 　청천백일 아래 한바탕 통곡하고 나서

　　雄厲激昂 웅려(雄厲)함이 격앙되었다.

持歸風厲邦之人 　가지고 돌아와 이 땅의 사람들 고무시켜 보소

悠悠西去入朝陽 　머나먼 서쪽 길 지나 조양에 들어서면

如出羊腸得康莊 　험한 산길 벗어나서 큰길을 만난 듯하겠지만

雖有妙筆寫不得 　묘한 붓 솜씨 지녔어도 어떻게 다 그려내려나

衣冠文物何洋洋 　의관과 문물이 끝없으리라

　　飍飍乎大國風 한쪽으로 치우치지 않는 대국의 기풍이다.

還須買絹兩幅各數丈 　어쨌든 몇 길 되는 비단을 꼭 두 폭 사서

　　筆端恣肆 不厭其冗 붓끝이 거침이 없으니 그 용렬함이 싫지 않다.

一寫鄭公稅歸鞅 　하나는 돌아와 굴레 벗는 정공에게 그려 주고

一寫老子理漁舫 　하나는 이 늙은이가 어선을 장식한 뒤에[82]

渠亦一靑驢一酒盎 　그대 또한 청노새에 술동이 하나 걸쳐 메고

　　通篇 一氣直下 雄渾奇倔 亦不知其所至也 시편을 통틀어 하나의 기운이 곧바로
　　내려가 웅혼(雄渾)하고 기굴(奇倔)하니 역시 그 이르는 바를 알지 못하겠다.

兩處各着閑來訪 　여기저기 한가로이 찾아보는 게 좋으리라

　　전해서 살아나게 하는 것은 바로 눈동자 속에 있기 때문이다.[傳神寫照 正在阿堵中]"라
　　고 대답하였다. 『세설신어(世說新語)』「교예(巧藝)」

82 북송(北宋)의 서화가 미불(米芾)이 배 위에 서화를 잔뜩 싣고서 강호를 유람했다는 '미가
　　서화선(米家書畫船)'의 이야기가 황정견(黃庭堅)의 「희증미원장(戲贈米元章)」이라는
　　시에 나온다.

만랑옹의 춤 노래

漫浪舞歌　　　　　　　　　　　　　　　　　　　　　　이달(李達)

浙人吳明濟云 酷似太白 절강성 사람 오명제가 이르기를, "태백과 아주 비슷하다."
고 하였다.

奇乎哉漫浪翁海山中　기이하여라, 만랑옹이여. 바닷가 산 속

空生大覺中 如海一漚發 무상한 인생을 대각의 경지에서 보면 바다에 일어나는 하나
의 물거품과 같다.[83]

棲霞弄月神想雲鴻　　노을에 살며 달을 희롱하고 신비스런 생각은 구름
　　　　　　　　　　에 나는 기러기일세

說劍白猿　　　　　　흰 원숭이에게 검술을 배우고[84]

普佛世界 六種震動 널리 모든 부처님의 세상이 여섯 가지[85]가 진동하였다.

學舞靑童　　　　　　선동에게 춤을 배웠지

蓬山謁金母　　　　　봉래산에서 서왕모를 뵙고[86]

雲駛月運 구름이 달리고 달이 움직인다.

却下乘天風　　　　　천풍을 타고 내려온 듯해라

瓊筵寶幄敞畫堂　　　아름다운 자리 화려한 휘장, 그림으로 꾸민 집에

南方成佛一刹那頃 남방에서 성불하는 것은 한 찰나의 시간이다.

繡衫鈿帶羅衣香　　　수놓은 옷, 금장식 띠, 비단옷까지 향그러워라

鳳吹簫兮鸞鼓簧　　　봉이 피리를 불고 난새가 생황을 불어

---

83 『능엄경(楞嚴經)』 권6에서 인용한 말이다.

84 "흰 원숭이에게 검술을 배우고, 드디어 풍운의 뜻을 품었다." 유신 「우문성지명(宇文盛
志銘)」

85 세상에 상서(祥瑞)가 있을 때 대지(大地)가 진동하는 여섯 가지의 모양. 곧 동(動), 기(起),
용(涌), 진(震), 후(吼), 각(覺) 등이다.

86 원문에는 금모(金母)인데, 금(金)은 서방(西方)이다. 한나라 때에 "푸른 치마를 입고 천문
(天門)에 들어가, 금모(서왕모)를 뵙고 목공(木公)에게 절하네"라는 동요가 있었다. 「습유
기(拾遺記)」

翁欲舞神飄揚　　만랑옹 춤추려 하자 신바람이 나네

　山河及大地 全露法王身 산하 및 대지가 법왕의 몸을 전부 드러낸다.

一拍手始擧　　첫 박자에 손이 처음 올라갔다가

鵬騫兩翼擊海浪　　붕새 두 날개 들어 바다 물결을 내리치듯

　拈花微笑 其音如雷 염화미소이니 그 소리가 우레와 같다.

遠控扶搖勢　　멀리 부요 나뭇가지를 끌어당기려는 기세일세

再拍衫袖旋　　두 번째 박자에 소매를 휘두르니

　倒却門前刹竿着 당간지주의 깃발을 꺾어버려라.[87]

驚雷急電飛靑天　　갑작스런 우레와 번개가 푸른 하늘에 나르네

三拍四拍變轉不可測 세 번째 박자 네 번째 박자 변전을 헤아릴 수 없네

　廓然無聖 텅 비어 성제제일의(聖諦第一義)가 없다.[88]

龍騰虎攫相奮搏　　용이 뛰어오르고 호랑이가 후려치며 서로 싸우네

倏若箭離弦　　시위를 떠난 화살처럼 빠르고

　風幡非動 바람의 깃발이 움직이지 않는다.

疾如駒過隙　　틈새를 지나는 망아지처럼 빨라라

前傾後倒若不支　　앞으로 기울고 뒤고 거꾸러져 버티지 못할 듯이

　響逐聲來 메아리가 소리를 쫓아 왔다.

左盤右蹙如不持　　좌로 돌았다가 우로 움츠려 서 있지 못할 듯이

神之出兮鬼之沒　　신처럼 나타났다 귀신처럼 사라져

　毋以須彌納於芥子 수미산의 겨자씨에 넣지 말라.

出沒無時　　언제 나타나고 사라지는지 때가 없어라

霹靂揮斧　　벽력처럼 휘두르는 도끼

風雨聲怒　　비바람 소리까지 성났구나

---

87 아난이 "세존께서 금란가사를 전해준 것 외에 따로 무슨 법을 전하였습니까?"라고 한
물음에 가섭이 대답한 말이다.

88 양무제가 성스러운 말씀의 으뜸가는 요체가 무엇이냐고 묻자 달마가 대답한 말이다.

東海上金剛一萬二千多少峯　동해 바닷가 금강산 일만 이천 봉

清淨摩尼珠 映於五色 隨方各現 청정한 마니 구슬을 오색에 비추면 방향에 따라 각기 다른 색으로 드러난다.

丘巒騰踔　멧부리 뛰어오르고

巖壑巃嵸　바위 골짜기 가파른데

最高毗盧峯揷空　가장 높은 비로봉 공중에 꽂혔고

淨躶躶 赤晒晒 沒可把 깨끗하게 벌거벗고 붉게 씻은 듯하여 잡을 수가 없다.

層厓倒掛藏九龍　벼랑이 거꾸로 걸려 구룡을 감추었네

懸流萬尺洗玉辟　만 척이나 매달려 흘러 바위벽을 씻어 내리고

噴石三百曲　바위 틈 삼백 구비마다 뿜어 나오네

此翁得之毫髮盡移胸中　만랑옹이 이 모습 얻어 터럭까지도 가슴속에 옮겼으니

庭前柏樹子 뜰앞의 잣나무.[89]

獨奪造化妙　조화의 오묘한 솜씨 홀로 빼앗았구나

長袖蹁躚性所好　마음 내키는 대로 긴 소매 너울거리며

水中之月 鏡中之形 물에 있는 달, 거울에 있는 형체.

向來筵前千萬狀　자리 앞으로 향해 올 때면 천만 가지 모습일세

會與此山爭豪壯　마치 금강산과 함께 호장함을 다투는 듯

色卽是空 색즉시공이다.

奇乎哉漫浪翁　기이하여라, 만랑옹이여

渾脫何時窮　혼탈무[90]는 언제나 다할까

一口吸盡西江水 한 입에 서강의 물을 다 들이켰다.

恨不與公孫大娘生同時　공손대랑[91]과 같은 시대에 태어나

---

89 당나라 때 조주(趙州) 스님에게 어떤 승려가 서쪽에 온 뜻을 묻자 이렇게 대답하였다.

90 검은 양털로 만든 모자가 혼탈인데, 장손무기가 혼탈 모자를 만들어 쓰자, 많은 사람들이 본떴다. 당나라 중종 때에 혼탈무가 유행했다.

91 당나라 개원(開元) 때의 교방 기생으로, 특히 탈춤을 잘 추었다. 장욱이 초서를 잘 썼는데,

打動關南鼓 두들겨 관남의 북을 울린다.

舞劍器決雌雄　　칼춤으로 자웅을 겨루지 못한 게 한스러워라

世上無張顚　　세상에 장전[92] 같은 시인 없으니

誰能學奇字　　그 누가 기이한 글자를 배울 수 있으랴

放汝三頓棒 너에게 삼돈 방망이를 썼다.[93]

縱使公孫大娘生同時 비록 공손대랑이 같은 시대에 태어났더라도

應無所住而生其心 응당 머무르는 곳 없이 그 마음을 내라.(금강경)

公孫大娘未必能勝此 공손대랑이라고 반드시 더 낫지는 못하리라

歷劫讚歎不盡 聊用諸禪話脚 몇 겁을 지나며 찬탄해도 다하지 못하니 불교 이야기
로 비평을 썼다.

성칙우가 풍악으로 놀러가는 것을 보내며

送成則優遊楓嶽　　　　　　　　　　　　　　　　정지승(鄭之升)

素匣悲鳴劒氣騰　　흰 갑이 슬피 울어 검기가 솟아오르니

手携萬歲胡孫藤　　손으로 만세 지팡이를 잡았네

扶桑坐見東海日　　부상에 앉아 동해의 해를 바라보고

古栢尙對西來僧　　옛 잣나무는 아직 서쪽에서 온 스님[94]을 마주하리

그의 칼춤을 보고 그 글씨가 더 나아졌다고 한다.

92 당나라 현종 때의 시인이자 서예가. 본명은 장욱(張旭)이고, 자는 백고(伯高)다. 초서를
　　잘 써 서성(書聖)이라는 칭호를 받았으며, 시성 두보가 읊었던 음중팔선(飮中八仙)의 한
　　사람이다. 머리털에 먹물을 머금고 글을 썼기에, 세상 사람들이 그를 장전(張顚)이라고
　　불렀다.

93 동산(洞山) 선사가 운문(雲門) 선사를 찾아 뵙자 어디에서 왔느냐는 질문에 대답하니,
　　운문이 한 말이다. 다음날 무슨 의미인지 묻자 운문이 "밥자루야, 강서니 호남이니 어디를
　　다녔단 말인가?"라고 하여 동산이 크게 깨달았다. 삼돈은 60대이다.

94 금강산 유점사(楡岾寺) 연기설화에 인도에서 온 승려 담무갈(曇無竭)이 큰 종에 부처
　　53구를 싣고 와서 절을 지었다고 한다. 여기서는 한 승려가 조주(趙州)에게 "달마가 서쪽
　　에서 온 뜻[祖師西來意]이 무엇이냐?"라고 묻자, "뜰 앞에 있는 잣나무[庭前栢樹子]"라

二句殊好 2구가 특히 좋다.

毘盧萬仞入霄漢　만 길 비로봉이 하늘 속으로 높이 솟았고

爛銀濃玉光凌亂　휘황한 은과 옥이 어지럽게 빛나리

　較粘皮骨 피골이 비교적 붙어있다.

天風吹下五雲車　하늘 바람이 오운거를 불어서 내려보내니

　脫洒有仙韻 탈쇄하여 신선의 운이 있다.

時有仙人一笑粲　때때로 신선이 한바탕 웃는 모습 보이리

고장안행

古長安行　　　　　　　　　　　　　　　　　　　권필(權韠)

長安甲第橫靑雲　장안의 저택들이 푸른 구름에 닿았고

　便有唐韻 당시의 운이 있다.

高樓絲管遙相聞　높은 누각에선 풍악 소리 멀리서 들려오네

漢代承相七寶車　한나라 승상의 칠보로 꾸민 수레가

轔轔夜入金張家　삐걱거리며 밤마다 김장[95]의 집에 들어가네

　平興有法 평평하고 흥기하는 데 법이 있다.

琱盤綺食天廚來　옥쟁반에 좋은 음식 어주(御廚)에서 나르는데

宮中美女顔如花　궁중의 미녀는 얼굴이 꽃처럼 곱구나

燭影熒煌淸漏遲　촛불 그림자 휘황하고 물시계 더디니

尊前密語無人知　술동이 앞 은밀한 속삭임을 아는 이가 없네

　寫得十分明槪 終謝王岺一格 십분 밝고 촘촘하게 썼으나 끝내 왕유(王維)와 잠삼
　(岺參)의 한 격조를 사양하였다.

　고 대답한 이야기를 가리키는 듯하다.

95 한(漢)나라 때 권문귀족(權門貴族)인 김일제(金日磾)와 장안세(張安世)를 가리키니, 권
　문세가의 대명사로 쓰인다.

門巷斜連夾城路　문밖은 비스듬히 성을 끼고 길이 이어져
平明冠蓋多如霧　아침에 벼슬아치 행차가 안개보다 많구나
得意濃時 뜻이 농후한 때를 얻었다.
機開欻翕令人迷　경물이 빨리 바뀌어 사람 아찔하게 하고
白日鼻息吹虹霓　대낮에도 콧숨에 무지개 뻗쳤건만
切近淋漓 而終墜惡道 절실하게 가깝고 질펀하나 끝내 조악한 길로 떨어졌다.
一朝人事忽顚倒　하루아침에 인간사가 갑자기 뒤집어지니
玉臺金館生春草　옥대와 금관 폐허 되고 봄풀이 돋았구나
寄語世間夸奪子　이르노니 세간의 명리를 다투는 사람들이여
向來浮榮不足恃　예부터 덧없는 영화는 믿을 게 못 된다오
極力致唐人 且深曉長篇法 殊非東人只事挑比者之流 但格墜於張王樂府 힘을 다해 당인에 이르렀고 장편 법을 깊이 깨달았으니 우리나라 사람 가운데 다만 돋우어 비기는 것을 일삼는 부류는 특히 아니다. 다만 격이 장적(張籍), 왕건(王建)의 악부에 떨어졌다.
只今人憐賈太傅　지금 사람들은 가태부를 사랑하노니
紛紛絳灌誰比數　분분한 강관[96] 따위를 누가 비교하랴

투구행

鬪狗行　　　　　　　　　　　　　　　　　　　무명씨[97]

誰投與狗骨　누가 개에게 뼈다귀를 던져 주었나

---

[96] 가태부(賈太傅)는 한나라 문제(文帝) 때에 양왕(梁王)의 태부(太傅)가 되었던 가의(賈誼)를 가리킨다. 강관(絳灌)은 고조(高祖)의 신하인 강후(絳侯) 주발(周勃)과 관영(灌嬰)을 가리킨다. 가의가 개혁을 주장하다가 당시 대신이었던 주발·관영 등의 참소를 입고 좌천되어 33세의 젊은 나이로 죽었지만, 오늘날 사람들은 가의를 높이 인정하고 관영과 주발은 인정하지 않는다는 뜻이다.
[97] 『석주집(石洲集)』권2에 실려 있다. 권필의 시에서 이어진 것인데, 필사자가 잘못 썼다.

群狗鬪方狠　　개들 떼 지어 사납게 싸우는구나
小者必死大者傷　작은 놈은 반드시 죽고 큰 놈도 다치니
有盜窺覰欲竢釁　도둑놈이 엿보고 그 틈을 기다리네
主人抱膝中夜泣　주인은 무릎 껴안고 한밤에 흐느끼니
天雨墻壞百憂集　비 내려 담장 무너지자 온갖 근심 모이네

　詞古意淵 말이 예스럽고 뜻이 깊다.

국조시산 권3

잡체시(雜體詩)

농구

農謳   강희맹(姜希孟)

創格爲之詞極理達 公之所作無逾於此 격조를 만들어 말이 지극하고 이치가 통달하였으니 공의 작품이 이를 넘어서는 것이 없다.

비와 햇볕[雨暘若]

聖君建皇極　　　　성스러운 임금이 황극을 세워

　　便得體 시체를 터득하였다.

玄德潛通　　　　　깊은 은덕이 가만히 통하니

雨暘時旣若　　　　비와 볕이 때를 따라 순해

雨暘極備　　　　　비와 볕이 잘 갖춰지면

無一切傷我穡　　　우리 벼를 일체 해치지 않으리

塊不破枝不揚　　　흙덩이 깨지지 않고 가지 흔들리지 않게

絪縕調玉燭　　　　다사롭게 옥촉이 고르게 되면

吁老農　　　　　　아! 늙은 농부들이야

豈知蒙帝力　　　　어찌 임금의 힘을 입은 줄 알랴

熙熙但耕鑿　　　　희희 즐거워하며 갈고 또 파기만 하리라

　　頗有漢樂府遺法 한나라 악부의 유법이 매우 있다.

이슬 마르다[捲露]

清晨荷鋤南畝歸　맑은 새벽 호미 메고 남묘로 돌아오니
露溥溥猶未晞　이슬이 동글동글 아직 마르지 않았구나
但使我苗長厭浥　다만 우리 벼에 이슬이 적시게 되면
　　意佳 뜻이 훌륭하다.
何傷霑我衣　내 옷이 젖는다고 어찌 슬프랴

햇볕맞이[迎陽]

山頭初日上　산머리에 처음 해가 오르니
綠秧齊葉平如掌　푸른 벼싹 잎이 손바닥처럼 가지런하네
迎陽下田理荒穢　해를 맞아 밭에 내려 김을 매니
嘉穀日日長　아름다운 곡식 날마다 자라는구나

호미질[提鋤]

提鋤莫忘提酒鍾　호미 멜 때 술잔 멜 것을 잊지 마소
提酒元是提鋤功　술잔 메는 것도 호미 멘 공이라네
　　善諧淋漓 해학을 잘하는 것이 질펀하다.
一年饑飽在提鋤　일 년 배부르기가 김 매기에 달렸으니
提鋤安敢懶　호미 메는 일을 어이 게을리 하리
　　四用提鋤 不覺複巧 네 번 호미를 멘다는 말을 사용하였으나 겹쳐 쓴 것을 느끼지
　　못한다.

김매기[討草]

彼莨莠與眞同　저 가라지가 벼싹과 같아
看來不辨愁老翁　보아도 분간 못하니 늙은이 시름일세
細討非類莫相容　같지 않은 것 뽑아내어 받아주지 말아야
盡使莨莠空　저 가라지가 모두 없어지리라

吁爲國者 其可不辨賢邪否 아! 나라를 다스리는 자는 현인을 분변하지 못하는 것
인가?

새벽일 자랑[誇晨]

昨從市中過	어제 시장을 지났더니
市中諸子顔如花	시중의 여러 사람들 얼굴이 꽃 같았네
爭來嗤老醜	다투어 와서 늙고 더럽다 놀리며
各自逞奢華	저마다 사치스럽게 자랑하였네
老夫拄杖語市人	늙은이 지팡이 멈추고 그들에게 말했지
刀錐末利安肯誇	장사치 이문 남긴다 자랑 마소
長金積玉細商量	금과 옥을 쌓은 것도 가만히 생각하면
皆自吾家	모두가 우리 농가에서 나는 것이라오

　名言名言 명언이다, 명언.

서로 권하기[相勸]

我身足可惜	내 몸이 아까우니
我生駒過隙	나의 한평생이 문틈을 지나는 망아지일세
豈厭終歲坐安閑	안일하게 앉아 늙기를 누가 싫어하랴만
安閑食不足	안일 끝에는 먹을 것 모자라니
勉勤苦	힘써 부지런히 일해야 하네
田畯來相促	권농관이 와서 재촉하리라

　讀之爽然自失 읽으면 상쾌하여 스스로를 잃는다.

들밥 기다리기[待餉]

大姑春政急	큰 시누이 방아 찧기 급하고
小姑入廚煙橫碧	작은 시누이 부엌에 드니 푸른 연기 둘렸네
饑腸暗作吼雷鳴	주린 창자에 은은히 우레 소리 들리고

空花生兩目　　헛꽃이 두 눈에 가물거리네
待饁時　　　　한창 점심밥 기다릴 때는
提鋤不得力　　호미질도 힘이 나지 않네
　　描出十分好 십분 좋게 묘사해냈다.

배 두들기기[鼓腹]

麥飯香饛在筥　보리밥 향기롭게 광주리에 담겨 있고
藜羹甜滑流匕　아욱국 단맛이 수저에 줄줄 흐르네
少長集次第　　어른 젊은이 모여들 차례로 앉으니
止四座喧誇　　사방에서 지껄이며 맛있다 자랑하네
香美得一飽撑胠裏　한 번 배부르게 목구멍을 채우면
行鼓腹便欣喜　　배 두들기며 거니는 것이 참으로 즐겁구나

가을 바라기[望秋]

麥登場占年祥　보리가 등장되니 풍년을 점쳤고
我稼穫願無傷　우리 벼 풍성하니 재해 없길 바라네
汚耶黃滿車箱　아! 누런 벼가 수레 상자[1]에 가득하면
殺羔羊稱壽觴　염소와 양을 잡아 축수 잔을 올리리라

긴 사래 마치기[竟長畝]

竟長畝畝政荒　긴 사래를 다투면 농사가 거칠어지니
日炙我背汗飜漿　햇빛이 등에 쬐어 땀이 장물처럼 내리네
　　辛苦到頭 고생스러움이 머리까지 이른다.
大郞不及小郞强　큰 아들이 작은 아들만치 튼튼하지 못하네

1　거상(車箱)은 수레 가운데 사람을 태우거나 물건을 장식하는 데 사용하기 위해 설치한
　번(轓)이다. 수레를 통칭하는 말로도 쓰인다.

爭咫尺手脚忙　　지척을 다투면서 손발이 재빨라서
　　妙 묘하다.
竟長畝　　긴 사래 다 매고는
回頭笑大郞　　머리 돌려 큰 아들을 놀리네
大郞却慚小郞强　　큰 아들은 되레 튼튼한 작은 아들 부끄러워하네
竟長畝畝政荒　　긴 사래를 다투면 농사가 거칠어진다고

물닭 울음[水鷄鳴]

水鷄鳴當擧巵　　물닭이 울면 마땅히 술잔을 드네
朝鷄累數巵　　아침 닭 소리에 몇 잔이 거듭되니
已覺釅人飢　　취한 사람 굶주린 것을 벌써 알겠네
晩鷄已報　　늦닭이 이미 울었건만
釃酒來何遲　　술 걸러 오기가 어이 그리 더딘가
水鷄鳴當擧巵　　물닭이 울면 마땅히 술잔을 들리라
　　委曲有態 곡절에 자태가 있다.

해가 산에 지다[日銜山]

回看斜日已銜山　　돌아보니 비낀 해가 산에 삼켜지고
夕露微升凝葉端　　저녁 이슬 조금 올라 잎끝에 맺혔구나
捲却長鋤揷腰間　　긴 호미 거둬 허리에 꽂고
行趁村墟戴鴉還　　마을을 거닐다가 까마귀와 함께 돌아오네
　　恰好 딱 좋다.

발씻기[濯足]

濯足不用十分濯　　발을 씻어도 마음껏 씻을 수가 없구나
還家瞌眠鷄咿喔　　집에 돌아와 눈 감자 새벽닭이 벌써 우네
鷄咿喔鋤還握　　새벽닭 울음소리에 호미 쥐고 밭일 가니

十二時何時可伸脚 열두 때 하루 종일 어느 때나 다리 펼까
夏夜短休幾刻　여름밤은 짧디짧으니 몇 시간이나 쉴 수 있으랴
濯足不用十分濯　발을 씻어도 마음껏 씻을 수가 없구나

팔음가[2]체를 써서 상전가를 짓다

八音歌 傷田歌　　　　　　　　　　　　　　　　어세겸(魚世謙)

金屋羅酒食　황금옥 속에 술과 고기 널렸으니
輿臺飽欲死　종들도 배 터져 죽으려 하는데
石田與茅屋　돌밭 초가집에서는
飢凍何時已　굶주림과 추위를 언제 벗어나랴
絲先二月賣　실은 앞당겨 이월에 팔고
穀先三秋糶　곡식도 가을 전에 내어 먹으니
　可傷 가슴 아프다.
竹間拾枯筍　대나무 사이에 마른 순을 줍고
籬底背殘照　울타리 밑에서 노을을 등지네
匏葉亦堪烹　박 잎이라도 삶아서
聊以供朝餐　아침 반찬으로라도 먹지만
土床久無烟　굴뚝에 오랫동안 연기도 없었으니
何由度歲寒　어떻게 해서 겨울을 넘기랴
革毛時既回　가죽털 벗길 때가 이미 돌아왔으니
更起覓耒耜　다시 일어나 쟁기 찾아 손질하네
木陰雖可憩　비록 나무 그늘에서라도 쉴 수 있으니

---

2 팔음(八音)은 여덟 종류의 악기로 금(金)·석(石)·사(絲)·죽(竹)·포(匏)·토(土)·혁(革)·목(木)인데, 매 두 구마다 첫째 자리에 이 여덟 글자를 하나씩 넣어 시를 지었다. 『시원유격(詩苑類格)』에 "진(陳)나라 심형(沈炯)이 이 시체를 지었다." 하였다. 어세겸이 「팔음가」 4수를 지었는데, 그 첫째 수이다.

將焉庇妻子   장차 처자식들을 보살피리라

주문공의 십이진 시에 차운하다
次朱文公十二辰

李斯嘗歎厠中鼠   이사(李斯)는 측간의 쥐(子) 신세를 한탄했고

　　牽强語 然亦是當行 억지로 끌어온 말이지만 역시 행해야 할 것이다.

樊須飯牛思農圃   번수는 쇠고기(丑) 먹으면서 소 먹이기를 생각했네

絃歌之魯虎狼秦   현가의 노나라에 호랑이(寅) 나타나니

逐兎何如耕澤鹵   토끼(卯)를 쫓으면서 어찌 진펄을 갈랴

神龍吐火不怕冬   신룡(辰)이 불을 토하니 겨울도 춥지 않아

蟄蛇伏穴何能雄   구멍 속 뱀(巳)이 어찌 큰소리를 치랴

極知駿馬不受箠   잘 뛰는 말(午)은 채찍 없이도 알아주니

彼有羸羊誰見容   파리한 양(未)을 누가 거두어 주랴

唐家弄猴賜袍綠   당나라에선 잔나비(申) 희롱에도 녹포를 주었으니

豈與鷄肋拳相角   어찌 계륵(酉)과 더불어 주먹질하랴

丈夫窮達匪冠狗   장부는 궁해도 개(戌)관을 쓰지 않나니

莫似牢豬空飽肉   돼지(亥)처럼 갇혀서 공연히 살찌지 말게나

　　公在宣廟朝主文柄 其詩不多見 獨立体詩稍可 此二篇錄之 以備一体 非爲其詩可
　　觀 공이 선조 때 문병을 주관하였는데 그 시를 많이 볼 수 없고 다만 입체시만은
　　조금 괜찮아 이 두 편을 기록하여 하나의 체를 구비하니, 시가 볼만해서 그런 것은
　　아니다.

동도악부

東都樂府   김종직(金宗直)

非古樂府 故錄之于此 고악부가 아니기 때문에 여기에 기록한다.

회소곡(會蘇曲)[3]

會蘇曲會蘇曲	회소곡이여, 회소곡이여
西風吹廣庭	서풍이 넓은 마당에 불어오고
明月滿華屋	밝은 달빛이 화려한 집에 가득한데
王姬壓坐理繰車	왕의 따님이 윗자리에 앉아 물레를 돌리니
六部六兒多如簇	육부의 여인네들이 대숲처럼 많이 모였네
爾筥旣盈我筐空	네 광주린 이미 찼는데 내 광주린 비었구나
釃酒揶揄笑相謔	술 걸러 놓고 야유하며 웃고 떠드네
一婦嘆千室勸	한 여인네가 탄식하자 모두들 권면하니
坐令四方勤杼柚	앉은 채로도 사방에서 부지런히 길쌈하게 하였네
嘉俳縱失閨中儀	가배놀이가 비록 규중의 예의는 아니지만
猶勝跋河爭嗃嗃	다퉈 소리지르는 발하[4]보다는 오히려 나아라

雖非古樂府 而自是蒼雅 비록 고악부는 아니나 절로 창아(蒼雅)하다.

우식곡(憂息曲)

常棣華隨風落扶桑	아가위꽃이 바람을 따라 부상에 떨어지니
扶桑萬里鯨鯢浪	부상 만리에 고래 물결이 사납기도 해라

---

3 김종직의 문집인 『점필재집』 권3에 「회소곡」부터 「황창랑」까지 7수가 「동도악부(東都樂府)」라는 제목으로 실려 있다.
4 당나라 중종 때에 궁녀들이 즐겼던 놀이인데, 삼으로 꼰 큰 동아줄의 양쪽 끝에다 각각 10여 줄의 작은 새끼줄을 매고, 줄 하나마다 서너 명씩 잡아당기는 줄다리기이다. 힘이 약해서 끌려가는 쪽이 지게 된다.

縱有音書誰得將　아무리 편지를 띄운들 누가 가져오랴
常棣華隨風返鷄林　아가위꽃이 바람을 따라 계림으로 돌아오니
鷄林春色擁雙闕　계림의 봄빛이 대궐에 둘렸네
友于歡情如許深　우애로운 정이 이렇게도 깊구나

　情穠語切 정이 짙고 말이 간절하다.

치술령(鵄述嶺)

鵄述嶺頭望日本　치술령 꼭대기에 올라 일본을 바라보니
粘天鯨海無涯岸　하늘에 닿은 물결은 끝도 없구나
良人去時但搖手　낭군은 떠날 때에 손만 흔들었는데
生歟死歟音耗斷　살았는지 죽었는지 소식도 없네
音耗斷長別離　소식이 끊어지고 길이 헤어졌으니
死生寧有相見時　죽은들 산들 어찌 다시 만날 때가 있으랴
呼天便化武昌石　하늘에 부르짖다 무창의 돌로 화했으니
烈氣千載干空碧　열녀의 기백이 천추에 하늘을 찌르네

　慷慨激烈 千古希聲 강개하고 격렬하니 천고의 드문 소리이다.

달도가(怛忉歌)

怛怛復忉忉　놀랍고도 슬프구나
大家幾不保　임금께서 하마터면 목숨을 잃을 뻔했네
流蘇帳裏玄鶴倒　오색 술 장막 속에 거문고가 거꾸러지니

　形容得襯 형용이 가깝다.

揚且之晳難偕老　아름다운 왕비가 해로하기 어렵게 되었네
忉忉怛怛　슬프고도 놀라워라
神物不告知奈何　귀신이 안 알렸으면 어찌 되었으랴
神物告兮基圖大　귀신이 알려주어 나라 운수가 길어졌네

양산가(陽山歌)

敵國爲封豕	적국이 멧돼지처럼 사나워
荐食我邊疆	우리 변경을 차츰 먹어 삼키니
赳赳花郎徒	용맹스러운 화랑의 무리들이
報國心靡遑	나라에 보답하느라 마음에 겨를이 없네
荷戈訣妻子	창을 메고 처자를 하직하며
嗽泉啖糇粮	샘물로 입 닦고 말린 쌀을 먹다가
賊人夜劘壘	적들이 밤에 성루를 무찌르자
毅魂飛劍鋩	굳센 넋이 칼 끝에 흩어졌네
回首陽山雲	머리 돌려 양산의 구름을 바라보니
矗矗虹蜺光	무지개빛이 높이 뻗쳤네
哀哉四丈夫	슬프구나, 네 사람의 대장부가
終是北方强	마침내 북방의 강함이 되었네
千秋爲鬼雄	천추에 웅혼한 귀신이 되어
相與歆椒漿	서로 더불어 제사를 흠향하네

出入古樂府古詩 而自成機軸 甚佳佳 고악부, 고시를 출입하나 저절로 기축(機軸)을 이루니 매우 훌륭하고 훌륭하다.

대악(碓樂)

東家砧舂黍稻	동쪽 집에선 기장과 벼를 방아 찧고
西家杵搗寒襖	서쪽 집에선 겨울 옷을 다듬이질하네
東家西家砧杵聲	동쪽 집 서쪽 집 방아 소리 다듬이 소리는
卒歲之資贏復贏	해를 넘길 거리가 넉넉하고 또 넉넉하건만
儂家窖乏甔石	우리 집 광에는 쌓아둔 곡식이 없고
儂家箱無尺帛	우리 집 상자에는 한 자의 명주도 없건만
懸鶉衣兮藜羹椀	해어져 너덜거리는 옷과 명아주국 한 사발에
榮期之樂足飽煖	영계기의 즐거움[5]은 충분히 배 부르고 따뜻하네

糟妻糟妻莫謾憂　조강지처여 조강지처여 부질없이 걱정 마오
富貴在天那可求　부귀는 하늘에 달렸으니 구한다고 되겠는가
曲肱而寢有至味　팔을 베고 잠을 자도 지극한 맛이 있나니
梁鴻孟光眞好逑　양홍과 맹광은 참으로 좋은 배필이었다오

　　曲切生姿 곡절에서 자태가 생겨난다.

황창랑(黃昌郎)

若有人兮纔離齠　이 어떤 사람이기에 겨우 칠팔 세에
身未三尺何雄驍　석 자도 안 되는 키에 어찌 그리도 기백 있었나
平生汪錡我所師　평생에 왕기[6]를 자기 스승으로 삼아
爲國雪恥心無憀　나라 위해 부끄럼 씻었으니 마음에 여한 없겠네
劍鐔擬頸股不戰　칼날이 목을 겨눠도 다리를 떨지 않고
劍鍔指心目不搖　칼날이 심장을 겨눠도 눈조차 흔들리지 않았네

　　壯哉壯哉 장하구나, 장하구나.

功成脫然罷舞去　공을 이루고는 춤 그치고 유유히 떠나니
挾山北海猶可超　겨드랑에 태산을 끼고 북해도 뛰어넘겠네

　　壯浪稱人 장랑(壯浪)하니 사람과 걸맞다.

5　공자가 태산에서 노닐고 오는 길에 영계기(榮啓期)를 만났는데, 그는 녹비(鹿皮) 갖옷에
　　새끼줄을 띠고서 거문고를 타며 노래하고 있었다. 공자가 묻기를 "선생이 즐겁게 여기는
　　것은 무엇입니까?" 하니, 그가 대답하였다. "천지 사이에 사람으로 태어난 것이 첫째 즐거
　　움이요, 사람 중에도 남자로 태어난 것이 둘째 즐거움이며, 게다가 90세의 수(壽)를 누린
　　것이 셋째 즐거움이오." 『열자(列子)』「천서(天瑞)」
6　춘추시대 노(魯)나라 애공(哀公)의 폐동(嬖童)이었는데, 제(齊)나라와 싸울 적에 애공의
　　수레에 배승(陪乘)하고 가서 싸우다가 전사하였다.

고의를 다섯 운으로 다섯 편을 짓다
古意五韻五篇
出杜而雅潔 두보에서 나와 아결(雅潔)하다.

美人燦燦隔秋水	미인이 가을 물 건너편에 있는데
連空崔葦無涯涘	높이 자란 억새풀이 끝이 없구나
雄虺短狐潛復起	숫뱀과 물여우는 숨었다 다시 일어나고
商旅輟檝舟航斷	장사치들 노 거두어 배는 이미 끊어졌는데
欲往從之心蹇產	가서 따르고 싶은 마음 끝이 없구나

美人楚楚居巖嶅	청초한 미인이 바위 산에 사는데
通天箭筈豺虎嘷	산꼭대기 좁은 길에 승냥이와 범이 으르렁대며
擇肉吮血饒腥臊	고기 잡아 피를 빠니 비린내가 진동하네
牽蘿補茅春復秋	여라를 끌어다 띠집 고치며 세월을 보내는데
欲往從之心悠悠	가서 따르고 싶은 마음 유유하구나

金甌玉盌世所珍	금사발 옥주발을 세상이 보배로 여기나
百行一缺祗自塵	백 가지 행실에 하나만 잘못해도 더러움이 나타나니
於戱此意難重陳	아! 이런 뜻을 거듭 말하기 어려워라
山有蘭兮隰有蘩	산에는 난이 있고 진펄엔 흰쑥이 있는데
我思美人未敢言	나는 미인을 생각하나 감히 말을 못하네

羲和曖曖迫崦嵫	태양이 어둑어둑 서쪽 산에 다가오니
玉軑雲旗何處之	옥 수레바퀴 구름 깃발이 어디로 가는가
攀援桂枝渴且飢	계수나무 가지를 부여잡으니 목마르고 배고파
我有佩璲不可問	나에게 패옥이 있으나 물어 볼 곳이 없네
水遙遙兮山隱隱	물은 멀고 산은 아득하구나

前脩事業有竹帛　전현들의 사업이 사책에 실려 있건만
大雅風俗誰能識　크게 바른 풍속을 누가 알 수 있으랴
杜陵八哀堪太息　두소릉의 팔애시[7]가 진정 탄식할 만하네
我生生長析木津　나는 머나먼 동쪽에서 태어나 자랐으니
云誰之思西方人　누구를 생각하는가 서방의 미인이로다

동봉 육가

東峯六歌　　　　　　　　　　　　　　　　　　　　　김시습(金時習)

有客有客號東峯　동봉이라 불리는 사람 있었네
鬖髿白髮多龍鍾　흰 머리는 얼클어져 지저분했네
年未弱冠學書劍　스물도 못 되어서 글과 칼을 배웠지만
爲人恥作酸儒容　시큼한 선비 꼴은 되고 싶지 않았다네
一旦家業似雲浮　살림살이는 하루아침에 구름인양 내던지고
波波挈挈誰與從　물결 따라 휩쓸리며 누구를 따라 다녔던가
烏虖一歌兮歌正悲　아! 첫째 노래를 부르니 노래 정히 서글프지만
蒼蒼者天多無知　저 푸른 하늘은 아무것도 모르는구나
　　歔欷欲絶 흐느끼며 죽을 듯하다.

櫚櫟櫚櫟枝多芒　직률나무 가지엔 가시도 많네
扶持跋涉遊四方　붙들고 발섭하여 사방을 두루 놀 때에
北窮鞨羯南扶桑　북으로는 말갈 남으로는 부상이니
底處可以埋愁腸　어느 곳에 시름 창자 묻어야 하리

7　소릉은 두보(杜甫)의 호이다. 두보의 「팔애시」는 당나라 때의 현신(賢臣)인 왕사례(王思
　禮)·이광필(李光弼)·엄무(嚴武)·왕진(王璡)·이옹(李邕)·소원명(蘇元明)·정건(鄭虔)·
　장구령(張九齡) 등 여덟 사람의 죽음을 슬퍼하여 노래한 것이다.

日暮途長我行遠　해는 저물고 내 갈 길 멀고도 머니
安得扶搖摶九萬　어찌하면 붕새 타고 구만리를 날아보려나
嗚呼二歌兮歌抑揚　아! 둘째 곡을 노래하니 노래가 억양이 있어
北風爲我吹淒涼　북풍이 나를 위해 처량하게 부네

　　慷慨自卬 강개하여 스스로 올려다 본다.

外公外公愛我嬰　외할아버지 어린 나를 사랑하시어
喜我期月吾伊聲　돌 지나며 글 읽는 소리 기뻐하셨네
學立亭亭誨書計　배우는 것 똑똑하자 글과 시를 가르쳐
七字綴文辭甚麗　일곱 자 엮어 내면 글이 아름다웠지
英廟聞之召丹墀　세종께서 들으시고 궁궐 뜰에 부르셨을 적에
巨筆一揮龍蛟飛　큰 붓 한번 휘두르면 교룡이 날았었지
嗚虖三歌兮歌正遲　아! 셋째 노래를 부르니 그 노래 더디기도 해라
志願不遂身世違　뜻 이루지 못하고 이 몸 세상과 어긋났네

　　嗚咽不勝 오열함을 이기지 못한다.

有孃有孃孟氏孃　우리 어머니 맹씨께서
哀哀鞠育三遷坊　사랑으로 길러 집을 세 번 옮기시면서
使我早學文宣王　나에게 일찍부터 공자를 배우라 하셨네
冀將經術回虞唐　경술을 지니고서 당우 시대 만들라셨건만
烏知儒名反相誤　어찌 알았으랴, 선비가 이를 잘못하여
十年奔走關山路　십 년 동안 관산 길에 분주하였네
嗚虖四歌兮歌鬱悒　아! 넷째 노래를 부르니 그 노래 답답하고 울적하여
慈烏返哺啼山谷　어머니께 반포하려고 산골에서 우는구나

　　沈痛難雪 침통함을 씻어내기 어렵다.

碧落無雲天似掃　푸른 하늘 쓸어낸 듯 구름 하나 없는데

勁風淅淅吹枯草   모진 바람 쏴아 하고 마른 풀에 불어오네
佇立窮愁望蒼昊   시름겹게 멍하니 서서 푸른 하늘 바라보니
我如稊米天何老   이 몸이 낟알 같아[8] 하늘은 어이 늙었던가
我生何爲苦幽獨   나는 어이하여 혼자서 괴로운가
不與衆人同所好   뭇 사람과 좋아하는 게 같지 않구나
烏摩五歌歌斷腸   아! 다섯째 노래를 부르니 그 노래 애가 끊어지네
魂兮歸來無四方   혼이여! 돌아오라 사방 가리지 말고
　　激烈無涯 격렬하기 그지없다.

操余弧欲射天狼   내 활을 가지고 천랑성을 쏘려 하니
太一正在天中央   태일이 바로 하늘 중앙에 있구나
撫長劍欲擊封狐   긴 칼을 어루만지며 큰 여우를 치려 하니
白虎正負山之隅   흰 호랑이가 산을 지고 있네
慷慨絶兮不得伸   슬프구나 이 뜻을 펴지 못하고
劃然長嘯傍無人   곁에 사람 없는 듯이 획 하고 길게 휘파람 부네
嗚呼六歌兮歌以吁   아! 여섯째 노래를 부르니 그 노래 슬프구나
壯志濩落兮空撚鬚   장한 뜻 꺾여 부질없이 수염만 쓰다듬네
　　情思俱悄絶 정과 생각이 모두 근심스러워 죽을 지경이다.

발해

渤海

渤海秋深驚二毛   발해 깊은 가을에 새치에 놀라노라니

---

8 범준(范浚)의 「심잠(心箴)」에 "아득하고 아득한 하늘과 땅이여. 굽어보고 우러러보니 끝이 없구나. 사람이 그 사이에 자그마하게 몸을 두었으니, 이 몸의 작기가 태창의 낟알 같도다.[茫茫堪輿 俯仰無垠 人於其間 渺然有身 是身之微 太倉稊米]" 하였다.

鴻飛導渚求其曹　기러기가 물가에 내려 제 무리를 찾는구나
莫思閑事祇自勞　시들한 일은 생각 말자, 저만 수고로울 뿐
且與鎡杓同生死　술독이나 술구기와 생사를 같이하여
逞盡丈夫平生豪　장부의 평생 호기를 다 부려보리라

　　豪宕可人 호탕하여 마음에 드는 사람이다.

만흥
謾興

　　自刱變格 스스로 변격을 만들어냈다.

新月團團秋露凝　둥그렇게 새로 뜬 달에 가을 이슬 엉겼는데
明河皎潔風稜稜　은하수는 해맑건만 바람이 차갑구나
布衾疏冷不成夢　베 이불이 서늘하여 잠 못 이루노라니
時有草蟲來撲燈　이따금 풀벌레가 와서 등을 치는구나

　　憭慄 처량하고 두렵다.

山人招我歸來篇　산인이 나를 불러 돌아오라고 글을 썼네
筍已成林栗如拳　죽순이 숲을 이루고 밤이 주먹만 하다네
滿庭風雨養莓苔　뜰에 비바람 가득해 이끼가 자라고
秋露濕緩梧桐絃　가을 이슬에 거문고 줄이 젖어 늘어졌다네

　　沈瀏 맑고 텅비어있다.

풍악 삼오칠언
楓嶽 三五七言　　　　　　　　　　　　　　　양사언(楊士彦)

白玉京蓬萊島　백옥경 봉래도에
浩浩烟波古　아득히 넓은 연파는 태곳적일세

熙熙風日好　　맑고 따뜻한 바람과 햇살도 좋아라
碧桃花下閑來往　벽도화 아래에 한가로이 오가니
笙鶴一聲天地老　학 울음 피리 소리에 천지가 늙어 가네

　　仙標拔俗 신선의 표상이 세속을 벗어났다.

사금언

四禽言　　　　　　　　　　　　　　　　　　　　　　　　권필(權韠)

　　四篇皆逼唐人樂府 蘇秦非其配也 네 편이 모두 당나라 시인의 악부에 가까우니 소
진도 그 짝이 아니다.

姑惡姑惡　　　시어미 나쁘다 시어미 나빠
姑不惡婦還惡　시어미 나쁘지 않고 며느리가 오히려 나쁘다
摻摻之手可縫裳　부드럽고 고운 손은 치마를 꿰매기에 좋구나
桑葉滿筐蠶滿箔　뽕잎은 광주리에 가득하고 누에는 잠박에 가득하네
但修婦道致姑樂　며느리 도리 다해 시어미 즐겁게 할 뿐이지
何須向人說姑惡　어찌 남에게 시어미가 나쁘다 말하는가

　　意甚忠厚 뜻이 매우 충후하다.

　　右姑惡 위는 까마귀이다.

鼎小也鼎小也　솥 작다 솥 작아
秋禾如雲滿原野　가을 벼 구름처럼 들판에 가득하구나
今年鼠壤有餘蔬　올해는 쥐구멍에도 남은 채소가 있으니[9]
買羊釃酒讌同社　양을 사고 술 걸러서 마을 사람들 잔치하네
主婦炊黍客滿座　주부는 기장밥을 짓고 손님은 자리에 가득하니

9　『장자(莊子)』「천도(天道)」에 "쥐구멍의 땅에도 남은 채소가 있다.[鼠壤有餘蔬]" 하였다.
　풍년이 들어 곡식과 채소가 풍성함을 비유한 것이다.

鼎小也釜亦可　　솥 작으면 가마솥에 밥 지어도 좋으리

　　右鼎小 위는 소쩍새이다.

我欲死我欲死　　나 죽겠네 나 죽겠어

四月千山萬山裏　사월이라 천산 만산 안에는

食有果兮巢有枝　먹이로 열매가 있고 깃들 가지도 있어

生無所苦死奚爲　살아 고생이 없거늘 무엇 때문에 죽느냐

爾不見去歲東郡避甲兵 너는 보지 못했느냐 지난해 동쪽 고을 전쟁을
　　　　　　　　　　피해

辛苦到骨猶願生　고생이 뼛골에 사무쳐도 살기 바라던 것을

　　善謔 해학을 잘하였다.

　　右我欲死 위는 아욕사이다.

布穀布穀　　　　씨 뿌려라 씨 뿌려

布穀聲中春意足　씨 뿌리라는 소리에 봄기운 가득하구나

健兒南征村巷空　건장한 사내들 남쪽 전쟁터로 가고 마을이 비었으니

落日唯聞寡妻哭　지는 해에 들리는 건 과부의 곡하는 소리뿐일세

布穀啼誰布穀　　씨 뿌려라 울어본들 누가 씨를 뿌리랴

田園茫茫烟草綠　전원이 망망한데 이내 낀 풀만 푸르구나

　　右布穀 위는 뻐꾹새이다.

국조시산 권4

오언율시(五言律詩)

산중

山中   정도전(鄭道傳)

弊業三峯下   황폐한 집이 삼봉 아래에 있어
歸來松桂秋   돌아와 송계의 가을을 맞네
家貧妨養疾   집안이 가난해 병든 몸 요양하기에 방해되지만
    寒澹有味 한담(寒澹)하여 맛이 있다.
心靜定忘憂   마음이 고요하니 근심 잊기에 넉넉하네
護竹開迂徑   대나무를 가꾸려고 길 돌려 내고
憐山起小樓   산을 좋아해 작은 누를 세웠네
隣僧來問字   이웃 스님이 찾아와 글자 물으며
盡日爲相留   해가 다 지도록 머물러 있네

등주

登州   이첨(李詹)

久客饒情緒   오랜 나그네 회포 많은데
春來更惘然   봄이 오니 다시 슬프구나
    唐人穠韻 당인의 짙은 운이다.
焚香靈應廟   영응묘에 향을 태우고

乞火孝廉船　효렴선[1]에 불을 빌리네
雁度三千里　기러기는 삼천리를 건너고
鵬騫九萬天　붕새는 구만리 하늘에 나는데
幾時還故國　언제나 고장에 돌아가
爛熳醉花前　흐드러지게 꽃 앞에서 취해 볼까

배로 가다가 목양 동양역에 이르다
舟行至沐陽潼陽驛

一粟滄波上　좁쌀 하나가 창파 위에[2]
飄然任此身　표연히 몸을 맡겼네
楚山遙送客　초나라 산은 멀리 나그네를 보내고
淮月近隨人　회수의 달은 가까이 사람을 따라오네

　　極好句 是盛唐人吻 아주 좋은 구절이니, 성당 시인의 말투이다.

衰鬢渾成雪　쇠한 살쩍은 온통 눈이 되었는데
征衣易染塵　나그네 옷은 티끌에 물들기 쉽구나
那堪行役久　이렇게 오랜 행역을 어이 견디어 낼까
汀草暗知春　물가에 풀이 속으로 봄빛을 아네

1　진(晉)나라 때 단양 윤(丹陽尹) 유담(劉恢)이 효렴(孝廉)으로 천거된 장빙(張憑)과 함께
　배를 타고 무군(撫軍)을 찾아가 그를 천거하자, 무군이 그의 재주를 인정하여 태상박사(太
　常博士)로 삼았다. 효렴선은 재주 있는 선비가 탄 배를 뜻한다. 『세설신어(世說新語)』
　「문학」
2　소동파(蘇東坡)의 「적벽부(赤壁賦)」에 "(나와 자네는) 천지간에 기생하는 하루살이요,
　창해의 한 좁쌀 같은 아득한 존재이다.[寄蜉蝣於天地 渺滄海之一粟]"라고 하였다.

김부령에게 부치다

寄金副令 　　　　　　　　　　　　　　　　　변중량(卞仲良)

　九容 구용이다.

最憐金典校	가장 어여쁘구나 김 전교는
華髮卜山居	백발이 되어 산에 집 지어 사네
睡枕松聲落	자는 베개에는 소나무 소리가 떨어지고
吟窓竹影疎	읊조리는 창가에는 대 그림자가 성기리라
耕崿春種豆	돌작밭 갈아 봄에 콩을 심고
水宿夜叉魚	물가에 자며 밤에 고기를 낚으리

　冷軟可喜 차갑고 부드러워 좋아할 만하다.

盛代求賢急	태평성대에 현인 구함이 급하니
行當見鶴書	행하면 마땅히 조서³를 받들리라

병든 소나무

病松 　　　　　　　　　　　　　　　　　　　　이직(李稷)

百尺蒼髯樹	백 척이나 되는 푸르른 소나무
曾經幾雪霜	눈과 서리를 몇 번이나 겪었는가
風枝元崛起	바람 맞던 가지는 높이 솟았건만
雲葉半凋傷	구름 같은 잎사귀 반이나 말랐구나
誰識歲寒翠	누가 알았으랴! 추운 겨울에도 푸르렀건만
反同秋草黃	도리어 가을 낙엽처럼 시들어 버릴 줄이야
猶餘直幹在	아직은 곧은 줄기 남아 있으니

3　학서(鶴書)는 은자(隱者)를 부르는 조서(詔書)를 말한다. 옛날에 조서를 학두서체(鶴頭書體)로 썼기 때문에 일명 학두서(鶴頭書)라고도 한다.

亦足棟明堂   넉넉히 큰 집의 마룻대로 쓸 수 있으리

　可卜其終任端揆 그 끝에 단규[재상]을 맡겠다고 점칠 만하다.

동파역에서 자다

宿東坡驛   권우(權遇)

學道功安在   학문을 배운 보람이 어디 있나

匡時術已疎   시대를 바로잡을 능력은 이미 성글어졌네

十年名利後   십 년의 명예와 이익도

一夜夢魂餘   하룻밤 꿈이었구나

　冷語 냉어이다.

淅瀝窮秋雨   가을비 부슬부슬 내리니

荒凉古驛墟   옛 역 터 황량하구나

　愁思可掬 근심스러운 생각이 손에 잡힐 만하다.

松燈寒照壁   솔가지 불이 차갑게 벽을 비추니

逐客意何如   쫓겨난 나그네의 마음은 그 어떠하랴

새벽에 일어나

晨興   변계량(卞季良)

殘夜凉侵簟   새벽녘 대자리에 냉기가 들고

囱虛露氣通   창문이 텅 비어서 이슬 기운 스며드네

四隣明宿火   사방의 이웃에는 등불을 밝히고

萬井動晨鍾   여러 마을에서 새벽종이 울리네

　淸藥 맑은 연꽃 같다.

日出疎烟外   엷게 낀 노을 밖에 해가 떠오르고

秋生積雨中   지루한 장마 끝에 가을이 찾아왔네

極有雅趣 지극히 아취가 있다.

幽栖忘盥櫛　깊숙이 살다 보니 세수하고 머리 빗기도 잊었는데
客至强爲容　손님이 찾아왔기에 억지로 단장했네

봄날
春事

冉冉花期近　세월이 하염없어 꽃철이 다가오니
纖纖草徑深　풀 속에 가느다란 오솔길이 생겼구나
風光憐弱柳　봄빛은 가녀린 버들에 어여쁘고
野燒入空林　들판의 불길은 빈 숲으로 들어가네
幽夢僧來解　그윽한 꿈을 스님이 와서 깨웠기에
　　賈長江清韻 가장강[4]의 맑은 운이다.
新詩鳥伴吟　새로 지은 시를 새들과 함께 읊었네
境偏無外事　사는 곳이 외져서 바깥 일이 없는지라
酒客只相尋　다만 술동무를 찾아 나선다오
　結惱 번뇌를 맺었다.

새벽에 승사를 찾아가다
曉過僧舍　　　　　　　　　　　　　　　　유방선(柳方善)

東嶺上初暾　동쪽 고개에 해가 막 돋아
尋僧扣竹門　스님을 찾아 대사립문을 두드렸네
　境清 시경이 맑다.

4　당나라 시인 가도(賈島)가 한때 승려가 되었다가 한유(韓愈)에게 시가 알려져 환속하고
　　장강(長江) 주부(主簿)가 되었다.

宿雲留塔頂　　잔 구름은 탑 위에 머물고
積雪擁籬根　　쌓인 눈은 울타리 밑에 덮여 있구나
　　寒苦稱家 헐벗고 고생스러움이 집에 걸맞다.
小徑連深洞　　오솔길은 깊은 골짜기로 이어졌고
疎鐘徹遠村　　성긴 종소리가 먼 마을에 들리네
蕭然吟未已　　한가히 읊기를 그치지 않아
淸興到黃昏　　맑은 흥이 황혼까지 이르렀네

즉사

卽事

愛靜麾塵客　　고요함을 좋아해 주미(麈尾)⁵를 휘두르며
忘機狎水鷗　　기심을 잊고 갈매기와 친하네
詩從三上覓　　시는 삼상(三上)⁶에서 얻고
理向一中求　　이치는 일중(一中)⁷을 향하여 구하네
屋破茅茨古　　집은 헐어서 띠풀이 낡았고
山深樹木稠　　산이 깊으니 나무들 빽빽하구나
江魚秋正美　　가을에 물고기 맛이 좋기에
有意買漁舟　　낚싯배를 살 생각이 생겼네

5　고라니 꼬리[麈尾] 꼬리가 먼지를 잘 털었으므로 자루에 꽂아서 먼지를 털었다. 진(晉)나
　　라의 명사(들이 청담(淸談)을 할 때에 손에 주미를 쥐고 이리저리 흔들면서 이야기하였다.
6　삼상(三上)은 문사(文思)를 짜내기에 가장 알맞은 말 위와 베개 위와 뒷간 위를 말한 것으
　　로, 송나라 구양수(歐陽脩)의 『귀전록(歸田錄)』에, "내가 평생에 지은 문장이 대부분 삼
　　상에서 얻은 것이니, 바로 말 위[馬上]와 베개 위[枕上]와 뒷간 위[廁上]이다. 이곳이
　　생각을 쏟기에 가장 알맞기 때문이다."라고 하였다.
7　『심경(心經)』「도체(道體)」에, "정일집중(精一執中)은 요임금, 순임금, 우임금이 서로 전
　　한 요지(要旨)이다."라고 하였다. 『서경(書經)』「대우모(大禹謨)」에, "인심(人心)은 위태
　　롭고 도심(道心)은 은미하니, 정밀하게 하고 한결같이 하여야 진실로 그 중도(中道)를
　　잡을 수 있다"는 말에서 나왔다.

일계 김상국에게 드리다

呈逸溪金相國   조수(趙須)

今朝零露泠   오늘 아침 차가운 서리 내려

    從兩陳中來 亦自沈鷙 진사도(陳師道)와 진여의(陳與義)에서 나왔으니 역시 침지

    (沈鷙)하다.

履遠獨凄其   멀리 떠나려니 더욱 처량하구나

處世同炊黍   세상살이 기장밥을 짓는 것 같고

持身若累碁   몸가짐은 바둑돌 쌓는 것 같네

浮沈元有數   부침이 원래 운수에 달렸으니

覆載本無私   천지[8]에는 본래 사심이 없네

    勁悍極好 경한(勁悍)함이 지극히 좋다.

白酒可人意   막걸리가 나의 마음에 들어

頹然一中之   쓰러질 정도로 술에 맞았네[9]

연당의 달밤

蓮堂月夜   서거정(徐居正)

晚坐陂塘上   느지막이 연못 둑 위에 앉아서 보니

荷花未半開   연꽃은 아직 절반도 안 피었네

月從今夜好   달빛은 오늘 밤부터 좋아지고

---

8   원문은 '부재(覆載)'로, 하늘이 위에서 덮어 주고 땅이 아래에서 실어 준다는 뜻이다. 『중
     용장구』 제12장에 "천지의 큼으로도 사람이 오히려 한스러워하는 바가 있다.[天地之大也
     人猶有所憾]"라고 하였다.

9   소동파(蘇東坡)의 시 「太守徐君猷通守孟亨之皆不飮酒以詩戰之云」 가운데 '臣今時復
     一中之'라는 구가 보인다. 조조(曹操)가 서막(徐邈)을 부르니 서막이 술에 취하여, "지금
     성인(聖人)에 맞았다.[中聖人]"고 말한 데서 '중(中)'이 '맞았다, 중독되었다'는 뜻을 가
     졌다.

風送故人來   바람은 친구를 보내오누나

　　春容穠厚 自是大家 용용(春容)함이 농후하니 절로 대가이다.

欲著濂翁說   염옹의 애련설을 지으려 하노니

休停太白杯   태백의 술잔을 멈추지 말아야 하리

更深渾不寐   밤이 깊도록 도무지 잠이 안 들어

星斗共徘徊   북두칠성과 함께 이리저리 배회하네

칠석
七夕

天上神仙會   천상의 신선들 만남이

年年此日同   해마다 오늘 똑 같으니

一宵能有幾   하룻밤이 얼마나 되랴마는

萬古亦無窮   만고에 또한 다함이 없구나

　　思佳 생각이 훌륭하다.

月色蛩音外   달빛은 귀뚜리 소리 너머에 밝고

河聲鵲影中   은하 소리는 까치 그림자 속에 흐르네

雖無文乞巧   비록 걸교문[10]을 짓지는 못했지만

得句語還工   시구를 얻으니 말이 공교로워졌네

---

10 예부터 칠석날 밤에 부녀자들이 견우와 직녀 두 별에게 길쌈과 바느질 솜씨가 늘게 해
　　달라고 기원하는 것을 걸교(乞巧)라 했는데, 당나라 유종원이 자신의 모신책(謀身策)의
　　졸렬함을 버리기 위한 뜻에서 「걸교문」을 지어 견우와 직녀에게 기원했다.

밤에 읊는다
夜咏

已恨秋光老　가을 빛이 늙은 것을 이미 한탄하고
空悲淸夜徂　맑은 밤이 흘러가는 것을 괜스레 슬퍼하네
蛩聲連竹塢　귀뚜라리 소리는 대나무 동산에서 이어지고
　　苦而不儉 고생하면서도 검소하지 않다.
月色得庭梧　달빛은 정원의 오동나무와 어우러지네
墻角縈長短　담 모퉁이에 장경과 단경을 걸어두었다만
　　俱棄 모두 버렸다.
尊中酒有無　술동이 앞에는 술이 있는지 없는지
田園頻夢想　전원을 자주 몽상할 뿐이니
三徑欲荒蕪　문 앞 세 갈래 길이 황폐하려 하는구나[11]

가을바람
秋風

茅齋連竹徑　초가집 대나무가 길에 이어져
秋日灩晴暉　가을볕이 곱고도 밝구나
果熟擎枝重　과일 익어 가지에 달려 있기엔 무겁고
瓜寒着蔓稀　참외 차가워 덩굴에 달린 게 드무네
　　淡而不寒 담박하면서도 춥지 않다.
遊蜂飛不定　노는 벌들은 정처 없이 날아다니고
閑鴨睡相依　한가한 오리들은 서로 기대어 자네

---

11 도잠(陶潛)의 「귀거래사(歸去來辭)」에 "세 오솔길은 묵었으나, 소나무와 국화는 아직 남
아 있도다.[三徑就荒 松菊猶存]"라고 하였다.

有悄語 근심스러운 말이 있다.

頗識身心靜　몸과 맘의 고요함을 자못 아노니
栖遲願不違　한가롭게 노닐려던 소원이 어긋나지 말기를

삼전도
三田渡

羸馬三田渡　여윈 말 타고 삼전도를 가노라니
　　舒徐涵遠 亦是大家手段 펴는 것이 천천히 젖어들어 멀리 가니 역시 대가의 수단이다.
西風吹帽斜　서풍이 불어 모자가 기울어지네
澄江涵去雁　맑은 강물은 가는 기러기 그림자를 담그고
落日送還鴉　지는 해는 돌아오는 까마귀를 보내네
古樹明黃葉　고목 위엔 단풍잎이 환히 빛나고
孤村見白沙　외론 마을엔 백사장이 보이누나
　　逼唐 당에 가깝다.
青山將盡處　푸른 산이 끝나 가는 곳에
遙認是吾家　멀리 뵈는 집이 바로 우리 집일세

관동 행재로 가다가 금화현 시판에 차운하다
向關東行在 次金化板韻[12]　　　　　　　　　　　　강희맹(姜希孟)

法駕東巡日　어가(御駕)가 동으로 순행하시니
蓬萊望渺然　봉래산이 아득히 바라보이네
旌旗雲葉動　깃발은 구름처럼 움직이고

---

12 『사숙재집』권2에 실린 제목은「관동 행재소로 가는 도중에 금화현을 지나면서 벽 위에
　　있는 선조 통정공의 시에 차운하다[向關東行在所 歷金化縣 次壁上先祖通亭韻]」이다.

釖戟日華鮮　창과 칼은 햇빛에 번득이네
　　脫俚 속됨을 벗어났다.
仙仗春風裡　의장이 봄바람 속에 펄럭이는데
行宮碧海前　행궁은 푸른 바다 앞에 있구나
　　聲調俱暢 성조가 모두 트였다.
矢詩陳吉日　시를 아뢰어 좋은 날을 펼 때에
聊欲頌周宣　주나라 선왕처럼 송축하리라

광나루 배 안에서 일찍 일어나

廣津舟中早起　　　　　　　　　　　　　　　　홍귀달(洪貴達)

舟中晨起坐　배 안에서 새벽에 일어나 앉으니
相對是靑燈　서로 마주한 것이 바로 푸른 등일세
鷄犬知村近　닭 소리 개 소리에 마을 가까워진 걸 알고
星河驗水澄　은하수는 물 맑은 것을 본 받았네
　　壯景甚巧 장대한 풍경이 매우 솜씨가 좋다.
隨身唯老病　몸에 따르는 것이라곤 오직 늙음과 병 뿐인데
　　可矜 불쌍히 여길 만하다.
屈指小親朋　손꼽아 보니 친지와 벗은 적구나
世事又撩我　세상일이 또 나를 움켜잡으니
東方紅日昇　동방에서 붉은 해가 오르는구나

경연에 입시하다

入侍經筵　　　　　　　　　　　　　　　　　　김극검(金克儉)

肅肅金門闢　엄숙하게 금문을 여니
丁丁玉漏殘　물시계 떨어지는 소리가 쇠잔하구나

淸霜飛劍佩　맑은 서리는 검패(劍佩)¹³를 날리고

有耿拾遺之韻 경습유[경위(耿湋)]의 운이 있다.

破月照鵷鸞　이지러진 달은 반열¹⁴을 비추네

對仗言猶切　의장을 대하니 말이 오히려 간절하고

封章墨未乾　장을 봉하니¹⁵ 먹이 아직 마르지 않았네

休言雙鬢白　양 살쩍이 희었다고 말하지 말라

猶自片心丹　한 조각 마음은 아직도 붉으니라

欠古意 옛 뜻이 부족하다.

이월 삼십일에 서울에 들어가다

二月三十日入京　　　　　　　　　　　　　　　　　김종직(金宗直)

强爲妻孥計　마지못해 처자식들을 위하느라

虛抛故國春　헛되어 고국의 봄을 버리네

明朝將禁火　내일 아침엔 불을 금해야¹⁶ 하니

遠客欲沾巾　먼 나그네 눈물이 수건 적시리

花事看看晚　꽃구경은 어느덧 늦어버렸고

農功處處新　농사일은 곳곳마다 새로우니

羞將湖海眼　산수 속의 눈을 가지고

還眯市街塵　다시 시가의 먼지 뒤집어쓰는 게 부끄럽구나

---

13 칼과 패옥을 찬 조신(朝臣)들을 말한다.

14 원문의 원난(鵷鸞)은 봉황의 일종인 원추(鵷雛)와 난조(鸞鳥)로 조정의 반열을 뜻한다.

15 봉장(封章)은 신하들이 밀봉(密封)하여 임금에게 바치던 의견서인데, 봉사(封事)라고도
한다.

16 한식일(寒食日)을 뜻한다. 진(晉) 문공(文公) 때 산에 숨었다가 불에 타 죽은 개자추(介子
推)를 슬프게 여겨 후인들이 그가 죽은 전후 3일간은 불을 금하고 찬 밥을 먹었다.

낙동진
洛東津

津吏非瀧吏　진리는 농리[17]가 아니요
官人卽邑人　벼슬아치는 고을 사람일세
三章辭聖主　상소 세 번 올려 성군을 하직하고
五馬慰慈親　다섯 말[18] 타고 어머니를 위로하네
白鳥如迎棹　백조는 노를 맞이하는 듯하고
　　切當 적절하다.
靑山慣送賓　청산은 손님 보내기에 익숙하구나
澄江無點綴　맑은 강에 티끌 한 점도 없으니
　　士夫勵志 當若是耳 사대부가 뜻을 갈면 마땅히 이와 같아야 한다.
持以律吾身　이것으로 내 몸을 단속하리라

재계하는 날 강가에서 자며
差祭宿江上

卷幔臨江水　휘장 걷어 강물을 내려다 보고
焚香夜寂寥　향을 태우니 밤은 고요하구나
鶴鳴淸露下　학은 맑은 이슬 아래서 울고
月出大魚跳　달은 큰 고기 뛰는 데서 나오네
　　何減唐人高處 어찌 당나라 시인의 고상한 점을 줄이랴

---

17 진리는 나루터의 배와 다리를 주관하는 아전이다. 농(瀧)은 급류(急流)이니 농리는 배가
　다니기 어려운 험한 곳에 특별히 두어 배의 운행을 감독했던 아전인데, 한유(韓愈)가 조주
　자사(潮州刺史)로 부임해 갈 적에 창락롱(昌樂瀧)에 이르러 농리와의 문답(問答)에 의탁
　하여 읊은 시 「농리(瀧吏)」에서 온 말이다.
18 지방관이 되었음을 뜻한다. 한나라 때 태수(太守)의 수레는 다섯 필의 말이 끌었다.

刮眼占銀漢　　눈 비비며 은하수에 점을 치고
齋心禱絳霄　　마음 재계하여 하늘[19]에 기도하노니
篙師知我意　　사공은 나의 뜻을 알아차리고
早整木蘭橈　　일찍이 목란의 노를 정돈해 놓았네

흥을 부치다
寓興

無君凡幾月　　벼슬 그만둔 지 모두 몇 달이던가

　　通篇 渾融奇冶 自是行中第一 시편을 통틀어 혼연히 융합되고 기이함이 단련되었으
　　니 저절로 행중 제일이다.

晦魄八環回　　그믐달이 여덟 번 돌아왔네
世事詎可問　　세상일을 어찌 물을 수 있으랴
故人猶不來　　친구는 아직도 오지를 않는구나
暖泥新燕快　　따스한 진흙은 제비가 좋아하고
澁雨小桃開　　어렵사리 내리는 비에 복사꽃이 피누나
寂寞歌春興　　적막한 속에 봄 흥치를 노래하니
東風吹酒盃　　동풍이 술잔에 불어오는구나

불국사에서 세번 김계창과 함께 이야기를 하다
佛國寺與世蕃金季昌話

爲訪招提境　　사찰의 경내를 방문하니
松間紫翠重　　소나무 사이에 산 빛이 무겁구나
靑山半邊雨　　푸른 산 한쪽에는 비가 내리고

---

19 이대본에는 '絳綃'로 되어 있지만, 목판본에 따라 '絳霄'로 입력하고 번역한다.

落日上方鐘　날 저무는 상방[20]에 쇠북 소리 울리네
語與居僧軟　이야기가 스님과 함께 부드럽고
盃隨古意濃　술잔은 옛 정취에 따라 진하구나
頹然一榻上　한 걸상 위에서 술에 쓰러져
相對鬢鬚鬆　서로 마주하니 머리털이 듬성해졌네

선사사
仙槎寺

偶到仙槎寺　우연히 선사사에 이르니
巖空松桂秋　바위는 쓸쓸한데 소나무 계수나무에 가을 들었네
鶴翻羅代蓋　학은 신라시대의 일산을 펴고
　　奇 기이하다.
龍蹴佛天毬　용은 부처 하늘의 공을 차누나
細雨僧縫衲　가랑비 내리는데 중은 누더기 깁고
寒江客棹舟　차가운 강물에는 나그네가 노를 젓네
　　逼唐 당에 가깝다.
孤雲書帶草　고운의 서대초[21]가
獵獵滿池頭　바람 소리와 함께 못가에 가득하구나

---

20 지세가 매우 높은 곳으로 산사(山寺)를 뜻한다. 상방(上房)과 같은 뜻으로 불가에서 주지
　승(住持僧)이 거주하는 내실을 말하는데, 일반적으로 불사(佛寺)를 일컫기도 한다.
21 후한(後漢)의 경학자(經學者) 정현(鄭玄)이 불기산(不其山)에 들어가서 학자들을 가르칠
　때 그곳에 난 풀의 잎이 길고 질겨서 문하생들이 이것으로 서책(書冊)을 묶었던 데서
　붙여진 이름이다.

도중에
途中   김시습(金時習)

貊國初飛雪 맥국에 처음으로 눈이 날리는데
春城木葉疏 춘성에는 드문드문 나뭇잎이 남았구나
秋深村有酒 가을이 깊어 촌에는 술이 익었지만
客久食無魚 오랜 나그네 길이라 밥상엔 생선이 없네
山遠天垂野 산이 멀어 하늘은 들판에 드리워졌고
　　自覺曠遠 광원함을 자각한다.
江遙地接虛 강이 멀어 땅은 허공에 닿았구나
孤鴻落日外 외로운 기러기는 지는 해 너머로 나는데
征馬政躊躇 길 가던 말은 곧바로 머뭇거리네

어떤 나그네
有客

有客淸平寺 어떤 나그네 청평사에 찾아와
春山任意遊 봄날의 산을 뜻에 맡겨 노니네
　　閑寂自在 한적함이 절로 있다.
鳥啼孤塔靜 새는 고요히 외로운 탑에 울고
花落小溪流 꽃이 흐르는 실개울에 지네
佳荣知時秀 맛있는 나물은 때를 알아 자라고
香菌過雨柔 향기로운 버섯은 비가 지나 부드럽네
吟行入仙洞 시를 읊조리며 신선골에 들어서니
消我百年愁 백 년의 내 시름을 녹여 주는구나

누각에 오르다
登樓

向晚山光好　해질녘 되면서 산빛 좋기에

篇無雕琢 字無推敲 而自古雅自平遠 乃是無上上乘 諸詩皆同 시편에 조탁함이 없고 글자에 퇴고함이 없으나 절로 고아하고 절로 평원(平遠)하니 더할 나위가 없다. 여러 시가 모두 같다.

登臨古驛樓　옛 역 누각에 올랐네

馬嘶人去遠　말이 울면서 사람은 멀리 가고

波靜棹聲柔　물결이 고요하니 노 젓는 소리 부드럽구나

不淺庾公興　유공의 흥취가 옅지 않으니[22]

堪消王粲憂　왕찬[23]의 근심을 녹일 만하네

明朝度關外　내일 아침이면 관 밖으로 건너리니

雲際衆峯稠　구름 끝에 봉우리들이 빽빽하구나

소양정
昭陽亭

鳥外天將盡　나는 새 너머에 하늘이 끝나려 하는데

愁邊恨不休　시름에 곁들여 한은 그치지 않네

山多從北轉　산은 많이 북쪽에서 굴러 오는데

江自向西流　강은 절로 서쪽을 향해 흐르네

雁下沙汀遠　기러기 내리는 모래톱은 멀고

---

22 진(晉)나라의 유량(庾亮)이 무창(武昌)에 총독으로 부임하여 남루(南樓)에 올라 놀기를 좋아하였다.

23 삼국시대 건안칠자(建安七子)의 한 사람인 왕찬(王粲)이 악양루(岳陽樓)에 올라서 시국을 걱정하며 「등루부(登樓賦)」를 지었다.

舟回古岸幽　배가 돌아오는 옛 언덕 그윽하구나
何時抛世網　언제라야 세상 그물을 던져 버리고
乘興此重遊　흥에 겨워 이곳에 와 다시 놀려나

어떤 곳 가을이 깊어 좋을까

何處秋深好

出香山而自超遠 향산[백거이]에서 나와 저절로 초원하다.

何處秋深好　어떤 곳이 가을이 깊어 좋을까
秋深隱士家　가을이 깊은 은사의 집이리라
新詩題落葉　새로 얻은 시는 낙엽에 적고
夕飡掇籬花　저녁 먹으면 울타리 꽃을 모으네
木脫千峯瘦　나뭇잎 떨어지니 봉우리마다 여위어
苔斑一路賒　이끼 아롱진 한 갈래 길이 멀구나
道書堆玉案　도서를 옥책상에 쌓아 두고는
瞋目對朝霞　성난 눈으로 아침 놀을 바라보네

何處秋深好　어떤 곳 가을이 깊어 좋을까
漁村八九家　예닐곱 집 어울려 사는 고기잡이 마을이겠지
淸霜明柿葉　해맑은 서리는 감나무 잎에 반짝이고
綠水漾蘆花　푸른 물결은 갈대꽃에 찰랑이네
曲曲竹籬下　구비구비 대 울타리 밑에
斜斜苔徑賒　비스듬히 이끼 낀 길이 멀기만 해라
西風一釣艇　가을바람에 낚싯배 한 척
歸去逐煙霞　저녁 노을을 따라 돌아가네

사근역정

沙斤驛亭   유호인(兪好仁)

乾坤眞逆旅　하늘과 땅이 참으로 하나의 여관이니
無處不居停　머물러 살지 못할 곳이 없네
往者猶來者　가는 사람도 오는 사람과 같으니
　　甚好 매우 좋다.
長亭復短亭　먼 역정 다음에 가까운 역정이 있네
遙空孤雁度　먼 하늘에는 외 기러기 건너가고
薄暮數峯靑　땅거미 지니 몇 봉우리 푸르구나
一枕南柯夢　한 베개 남가일몽에
斜陽欲半庭　저녁 해가 반이나 뜰에 들었네

새재에 올라

登鳥嶺

凌晨登雪嶺　이른 새벽에 눈 덮힌 고개에 오르니
春意正濛濛　봄 뜻이 참으로 몽몽하구나
北望君臣隔　북으로 바라보니 군신이 막히었고
　　切當宜動 절실히 해당되니 격동시키기에 적당하다.
　　宸心 제왕의 마음이다.
南來母子同　남으로 오는 것은 모자가 같구나
蒼茫迷宿霧　아득히 밤새 낀 안개에 헷갈리고
迢遞倚層空　높디 높은 하늘에 기대었네
更欲裁書札　다시 편지를 쓰고 싶으니
愁邊有北鴻　시름 속에 북으로 가는 기러기가 있구나

차운하여 순부에게 답하다

次韻答淳夫
조위(曺偉)

嗣宗非達士	사종은 달사가 아니니
何用哭途窮	길이 막혔다고 무엇하러 우는가[24]
世固遺神驥	세상에는 참으로 신기가 남아 있으니

  穩的 온당하다.

人多好畵龍	그린 용을 좋아하는 사람이 많구나
飢鳶鳴曉日	굶주린 솔개는 새벽에 울고
健鶻下秋風	건장한 산비둘기는 가을바람에 내리네
寂寞草玄子	적막하구나 태현경을 쓰는[25] 사람이여
長楊獻賦翁	장양궁에서 부를 지어 바친[26] 늙은이로다

통주

通州
이주(李冑)

通州天下勝	통주는 천하의 명승이라
樓觀出雲霄	누각이 구름 위로 솟았구나
市積金陵貨	저자에는 금릉의 재화가 쌓여 있고

  好 좋다.

---

24 사종(嗣宗)은 죽림칠현 가운데 한 사람인 완적(阮籍)의 자인데, 세상 일을 피하느라고
  술을 많이 마시고 취했으며, 길을 가다가 막히면 통곡하고 돌아왔다.

25 한나라 학자 양웅(揚雄)이 큰 학문을 하면서 집에 들어앉아 『태현경』을 지었다.

26 한나라 성제(成帝)가 백성들을 징발하여 온갖 짐승들을 잡아다가 장양궁(長楊宮)에 넣어
  놓았다. 그리고는 호인(胡人)을 시켜 맨손으로 그것을 때려 잡게 하고 구경하였는데, 양
  웅(揚雄)이 「장양부(長楊賦)」를 지어 올려 겉으로는 황제를 한껏 칭찬하면서 그 속에 풍
  간(諷諫)을 담았다.

江通楊子潮　강물은 양자강의 조수와 통하네
寒雲秋落渚　찬 구름은 가을 물가에 떨어지고
獨鶴暮歸遼　외로운 학은 저물어 요동으로 돌아가네
鞍馬身千里　말안장에 얹힌 몸은 천리 밖이라
登臨故國遙　다락에 올라 보니 고국은 멀기만 하네

　老杜淸韻 노두[두보]의 맑은 운이다.

신덕우에게 주다

贈辛德優[27]

海亭秋夜短　바닷가 정자에 가을밤도 짧은데
一別復何言　한 번 작별에 다시 무슨 말을 하랴
怪雨連鯨窟　궂은비는 깊은 바다 속까지 이어졌고

　沈倔 침굴하다.

頑雲接鬼門　고약한 구름은 변방에까지 닿았네
靑銅衰鬢色　구레나룻 파리하게 시들어
危涕滿衫痕　조심스런 눈물[28] 자국 적삼에 가득하구나

　鬱律可愴 울적한 운율이 슬퍼할 만하다.

更把離騷語　다시 이소경(離騷經)의 말을 가지고
憑君欲細論　그대와 세심히 따질 날 그 언제일까

27　이주의 문집『망헌유고』에는 제목이 '海島別友人'로 실려 있으며,『학산초담』에는 이망
　　헌(李忘軒)이 진도(珍島)로 귀양 갈 때, 이낭옹(李浪翁), 즉 이원(李黿)을 작별하는 시라
　　고 소개하였다.
28　강엄(江淹)의「한부(恨賦)」에 "혹 외로운 신하는 서글피 눈물 흘리고 서자(庶子)는 위태
　　로이 조심하네.[或有孤臣危涕 孽子墜心]"라고 했다. 이에 대한 이선(李善)의 주에, "눈
　　물은 '떨구어야[墜]'하고 마음은 '위태로이 조심해야[危]' 하는데 강엄이 기이함[奇]을 애
　　호하여 호문(互文)으로 뜻을 드러낸 것이다."라고 하였다.

우중(雨中)에 택지(擇之)를 생각하며

雨中懷擇之   박은(朴誾)

寒雨不宜菊　찬 비는 국화에 어울리지 않지만
　　雄拔 웅발하다.
小尊知近人　작은 술동이는 사람 가까이 할 줄 아네
　　接襯 가까이 다가온다.
閉門紅葉落　문을 닫으니 붉은 잎이 떨어지는데
得句白頭新　시구를 얻으니 백발이 새로 나네
　　渾渾有味 한 데 섞여서 맛이 있다.
驪憶情親友　정다운 벗 즐겁게 생각하지만
愁添寂寞晨　적막한 아침에 시름만 더하네
何當對靑眼　그 언제나 반가운 눈길로 만나
一笑見天眞　한바탕 담소하며 천진을 보려나

새벽에 바라보며

曉望

曉望星垂海　새벽에 바라보니 별빛이 바다에 드리우고
　　奇拔 기발하다.
樓高寒襲人　누각이 높아서 추위가 사람을 엄습하네
　　何等氣宇 어떠한 기개와 도량인가?
乾坤身外大　건곤은 내 몸 밖에 크고
鼓角坐來頻　고각 소리는 앉아도 자주 들리네
　　壯語稱境 장대한 말이 시경에 걸맞다.
遠岫看如霧　먼 산에 안개 같은 기운을 보고
喧禽覺已春　새소리에 봄이 왔음을 깨닫네

壯景入神 장대한 경물이 신의 경지에 들어갔다.

宿醒應自解　숙취는 응당 절로 풀리겠지만

詩興謾相因　시흥은 부질없이 서로 이어지네

계축일에 배를 타고 가며
癸丑移舟

夜雨鳴篷急　밤 비는 뜸을 급히 두들기며 울고

朝雲出壑新　아침 구름은 골짜기에 새로 나오네

　　景奇思佳 경물이 기이하고 생각이 훌륭하다.

磨舟石鑿鑿　삐죽한 바위들이 배에 스치고

　　擺弄 가지고 논다.

媵客魚鱗鱗　물고기 떼 모여들어 길손을 전송하네

敢有乘桴志　감히 뗏목 타고 갈[29] 뜻을 가져 보고

長懷擊楫人　노를 두드린 사람[30]을 늘 생각하네

夢中過上院　꿈속에서 상원을 지나가다가

瞥眼失龍津　별안간에 용진을 놓치고 말았구나

29 공자(孔子)가 천하가 어지러움을 탄식하여 "도(道)가 행해지지 않는지라 뗏목을 타고 바다를 항해하리니, 나를 따르는 자는 유(由)일 것이다." 하니, 자로(子路)가 기뻐하였다. 『논어』「공야장(公冶長)」. 유(由)는 자로의 이름이다.

30 진(晉)나라 조적(祖逖)이 석늑(石勒)의 난을 평정하기 위해 양자강을 건너다가 노를 치면서 맹세하기를, "조적이 중원을 평정하지 못하고 다시 강을 건널 때는 이 강에 몸을 던지리라." 하였다. 『진서(晉書)』 권62 「조적전(祖逖傳)」

눈을 만나다

逢雪　　　　　　　　　　　　　　　　　　　　　　　어무적(魚無赤)

馬上逢新雪　말 위에서 새 눈을 만나니
孤城欲閉時　외로운 성문을 닫으려 하는 때일세
漸能消酒力　차츰 술기운이 사라지는데
　　沈着 침착하다.
渾欲凍吟髭　눈발이 시 읊는 수염 얼리려 하네
落日無留景　지는 해에 남아 있는 경치 없으니
栖禽不定枝　깃든 새는 가지에 안정하지 못하네
灞驢驢背興　파교의 나귀 등의 흥을[31]
吾與故人期　나는 고인과 기약하였네
　　融渾 한데 어우러졌다.

천마록(天磨錄) 뒤에 적다

題天磨錄後　　　　　　　　　　　　　　　　　　　　이행(李荇)

卷裏天磨色　시권 속에 천마산 빛이 어려
依依尙眼開　흐릿한 눈이 번쩍 열렸네
斯人今已矣　이 사람 이미 세상 떠났으니
古道日悠哉　옛길이 날로 아득해지네
細雨靈通寺　영통사에는 가랑비가 나리고
斜陽滿月臺　만월대에는 석양이 비꼈는데

---

31 어느 사람이 당나라 재상 정격(鄭綮)에게 "요새 시 지은 것이 있는가." 물으니, "시는 파교 (灞橋)에 바람 불고 눈올 때에 나귀 타고 가는 사람에게나 있지 이렇게 편한 재상 된 사람에게는 없는 법이다."고 대답하였다 한다.

死生曾契闊　죽고 살아 일찍이 만나기 어려웠으니
衰白獨徘徊　노쇠한 백발의 몸이 홀로 배회하네

　　公詩篇篇 百雅沈厚 歷却讚揚 所不能盡 공의 시는 편편마다 백가지로 바르고 침후
하여 두루 찬양하여도 다할 수 없는 점이 있다.

정운경(鄭雲卿)의 시에 차운하다
次雲卿韻

新詩知繾綣　새로 보낸 시에서 깊은 정 알아
細字看縱橫　종횡으로 가늘게 쓴 글자를 보네
此日頭渾白　지금은 머리가 온통 백발이니
何時眼共明　어느 때나 반가운 눈빛으로 만나려나
江湖魚得計　강호에 물고기는 제 살 길 찾았건만
鍾鼓鳥非情　종과 북 소리는 새의 마음에 맞지 않네[32]
兩地無窮思　양쪽의 끝없는 생각을
毫端寫不成　붓끝으로는 결코 그리지 못하리라

홀로 술을 마시다 감회가 일어
獨酌 有感

薄酒時多酌　막걸리를 자주 많이 마셔서

---

32 『장자』「지락(至樂)」에, "해조(海鳥)가 노(魯)나라 교외에 내려앉자 노후(魯侯)가 그 새를
사당에 모셔 놓고 구소(九韶)의 음악을 연주하고 태뢰(太牢)의 성찬(盛饌)을 올리니, 새
가 어리둥절한 눈빛으로 근심하고 슬퍼하며 고기 한 점 술 한 잔 먹지 못한 채 사흘 만에
죽고 말았다. 이는 자기를 기르는 방식으로 새를 기른 것이지 새를 기르는 방식으로 새를
기른 것이 아니다." 하였다. 물고기는 고향에 가 있는 정사룡을, 새는 조정에 몸 담고
있는 시인 자신을 비유하고 있다.

剛腸日九廻　창자[33]에 하루 아홉 번 술이 도네
道爲當世棄　도는 당세에 버림을 받았지만
迹或後人哀　자취는 어쩌다 후인이 슬퍼 하리라
歸興生芳草　고향 생각은 방초에서 일어나고
春愁付落梅　봄 시름은 떨어지는 매화에 부치네
百年湖海願　강호에 묻혀 살리라 평소 바랐으니
莫受二毛催　새치를 받아들이고 싶지 않구나

초가을
新秋

薄晚新秋色　저녁 어스름 초가을 빛이 물드니
殊方久客情　머나먼 타향에 나그네 된 지 오래일세
蟬聲高樹靜　매미 소리도 높은 나무에 고요하고
螢火遠林明　반딧불이 먼 숲에 반짝이네
文字三生誤　문장으로 삼생을 그르쳤으니
功名一笑輕　공명을 한 번 웃고 가볍게 여기네
鹿門他日約　훗날 녹문에 은거하자[34] 약속했건만
妻子幾時迎　처자식을 언제나 맞아올거나

33　당나라 두보(杜甫)의 시 「장유(壯游)」에 "성품이 호방하여 술을 즐기고, 나쁜 사람 미워하는 강직한 마음을 품었네.[性豪業嗜酒 嫉惡懷剛腸]"라고 하였다. 강장(剛腸)은 주로 '강직한 마음'이라는 뜻으로 쓰지만, 여기서는 많은 술을 마셔도 되는 튼튼한 창자를 뜻한다.

34　형주자사(荊州刺史) 유표(劉表)가 방덕공(龐德公)을 찾아가서 "선생은 벼슬을 받지 않으니 무엇을 자손에게 남겨 주겠소?" 하니, "세상 사람들은 모두 위태로움을 남겨주지만 나만은 편안함을 남겨주겠습니다. 비록 물려준 것은 다르지만 아무것도 남겨주지 않은 것은 아닐 겁니다."라고 하였다. 뒤에 처자를 이끌고 녹문산으로 들어가서 약초를 캐며 살고 다시는 돌아오지 않았다고 한다. 『후한서(後漢書)』 권83 「일민열전(逸民列傳) 방공(龐公)」

'동구에서 저물녘에 읊다' 시에 차운하다[35]
次洞口晚賦韻

依依春事晚	그럭저럭 봄날도 저물어 가니
杳杳洞門深	아득히 골짜기 문은 깊구나
地淨無塵迹	땅은 맑아서 티끌 자취 없고
峯高易夕陰	봉우리는 높아 저녁에 빨리 어두워지네
幽芳迎緩步	그윽한 방초는 느린 걸음을 맞아 주고
啼鳥惱新吟	우는 새는 새로 읊는 마음을 심란케 해
已得忘言趣	이미 말 잊는 흥취를 얻었으니
從誰說此心	누구에게 이 마음을 말해 주려나[36]

풍수
風樹

風樹多危葉	바람 맞는 나무에 위태로운 잎새 많은데
秋山易夕陽	가을 산이라 석양이 쉽게 지네
雁行斜度漢	기러기 행렬이 은하수 비껴 건너고
蛩韻冷依床	귀뚜라미 울음이 찬 침상 곁에 들리네
病欲侵年至	병은 해를 넘기도록 끌고
愁今抵夜長	시름은 밤이 이슥하도록 길구나
知音空海內	날 알아주는 이 온 세상에 없으니

---

35 주희(朱熹)가 남헌(南軒) 장식(張栻)과 함께 형산(衡山)을 등정하면서 지은 시들을 차례에 따라 차운한 「화주문공남악창수집(和朱文公南岳唱酬集)」에 실려 있는데, 주희가 지은 시의 원제목은 「후동의 산 입구에서 저물녘에 읊다.[後洞山口晚賦]」이다.

36 주희의 원운(原韻)에 "비록 부처의 광장설일지라도, 이 마음 다 말하지 못하리.[從教廣長說 莫盡此時心]"라고 하였다.

誰與一商量　누구와 더불어 내 마음 이야기하랴

지정(止亭)을 생각하며. '정왕대' 시의 운자를 쓰다
有懷止亭 用定王臺韻

止老今如許　지정 노인은 지금 어디 있나
何人載酒來　누가 술을 싣고 찾아오랴
靑春回洞壑　푸른 봄은 골짜기에 돌아왔건만
白首隔泉臺　백발로 황천에 떨어져 있네
幽鳥自相喚　그윽한 새들은 서로 지저귀고
閑花空復開　한가한 꽃은 속절없이 다시 피었는데
分明板上字　분명히 걸려 있는 판상의 저 시를
三復有餘哀　서너 번 읽어보니 슬픔이 일어나네

용문에 노닐며 절정에 오르다
遊龍門 登絶頂　　　　　　　　　　　　　　　　김안국(金安國)

步步緣危磴　한 걸음 한 걸음 가파른 등성에 오르니
看看眼界通　보면 볼수록 눈 앞이 트이는구나
閑雲迷極浦　한가로운 구름은 먼 포구에 아득하고
　　胸次亦豁 가슴이 역시 뚫린다.
飛鳥沒長空　날아가는 새는 넓은 하늘에 빠져드네
萬壑餘殘雪　골짜기마다 잔설이 남았고
千林響晩風　숲에는 저녁 바람이 울리네
天涯懷渺渺　하늘 끝에 생각이 아득한데
孤月又生東　외로운 달이 또 동천에 나오는구나

용인 현령 최광윤의 '촌거 벽상' 시에 차운하다

次崔龍仁光潤 村居壁上韻

老得閑居味	늙어가며 한가하게 사는 맛을 얻었으나
無人獨自憐	혼자 지내려니 가엽기도 하구나
鍊茶蘇渴肺	차를 달여 마른 폐를 회복시키고
蒔藥護殘年	약초를 심어 여생을 보살피네

　　閑適自在 한적함이 절로 있다.

亂帙抛花下	뒤섞인 책들은 꽃 아래 널려 있고
殘棋散酒邊	두다 만 바둑알은 술자리에 흩어졌구나
鳴琴須月夕	달밤이면 의례히 거문고 울리다가
聽罷更欣然	듣고 나면 혼자서 흐뭇해 하네

청풍 한벽루

淸風寒碧樓　　　　　　　　　　　　　　　　　김정(金淨)

盤壁山川壯	절벽에 터를 잡아 산천이 장엄하니
乾坤玆境幽	천지간에 이 자리 그윽하구나
風生萬古穴	바람은 만고의 굴혈에서 나오고
江撼五更樓	강물은 오경에 누각을 흔드네

　　豪放自恣 호방하여 거리낌이 없다.

虛枕宜淸夏	누워 있기로는 맑은 여름이 알맞고
詩魂爽九秋	시 쓸 때는 깊은 가을이 상쾌하네
何因脫身累	어찌하면 속세 억매임에서 벗어나
高臥寄滄洲	푸른 물가에 높직이 누우려나

명주로 돌아가는 원로[37]를 보내며

送猿老歸溟州

歲暮倦遊客	세모에 떠돌다 지친 나그네
關河山萬重	고향 가는 길이 만 겹 산일세
孤雲隨去馬	외로운 구름이 떠나는 말을 따르고
落葉沒行蹤	지는 잎새는 가는 발자국에 묻히네
嶺外餘荒業	대관령 너머에 거친 밭이 있으니
沙邊一釣翁	모래밭에 낚시나 하며 지내시게

　不用意 不費力 語自淸逸 뜻을 쓰지 않고 힘을 쓰지 않아도 말이 절로 청일(淸逸)하다.

相思明月滿	밝은 달 가득하면 그리워하다
夢盡海天東	동쪽 바닷가에 꿈이 다하리라

　超邁 몹시 뛰어나다

봄날 밤. 봉조서가 송도에 간 김에 고향으로 돌아간다기에 지어 주다

春夜 贈奉君朝瑞往松都因返故林

華月未揚光	달이 환한 빛을 떨치지 못해

　直接孟王高孤 곧바로 맹교(孟郊), 왕유(王維)의 고고함에 접한다.

層城夜蒼蒼	층층 성곽이 밤에 어둑하구나
臨觴忽怊悵	술잔을 대하니 문득 서글퍼져
幽意故徊徨	울적한 마음에 방황하누나
故國雲煙斷	고향에 구름과 안개 걷혔으니
舊園林木長	옛동산에 나무도 자랐으리

---

37 원정(猿亭) 최수성(崔壽峸)을 가리킨다.

歸歟在明發 돌아가는 거야 내일 떠나면 되지만

　　通篇無雕繢 而語自高妙 시편을 통틀어 꾸민 공적이 없으나 시어가 저절로 고묘하다.

江海杳難望 바다와 산이 아득하여 바라보기 어려워라

회포를 풀다
遣懷

海國恒陰翳 바다가 항상 구름에 덮여 어둡고

荒村盡日風 황량한 마을에는 종일 바람만 부네

知春花自發 봄을 알아서 꽃은 저 혼자 피고

　　惹慨 강개함을 일으킨다.

入夜月臨空 밤이 되면 달이 공중에 뜨네

鄕思千山外 고향 생각은 천 산 밖이니

殘生絶島中 쇠잔한 생애가 외딴 섬에 있구나

蒼天應有定 푸른 하늘이 응당 정함이 있으리라

何用哭途窮 길이 막혔다고 통곡한들 무엇 하리

멀리 떨어져
絶國

絶國無相問 멀리 떨어진 곳이라 서로 묻는 이 없어

孤臣棘室圍 외로운 신하는 가시 집에 싸여 있네[38]

夢如關塞近 꿈속에서는 관새에 가까운 듯해

僮作弟兄依 아이 종을 형제처럼 의지하네

---

38 김정이 기묘사화(1519)에 금산으로 장배(杖配)되었다가, 이듬해인 1520년 제주도에 위리
안치(圍籬安置)되었다.

語苦意悲 말은 고통스럽고 뜻은 슬프다.

憂病共侵鬢　근심과 병은 살쩍을 침노하고
風霜未授衣　바람과 서리 차건만 옷도 주지 않네
思心若明月　임금[39]을 생각하니 밝은 달 같아
天末寄遙輝　하늘가에도 멀리 빛을 부치네

쌓인 물
積水

積水浮天極　쌓인 물[40]이 하늘가에 떠 있어
溟茫漾太虛　아득하게 허공에서 출렁이네
地孤疑世外　땅이 외지니 세상 밖인가 싶고

寫遠 먼 것을 묘사하였다.

人遠得秦餘　사람이 머니 진나라 난민일세
舟楫通吳楚　뱃길은 오와 초로 통하고
魚龍半邑墟　물고기와 용이 고을의 반일세
乘桴潛聖歎　뗏목 타고[41] 나아가자는 성인의 가르침 따라
終不陋蠻居　끝내 야만스런 거처를 누추하다 하지 않으리

---

39 『기묘록』이나 『패관잡기』에 '思心'이 '思君'으로 되어 있기에 '임금'으로 번역하였다.

40 『순자(荀子)』「유효(儒效)」에 "흙이 쌓여 산이 되고, 물이 쌓여 바다가 된다.[積土而爲山 積水而爲海]"고 하였다. 여기서는 바다가 하늘에 뜬 것처럼 보인다는 뜻이다.

41 『논어』「공야장(公冶長)」에 "도가 행해지지 않으면 뗏목을 타고 바다로 나가겠다.[道不行 乘桴浮于海]"라고 탄식한 공자의 말이 실려 있다.

강가에서

江上   기준(奇遵)

遠遊臨野戍 멀리 떠돌다 변방[42]에 이르러
高會惜年華 좋은 모임에서 풍광을 아쉬워하네
夜靜胡天月 밤은 오랑캐 땅의 달 아래 고요하고
　　淡而有力 담담하면서도 힘이 있다.
春深古塞花 봄은 오래된 요새의 꽃 속에 깊구나
長江誰作酒 긴 강을 누가 술로 만들었나
哀唱不成歌 슬피 불러도 노래를 이루지 못하네
　　忽忽道好 대수롭지 않게 잘 말하였다.
望望雲空外 구름낀 하늘 너머를 바라보니
殘星沒曉河 스러지는 별빛이 새벽 은하수에 묻혔네
　　俱盛唐 모두 성당이다.

날 저물어 성에 오르다

日暮登城

殘營收夕雨 남은 군영에 저녁 비가 걷히고
孤堞屬春晴 외딴 성가퀴 개인 봄날 되었네
落日長江遠 해는 지는 데 긴 강은 멀리 있고
　　幽沈 그윽하고 침울하다.
顧雲古塞平 구름 돌아보니 오랜 변새와 평평하네
野深天氣黑 들은 깊어 하늘은 기운이 검고

---

42 기준도 김정과 마찬가지로 기묘사화(1519)에 아산으로 유배되었다가, 이듬해인 1520년
함경도 온성에 위리안치(圍籬安置)되었다.

高岑奇思 고적(高適)과 잠삼(岑參)의 기이한 생각이다.
峯逈戍煙靑 봉우리 멀어 수자리 연기 푸르네
漠漠三城北 막막한 삼성의 북쪽에는
唯聞邊笛橫 오로지 변새의 젓대 소리 들릴 뿐

가을날 성머리에서

秋日城頭

塞國初霜下　변새 고을에 서리가 처음 내리고
胡山一半黃　오랑캐 산은 반쯤 누렇게 되었네
野寒風葉動　들은 춥고 바람에 잎이 움직이고
　　巧而不纖 공교하면서도 섬세하지 않다.
江落雁沙長　강 쓸쓸한데 기러기 앉은 모래 길구나
朔氣沈孤戍　북풍 기운이 외딴 수자리에 잠기고
邊雲老戰場　변방 구름은 전장에서 늙는구나
高城聊極目　높은 성에 애오라지 눈을 다해 보니
日暮淚茫茫　해 저물고 눈물이 끝이 없구나

만의사(萬義寺) 동쪽 부도

萬義寺 東浮屠

최수성(崔壽峸)

古殿殘僧在　옛 불전은 몇 남은 스님이 지키고
林梢暮磬淸　수풀 끝엔 저녁 종 맑게 울리네
窓通千里盡　창으로 천리 끝까지 통하고
牆壓衆山平　담장이 누르니 여러 산들이 평평하구나
木老知何歲　나무가 늙었으니 몇 살이나 되었을까
　　鍊洗得好 좋게 세련되었다.

禽呼自別聲　새는 울면서 별난 소리를 내네
艱難憂世網　험난한 세상 그물에 걸릴까 근심스러워
今日恨吾生　오늘 내 인생을 한탄하누나

　抑知其終不免否 아니면 끝내 면하지 못한 것을 안 것인가?

스님에게 주다

贈僧[43]

嶺外寒山寺　고개 너머 한산사에서
逢師眼忽靑　스님 만나니 문득 반가워라
石泉同病客　돌샘에서 같이 병든 나그네

　此不拘偶爲勝 이것은 구속되지 않아 우연히 잘 된 것이다.

天地一浮萍　천지간에 하나의 부평초일세
踈雨殘燈冷　성긴 비에 가물거리는 등불 싸늘한데
持杯遠海聲　잔 들자 먼 바닷소리 들리네
開窓重話別　창 열고 거듭 말하다 헤어지니
雲薄曉星明　구름 엷어지며 샛별이 밝구나

막내딸을 시집보내고 밤에 진산 시골집에서 자다

醮季女 夜宿珍山村舍　　　　　　　　　　　　　신광한(申光漢)

客臥是誰家　나그네 누운 곳이 누구네 집인가
夢驚天一涯　자다 놀라니 하늘가 끝이구나

---

43 허균이 『학산초담』에 이 시를 소개했는데, "내가 승축(僧軸)을 보니 충암(沖庵)의 시가
　　있었는데 다음과 같다. (시 줄임) 이 시가 본집에는 없으니, 당시 편자가 혹 미처 못본
　　것인가?" 하고 의문을 제기했다. 『충암집』에도 이 시는 실리지 않고, 부록인 「충암선생연
　　보」에 실려 있다. 최수성의 시라고 소개된 문헌은 달리 보이지 않는다.

隣鷄鳴不已　　이웃집 닭울음 소리 그치지 않으니

山雨夜如何　　산비 내리는 밤이 몇 시나 되었나

暗水喧溪石　　어둠 속 시냇물은 골짜기 돌에 부딪치고

輕香濕野花　　가벼운 향은 들꽃을 적시는데

　　唐人雅格 당인의 바른 격조이다.

人生婚嫁畢　　인생 살며 시집 장가 다 마친데다

有酒且宜賒　　술까지 있으니 푸근하구나

　　自適 자적한다.

저녁에 바라보며

晚望

峽盡滄江遠　　산줄기 다 하고 푸른 강 멀리 보이니

　　通篇 淸新婉切 眞韋孟高韻 시편을 통틀어 청신(淸新)하고 완절(婉切)하니 진실로

　　위응물(韋應物), 맹교(孟郊)의 운이다.

沙平水驛開　　모래밭에 나루가 열려 있네

炊烟花外沒　　밥짓는 연기는 꽃 너머로 스러지고

夕鳥日邊回　　저녁 새는 해 옆으로 돌아오네

故國無消息　　고국에서는 소식이 없어

　　何處得來 어디로부터 얻어온 것인가?

孤舟有酒杯　　외로운 배에 술잔을 실었네

前山侵道峻　　앞 산이 길을 가려 험준하니

何處望蓬萊　　어디에 가야 봉래산을 바라보려나

병중에 산집 이야기를 조사수에게 부쳐 화답을 구하다

病裏 山齋卽事 寄趙士秀求和

自是嬰衰疾	어릴 적부터 약하고 병이 있어
還如謝世紛	산에 돌아와 분답한 세상을 사절하였네
夢涼荷瀉露	연잎에 이슬 내려 꿈마저 서늘하고

　　語有神助 말에 신의 도움이 있다.

衣潤石生雲	돌에서 구름이 일어 옷이 축축하구나
作吏眞兼隱	관리가 되어서도 은자를 겸하였으니
棲山不負君	산에 살아도 임금을 저버리지 않네
淸芬誰可共	맑은 향기[44]를 누구와 함께 할까
持此欲相分	이것을 가지고 서로 나누고 싶구나

희락당[45]의 작에 삼가 화운하여 부친다

奉和希樂亭 見寄　　　　　　　　　　　　　　　　　홍언필(洪彦弼)

病矣吾何事	병이 들었으니 내가 무슨 일을 하랴
頹然懶作人	쓰러지듯 게으른 사람이 되었구나

---

44 원문의 '청분(淸芬)'은 맑은 향기라는 뜻으로, 사람이 풍기는 인품과 덕행을 가리킨다. 위(魏)나라 순욱(荀彧)이 특이한 향을 가져다 항상 옷에 훈증시켜 입고 다녔으므로, 그가 한 번 다녀간 집에는 남은 향기가 3일 동안 가시지 않았다고 한다.

45 홍언필의 문집인『묵재집』에는 희락당(希樂堂)으로 되어 있는데, 김안로(金安老, 1481~1537)의 호이다. 아들 김희(金禧)가 효혜공주(孝惠公主)와 혼인하여 중종의 부마가 되었다. 1524년 영의정 남곤(南袞), 심정(沈貞), 대사간 이항(李沆)의 탄핵을 받고 경기도 풍덕(豐德)에 유배되었다가 1531년 서용된 이후 동궁(인종)의 보호를 구실로 허항(許沆)·채무택(蔡無擇)·황사우(黃士佑) 등과 함께 옥사를 여러 차례 일으켰다. 1537년 중종의 제2계비 문정왕후(文定王后)의 폐위를 기도했다가 유배되고 사사되었다. 저서에『용천담적기(龍泉談寂記)』가 있다. 홍언필 시의 원운(原韻)은『희락당고』권1「次子美見贈韻」이다.

恩從毛穎薄　은혜는 붓과 옅어지고
情到鐵婆親　정은 탕파와 친해졌네
短枕那能夢　짧은 베게로 어찌 꿈을 이룰 수 있으랴
　　岑寂語 외롭고 쓸쓸한 말이다.
幽牕不肯晨　은둔자의 창은 새벽이 선뜻 오지 않네
百年分得半　인생백년에 반을 얻었건만
衰白又羞春　노쇠하고 머리 희어 또 봄에게 부끄럽구나

인제현에 쓰다

題麟蹄縣　　　　　　　　　　　　　　　　　성세창(成世昌)

杳窕通危棧　아득하게 위태로운 잔도를 가다 보니
依俙見數家　어렴풋하게 몇 집이 보이는구나
庭梧高過屋　뜨락의 오동나무는 지붕 위에 높직하고
野麥晚生花　들판의 보리는 늦게 꽃이 피었네
峽束天容窄　골짜기가 좁아지니 하늘도 좁아지고
　　巧思 공교한 생각이다.
溪回夜響多　시냇물 돌아드니 밤에 많이 들리는구나
征人淸不寐　나그네 정신 맑아 잠 들지 못하노라니
缺月入簾斜　이지러진 달이 주렴에 비껴 들어오네

부채에 써서 파산형에게 부치다

書扇面寄巴山兄　　　　　　　　　　　　　　소세양(蘇世讓)

忽報平安字　문득 평안하다는 글자를 쓰고 나니
聊寬夢想懸　꿈에 그리던 모습 풀리는구려
孤雲飛嶺嶠　외로운 구름은 높은 고개에 날고

片月照湖天　조각달은 호수의 하늘을 비춘다오
兩地無千里　두 곳 사이가 천리도 못되는데
相望近六年　서로 그리워한 지 육년이 가까웠구려
　　亦自楚楚 역시 절로 슬프고 괴롭다.
茅簷雨聲夜　초가집 처마에 빗소리 들리는 밤
長憶對床眠　오래 그리워하다 책상에서 잠들었다오

기강에서

岐江　　　　　　　　　　　　　　　　　　　정사룡(鄭士龍)

灘到交流處　여울이 섞여 흐르는 곳에
船移亂樹間　어지러운 나무들 사이로 배를 옮기네
急風吹霧駁　세찬 바람이 안개를 불어 몰아가고
　　極巧而雄 공교함과 웅장함을 극진히 하였다.
疏雨打篷斑　성긴 비가 봉창을 때려 얼룩지게 하네
行役能催老　행역이 늙음을 재촉하지만
功名不博閑　공명 때문에 한가로워지지가 않네
終懇庾開府　유개부에게 끝내 부끄러우니
詩賦動江關　그의 시부가 강남을 뒤흔들었지[46]

46　유개부(庾開府)는 개부의동삼사(開府儀同三司)를 역임한 북주(北周)의 문장가 유신(庾
　　信)을 가리킨다. 두보의 「영회고적(詠懷古跡)」 시에 "유신은 평생 몹시 쓸쓸했는데 늘그
　　막에 시부가 강남을 뒤흔들었네.[庾信生平最蕭瑟 暮年詩賦動江關]"라고 하였다.

납호당에 쓰다

題納灝堂[47]

天牛笙歌起　반공에 생황과 노랫소리 솟아나

留連豁客愁　유련(留連)[48]하며 나그네 시름을 풀었네

　亦自嚴縝 역시 절로 엄진(嚴縝)하다.

俯臨山側展　굽어 임해보니 산은 측면으로 전개하고

遐矚水分流　멀리 눈을 주니 물은 나뉘어 흐르네

懷賞乘桃漲　복사꽃 물이 넘쳐나면 감상하리라 생각했으나

來遊近麥秋　와서 노니는 것은 보릿가을에 가깝구나

晩涼江樹暝　저녁에는 서늘하고 강가 나무는 어둑어둑

煙雨送歸舟　아지랑이와 빗속에 귀거래의 배를 전송하네

임진강을 거슬러 올라가며 당고의 운을 써서

泝臨津 用紫陽唐皐韻

潦縮潭光淨　물이 줄어 못이 맑게 비치니

蘭橈向晩開　목란 배를 저물녘에 열었네

樹圍粧缺岸　숲이 둘러 허물어진 강둑을 단장하고

山斷聳層臺　산이 끊어져 층층 누대처럼 솟아 있네

江氣生疏雨　강 위의 안개는 가랑비가 내리는 듯

　寫景嚴重者 是爲甚難 경치를 엄중하게 묘사하는 것, 이것이 몹시 어렵다.

濤聲殷遠雷　파도 소리는 먼 데서 우레처럼 울리네

---

47 납호당은 양양(襄陽) 읍내의 태평루(太平樓) 근처에 있었다.

48 유흥에 빠져 집에 돌아오지 않는 일. 유련(流連). 유련(流漣). 유련황망(流連荒亡)이라고
　도 표기한다.

船官好看客 사공이 우리를 좋게 보아
結纜待吾來 닻줄을 매고서 우리 오기를 기다리네

붓 가는 대로 답답함을 풀다
釋悶縱筆

隨意攤書坐 뜻 내키어 책을 편 채 앉아 있다가
孤吟對晚暉 외로이 읊조리며 석양을 보네
岸風帆腹飽 강바람에 배 돛은 잔뜩 부풀고
莎雨荻芽肥 잔디밭 비에 갈대 싹은 살이 올랐구나
籬缺通江色 울타리 뚫어져 강 풍경 훤히 보이고
　　甚杰甚重 而景自佳 매우 걸출하고 매우 진중하며 경물이 절로 아름답다.
簾垂礙燕飛 발 내려져 제비 날 때 걸리적대네
誰知浴沂節 누가 알랴. 기수에서 목욕하는 철에
和病試春衣 병으로 봄옷을 갈아입는 걸

큰 여울
大灘

轟轠車千兩 우당탕 수레 천 대가 움직이듯
喧闐鼓萬槌 시끌벅적 만 개의 북을 두드리는 듯
篙工心欲細 백사공은 심장이 오그라지고
病客膽先摧 병든 나그네는 간담이 먼저 꺾이네
振鷺衝巖起 떨쳐 일어나는 해오라기처럼 바위에 부딪쳐 일어나고
　　狀景如許險巧 경치를 묘사한 것이 이처럼 험하고 교묘하다
跳山入座回 뛰어오르는 산처럼 자리에 들었다가 돌아서네
片帆愁激射 조각배는 거친 물결에 부딪칠까 걱정되어

欹側岸邊來　기우뚱거리며 기슭으로 나오네

스님에게 주다

贈僧 　　　　　　　　　　　　　　　　　　　　황여헌(黃汝獻)

直指知名寺　직지사는 이름 알려진 절이건만
居僧問幾三　거주하는 스님은 두세 명이라네
石泉鳴瀧瀧　돌샘은 콸콸 소리내어 울고
花雨落毿毿　꽃 비가 툭 툭 떨어지네
定罷香煙細　선정이 끝나자 향 연기 가늘어지고

　　工緻 공교하고 짰다.

鐘殘鶴夢酣　종소리 스러지자 학의 꿈이 달구나
話頭如有味　화두가 맛이 있어
呼我老龐參　나를 늙은 방참[49]이라고 하네

병든 학

病鶴 　　　　　　　　　　　　　　　　　　　　심언광(沈彦光)

病羽思宵漢　병든 학은 높은 하늘 생각하건만
荒園每夕曛　황폐한 정원에서 늘 석양을 맞네
臨池弔孤影　못에 와선 외로운 제 그림자 서러워

---

49 한나라 방참(龐參)이 한양 태수(漢陽太守)로 부임하여 고사(高士)인 임당(任棠)의 집을 방문했을 때, 그가 아무 말 없이 염교의 큰 뿌리 하나와 물 한 사발을 문 앞에 놓고는 손자 아이를 품에 안고 엎드려 있자, 방삼이 한참 동안 그 의미를 생각하다가 '물처럼 청렴하고, 염교 뿌리를 뽑아 버리듯 힘 있는 자를 억누르고, 손자 아이처럼 약한 백성을 돌보아 주라는 뜻'임을 깨닫고는 돌아가서 그대로 실천했다고 한다. 『후한서(後漢書)』 권51 「방참열전」. 황여헌이 경상도 비안현감 시절에 들렀다가 지은 시인 듯하다.

搨翼戀遙群　날개 접곤 먼 곳 친구들을 그리워하네
半夜樊中淚　새장에선 한밤에 눈물 흘리고
三湘夢裏雲　꿈속에선 삼상 위에 구름이 되니
聲聲多意緒　울음마다 사연이 많기도 해서
凄切不堪聞　서글퍼져 차마 듣지 못하겠구나
　首尾均稱 머리와 끝이 균등하게 걸맞다.

벽에 쓰다

書座壁　　　　　　　　　　　　　　　　　성운(成運)

事往嗟何及　지난 일 슬퍼한들 무엇 하랴만
懷賢淚滿衣　어진 이 그리워하며 눈물로 옷깃 적시네
波乾龍爛死　물결이 말라 용이 문드러져 죽고
松倒鶴驚飛　소나무가 넘어져 학도 놀라 날아갔지
地下無恩怨　지하에서는 은혜도 원수도 없으련만
　可破千古恨涕 천고의 한과 눈물을 깨뜨릴만하다.
人間有是非　인간 세상에선 시비를 말하네
仰瞻黃道日　우러러 황도의 해를 쳐다보라
誰復俺光輝　누가 그 환한 빛을 가릴 수 있으랴
　忠厚藹然 충후함이 자욱하다.

가을이 든 마을

秋村雜題　　　　　　　　　　　　　　　　임억령(林億齡)

志與江湖遠　뜻이 강호와 멀다보니
形隨草木衰　몸은 초목 따라 시들어가네
美人嗟已暮　미인은 늙어가는 것을 탄식하고

楚客自生悲　나그네는 인생을 슬퍼하누나
密網江魚駭　그물을 빽빽이 치니 고기들이 놀라 달아나고
機心海鳥疑　기심이 있는가 하고 갈매기는 의심하네
　　此老平生行止 이 노인의 평생 행동거지이다.
非無流水曲　유수곡이 없는 건 아니지만
何處遇鍾期　어디서 종자기를 만나랴

각현에게 지어 주다

贈覺玄

墻下客猶臥　울타리 아래 나그네 아직 누워 있는데
山中僧獨歸　산속 스님은 홀로 돌아가네
江村秋日暮　강마을에는 가을 해가 저물어
　　淡語有味 담박한 말이 맛이 있다.
野寺遠鍾微　들판 절에서 멀리 종소리 들려오네
殘夜鳥同宿　남은 밤을 새들과 같이 자노라니
曉天雲共飛　새벽 하늘에 구름이 같이 이는구나
　　起邁 일어나 뛰어넘었다.
離懷不自整　헤어지는 마음을 달래지 못해
醉筆爲渠揮　취한 붓으로 그대에게 써 주노라

죽서루

竹西樓

江觸春樓走　강물은 봄 누각을 스쳐 달리고
天和雪嶺圍　하늘은 눈 덮인 고개를 감쌌네
　　雄放 웅방하다.

雲從詩筆染　구름은 시필(詩筆)에 따라 물들어 가고
鳥拂酒筵飛　새들은 술자리를 스치고 나네
　跌宕可見 질탕함을 볼 만하다.
浮海知今是　바다에 뜬 지금이 옳은 것이고
趨名悟昨非　명리 쫓던 지난날이 잘못이었지
松風當夕起　저녁 되자 솔바람 일기 시작해
　音節諧捷 神氣豪上 음절이 어우러져 빠르고 신기가 호방하게 올라간다.
蕭颯動荷衣　소슬하게 하의(荷衣)에 불어오누나

석천의 시에 차운하다

次石川韻[50]

有底花飛急　어찌하여 꽃은 급히 날아가고
風光不貸人　풍광(風光)은 남에게 빌려주지 못하는가
春歸殘夢裏　봄은 어렴풋한 꿈속으로 돌아가고
家在大江濱　집은 큰 강가에 있네
　氣超語 기운이 초탈한 말이다.
酒薄難成醉　술이 싱거우면 취하기 어렵고
更長未易晨　시간이 길면 쉬이 새벽이 오지 않네
猶餘輸寫處　그래도 남은 마음을 써서 보내려고
得句寄東隣　시를 지어 동쪽 이웃에게 부치네

---

50 엄흔의 문집인 『십성당집(十省堂集)』 상권에는 「又次大樹韻」이라는 제목으로 실려 있다.

장미를 읊은 시에 차운하다

次詠薔薇韻   홍섬(洪暹)

絶域春歸盡　머나먼 변방에 봄은 다 가고
邊城雨送涼　쓸쓸한 성 위로 찬 비가 내리네
落殘千樹艶　지다 만 나무들은 아직도 곱고
留得數枝黃　남은 몇 가지는 노란 꽃일세
嫩葉承朝露　여린 잎사귀 이슬을 머금고
　　句麗 구절이 곱다
明霞護曉粧　아침 노을에 꽃 다시 단장하네
移床故相近　한 송이 꺾어다 가까이 놓으니
拂袖有餘香　맑은 향기가 소매를 스치누나

우인이 시를 부치며 화답을 요청한 시에 차운하다

次友人寄詩求和韻   이황(李滉)

性癖常耽靜　고요함을 몹시 즐기는 성품이지만
形骸實怕寒　몸이 추위를 두려워해
松風關院聽　솔바람도 문을 닫은 채 듣고
梅雪擁爐看　눈 속 매화도 화로를 끼고 바라보네
世味衰年別　늙어서 세상 재미 끊어지니
　　知道之言 도를 아는 말이다.
人情末路難　인정을 말로에 견디기 어렵구나
悟來成一笑　알고 나면 한바탕 웃음거리이니
爲是夢槐安　인생은 바로 괴안몽[51]일세

---

51 순우분(淳于棼)이 술을 마시고 홰나무[槐樹] 아래에서 잠이 들었다가, 괴안국에 가서 왕

십삼산에 묵으면서 현판의 시에 차운하다

宿十三山次板上韻[52]   유희령(柳希齡)

祗役非戎事   마침 맡은 일이 융무가 아니라서
儒裝過薊門   선비 차림으로 계주 관문을 지나네
風烟連碣石   바람과 안개는 갈석산에 이어지고
墻堡限開原   장성의 보루는 개원[53]에서 끝이로다
設伏龍庭遠   복병을 배치하여 용정[54]은 멀리 있고
燒荒海戍昏   황량한 들판을 사르고 해수[55]는 아득하네
胡笳何處發   오랑캐 호드기 소리는 어디서 나는지
邊思曲中論   변방의 걱정을 곡조에서 논하누나

公有大東詩林 一部裒次 雖有議者 而有功於詩家甚大 此作亦不凡 공이 『대동시
림』을 지었는데 일부 차례에 비록 논란거리가 있지만 시단에 끼친 공로는 대단히
크다. 이 작품도 평범하지 않다.

의 부마가 되어 남가 태수(南柯太守)를 30년 동안 지내며 부귀영화를 누리는 꿈을 꾸었
다. 잠에서 깨어 보니 홰나무 아래에 커다란 개미집이 하나 있었고, 남쪽 가지에는 또
작은 개미집이 하나 있었는데, 바로 꿈에서 보았던 괴안국과 남가군(南柯郡)이었다. 당나
라 이공좌(李公佐)의 전기소설 「남가태수전(南柯太守傳)」에서 괴안몽(槐安夢), 남가일
몽(南柯一夢)이라는 말이 나왔다.

52 이 시는 유희령(柳希齡)이 성절사가 되어 명나라에 가면서 계주(薊州)에서 지은 오언율시
로 원(元)운이다. 성절사가 되어 북경 가까운 계주성 관문을 통과한 후 갈석산과 만리장성
을 지나 중원의 들판이 시작되는 광경을 회상했다.

53 개원은 명나라 때 만주(滿洲)에 있었던 성(城)으로, 최세진(崔世珍)의 『이문집람(吏文輯
覽)』에는 삼만위(三萬衛) 서쪽 문밖에 있었다고 했다. 지금의 지명에 대해서는 여러 이설
(異說)이 있는데, 대개 지금의 봉천(奉天) 개원현 일대이다.

54 용정(龍庭)은 본래 중국의 북방 민족인 흉노(匈奴)의 선우(單于)가 천지의 귀신에게 제사
지내는 장소이다.

55 해수(海戍)는 바닷가의 수자리이다. 이백(李白)의 「자류마(紫騮馬)」에 "흰 눈이 덮인 관
산은 멀고 누런 구름 자욱해 해수는 아득해라.[白雪關山遠 黃雲海戍迷.]"라고 하였다.

가을 새벽에 짓다

秋曉作   김인후(金麟厚)

夜靜星芒動   밤은 고요하고 별은 반짝이는데
秋深露氣高   가을이 깊어 이슬 기운 높아라
　　氣槩超然 기개가 초연하다.
輕寒生枕席   가벼운 한기 머리맡에 일고
倦夢落江皐   게으른 꿈, 강 언덕에 떨어지네
未泛重陽菊   중양절에 국화주도 못마셨으니
誰題九日餻   누가 국화전을 들먹이랴
孤懷愁不寐   홀로 쓸쓸히 잠 못 드는데
奈復曉鷄號   어디선가 새벽 닭 홰치는 소리 들리네

취대[56]에 올라

登吹臺

梁王歌舞地   양왕이 노래하고 춤추던 곳에
　　盛唐高韻 성당의 고상한 운이다.
此日客登臨   오늘은 나그네가 올라왔네
慷慨凌雲趣   구름을 능가할 강개한 흥취 있건만
凄凉弔古心   처량한 마음으로 옛날을 묻네
長風生遠野   긴 바람이 먼 들에 일어나는데
　　沈着 침착하다.

---

56 취대(吹臺)는 하남성(河南省) 개봉시(開封市)의 우왕대(禹王臺) 공원에 있던 대(臺)이
다. 춘추시대 사광(師曠)이 악기를 불던 대라고 전한다. 한나라 양 효왕(梁孝王)이 이곳을
증축하고 처음 명대(明臺)라 했는데, 양 효왕이 항상 이곳에서 가취(歌吹)를 즐겨서 취대
라고도 하였다.

白日隱層岑　밝은 해는 층층 산 뒤에 숨어 버리네
當代繁華事　그 시절의 번화한 일들이야
茫茫何處尋　아득하니 어디에서 찾아보랴

화양정
華陽亭[57]

水闊經新雨　새 비가 지나가자 물이 넓어지고
山明轉夕陽　석양이 돌아드니 산이 밝아지네
風威全息浪　바람이 고요해 물결이 잠드니
　　泓淨閑澹 홍정(泓淨)하고 한담(閑澹)하다.
雲物政涵光　구름이 고운 빛을 머금었구나
近岸亭誰築　가까운 언덕에 정자를 누가 지었나
中流鳥自翔　중류에 새가 절로 날갯짓하네
回舟乘暝色　배를 돌려 저문 빛을 가득 싣고서
　　字巧 글자가 공교하다.
去去上蒼茫　아득한 상류로 올라가노라

화분 속의 국화
盆菊

十月淸霜重　시월에 맑은 서리 거듭 내려
芳叢不耐寒　예쁜 꽃이 추위를 견디지 못하네
　　亦自可咏 또한 스스로 읊을 만하다
枝條將萎絶　크고 작은 가지는 시들려 하고

---

57 「華陽序」로 되어 있지만, 『하서집(河西集)』 권9에 실린 제목으로 고쳤다.

花藥半凋殘   꽃잎도 반이나 떨어졌지만
北關承朝露   북문에서 아침 이슬 받았으니
東籬謝夕飧   동쪽 울에서 저녁밥을 사양하리라
貞根期永固   곧은 뿌리 늘 굳세기를 기약해
歲歲玉欄干   해마다 옥난간에서 피어나리

차운하여 선천군수 유영길에게 주다

次韻 贈柳宣川永吉   정유길(鄭惟吉)

十里湖堤路   십 리나 되는 호수의 둑길이
偏宜信馬過   말이 가는 대로 가기에 참으로 알맞구나
魚遊明鏡裡   물고기는 거울같이 맑은 물속에 놀고
人在水仙家   사람들은 물가 신선의 집에 있네
地比東吳勝   땅은 동오(東吳)보다 빼어나고
才方謝眺多   사람들의 재주는 사조(謝朓)보다 뛰어나네
龍泉誰解劚   용천검(龍泉劍)을 그 누가 쓰랴
空憶晉張華   부질없이 진나라 장화(張華)가 그리워라
   腹艶可誦 파리하면서도 고와서 외울 만하다

수월정 맑은 시내의 저녁 비

水月亭 淸溪晚雨   이홍남(李洪男)

返照翻成暗   황혼은 차츰 어두워지고
歸雲擁已迷   돌아가는 구름도 이미 컴컴하구나
金蛇忙不駐   번개가 잦아 멈추지 않고
   巧 공교하다.
銀竹散難齊   소나기는 흩어져 마구 뿌리네

鳥翼投林重   새는 숲속 깊이 날아 들어가고
> 亦奇 역시 기이하다.

鍾聲出寺低   종소리는 절에서 나지막하게 들리는데
尋僧明日去   중을 찾아왔다가 이튿날 떠나노라니
愁殺漲前溪   앞 골짜기가 넘치는 게 걱정스럽구나

양형의 종군행에 차운하다

次楊炯從軍行   윤현(尹鉉)

夕烽通兩京   저녁 봉화가 두 서울에 통하니
胡虜幾時平   오랑캐가 언제나 평안해지랴
千里遠從役   천리 먼 곳에 군역을 나와
> 此極力摸唐人者 이 구절은 힘써 당나라 시인을 본받았다.

三年長築城   삼년 동안 길게 성을 쌓았네
雁無關外信   관문 너머 소식 전할 기러기도 없어
劍有匣中聲   칼은 칼집 속에서 우네
方欲效心力   바야흐로 몸과 마음을 바치려 하니
未遑言死生   어느 겨를에 삶과 죽음을 말하랴

왕발의 삼학사에 차운하다

此王勃三學寺

亂石鳴春溜   여기저기 흩어진 돌에 낙수물 떨어지고
> 入妙 묘한 경지에 들었다.

孤雲斂夕岑   외로운 구름은 저녁 산봉우리에 모여드네
松扉僧閉久   소나무 사립문을 스님이 닫은 지 오래
林逕客行深   숲 사이 좁은 길로 나그네도 오지 않네

幽邃窈窕 그윽하고 유현하다

藤老過墙蔓　늙은 등나무 넝쿨 담장에 얽히고

巧思 생각이 교묘하다

鍾淸出寺音　종소리 맑게 절 밖으로 울리네

夜來山籟寂　밤에 부는 산바람 소리 쓸쓸해

禪話散塵襟　선문답에 세속 티끌이 사라지네

충주루 헌함께 쓰다

題忠州樓軒　　　　　　　　　　　　　　윤결(尹潔)

中原古名勝　중원은 예로부터 명승지라

如此等作 何愧古人 이와 같은 작품이 어찌 옛 사람에게 부끄러우랴.

物色訥齋餘　물색을 눌재가 읊고 가셨네

有客登樓處　나그네 누각에 오르니

舒徐中有嚴重 서서히 푸는 중에 엄중함이 있다.

高秋落木初　깊은 가을 낙엽이 지기 시작하네

江聲和雨重　강물 소리는 빗소리와 섞이고

淡中有氣 담박한 가운데 기운이 있다.

山氣入簾虛　산 기운이 발 안에 들어오는데

四顧非鄉國　사방을 둘러보아도 고향땅은 아니니

長吟意未舒　길게 읊조려 봐도 뜻을 펼 길이 없구나

음성 동헌 시에 차운하다
次陰城東軒韻[58]

碧落收寒雨　푸른 하늘에 찬 비 걷히고
　　流麗 유려하다
靑山淡返暉　푸른 산에 황혼이 담담하구나
野橋人欲斷　들판 다리엔 인적 끊기려 하고
　　淸槩 맑다
官路樹相圍　관로(官路)에 나무만 둘러 서 있네
爲客時將晚　나그네 길에 해가 저물려 하니
　　婉切 곱고도 간절하다
還家夢屢飛　집에 돌아가는 꿈 자주 꾸어지네
夜深成獨坐　밤 깊은데 홀로 앉았노라니
　　蕭瑟 소슬하다
風露濕秋衣　바람 이슬에 가을 옷이 젖는구나

---

58 『신증동국여지승람』 권14 「음성현(陰城縣)」에 서거정(徐居正)의 원운이 실려 있다.

오언율시(五言律詩)

16일 밤에 탄식하며 시를 짓다

十六夜感嘆成詩 　　　　　　　　　　　　　　　　　　　노수신(盧守愼)

八月潮聲大　팔월이라 조수 소리가 시끄럽건만
　　磊落軒騰 우뚝하고 치솟는다.
三更桂影踈　삼경 밤에 달그림자는 맑고도 깨끗해라
驚棲無定魖　깃든 곳 놀라 떠난 도깨비는 없고
失木有犇鼯　나무를 잃고 달아나는 다람쥐가 있네[1]
　　壯浪語 장대한 격랑의 말이다.
萬事秋風落　세상만사는 낙엽처럼 추풍에 떨어지고
孤懷白髮梳　외로운 회포로 흰 머리나 빗을 뿐일세
　　蕭瑟語 소슬한 말이다.
瞻望匪行役　부모님을 바라보니 행역 때문이 아니라
生死在須臾　생사가 머지않기 때문이라네
　　慘然 애처롭다.

1　달빛이 워낙 밝아서 몸을 숨길 수 없다는 뜻이다.

백, 문 두 서생[2]을 작별하다

別白文二生

莽蕩乾坤阻　천지간이 깊고도 머니 아득하구나
蕭條性命微　생명은 미세하니 쓸쓸하기도 해라
詩書禮學未　시, 서, 예를 아직 배우지 못했기에
四十九年非　사십구 년 동안의 일이 그릇되었네[3]

　　奇對 기이한 대구이다.

露菊憑烏几　오궤[4]에 기대어 이슬 젖은 국화 띄워 마시고
秋蟲掩竹扉　가을 벌레 울기에 대사립 닫아 버렸는데

　　少陵淸處 소릉[두보]의 맑은 점이다.

此時文白至　이때에 문생 백생이 찾아왔다가
三宿乃言歸　사흘 밤을 자고 돌아가는구나

길에서 읊다

路中吟

曉過黃山僻　새벽에 황산의 궁벽한 곳을 거쳐

　　一篇奇峭渾融 한 편이 기이하게 가파르고 한데 융화되어 있다.

曛歸黑石幽　황혼에 흑석의 그윽한 데로 돌아왔네
徑迷雪一丈　오솔길에 눈이 한 길이라 헷갈리는데

2　『소재집』 권4에 실린 이 시의 제목에 "살펴보니 백광훈, 문익세이다.[按白光勳 文益世]"
　　라고 주를 달았다.

3　『회남자(淮南子)』 「원도훈(原道訓)」에 "거백옥은 나이 오십이 되어서 49년 동안의 잘못
　　을 알았다.[蘧伯玉行年五十 而知四十九年之非]"라고 하였다. 자신의 과거를 회고하여
　　지금까지의 잘못된 행위를 깊이 후회한다는 뜻이다.

4　오궤는 검은 염소 가죽으로 장식한 안석, 즉 오피궤(烏皮几)이다.

巖老雲千秋　바위는 늙고 구름은 천추일세[5]
日月空消髀　세월은 공연히 넓적다리에 살 빠지게 하니
乾坤未解憂　천지간엔 근심 풀 날이 없구나
僑窓夜無月　여관 창에 밤에도 달이 없으니
萬事集垂頭　숙인 머릿속에 만사가 모여드네
　　突兀 쑥 솟아나왔다.

삼촌의 사창에서 자다

宿三社倉

旅食三村里　삼촌 마을 사창에서 자노라니[6]
時當七月秋　때는 가을 칠월이 되었구나
干戈亂離禍　창칼이 난무한 건 난리의 재앙이요
稻豆嘆乾憂　벼와 콩이 말라서 가뭄이 걱정일세
海月蟲吟盡　바다 위에 달 뜨자 벌레 소리 다하고
山風露氣收　산바람 불어오니 이슬 기운이 걷히는구나
　　情景入神 정경이 신의 경지에 들어갔다.
安危古百濟　예전 백제국의 안위를 생각하니
萬慮倚晨樓　새벽 누각 기대어 오만 걱정이 떠오르네

5　목은 이색이 지은 「부벽루」 시의 한 구절이다.
6　'旅食'이 『소재집』에는 '旅宿'으로 되어 있어서 참조하여 번역하였다.

십육일 밤 환선정에서
十六夜 喚仙亭

> 筆力 凌厲宏放 氣盖一世 필력이 능려(凌厲)하고 굉방(宏放)하며 기개가 한 시대를 덮는다.

二八初秋夜	초가을 칠월 십육일 밤
三千弱水前	삼천리 약수[7]의 앞일세
昇平好樓閣	순천의 누각을 좋아해
宇宙幾神仙	우주의 몇 신선이 들렀던가
曲檻淸風度	굽은 난간엔 맑은 바람이 스쳐 가고
長空素月懸	먼 하늘엔 밝은 달이 걸려 있네
愀然發大嘯	시름겹게 큰 휘파람을 부니
孤鶴過蹁躚	외로운 학이 빙빙 돌며 지나가네

성세운이 돌아가는 편에 집에 편지를 부치다
成世雲回 憑寄家書

老病吾親在	늙고 병든 우리 어버이 계신 곳은
尙州縣化寧	상주의 화령현일세
鴈辭蘇武繫	기러기는 소무의 편지를 사절하거니와
犬豈士衡聽	개가 어찌 사형의 개처럼 말을 잘 들으랴[8]

---

7 약수는 봉린주(鳳麟洲)를 둘러싸고 있다는 강(江) 이름인데, 기러기 털도 가라앉는다고 하여 약수(弱水)라고 이름지었다 한다. 여기서는 남해(南海)를 빗대서 한 말이다. 소식(蘇軾)의 「금산묘고대(金山妙高臺)」 시에 "봉래산은 이를 수 없으니, 약수 삼만 리가 가로막고 있네.[蓬萊不可到 弱水三萬里]"라고 하였다.

8 사형(士衡)은 진(晉)나라 문장가 육기(陸機)의 자이다. 육기가 집을 떠나 낙양(洛陽)에 머물 적에 오래도록 집안 소식이 없자, 자신이 기르던 개 황이(黃耳)에게 "우리 집에서 편지가 전혀 없으니, 네가 내 편지를 싸 가지고 가서 우리 집의 소식을 가져올 수 있겠느

引事工緻 일을 인용한 것이 공교롭게 짜여있다.

澤畔頭渾白　늪가에선 머리가 온통 희어졌지만
天涯眼忽靑　하늘가에서 반갑게 맞이하리라
好歸成大孝　집에 잘 돌아가 큰 효성을 이루고
傳札一奴星　한 노성[9]을 시켜 내 편지도 전해 주시게

용탄[10] 선생의 시에 화운하다

和龍灘先生韻

通篇 筆端鼓舞 시편을 통틀어 붓끝이 북을 치고 춤을 춘다.

山頹天喪矣　태산이 무너지니 도가 상실되고[11]
木老人歸哉　나무가 늙었으니 사람은 돌아갔네[12]
落景鳴哀瀨　석양에 여울은 슬프게 목메어 울고
春風立古臺　봄바람 속에 옛 탄금대는 우뚝 섰구나
猶從比隣訪　오히려 이웃 사람처럼 방문만 할 뿐이요
不呌九原來　구원에 외쳐 불러 오시게는 못하니
客淚墜黃幹　나그네 눈물이 황간[13]에게서 떨어지고

냐?"라고 물었다. 개가 꼬리를 흔들며 끙끙거리므로 육기가 편지를 써서 죽통(竹筒)에 담아 개의 목에 걸어 주었더니, 그 개가 마침내 그의 집에 이르러 소식을 가지고 낙양으로 돌아왔다고 한다. 『진서(晉書)』 권54 「육기열전(陸機列傳)」

9　당나라 한유(韓愈)의 집에 성(星)이라는 종이 있었던 데서, 전하여 노복(奴僕)을 가리킨다.
10　노수신의 스승이자 장인인 이연경(李延慶)의 호이다.
11　공자가 "태산이 무너지겠구나. 대들보가 쓰러지겠구나. 철인이 시들겠구나.[泰山其頹乎 梁木其壞乎 哲人其萎乎]"라고 하였는데, 그로부터 병이 나서 7일 만에 세상을 떠났다. 『예기(禮記)』 「단궁(檀弓) 상」. '天喪'이 『소재집』에는 '道喪'으로 되어 있는 것을 참조하여 번역하였다. 태산이 무너졌다는 것은 스승인 이연경의 죽음을 뜻한다.
12　소식(蘇軾)의 「중은당시(中隱堂詩)」에 "원포가 황량하니 교목은 늙었고, 당은 남아 있지만 옛사람은 아닐세[園荒喬木老 堂在昔人非]"라고 하였다. 여기서는 이연경이 생전에 거처하던 서당은 남아 있지만 그는 이미 세상을 떠났다는 뜻이다.

羈懷迫老萊　나그네 회포는 노래자 같이 절박하네

대곡에게 주다
贈大谷

成運 성운이다.

偶作山陰興　우연히 산음의 흥취가 일어나[14]

迂尋谷口廬　멀리 곡구의 집을 찾아왔네

經寒松自秀　추위를 겪어 소나무는 절로 **빼**어나고

況大谷 더욱이 대곡이겠는가?

帶臘柳微舒　섣달 기운을 띠어 버들 눈은 조금 텄구나

以自況 스스로를 비유하였다.

元祐完人老　원우의 완인[15]은 이제 늙었고

指大谷 대곡을 가리킨다.

周南滯客餘　주남의 체객[16]은 그대로 남아 있네

---

13 황간(黃榦)은 송나라의 유학자로, 주희의 사위이며 수제자였다. 여기서는 이연경의 사위이자 제자인 자신을 황간에 빗대어 한 말이다.

14 진(晉)나라 왕휘지(王徽之)가 어느 날 밤에 홀로 술을 마시면서 좌사(左思)의 「초은시(招隱詩)」를 읊조리다가 갑자기 섬계(剡溪)에 사는 친구인 대규(戴逵)가 생각나자, 즉시 산음에서 거룻배를 타고 밤새도록 가서 다음 날 아침 섬계에 당도했는데, 대규의 집 문 앞까지 가서는 '흥이 다했다' 하여 들어가지 않고 되돌아왔다. 『진서(晉書)』 권80 「왕휘지 열전」

15 완인(完人)은 난세(亂世)에도 실절(失節)하지 않고 횡사(橫死)하지 않아서 신명(身命)과 절의(節義)를 지킨 사람이다. 송나라 원우 1년(1086)에 사마광(司馬光)이 재상이 되자 앞서 왕안석(王安石)이 제정한 신법(新法)을 모조리 폐지하였다. 뒤에 한창 권력을 행사하던 양사성(梁師成)이 유안세(劉安世)에게 편지를 보내서 등용하겠다는 뜻으로 달래자, 유안세가 웃으면서 사절하였다. "나는 원우(元祐)의 완인(完人)이 되어 지하에 가서 스승 사마광을 만나고 싶을 뿐이다."

16 한나라 무제(武帝) 때 태사공(太史公) 사마담(司馬談)이 주남 땅, 즉 낙양(洛陽)에 오래 유체(留滯)되어 있다가 천자(天子)가 봉선(封禪)하는 일에 참의하지 못하고 분개하여 죽

自道 스스로 말하였다.

何須載酒問　어찌 술 싣고 와야만 글을 물으랴[17]

已勝十年書　한 번 만남이 십 년 독서보다 낫다네

신륵사 각 장로의 시축에 차운하다

神勒寺 次覺長老軸韻

神勒前朝寺　신륵사는 전 왕조의 사찰이니

　　絶勝用意之作 매우 빼어난 용의주도한 작품이다.

高僧普濟居　고승 보제존자가 거주했었네[18]

烟雲暮帆落　연기구름은 저녁 돛배에 떨어지고

水月夜窓虛　물속 달빛[19]에 밤 창은 허명하구나

名利身猶縛　명예 이끗이 몸에 아직 얽혀 있어

山林迹若踈　산림과 인연이 소원한 것 같아라

孤懷感泡沫　외로운 회포에 물거품 인생 느껴지니

萬事付澆書　오만 일을 요서[20]에 부쳐 버리노라

었다. 체객(滯客)은 조정으로부터 소외되어 오래도록 한 곳에 갇혀 있는 처지를 말하는데, 여기서는 조정과 멀리 떨어진 곳에 갇혀 있는 자신의 처지를 사마담에게 빗대서 한 말이다.

17　한나라 문장가 양웅(揚雄)이 고문(古文), 기자(奇字) 등을 잘 알았으므로 유분(劉棻) 등이 항상 그에게 가서 물어 배웠고, 호사자(好事者)들이 술과 안주를 싣고 찾아와 수업을 청한 데서 온 말이다.

18　고려의 고승(高僧) 나옹선사(懶翁禪師)가 공민왕(恭愍王) 때 왕사(王師)가 된 후 보제존자 호를 받았으며, 여주 신륵사에서 죽었다.

19　나옹선사의 당호(堂號)가 강월헌(江月軒)이다.

20　요서(澆書)는 새벽에 술 마시는 것을 말한다. 육유(陸游)의 「춘만촌거잡부(春晚村居雜賦)」 시에 "거품 뜬 술잔 가득 새벽 술 마시고, 꿈 나비 침상에 가로누워 낮잠을 자네.[澆書滿挹浮蛆瓮 攤飯橫眠夢蝶牀]"라고 하였는데, 그 자주(自注)에 "동파선생은 새벽에 술 마시는 것을 요서라 하였고, 이황문은 낮잠 자는 것을 탄반이라고 하였다.[東坡先生謂晨飮爲澆書 李黃門謂午睡爲攤飯]"하였다.

신씨네 강정에서 아우를 생각하다
愼氏江亭懷弟

路盡平丘驛　길은 평구역에서 다하고
　　變俗作雄 속됨을 변화시켜 웅장하게 만들었다.
江深判事亭　강물은 판사정[21]에서 깊어졌네
登臨萬古豁　정자에 오르니 만고강산이 넓게 트이고
枕席五更淸　잠자리는 오경 한밤에 시원하구나
　　何等胸次 어떠한 심정인가?
露渚翻魚鳥　이슬 어린 물가엔 고기와 새 번득이고
　　幽峭 그윽하고 가파르다.
金波動月星　금빛 물결에 달과 별이 움직이네
南鄕雙淚盡　남쪽 고향 생각에 두 줄기 눈물 흐르지만
北闕寸心明　대궐을 향한 마음은 밝기만 하네

유곡역
幽谷驛

勉奉吾賢母　우리 어진 어머님을 힘써 봉양하고
欽趨我聖王　우리 성왕을 공경하여 받드네
　　偶然變眞 우연히 참으로 변하였다.
垂輿鶴髮影　가마엔 어머님의 백발 그림자 드리우고
滿袖鳳綸光　소매엔 조서의 영광이 가득하네
錦繡羞晴晝　비단옷은 밝은 낮에 입기 쑥스럽지만

---

21 연산군(燕山君)의 처남이며 중종(中宗)의 장인인 신수근(愼守勤)이 판돈녕부사를 지냈기에 그의 정자를 판사정이라 부른 것이다.

爛斑媚夕陽	고운 채색옷[22]은 석양에 아름답구나
如何日夜淚	어찌 밤낮으로 눈물이 흐르는가
太半是思鄉	태반은 고향 생각 때문이구나

파계에서

葩溪

萬瀑深深洞	만폭동 깊고 깊은 물줄기 중에
玆其第二流	이곳이 바로 두번째 흐름일세
紅霏石不老	붉은 꽃잎 떨어지니 돌은 안 늙어 보이고
碧靄山無頭	푸른 노을 자욱하니 산에 머리가 없네

奇甚 기이함이 심하다.

鏡面長河曙	거울같은 수면은 반짝이는 새벽 은하 같고
琴心太古秋	거문고 소리는 태고의 맑은 가을 소리일세
盤巖不盡興	큰 산에 와서 흥이 다하지 않았으니
歸路夢中愁	돌아가거든 꿈속에서도 시름하겠지

옥당에서 이언적 송인수 두 선생의 시를 보고 차운하여 소감을 부치다

玉堂看李彦迪宋麟壽二先生詩 次韻寓感

| 二老實間世 | 두 노인은 실로 어쩌다 나는 인물인데 |
| 兩南還一時 | 양남에서 한 시대를 같이하였네 |

---

22 『열녀전(列女傳)』에 "노래자(老萊子)는 두 어버이를 효성으로 봉양하였는데, 나이 70에
도 부모 앞에서 어린애처럼 노니는 것을 스스로 즐겨, 오색의 채색옷을 항상 입었다.[老萊
子孝養二親 行年七十 嬰兒自娛 著五色采衣]"라고 하였다.

如何孔顏樂　어찌 공자 안자의 도를 즐긴 분들이
便作誼原悲　가의 굴원의 슬픔을 만들었던가
天上騎箕尾　천상에선 기미를 타겠거니와[23]
人間死別離　인간에선 이미 사별하였네
凄涼玉堂月　처량한 옥당의 달빛만이
只照舊心知　예전 마음을 알고 비춰 주는구나

悽慨有情 처연하고 강개하여 정이 있다.

족친들이 모여 의정[24]의 영정을 배알하고 집으로 옮겨 봉안하다
會謁議政影幀 移安于家

歲月幷臨辰　해와 달이 나란히 진에 임한 때에[25]
移安鼻祖眞　비조의 진영을 집에 옮겨 봉안하였네
招要袒免服　단문복 친족[26]들을 불러 맞아

眞丹在手 點鐵成金 진단이 손에 있어 철을 녹여 금을 만들었다.

序拜十三人　십삼 인이 차례로 절하였네
柳暗靑坡晚　버들 우거진 청파역은 저물어 가고
天晴白岳春　하늘 개인 백악은 봄일세
誰知修禊事　누가 알랴 계사를 치르는 것이
所以勸親親　바로 친친[27]을 권면하는 일인 줄을

---

23 기(箕)와 미(尾)는 별 이름인데, 옛날 은(殷)나라 고종(高宗)의 재상 부열(傅說)이 죽은
　뒤에 이 두 별 사이로 올라가서 별이 되었다고 한다.
24 노수신의 8세조(世祖)인 상촌(桑村) 노숭(盧嵩)이 태종 때에 의정부 우정승을 지냈다.
25 무진년(1568) 진월(辰月) 3월이다.
26 초상 때 모든 오복(五服) 이외의 원친(遠親)들에게는 상복의 제도가 없기 때문에 윗옷의
　왼쪽 소매를 벗어 왼쪽 팔을 드러내고 관을 벗고 머리를 묶어 매기만 하는 형식이 단문복
　(袒免服)이다. 여기서는 후대 자손들을 통틀어 이른 말이다.
27 『예기』「대전(大傳)」에 "사람의 도는 친척을 친히 하는 것이니, 친척을 친히 하기 때문에

월계의 배 안에서

月溪舟中

百丈牽風浦	백 길 밧줄로 바람 부는 포구의 배를 끌어
孤篷泝月溪	외로운 배로 월계를 거슬러 올라가네
空明同上下	텅 비고 밝음은 위아래가 한가지이고[28]
烟靄半東西	구름 안개는 동과 서가 반반일세
客興南程闊	나그네 흥취는 남도 길이 넓고
歸魂北極迷	고향 돌아가는 넋은 대궐이 아득하구나
淸秋望不盡	맑은 가을 풍광은 바라보아도 끝없는데
寒日向人低	쌀쌀한 해가 사람 향해 낮아지네

磊砢脫俗 우뚝하게 쌓여 속됨을 벗어났다.

대탄에서 차운하다

大灘次韻

急峽回群麓	급한 협곡에 여러 산기슭이 돌아들고
貪潭集萬溪	깊은 못엔 오만 시내가 다 모여드네
愁巖老溫上	암초가 걱정되어 노온탄[29]으로 올라가다가
問站大灘西	역참을 물으려고 대탄[30] 서쪽으로 가네

시조를 존중한다.[人道 親親也 親親故尊祖]"라고 하였다.

28 텅 비었다는 것은 맑은 천광(天光)을 가리키고, 밝다는 것은 달빛 아래 맑은 물결을 가리킨다. 주희(朱熹)의 「봉동장경부성남 이십영(奉同張敬夫城南二十詠)」 중 「월사(月榭)」시에 "그대와 함께 물에 비친 달 위에 오르니, 위아래가 지극히 텅 비고 밝구나.[與君凌倒景 上下極空明]"라고 하였다.

29 남한강(南漢江) 하류에 있는 여울로, 수청탄(水靑灘)이라고도 한다.

30 대탄(大灘)은 (양근)군 남쪽 10리 지점에 있다. 여강(驪江)의 하류인데 용진(龍津)과 합류한다. 돌이 물 가운데를 가로질렀는데 물이 넘치면 보이지 않고, 물이 얕아지면 파도가

兩岸楊根坼　양쪽 언덕엔 버들 뿌리가 갈라져 있고[31]

　大膽語 대담한 말이다.

孤帆暝色迷　외로운 배엔 저녁 빛이 희미하구나

靑雲長路澁　청운의 길이 길고도 험난한지라

白首壯心低　백발에 장대한 뜻 수그러드네

이흠재를 보내다

送李欽哉

　憲國 헌국이다.

楊柳三春暗　버들 그늘에 늦은 봄이 어둑하건만

江湖萬里淸　강호는 만 리나 맑구나

心隨白雲去　마음은 흰 구름을 따라 가고

淚灑繡衣行　눈물은 수의에 뿌려서 보내네

寒雨孤篷捲　찬비 속에 외로운 배의 봉창은 걷히고

　降格爲王孟 亦自明槪 격을 낮추어 왕유와 맹교가 되었으니 역시 절로 밝고 촘촘
　하다.

芳尊兩眼明　향기로운 술병에 두 사람 눈이 밝구나

相看意中友　맘속의 친구를 바라보노라니

華髮滿頭生　백발이 머리에 가득 났구려

부딪쳐 격동하고 쏟아져 흘러서, 하도(下道)의 수운하는 배들이 가끔 표몰(漂沒)되었다.
『신증동국여지승람』 권8 「양근군 산천」

31 버들 뿌리[楊根]는 경기 양근군을 가리키기도 하니, 남한강이 양근군을 가로질러 흐르기
　에 갈라졌다고 표현하였다.

우상에서 체직되다

遞右相

土虎春全暮　무인년[32] 봄이 온전히 저물어 가니
吳牛喘未蘇　오나라 소가 헐떡거림을 멈추지 못하네[33]
初辭右議政　처음으로 우의정을 사직하고
便就判中樞　문득 판중추부사로 취임하였네
　此老善於用俗作雅 이 노인은 속됨을 써서 우아하게 만드는 것을 잘 한다.
睿澤深如海　성상의 은택은 바다같이 깊고
慈恩潤似酥　어머니 은혜는 연유처럼 부드럽구나
避賢仍樂聖　현인을 피하고 성인을 즐기노라면[34]
能住幾年盧　내 수명을 몇 해는 늘릴 수 있으리

용추의 원루에 쓰다

題龍湫院樓

一宿嶺下縣　새재 아래 현에서 하룻밤을 묵노라니
　偶然語亦破的 우연히 말도 역시 정곡을 찔렀다.

32　오행에서 토(土)는 무(戊)와 기(己)이며, 호(虎)는 인(寅)이니, 토호(土虎)는 무인년(1578)
　이다.
33　오(吳) 지방인 강회(江淮)에서 자란 소는 더위를 싫어하기 때문에 달만 보아도 해로 착각
　하여 미리 놀라 헐떡인다고 한다. 진(晉)나라 만분(滿奮)은 바람을 두려워하여 유리병(琉
　璃甁)을 빈틈으로 착각하고 난색을 지었는데, 무제(武帝)가 이를 보고 웃으니 그가 말하
　였다. "신은 오 지방 소가 달을 보고도 헐떡이는 것과 같습니다.[臣猶吳牛 見月而喘]"
　『세설신어(世說新語)』 「언어」
34　당나라 현종(玄宗) 때 이적지(李適之)가 좌승상으로 있다가 이임보(李林甫)에 의해 파직
　되고 나서 지은 「파상(罷相)」 시에 "현자를 피해 막 재상을 파면당하고, 성인을 즐겨 또
　술을 마시노라.[避賢初罷相 樂聖且銜杯]"라고 하였다. 현자에게 높은 자리를 양보한다
　는 뜻이다.

縣樓微雨來 현의 누각에 가랑비가 내리네
山容主屹角 산 모습은 주흘산의 일각이니
水氣龍湫哀 물 기운이 용추[35]에 슬프구나

　費奇反滯 기이함을 써서 도리어 정체되었다.

亂世君王聖 난세에 군왕께선 성스러우시건만
迷途老病催 나는 길 잃은 데다 늙음과 병까지 재촉하네
去留均失意 떠남과 머묾이 다 뜻을 잃은 것이니
沾灑重徘徊 눈물 흘리며 거듭 배회하네

효릉에서 단오제를 지내다

端午祭孝陵

廟表全心德 묘호엔 심덕[36]을 온전히 하였다 표하였고
陵加百行源 능호엔 백행의 근원을 더하였네[37]
衣裳圖不見 의상은 나타나지 않은 데서 도모하시니[38]

---

35 용추는 여러 곳에 보이는데, 새재 아래 현이라면 문경현에 있는 용추이다. 『신증동국여지
　　승람』 권29 「문경현 산천」에 "용추(龍湫)는 새재[草岾] 밑의 동화원(桐華院) 서북쪽 1리
　　에 있다. 사면과 밑이 모두 돌이고 그 깊이를 헤아릴 수 없는 폭포가 있다. 용이 오른
　　곳이라고 전한다."고 하였으니, 동화원 원루에서 이 시를 지은 듯하다.

36 심덕(心德)은 인종(仁宗)의 '인(仁)' 자를 가리킨 것이다. 『논어』 「학이(學而)」에서 유자
　　(有子)가 말하기를 "군자는 근본을 힘쓰나니, 근본이 서면 도가 나오는 것이다. 효와 제는
　　인을 하는 근본일 것이다.[君子務本 本立而道生 孝弟也者 其爲仁之本與]"라고 한 말에
　　대해 주(註)에서 "인이란 사랑의 이치요, 마음의 덕이다.[仁者 愛之理 心之德也]"라고
　　하였다.

37 효릉(孝陵)의 '효(孝)' 자를 가리킨 것으로, 「효경 서(孝經序)」에서 효를 가리켜 '백행의
　　근원[百行之源]'이라고 하였다.

38 의상(衣裳)은 『주역』 「계사전 하(繫辭傳下)」에 "황제와 요순은 의상을 드리우고만 있어도
　　천하가 다스려졌으니, 건괘, 곤괘에서 취하였다.[黃帝堯舜垂衣裳而天下治 蓋取諸乾
　　坤]"라고 한 데서 온 말로, 성현군주(聖賢君主)를 의미한다. 나타나지 않은 데서 도모한다
　　는 것은 『서경』 「오자지가(五子之歌)」에 "내가 천하를 보건대 어리석은 지아비, 지어미도

社稷欲無言　사직은 말하지 않고자 하였네[39]

天斳逾年壽　하늘이 일 년 넘기는 수명조차 아꼈기에[40]

人含萬古冤　사람들이 만고의 원통함을 품었네

春坊舊僚屬　세자시강원의 옛 요속 중에

只有右司存　오직 우사만이 살아 있구나[41]

　　金悍玉剛 금처럼 사납고 옥처럼 단단하다.

정승 이탁[42]에 대한 만사

挽李政丞鐸

碩士生周國　큰 선비가 주나라에서 나왔고

賢臣立漢庭　어진 신하가 한나라 조정에 섰네

檻摧三窟破　난간을 부러뜨려[43] 삼굴을 깨뜨렸고[44]

한 사람이 능히 우리를 이긴다고 하는데, 한 사람이 세 가지 잘못을 저질렀으니, 원망이 어찌 밝은 데에 있겠는가. 나타나지 않았을 때에 도모하여야 한다.[予視天下 愚夫愚婦 一能勝予 一人三失 怨豈在明 不見是圖]"라고 한 데서 온 말로, 여기서는 인종이 생전에 어진 정사를 폈다는 뜻이다.

39 공자가 "나는 말하지 않고자 하노라.[予欲無言]"라고 하자, 자공(子貢)이 말하기를 "선생님께서 말씀하지 않으신다면 저희들이 어떻게 전하겠습니까.[子如不言 則小子何述焉]"라고 하므로, 공자가 이르기를 "하늘이 무슨 말을 하리오, 사시가 운행되고 만물이 생장하나니, 하늘이 무슨 말을 하리오.[天何言哉 四時行焉 百物生焉 天何言哉]"라고 한 데서 온 말이다. 『논어』「양화(陽貨)」. 여기서는 인종이 어진 정사를 펴는 동안에는 나라의 사직도 무언중에 태평성대를 누렸다는 뜻이다.

40 인종이 1544년 11월에 즉위했다가 1545년 7월에 승하하여 재위 기간이 1년도 되지 않았다.

41 인종이 세자로 있던 1544년 봄에 노수신이 세자시강원 사서(司書)가 되어 세자를 교도하였다.

42 이탁(李鐸)의 자는 선명(善鳴), 호는 약봉(藥峯)으로, 선조(宣祖) 연간에 우의정, 영의정에 이르렀다. 을사사화의 원흉인 이기(李芑), 윤원형(尹元衡) 등을 탄핵하여 끝내 윤원형을 추방시켰다.

43 한나라 성제(成帝) 때의 직신(直臣) 주운(朱雲)이 천자를 알현하여 '상방참마검(尙方斬馬劍)을 내려 주시면 간신 안창후(安昌侯) 장우(張禹)를 베겠노라'고 하였다. 천자가 상

儘是的語 모두 적확한 말이다.

雲爛上台明　구름이 찬란해 상태성[45]이 밝았었네

經濟當平世　경제는 태평성대를 만났건만

膏肓屬暮齡　고황이 만년에 침범해 왔네

承家有龍虎　가문을 계승하는 데는 용호가 있으니

遺德見哀榮　남긴 덕은 애영[46] 누림을 보시리라

情極哀語 極切諷之 令人破涕 정이 지극한 슬픈 말이 지극히 적절하게 풍자하여
사람으로 하여금 눈물을 흘리게 한다.

대간 김난상[47]에 대한 만사

挽金大諫鸞祥

二篇俱以和平淡雅爲勝 두 편이 모두 화평(和平)과 담아(淡雅)로 뛰어나다.

珍島通南海　진도는 남해와 통하였고

丹陽近始安　단양은 시안과 가까웠었지[48]

관을 헐뜯고 사부를 모욕한 죄로 처벌하려 하자, 주운이 궁전의 난간을 굳게 부여잡고
버티다가 난간이 부러졌다.

44　삼굴(三窟)은 제(齊)나라 맹상군(孟嘗君)이 설(薛) 땅에 봉해지자 문객 풍환(馮驩)이 "교
활한 토끼는 세 군데쯤 굴을 파 놓아야 간신히 죽음을 면할 수 있다."라고 한 데서 온
말이다. 교활한 토끼는 바로 윤원형에 비유한 것이다.

45　하늘의 별자리인 삼태성(三台星)은 상태성, 중태성, 하태성으로 이루어져 있는데, 임금의
자리를 의미하는 자미궁(紫微宮)을 모시고 있어서 흔히 이 별자리로 삼정승을 비유한다.
상태는 영의정이다.

46　애영(哀榮)은 학행이나 공적이 있었던 사람 또는 그 선조에게 사후에 벼슬이나 포상을
내리는 것을 가리킨다. 『논어』「자장(子張)」에 "살아서는 영예롭고, 죽어서는 사람들이
애도한다.[其生也榮 其死也哀]" 하였다.

47　김난상(金鸞祥)의 자는 계응(季應), 호는 병산(餠山)이다. 1547년 양재역 벽서사건 때
윤원형에 의해 남해에 유배된 뒤 단양(丹陽)에 이배(移配)되었다가 뒤에 풀려나와, 선조
(宣祖) 초기에 대사간(大司諫)에 이르렀다.

48　을사사화(乙巳士禍) 때 노수신과 김난상이 파직되었다가, 양재역 벽서사건 때 간신들의

風霜卄載外	모진 풍상 이십여 년을 겪었고
雨露兩朝間	우로를 양조[49]에서 누렸네
白首驚時晚	백발은 때가 늦었음에 놀랐지만
靑雲保歲寒	청운은 세한의 절조를 보전했네
平生壯夫淚	평생 장부의 눈물을
一洒在桐山	교동의 산[50]에 한번 뿌리네

면천 반월루에 쓰다

題沔川伴月樓   심수경(沈守慶)

檻外池心淨	난간 너머 연못이 깨끗하고
松間矢道長	솔숲 사이 곧은 길이 길게 났네
竹疎微見影	대나무 듬성하여 그림자 희미하고
荷老細聞香	연꽃 시들어 향기가 여리구나
薄晚風鏖暑	저녁 바람이 더위를 씻어 가고
新秋雨助凉	초가을 비가 서늘함을 더하니
客邊驚節序	나그네 신세라 계절 변화에 놀라
歸興立斜陽	돌아가고픈 마음으로 석양에 섰네

모함으로 처벌을 받아 노수신은 진도에 안치되고, 김난상은 남해에 안치되었다. 그로부터
19년 뒤인 1565년에 노수신은 괴산(시안)으로 이배되고, 김난상은 단양으로 이배되었다.
49 인종과 선조 연간을 가리킨다.
50 『눌은집(訥隱集)』 권18 「통정대부사간원대사간병산김선생행장(通政大夫司諫院大司諫
餠山金先生行狀)」에 의하면 "명년 아무 달 아무 날에 선생의 유명에 따라 교동 대우동의
부모의 묘역 아래 장사 지냈다."라고 하였다.

홍산 징청루 시에 차운하다

鴻山澄淸樓次韻

竹色分雙島　대나무 빛이 두 섬을 나누고
荷香滿一池　연꽃 향이 온 못에 가득 찼구나
雨過平野後　평평한 들판에 비 지나간 뒤

　語好 말이 좋다.

人倚小樓時　작은 누각에 올라 기대어 보네
勝地誰同賞　경치 좋은 곳 누구와 함께 감상하랴
羈愁只自知　나그네 시름은 나그네만 아네
欲將詩作壘　시 지어 성채 쌓고 싶으면
聊用酒爲基　애오라지 술 가지고 터를 닦아야지

청학동

靑鶴洞　　　　　　　　　　　　　　　　　　　박지화(朴枝華)

孤雲唐進士　고운은 당나라의 진사이니

　語道思幽 非等閒作者可肩 말하는 데 도가 있고 생각이 그윽하여 등한히 짓는 자가
　어깨를 나란히 할 만한 것이 아니다.

初不學神仙　애초에 신선을 배우지 않았네
蠻觸三韓日　만촉처럼 삼한이 다투던[51] 날
風塵四海天　풍진이 사해에 가득했었네

---

51 『장자』「칙양(則陽)」에 "달팽이의 왼쪽 뿔 위에 나라를 소유한 자가 있는데 촉씨(觸氏)라
하고 달팽이의 오른쪽 뿔 위에 나라를 소유한 자가 있는데 만씨(蠻氏)라 한다. 수시로
서로 땅을 다투어 전쟁을 하여 엎어져 죽은 시체가 수만 명이나 되었고 도망가는 적군을
쫓아서 보름이나 지난 뒤에 돌아왔다." 하였다. 전쟁이 이처럼 하찮은 것인 줄을 알면
천하에 전쟁을 할 일이 없다는 것을 비유한 것이다.

英雄安可測　영웅의 뜻을 어찌 헤아리리
眞訣本無傳　진결은 본래 전함이 없네
一去留雙鶴　쌍학만 남기고 떠나갔기에
淸風五百年　맑은 풍도가 오백년을 전해오네

산에 살다
山居卽事　　　　　　　　　　　　　　　　　　권응인(權應仁)

結屋倚靑嶂　푸른 산 모퉁이에 집을 짓고
携甁盛碧溪　병 가져다 푸른 시내 물을 담네
　　好 좋다.
徑因穿竹細　오솔길은 대숲에 뚫어 가느다랗고
籬爲見山低　울타리는 산을 보려고 낮게 둘렀네
枕石巾粘蘚　돌 베고 자노라니 옷에 이끼가 붙고
栽花屐印泥　꽃 심느라 나막신엔 진흙 묻었네
　　極巧 지극히 공교하다.
繁華夢不到　번화한 곳은 꿈에서도 가지 않으니
閑味在幽棲　한가한 맛은 그윽하게 사는 데 있네

고봉에게 드리다
呈高峯　　　　　　　　　　　　　　　　　　　고경명(高敬命)
　　奇大升 기대승이다.

異代人私淑　다른 시대 사람을 사숙하며
淵源溯考亭　연원은 고정[52]을 소급하였네

---

52 주자가 강학한 장소로, 그 학파를 고정학파라고 한다. 여기서는 주자학을 의미한다.

靑丘鍾秀氣　청구에 빼어난 기운이 모였고
南斗繞文星　남두 별자리가 문곡성을 둘러쌌네
身遠淹漳浦　몸은 멀리 장포[53]에 머물러 있으나
名高動漢廷　이름은 높아 한나라 조정을 진동시키네
蒼生望已久　백성의 바람이 이미 오래 되었으니
飛詔下天扃　날듯한 비조가 하늘 문에서 내리네

연꽃이 향기를 머금고 시들다. 임금의 명에 따라 지음

芙蓉抱香死 應製作　　　　　　　　　　　　　　정윤희(丁胤禧)

玉露凋銀渚　이슬이 은빛 물가에 잦아들고
朱華隕碧潯　붉은 꽃은 푸른 물가에 떨어지네
未堪秋水晩　가을 물빛 저물어 감을 이기지 못해
叵耐曉寒侵　새벽 한기 스며듦을 견디기 힘들구나
鏡裏銷紅臉　거울 속에 붉은 뺨은 시들어가고
釵頭抱苦心　비녀 꽃은 머릿속에 괴로움만 가득하네
香魂招不得　향기로운 미인의 혼을 불러올 수 없어
愁絶暮江深　시름겨운 저녁 강물 깊기만 하구나

풍영루

風詠樓　　　　　　　　　　　　　　　　　　유영길(柳永吉)[54]

楚雨霏殘照　쓸쓸한 비 추적거리다가 석양이 되니

---

53 시골에서 지내는 것을 가리킨다. 건안칠자(建安七子)의 한 사람인 유정(劉楨)이 늘 병을
　앓고 있어 장포(漳浦)에 살면서 누워 지냈으므로 연유한 말이다.
54 『대동시선(大東詩選)』 권3에는 작가가 정윤희로 되어 있는데, 두 사람 다 문집이 없어서
　누구의 작품인지 확인하기 어렵다.

雲開錦席明　구름 열리며 비단 자리가 밝구나

　　響亮 음향이 밝다.

笙歌欺病守　생황과 노래는 병든 태수를 속이고

刀筆誤書生　글쓰기는 서생을 그르쳤네

暎箔山榴艶　주렴에 비치는 산 석류꽃이 곱고

通池野水淸　못에 통하는 들판 물이 맑구나

　　淸麗 맑고 곱다.

酒醒愁易集　술이 깨니 수심이 쉽게 모여

流落愧身名　떠도는 것이 몸과 이름에 부끄럽네

차운하여 황경문에게 주다

次韻酬黃景文

葉雨西廂夜　잎에 비 떨어지는 서쪽 곁채 한밤에

殘釭夢覺時　희미한 등잔불 꿈을 깨누나

　　峭麗 가파르고 곱다.

浮榮不在念　뜬 구름 같은 영화는 생각에 없고

遠別自生悲　먼 이별에 슬픔이 절로 이네

錦瑟消年急　금슬 세월은 어느덧 지나가고

金屛買笑遲　금빛 병풍으로 웃음 사기 더디구나

　　鏗鏘金石 쟁쟁하게 금석이 울린다.

江南一片恨　강남의 한 조각 한을

唯許故人知　오직 옛 친구만이 알아주겠지

금림에서 응제하다

禁林應製   하응림(河應臨)

千門催曉闢 궁궐의 일천 문을 새벽에 열라고 재촉하며
仙漏正沉沉 신선 누각(漏刻)이 정히 침침(沉沉)하구나

  太逼沈宋 심전기(沈佺期)와 송지문(宋之問)에 대단히 가깝다.

花氣薰長樂 꽃 기운은 장락궁을 훈훈하게 하고
鸎聲繞上林 앵무새 소리는 상림원을 에워싸네
雲披天仗近 구름 헤치자 군왕 의장대에 가깝고
月隱露臺深 달이 숨자 누대의 이슬이 깊어라
明日長楊獵 내일 장양궁(長楊宮)[55]의 수렵에서
誰懷獻賦心 누가 부(賦) 바칠[56] 마음을 품었는가

  初唐穠韻 초당의 농후한 운이다.

이달이 북으로 돌아간다기에 관찰사 박민헌에게 부치다

因李達北歸 寄朴觀察民獻   최경창(崔慶昌)

  篇篇俱是王孟錢劉雅韻 시편마다 모두 왕유(王維), 맹교(孟郊), 전기(錢起), 유장
  경(劉長卿)의 바른 운이다.

草草河邊酒 강가에 술자리 차리고서
悠悠別後期 뒷날 만나자 기약하고 헤어졌었지

---

55 장양궁(長楊宮)은 한나라 성제의 궁궐이다. 성제는 사나운 짐승들을 장양궁의 사웅관(射
  熊館)에 넣어 두고 호인(胡人)들을 시켜 손으로 때려잡게 하고 구경하고는 했는데, 양웅
  (揚雄)이 「장양부(長楊賦)」를 지어서 풍간했다.
56 원문은 '헌부(獻賦)'이다. 서한(西漢)시대 사마상여(司馬相如)가 한나라 무제(武帝)에게
  부(賦)를 올려 벼슬을 얻은 고사를 취하였다. 그러나 여기서는 양웅이 「장양부」를 바치듯
  풍간의 부를 바치는 것을 말한다.

聊因北歸客	마침 북으로 가는 나그네 있어
始寄去年詩	지난해 지은 시를 이제야 부치네
塞外早霜落	변방에는 일찍이 서리 내리고
關中芳草衰	관문 안의 방초도 시들었겠지
相思月頻滿	서로 그리워한지 여러 달 되었건만
秋鴈到來遲	가을 기러기는 왜 이렇게 늦게 오는가

여양역
閭陽驛

馬上時將換	말 위에서 계절이 바뀌려는데
西歸道路賒	서쪽으로 돌아갈 길은 멀기만 해라
人烟隔河少	인적은 강을 건너며 드물어지고
風雪近關多	관문에 가까워질수록 눈보라 드세지네
故國書難達	고향에 소식 전하기 점점 어려워지고
他鄕鬢易華	타향이라 귀밑머리만 쉬이 희어지기에
天涯意寥落	하늘 끝까지 온 나그네 마음 스산하기만 해
獨立數棲鴉	혼자 선 채로 둥지 찾아드는 까마귀를 헤아려 보네

칠가령에서 입춘을 맞다
七家嶺逢立春

旅食逢春菜	나그네 길에서 봄나물을 맛보니
羈愁且物華	떠도는 시름이 철 따라 새로워라
經年猶在路	한 해 넘도록 나그네 길에 있으니
幾日定還家	내 집엔 언제나 돌아가려나

　婉語猶是韋錢遺意 어여쁜 말이 위응물(韋應物), 전기(錢起)의 남은 뜻과 같다.

山郭烟和柳　산기슭 성곽엔 버들에 안개 어리고
　如畵 그림 같다.
河橋雪半沙　시냇가 다리 밑엔 모래에 눈이 섞였는데
佳辰任蓬梗　떠돌이 신세로 명절을 맞으니
顔鬢轉蹉跎　얼굴과 머리털이 더욱 거칠어지네

조천궁
朝天宮

碧宇標眞界　벽우는 진계를 상징하고
仙壇降太淸　선단은 태청에서 내려왔네
鸞栖珠圃樹　난새는 주포 나무에 깃들고
霞繞紫微城　노을이 자미성을 감도네
寶籙三元秘　삼원의 보록은 비장되어 있고
金丹九轉成　금단은 아홉 번 연단하여[57] 만드네
芝車人不見　지거를 탄 사람 보이지 않고
空外有簫聲　공중 너머에 피리 소리만 들리네
　仙家上乘 선가의 상승이다.

다듬이질, 임금의 명에 따라 짓다
擣紈 應製

誰家擣紈杵　어느 집에서 다듬이질을 하는지

---

57 아홉 번 제련하여 만든 단약을 구전단(九轉丹)이라고 하는데, 도가(道家)에서는 이를 복
　용하면 신선이 된다고 전해진다.『포박자(抱樸子)』권4「금단(金丹)」에 "아홉 차례 제련
　한 단약을 3일 동안 복용하면 신선이 될 수 있다.[九轉之丹 服之三日得仙]"라고 하였다.

一下一傷情　한 번 내려칠 때마다 마음을 상하게 하네

滿地秋風起　온 땅에는 가을바람이 일어나고

孤城片月明　외로운 성엔 조각달만 밝은데

　　正自爾馨 바로 자연스러운 향기이다.

凄淸動霜葉　싸늘한 서리 기운에 잎들이 지자

寂寞入寒更　적막한 찬기가 다시금 스며드네

征客關山遠　나그네는 관산 멀리서

能聽空外聲　하늘 저쪽 소리를 듣네

　　珠玉在側 覺我形穢 주옥이 옆에 있어 내 형체의 더러움을 깨닫는다.

괴산으로 부임하는 조원 백옥을 보내며

送趙伯玉瑗赴槐山

直道難容世　올바른 길은 세상에서 용납되기 어렵다네

微官且爲貧　하찮은 벼슬이야 가난 때문에 하는 걸세

全家向山郡　온 집안이 외진 산골로 떠난다기에

孤棹別江春　봄날 강가에서 외로운 배와 헤어지네

階下銷丹竈　섬돌 아래에는 단약을 달이던 아궁이

窓間挂笏人　창가에는 홀을 잡은 사람

王喬有鳧鳥　왕교도 오리를 타고 다녔으니[58]

早晩謁麒麟　얼마 안 가 기린각을 배알하겠지

---

58 한나라 현종 때에 왕교가 섭(葉) 현령이 되었는데, 왕교는 신기한 기술이 있어 매달 삭망 때마다 조회에 나아갔다. 그가 자주 오는데도 수레가 보이지 않자, 황제가 몰래 태사를 시켜 그가 오는 것을 엿보게 하였다. 그랬더니 그가 동남쪽으로부터 한 쌍의 오리를 타고 오는 것이 보였다. 그러나 그가 온 뒤에 보니, 한 쌍의 신발만이 있었다고 한다. 그 뒤로는 '부석(鳧舃)'이 지방관이라는 뜻으로도 쓰였다.

상사 진호신을 보내며
送秦上舍好信

遠客經寒食　멀리 떠나온 나그네 한식을 거치더니
歸期後落花　꽃이 떨어진 뒤에 돌아갈 기약하네
白雲隨望在　흰 구름은 바라보는 곳마다 있고
　　光芒閃閃逼人 빛이 번쩍번쩍 사람에게 닥친다.
芳草出關多　방초는 관문을 나서도 많아라
病負江頭別　병든 몸으로 강가에서 헤어지면
看如夢裏何　꿈속에서나 본 듯하겠지
明朝春亦去　내일 아침이면 봄 또한 갈 텐데
　　好 좋다.
相伴過天涯　봄을 벗 삼아 하늘 끝까지 가시게

혜전의 시축에
惠全軸[59]

一路看花伴　함께 꽃을 보았던 친구
披簑似去年　도롱이를 걸치고 보니 지난해와 같구나
　　居然自勝 편안하게 절로 뛰어나다.
逢僧問山寺　스님을 만나 절 소식을 묻고
立馬喚津船　말을 세워 나룻배를 부르네
遠樹春城背　봄날의 성 뒤쪽으로 멀리 숲이 보이고
平蕪暮雨連　들판에는 날 저물면서 비가 내리는데

---

59 『고죽유고』에는 '奉恩寺僧軸'이라는 제목으로 몇 글자 다르게 실려 있으니, 혜전이 봉은
사 스님이었던 듯하다.

猶愁後臺磬　뒤채의 경쇠 소리 더욱 시름겨운데
隱隱隔微烟　희미한 연기 너머로 은은히 들리네

고죽을 그리워하며

憶孤竹　　　　　　　　　　　　　　　　백광훈(白光勳)

門外草如積　문 밖에 풀은 낟가리처럼 우거졌고
鏡中顏已凋　거울 속 얼굴도 이미 시들었네
那堪秋氣夜　가을 기운 도는 밤을 어이 견디랴
復此雨聲朝　게다가 빗소리 들리는 이런 아침을
　　苦語 괴로운 말이다.
影在時相弔　그림자가 때로는 서로 위로하고
情來每獨謠　그리울 때마다 혼자 노래한다네
猶憐孤枕夢　외로운 베갯머리의 꿈이 오히려 사랑스러우니
不道海山遙　바다와 산이 멀다고 말하지 마오
　　錢郎遺韻 전기(錢起), 낭사원(郎士元)이 남긴 운이다.

춘천으로 부임하는 심공직을 보내며[60]

送沈公直赴任春川

厭劇仍淸疾　번거로움을 싫어하는 게 바로 맑은 병통이었으니
移官愜素情　벼슬 옮기는 게 평소의 뜻에 흡족할 테지
行廚山吏供　부임길의 음식은 산마을 아전이 받들고
　　唐人雅趣 당인의 우아한 지취이다.
春纜野花迎　봄 배를 들꽃이 맞아주겠지

---

60 『옥봉시집』 중권에는 제목 옆에 '이름은 충겸이다.[名.忠謙]'이라는 주가 있다.

隱几看雲起　안석에 기대어 구름이 일어나는 걸 보고
停琴待月明　거문고 멈추고 달이 밝아지길 기다리게나
應憐樓下水　누대 아래 강물을 어여삐 여기시게
　　最好 가장 좋다.
日夜向秦城　밤낮 서울을 향해 흘러간다네

북경에 가는 이택가를 보내며

送李擇可赴京[61]

歲暮遠爲客　세밑에 멀리 나그네 되니
此行應過春　이번 길에 응당 봄이 지나가리라
河橋正風雪　물가 다리에는 눈보라 치고
關路尙烟塵　관새 길에는 연기와 티끌 일겠지
時見天邊月　이따금 하늘가의 달을 보면
如逢故國人　고향 사람 만난 듯 반가우리라
悲歌滿燕趙　슬픈 노래가 연조(燕趙)에 가득해도
隨處莫傷神　가는 곳마다 마음 상하지 마소

한가롭게 살면서

閑居卽事[62]

欲說春來事　봄이 온 것을 말하려고
柴門昨夜晴　지난 밤에 사립 밖이 맑게 개였네
閑雲度峯影　한가로운 구름이 산을 넘으며 그림자 지고

---

61 『옥봉시집』 중권에는 제목 옆에 '이름은 유근이다.[名惟謹]'이라는 주가 있다.
62 『옥봉시집』 중권에 '漫興'이라는 제목으로 실려 있다.

好鳥隔林聲   아름다운 새가 숲 너머에서 우네
客去水邊坐   손님 떠나면 물가에 앉았다가
夢廻花裏行   꿈이 돌아오면 꽃 속을 거니네
仍聞新酒熟   새 술이 익었단 소리가 들리니
瘦婦自知情   여윈 아내가 내 마음을 짐작한 게지

현진에 밤에 배를 대고
懸津夜泊

旅泊依村口   나그네가 어촌 포구에 배를 대니
重遊屬暮年   다시 찾아온 이곳에도 한 해가 저무네
鍾聲隔崖寺   종소리는 언덕 너머 절에서 울리고
　　酷有佳致 아주 아름다운 지취가 있다.
人語渡湖船   말소리는 물 건너 배에서 들려오네
月上蒹葭遠   달이 떠오르자 갈대숲이 아득하고
烟橫島嶼連   물안개 깔린 속에 섬들이 이어졌는데
夜深風更急   밤 깊어지자 바람이 다시 거세게 불어
落雁不成聯   내려앉던 기러기가 무리를 못 이루네

양양 가는 길에서
襄陽道中   이달(李達)

日暮襄陽道   양양 가는 길에 해가 저물고
煙沈漢水濱   한수 물가에는 안개 잠기네
　　望之知其本色 바라보면 그 본색을 안다.
獨行騎馬客   말 타고 홀로 가는 나그네
不見弄珠人   농주인(弄珠人)[63] 하나 보이지 않네

引事切而不粘 일을 인용한 것이 절실하여 모호하지 않다.

下渚多青草   저 아래 물가에는 푸른 풀 많아

中洲采白蘋   가운데 모래톱에서 흰 마름을 따는데

俳佪大堤上   큰 방죽 위를 서성거리며

覽古一傷神   옛일을 돌이켜보니 마음 상하네

강릉부사 양사언에게

上江陵楊明府

行子去留際   나그네 가고 머물 사이란 것은

主人眉睫間   주인이 눈썹 까딱하는 사이라

朝來失黃氣   오늘 아침 기쁜 빛을 잃었으니

未久憶青山   머잖아 청산을 생각하리

魯國鷄鶋饗   노국나라선 원거에게 제사를 했고[64]

南征薏苡還   남방에 출정가서 율무 가지고 돌아왔네

儘好 아주 좋다

秋風蘇季子   소계자는 가을바람 만나자마자

又出穆陵關   또 다시 목릉관을 나가는구나

---

63 농주인(弄珠人)은 계란(鷄卵)만한 구슬을 차고 있었다는 전설 속의 신녀(神女)로, 매화를 가리키는 시어이다. 당나라 왕적(王適)의 시 「강빈매(江濱梅)」에 "알지 못하는 새에 찾아온 이른 봄빛, 아마도 구슬 갖고 노니는 사람인 듯.[不知春色早 疑是弄珠人]"이라고 하였다.

64 『장자』「지락(至樂)」에 나오는 이야기이다. 원거라는 새가 노나라 교외(郊外)에 날아와 앉자, 노나라 임금이 그 새를 정중히 모셔다가 종묘에서 환영연을 베풀어 순(舜) 임금의 소악(韶樂)을 연주하고 소, 양, 돼지고기의 요리로 대접하였다. 그 새는 눈이 부시고 근심과 슬픔이 교차하여 고기 한 점도 먹지 못하고 술 한 잔도 마시지 못한 채 3일 만에 죽고 말았다. 여기서는 자기에게 어울리지 않는 과분한 대접을 받았다는 뜻으로 썼다.

황폐한 절을 지나며

經廢寺

此寺何年廢	이 절은 어느 옛날에 황폐했는지
門前松逕深	문 앞 소나무 오솔길이 깊숙하구나
嵐蒸碑毀字	습기에 비석 글자는 문드러지고
雨漏佛渝金	비가 새어 불상의 금박도 벗겨졌네
古井塡秋葉	옛 우물은 낙엽으로 메꾸어졌고

　　高而切 고상하면서도 절실하다.

陰庭下夕禽	그늘진 뜨락엔 저녁 새만 내려오네
不須興慨感	그렇다고 슬퍼할 건 못 되지
人世幾消沈	인간 세상 몇 번이나 스러졌던가

서경을 떠나며

別西京[65]

背指孤城遠	뒤돌아보니 외로운 성은 먼데
鳴榔渡客舟	뱃전 두드려 노래하며 나그네 배는 건너가네
野亭雲日晚	역정에는 구름과 해가 늦게 저물고
江樹早蟬秋	강가 나무엔 가을 매미 일찍 우네
久滯常歸計	오래 머물면 늘 돌아갈 생각뿐인데
臨行又別愁	떠날 마당에는 또 이별을 시름하네
隨身無長物	내 몸에 지닌 물건 남은 게 없어
長嘯看吳鉤	휘파람 길게 불며 허리의 칼을 돌아보네

---

65 손곡시집 권3에는 「대동강을 건너면서 재송원에 쓰다[渡浿江 題裁松亭]」라는 제목으로 실려 있는데, 2수 가운데 제1수이다.

영월 가는 길에
寧越道中

懷緖客行遠	시름 품고서 나그네 멀리 다니다보니
千峰道路難	천 봉우리에 길이 험난하구나
東風蜀魄苦	봄바람에 들려오는 두견 울음 괴롭고
西日魯陵寒	서녘 해에 노릉[66]은 차갑구나

刺心裂肚 심장을 찌르고 배를 가른다.

郡邑連山郭	고을은 산성과 이어지고
津亭壓水闌	나루 정자는 물가를 눌러 섰는데
他鄕亦春色	타향에도 또한 봄빛이라
何處整憂端	어느 곳에서 만단 시름을 다스려 볼거나

단천에서 중양절을 맞으며
端川九日

朔吹沙楡落	삭풍 불어 모랫가에 느릅나무 다 떨어지고
河關驛路斜	강가 관문에는 길이 비탈졌네
客中逢九日	나그네 길에 중양절 맞아
馬上折黃花	말 위에서 노란 국화를 꺾어보네
飄梗無常處	낯선 곳 떠도느라 일정한 거처 없어

---

66 단종(端宗, 1441~1457)은 1455년에 숙부 수양대군에게 왕위를 넘겨주고 상왕이 되었다
가, 사육신의 복위계획이 실패하자 1457년 6월에 노산군(魯山君)으로 강등된 뒤에 영월
로 유배되었다. 9월에 숙부 금성대군의 복위계획이 발각되자 서인으로 강등되었다가,
10월에 죽었다. 영월호장 엄흥도가 관을 마련해 몰래 장사지냈는데, 선조시대에 김성일
·정철등의 장계에 따라 능 형태를 갖추고 비석을 세웠으며, 흔히 노릉(魯陵)이라고 했다.
숙종 때인 1698년에야 추복하여 묘호를 단종이라 하고, 능호를 장릉(莊陵)이라고 했다.

良辰倍憶家　좋은 날 맞으면 고향집 더욱 생각나네

  矯矯不受束 의기가 높아 구속을 받지 않는다.

遙遙望孤戍　외로운 변성을 아득히 바라보니

城樹隱悲笳　구슬픈 호드기 소리에 성의 나무들 감추어지네

중화로 가는 도중에

中和道上　　　　　　　　　　　　　　　　　　임제(林悌)

羸驂馱倦客　파리한 말이 지친 나그네 등에 태우고

日暮發黃州　날 저무는 황주 땅을 떠나는구나

可惜踏靑節　아쉬워라 답청절 이 좋은 날에

未登浮碧樓　부벽루에 올라 보지 못하는구나

佳人金縷曲　미인들은 금루곡을 노래 부르고

江水木蘭舟　강 위에는 목란주가 떠 있을 텐데

寂寂生陽館　적적한 이곳 생양관에는

孤燈夜似秋　밤 되자 등불만 외로워 가을 같구나

나그네 회포

旅懷　　　　　　　　　　　　　　　　　　　　권필(權韠)

東郡秋將盡　동군에 가을이 다 저물어 가니

西征計又非　서쪽으로 가려던 계책 또 틀렸구나

烟塵關外阻　전란으로 관외에 길이 막히니

書信峽中稀　서신이 산골에 드물게 오네

古渡寒吹角　옛 나루엔 뿔피리 소리 차갑고

空林暮掩扉　빈 숲에는 날 저물며 사립이 닫혀

愁時見歸鴈　시름겹게 돌아가는 기러기 보니

一一背人飛　하나하나 사람을 등지고 날아가네

청명

淸明

此君五律最佳 而此尤絶倡 이 사람은 오언율시가 가장 아름다운데, 이 작품이 특히 절창이다.

淑氣催花信　따스한 기운이 꽃소식을 재촉해
輕黃着柳絲　연노랑 빛이 실버들에 붙었네
人烟寒食後　한식 뒤에 밥 짓는 연기 오르고
鳥語晚晴時　맑은 날 저녁에 새들이 지저귀네
老去還多事　늙어 가면서 도리어 일이 많아서
春來不賦詩　봄이 와도 시를 읊지 못했네
京華十年夢　서울을 그리워한 십 년의 꿈을
惆悵只心知　서글프게 단지 마음이 알아 주네

초가을 밤중에 앉아서 회포를 쓰다

初秋夜坐書懷

客子悄無睡　나그네 걱정 많아 잠이 없는데
空堂秋夜深　빈 집에 가을밤이 깊어 가네
螢從窓隙入　반딧불은 창 틈새로 들어오고
蟲在石間吟　벌레는 돌 사이에서 우네
枯淡中有藻思 고담한 가운데 잘 지은 생각이 있다.
世路難如此　세상길의 어려움이 이와 같건만
兵戈動至今　전란은 이제까지 끝나지 않았구나
居然生白髮　어느덧 이 몸에 흰 머리가 생기니

寂寞壯年心　장년 시절 마음이 적막해지네

구월 구일에 술을 대하고 짓다
九日對酒作⁶⁷

喪亂看今日　전란의 참상을 오늘 보니
凄涼異故園　처량한 풍경이 고향과 다르구나
風塵桃竹杖　풍진 세상에 도죽의 지팡이⁶⁸요
江海菊花樽　강해에 국화꽃 띄운 술잔일세
古戍遙聞角　옛 수루에는 고각 소리 들리고
荒城早閉門　황량한 성은 일찍 문을 닫네
兵戈滿天地　전쟁이 천지에 가득하니
漂轉更堪論　떠도는 신세를 어이 말하랴

탄식하다
有歎

兵戈今未定　전란이 아직도 끝나지 않았으니
何處問通津　어느 곳에서 나루를 물으랴
地下多新鬼　지하에는 새로 죽은 귀신이 많고
尊前少故人　술동이 앞에는 친구가 적구나
　讀之堪涕　읽으니 눈물을 견디랴

---

67 『석주집』 권3에는 「구월 구일 무안현(務安縣) 사호(沙湖)에서 술을 대하고 짓다[九月九日 在務安縣沙湖 對酒有作]」라는 제목으로 실려 있다.

68 두보(杜甫)의 「도죽장인(桃竹杖引)」에 "아! 풍진 자욱한 세상에 승냥이와 범 같은 적들이 사람을 무는 판국이니, 홀연 이 한 쌍의 지팡이를 잃으면 나는 장차 누구를 의지할꼬.[噫 風塵澒洞兮豺虎咬人 忽失雙杖兮吾將曷從]"라고 하였다.

衰年聊隱几　노쇠한 나이에 그저 궤안에 기댈 뿐
浮世獨沾巾　덧없는 세상에 홀로 눈물 흘리네
閉戶風塵際　풍진이 일어 문 닫고 들어앉으니
寥寥又一春　쓸쓸한 중에 또 봄이 지나가누나

서울에 있는 여러 벗들과 헤어지며

留別洛中諸舊　　　　　　　　　　　　　　　　　윤충원(尹忠源)

歲歲誰相見　해마다 누가 서로 보랴
其如客裏何　나그네 신세 어떠하신가

　　是蓀谷嫡傳者 韻格亦爾不凡 이는 손곡[이달]의 적전자이니 운격 역시 범상치 않다.

風塵猶澒洞　풍진이 여전히 끝이 없어[69]
京洛暫來過　서울에 잠시 거쳐갈 뿐일세
故里田廬廢　고향의 밭과 집은 폐허가 되고
荒城草樹多　황량한 성에 풀과 나무만 많구나
空將兩衰鬢　부질없이 양쪽 살쩍만 희끗해졌는데
明日出關河　내일이면 관하로 나가리라

동파역으로 가는 길에

東坡道中

古驛臨江口　옛 역이 강가에 있는데
荒扉井落殘　거친 사립문에 마을도 쇠잔하네

---

69 원문의 '홍동(澒洞)'은 밀려오다, 연속되다는 뜻이다. 두보(杜甫)의 시 「자경부봉선현영
　회(自京赴奉先縣詠懷)」에 "근심의 끝이 종남산과 가지런하여, 이어지는 근심을 걷을 수
　가 없네.[憂端齊終南 鴻洞不可掇]"라고 하였다.

今宵爲遠客   오늘 밤 먼 길 나그네 되기에
昨晚發長安   어제 저녁에 장안을 떠났네
    極古雅 몹시 고아하다
露氣侵衣上   이슬 기운이 옷 위에 스며들어
春愁滿鬢端   봄 시름이 살쩍 끝에 가득하구나
揮鞭逐徒侶   채찍 휘두르며 벗들을 쫓아가노라니
落月照征鞍   지는 해가 나그네 안장을 비추네

가을 시름
秋懷
                                          백대붕(白大鵬)

秋天生薄陰   가을 하늘에 엷은 그늘 일고
    起甚奇 기구가 매우 기이하다.
華嶽影沈沈   화악산에 그림자 뉘엿뉘엿하구나
叢菊他鄕淚   한 떨기 국화는 타향의 눈물인가
    較弱 비교적 약하다.
孤燈此夜心   외로운 등불은 이 밤의 마음일세
流螢隱亂草   흐르던 반딧불 잡초 속에 숨고
    淸刻 맑은 시각이다.
疎雨落寒林   성긴 빗방울 차가운 숲에 떨어지는데
懷侶不能寐   벗 그리워 잠들지 못하노라니
隔窓啼怪禽   창 너머 이름 모를 새도 우는구나

납자(衲子) 1인

일본 승려 문계를 보내면서. 명을 받들어 짓다

送日本僧文溪 奉敎作 　　　　　　　　　　　　　　　　　석둔우(釋屯雨)

相國古精舍　상국의 옛 정사에

　絶無葍蔬氣 酷似大家語 可貴可貴 승려의 기운이 전혀 없이 대가의 말과 아주 비슷
　하니 귀하게 여길만하다, 귀하게 여길만 하다.

洒然無位人　상쾌하게 지위 없는 사람일세[70]

火馳應自息　불같이 달리던 마음이 응당 절로 꺼져

柴立更誰親　가시처럼 서 있으니 다시 누구와 친할까

楓岳雲生屐　풍악에서는 구름이 나막신 밑에 일고

盆城月滿闉　김해(金海)에는 달이 성에 가득하리

風帆海天遠　바람 돛대에 바다 하늘이 머니

　何等超洒 어떤 종류의 초쇄함인가

梅柳古鄕春　매화 버들 옛 고향의 봄을 찾아가리

---

70 성현의 『용재총화』에 이 구절에 대한 시화가 실려 있다. "당시에 춘정(春亭 변계량)이
　문형(文衡)을 주관하였는데, 쇄연무위(洒然無位)의 글귀를 고쳐서 '소연절세인(蕭然絶
　世人 쓸쓸히 세상과 인연을 끊은 사람)'이라 하니, 스님이 말하기를, '변공(卞公)은 참으
　로 시를 모르는 사람이로다. 소연(蕭然)이 어찌 쇄연(洒然)만 하며, 절세(絶世)가 어찌
　무위(無位)만 하겠는가. 이것은 자연무위(自然無爲)의 뜻을 깎아 없앨 뿐이로다.'하고,
　항상 문사를 보면 섭섭해 마지않았다."

오언배율(五言排律)

유점사
楡岾寺   성임(成任)

寶地憐淸淨   보배로운 땅이 청정하기도 하니
名藍出等夷   이름난 절이라 여느 절과 다르네

　　均適華美 但少遜二弟 고루 알맞고 화려하고 아름답다. 다만 두 아우[성간(成侃)과
　　성현(成俔)]에게 조금 손색이 있다.

秋霜凝玉砌   가을 서리는 옥 섬돌에 엉기고
朝日射金楣   아침 해는 금 차양에 비치누나
大駕親臨幸   임금님 친히 거둥하시니
神功見設施   신기한 공으로 많은 시설 갖추었네
廚閑僧煮茗   부엌이 한가하니 스님은 차를 끓이고
樓迥客吟詩   누대가 높으니 객은 시를 읊누나
雲物朝朝變   풍경이 아침마다 변하니
林巒處處奇   숲과 등성이가 가는 곳마다 기이하구나
塵中那有此   속세에야 어찌 이런 곳이 있으랴
勝槪獨心知   좋은 경치를 마음속으로만 알아 두리라

표질 조사수[71]가 제주로 부임하는 것을 전송하다
送趙甥士秀之任濟州[72]   신광한(申光漢)

水國耽羅古   수국 탐라는 오래되어

---

71 조사수(趙士秀, 1502~1558)의 자는 계임(季任)이고, 호는 송강(松岡)이다. 신광한의 행
　　장인 「문간공행장(文簡公行狀)」을 지어, 자신을 표질이라고 칭했다. 『기재집(企齋集)』

天池島嶼靑   하늘 못의 섬이 푸르다

鴉啾蜑戶聚   때까치는 단호[73] 모인 곳에서 재잘거리고

鳶帖瘴雲冥   솔개는 장독 심한 구름 하늘에 붙어 있네

暫輟仙班用   잠시 신선의 조반에서 쓰이는 것을 중지하고

還傾海外聽   해외의 소식에 되레 귀를 기울이네

浮山迎羽駕   산은 허공에 떠서 우선(羽仙)의 수레를 영접하고
　　清拔 맑고 빼어나다.

貫月載文星   무지개는 달을 꿰어 문창성(文昌星)을 싣네

義重誰非地   의리 중하니 어느 곳인들 다스릴 땅이 아니랴

恩深看作溟   은혜 깊으니 남명처럼 여겨 보노라[74]
　　意好 뜻이 좋다.

只應資奮迅   다만 응당 이제부터 떨칠[75] 바탕으로 삼아야지

不是見飄零   표령(飄零)한 처지로 보아서는 안 되고 말고

我夢生春艸   나는 꿈에 봄 풀이 돋아난 것을 보았으니[76]

권14 부록에 들어 있다. 조사수는 1540년 11월부터 1542년 3월까지 제주목사로 있었다. 이때 낙촌(駱村) 박충원(朴忠元, 1507~1581)과 제주도와 영월을 사이에 두고 교우를 다진 『영해창수록(嶺海唱酬錄)』을 남겼다.

72 신광한의 문집 『기재집(企齋集)』 권5 「관동록(關東錄)」에 「표질(表姪) 조계임 영공이 제주로 부임하는 것을 전송하다. 이름은 사수이다[送趙甥季任令公之任濟州 士秀]」라는 제목으로 실려 있다.

73 단호(蜑戶)는 원래 중국 남방의 부족인 만단(蠻蜑)을 가리킨다. 대부분 배를 타고 물 위에서 생활하기 때문에 단호라고도 한다.

74 원문은 '간작명(看作溟)'이다. 『장자』 「소요유(逍遙遊)」에 북명(北溟)에 사는 곤(鯤)이라는 물고기가 붕새가 되어 9만 리 장천을 날아올라 남명(南溟)으로 간다고 하였다.

75 원문은 '분신(奮迅)'이다. 주희(朱熹)가 그의 사위 면재(勉齋) 황간(黃榦)의 아들 황로(黃輅)에게 자기 집 벽에 걸린 육탐미(陸探微)가 그린 사자 그림을 떼어 보내 주면서 "이 사자처럼 떨쳐서 크게 울릴 것을 기대한다.[願他似此獅子, 奮迅哮吼, 令百獸腦裂也.]"라고 하였다.

76 남조 송나라의 사영운(謝靈運)이 영가(永嘉)의 서당(西堂)에서 온종일 시를 생각했으나 이루지 못했다가, 꿈에 족제(族弟)인 사혜련(謝惠連)을 만나서 "못가에 봄풀이 난다.[池塘生春草]"는 시구를 얻고 나서 대단히 만족스러워했다고 한다. 『남사(南史)』 권19 「사혜

君愁憶老形	그대는 노인의 형상을 추억하여 근심하리라
療蠻吟裏調	시 읊을 때면 요만(療蠻)[77]의 음조요
日月醉中經	술에 취한 속에 일월을 보내리라
容易三霜橘	세 번 서리맞은 귤을 쉽게 손에 들고
漂浮一點萍	한 점 부평처럼 둥둥 떠돌아다니노라면
眼前無限意	시야의 무한한 의취를
何用語丁寧	어찌 간곡하게 말하여야만 하겠느냐

을묘년 세병연[78] 시축에 제하다
題乙卯洗兵宴軸[79]

王國比多難	왕국에 최근에 어려운 일 많아
島夷頻吠堯	섬 오랑캐가 자주 요 임금 향해 짖듯[80] 하는구나
棠陰得安石	감당나무 그늘[81]에서는 안석[82]을 얻었고

런열전(謝惠連列傳)」 참조.

77 본래 중국 서남 형주(荊州)의 만족(蠻族) 오랑캐의 명칭이다.

78 을묘왜변(乙卯倭變)의 전승연을 가리킨다. 세견선(歲遣船) 통제에 불만을 품은 왜구들이 1555년 전라남도 연안을 습격하여 진도(珍島)의 보루를 불태운 후 약탈을 자행하자, 전라 병사 원적(元積)과 장흥 부사 한온(韓蘊) 등이 전사하고 영암 군수 이덕견(李德堅)이 사로잡혔다. 조정에서 호조 판서 이준경(李浚慶)을 도순찰사, 김경석(金慶錫)·남치훈(南致勳)을 방어사로 삼아 왜구를 토벌하게 하였다. 영암에서 적을 크게 무찌르자 왜구들이 물러갔다.

79 오언배율로, 유근(柳根) 편집 『속청구풍아(續靑丘風雅)』 권4에 수록되었다.

80 악인(惡人)이 선인(善人)을 공격하고 오랑캐가 왕국을 침범하는 것을 비유한다. 한(漢)나라의 추양(鄒陽)이 감옥에서 스스로 변호하면서, "폭군 걸왕의 개로 하여금 성군인 요 임금을 향해 짖게 할 수도 있고, 도척의 식객으로 하여금 허유(許由)를 칼로 찌르게 할 수도 있다.[桀之犬可使吠堯 跖之客可使刺由]"라고 한 데서 나왔다. 『한서(漢書)』 권51 「추양전(鄒陽傳)」 참고.

81 원문의 당음(棠陰)은 어진 관리의 아름다운 정사를 말하는데, 흔히 감사를 가리키는 말로 쓰인다.

幕下盡嫖姚　장군의 막하는 모두가 표요[83]라

戰角長鯨竁　전투의 나팔은 큰 고래 굴혈에 울리고

　　壯猛 장대하고 맹렬하다.

飛砲巨艦燒　날아가는 대포는 거함을 불태우니

螳螂抗車轍　버마재미가 수레바퀴에 맞서듯[84] 하고

螻蟻沃風濤　개미 땅강아지가 바람 부는 파도에 몸을 적시듯 했네

斬首埋南郭　목을 베어 남쪽 성곽에 묻고

傳俘送北朝　부괵을 전하여 북쪽 조정으로 보내니

威聲震草木　위엄의 명성은 풀 나무를 떨게 하고

　　凌厲 능려하다.

兵氣彗雲霄　군병의 기세는 구름 하늘을 쓸어가네

歲甲錦江潔　갑자가 돌아와 금강이 깨끗하고

開筵秋月高　연회 열자 가을 달이 높아라

丹靑非詑績　단청[85]은 공적을 자랑하는 것이 아니요

尊酒不忘勞　축하의 술은 노고를 잊지 않고자 함이로다

握手凜相顧　손을 맞잡으며 늠름하게 서로 돌아보니

---

82 동진(東晉) 때의 사안(謝安)으로, 안석은 그의 자(字)이다. 동산(東山)에 은거하다가 환온(桓溫)의 권유로 출사하였다. 앞서 고숭(高崧)이 "경이 여러 차례 명을 어기고 동산에 높이 누워 있을 때 '그대가 나오지 않으면 백성들을 어찌할 것인가.'라며 사람들과 늘 말하였다."라고 하자 부끄러워했다고 한다. 『진서(晉書)』 권79 「사안열전(謝安列傳)」 참조.

83 표요는 한나라 무제(武帝) 때의 곽거병(霍去病)을 가리킨다. 표요교위(嫖姚校尉)로 있으면서 기련산(祁連山) 주위에 있는 흉노족 정벌로 여섯 차례나 출정하여 공을 세워 표기장군(驃騎將軍)이 되고 관군후(冠軍侯)에 봉해졌다. 『한서(漢書)』 권55 「곽거병전(霍去病傳)」 참고.

84 『장자(莊子)』 「인간세(人間世)」에 나오는 당랑거철(螳螂拒轍)의 고사이다.

85 단청(丹靑)이 여기서는 공신의 화상(畫像)을 의미한다. 한나라 선제(宣帝)가 곽광(霍光)·장안세(張安世)·소무(蘇武) 등 공신(功臣) 11인의 초상을 단청으로 채색하여 기린각(麒麟閣)에 걸게 한 데서, 공훈을 세우고 공신에 책록(策錄)되는 것을 의미한다.

寒風生鬢毛　차가운 바람이 터럭과 구레나룻에 일어나누나

結尤突兀 결구가 더욱 우뚝하다.

차운하여 소재에게 부치다

次韻寄蘇齋　　　　　　　　　　　　　　　　　　김인후(金麟厚)

謫遠天南客　멀리 하늘 남쪽에 귀양 간 나그네여
孤懷寄十生　외로운 회포를 십생[86]에게 부치네
秋風入蟋蟀　가을바람이 불면 귀뚜라미가 침상 아래 들어오고
春日幾倉庚　봄날이 되면 꾀꼬리가 얼마나 울었던가
去國心應折　도성을 떠나며 상심이 응당 컸을 게고
思親淚自傾　어버이를 생각하면 눈물이 절로 쏟아졌으리
精誠天地感　정성은 천지를 감동시키고
妙句鬼神驚　절묘한 시구는 귀신을 놀래켰지
際海雲凝島　바닷가에 닿은 구름이 섬에 어리고
環山雪滿城　산을 둘러싼 눈은 온 성에 가득하리
明時知不廢　태평성대라 버림받지 않으리니
何日笑相迎　어느 날에야 서로 웃으며 맞이하려나

雖復雍容 終輸蘇老一着 비록 다시 옹용(雍容)하나 끝내 소로[소순(蘇洵)]를 옮겨와
한 번 붙였다.

---

86 십생구사(十生九死)의 준말인데, 양재역 벽서사건으로 감일등(減一等)하여 절도안치(絶
島安置)된 노수신을 가리킨다.

답하여 김하서에게 부치다

酬寄金河西[87]   노수신(盧守愼)

有友多篇翰	친구가 있어 많은 시편을 지어
因人問死生	인편에 생사의 소식을 물어 왔네
明年歲在巳	명년의 해는 사년이요
孟夏日斜庚	초여름 경자일 석양이겠지
頻仰音容改	잠깐 사이에 말소리와 얼굴이 변해 버렸고
毫氂事業傾	작은 잘못으로 사업은 기울어 버렸다오
波鷗萬里闊	갈매기 뜬 물결은 만리 광활한데
櫪馬五更驚	마구간의 말은 오경 밤에 놀라 깨었소
落月南桃浦	남도포[88]에 새벽달이 지니
屯雲古岬城	옛 갑성[89]에는 구름이 끼었겠지

　　淋漓鼓舞 질펀하게 연주하고 춤을 춘다.

須成地下會	모름지기 지하에선 만나려니와
且許夢中迎	우선 꿈속에서라도 맞이해 주소

북평사 이영을 보내며

送北評事李瑩   임제(林悌)

朔雪龍荒道	북방 눈 내리는 용황의 길
陰風渤澥涯	음산한 바람 부는 발해 바닷가에

---

87 『소재집』권7에 「하서의 시에 수답하여 부치다[酬寄河西]」라는 제목으로 실려 있는데, 김인후가 지은 위의 시를 먼저 원운(元韻)으로 소개하고, 그 뒤에 이 시를 편집하였다.
88 노수신이 유배와 있는 진도군 남도포에 성이 있었다.
89 김인후가 살고 있는 장성현의 신라시대 이름이 갑성군이었다.

元戎掌書記　원수의 서기를 맡은 이는

　句好 구절이 좋다

一代美男兒　일대의 미남아로다

匣有干星劍　칼집엔 별을 찌르는 칼 있고

囊留泣鬼詩　주머니엔 귀신도 울릴 시가 들었네

邊沙暗金甲　변방 모래 바람이 금갑옷에 자욱한데

關月照紅旗　관문 위의 달이 붉은 기를 비치리

玉塞行應遍　옥문관 두루 돌아다닐 테니

雲臺畫未遲　공신각[90]에 화상 걸 날 머지 않으리

相看豎壯髮　바라보니 머리카락 곤두세우고

不作遠遊悲　먼 길 떠나며 슬픈 빛 보이지 않네

　氣好語俊 기운이 좋고 말이 빼어나다.

---

90 원문의 운대(雲臺)는 후한(後漢) 때 공신의 초상을 걸어 놓았던 곳을 말한다. 명제(明帝)가 영평(永平) 3년(60)에 광무제(光武帝)의 공신 28인을 그려 이곳에 봉안하였다.

칠언율시(七言律詩)

초사

草舍   정도전(鄭道傳)

茅茨不剪亂交加	이엉 끝을 자르지 않아 집처마는 너절하고
築土爲階面勢斜	흙을 쌓아 뜰 만드니 형세는 비스듬하네
栖鳥聖知來宿處	깃든 새는 슬기로워 저 자는 곳 찾아오고
野人驚問是誰家	들사람은 놀라서 누구 집인가 물어보네

    思佳 생각이 아름답다.

淸溪窈窕緣門過	맑은 시내 아름답게 문을 거쳐 지나고
碧樹玲瓏向戶遮	푸른 숲은 영롱하게 문을 향해 가렸구나
出見江山如絶域	나가보면 강산이 다른 지역 같지만
閉門還似舊生涯	문 닫고 들앉으면 옛 생활 그대로일세

원성에서 김약재[1]와 함께 안렴사 하륜·목사 설장수를 만나 짓다

原城同金若齋 逢河廉使河公崙 偰牧使偰公長壽賦之

別離三載始相逢	이별한 지 삼 년만에 비로소 만나니
往事悠悠似夢中	지난 일 유유하여 꿈속 같구나

---

1 약재는 김구용(金九容)의 호 척약재(惕若齋)이다.

毀譽是非身尙在 훼예 시비 쌓인 속에 몸은 아직 살아 있고

澹宕縱肆 담탕(澹宕)하여 거리낌이 없다.

悲歡出處道還同 슬픔과 기쁨 출처가 다르건만 도는 도로 같다네

風塵未息書生病 풍진이 쉬지 않아 서생은 병들었고

歲月如流志士窮 세월이 물같이 흘러가니 지사는 궁하구나

悲慨可涕 비분강개하여 눈물을 흘릴 만하다.

忍向尊前歌此曲 어찌 차마 술 앞에서 이 가락을 노래하랴

明朝分袂又西東 내일 아침 헤어지면 서로 또 동으로 가리

내주(萊州) 바다에 항해하다

航萊州海   권근(權近)

十丈風帆萬斛船 열 길 바람돛 세운 만곡의 배로

雲開蒼海渺無邊 푸른 바다 아득하니 가이 없구나

星垂雪浪相涵泳 물결에 별 매달려 서로 헤엄치고

水拍銀河其接連 물은 은하에 부딪쳐 함께 이어지네

可向半洋悲壯士 반양산(半洋山)[2] 향해 가서 장사를 슬퍼하고

不須三島問群仙 삼신산[3] 찾아가서 신선을 묻지는 않으리라

舟中偃仰堪乘興 배 안에서 오르내려도 이 몸이 흥겨우니

自是浮槎易上天 이제부터 뗏목 타고 하늘로 오르리라

純熟可貴 순숙(純熟)함이 귀하게 여길만하다.

---

2 반양산은 내주(萊州)의 바다 가운데 있는데, 오호도(嗚呼島)라고도 한다. 전횡(田橫)의
   부하 5백 명이 자살한 곳이다.
3 원문의 '삼도(三島)'는 바다 가운데 있으며 신선이 산다는 영주(瀛洲)·봉래(蓬萊)·방장
   (方丈)의 삼신산(三神山)을 가리킨다.

고성(固城)에서 아우에게 부치다

在固城寄舍弟   성석린(成石璘)

擧目山河深復深　눈을 들어 보니 강산이 깊고 깊은데
家書一字抵千金　집의 편지는 한 자가 천 금 값일세
中宵見月思親淚　밤중에 달을 보면 부모 생각에 눈물 흘리고
白日看雲憶弟心　대낮에 구름 보면 너를 그리워한다
兩眼看花春霧隔　두 눈으로 꽃을 보니 봄 안개가 어린 듯
一簪華髮曉霜侵　비녀 꽂은 희끗한 머리에 새벽서리 내렸구나
春風不覺愁邊過　봄바람이 나도 모르게 수심을 스쳐가니
綠樹鶯聲忽滿林　푸른 나무 꾀꼬리 울음이 문득 숲에 가득하구나

大抵國初諸詩 雖俚自渾厚 故存之 대저 국초의 시들은 비록 속되더라도 저절로 혼
후하기 때문에 보존한다.

어부

漁翁   설장수(偰長壽)

不爲浮名役役忙　뜬 이름에 매여 구차하게 바쁘지 않고
生涯追逐水雲鄕　생애를 찾아 물과 구름 고장을 오가네
平湖春暖烟千里　질펀한 호수 따뜻한 봄에 안개가 천 리
古岸秋高月一航　옛 언덕에 가을 경치 한창인데 달 아래 외로운 배
紫陌紅塵無夢寐　서울 거리 뿌연 먼지에는 꿈조차 없으니
綠蓑靑笠共行藏　푸른 도롱이 부들삿갓으로 평생을 짝하네
一聲款乃舟中趣　어여차 한 마디 노래 배 속의 그 멋이
那羨人間有玉堂　인간의 높은 벼슬을 어찌 부러워하랴

此篇獨可 而三峰原城之什 次之 이 시편이 홀로 괜찮고 삼봉의 원성 시편이 그 다음
이다.

봄날 형제들에게 부치다

春日寄昆季   강회백(姜淮伯)

旅牕簷雨苦難聽　여관 처마 끝에 빗소리 괴롭게 들리니
況復萊衣隔鯉庭　때때옷 입고 부모님 앞에 춤추지 못해 서글퍼라
心與暮雲歸不駐　마음은 저녁 구름과 함께 돌아가고 싶지만
愁隨春酒醉無醒　시름은 봄 술 따라 취해 깨지를 않네
江山此日頭先白　강산 떠돌다 보니 머리 먼저 희어져
骨肉何時眼更靑　우리 형제들 언제 반갑게 만나보랴
宦路險夷曾歷試　벼슬길이 험한 줄 익히 겪었으니
是身天地一浮萍　이 몸은 천지간의 한낱 부평초구나

한식

寒食   이첨(李詹)

今年寒食滯京華　올해 한식을 서울에서 지내노라니
節序如流苦憶家　철이 지나갈수록 집 생각이 간절하네
楊柳愁邊初弄線　버들은 시름 옆에서 가지를 하늘거리고
茶蘼雨後已生花　다미는 비 온 뒤에 이미 꽃이 피었네
尋春院落多遊騎　봄을 찾아 동산에는 말 탄 이들 오가고
上墓郊原集亂鴉　성묘 가는 들판엔 떼 가마귀 모였네
物色漸新人漸老　물색은 새로워지건만 몸은 차츰 늙어가니
慕眞何處戀丹砂　어디서 신선 찾아 단사를 사모하랴

　獨有唐韻 유독 당운이 있다.

유판사의 시에 차운하다

次柳判事韻 　　　　　　　　　　　　　　　　　정이오(鄭以吾)

憐君別墅少人知　그대의 좋은 별장을 아는 사람이 적어
漢曲奇遊足四時　한강 굽이 기이한 놀이가 네 철에 족하네
藤爲簷虛長送蔓　처마에 오른 등나무는 덩굴만 뻗었고
　　琢巧 조탁이 공교하다.
竹因墻缺忽橫枝　대나무는 담장 틈으로 가지를 가로질렀네
白雲滿地尋蓮社　흰 구름은 땅에 그늘 지워 절을 찾아가고
明月沈江卷釣絲　밝은 달은 강에 잠겨 낚싯줄을 감누나
抱道不輝安可得　도를 배워 빛내지 못하니 어찌하랴
聖君前席要論思　성군의 자리 앞에서 생각을 논하리라
　　氣萎 기운이 시들었다.

혜상인(惠上人)의 암자에 쓰다

題惠上人院 　　　　　　　　　　　　　　　　　변계량(卞季良)

山徑迢迢半入雲　산길 멀리 구름 속에 반이나 들어가니
茲遊足可避塵喧　이 유람이 속세를 피하기에 족하구나
百年身世客迷路　백 년의 신세가 길 잃은 나그네 되고
萬壑烟霞僧閉門　온 계곡에 노을 덮이자 스님이 문을 닫네
晴澗束薪隨野老　맑은 개울가에 나무 묶는 늙은이를 따라가다가
秋林摘實共寒猿　가을 숲속 원숭이와 열매를 따 먹었지
我來欲問楞伽字　내가 와서 능가경의 글자를 물으려 하자
合眼低頭無一言　눈 감고 고개 숙인 채 아무 말이 없네
　　氣萎 기운이 시들었다.

시골에 사는 모습을 이 선달에게 부치다

村居卽事 寄李先達

村居寂寞亂峯前　적막한 시골집이 어지러운 산들 앞에 있는데
數樹柔桑二頃田　두 마지기 밭에는 몇 그루 여린 뽕나무
劚藥每從林下步　약초를 캘 때마다 숲속을 거닐고
曬書偏向日中眠　서적에 볕 쪼이다 해[4]를 향해 졸았네
江天雲盡見歸鴈　수평선에 구름 걷히자 기러기 돌아가고
山竹月明聞杜鵑　대밭에 달 비치자 두견새 우는구나
回首兩鄕何限意　양쪽 고향으로 고개 돌리니 그리움 어찌 끝나랴
新詩一首爲君傳　새로 지은 시 한 수를 그대에게 전하네

보이는 대로 읊다

卽事　　　　　　　　　　　　　　　　　　　　유방선(柳方善)

四山松櫟一茅廬　사방 산속 소나무 참나무 사이에 초가집 하나
坐負墻暄睡味餘　담 등지고 햇빛 쬐노라니 졸음이 오네
衣縫每捫王猛蝨　옷을 꿰맬 때마다 왕맹처럼 이를 잡고
漁竿空釣呂望魚　낚싯대로 부질없이 강태공처럼 고기를 낚네
軒裳已是無心得　높은 벼슬은 이미 얻을 마음 없으니
　簡重 간략하고 무겁다.
金玉何須滿意儲　금과 옥을 욕심 부려 저축한들 무엇하리
芋栗自堪謀送日　토란과 밤으로 날을 보내기 넉넉하니
盤飱不必蟹爲胥　반찬에 어찌 반드시 게장을 먹어야 하랴

4　원문에는 '月'로 되어 있지만 문맥이 맞지 않아, 목판본을 참조하여 '日'로 고쳐 번역하였다.

정조

正朝   윤회(尹淮)

金殿沈沈淑氣新   궁궐이 깊고 깊어 맑은 기운 서렸는데
百官朝賀謁元春   새해 설날 맞이하여 백관이 하례하네
彬彬禮樂侔中華   아름다운 예악 문물 중화에 비겼으니
濟濟衣冠拱北辰   수많은 의관 차림으로 북향하여 늘어섰네
湛霧自天沾綠醑   촉촉한 이슬이 하늘에서 맑은 술잔에 더해지고
薰風和雨浥紅塵   훈풍에 비까지 내려 붉은 티끌을 적시는구나
醉歸使覺君恩重   취해 돌아와 생각하니 임금님 은혜 무거워라
竊効華封祝聖人   화봉인을 본받아 성인의 복을 비네[5]

冠冕條達 有他富貴氣 버슬아치들이 빨리 도달하니 여타 부귀한 기운이 있다.

흥해 향교에서 늙은 기생이 타는 거문고를 들으며

興海鄉校聞老妓彈琴   박치안(朴致安)

七寶房中歌舞時   칠보 방안에서 노래하고 춤출 때
那知白髮老荒陲   어찌 알았으랴 이 벽지에 와서 늙을 줄이야
無金可買長門賦   돈 없으니 장문부를 살[6] 길이 없어
有夢空傳錦字詩   꿈에나 금자시[7]를 헛되게 전하누나

---

5 요(堯)임금이 화(華) 땅을 순행할 때 화 땅의 봉인(封人)이 임금의 덕(德)을 찬양하여,
   "성인(聖人)은 수(壽)하시고 성인은 부(富)하시고 성인은 다남(多男)하시라."고 세 번 축
   복하였다.

6 한나라 무제(武帝) 때 총애를 잃은 진황후(陳皇后)가 황금 백 근을 가지고 사마상여에게
   글을 지어 주도록 간청하여 다시금 총애를 받게 되었다는 이야기가 「장문부(長門賦)」의
   서문에 실려 있다.

7 전진(前秦)의 두도(竇滔)가 양양(襄陽)을 진수(鎭守)할 때 총희(寵姬) 조양대(趙陽臺)를
   데리고 부임하여 아내 소씨(蘇氏)와 소식이 끊어지자, 소씨가 비단에 회문시(廻文詩)를

珠淚幾霑吳練袖 눈물이 몇 번이나 비단 소매를 적셨던가

  恨思入骨 한스러운 생각이 뼛속에 사무친다.

薰香猶濕越羅衣 훈향이 아직도 비단 치마에 배어 있네

夜深囱月絃聲苦 밤 깊도록 창가 달 아래 애를 끊는 거문고 소리

只恨平生無子期 평생에 종자기 없음을 한탄하는구나

칠월에 탄신을 하례하며 짓다

七月 誕辰賀禮作   서거정(徐居正)

誕辰陳賀紫宸朝 성상의 탄신이라 대궐에 하례를 드리는 날

稽顙瑤墀拜赭袍 옥섬돌에 머리 조아려 성상께 절하였네

金甕初開千日酒 금 항아리 처음 열어 천일주를 떠내고

玉盤齊獻萬年桃 옥쟁반으로 일제히 만년도[8]를 바쳤네

奇逢幸際雲龍會 태평성대 다행히 만나니 운룡이 서로 모이고[9]

霈澤深涵雨露饒 큰 은택에 깊이 젖어라 비와 이슬이 넉넉하구나

醉飽小臣賡大雅 취하고 배부른 소신은 「대아」의 시를 이어서

更伸華祝頌唐堯 다시 화봉축을 거듭해 당요를 송축하노라

  諸篇槩是深厚富健 여러 편이 대개 심후하고 부건(富健)하다.

짜넣어 부치니 두도가 수레를 갖추어 소씨를 맞아왔다.

8 『술이기(述異記)』에 방당산(磅磄山)이 부상(扶桑)으로부터 5만 리 밖에 있어 태양이 미
   치지 못하므로 매우 추운데, 여기에 천 아름이나 되는 복숭아나무가 있어 만년에 한 번씩
   결실을 맺는다고 하였다. 제왕의 축수(祝壽)를 뜻하는 선도(仙桃)를 가리킨다.

9 『주역(周易)』「건괘(乾卦) 문언(文言)」에 "구름은 용을 따르고, 바람은 범을 따른다.[雲從
   龍 風從虎]"라고 한 데서 온 말로, 운룡(雲龍)이 모였다는 것은 천재일우의 기회로 명군
   (明君)과 현신(賢臣)이 서로 만났음을 뜻한다.

여름날의 즉사(即事)
夏日即事

小晴簾幌日暉暉	잠시 갠 주렴 휘장에 햇빛 밝게 빛나지만
短帽輕衫暑氣微	짧은 모자 홑적삼이라 더위는 가볍구나
解籜有心仍雨長	껍질 벗은 죽순은 비를 맞아 자라고
落花無力受風飛	떨어진 꽃은 힘이 없어 바람에 날리는구나
久拚翰墨藏名姓	한묵 속에 성명 숨긴 지는 이미 오래거니와
已厭簪纓惹是非	벼슬에 시비 일으키는 것도 진작 싫어하였네
寶鴨香殘初睡覺	화로의 향 스러지자 잠이 막 깨고 나니
客曾來少燕頻歸	오는 손님은 적고 제비만 돌아오누나

일휴[10]가 부쳐온 시에 차운하다
次日休見寄韻

平生性癖愛吾廬	평생 버릇이 내 집 사랑이니[11]
閉閤焚香淨掃除	문 닫고 향 피우고 말끔히 소제하네
陶令但知樽有酒	도령은 동이에 술 있는 것만 알 뿐이었는데
馮郞空嘆出無車	풍랑은 나가려도 수레 없다 괜히 탄식했네[12]
病餘身世渾成夢	병든 뒤의 신세가 온통 꿈만 같으니

---

10 세조 때 호조참판 홍일동(洪逸童)의 자가 일휴이고, 호는 마천(麻川)이다.

11 원문의 '愛吾廬'는 도연명의 시 「산해경을 읽고[讀山海經]」 첫째 수의 "새들은 깃들 곳 있음을 기뻐하고, 나도 내 오두막을 사랑한다네.[衆鳥欣有託 吾亦愛吾廬]"라는 말에서 나왔다.

12 제나라 풍환(馮驩)이 맹상군(孟嘗君)의 문객이 되었는데 후하게 대우하지 않자, 풍환이 불만을 품고 손으로 칼을 두드리며 노래하였다. "긴 칼아, 돌아가야겠다. 밖엘 나가려도 수레가 없구나.[長鋏歸來乎 出無車]"

老去文章欲著書 늙어갈수록 문장은 저술하고 싶네
名利到頭徒自苦 명예와 이끗은 끝내 스스로 괴로울 뿐이니
會須歸問鹿門居 반드시 돌아가 녹문을 찾아 살리라

　思之爛熟 생각이 난숙하다.

정자문에게 준 시운을 사용하여 이주부[13]에게 부치다
用贈子文詩韻 寄李主簿

靜裏工夫課菜畦 고요함 속의 일거리가 채소밭 가꾸기인데
有時編簡費提携 때로는 서책을 애써 옆에 끼네
詩成或惡砭無客 읊조린 시는 혹 나빠도 고쳐줄 손님 없는데

　穠厚紆餘 농후하고 구불구불 감돈다.

計拙何營諫有妻 졸렬한 생계를 영위하지 못해 아내의 핀잔을 듣네
世事對門曾嚼肉 세상일엔 일찍이 문을 보며 고기를 씹었고[14]
人心懲熱復吹虀 인심엔 뜨거움에 데어 냉채도 불어 먹네[15]
石田茅屋餘年興 자갈밭과 초가집이 여생의 흥취이기에
牋告天公首屢稽 글 지어 하늘에 고하며 머리 자주 조아리네

---

13 『사가시집』 권5에 이주부의 이름이 '근(觀)'이라고 밝혔으며, 4수가 실린 가운데 제4수이다.
14 한(漢)나라 환담(桓譚)의 『신론(新論)』에 "사람들이 장안의 음악을 들으면 문을 나가서 서쪽을 향하여 웃고, 고기 맛이 좋으면 푸줏간을 향하여 고기를 씹는 척한다.[人聞長安樂則出門西向而笑 肉味美 對屠門而嚼]"라고 하였다. 전하여 자신이 부러워하면서도 얻지 못한 일에 대하여 이미 얻은 것처럼 여겨 스스로 위로하는 것을 의미한다.
15 『초사(楚辭)』 「구장(九章) 석송(惜誦)」에 "뜨거운 국물에 놀라 냉채도 불어 먹건만, 어찌 이 충직한 뜻은 고치지 않는가.[懲熱羹而吹虀兮 何不變此之志也]"라고 한 데서 온 말로, 전하여 한 번의 실패에 겁을 먹은 나머지 그 후로는 지나치게 경계하는 것을 뜻한다.

회포를 서술하다
叙懷

大隱誰知在世間	대은이 세간에 있는 것을 그 누가 알랴
宦情塵思共闌珊	벼슬할 마음 속된 생각은 모두 그쳤네
已諳一鐵能成錯	쇠 하나로 줄 만들 수 있음은 진작 알지만
未信千錢可買閑	천금으로 한가함 살 수 있다는 말은 못 믿겠네
詩道中興黃太史	시도는 황태사에게서 중흥하였거니와[16]
世緣終淺白香山	속세 인연은 백향산에게 끝내 옅었지
殘年心事憑誰語	만년의 이 심사를 누구에게 말하랴
笑把菱花仔細看	웃으며 능화경[17]을 쥐고 자세히 살펴보노라

이른 아침에 조회하다
早朝   이승소(李承召)

東華待漏曙光回	동화문에서 대루[18]하니 새벽빛이 밝아져
萬戶千門次第開	일만 집의 천 개 문이 차례로 열리네
雙鳳遙瞻扶玉輦	궁궐 문을 멀리 보니 임금께서 납시는데
九韶還訝上瑤臺	구소[19] 소리가 요대에서 들려오는 것 같구나

---

16 황태사(黃太史)는 송나라 신종실록 검토관(神宗實錄檢討官), 저작랑(著作郎) 등을 역임한 황정견(黃庭堅)을 가리킨다. 황정견은 특히 『시경』의 해석에 탁월했다고 전하며, 강서시파(江西詩派)를 개창하여 두보(杜甫)를 모범으로 삼아 법고(法古)를 중시하는 시풍을 지녔다. 그러나 지나치게 기교주의로 흘러 시법의 정수보다는 기교만 흉내 내는 결과를 초래했다고 비판받기도 하였다.

17 동경(銅鏡)이 흔히 육각형으로 되어 있는데, 배면(背面)에 마름꽃[菱花] 문양을 새긴 거울을 능화경, 또는 청릉(靑菱)이라고도 하였다.

18 백관(百官)이 아침 일찍 출근하여 대루원(待漏院)에서 조참(朝參)하는 시각까지 기다리는 것을 말한다.

香烟殿上霏如霧　향 연기는 대궐 위로 안개같이 피어나고
淸蹕雲間響轉雷　벽제 소리 구름 속에서 우레처럼 울리네
聖代卽今家四海　지금은 태평성대라 사해가 한집이니
盡敎殊俗奉琛來　습속이 다른 나라[20]가 조공 물품 싸 들고 오네

　自是春容 이로부터 웅장하고 전아하다.

장인관[21]의 도사벽에 쓰다

題丈人觀壁

松窓靜夜篆香殘　소나무 창 고요한 밤에 전향이 꺼져가는데
環佩珊珊下石壇　환패 소리 딸랑딸랑 돌계단을 내려가네
小洞風吹瑤草長　작은 골짝에 바람 불어 아름다운 풀이 자라고
高樓月入玉笙寒　높은 다락에 달이 들어 생황이 차가워라
蟠桃待見千年實　반도는 기다려서 천년 열매를 볼 것이요
藥鼎初成九轉丹　약솥에는 이제야 구전단이 달여졌네[22]
莫訝紅塵猶滿面　아직도 얼굴에 홍진이 가득하다고 여기지 말라
他年我亦掛朝冠　뒷날에 나도 또한 조관을 나무에 걸리라[23]

19 『장자』「지락(至樂)」에 "구소를 연주하여 음악으로 삼고, 태뢰(太牢)의 희생을 갖추어 대접하였다.[奏九韶以爲樂 具太牢以爲膳]"라고 하였는데, 성현영(成玄英)의 소(疏)에 "구소는 순임금의 음악 이름이다."라고 하였다.

20 원문의 수속(殊俗)은 풍속이나 습관 따위가 다른 나라, 또는 그 나라 사람이다. 『사기(史記)』「태사공 자서(太史公自序)」에 "해외의 다른 풍속을 지닌 나라 가운데 여러 번 통역을 거쳐 변경의 문을 두드리며 공물을 헌상하고 황제를 알현하겠다고 청하는 자가 이루 다 말할 수 없습니다.[海外殊俗 重譯款塞 請來獻見者 不可勝道]"라고 하였다.

21 장인관은 청성산에 사는 신선 청성장인(靑城丈人)을 모신 사당이다.

22 『포박자(抱樸子)』권4「금단(金丹)」에 "아홉 차례 제련한 단약을 3일 동안 복용하면 신선이 될 수 있다.[九轉之丹, 服之三日得仙]"라고 하였다.

23 초나라 공사(龔舍)가 미앙궁(未央宮)에서 숙직하다가 거미줄에 날벌레가 걸려서 날아가지 못하는 것을 보고는 탄식하였다. "나의 삶도 저와 마찬가지다. 벼슬이란 것은 사람에게

次放翁而殊勝 육방옹의 시에 차운하였지만 더 낫다.

제비
燕

畫閣深深簾額低   단청 누각 깊숙하고 발 머리는 나직한데
雙飛雙語復雙栖   쌍으로 날고 울며 짝을 지어 깃드누나
綠楊門巷春風晩   마을 어귀 푸른 버들에는 늦은 봄바람이 불고
靑草池塘細雨迷   연못가의 푸른 풀엔 가랑비가 부옇구나
  世所稱妙 세상에서 묘하다고 칭하는 바이다.
趁蝶有時穿竹塢   나비 따라 이따금 대숲 언덕 뚫고 가고
壘巢終日啄芹泥   둥지 지으려 종일토록 미나리 밭 진흙을 쪼네
托身得所誰相侮   몸 맡길 곳 얻었으니 누가 감히 모욕하리
養子年年羽翼齊   해마다 새끼 길러 나란하게 날리라

벽제역에 자면서
宿碧蹄驛[24]   최숙정(崔淑精)

通宵郵吏語囂囂   밤새도록 역졸들이 시끄럽게 떠들어
破榻欹危睡不牢   부서진 침상에 기댔지만 잠이 깊지 못했네
春色暗回溪畔草   봄빛이 가만히 시냇가의 풀에 돌아오는데
愁痕工點鬢邊毛   시름의 흔적은 용케도 살쩍에 점을 찍었네

거미줄과 같은 것이다. 어찌 머물러 있을 필요가 있겠는가." 그리고는 즉시 관(冠)을 나무
에 걸어둔 뒤에 물러났다. 『태평어람(太平御覽)』 권948

24 『소요재집(逍遙齋集)』 권1에는 「을미년 이월 팔일에 사은사를 모시고 북경으로 가다가
  벽제역에서 자면서 감회를 쓰다[乙未二月初八陪謝恩使赴京宿碧蹄驛書懷]」라는 제목
  으로 실려 있다.

未醒宿醉頭猶重　어제 취한 술이 깨지 않아 머리는 아직도 무겁고
默數前程夢亦勞　조용히 앞 길을 헤아려 보니 꿈이 또한 수고롭구나
入夜別懷深似海　밤 들어 이별한 회포가 바다처럼 깊은데
靑燈生熖照往袍　푸른 등의 불꽃이 나그네 도포를 비추네

雖工緻 而未脫俚 비록 솜씨좋게 잘 짜였으나 속됨을 벗어나지 못했다.

선산으로 가기 위해 배를 타고 여주에 들렀다가
청심루 시에 차운하다

將赴善山 舟過驪州 次淸心樓韻[25]　　　　　　　　　김종직(金宗直)

維舟茅舍棘籬端　초가집 가시 울타리 끝에 배를 매었네
魚鳥何曾識我顔　고기와 새가 어찌 일찍이 내 얼굴을 알았으랴
病後猶能撰杖屨　앓고 났지만 그래도 지팡이는 짚을 만하고
謫來纔得賞江山　폄적당했지만 그래도 강산은 감상할 만하네
十年世事孤吟裏　십 년 동안의 세상일을 외로이 읊는 중에
八月秋容亂樹間　팔월 가을 모습을 어지러운 숲 사이에서 보네
一霎倚闌仍北望　잠시 난간 기대어 북쪽을 바라보았지만
篙師催載不敎閑　사공이 배 타라 재촉하여 더 쉬지 못하게 하네

斤兩均稱 무게가 고르게 걸맞다.

---

25 『점필재집』권1에는 「앓고 나서 선산으로 가기 위해 배를 타고 여주에 들러 도보로 청심루
에 올라갔다가 주인과는 만나지 않고 곧장 배 안으로 돌아와서 총총히 가정의 시에 차운하
다[病後 將赴善山 舟過驪州 步屧登淸心樓 不與主人遇 徑還舟中 忽忽次稼亭韻]」라는
제목으로 실려 있다.

보은사 아래에 배를 대 놓고 주지 우사에게 주다
泊報恩寺下 贈住持牛師

寺舊名神勒 又云甓寺 절의 이름은 신륵사인데, 벽사라고도 한다.

報恩寺下日曛黃　보은사 아래에 해가 어둑해지자
繫纜尋僧踏月光　닻줄 매고 스님 찾으러 달빛을 밟아 가네
棟宇已成新法界　동우는 이미 새로운 법계를 이루었고
江湖猶攪舊詩腸　강호는 오히려 옛 시 생각을 산란케 하네
上方鐘動驪龍舞　상방에 종이 움직이니 검은 용이 춤을 추고
萬竅風生鐵鳳翔　만규에 바람 나오니 철봉이 날개를 치누나

凝重不震 엄숙하고 진중하여 진동하지 않는다.

珍重旻公亦人事　진중하게도 민공[26]이 또한 인사를 차려
時將菜把問舟航　마침 채소 다발을 가지고 배를 방문해 주네

소유의 시에 차운하여 부치다
次少游 韻却寄

持身纔足備三孱　몸가짐은 겨우 삼잔[27]을 채우기에 족하고
處世眞同竊一班　처세는 참으로 한 자리 훔친 것 같네
才盡夢探懷裏筆　재주 다하니 꿈에 품속의 붓을 더듬어 찾고[28]

---

26 스님을 가리킨 말이다. 송나라 황정견(黃庭堅)의 「화범신중우거숭녕우우시(和范信中寓居崇寧遇雨詩)」에 "경공은 백성의 곡식 싹이 서지 못할까 걱정하고, 민공은 나무가 물에 밀려 뽑힐까 걱정하네. 두 선승이 수역을 여는 데에 뜻을 두어, 세밑에 집을 지으니 백도에 해당하겠네[慶公憂民苗未立 旻公憂木水推去 兩禪有意開壽域 歲晚築室當百堵]" 하였다.

27 다수의 열약(劣弱)한 사람을 뜻한다. 황정견(黃庭堅)의 시 「차운양명숙(次韻楊明叔)」에 "필사는 능히 나라를 빛내거니와 삼잔은 한 구석도 못 채운다오[匹士能光國 三孱不滿隅]"한 데서 온 말이다.

春歸日皺鏡中顏　봄이 가니 나날이 거울 속 얼굴에 주름이 지네
茅茨空卜東西瀼　초가집은 공연히 동서양에 자리했으나[29]
詞賦空慙大小山　사부는 도리어 대소산[30]에 부끄러워라
吾黨如君知者少　오당에 그대만큼 아는 사람이 적으니
雪車氷柱可追攀　설거와 빙주[31]를 따라 잡을 만하도다

능성 봉서루 시에 차운하다

次綾城鳳棲樓韻

連珠山上月如盤　연주산 위에는 달이 쟁반같이 둥근데
草樹無風露氣寒　초목엔 바람 없고 이슬 기운만 차갑네
千陣絮雲渾欲盡　일천 진의 솜구름은 다 걷히려 하고
一堆鈴牒不須看　한 무더기 공문서는 볼 것도 없네
年華更覺中秋勝　시절은 다시 아름다워져 중추임을 알았는데
客況誰知此夜寬　나그네 회포는 누가 이 밤에 위로하랴
旌旆又遵西海轉　깃발은 또 서해를 따라 옮겨 가리니

---

28 양(梁)나라 문장가인 강엄(江淹)이 어느 날 밤에 꿈을 꾸니, 곽박(郭璞)이라는 사람이 이르기를 "내 붓이 여러 해 동안 그대에게 가 있었으니, 이제는 나에게 돌려주어야겠다." 하므로, 강엄이 품속을 더듬어 오색필(五色筆)을 찾아서 그에게 돌려주었다. 그 꿈을 꾼 이후로는 강엄에게서 좋은 시문이 전혀 나오지 않았다.

29 사천성(四川省) 사람들이 산골짜기에서 강으로 흘러내려 가는 물을 양(瀼)이라고 하였는데, 두보(杜甫)가 기주(夔州)에서 살 적에 양수의 동쪽과 서쪽 등으로 여러 차례 이사하며 살았다. 두보의 「기주가(夔州歌)」에 "양동과 양서에는 일만 호의 집이요, 강북과 강남에는 봄과 겨울의 꽃이로다[瀼東瀼西一萬家 江北江南春冬花]" 하였다.

30 대산(大山) 소산(小山)의 준말로, 한나라 회남왕(淮南王) 유안(劉安)의 여러 신하 가운데 회남(淮南) 소산의 무리들이 지은 사부(詞賦)를 가리킨다.

31 당나라 때 한유(韓愈)의 친구인 유차(劉叉)가 지은 두 시(詩)의 제목으로, 노동(盧仝)·맹교(孟郊)의 시보다 뛰어났다고 평가받았으므로 후세에 남의 좋은 시를 일러 빙주·설거로 호칭하였다.

指尖將擘蟹臍團　손가락으로 둥근 게의 배딱지를 뼈개리라

복룡 도중에서
伏龍途中

筍輿咿軋渡晴川　남여 소리 삐걱거리며 개인 내를 건너는데
遙見前驅過坂田　멀리 언덕 밭을 지나는 앞 행렬이 보이네
邑犬吠人籬有竇　마을 개는 사람을 보고 짖어 울타리에 구멍이 있고
　　點鐵成金 쇠를 녹여 금을 만들었다.
野巫迎鬼紙爲錢　촌 무당은 귀신 맞으려고 종이로 돈 만들었네
短雲寒日工呑吐　짧은 구름 차가운 해는 교묘히 삼켰다 뱉고
小巘平岡遠接連　작은 봉우리 질펀한 언덕은 멀리 서로 연했구나
南去錦城三十里　남쪽으로 금성까지가 삼십 리나 되니
却愁頹盡擔夫肩　남여 멘 하인의 어깨 붉어질까 걱정일세

직려에서 우연히 읊다
宿直廬偶吟

藏室蓬山昔討論　예전 장실과 봉산[32]에서 경전을 토론했는데
十三年後更叨恩　십삼 년 뒤에 다시 은혜를 입었네
眼花正怯金蓮燭　눈이 어른거리니 금련촉이 겁나고
口梗難斟白虎樽　입이 껄끄러우니 백호준[33]을 마시기 어렵구나

---

32 봉산은 봉래산(蓬萊山)인데, 후한(後漢) 동관(東觀)의 별칭이다. 『후한서』 권23 「두장열전(竇章列傳)」에 "이때에 학자들이 동관을 노씨장실(老氏藏室), 도가봉래산(道家蓬萊山)으로 일컬었는데, 강(康)이 두장을 추천하여 동관의 교서랑(校書郞)이 되었다."라고 하였다. 후세에 왕실 도서관, 규장각 등의 이칭으로 사용하였다.
33 백호의 형상을 새긴 술그릇을 말하는데, 언관(言官)이 거리낌 없이 백호처럼 용맹하게

霜暖梧桐猶窣窣　오동잎에 서리가 따스하지만 오히려 불안하고
月明鶬鵲自翻翻　지작[34]에 달 밝으니 절로 날개 번득이네
故園松菊應蕪沒　고향의 소나무 국화에 잡초가 우거졌겠지
嬭母而今足夢魂　이모[35]는 이제 고향 꿈이 많아졌네

　　浩蕩春容　호탕하고 용용(舂容)하다.

새벽에 안곡역으로 나가 절도사를 맞이하고 짓다
曉赴安谷 迎節度使有作

畫角聲中整輔軡　뿔피리 소리 속에 화살통을 정돈하고
爲迎旌節驛亭賒　절도사 맞이하러 멀리 역정으로 나갔네
荒村十里火穿屋　황량한 마을 십 리에 불빛이 지붕 뚫고 나오고
缺月五更霜滿靴　이지러진 달 오경에 서리가 신에 가득하구나
擊兎伐狐眞有興　토끼 여우 잡노라면 참으로 흥취가 있네
栽松問竹豈無家　소나무 대나무 심으면 어찌 집이 없으랴
隔溪羞殺冰髯叟　부끄럽게도 시내 건너 하얀 수염 늙은이는
鼾睡方酣癉曉笳　코골며 곤히 자다가 새벽 호가 소리에 깨었네

직언하도록 상징한 것이라 한다.

34 후한(後漢) 장제(章帝) 때 조지국(條支國)에서 바쳐 온 서조(瑞鳥)의 이름인데, 이 새는 사람의 말을 알아듣고, 나라가 태평하면 떼 지어 날아다닌다고 한다.

35 유모(乳母)와 같은 뜻이다. 남조(南朝) 송(宋)나라 때 하승천(何承天)이 나이가 들어서야 비로소 장작좌랑(將作佐郞)에 제수되었는데, 다른 좌랑들은 모두 명가(名家)의 연소자들이었으므로 순백자(荀伯子)가 하승천을 조롱하여 항상 '이모'라 호칭했던 데서 온 말이다.

촉석루 비온 뒤에
矗石樓雨後

雨脚看看取次收　빗발은 어느덧 차츰 걷히는데
輕雷猶自殷高樓　가벼운 천둥이 아직도 높은 누각을 울리네
雲歸洞穴簾旌暮　구름이 골에 돌아오니 주렴이 어둡고
風颭池塘枕簟秋　바람이 못 위에 불어오니 자리가 서늘하구나
菡萏香中蛙閣閣　연꽃 향기 속에 개구리가 깩깩거리고
鸕鶿影外稻油油　해오라기 그림자 밖에 벼가 무성해라
憑欄更向頭流望　난간에 기대어 다시 두류산 향해 바라보니
千丈峯巒湧玉虬　천 길의 봉우리가 옥규[36]가 솟은 듯하네
　雄麗滔滔 웅려함이 도도하다.

절도사 이약동의 부진 시에 차운하다
次李節度約束赴鎭韻

鼇背樓臺可俯憑　자라 등[37]의 누대에 누워 비길 수가 있겠고
鯨波萬里鏡光澄　큰 파도 만리에 거울빛이 맑으리라
奚奴有暇能調馬　종아이는 틈이 나서 말을 길들이고
幕客無營但臂鷹　막객은 일이 없어 매 데리고 사냥하겠지
鮫鰐暗驚千弩響　상어 악어는 일천 쇠뇌 소리에 은근히 놀라고

---

36 옥으로 만든 굴레로 장식한 말을 말한다. 굴원의 「이소(離騷)」에 "옥으로 장식한 말에 멍에를 메워 봉황을 타고서, 훌쩍 먼지바람을 일으키며 날아오르네.[駟玉虬以乘鷖兮 溘埃風余上征.]"라고 하였다.

37 원문의 오배(鼇背)는 동해에 있다는 신선이 사는 산을 말한다. 옛날 발해(渤海) 동쪽의 신산(神山)이 파도에 떠밀리자 상제가 다섯 마리의 자라로 하여금 자라 등[鼇背]으로 이를 떠받치게 했다는 전설이 『열자(列子)』「탕문(湯問)」에 실려 있다.

鷺鶒閑立五牙層　벽제[38] 새는 한가히 오아의 충루[39]에 서리라
太平未試龍韜策　태평 성대라 훌륭한 병술을 쓰지 못해
射雉因過竹院僧　꿩 사냥하고 나면 죽원의 스님에게 들르네

　鴻麗嚴重 不覺爲演雅所拘 넓고 고우며 엄중하니 연아(演雅)[40]에 구속된 바임을 깨
닫지 못한다.

한식날 촌가에서

寒食村家

禁火之辰春事多　불을 금하는 때에 농사일이 많아
芳菲點檢在農家　꽃 향기 점검하러 농가에 와 있네
鳩鳴穀穀棣棠葉　비둘기는 아가위 잎에서 구욱구욱 울어대고
蝶飛款款蕪菁花　나비는 장다리꽃에 느긋하게 나는구나
帶樵壟上烏犍返　언덕 위에는 소가 나뭇짐을 실어 돌아오고
挑菜籬邊丫髻歌　울밑에선 나물 캐는 아이들이 노래를 부르네
有田不歸戀五斗　전원이 있어도 가지 않고 오두미에 연연하니
元亮笑人將奈何　원량이 나를 비웃으면 장차 어찌하려나

　流丸脫於區臾 구르는 탄환이 구유[41]를 벗어났다.

---

38 벽제(鷺鶒)는 논병아릿과에 속하는 물새의 일종인데, 칼날에 이 새의 기름을 발라 두면
녹이 슬지 않는다고 한다. 소식(蘇軾)의 「사조자방혜신다(謝曹子方惠新茶)」 시에 "주머
니엔 오랫동안 과두 문자 간직했고, 칼은 벽제 기름으로 새로 닦아 놓았네.[囊簡久藏科斗
字 劍鋒新瑩鷺鶒膏]"라고 하였다.

39 오아는 고대 전함이다. 『수서(隋書)』 「양소전(楊素傳)」에, "양소가 영안(永安)에 있으면
서 큰 전함을 건조하였는데, 그 이름이 오아(五牙)였다. 배 위에 세운 5층의 누대는 그
높이가 1백 척이나 되었고, 좌우와 전후에 설치한 6개의 박간(拍竿)은 그 높이가 50척이나
되었다. 전사(戰士) 8백 명을 수용할 수 있고, 위에다 기치를 달았다."라고 하였다.

40 시체(詩體)의 하나로, 한 구에 동물이 하나씩 등장한다. 황정견(黃庭堅)에게서 비롯되
었다.

41 구유(區臾)는 오목하게 패인 와기(瓦器)를 가리키는데, 『순자(荀子)』에 "구르는 탄환은

산에 살면서 도인에게 주다

山居贈道人   김시습(金時習)

流易淡雅 自是無上上品 흐름이 쉽게 담아(淡雅)하니 이로부터 더할나위가 없다.

支遁山中結草堂	지둔이 산속에 초당을 얽으니
許詢來訪共匡床	허순이 찾아와서 침상을 같이했네
雲松趣味閑來雅	구름과 소나무 취미는 한가할수록 높은데
雪竹襟懷老去剛	설죽의 정회는 늙을수록 굳세네
烏几借繙方外語	검은 책상에는 방외의 책을 빌려서 뒤적이고
鴨鑪親挿海南香	향로에는 해남의 향을 손수 꽂는구나
休言定罷無伎倆	선정을 파한 뒤에는 기량이 없다고 말하지 말라
淸水明燈祀古皇	맑은 물과 밝은 등불로 고황에 제사하네

春山無伴獨行時	봄 산에 짝이 없이 혼자 갈 때엔
猿狖雙雙先後隨	원숭이가 쌍쌍이 앞뒤에서 따랐네
櫟葉蔭溪迷小徑	떡갈나무 잎이 시내에 그늘 지면 오솔길에 헤매이고
松槎偃石碍通歧	솔삭정 돌에 누워 통하는 길을 막았네
年年收㮾忘貧歉	해마다 밤 주워서 가난한 흉년을 잊고
處處團茆任適宜	곳곳에 띠를 엮어 살기 알맞은 집 마련하네
點檢一生忙事少	일생을 점검해 보니 바쁜 일이 적어서
世間韁勒不曾知	세간의 고삐와 굴레을 일찍 알지 못했네

別有生涯住碧山	따로 생애가 있어 푸른 산에 머무니
閑情不欲語人間	한가한 정을 세상 사람들에게 말하고 싶지 않네

구유에 멈추고 흐르는 말은 지혜로운 자에 멈춘다.[流丸止於區臾 流言止於智者]"라는
구절이 나온다.

莓苔一徑通脩竹　이끼 낀 한길은 대밭에 통했는데
松檜千株匝小巒　솔과 전나무 천 그루가 작은 산을 둘렀네
巖鳥下窺宗炳社　바위의 새는 내려와 종병사[42]를 엿보고
洞雲來護祖師壇　골짜기의 구름이 와서 조사단을 보호하네
阿誰爲爾題招隱　어느 누가 너를 위해 초은시[43]를 지을 건가
丹桂叢生怎可攀　붉은 계수나무 우거졌으니[44] 어찌 잡아보랴

외나무다리
獨木橋

小橋橫斷碧波潯　작은 다리가 푸른 물결 머리를 가로 끊어
人渡浮嵐翠靄深　사람이 아지랑이 속을 건너면 푸른 노을이 깊었네
兩岸蘚花經雨潤　양 언덕의 이끼꽃은 비를 맞아 윤택하고
千峯秋色倚雲侵　천 봉우리 가을 빛은 구름을 의지해 차갑구나
溪聲打出無生話　시냇물 소리는 무생의 법문을 자아내고
　　何等超邁 어떠한 초매함인가
松韻彈成太古琴　솔바람 소리는 태고의 거문고를 타네
此去精廬應不遠　이리로 가면 정사가 아마 멀지 않으리니
猿啼月白是東林　원숭이 울고 달이 희면 거기가 바로 동림일세

---

42 종병(宗炳)은 남송(南宋)시대 사람으로 글씨와 그림과 거문고를 잘하였는데, 국가에서 여러 번 불렀으나 나오지 않고, 친구들과 모임[社]을 가지고 시 짓고 술 마시며 세월을 보냈다. 그가 만든 모임을 종병사라 하였다.
43 초은(招隱)은 은사를 부른다는 뜻으로, 처음에 회남(淮南) 소산(小山)이 「초은사(招隱士)」를 지었고, 그 후로는 진(晉)나라 좌사(左思), 육기(陸機) 등이 초은시를 지었다.
44 계수나무는 총계(叢桂)라고 하여 속세를 떠나 은둔하는 이의 거처를 상징한다. 한나라 회남왕(淮南王) 유안(劉安)이 지은 「초은시(招隱詩)」에 "계수나무가 우거진 곳이여, 으슥한 산기슭이로다. 구불구불 이어진 가지여, 가지가 서로 얽혀 있구나.[桂樹叢生兮山之幽 偃蹇連卷兮枝相繚]"라고 하였다.

세향원[45] 남창에 쓰다
題細香院南窓

朝日將暾曙色分　아침 해가 밝아지면서 새벽 빛이 분명해
林霏開處鳥呼群　자욱한 숲 열린 곳에 새가 무리를 부르네
遠峯浮翠排窓看　먼 봉우리에 떠 있는 푸른 빛은 창 열면 보이고
隣寺疎鍾隔巘聞　이웃 절의 드문 종소리는 언덕 넘어 들리네
靑鳥信傳窺藥竈　파랑새는 소식을 전하며 약 달이는 부엌을 엿보고
碧桃花落點苔紋　벽도화 꽃은 떨어져 이끼에 무늬를 찍네
定應羽客朝元返　아마도 신선은 상제께 조회하고 돌아와
松下閑披小篆文　솔 아래서 한가롭게 소전[46]의 글을 펼치리라
　　何減盛唐耶 어찌 성당보다 못하랴

무제
無題

終日芒鞋信脚行　하루 종일 짚신으로 발 가는 대로 걷노라니
一山行盡一山靑　한 산을 걸어 다하면 또 한 산이 푸르네
心非有想奚形役　마음에 생각 없으니 어찌 몸에 사역 당하며
道本無名豈假成　도는 본래 이름 없으니 어찌 거짓으로 이뤄지랴
宿露未晞山鳥語　밤 이슬 마르지 않았는데 산새는 울고
春風不盡野花明　봄바람 끝이 없으니 들꽃이 환하구나
短笻歸去千峯靜　짧은 지팡이로 돌아오니 천 봉우리가 고요한데

---

45 춘천 청평사(淸平寺)에 있는 암자 이름으로, 김시습이 한때 살던 곳이다.
46 진(秦)나라가 천하를 통일한 뒤에 이사(李斯)가 옛 글자를 모두 정리하여 천하의 문자를
　　통일시키기 위하여 만든 글자이다. 당시의 문자인 대전(大篆)을 조금 더 간략하게 바꾸어
　　만들며 소전(小篆)이라 하였다.

翠壁亂烟生晚晴　푸른 절벽에 어지러운 노을이 저녁 볕에서 나네
　悟入眞如 깨달아 진여에 들어섰다.

대흥륭사

大興隆寺　　　　　　　　　　　　　　　　　　성현(成俔)

御溝流水綠溶溶　어구의 푸른 물이 출렁출렁 흘러가는데
信馬街西到梵宮　말 가는 대로 서쪽 거리 범궁에 이르렀네
四面金鈴鳴落日　사면의 황금 풍경은 지는 해에 울리고
千尋寶塔出層空　천 길의 보탑은 하늘 높이 솟았구나
袈裟院院翻經偈　스님들은 방마다 불경 게송을 읽고
香火人人拜大雄　향불은 사람마다 올려 대웅전에 예배하네
坐久自憐禪榻靜　오래 앉았노라니 고요한 선탑이 가련해라
鬂絲輕颺落花風　귀밑털이 꼴 떨구는 바람에 가벼이 날리누나[47]
　雖無警絶 亦自鴻麗 國朝大槩如是 비록 놀랄만한 시구는 없어도 역시 넓고 고우니
　국조의 대개가 이와 같다.

단오일에 여회가 수석(壽席)을 열고 그네놀이를 하였는데, 비구니도 와서 끼었다

端午如晦設壽席 爲秋千戲 比丘尼亦來參

靑娥皓齒笑爭姸　고운 눈매 하얀 치아 예쁜 웃음을 다투다가
浪作人間謝自然　헛되이 인간 세상에 사자연[48]이 되었구나

47　두목(杜牧)의 「제선원(題禪院)」 시에 "오늘 흰 귀밑털로 선탑 가에 이르니, 차 연기가
　　꽃 떨구는 바람에 가벼이 날리네.[今日鬂絲禪榻畔 茶煙輕颺落花風]"라고 하였다.
48　당나라 정관(貞觀) 연간의 여도사(女道士)인데 천태산(天台山)의 사마자미(司馬子微)에
　　게 도술을 배워 신선이 되었다 한다. 한유(韓愈)의 작품에 「사자연시(謝自然詩)」가 있다.

強屈春心寄蘭若　춘심을 억누르고 절에 몸을 붙였건만
還隨女伴鬪秋千　도리어 친구 따라 그네 솜씨를 겨루네
霜袍日炤鵝毛嫩　햇볕에 비치는 흰 가사는 깃털처럼 부드럽고
烏帽風輕燕翼翩　바람에 나부끼는 검은 고깔은 제비 날개 같구나
忽訝微塵成淨界　혹시 티끌 세상을 정계를 이루어서
如來方便散花天　여래의 방편으로 산화천[49]이 된 것인가

산수도

山水圖　　　　　　　　　　　　　　　　　　　　　심원(深源)

十年流落二毛人　십 년을 흘러 다니다 이모(二毛)의 사람 되고 보니
千里江山入眼新　천리 강산이 눈에 들어 새롭구나
楚子不成巫峽夢　초나라 사람은 무협의 꿈을 이루지 못했는데
漁翁還負武陵春　고기잡이 노인은 도리어 무릉의 봄을 저버렸네[50]
雲烟洞口僧三輩　구름과 연기 낀 골짝 어귀에는 스님이 세 사람
風雨峯頭月一輪　바람과 비가 치는 봉우리에는 달이 한 바퀴일세
隱几早知吾喪我　안석에 기댔으니 내가 나를 잃은 줄을 일찍이 알아[51]
北山何必更尋眞　어찌 반드시 북산에서 참된 나를 찾으랴

49　『유마경(維摩經)』에 나오는 산화천녀(散花天女)의 준말인데, 여기서는 그네를 뛰는 비구
　　니가 천상에서 꽃을 뿌리는 천녀(天女)처럼 아름답다고 표현한 것이다.
50　무산지몽(巫山之夢)과 무릉도원(武陵桃源) 설화를 가리킨다.
51　『장자』「제물론」에 남곽자기(南郭子綦)가 안석에 기대앉아서 하늘을 우러러 길게 숨을
　　내쉬는데, 그 멍한 모습이 마치 짝을 잃은 것 같았으므로 안성자유(顏成子游)가 묻자,
　　남곽자기가 대답한 말이 실려 있다. "자네는 또한 착하구나. 자네가 그렇게 묻다니. 지금
　　나는 내 자신을 잃어버리고 있었는데, 자네가 그것을 알았구나.[偃不亦善乎 而問之也
　　今者吾喪我 汝知之乎]"라고 하였다.

꽃을 감상하며 고기를 낚다. 응제에 차운하다

賞花釣魚 應製次韻   김흔(金訢)

上苑芳菲一夜開   상원의 아름다움이 하룻밤에 열려
翠華初自日邊來   임금님 행차가 막 해 옆으로 오네
風飄漢帝橫汾樂   바람은 한무제의 분하를 건널 때 음악을 흔들고[52]
春滿周王宴鎬杯   봄은 주왕의 호경(鎬京) 잔치 술잔에 가득하구나
戲藻錦鱗時出沒   장난하는 비단 고기는 때때로 나왔다 들어갔다 하고
囀枝黃鳥乍低個   가지에서 지저귀는 황조는 잠깐 나직히 도네
宸心正與民同樂   임금님 마음이 참으로 백성들과 함께 즐기시기에
恩許微蹤得暫陪   미미한 자취도 잠깐 모시게 은혜를 허락하셨네

정월 보름날 북경 여자들이 옥하교를 건너다

正月望 都中女子群渡玉河橋[53]   신종호(申從濩)

  諺云禳災 속담에 재앙을 없앤다고 한다.

露浥瓊花萬萬條   이슬이 경화의 만만 가지를 적시니
香風吹送玉塵飄   향기로운 바람이 옥진을 불어 보내어 흩날리네
不隨月姊歸蟾闕   항아를 따라 월궁으로 돌아가지 않고
共學天孫度鵲橋   다 같이 직녀성을 배워 오작교를 건너네
一夜宜男成吉夢   하룻밤에 아들 잘 낳는 좋은 꿈을 이루려고

---

52 무제의 「추풍가」에 "누선을 띄워서 분하를 건너가니, 중류를 가로질러 흰 물결을 날리는
   도다.[泛樓船兮濟汾河 橫中流兮揚素波]"라고 하였다.
53 『속동문선』 권8에는 긴 제목으로 실려 있다. 「정월 16일 3경에 북경 여자들이 비록 부호나
   귀족이라도 잘 단장하고 많은 무리가 옥하교를 건너기에, 물어보니 오늘 밤에 이 다리를
   건너면 아들을 잘 낳는다고 하니 이상하다[正月十六日三夜 都中女子 雖豪門貴族 靚粧
   徒步 千百爲群 渡玉河橋 問之今夜步過此橋 有宜男之吉 異哉]」

千金買笑薦春嬌　천금으로 웃음을 사서 봄의 아양을 떠네
明朝十里天街上　내일 아침에는 십 리의 서울거리 위에서
多少行人拾翠翹　길가는 사람들이 취교[54]를 주으리라

　三四絕佳 삼사 구가 매우 아름답다.

백상루 시에 차운하다

百祥樓 次韻[55]　　　　　　　　　　　　　　　　　　이원(李黿)

半簾踈雨冷侵樓　반쯤 열린 주렴 가랑비에 누각이 썰렁한데
瘴海腥烟午未收　바다 비린내 나는 연기는 낮에도 걷히지 않네
萬古湖山成勝槪　만고 세월에 산천은 승경을 이루었고
百年天地入搔頭　백 년 인생에 천지는 근심거리 되었네
江城秋晚霜敲葉　강가 성에 가을 늦어 서리가 잎에 내리고
野渡朝生浪打舟　들판 나루에 조수 밀려와 물결이 배를 치네
一抹斜陽歸棹遠　한 줄기 석양에 돌아갈 길은 멀기만 한데
好風吹送白蘋洲　시원한 바람이 흰 마름풀 모래섬에 불어오네

송사를 읽고

讀宋史　　　　　　　　　　　　　　　　　　　　　정희량(鄭希良)

建隆初築大平基　건륭[56]이 처음으로 태평한 터를 닦고는

54　여자의 머리꽂이인데, 비취(翡翠)의 날개처럼 생겼으므로 취교(翠翹)라 한다.
55　이 시는 이원(李黿)의 문집인『재사당일집(再思堂逸集)』권1에 실리고, 유몽인의『어우집(於于集)』권2에도 「도중(途中)」이라는 제목으로 실려 있다.『재사당일집(再思堂逸集)』「유사(遺事)」에는 "처음 곽산으로 유배될 때에 「술지부」를 짓고 안주 백상루를 지나다가 차운하였는데 무오년(1498) 가을이었다.[初配郭山時 著述志賦 行歷安州百祥樓次韻 乃戊午秋也]"라고 구체적인 창작 배경까지 밝혔다.

半夜相傳揖讓規　밤중에 서로 읍양의 규모를 전하였네[57]
家法忽從金櫃變　가법이 갑자기 금궤[58]로 좇아 변하였으니
天心先許杜鵑知　하늘의 마음을 먼저 두견새가 알았네[59]
啁啾群議江南割　지껄이는 의논들이 강 남쪽을 베어 주자 하니
零落諸賢嶺外移　영락한 여러 현인들은 고개 밖으로 귀양갔네
誰勸康王回馬首　누가 강왕에게 권하여 말 머리를 돌렸던가[60]
可憐殘業績如絲　가엾게도 쇠잔한 업이 실처럼 이어 갔구나

우연히 쓰다

偶書　　　　　　　　　　　　　　　　　　　　　　　　정희량(鄭希良)

年來索寞鴨江濱　여러 해 전부터 압록강 가에서 삭막하게 지내다가
回首塵沙欲問津　진사에서 머리 돌려 나루터를 물으려 하네
客裏偶逢寒食雨　객지에서 우연히 한식날 비를 만나
夢中猶憶故園春　꿈속에서 아직도 고향의 봄을 기억하네
一生愁病添衰鬢　일생의 시름과 병은 시든 살쩍을 보태었는데

56 송나라 태조인 조광윤의 치세에 쓰였던 송나라 최초의 연호로, 960년에서 963년까지 4년
　　동안 쓰였다.
57 송나라 태조(太組)가 군사들에게 추대를 받아 진교역(陳橋驛)에서 군사를 돌려 들어와서,
　　주(周)나라 공제(恭帝)에게 양위(讓位)받는 형식으로 나라를 차지하였다.
58 태조가 장차 죽은 뒤에 그의 동생 광의(匡義 태종)에게 제위(帝位)를 전할 것을 조보(趙
　　普)를 시켜 글로 쓰게 하여 금궤(金櫃)에 간직하였다. 어머니의 뜻이라고 한다.
59 "옛적 촉(蜀)나라 임금이 그의 신하 별령(鱉靈)에게 나라를 양도하여 주고 자기는 고국을
　　떠나 두견새가 되어 밤마다 슬피 운다."라는 전설을 가져다 쓴 것이다.
60 강왕(康王)은 휘종(徽宗)의 아홉째 아들이다. 금(金)나라 군사가 송나라에 침입하여 송나
　　라가 땅을 베어 주고 화의(和議)를 하려고 하니, 금나라에서 강왕(康王)을 오라 하였다.
　　강왕이 처음 갔다가 돌아와서 두 번 가려 하다가 일이 틀린 것을 보고 말을 돌렸다. 금나라
　　에서 휘종(徽宗)과 흠종(欽宗)을 잡아 가니 강왕이 강남(江南)에 옮겨서 임금이 되었는
　　데, 이가 바로 고종(高宗)이다.

萬里溪山着放臣　만리의 시내와 산은 쫓겨난 신하를 붙여 주는구나
直以踈慵成落魄　바로 둥한하고 게을러 낙백하게 되었으니
非關時命滯詩人　운명이 시인을 곤궁하게 한 것이 아닐세

　　三四極佳 結稍不揚 삼사 구가 지극히 아름답고, 결구는 조금 떨치지 못하였다.

용재거사에게 부치다

寄慵齋居士　　　　　　　　　　　　　　　　　　　정희량(鄭希良)

客魂銷盡瘦崢嶸　나그네 혼이 녹아 다하고 여위어 앙상해지니
咄咄長齋默自驚　돌돌 탄식하고 재계하며 스스로 놀라네
片月照心臨古國　조각달은 마음을 비추어 고향에 다다랐고
殘星隨夢落邊城　쇠잔한 별은 꿈을 따라 변방 성에 떨어지네
故人字迹千金重　옛 친구의 필적은 천금처럼 중한데
老子聲名一髮輕　늙은이의 명성은 한 오라기 털처럼 가볍구나
莫話陳雷生死地　진뢰[61]의 교분을 이야기하지 말라
從今粗亦識時情　이제부터는 조금이나마 세상 인정을 알게 되었네

---

61 후한(後漢)의 뇌의(雷義)와 진중(陳重)은 젊어서부터 우정이 매우 두터워, 태수가 진중을
효렴(孝廉)으로 천거했을 때는 진중이 이를 뇌의에게 양보하여 뇌의 또한 그 명년에 효렴
으로 천거되었고, 뒤에 둘이 똑같이 상서랑(尙書郎)에 임명되었다가 뇌의가 파출되자
진중 또한 병을 핑계로 벼슬을 그만두었다. 그 후 뇌의가 무재(茂才)에 천거되어서는 이를
진중에게 양보했으나 자사가 들어주지 않자, 뇌의는 마침내 거짓으로 미치광이가 되어
무재의 천거에 끝내 응하지 않았으므로, 향리 사람들이 말하기를 "교칠(膠漆)이 스스로
견고하다고 하지만, 뇌의와 진중의 사이만은 못하네.[膠漆自謂堅 不如陳與雷.]"라고 했
다. 『후한서(後漢書)』 권81 「진중뇌의열전(陳重雷義列傳)」

압록강에서 봄을 바라보며

鴨江春望   정희량(鄭希良)

邊城事事動傷神   변방 성의 일마다 마음을 상하게 하는데

海上狂歌異隱淪   바다 위의 미친 노래는 은둔생활과 다르구나

春不見花猶見雪   봄에도 꽃은 보지 못하고 아직도 눈을 보며

   俳而旨 익살스러우면서도 맛이 좋다.

地無來雁況來人   땅에는 오는 기러기 없으니 하물며 사람을 보랴

輕陰漠漠雨連曉   엷은 그늘이 막막한데 비는 새벽까지 이어지고

細草萋萋風滿津   가녀린 풀이 무성한데 바람이 나루터에 찼구나

惆悵芳時長作客   슬프다 꽃다운 때에 항상 나그네 되었으니

可堪垂淚更沾巾   흐르는 눈물이 수건 적심을 어이 견디랴

계문의 시에 차운하다

次季文韻

過眼如雲事事新   구름처럼 눈을 스치는 일은 일마다 새로우니

狂歌獨立路岐塵   어지러운 세상에 홀로 서서 미친 노래를 부르네

百年三萬六千日   백년 삼만 육천일을

四海東西南北人   사방 동서남북 떠도는 신세일세

宋玉怨騷悲落木   송옥의 원통한 노래는 낙목 때문이 아니었고

謫仙哀賦惜餘春   이적선의 슬픈 노래는 남은 봄을 아쉬워한 것일세

醉鄕倘有閑田地   취향에 한가한 땅이 남아 있다면

乞與劉伶且卜隣   유령에게 이웃하자 청하고 싶구나

   任誕不拘 마음대로 하면서 구속받지 않는다.

안변루 제영에 차운하다

次安邊樓題   이주(李冑)

鐵關天險似秦中　철관의 지세 험하기가 관중과 같은데[62]
古塞悲笳落遠空　옛 변방의 슬픈 피리 소리가 먼 공중에 떨어지네
凍雨斜連千嶂雪　찬 비는 눈 쌓인 천 겹 봉우리에 비껴 날리고
飢鴉驚叫一林風　굶주린 까마귀가 한 숲의 바람에 놀라 우짖네
百年去住身先老　백년 인생 오고 가다가 몸이 먼저 늙었고
半世悲歡氣挫雄　반평생 슬픔과 기쁨으로 장한 기운이 꺾이었네
萬里羈懷愁不語　만리의 나그네 회포를 시름겹게 말하지 않아도
關河迢遞近山戎　관하가 아득히 멀어 오랑캐[63] 땅에 가깝구나

　結得忼慨 결구에 강개함을 얻었다.

　悲壯頓挫 盛唐能品 비장함이 갑자기 꺾이니 성당의 훌륭한 품격이다.

망해사

望海寺

山根鼇脊地凌虛　산의 밑둥은 자라 등뼈 같고 땅은 하늘까지 치솟아
一磬飄聲近帝居　풍경 하나 달랑거리니 천제의 거처에 가깝구나
朝日噴紅跳渤澥　아침 해 붉은빛 내뿜으며 발해에서 솟구치고
晴雲拖白出巫閭　맑은 구름 흰 빛을 끌며 의무려산에서 나오네
蝙鳴側塔千年穴　박쥐는 기울어진 탑 천년 묵은 굴혈에서 울고
龜負殘碑太古書　거북은 깨어진 비석의 태곳적 글씨를 지고 있네

62　철관은 철령(鐵嶺)이고, 진중(秦中)은 중국의 함곡관(函谷關)이다.
63　원문의 신융(山戎)은 춘추시대에 지금의 하북성(河北省) 북방에 살던 흉노의 한 갈래인데, 『동사강목(東史綱目)』「범례(凡例) 조회(朝會)」에서는 북쪽 만주(滿洲) 지역에 거주하는 야인(野人)으로 말갈(靺鞨), 거란(契丹), 여진(女眞) 따위를 가리켰다.

穿衲七斤僧話好　일곱 근 해진 장삼 입은 스님은 말하길 좋아해
點茶聊復駐征驢　차 마시며 애오라지 가던 나귀를 멈추네

　通篇 如商彝周鼎 其氣逼人 시편을 통틀어 상나라 제기, 주나라 솥과 같으니 그
기운이 사람에게 닥쳐온다.

해인사
海印寺

石橋斜入訪禪門　돌다리 건너 선문을 찾아 들어서서
暫借瓊樓倚夕曛　잠시 저녁 햇살을 받으며 경루에 기대었네
蒲盎苔深涼意在　버들 흐드러지고 이끼 짙어 서늘한데다
渚蓮風度好香聞　물가 연꽃 바람결에 좋은 향기 느껴지네
流回禁液西湖水　불전을 돌아 서호의 물이 흐르고
淸透重簾萬壽雲　겹겹 주렴 사이로 만수산 구름이 비치네
閬苑蓬萊尋不得　낭원과 봉래는 찾아갈 수 없지만
仙凡疑此路中分　선계와 속계가 이 길에서 갈라지는 듯해라

　亦自不凡 역시 절로 범상치 않다.

높은 곳에 올라
登高

落木蕭蕭節序過　나뭇잎 쓸쓸히 지니 절기가 지나
瘦節扶病上高阿　여윈 지팡이로 병든 몸 부축해 높은 언덕에 오르네
百年迷路身千里　평생 길 헤매다가 몸이 천리 밖에 있어
萬事傷心海一涯　만사에 상하는 마음 바다 한 끝일세
醉借紅顔酬赤葉　취해서 붉어진 얼굴로 붉은 단풍에 응수한다지만
老將華髮負黃花　늙어 허연 머리는 노란 국화에 지는구나

龍山落帽尋常事 용산에서 모자 떨어지는 건 흔한 일이니
且可招魂賦楚些 혼을 불러서 초사[64]를 지어도 좋으리라

本國人咏九日者 此爲第一 본국 시인 가운데 구일을 읊은 시로는 이 시가 제일이다.

적소에 이르러 유자후가 월강에서 아우 종일과 헤어지며 지은 시에 차운하다
赴謫所 次子厚越江別舍弟宗一韻 贈別舍第

百年雙鬢已紛然 백년 갈 귀밑머리 이미 희끗희끗해졌으니
地角從來此一邊 땅끝[65]이 바로 이곳의 한쪽 귀퉁이일세
閩越古邦人盡蜥 민월의 옛 땅이라 사람들이 다 도마뱀 같고
桂江腥雨日如年 계강[66]의 비린내 나는 비에 하루가 일 년 같구나
山回劍戟秋連海 산은 창칼로 둘렸고 가을은 바다에 이어져
舟落湘吳水擊天 배가 상오 땅에 떨어지니 바닷물이 하늘을 치네

山震海盪 산이 진동하고 바다가 흔들린다.

此去莫更思乃伯 지금 가는 이 형을 다시는 생각하지 말라
放臣骸骨足蠻烟 쫓겨난 신하의 해골은 오랑캐 연기로 족하리라

聲氣俱盡 성조와 기개가 모두 다하였다.

---

64 『초사(楚辭)』에 실린 「초혼(招魂)」이 넋을 부른다는 뜻인데, 초나라 민간의 초혼가 형식을 본따서 지었으므로 구절 끝마다 '사(些)'가 있다. 그래서 '초사(楚些)'라고도 부른다.
65 이숙동(李叔同)의 「송별(送別)」에 "가장 먼 곳은 하늘의 가요, 땅의 귀퉁이[天之涯之地角]"라고 하였다. 땅끝이라는 뜻이다.
66 민월(閩越)이나 계강(桂江)은 모두 유종원이 귀양간 곳의 지명으로, 여기서는 이주가 유배된 섬을 가리킨다.

우연히 짓다
偶成

人間巫峽易浮沈　인간 세상은 무협[67] 같아 쉽게 떴다 가라앉으니
白首餘生只抱襟　흰 머리 남은 생애에 품은 뜻만 남았구나
夜梵殘時香火冷　밤중 범패소리 잦아드니 향불도 식어가고
曉禽驚後佛堂深　새벽 산짐승 놀란 소리에 불당도 깊어가네
一心歷歷皆忠孝　한 마음 역력히 모두가 충효이건만
　　可悲 슬프다
萬事悠悠自古今　인간 만사 유유하기는 예나 지금이 한가지일세
笑罷雲窓歌激烈　구름 창가에 웃음 그치니 노랫소리 격렬한데
半山松檜月陰陰　반산 소나무 회나무에 달이 어두워지네
　　入神 신의 경지에 들었다.

보고 느낀 바를 요체[68]로 짓다
卽事拗體

天開寶刹三兩間　하늘이 두세 간의 보찰을 열었는데
白業胡僧門不關　청정한 업[69]을 닦는 호승은 문도 닫지 않네
石塔百層半空入　백 층의 석탑은 반공에 들었고
鐵崖萬丈千古頑　낭떠러지는 만장이라 천고에 꿋꿋하구나
　　有如許氣力 이처럼 기력이 있다.

---

67 사천성 무협현(巫峽縣)과 호북성의 경계에 있는 협곡으로 양안의 절벽이 매우 험준하여, 서릉협(西陵峽), 구당협(瞿塘峽)과 더불어 장강 삼협(三峽)이라 일컬어진다.
68 요(拗)는 비뚤어지고 꼬부라졌다는 뜻인데, 평측을 따지지 않고 짓는 변체 율시나 절구를 가리킨다.
69 불경(佛經)에서 악업(惡業)을 흑업(黑業)이라 하고, 선업(善業)을 백업(白業)이라 한다.

寒潮曉落出鹽井　찬 조수가 새벽에 빠지니 염전이 드러나고
黑霧晚消多海山　캄캄한 안개 늦게 스러지니 바닷가에 산이 많구나

　　奇思壯語 기이한 생각과 장대한 말이다.

遊目天涯雲更遠　하늘 가 바라보니 구름이 더욱 먼데
北書不至吾得還　북쪽 편지 오지 않으니 내가 돌아갈 수 있으랴

　　出杜 두보에서 나왔다.

　　通篇矯然龍翔 시편을 통틀어 꼿꼿하게 용이 나는 듯하다.

택지(擇之)에게 화답하다

和擇之　　　　　　　　　　　　　　　　　　　　　박은(朴誾)

深秋木落葉侵關　깊은 가을 낙엽이 문 앞에까지 밀려들고

　　起便奇 기구가 기이해진다.

戶牖全輸一面山　창 밖에는 일면의 산이 다 보이누나

　　接得甚竗 접함이 매우 신묘함을 얻었다.

縱有盃尊誰共對　비록 술잔과 술병이 있다지만 누구와 마시랴
已愁風雨欲催寒　비바람이 추위를 재촉할 것을 시름하노라
天應於我賦窮相　하늘이 응당 나에게 궁상을 주었으리니

　　得玄珠於赤水 적수에서 현주를 얻었다.

菊亦與人無好顏　국화 또한 사람에게 좋은 안색이 없구나
撥棄憂懷眞達士　근심을 떨쳐 버리는 것이 참으로 달사이니
莫敎病眼謾長潸　병든 눈 속절없이 늘 눈물 흘리게 하지 마오

　　當使黃太史却步 황태사[황정견(黃庭堅)]을 뒷걸음치게 만들 것이다.

복령사
福靈寺

伽藍却是新羅舊　가람을 옛날 신라 때 창건했으니
千佛皆從西竺來　천불이 모두 서쪽 인도에서 온 것일세
終古神人迷大隗　옛날에 신인 대외(大隗)를 찾지 못하였으니[70]
至今福地似天台　지금의 이곳 복지가 천태산과 흡사하구나[71]
春陰欲雨鳥相語　봄 구름이 비 내릴 듯하니 새는 지저귀고
　　有神助 신의 도움이 있다.
老樹無情風自哀　늙은 나무 정이 없건만 바람 스스로 슬프구나
萬事不堪供一笑　만사는 한 번 웃음거리도 못 되니
靑山閱世只浮埃　청산도 오랜 세월에 먼지만 자욱하구나
　　拔俗 속됨을 벗어났다.

서안(書案)에 택지의 시가 놓여 있기에 읊조리노라니 감회가 일기에 화운하였다
案上有擇之詩 諷誦之餘 感而有和

詩情往往猶能爾　시 짓고 싶음 마음은 왕왕 이렇게 달랠 수 있건만

---

70 황제(黃帝)가 대외(大隗)를 만나러 구자산(具茨山)으로 가는데, 방명(方明)이 수레를 몰고, 창우(昌寓)가 수레 우측에 타고, 장약(張若)과 습붕(諿朋)이 앞에서 말을 인도하고, 곤혼(昆閽)과 골계(滑稽)가 뒤에서 수레를 호위하여 가서 양성(襄城)의 들판에 이르자, 이 일곱 성인이 모두 길을 잃어 길을 물을 데가 없었다. 우연히 말을 먹이는 동자를 만나 물으니 길을 알려 주었다. 『장자(莊子)』 「서무귀(徐无鬼)」
71 천태산(天台山)은 신선인 마고할미가 사는 곳이라 한다. 한나라 명제(明帝) 때에 유신(劉晨)이 완조(阮肇)와 함께 천태산에서 약을 캐다가 길을 잃고 선계(仙界)의 여인들을 만나 반년을 머물다가 집으로 돌아오니 이미 수백 년 세월이 흘러 자기 7대손이 살고 있어 다시 천태산으로 갔다 한다. 손작(孫綽)의 「천태산부(天台山賦)」에 "도사를 단구에 방문하여, 불사의 복지를 찾노라.[訪羽人於丹丘 尋不死之福庭]" 하였다.

酒興時時未要禁　술 마시고 싶음 마음은 때때로 억누르고 싶지 않네
晚向此中聊可托　늦게야 이 속에 마음을 의탁함 직하니

　曠懷掃翳 툭 트인 회포에 덮인 것을 쓸어냈다.

曾於世事已無心　세상사에는 이미 생각이 없어졌네
靑臨書帙山長近　푸른빛이 서책에 다가오니 산은 늘 가깝고
寒擁柴荊雪政深　찬 기운이 사립 감싸니 눈 깊이 쌓였구나
誰識微醺發淸咏　살짝 오른 취기가 맑은 시흥 일으킬 줄 누가 알랴
北風吹日欲西沈　북풍이 해를 불어서 서쪽으로 잠기려 하네

　突兀 우뚝 솟았다.

밤에 누워서 사화(士華)[72] 승지를 생각하며
夜臥有懷士華承旨

故人自致靑雲上　친구는 스스로 청운 위에 올랐는데[73]

　徒然凌厲 까닭 없이 능려(凌厲)하다.

老我孤吟黃菊邊　늙은 나는 외로이 국화 곁에서 시를 읊네

　接得襯着 접함이 착 붙는다.

高盖何妨容陋巷　높은 행차가 이 누추한 거리에 어이 오시랴만
酒杯終不負新篇　술잔 들며 새 시를 짓는 일은 끝내 저버리지 않으리

　極佳思 지극히 아름다운 생각이다.

一年秋興南山色　한 해의 가을 흥취는 남산의 고운 색깔이요
獨夜悲懷缺月懸　외로운 밤에 슬픈 회포는 이지러진 달에 걸렸네

72　사화는 기묘사화(己卯士禍)를 일으켜 조광조(趙光祖) 등 신진 사림파를 숙청하고 영의정
　　까지 지냈던 친구 남곤(南袞)의 자이다.
73　전국시대 위(魏)나라 수가(須賈)가 범수(范雎)에게 "나는 그대가 스스로 청운(靑雲)의
　　위에 오를 줄 생각도 못했다." 한 데서 온 말로, 높은 벼슬에 스스로의 능력으로 오르는
　　것을 뜻한다. 『사기』 권79 「범수채택열전(范雎蔡澤列傳)」

旅鴈似知無伴侶　내가 짝할 벗 없는 줄 기러기도 아는지
數聲飛過沉寥天　몇 마디 울면서 쓸쓸한 하늘을 날아 지나가네

택지에게 부치다
寄擇之

黃菊花來撥懷抱　노란 국화꽃을 보내와서 회포를 달래 주건만
靑雲人遠廢追尋　청운의 벼슬에 사람은 멀어 만날 수가 없네
風從木葉蕭蕭過　바람은 나뭇잎에 소슬하게 불며 지나가고
　　鍊洗不苟 세련되어 번거롭지 않다.
酒許山妻淺淺斟　술은 아내에게 조금씩 잔에 붓게 하네
使有兩螯吾已足　두 마리 게만 있으면 나는 이미 만족하니[74]
　　不羈 얽매이지 않는다.
誰將一事更相侵　그 누가 한 가지 일 가지고 나를 귀찮게 하랴
　　咄咄曠達 괴이하게 광달하다.
知君擁被寒如鐵　알겠노라 그대가 쇠처럼 차가운 이불 두르고서
夢不能成只獨吟　잠을 이루지 못한 채 홀로 시 읊으리란 것을
　　極有佳致 지극히 아름다운 지취가 있다.

오월 이십팔일 택지에게 주다
五月卄八日 贈擇之

憂患祇應關己事　우환은 자기에게 달린 일이니
襟懷尙欲爲誰寬　이내 심회를 오히려 누구 위해 달래랴

---

74 진(晉)나라 필탁(畢卓)이 "오른손으로는 술잔을 잡고 왼손으로는 게를 쥐고 주지(酒池)에
　배 띄워 놀면 일생이 만족스럽겠다." 하였다. 『진서(晉書)』 권49 「필탁전(畢卓傳)」

鬢毛颯颯生秋氣　살쩍에는 소슬하게 가을 기운이 일고

　蕭瑟 소슬하다.

風雨凄凄作曉寒　비바람은 써늘하여 새벽의 한기 만드누나

萬事可能辭爛醉　만사에 얼근하게 술 취하지 않을 수 있으랴

十年端悔做微官　십 년 동안 낮은 관직에 머문 것을 후회하네

遽然罷却湖山夢　갑자기 호산에 노니는 꿈을 깨고 보니

依舊塵埃自滿冠　여전히 속세 티끌만 의관에 가득하구나[75]

영보정

永保亭[76]

四篇皆惝怳突兀 極詩人之雄 殆千古希音 네 편 모두 너무 놀라워 정신이 멍하고 우뚝하게 솟아 시인의 웅장함을 지극히 하였으니 거의 천고에 드문 소리이다.

地迫未窮千頃海　땅이 끝나 넓은 바다를 다 보지 못하지만

山開猶納一頭潮　산이 열려서 한 가닥 조수를 받아들이네

急風吹霧水如鏡　급한 바람이 안개 불어 흩고 물은 거울 같은데

　奇思入微 啄句亦妙 기이한 생각이 은미한 경지에 들어가고 조탁한 시구 역시 묘하다.

近渚無人禽自謠　가까운 물가에 사람 없고 새만 혼자 노래하네

客裏每爲淸境惱　객지에서 언제나 맑은 경치에 마음 심란하더니

日邊更覺故園遙　해 곁[77]에서 다시금 고향이 아득히 먼 것을 깨닫네

苦吟不去乏新語　고심해 시 읊느라 떠나지 않으니 새 시가 부족해

75　백거이(白居易)의 「양홍정을 슬퍼하며[傷楊弘貞]」에 "가련해라 분주한 하급 관리는 진토가 청포에 가득하구나.[可憐趨走吏 塵土滿靑袍]" 하였다.

76　『읍취헌유고』 권3에는 「수영(水營) 뒤의 정자[營後亭子]」라는 제목으로 5수가 실려 있는데, 그 가운데 제1, 제3, 제4, 제5수를 뽑았다.

77　진(晉)나라 원제(元帝)가 명제(明帝)에게 묻기를, "너는 장안(長安)과 해 가운데 어느 쪽이 더 멀다고 생각하느냐?" 하니, 대답하기를, "해가 더 멉니다. 해 곁에서 온 사람이 있다는 말을 듣지 못했으므로 알 수 있습니다." 하였다. 『세설신어(世說新語)』 「숙혜(夙慧)」

愁見落暉沈遠霄　석양이 먼 하늘에 잠기는 광경을 시름겹게 보네
　　結得眇冥 아득하고 어둡게 맺었다.

平生病眼怯遐矚　평소에 눈병을 앓아 멀리 보기도 겁나고
尋丈之間殊不分　한 길 앞에 있는 사물은 전혀 분간치 못하네
鳥過猶憐一點雪　새가 지나가니 한 점의 흰 눈 같아 어여쁘고
　　妙境逼眞 묘한 경지가 진실에 가깝다.
山橫但覺萬堆雲　산이 가로놓였으니 만 무더기 구름 같구나
西邊落日劇相盪　서쪽으로 지는 해는 몹시 흔들리고
　　筆力扛百斛龍文 필력이 백 곡이 들어가는 용무늬 솥을 든다.[78]
空裏玄花尤自紛　공중에 흩어지는 헛꽃은 매우 어지러워라
隱几茫茫輒成睡　안석에 기댄 채 아득하여 문득 잠이 드니
琅然鐵撥只堪聞　낭랑하게 울리는 쇠활 소리가 들을 만하구나
　　恍惚儵儵 不可羈捉 황홀하고 빨라서 매어두거나 붙잡을 수가 없다.

地如拍拍將飛翼　땅은 새가 날개를 치며 날아오르려는 형국이고
樓似搖搖不繫篷　누각은 한들한들 매인 데 없는 배 같구나
　　架出空中蜃樓 공중에 신기루를 지어냈다.
北望雲山欲何極　북쪽으로 바라보니 구름과 산은 어디가 끝인가
南來襟帶此爲雄　남쪽으로 와 띠처럼 두른 산세는 이곳이 제일일세
海氛作霧因成雨　바다 기운이 안개가 되고 이어서 비를 뿌리며
浪勢翻天自起風　물결 형세는 하늘에 닿고 절로 바람을 일으키네
　　駙駕氣勢 말을 타고 달리는 기세이다.
暝裏如聞鳥相叫　어둑한 중에서 마치 새 우는 소리 들리는 듯하니

---

78 힘 있는 시문을 비유한다. 한유(韓愈)의 시에 "백곡이 들어가는 용무늬 솥을 홀로 들 만한
　　필력이네.[龍文百斛鼎 筆力可獨扛]"라고 하였다. 『韓昌黎集 卷5 病中贈張十八』

又入妙境 또 묘한 경지에 들어갔다.

坐間渾覺境俱空 앉아 있는 사이에 몸도 경계도 공함을 깨닫겠네

憐我朝來獨吟處 어여쁘게도 내가 아침에 와 홀로 시 읊던 곳에

一竿初日照簾旌 한 발 높이로 뜬 해가 주렴과 깃발을 비추네

風颷飽與潮俱上 돛단배는 바람을 받아 조수와 함께 오르고
若鞭風霆沃日月 見之愕眙 바람과 우레를 채찍질하고 해와 달을 적시는 듯하여 보면 깜짝 놀란다.

漁戶渾臨岸欲傾 어부의 집은 바닷가에서 기울어지는구나

雨後海山皆秀色 비 온 뒤에 바다와 산은 모두 수려한 빛을 띠고
舒爲媚語 풀어내서 요염한 말이 되었다.

春還禽鳥自和聲 봄이 돌아오자 새들은 절로 소리 응하는구나

客中奇勝猶須句 객지에서 좋은 경치 만나면 시구를 읊어야지

平世文章不要名 태평한 세상에 문장으로 명성 얻을 필요가 없네

임풍루

臨風樓[79]   강혼(姜渾)

試吟佳句發天慳 아름다운 구절 읊어 하늘이 아끼는 경치를 발설하니

正值樓中吏牒閑 마침 누각에선 공문서가 한가한 때로구나

紫燕交飛風拂柳 붉은 제비가 함께 날고 바람에 버들 흔들리는데
湖老所獎 호음 노인[정사룡(鄭士龍)]이 칭찬한 것이다.

靑蛙亂叫雨昏山 청개구리 와글대니 비에 산이 어둑하구나

一生毀譽身多病 한 평생 비방과 명예로 몸에는 병이 많고

---

79 『목계일고(木溪逸稿)』권1에 「성주 임풍루(星州臨風樓)」라는 제목으로 4수가 실렸는데, 그 가운데 제2수이다.

半載驅馳鬢欲斑　반년을 바삐 다니느라 귀밑머리 희끗해졌네
黃閣故人書斷絶　정승 친구의 서신마저 끊어져
客行寥落滯鄕關　나그네는 쓸쓸히 고향에 머물러 있구나

해운대에 차운하다

海雲臺次韻

眼窮溟渤浩漫漫　눈길 가는 끝까지 바다는 넓고도 넓어
駭浪呑空勢未闌　놀란 물결 하늘도 삼킬 듯 기세가 한창이구나
對馬靑山孤鴈外　대마도 푸른 산은 외로운 기러기 너머에 있고
扶桑紅日霽雲端　부상의 붉은 해는 아지랑이 구름 끝에 있네
招邀笙鶴天風冷　피리 불고 학 탄 신선을 부르니 바람이 차갑고
驚起魚龍鐵笛寒　고기와 용이 놀라 일어나니 젓대 소리 슬프구나
千古儒仙留物色　천고의 유선(儒仙)이 아름다운 경치를 남겨 놓았으나[80]
欲攀高躅奈蹣跚　높은 자취 따르려 하여도 비틀거리니 어찌하리
　藻艶可咏 말이 고와서 읊을 만하다.

폐조 때에 연산군이 출제한 「한식동산에 삼월은 다가오고 비바람에 꽃 지는 새벽은 싸늘하구나」에 응제하다

廢朝應製 御題寒食園林三月近 落花風雨五更寒

淸明御柳鎖寒烟　청명이라 대궐 버들 찬 연기에 둘렸는데
料峭東風曉更顴　쌀쌀한 봄바람이 새벽들어 한층 더하네

80 (해운대는) 신라 때 최치원(崔致遠)이 일찍이 대를 쌓고 놀았다 하는데, 유적이 아직도 남아 있다. 어떤 말에는 최치원이 자(字)를 해운(海雲)이라고 하였다 한다. 『신증동국여지승람』 권23 「동래현 고적」

不禁落花紅襯地　떨어진 꽃잎 땅을 붉게 덮도록 내버려두고
更敎飛絮白漫天　흩날리는 버들개지 온 하늘에 자욱하구나
　　晚李佳品 만당의 훌륭한 품격이다.
高樓隔水褰珠箔　물 건너 높은 누각에 구슬발 걷히니
細馬尋香耀錦韉　꽃구경 가는 좋은 말 비단안장 빛나네
醉盡金樽歸別院　금동이술 다 마시고 취해 별원으로 돌아오니
綵繩搖曳畫欄邊　단청한 난간가에 오색끈 흔들리네
　　穠媚可博笑而名檢掃地 농후한 어여쁨이 널리 웃을 만하나 명예와 예법은 땅을
　쓴다.

의주 취승정에서 태허 시에 차운하다

義州聚勝亭 次太虛韻　　　　　　　　　　　　　　　　최숙생(崔淑生)

馬蹄西海到窮陲　말굽 같은 서해가 막다른 모퉁이에 이르러
百尺危亭近紫微　백 척 높은 정자가 자미성에 가깝구나
且倚雕欄看勝景　아로새긴 난간에 기대어 좋은 경치 바라보느라
不敎珠箔障晴暉　구슬발이 밝은 햇빛을 가리지 말게 하네
　　好 좋다.
江橫鴨綠兼天暉　가로지른 압록강이 하늘에 닿아 있고
柳暗鵝黃着雨肥　버들개지 노랗게 비 맞아 살쪘구나
忽憶玉堂身萬里　문득 옥당을 생각하니 이 몸 만 리 밖에 있는데
蓬萊何處五雲飛　봉래산 어느 곳에 오색 구름이 날아가나
　　下四句甚麗 아래 네 구는 매우 곱다.

초가을
新秋

雨霽山中露氣淸　비 개인 산속에 이슬 맑게 맺히고
蒼茫桂魄半規明　아득한 저 달은 반쯤 밝구나
夜凉金井梧桐落　밤 서늘한 우물가에 오동잎 떨어지고
人靜紗囱蟋蟀鳴　사람 고요한 창 밖에 귀뚜라미 우는구나
萬里雲開銀漢逈　만리 하늘에 구름 걷혀 은하수 멀고
一簷風動玉繩橫　처마에 바람 일어 옥승[81]이 비껴 있네
秋來多病腰圍減　가을 들어 병이 잦고 허리가 줄어드니
惆悵安仁白髮生　서글픈 안인에게 흰머리가 늘어나네[82]

稍有晚李風格 만당의 풍격이 조금 있다.

인일
人日　　　　　　　　　　　　　　　　　　　이행(李荇)

諸篇 無蹊徑可尋 無言說可讚 제편이 찾을 만한 지름길이 없고 찬양할 수 있는 언설이 없다.

茲晨何幸値天晴　오늘 아침 하늘이 맑아 어찌도 다행인지
睡起排囱眼忽明　잠에서 깨어나 창을 여니 눈이 홀연 밝아지네
造物定應哀老子　아마도 조물주가 이 늙은이 불쌍히 여겼겠지만
春光寧復慰餘生　봄빛이 어찌 다시 나의 여생에 위로가 되랴
雪消細草靑靑出　눈 녹으니 가느다란 풀이 파릇파릇 나오고

81 옥승은 옥형(玉衡), 즉 북두(北斗) 제5성의 북쪽에 있는 천을(天乙)·태을(太乙)의 두 소성(小星)을 가리키는데, 새벽에 올 무렵에 사라진다.
82 안인은 진(晉)나라 문인 반악(潘岳)의 자이다. 반악(潘岳)의 「추흥부(秋興賦)」 서문에 "내 나이 서른두 살에 처음으로 흰머리를 보았다.[余年三十二 始見二毛]"라고 하였다.

風暖幽禽款款鳴　바람 따스하니 그윽한 새 구욱구욱 우는구나
政使上弦饒月色　상현달 떠올라 달빛이 밝아지면
祇今懷抱爲誰傾　지금의 회포를 누구 위해 기울일까[83]

잠두에서 운을 불러 짓다
蠶頭呼韻

十里茫茫浪接天　십 리 아득한 물결이 하늘에 닿았는데
飛帆無數晩風前　저녁 바람 앞에 돛단배 수없이 떠 가네
百年勝事能如許　평생에 좋은 일이 이만한 게 있을까
一笑吾儕豈偶然　우리들 만나 웃는 일이 어찌 우연이랴
佳境向來唯赤壁　아름다운 곳으론 예로부터 오직 적벽이니
玆遊儻亦繼蘇仙　이 놀이로 소동파의 뒤를 이으면 다행이리라
酒杯相屬聊乘快　술잔 서로 권하며 애오라지 즐기노니
後世何須二賦傳　후세에 어찌 두 적벽부가 전해져야 하랴

입춘 뒤에 감회가 있기에
立春後有感

歲前春色動江干　세밑에 봄빛이 강가에서 생겨나니
屋角微暉破薄寒　처마 끝의 미약한 볕이 엷은 추위를 깨뜨리네
種髮自然無數白　짧은 머리털이 절로 수없이 희게 세었어도
寸心寧肯一分寬　방촌의 마음이야 어찌 한 푼이라도 느슨해지랴
南園細菜人初摘　남산의 여린 나물은 사람들이 따기 시작하고

---

83 『용재집』 권3에 실린 이 시 뒤에 "중열(仲說)의 시에 '추위는 인일로부터 줄고 달은 상현을
지나 밝아라.[寒從人日咸 月過上弦明]'란 시구가 있다."는 주가 달려 있다.

暘谷涓流雪已殘　양지편 골짝에 흐르는 물은 눈이 이미 녹았구나
獨立春風雙涕淚　봄바람 속에 홀로 서서 두 줄기 눈물 흘리니
百年身事轉艱難　백년 신세가 갈수록 힘들구나

여산(礪山) 가는 도중에
礪山道中

半生憂患二毛新　반평생 우환 속에 흰머리[84]가 새로 나와
匹馬天南潦倒身　필마로 하늘 남쪽을 떠도느라 지친 몸일세
一事不諧歸去晩　한 가지 일도 이뤄지지 않아 귀거래가 늦어지고
百年餘幾往來頻　여생이 얼마 안 남아 왕래만 잦아지네
靑山得句將搖落　푸른 산은 시구 얻어 잎이 지려 하고
白雨淹人作苦辛　흰 비는 사람 막아서 괴로움을 겪게 하네
吟罷無端問前路　시 읊고 나서 무단히 앞길을 묻노라니
西風衰淚濕行塵　서풍에 쇠잔한 눈물이 길 먼지를 적시네

감회가 일어 익재(益齋)의 시운(詩韻)을 사용하다
感懷用益齋韻

多難纍然一病夫　많은 어려움 속에 지친 일개 병든 사내
人間隨地盡窮途　인간 세상 가는 곳마다 갈 길이 막히는구나
靑山在眼誅茅晩　푸른 산이 눈에 들어와 저물녘 띠풀 베고
明月傷心把筆孤　밝은 달이 마음 아프게 해 외로이 붓을 잡네

84　원문의 이모(二毛)는 검은 머릿속에 흰 머리가 나기 시작하는 것을 말한다. 진(晉)나라
　　문인 반악(潘岳)이 「추흥부(秋興賦)」 서문에 "내 나이 서른두 살에 처음으로 이모가 보였
　　다.[余年三十二 始見二毛]"라고 하였다.

短夢無端看穴蟻　짧은 꿈 무단히 깨어 개미굴을 보노라니[85]
浮生不定似檣烏　덧없는 인생 정처 없기가 돛대의 까마귀[86]일세
只今贏得衰遲趣　이제는 늘그막의 흥취를 많이 얻어서
聽取兒童捋白鬚　아이들이 흰 수염 당겨도 다 들어 주네

지정의 시에 차운하다
次止亭韻

西日微微下遠巒　서쪽의 해가 희미하게 먼 산에 내려오니
倦飛禽鳥各知還　날다 지친 새들이 저마다 돌아갈 줄 아네
黃鸝無語分明老　노란 꾀꼬리 울음 없으니 분명 늙었고
紅藥傷心一半殘　붉은 꽃잎은 마음 아프게 반쯤 시들었네
藜杖解能扶病骨　명아주 지팡이로 병든 몸을 부축할 수 있으니
酒杯聊爲洗愁肝　술잔으로 애오라지 시름겨운 간장을 씻으리라
東皋舒嘯邀淸影　동쪽 언덕에서 휘파람 불며[87] 맑은 달빛 맞으니
儌得餘生分外歡　여생에 과분한 즐거움을 뜻밖에 누리누나

그림에 쓰다
題畵

四序平分秋最悲　사철이 고루 나뉘니 가을이 가장 슬퍼

85　순우분(淳于棼)이 느티나무 남쪽 가지 아래서 잠을 자다가 꿈에 괴안국(槐安國)에 이르러
온갖 부귀를 누리고 깨서 보니 자기가 노닐던 곳이 바로 느티나무 아래였고 그곳에 개미굴
이 있어 개미들이 드나드는 것이 보였다고 한다. 「남가기(南柯記)」

86　돛대 위에 까마귀 모양으로 만들어진 풍향계(風向計)이다.

87　도연명의 「귀거래사(歸去來辭)」에 "동쪽 언덕에 올라 길게 휘파람 불고, 맑은 물에 임하
여 시를 짓네.[登東皋以舒嘯 臨淸流而賦詩]"하였다.

蕭蕭木葉已辭枝　쓸쓸한 나뭇잎들이 벌써 가지를 떠나네
畫圖寫出無窮意　그림은 무궁한 뜻을 잘 그려 내고
詩句吟成一段奇　시는 일단의 기이한 구절을 읊어 내네
瀑布定從天外落　폭포는 아마도 하늘 밖에서 떨어질테지
松陰不覺坐來移　소나무 그늘은 어느새 앉은 자리서 옮겨 갔네
仙禽對我如相笑　선금[88]이 날 대하고 마치 웃는 듯하니
白首塵籠栖息卑　비천한 몸 흰 머리로 티끌 속에 갇혀 사누나

동파(東坡)의 송춘(送春) 시에 차운하다

次東坡送春韻

青春垂盡已難追　푸른 봄 다 가버려서 뒤쫓기 어렵기에
白首無言對落暉　흰 머리로 말없이 지는 해를 마주 보네
幽鳥惜陰終日囀　그윽한 새는 그늘 아끼어 종일 지저귀고
殘花戀故遶枝飛　지는 꽃은 옛 가지 사랑하여 휘감고 나네
是間丘壑堪娛老　이곳 산골짜기가 노경을 즐길 만하지만
分外聲名未息機　분수에 넘친 명성에 기심이 쉬지 않누나
來歲重逢吾有約　내년에 다시 만나자 기약하노니
方知四十九年非　사십구 년 잘못을 이제야 비로소 알았네[89]

---

88 학(鶴)은 조류(鳥類) 가운데 유독 태생(胎生)이라는 전설이 있어서 태선(胎仙), 또는 선금 (仙禽)이라는 별칭이 있다.

89 『회남자(淮南子)』 「원도훈(原道訓)」에 "거백옥(蘧伯玉)은 나이 오십에 사십구년의 잘못 을 알았다." 하였다.

영통사 벽에 걸린 시에 중열의 시에 차운하다
次仲說靈通寺壁上韻

偶乘微雨問叢林	우연히 가랑비 맞으며 총림을 물으니
洞府淸寒古木陰	맑고 서늘한 골짜기에 고목이 그늘졌네
岳色淡濃朝暮態	담박하게 짙은 산색은 아침저녁 달라지고
溪聲徐疾短長吟	더디고 빠른 시냇물 소리는 길고 짧은 시일세
百年泉石渾如昨	백년의 천석이 도무지 어제 같은데
一日風流更有今	하루 즐기는 풍류가 다시 있구나
酒盞茶瓢俱不惡	술잔도 찻잔도 다 나쁘지 않지만
却愁殘景迫西沈	남은 해가 서산에 잠길까 그것이 걱정일세

대흥동으로 가는 도중에
大興洞途中

芒鞋藜杖木綿衣	짚신에 명아주 지팡이 짚고 무명옷 입었으니
未覺吾生與願違	이내 생애 평소 바람과 어긋나지 않는구나
塵土十年寧有此	티끌 세상에 십 년 동안 이런 흥이 있었으랴
溪山終日便忘機	산수 속에서 종일 노니느라 문득 기심을 잊었네
多情谷鳥勸歸去	다정한 골짜기의 새는 돌아가라 권하고
一笑野僧無是非	한 번 웃으니 산골 스님은 시비가 없구나
更着詩翁哦妙句	시옹이 다시 묘한 시구를 읊노라니
晚風催雨正霏霏	저녁 바람이 비를 재촉해 부슬부슬 뿌리네

칠석

七夕   김안국(金安國)

鵲散烏飛事已休　까치 흩어지고 까마귀 날아가 일이 이미 끝났으니
一宵歡會一年愁　하룻밤 즐겁게 만나고는 일 년 내내 시름하네
淚傾銀漢秋波闊　눈물이 은하수에 쏟아져 가을 물결 넘실대고
　清麗 맑고 곱다.
腸斷瓊樓夜色幽　옥루(玉樓)에서 애 끊어지니 밤빛이 그윽하구나
錦帳有心邀素月　비단 휘장에 흰 달을 맞이할 마음은 있어도
　婉切 어여쁘고 절실하다.
翠簾無意上金鉤　푸른 발에 금갈고리를 올릴 뜻은 없네
只應萬劫空成怨　다만 만겁토록 부질없이 한만 쌓이니
南北迢迢不自由　남과 북이 아득하여 자유롭지 못하리

정태사의 유별 시에 차운하다

酬鄭太史留別韻   박상(朴祥)

江城積雨捲層霄　강성에 오랜 비 걷혀 높은 하늘 드러내고
秋氣冷冷老火消　가을 기운 서늘해져 늦더위 스러졌네
黃膩野秔迷眼發　누렇게 기름진 들판의 벼는 눈이 어리게 이삭 패이고
綠疎溪柳對樽高　푸르고 성긴 시냇가 버들은 술동이 마주하고 높이 섰
　　　　　　　　구나
風隨舞袖如相約　춤추는 소매에 바람이 따르니 서로 약속한 듯해
　運思極幽而巧 생각을 움직이는 것이 지극이 그윽하고 공교하다.
山入歌筵不待招　산은 노래하는 잔치에 부르지 않아도 들어오네
慙恨至今持斗米　부끄럽고 한스럽기는 지금까지 수령 자리를 지키고
　　　　　　　　있어

故園蕪絶負逍遙　고향의 전원이 황폐해져도 거닐지 못하는 걸세

남해당[90]
南海堂

蕙肴椒醑穆將愉　혜초로 찐 고기 화초로 빚은 술 공경하며 즐겨
神衛煌煌駕赤虯　신의 호위 휘황하게 붉은 규룡에 수레 끌리네
　　入神 신의 경지에 들었다.
香火粲薰三宿裏　향불은 석 잔 올리는 동안 향기 선명하고
月星明摡五更頭　달과 별들이 오경 무렵에 밝게 비치네
　　軒然氣擧 헌칠한 기개와 거동이다.
梢殘颶母天空闊　회오리바람 스러지니 하늘이 공활하고
鎖斷支機海妥流　지기석을 묶어버려 바다 평온하게 흐르네
　　句杰事帖 시구가 걸출하고 일이 딱 맞는다.
禾黍有秋從可卜　벼와 기장 풍년들 것을 점칠 수 있으니
慶雲時起祝融陬　경사스런 구름이 축융[91]의 고장에 때때로 일어나네

90　『신증동국여지승람』 권35 「나주목」 사묘(祠廟)조에 "남해신사(南海神祠)는 주의 남쪽 45
　　리에 있다. 사전(祀典)에 중사(中祀)로 기록되었으며, 봄가을로 나라에서 향과 축문을
　　내려 제사를 지낸다."고 하였다. 한유(韓愈)의 「남해신묘비(南海神廟碑)」 어구나 지명이
　　많이 보인다.
91　고대 화신(火神)의 이름이자, 남방(南方) 또는 남해(南海)를 관장하는 신의 이름이기도
　　하다. 『관자(管子)』 「오행(五行)」에, "사룡을 얻어 동방을 다스리고, 축융을 얻어 남방을
　　다스렸다.[得奢龍而辯於東方 得祝融而辯於南方]"라고 하였다. 남해당 시이기에 축융
　　을 말한 것이다.

태평관, 사상(使相)의 시에 차운하다

太平館 次使相韻

開府新功掩後先 상공이 새로 세운 공은 전후에 없었으니
咄嗟華構更輪然 아아! 화려한 건물이 더욱 크구나
海門潮至石如馬 해문에 조수 밀려드니 돌이 말 같고
　　勁悍奇杰 경한(勁悍)하고 기걸(奇杰)하다.
島胛雲收人竦肩 섬 중턱에 구름 걷히니 사람 어깨가 움추러드네
宗慤長風凌鉅浪 종각의 장풍으로 거대한 파도 넘었으니[92]
蓬萊夷路問群仙 봉래섬 평탄한 길을 여러 신선들에게 물어보네
　　何等氣慨 어떠한 기개더냐?
盛陳伶樂魚龍舞 광대와 풍악을 크게 벌리고 물고기와 용이 춤추니
橫槊何妨賦錦筵 창 비껴잡고[93] 비단 잔치에 시 지은들 어떠랴

법성포에 비 내린 뒤에

法聖浦雨後

晴旭娟鮮縱目初 맑은 햇살 곱디 고와 눈에 막 보이고
蒼茫遠嶠蔚藍如 아득히 먼 섬은 울창하고 푸르구나
龍宮晒出鮫人錦 용궁에선 인어의 비단을 쬐어 말리려 내어왔고
蜃市跳回姹女車 신기루에서 수은 실은 수레가 돌아오네

---

92 남조 송(宋)나라의 종각(宗慤)이 소년 시절에 숙부가 포부를 묻자, "장풍을 타고 만 리의 물결을 헤쳐 나가 보고 싶다.[願乘長風破萬里風]"고 대답하였다. 『송서(宋書)』 권76 「종각전(宗慤傳)」

93 소동파가 적벽부(赤壁賦)에서 조조를 "술을 걸러 강물을 굽어보며 마시고 창을 비껴 들고 시를 읊으니, 참으로 한 세상의 영웅이었다.[釃酒臨江 橫槊賦詩 固一世之雄也]"고 찬양하였다.

雲蔽蓬萊仙縹緲　구름에 덮인 봉래섬엔 신선이 어슴푸레 보이고
颾驐舴艋路空虛　돛대 걷힌 조각배엔 길이 텅 비었네
乘桴蹈海還追古　뗏목 타고 바다로 나서던 옛일을 다시 기억하니
老淚無端忽滿裾　늙은이 눈물은 끝없이 옷깃에 가득하구나

　　雖欠緊要 望之眇冥

영남루 시에 차운하다
次嶺南樓韻

客到嶺梅初發天　객이 이르니 고개에 매화가 막 피었는데
嘉平之後上元前　12월은 지나고 상원날 되기 전이라네
　　亦快活 역시 쾌활하다.
春生畫鼓雷千面　봄은 우레 같은 천 가지 북소리에 생겨나고
　　雄放自恣 웅방하고 제멋대로이다.
詩會靑山日半邊　시흥(詩興)은 푸른 산으로 지는 해에 모여드네
漁艇載分籠渚月　고기 잡는 배는 강을 두른 달빛을 나누어 싣는데
　　緊重 긴밀하고 무겁다.
官羊踏破羃坡烟　관청의 염소는 언덕을 덮은 아지랑이를 밟아 부수네
形羸心壯凌淸曠　몸은 쇠해도 마음은 씩씩하여 맑은 하늘로 올라서
驅使乾坤入醉筵　천지를 몰아 취한 이 자리에 들게 하네

西湖萬里隔吳天　서호 만 리인데도 오나라 하늘과는 떨어져 있어
綠浪東西忽墮前　푸른 물결 동서에서 일다가 문득 앞에서 떨어지네
天上玉樓身坐處　천상의 옥루는 몸이 앉아 있던 곳이고
　　何等氣宇 어떠한 기개와 도량이더냐?
海中鼇極眼窮邊　바다 속 네 기둥[94]은 눈길이 다한 곳에 있네
江魚慣聽靑娥瑟　강의 물고기는 미인의 거문고 소리 익숙한 듯 듣고

城樹恒熏錦燭烟   성의 나무는 항상 금촉의 연기에 잠겨 있네

　追蠡極備 퇴려[95]가 지극히 갖추어져 있다.

度嶺謾愁深涉險   고개 넘고 시름겹게 깊은 험지를 건넜으니

平生經賞摠塵筵   평생 구경한 곳이 모두 먼지 낀 자리였네

함창 동헌의 시에 차운하다

次咸昌東軒韻

久坐仍聞罷午鷄   오래 앉아서 그대로 지친 닭 울음소리를 듣고 나자

墻陰半側畫欄西   담 그림자 단청한 난간 서쪽으로 반쯤 기우네

松花穩下露猶濕   송화 가루 천천히 떨어지는데 이슬 아직 축축하고

柳絮交飛鶯亂啼   버들개지 뒤섞여 나니 꾀꼬리 어지럽게 우네

人散月華垂屋角   사람들 흩어지자 달빛은 지붕 모서리에 드리워지고

夜深雲氣宿榱題   밤 깊어 구름 기운은 서까래 끝에 잠 드네

明朝更試征途險   내일 아침 갈 길이 험할는지 다시 점쳐 보니

鳥嶺攙天路不迷   새재가 하늘을 찔러 길이 낯설지 않구나

탄금대

彈琴臺

湛湛長江上有楓   맑은 장강 가에 단풍나무 있고

　便如許馨 문득 이처럼 향기롭다.

仙臺孤截白雲叢   홀로 남은 선대에 흰 구름 자욱하네

94　원문의 오극(鰲極)은 여와(女媧)가 큰 자라의 발을 잘라 하늘의 네 귀퉁이를 떠받친 기둥
　　이다. 『회남자(淮南子)』「남명훈(覽冥訓)」에 "여와가 오색의 돌을 달구어 하늘을 땜질하
　　고 큰 자라의 발을 잘라 사극(四極)에다 세웠다."라고 하였다.

95　퇴려(追蠡)는 종을 매단 끈이 좀을 먹어 곧 떨어지려 하는 것을 말한다.

彈琴人去鶴邊月　거문고 타던 사람은 학 날아가는 달로 올라가고
　　燄眩開闔 不可有二 잠깐 사이 열렸다가 닫히니 둘이 있을 수가 없다.
吹笛客來松下風　피리 부는 나그네 솔 아래 바람을 타고 오네
萬事一回悲逝水　세상만사 한번 도니 흐르는 물을 슬퍼하고
浮生三嘆撫飛蓬　뜨내기 인생 장탄식하며 날리는 쑥을 어루만지네
誰能寫出湖州牧　누가 능히 호주 목사를 그려 낼 수 있겠는가
　　極微 지극히 은미하다.
散步狂吟夕照中　이리저리 거닐며 석양 아래서 미친 듯 읊조리네

다시 탄금대에 노닐며
再遊琴臺

往事迢迢不可探　지나간 일 아득해 찾아볼 수 없으니
琴仙臺下水如藍　탄금대 아래 물빛이 쪽빛이구나
文章强首無遺廟　문장 이름난 강수는 남겨진 사당도 없고
翰墨金生有廢菴　글씨 잘 쓰던 김생도 황폐한 암자뿐일세
落日上江船兩兩　지는 해에 강을 올라가는 배들 둘씩 보이고
斜風盤渚鷺三三　비낀 바람에 모래섬 노니는 백로 셋씩 있구나
　　沈着卓詭 침착하고 뛰어나게 기이하다.
陶詞莫遣佳人唱　도연명의 시를 아름다운 여인이 노래하게 하지 마라
太守聞來面發慙　태수가 들으면 얼굴이 부끄러워지리

사상의 시에 차운하여 열상인에게 주다
次使相韻 贈悅上人

曾宿招提七祖宮　이전에 절간 칠조[96]의 방에 묵었는데
晨鍾雲外聽丁東　새벽 종이 구름 밖에서 댕그렁 들려 왔네

窓櫺窣窣千峯雨　창과 처마에 줄줄 천 산에 비가 내리고
松檜刁刁萬壑風　소나무 전나무에는 휘익 만 골짝 바람이 스치네
支遁許詢交旣密　지둔과 허순은 교분이 이미 친밀하고[97]

　　闢闔有力 열리고 닫힘이 힘이 있다.

江蓮天棘句還工　강련과 천극은 시구가 공교롭구나[98]
十年不蹋山中路　십 년 동안 산속 길을 밟지 않아서
歸夢依依入夜濃　돌아가는 꿈 마음 설레게 한밤중에 파고드네

충주 남루에서 이윤인의 시에 차운하다

忠州南樓 次李尹仁韻

肩輿樓下謾頻過　가마 타고 누각 아래 부질없이 자주 지나다가
高榻樓中興且多　누각 올라 평상에 앉으니 흥겨움이 많구나
西北二江流太古　서북쪽 두 강은 태곳적부터 흘렀고

　　奇拔 기발하다

東南雙嶺鑿新羅　동남쪽 두 고개는 신라와 통하였지
烟和暮堞栖鴉噪　안개 낀 저녁 성첩에는 까마귀 깃들어 울고
月照寒閭杵婦歌　달빛 비치는 차가운 집에서 다듬질 노래하네
佩印故州寧有此　고향에 인끈 차고 내려갈 것 뭐 있겠는가
端將晝錦向人誇　고작 낮에 비단옷 입고 자랑이나 하겠지

---

96 당나라 두보(杜甫)의 일백운시(一百韻詩)에 "내 몸을 쌍봉사에 허락받고서 문에 들어가 칠조선을 구하메[身許雙峯寺 門求七祖禪]" 하였는데, 박상이 쌍봉사에서 지은 시가 많은 것을 보면 이 구절과 연관지어 '칠조궁(七祖宮)'을 말한 듯하다.

97 지둔(支遁)은 진(晉)나라 때의 고승으로, 자가 도림(道林)인데, 당시의 고사(高士)인 허순 (許詢)과 친구를 맺어 불경(佛經)과 현리(玄理)를 서로 담론하면서 매우 사이좋게 지냈다.

98 두보(杜甫)의 「이상인모재(已上人茅齋)」 시에 "강의 연잎은 백우선이 흔들리는 듯, 천문 동은 푸른 실이 죽죽 뻗은 듯하네.[江蓮搖白羽 天棘蔓靑絲.]"라고 하였는데, 박상이 이 구절을 여러 시에서 사용하였다.

총석정

叢石亭 김정(金淨)

絶嶠丹崖滄海陬 끊어진 산길 붉은 낭떠러지 창해 언덕에
孤標夐邈卽蓬丘 외로운 표지가 멀고 아득하니 봉래산일세
硬根直揷幽波險 단단한 뿌리가 곧바로 그윽한 물결 험한 데 꽂혔으니
削面疑經巧斧修 깎은 표면은 아마도 잘 드는 도끼로 다듬었나 보네
　　有鄧艾入蜀勢 등애가 촉으로 들어가는 기세[99]가 있다.
鼇柱天高殘四片 하늘같이 높은 자라 기둥은 네 조각이 남았고
羊碑峴古杳千秋 양호의 비석 현산에 낡았으니[100] 천년 아득하구나
鶴飛人去已寥廓 학 날아가고 사람도 떠나 이미 횅해서
目斷碧雲空自愁 뚫어지게 바라보니 푸른 구름이 절로 시름겨워라
　　掉尾 마지막이 힘차다.

千古高皐叢石勝 천고의 높은 언덕에 총석정이 훌륭해
登臨寥落九秋懷 올라가보니 횅하여 가을 회포가 일어나네
斗魁鏟彩墮滄海 북두성이 광채를 대패질하여 창해에 떨어뜨리고
　　險絶語 譬得幽邃 험한 말이 비유하여 그윽하고 깊숙함을 얻었다.
月宮借斧削丹崖 달나라에서 도끼를 빌려 붉은 벼랑을 깎았네

---

99 등애(鄧艾)는 삼국시대 위나라 장수로, 1만의 정예병을 이끌고 길도 없는 험한 곳에 지름길을 뚫어 깊숙하게 들어가서 성도를 공격하여 촉이 멸망하게 만들었다.
100 양비(羊碑)는 양호(羊祜)의 비(碑)를 말한다. 진(晉)나라 때 양호가 양양 태수(襄陽太守)로 있으면서 많은 선정을 베풀었으므로, 그가 죽은 뒤에 그 지방 백성들이 양호의 덕을 사모하여 현산(峴山)에 비를 세워서 그의 덕을 기렸는데, 이 비를 보고 눈물을 흘리지 않은 이가 없었다 하여 이 비를 두예(杜預)가 타루비(墮淚碑)라 불렀다. 『진서(晉書)』 권34 「양호열전(羊祜列傳)」
『신증동국여지승람』 권45 「통천군 누정」에 실린 안축의 총석정 기문에 '네 신선이 비석을 세워 사실을 기록한 돌이 아직 남아 있지만 글자가 떨어져 나가 알 수가 없다' 하였으며, 이달충의 제영에 "세월은 현산(峴山) 머리 빗돌에 모호하다[歲月糢糊峴首碣]" 하였다.

巨溟欲泛危巒去　큰 바다는 높은 봉우리를 띄우려 하고

　　盤硬語 描得奇峭 억센 말이 묘사하여 기이하고 가파름을 얻었다.

頑骨長衝激浪排　완악한 뼈는 길게 격랑에 부딪쳐 밀어내네

蓬島笙簫空淡竚　봉래섬의 피리소리를 부질없이 기다리다

　　冷冷然出塵 맑고 맑게 먼지 속에서 나왔다.

夕陽搔首寄天涯　석양에 머리 긁으며 하늘가에 부치네

八月十五叢石夜　팔월 십오일 총석정 밤에

碧空星漢淡悠悠　푸른 하늘 은하수가 맑고 유유하구나

飛騰桂影昇天滿　날아오르는 계수나무 그림자 하늘에 올라 가득하고

搖盪銀光溢海浮　출렁거리는 은빛은 바다에 넘쳐 떠 있네

六合孤生身一粒　천지 사방에 외로운 생애 이 몸은 한 낱알이요

四仙遺躅鶴千秋　네 신선이 남긴 자취는 학으로 천년을 나네

白雲迢遞萬山外　흰 구름은 멀고 먼 일만 산 밖에 떴는데

獨立高丘杳遠愁　홀로 높은 언덕에 섰으니 아득하고 시름겹구나

　　世所稱絶佳者 세상에서 매우 훌륭하다고 일컫는 것이다.

雲滅秋晴淡碧層　구름 스러지고 가을 개인 하늘 푸른데

淸晨起望太陽升　맑은 새벽에 일어나 태양 떠오르는 것을 바라보네

光涵海寓初吞吐　빛이 바다를 적셔 막 삼켰다 토해내니

　　狀巧 장대하고 교묘하다.

彩射天衢忽湧騰　채색은 하늘을 쏘며 홀연히 솟아 오르네

幽窟老龍驚火焰　그윽한 굴 속의 늙은 용은 화염에 놀라고

深林陰鬼失依憑　깊은 숲의 음침한 귀신은 의지할 곳을 잃었구나

塵寰昏黑從今廓　티끌 세상의 어두움이 이제부터 밝아지리니

欲向崦嵫爲繫繩　엄자산[101]을 향하여 동앗줄로 잡아맸으면

　　下聯八面照妖鏡 아래 연은 팔면으로 요괴를 비추는 거울이다.

청풍 한벽루

清風 寒碧樓 유운(柳雲)

擘峽奔江賴巨靈	골짜기 쪼개고 강물 흘러가는 것이 거령[102] 덕분이니
困來從倚客魂醒	지치면 와서 의지해 나그네 정신 깨워 주네
灘聲撼耳寒生枕	여울물 소리 귀를 건드리니 한기가 베개에서 일고
山氣籠窓翠作屏	산기운 창에 들어오니 푸른빛으로 병풍 둘렀구나
雨洗鷗沙明似雪	갈매기 노는 모래밭은 비에 씻겨 눈같이 밝고
月沈漁火亂如螢	고기잡이 불은 달이 잠겨 반딧불같이 어지럽네
無端萬里孤舟笛	끝없는 만릿길 외로운 배에서 피리를 부니
一片歸心杳洞庭	한 조각 돌아가고픈 마음 동정호가 아득하구나

清壯類其爲人 맑고 장대함이 그 사람됨과 유사하다.

궁궐에 숙직하며 꿈을 기록하다

禁直 記夢 기준(奇遵)

異域江山古國同	이역에도 강과 산은 고국과 같아
天涯垂淚倚孤峯	하늘 끝에서 눈물 흘리며 외로운 봉우리에 의지했네
潮聲寂莫河關閉	밀물 소리는 적막한데 관문은 닫혔고
木葉蕭條城郭空	나뭇잎 떨어져 쓸쓸한데 성곽은 비었구나
野路細分秋草裏	들길은 가늘게 가을풀 속에 갈라졌고
人家多住夕陽中	인가는 저녁볕 가운데 많이 있구나

---

101 『초사(楚辭)』 「이소(離騷)」에 "엄자산 바라보며 가깝다 하지 마라.[望崦嵫而勿迫]"라는 구절에 왕일(王逸)이 "엄자는 해가 들어가는 산이다.[崦嵫 日所入山也]"라고 주를 달았다. 가는 세월을 잡기 위해 동아줄로 묶고 싶다고 한 것이다.

102 장형(張衡)의 「서경부(西京賦)」에 "거령이 힘차게 손바닥으로 높이 떠받들고 발바닥으로 멀리 차 버려, 하수를 흐르게 하였다.[巨靈贔屭高掌遠蹠 以流河曲]"라고 하였다.

征帆萬里無廻棹　만릿길 배 떠나는데 돌아오는 배는 없으니
碧海茫茫信不通　푸른 바다 아득해 소식도 통할 수 없네

劇似鬼語 몹시 귀신의 말 같다.

翩翩造微之語 無愧唐人 가볍게 은미함에 나아가는 말이 당나라 사람에게 부끄러울 것이 없다.

가을 밤의 나그네 시름
秋夜旅懷

雨晴雲卷暮城秋　비 개이고 구름 걷힌 가을 저녁 성
風急天空江水流　바람 급하고 하늘 비었는데 강물이 흐르네
月色漸分柔遠鎭　달빛에 차츰 유원진[103]을 분간하니
笛聲多在撫胡樓　피리 소리가 무호루[104]를 어루만지네
遷人嶺外迷疆場　유배객은 고개 멀리 변방에 헤매이고
戌客沙頭伴斗牛　병사는 모래밭에서 북두성 견우성과 짝하네
何處擣衣寒杵響　어디서 다듬이질하는 차가운 소리 들려
夜深還起故鄕愁　밤 깊어 다시금 고향 시름 일으키네

주천현
酒泉縣　　　　　　　　　　　　　　　　　　신광한(申光漢)

鴉啼古樹白煙生　까마귀 우는 고목에 흰 연기가 일어나는데

---

103 함경도와 평안도 여러 곳에 유원진이 있었는데, 기준이 기묘사화에 연루되어 1520년 함경도 온성에 위리안치되었으므로 온성도호부에 설치된 유원진을 가리킨다. 부의 서쪽 18리에 있었으며, 돌로 쌓은 성의 둘레가 3,687척, 높이 9척이다. 안에 병마첨절제사(兵馬僉節制使)의 영(營)이 있었다.
104 온성도호부 객관의 문루(門樓)인데, 온성부사 전림(田霖)이 1493년에 세웠다.

蔓草溪邊縣吏迎　덩굴풀 우거진 시냇가에 고을 아전이 마중나왔네
漿水不曾看宿客　술[105] 나오는 것을 머무는 나그네가 본 적이 없는데
酒泉何得記虛名　주천(酒泉)이라는 헛된 이름이 어떻게 기록되었는가
雲橫高嶂秋無月　구름이 높은 봉우리에 걸렸는데 가을 달은 없고
木落寒江夜有聲　나뭇잎 차가운 강에 떨어져 밤에 소리 들리네

　清切可咏 맑고 적절하여 읊을 만하다.

慘慄遠懷愁不語　멀리 고향을 생각하다 시름에 젖어 말 못하노라니
廚人篝火報鷄鳴　주방사람이 불을 켜고 닭 울어 새벽을 알리네

갑인년[106] 중춘에 병을 오래 앓았으므로 네 번이나 문형의 직임을 사직하여 무거운 부담을 풀 수 있게 되니 병을 마치 벗어난 듯하여 밤에 잠을 자는 것이 아주 달콤했다. 새벽에 처마의 낙수 소리를 듣고는 비로소 비가 온다는 사실을 깨달아 즉흥적으로 회포를 적어 송강 조사수에게 보여서 화답을 구한다

甲寅仲春 因病久 四辭文衡之任 得釋重負 病若脫然 夜寢甚甘 曉聞簷霤
始覺雨來 卽事書懷 示松岡求和

簷霤聲傳覺夜徂　처마 낙수 소리가 들려 밤이 가는 것을 깨닫고
凍融春雨洗寒蕪　얼음 녹고 봄비 내려 차가운 풀밭을 씻어주네
穿林暗報花消息　숲을 뚫고 가만히 꽃 소식을 알려 오고
度幕如探句有無　장막 너머 시구가 있는지 탐색하네

　儘奇 모두 기이하다.

酒甕欲香時漸好　술 항아리에 향기 나니 시절이 차츰 좋아지고

---

105 원문의 장수(漿水)는 좁쌀죽 윗부분의 맑은 물, 또는 옥수수를 발효시킨 흰 액체를 말하는데, 여기서는 술을 가리킨다.
106 1554년으로, 저자 신광한의 71세 때이다.

文衡纔折病還蘇　문형이 막 꺾이어 병들었다가 다시 소생하네
安閑適會從心欲　편안하고 한가하여 종심소욕에 딱 맞으니
深賀天恩到首濡　군은을 깊이 하례하며 머리까지 담글[107] 정도일세

옥원역

沃原驛

三陟 삼척에 있다.

暇日鳴螺過海山　한가한 날 소라를 불며 바다와 산을 지나노라니
驛亭寥落水雲間　역정이 물과 구름 사이에 쓸쓸하구나
桃花欲謝春無賴　복사꽃 지려 하니 봄을 믿지 못하겠고
燕子初來客未還　제비가 막 왔건만 나그네는 돌아가지 못했네
身遠尙堪瞻北極　몸은 멀리 있어도 임금 계신 북쪽을 바라보고
路迷空復憶長安　길 잃은 채 부질없이 다시 장안을 그리워하네
更憐杜宇啼明月　밝은 달밤에 우는 두견이 다시 가여운데
窓外誰栽竹萬竿　창밖에 누가 심었는지 대나무가 만 그루일세

雖曰晩李 亦自淸麗 비록 만당이라고 하지만, 또한 절로 맑고 곱다.

보락당

保樂堂

金安老亭 김안로의 정자이다.

聞說華堂結構新　들으니 화려한 집을 새로 지어서

綠囱丹檻照湖濱　푸른 창 붉은 난간이 호숫가를 비친다 하네
江山亦入陶甄手　강산이 또한 수완 좋은[108] 사람의 손에 들어갔고
　　隱然不滿之意 은연중에 만족하지 못하는 뜻이다.
月笛還宜錦繡人　달과 피리까지 비단옷 입은 사람에게 적당하구나
進退有憂公保樂　진퇴에 근심이 있건만 공은 즐거움을 보전하였고
行藏無意我全眞　행하고 감추는 데에 뜻이 없었으니 나는 천진을 보전
　　　　　　　했네
風光默檢須閑熟　풍광을 점검하여 모름지기 익숙해졌으니
可使何人作上賓　어떤 사람으로 하여금 상빈이 되게 할까
　　何等含蓄 이 얼마나 함축적인 말인가?

삼월 초팔일에 월계협에서 짓다
三月初八日 月溪峽中作[109]

誰畫吾行得意時　누가 나의 행차중 득의의 때를 계획했으랴
東風吹峽綠參差　동풍이 협곡에 불어와 푸른 나무가 들쭉날쭉하네
　　極奇 지극히 기이하다.
倒觀江水捫蘿遠　강물을 거꾸로 보느라 덩굴 부여잡기 멀고
背指山花策馬遲　산에 핀 꽃 돌아서 가리키느라 말에 채찍질 더디구나

---

108 원문의 '도견(陶甄)'은 도공(陶工)이 녹로(轆轤)를 돌려서 각종 질그릇을 잘 만들어 내는 것처럼, 성군(聖君)이 선정을 펼쳐 천하를 잘 다스리는 것을 비유하는 말이다. 여기서는 김안로를 풍자한 말이다.

109 신광한의 『기재집』 별집 권6 「동사록(東槎錄)」에 수록되어 있다. '동사록'은 『기재집』 권8에 본편이 있는데, 중국 사신을 영접할 때에 지은 시를 모은 것이다. 신광한은 56세 되던 1539년 2월, 성균관 대사성이 되고, 도사영위사(都司迎慰使)가 되어 중국사신 화찰(華察)·설정총(薛廷寵)을 맞이한 일이 있고, 62세 되던 1545년 4월, 원접사(遠接使)가 되어 조사(詔使) 장승헌(張承憲)을 맞이한 일이 있으며, 이듬해 1546년 1월, 좌참찬이 된 후 관반사(館伴使)가 되어 조사(詔使) 왕학(王鶴)을 맞이했다.

句句皆新 구절마다 모두 새롭다.

嵒斷忽驚帆席出　바위 끊어진 곳에서 돛단배 나와 홀연 놀라고

路危頻覺棧橋欹　길이 위태해 잔도와 다리 기울어진 것을 자주 깨닫네

微吟到處春無盡　가는 곳마다 봄 경색 무진하여 가만히 읊노라니

一景看來一景奇　경치 하나를 보고나면 경치마다 기이해라

삼월 삼짇날에 모동 박대립에게 부치다

三月三日 寄茅洞朴大立

三三九九年年會　삼월 삼일 구월 구일 해마다 만나자던

舊約猶存事獨非　옛 약속은 남아 있건만 일은 오직 어그러져

　　婉切有味 곱고 적절하여 맛이 있다.

芳草踏靑今日是　방초에 답청할 날 오늘이 맞건마는

淸尊浮白故人違　맑은 동이에 막걸리는 옛 친구가 아닐세

　　扇巧思新 선동함이 공교하고 생각이 새롭다.

風前燕語聞初嫩　바람 앞의 제비 소리 앳되게 들리나

雨後花枝看亦稀　비 내린 뒤 꽃가지는 또한 보기 어렵구나

茅洞丈人多不俗　모동의 어른께선 속되지 않으시니

可能無意典春衣　봄옷을 전당잡힐 생각이 없으신지

　　雄奇不逮湖老 而淸豔過之 웅장하고 기이함은 호음 노인에 못 미치나 맑고 화창함
　　은 더하다.

연경에서 보이는 대로 읊다

燕京卽事　　　　　　　　　　　　　　　　　　　소세양(蘇世讓)

宴開迎餞一旬間　맞이하고 보내는 잔치가 열흘 동안 열리니

三月皇州却未還　삼월 황성에서 아직 돌아오지 못하였네

柳絮白於衰容鬢　버들개지는 쇠한 얼굴의 귀밑털보다 희고
桃花紅勝美人顔　복사꽃은 미인의 얼굴보다 붉구나
　　渠自得意處 그가 스스로 득의한 곳이다.
春愁黯黯連空館　암담한 봄 시름이 빈 객관에 이어지고
歸興翩翩落故山　날아서라도 돌아가고픈 마음이 고향에 떨어지네
早晩句當公事了　머지않아 담당한 공사를 마치게 되면
拂衣長嘯出秦關　옷깃을 떨치고 길게 휘파람 불며 관문을 나서리라

승정원 계축에 쓰다

題承政院契軸

跪捧絲綸入夜宣　교서 받들어 한 밤의 선실(宣室)로 들어가고[110]
又從晨鼓侍經筵　또 새벽 북소리에 맞추어 경연에 모셨네
極知鳳沼深嚴地　봉황지[111]는 깊고 준엄한 곳임을 잘 알아서
長拜龍顔咫尺天　용안을 지척의 하늘에서 뵈옵고 길이 배알하노라
綾被夢驚淸禁漏　능단 이불[112] 속 꿈을 청금의 누수 소리에 놀라 깨고
錦袍香惹御爐煙　비단 도포[113]에는 어전 향로의 연기를 받아들이네

---

110 원문은 '입야선(入夜宣)'이다. 『한서(漢書)』 「가의전(賈誼傳)」에 보면, 문제(文帝)가 미
　　앙궁(未央宮) 정전의 정실(正室)인 선실(宣室)에서 가의(賈誼)와 귀신에 대한 이야기를
　　나누다가 흥미를 느껴 바짝 다가앉아 경청했다는 고사가 있다. 여기서는 임금께 불려
　　가서 지척에서 모시고 담화했다는 뜻이다.

111 원문은 '봉소(鳳沼)'인데, 중국 금원(禁苑)에 파 놓았던 연못인 봉황지(鳳凰池)를 가리킨
　　다. 가까이에 기무(機務)를 관장하던 중서성(中書省)이 있었으므로 중서성을 뜻하는 말
　　로도 쓰인다. 여기에서는 승정원을 가리킨다.

112 원문은 '능피(綾被)'로, '청릉피((靑綾被)'의 준말이다. 궁중에서 숙직하는 것을 뜻하는
　　말이다. 한(漢)나라 때 상서랑(尙書郞)이 번을 서면 푸른 깁으로 만든 이불[靑綾被]과
　　흰 깁으로 만든 이불[白綾被]을 주었다고 한다.

113 당나라 무후(武后)가 용문(龍門)에서 잔치할 때 신하들 가운데 제일 먼저 시를 지은 동방
　　규(東方虬)에게 비단 도포[錦袍]를 하사하였다가, 송지문(宋之問)의 시를 보고는 감탄하

他年萍水遙相憶　다른 날 부평초처럼 떠돌며 멀리 추억하려면
勝事須憑畫史傳　이 멋진 일은 화사(畫史)의 전해 줌에 빙거해야 하리

　　行中第一　행중의 제일이다.

정월 대보름 관등. 응제

上元觀燈 應製　　　　　　　　　　　　　　　　　　　조인규(趙仁奎)

春入乾坤日漸融　봄이 건곤에 들어 날씨 점점 화창하니
鼇山千疊擁晴空　오산 천 겹이 개인 하늘을 끌어안았네
九天星月籠仙仗　구천 하늘의 별과 달이 임금의 의장을 감싸고
萬戶笙歌徹曉風　만호의 피리와 노랫소리가 새벽까지 이어지네
金鴨噴香烟縷碧　금 향로가 향기를 토하니 피어오르는 연기 푸르고
燭龍分影火山紅　촉룡이 그림자를 가르니 화산이 붉구나[114]
昇平又置繁華節　태평성대에 또 번화한 명절을 맞아
時許遊觀與衆同　때마침 구경거리를 허락하여 무리와 같이 즐기네

　　富艶 亦是應製高手　풍부하고 아리따우니 역시 응제시의 고수이다.

우연히 읊다

偶吟　　　　　　　　　　　　　　　　　　　　　　　조신(曺伸)

　　中藏詩酒花柳魚鳥　가운데 시와 술, 꽃과 버들, 물고기와 새를 감추고 있다.

三杯卯酒詫年稀　아침 술 석 잔을 마시고 나이 일흔 된 것을 자랑삼아
手拓南窓一詠詩　손으로 남쪽 창문을 열고 한 번 시를 읊네

　　여 그 도포를 빼앗아 송지문에게 주었다고 한다.
114 궁중의 사기(邪氣)를 물리치기 위하여 원일(元日)에 오산(鼇山)을 설치하고 그 가산 위에
　　불꽃놀이를 하던 대를 화산대(火山臺)라 하였다.

泉眼溢池魚潑剌　샘 구멍에서 솟는 물이 못에 넘치니 고기가 뛰놀고
樹林遶屋鳥來歸　나무 숲이 집을 둘렀으니 새들이 모여드네
花生顏色雨晴後　꽃은 비 개인 뒤에 안색이 나고
柳弄腰肢風過時　버들은 바람이 지나갈 때 허리를 흔드는구나
誰道適庵無箇事　누가 적암[115]이 아무 일도 없다고 말하던가
每因節物未忘機　매양 절물(節物)로 인하여 기심(機心)을 잊지 못하네
　　雍容爛熟 의젓하고도 난숙하다.

---

115 조신 자신의 호이다.

칠언율시(七言律詩)

황산 싸움터

荒山戰場　　　　　　　　　　　　　　　　　　　정사룡(鄭士龍)

我康獻王破倭之地 우리 강헌왕[이성계]이 왜군을 깨뜨린 곳이다.

昔年窮寇此殲亡　지난날 쫓긴 왜구를 이곳에서 섬멸할 때
鏖戰神鋒繞紫芒　혈전 벌인 신검(神劍)에 붉은빛이 둘렸네
漢幟豎痕餘石縫　한나라 깃대 꽂힌 흔적이 돌 틈에 남아 있고
斑衣漬血染霞光　얼룩진 옷 적신 피가 노을빛을 물들였네

　琢字法 글자를 조탁한 법이다.

商聲帶殺林巒蕭　가을바람[1] 살기 띠어 수풀 산이 엄숙하고

　毛竦神顫 털이 쭈뼛 서고 정신이 떨린다.

鬼燐憑陰堞壘荒　도깨비불 음기 타니 성루가 거칠어졌구나
東土免魚由禹力　동방 사람 어육(魚肉) 면한 게 우 임금의 덕이니
小臣模日敢揄揚　소신이 해를 그려 감히 찬양하리라

1　원문의 상성(商聲)은 오음(五音)의 하나로 곡조가 슬프고도 처량해 추풍(秋風)에 비유되기도 한다.

봉천문에서 조회에 참석하고

奉天門見朝

是日免朝 이날 조회에 참석하지 않았다.

二篇俱豊麗渾重 2편이 다 엄중함과 화려함을 갖췄다.

五更靴滿午門霜　새벽이라 신발에는 궁문 서리가 가득한데

擬攝仙班仰穆光　반열에 올라서 아름다운 광채를 우러러 보려 했네

管裏固知難覰人　대통으로 큰 하늘 엿보기 어려운 줄 참으로 알았지만

葵心元不異傾陽　해를 향하는 해바라기 마음은 원래 다를 게 없네

鷄人罷報宮鴉亂　계인[2]이 끝났다 알리자 궁궐의 까마귀 어지러이 날아
　　　　　　　　　가고

虎士虛陳輦路長　호위군사가 흩어지니 연로(輦路)가 길게 보이는구나

揎額謝需光祿供　탑전에서 음식을 흡족히 내려주심을 사례하니

九關如海正茫茫　구중궁궐이 바다와 같아 실로 아득하구나

　何等氣槩 이 얼마나 굉장한 기개인가?

조회에 알현하다 이날 역서를 나누어 주다

朝謁 是日頒曆

地底潛陽欲動灰　땅 아래 숨은 양(陽)이 재 속에서 움직이려 하고

　麗而不靡 重而不滯 誠詞家三昧 고우면서도 화려하지 않고 무거우면서도 정체되지

　않으니 진실로 사가(詞家)의 삼매[3]이다.

璇標貞月曉參催　북두칠성 자루가 달에 바르게 서니 참성이 새벽을 재

2　주나라 관직 이름이다. 국가에서 큰 의식을 거행할 때에 새벽을 알리며 백관을 깨워 일으
　키는 일을 관장하였는데, 뒤에는 궁중의 물시계를 관리하는 사람을 일컫게 되었다.

3　하나의 대상에 집중하여 마음이 흐트러지지 않는 경지를 가리킨다.

촉하네

佩隨仗下旋班急　의장 아래에서 들리는 패옥소리는 반열을 돌며 급히
　　　　　　　　울리고

　絶好 매우 좋다.

爐出螭頭贊曆開　아로새긴 계단에서 내려온 황명으로 책력을 바꾸네

仙樂緩和淸蹕閟　풍악소리 맑은 벽제소리와 함께 천천히 사라지고

　雍容冠冕 옹용(雍容 : 화락하고 고요함)이 으뜸이다.

袞袍高擁異香回　곤룡포는 신이한 향기를 띠고 높이 돌아나가네

呼嵩却殿緇黃退　만세소리 사라지고 승려와 도사들도 물러가니

簪履聲爲一道雷　비녀와 신발소리가 길 따라 울려 퍼지네

　使臣班在僧道後 우리나라 사신의 반열이 승려와 도사 뒤였다.

한식날 회포를 쓰다

寒食書懷

淸明佳節暮春前　청명이라 좋은 철 저문 봄날에

向晩輕寒透薄緜　저녁 되자 가벼운 한기가 얇은 솜옷을 뚫네

塞邑無村炊禁火　변방이라 불을 금하는 마을은 없건만

邙山有鬼紙飛錢　북망산에는 귀신이 있어 지전을 날리는구나

柔桑翳霧鳩鳴遠　여린 뽕잎은 안개에 가려 비둘기 소리 멀기만 한데

　琢妙 조탁이 묘하다.

高柳繰風絮度顚　높은 버들은 바람에 흩날려 버들개지 뒹구네

坐迓鸞書成滯悶　편지 오기를 우두커니 기다리자니 시름이 쌓여

松楸回首意茫然　무덤으로 머리 돌리니 마음이 아득하구나

흥덕 배풍헌 시에 차운하다
次興德培風軒韻

巧曆何能數衆峯　아무리 잘 세어도 어찌 저 많은 봉우리를 헤아리랴
　　賁育扛鼎 舒徐自若 맹분(孟賁)과 하육(夏育)이 세 발 솥을 들고서 여유 있고 태연
　　자약하다.
試開昏膜遡淒風　침침한 눈을 한번 뜨고 찬바람을 맞네
山根半入洪濤裏　산뿌리는 반쯤 큰 파도 속에 박혀 있고
　　嵓嵓淸峙 壁立千仞 바위와 바위가 맑게 대치하고 벽이 천 길 높이로 서 있다.
石骨高撑積氣中　바위는 높이 하늘을 받치고 있구나
聞道雪霜留太始　듣자니 눈과 서리가 태초부터 있어서
秪今融結想鴻濛　지금까지 녹았다 얼었다 하며 홍몽[4]을 그리는구나
相期瑤草勤收拾　향초 주워 단약을 만들 날을 기약하며
小坐華軒意已通　잠시 고운 난간에 앉으니 마음이 이미 시원하네

옥저
玉笛[5]

攻得崑剛六琯開　곤강의 옥을 연마하여 여섯 개 관[6]을 열었으니
柯亭嶰谷是奴材　가정[7]의 대와 해곡[8]의 대는 하등의 등급이로다

4　홍몽(鴻濛)은 하늘과 땅이 갈라지기 이전으로, 원기가 혼돈한 상태를 가리키는 말이다.
5　작자 정사룡의 『호음잡고(湖陰雜稿)』 권2 「용만일록(龍灣日錄)」에 「희성 사군의 옥저를
　　삼가 음영한다[奉詠希聖使君玉笛]」라는 제목으로 실려 있다. 31세 되던 1521년 9월, 원
　　접사 이행(李荇)의 종사관으로 중국사신 당고(唐皐)·사도(史道)를 맞아 수창하던 때 지
　　은 것이다.
6　원문은 '육관(六琯)'이다. 두보는 동지 이틀 뒤의 소지(小至)를 읊은 시(「小至」)에서 "수놓
　　는 오색 무늬 옷감에는 가는 실이 더 늘어나고, 갈대 재 채운 여섯 관에는 날리는 재가
　　들썩거리네.[刺繡五紋添弱線 吹葭六琯動飛灰]"라고 하였다.

曲傳法部龍吟水　곡이 법부(法部)에 전하여 수룡음(水龍吟)[9]이 있고

聲度胡山曉落梅　소리는 호산(胡山)을 넘어가서 매화락(梅花落)[10]이 되
　　　　　　　　었네

朱箔月斜初破夢　붉은 장막에 달이 빗기자 꿈을 막 깨고

綠陰春去獨登臺　녹음 져서 봄이 가니 홀로 누대에 오르네

丁寧莫向江城弄　정녕코 강성에서는 희롱하지 마시게[11]

觸撥離懷恨不裁　이별의 속마음 촉발하면 그 한을 억제할 수 없다네

낙산사

洛山寺

寺界窮波地接虛　절 경계 파도 이르는 곳이 허공에 접해

上方臺殿壓歸墟　절의 전각이 큰 골짜기를 누르네

銀山亂碎馮夷窟　은빛 산은 하백의 굴 어지러이 부수고

貝闕中涵海若廬　조개 궁궐은 해신의 집을 적시네

靈感修因開淨域　신령한 감응으로 업보 닦으니 깨끗한 땅 열리고

7　후한 때 채옹(蔡邕)이 회계(會稽)를 지나다가 가정이란 정자에서 묵었는데, 그 정자의
　　서까래로 얹은 대나무를 보고 이것으로 젓대를 만들었더니 뛰어난 소리가 났다고 한다.
　　그 뒤에 강좌(江左)의 음악가인 진(晉)나라 환이(桓伊)가 이 젓대를 얻어 보기(寶器)로
　　여겼다고 한다. 『악서(樂書)』 권149 「가정적(柯亭笛)」에 나온다.

8　해곡(嶰谷)은 곤륜산(崑崙山) 북쪽의 골짜기로, 옛날 황제(黃帝)가 악관 영윤(伶倫)에게
　　이곳의 대나무 중에 구멍이 크고 고른 것을 골라 두 마디 사이를 잘라서 황종관(黃鍾管)을
　　만들게 했다고 한다. 또 해곡은 기온이 낮아 곡식이 자라지 못했는데, 전국시대 추연(鄒
　　衍)이 살면서 대나무 율관을 불자 온기가 생겨 곡식이 자라게 되었다고 한다.

9　수룡음(水龍吟)은 피리 같은 관악기로 부는 곡조명이기도 하고, 사(詞)의 제목이기도 하다.

10　한(漢)나라 악부(樂府)의 적곡(笛曲)에 「매화락」이 있다. 「낙매곡(落梅曲)」이나 「관산낙
　　매곡(關山落梅曲)」이라고도 한다. 진(晉)나라 환이(桓伊)가 젓대를 잘 불어 「낙매화곡
　　(落梅花曲)」을 지었다고도 한다.

11　「강성자(江城子)」라는 곡조 이름이 있기 때문에 차용하여 한 말이다.

人天鍾異護僧居 사람과 하늘 신이함을 모아 절을 보호하네
軒窓一覽通暘谷 다락의 창문에서 한번 보니 해 뜨는 골짜기와 통해
紫氣輪囷浴日初 붉은 기운 커지더니 해가 막 목욕했구나

집 뒤 정자에 밤에 앉아
後臺夜坐

烟沙浩浩望無邊 안개 낀 모래밭 아득해 바라봐도 끝이 없는데
千仞臺臨不測淵 천 길 누대는 깊이 모를 못을 내려다 보네
山木俱鳴風乍起 산 나무들이 모두 우니 바람이 선듯 불고
　　此老此聯 當壓此卷 이 노인의 이 연은 마땅히 이 시권의 압권이다.
江聲忽厲月孤懸 강물 소리 갑자기 거세지더니 달이 외롭게 걸렸구나
平生牢落知誰藉 평생 쓸쓸하게 살며 누구를 의지할 줄 알았던가
投老迍邅秖自憐 늙어서도 막혀 있으니 스스로 가련하구나
擬着宮袍放舟去 관복 입고 배를 놓아 간 사람[12]이 되어
騎鯨人遠問高天 고래 타고 멀리 간 사람을 높은 하늘에 물어나 볼까

달밤에 걷다
步月

回首瓊樓川路廣 경루로 머리 돌리니 물길이 먼데
不勝寒氣襲淸都 월궁에 한기가 엄습할까 걱정이구나
凉飆颯颯動檣烏 서늘한 바람 싸아 불어 돛까마귀 움직이고

---

12 당나라 현종이 이백에게 금수(禽獸)를 수놓은 비단으로 도포를 만들어 하사하고, 연못에
　용주(龍舟)를 띄워 이백을 불렀다. 이백이 술에 취하였으므로 고역사(高力士)에게 명하
　여 부축하게 하였다.

桂影初分闊岸隅　계수나무 그림자 처음 나뉘어 둑 모퉁이에 한껏 비치네
十二圓中今夜最　달은 열두 달 둥근 가운데 오늘밤이 최고로 밝아
一千里外老臣孤　일천리 밖에 늙은 신하가 외롭구나

亦奇 역시 기이하다.

洗空露重團銀闕　하늘 씻으며 내린 이슬이 짙어 은대궐에 맺히고
息纊波恬湛玉壺　숨도 죽인 물결 잔잔해 옥호가 맑겠구나

何等風骨 어떠한 풍골이더냐.

回首瓊樓川路曠　열두 누대를 돌아보니 천로가 넓어
不勝寒氣襲淸都　옥황상제의 궁궐에도 찬기운이 스며들겠구나[13]

납월 21일 밤 꿈에 시구를 얻었는데 '붉은 구름이 여전히 문화전을 덮고 있는데, 성왕의 주필이 좌순문[14]에서 막 돌아오누나'라고 했으므로, 중국에 사신 가서 지은 글과 같다는 생각이 들었기에 장난스레 더 이어서 완성한다

臘月廿一夜夢得句云 紅雲尙覆文華殿 淸蹕初回左順門 意若朝天之作
戲足成之

銅壺水咽漏籌繁　동호에 물이 오열하고 물시계 소리 빈번해
闕角疎星繞紫垣　대궐 모퉁이 성긴 별이 자미원 주위를 감도네
入仗微風旗脚偃　들어가는 의장에 미풍 부니 깃발이 눕고
趁班殘月佩聲喧　반열 따르는 남은 달에 패옥 소리 울리네

---

13 원문의 경루(瓊樓)는 경루옥우(瓊樓玉宇)의 준말로, 월궁(月宮), 또는 왕궁 속의 누각을 말한다. 소동파가 1076년에 황주(黃州)로 귀양 가서 지은 「병진중추작겸회자유(丙辰中秋作兼懷子由)」 가사(歌詞)에 "내가 바람 타고 돌아가고 싶으니, 경루옥우 높은 곳이 추위를 이기지 못할까 또 걱정일세.[我欲乘風歸去 又恐瓊樓玉宇 高處不勝寒]"라고 하였다.
14 중국 궁궐의 문으로 오문(午門)·동화문(東華門)·서화문(西華門)·현무문(玄武門)·봉천문(奉天門)·좌순문(左順門)·우순문(右順門)·좌홍문(左紅門)·우홍문(右紅門)·황궁(皇宮)의 문·곤녕궁(坤寧宮)의 좌문(左門)·곤녕궁의 우문(右門) 등이 있었다.

紅雲尙覆文華殿　붉은 구름이 여전히 문화전을 덮고 있는데
淸蹕初回左順門　성왕의 주필이 좌순문에서 막 돌아오누나
更識皇居佳氣象　황거에 아름다운 기상이 있음을 다시 알았으니
　無一字懈 無一字俗 公亦不自知其所至 한 글자도 해이하지 않고 한 글자도 속되지
　않으니 공은 역시 자신이 이른 바를 스스로 알지 못한다.
萬年枝上射朝暾　만년의 가지 위에 아침 해가 비치네
　盛唐穠韻 성당의 농후한 운이다.

초여름, 장완구[15]의 운을 사용하다
初夏 用張宛丘韻

春去猶慳十日晴　봄이 가고도 여전히 열흘 맑음을 아까워하여
南山屬眺未分明　남산을 눈을 주어 바라보아도 분명히 알 수 없네
　嚴重 엄중하다.
危花已打連朝雨　위태로운 꽃은 연일 비가 이미 때리고
殘夢初回百囀鸎　남은 꿈은 재잘거리는 앵무새 소리에 막 깨어난다
書卷試攤挑病睫　서권을 한 번 펼쳐 병든 눈꺼풀을 크게 떠보고
茶甌頻淪愜詩情　다구는 자주 적셔서 시심의 마음을 흡족하게 맞추네
自嗟竊廩終無補　늠곡 훔칠 뿐 끝내 국정에 보탬 없어 스스로 한탄하고
幸免經綸誤半生　경륜이 반평생 그르치길 면하여 다행으로 여기노라
　均稱未見次押之牽 차운 압운에 관련된 것을 보지 못했다고 고루 일컫는다.

銷得春光幾日晴　봄 풍경 다할 때까지 며칠이나 맑았던가

15 장완구는 금나라 장종정(張從正, 1156~1228)으로, 명의 가운데 한 사람이다. 오랜 기간
　완구(宛丘)에서 의사로 활동했기 때문에 '장완구'라고 불렸다. 『유문사친(儒門事親)』을
　남겼다.

又和煙雨到生明 또 가랑비와 어우러져 초사흗날이 되었네
　　尤好 더욱 좋다.
絳桃暗謝殘粧面 붉은 복사꽃은 바랜 화장기도 다 사라졌는데
綠葉句留巧舌鶯 푸른 잎은 말 잘하는 꾀꼬리를 붙잡아 두었구나
平子詠愁增藻思 장형은 근심을 읊조리며 시재를 더하였지만
景純裁錦躓才情 곽박은 비단을 자르다가 재주 때문에 망쳤지
算來宦業終安就 벼슬살이 헤아려보니 끝내 어디로 가게 될까
不博漁樵過一生 일생 어부와 나무꾼으로 사는 일보다 못하네
　　看他鑪錘妙處 그의 단련한 묘처를 보겠다.

중원 밤의 월식
中元夜月蝕

經緯縱橫散白楡 동서남북 사방으로 별들은 흩어지고
二更天黑鳥驚呼 이경에 하늘 어두워지니 새들 놀라 소리치네
二精未必交相掩 음양은 반드시 서로 덮어 교차할 수 없으니
兩眼何因有獨枯 두 눈은 무슨 이유로 홀로 시들었나
忠欲磔蟆憐直道 충성스럽게 두꺼비 찢어 죽이려니 곧은 말이 가련하고
狂思斫桂屈雄圖 미친 듯 계수나무 쪼개려니 웅대한 계략 움츠러드네
坐看不盡如鉤細 앉아서 갈고리처럼 가늘어지는 달 다 보지 못하니
誰識衰翁仰屋吁 누가 쇠약한 늙은이가 집 그리워 탄식함을 알랴
　　稍涉矜持 조금 불쌍하게 여기는 마음에 이른다.

양근에 밤에 앉아 읊은 시를 동료에게 보이다
楊根夜坐 卽事示同事

擁山爲郭似盤中 산을 둘러싼 성곽이 소반과 비슷한데

暝色初沈洞壑空　노을이 내려앉자 골짜기가 텅 비네

開口便奇 입을 열면 기이해 진다.

峯項星搖爭缺月　산봉우리에 별이 흔들리며 이지러진 달과 다투고

幽妙極巧思 그윽하고 묘하여 지극히 공교한 생각이다.

樹巓禽動竄深叢　나뭇가지 끝에 새가 퍼득이며 깊은 숲으로 숨는구나

晴灘遠聽翻疑雨　맑은 여울 물소리 멀리서 들으니 비오듯하고

病葉微零自起風　병든 나뭇잎 살짝 떨어지니 절로 바람이 이네

脩然造平 곧게 평평함에 나아간다.

此夜共分吟榻料　이 밤에 침상에서 함께 시를 읊조리지만

明朝珂馬軟塵紅　내일 아침이면 딸랑이는 말발굽에 붉은 먼지 일리라

전당에서 저물녘에 바라보다
錢塘晚望

春容奇重 說盡一部西湖志於五十六字中 용용(春容)하고 기중(奇重)하니 서호지
(西湖志) 한 부를 오십 육 개의 글자 안에 다 말하였다.

靈隱寺中鳴暮鐘　영은사[16] 속에 저녁 종 울리고

湧金門外夕陽春　용금문[17] 밖에는 석양이 고용[18]에 이르렀네

至今蟻垤封猶合　지금도 개미 둑 쌓은 듯한 산들[19]이 옹기종기

---

16 영은사는 중국 절강성(浙江省) 항주(杭州) 서호(西湖) 서북쪽 영은산에 있는 절로, 326년
   인도의 승려 혜리(慧理)가 창건하였다. 그가 "부처가 세상에 있을 때 대개 선령의 비호를
   받는다.[佛在世日 多爲仙靈之所隱]"라고 하여 영은사라 명명했다고 한다. 당나라 송지
   문(宋之問)이 지은 시 「영은사(靈隱寺)」가 유명하다.

17 용금문은 남송의 행도(行都)인 임안(臨安), 즉 지금의 항주시(杭州市) 서쪽 성문이다.
   서호(西湖)를 굽어보고 있다.

18 『회남자(淮南子)』「천문훈(天文訓)」에 "해가 연우(淵虞)에 이르는 것을 '고용(高春)'이
   라 하고 연석(連石)에 이르는 것을 '하용(下春)'이라 한다."라고 했는데, 고유(高誘)의 주(注)
   에 "연석은 서북산으로, 장차 어두워지려 함을 말하는데, 방아 찧는 일을 그만두려하기
   때문에 '하용'이라 한다.[連石 西北山 言將欲冥 下象息春 故曰下春]"라고 했다.

依舊靈胥怒尙恟　의구하게 오자서 신령[20]이 노하여 두려워라
湖舫客歸花嶼暝　나그네는 서호의 배로 꽃 덤불 어둑한 곳에 돌아가고
蘇堤鶯擲柳陰濃　앵무새는 소제[21]에서 짙은 버드나무 그늘로 몸을 던지네
錢墟趙社都無所　전류의 터도 조송의 사직[22]도 모두 없어졌으니
却問孤山處士蹤　고산 처사 임포[23]의 자취를 되레 묻노라

팔월 초하루 중은당에서 자며

八月初吉 宿中隱堂

出郭蕭條討我曾　성곽을 쓸쓸히 나서서 보아둔 곳을 찾아가
斧斤初斷退堪憑　도끼질 막 끝내고 물러나 기대었네
已抛素蔓瓜區淨　시든 덩굴을 치운 오이밭은 깨끗해지고
欲割黃雲穡事登　구름 같은 누런 벼를 베면 타작거리 쌓이겠지

---

19 원문은 '의질(蟻垤)'로, 개미 둑 쌓은 것같이 작게 보이는 산을 의미한다. 즉 높은 대에서 바라보이는 뭇 산들을 표현하는 말이다.

20 원문의 '영서(靈胥)'는 춘추시대 초나라 사람 오자서(伍子胥)의 영혼으로, 파도를 의미한다. 서진(西晉)의 좌사(左思)가 지은 「오도부(吳都賦)」에 "영서는 오자서의 귀신을 말한다. 그는 춘추시대 초나라 사람으로, 오나라에 와서 초나라와 월나라를 쳐 공이 있었으나 참소를 만나 물에 빠져 죽게 되었다. 그 후 강해(江海)에 사는 사람들이 그 귀신을 두려워하여 물을 건너려면 모두 그 사당에 제사를 지냈다."라고 하였다.

21 소식(蘇軾)이 항주(杭州) 태수(太守)로 있을 때 서호(西湖) 밑바닥의 줄풀 뿌리[葑]를 걷어 내어 준설하고 이를 퇴적해서 만든 제방을 봉제(葑堤)라고 하는데, 소공제(蘇公堤), 혹은 소제(蘇堤)라고도 한다.

22 오월국(吳越國)은 무숙왕(武肅王) 전류(錢鏐)부터 충의왕(忠懿王) 전숙(錢俶)까지 3대 네 왕이 나라를 보전했다가, 송나라가 일어나자 태종(太宗)에게 순순히 나라를 바쳐 쳤다. 송나라에서는 그 보답으로 전당(錢塘)과 임안(臨安)에 있는 전씨의 분묘를 수리하여 제사를 지내게 하고 표충관(表忠觀)을 세워 충성을 표창하였다.

23 임포(林逋)는 송나라 학자로 서호(西湖)의 고산(孤山)에 초막을 짓고 20년 동안 출입하지 않은 채 매화를 가꾸고 학을 기르면서 독신으로 살았으므로 당시에 '매화를 아내로 삼고 학을 자식으로 삼았다.[梅妻鶴子]'라고 말하였다. 일명 고산처사(孤山處士)라고 한다.

琢句嚴重 조탁한 시구가 엄중하다.

病葉受風疑曉雨　병든 나뭇잎 바람 맞는 소리 새벽 비처럼 들리고
踈星垂野混漁燈　들판에 드리운 성긴 별은 고기잡이불과 어울려 있네

寫得緊要 묘사에 긴요함을 터득했다.

明年請老收朝籍　명년에는 늙었다 청하여 조신 명부에서 거두리니
車馬敲門謝友朋　찾아오는 벗들이 문을 두드려도 사양하리라

안에서 모여 두 아이에게 보이다
內集示兩兒

長繩那得絆斜暉　긴 줄로 어찌 기우는 햇살을 묶을 수 있으랴
心賞無憑撫景違　마음 둘 데 없어 봄 경치 대해도 흥이 일지 않네
高葉暗巢鶯獨語　높은 가지 잎에 둥지가 가려져 꾀꼬리 소리만 들리고
殘花棲圃蝶雙飛　시든 꽃이 남은 밭에는 벌 나비가 쌍쌍이 날아드네
兒孫滿眼承歡謔　눈에 가득한 아이들은 신나서 장난치고
歌吹驚隣徇舞衣　이웃에 떠들썩하게 노래 부르며 색동옷 입고 춤추네
但使百年身却健　인생 백년에 몸이나 건강하다면
東皐耕釣足忘機　동쪽 언덕에 밭 갈고 고기 잡으며 기심을 잊으리

丘壑風流 구학의 풍류이다.

회포를 쓰다
紀懷

四落階蓂魄又盈　명엽초 네 번 계단에 지고 달이 또 찼는데
悄無車馬閉柴荊　찾아오는 사람 없음을 근심하여 문을 걸어 두었네
詩書舊業抛難起　시서의 옛일은 버려두어 다시 일으키기 어려운데
稼圃功夫策未成　농사짓는 새로운 일은 계획이 아직 서지 않았네

雨氣壓霞山忽暝　비 기운이 노을을 눌러 산이 갑자기 어두운데
川華受月夜猶明　강물은 달빛을 받아 밤인데도 오히려 밝구나
　　古人道不到者 고인의 길이 이르지 못한 곳이다.
思量不復勞心事　근심이 다시는 마음을 괴롭히지 않으니
身世端宜付釣耕　신세 마땅히 낚시와 밭갈이에 부쳐야겠네

가야금을 타는 기생 상림춘의 시권에 쓰다

題上林春琴妓詩卷

十三學得猗蘭操　열세 살에 의란조를 배워서
法部叢中見藝成　법부의 무리 가운데 기예가 이루어졌네
遍接貴遊連密席　귀족들과 두루 만나 친밀한 자리를 이어갔고
又通宮籍奏新聲　또 궁중 기적에도 통하여 새로운 소리를 아뢰었네
矯鶯過雨花間滑　꾀꼬리 같은 노래가 비 지난 뒤 꽃 사이에 매끄럽고
　　極好 지극히 좋다.
細溜侵宵澗底鳴　가느단 물소리가 밤 들어 시내 바닥에서 우네
才調終慚白司馬　재조는 마침내 백락천에게 부끄러우니
豈能商婦壽佳名　상부가 어찌 아름다운 이름을 길이 전하리[24]
　　公之七言律爲國朝以來第一 공의 칠언율시가 국조 이래 제일이 된다.

---

24 백락천이 구강군(九江郡) 사마(司馬)로 좌천된 이듬해, 심양강(潯陽江)에서 상인(商人)
　의 아내가 비파 타는 소리를 듣고 「비파행(琵琶行)」을 지어 유명하므로 상부(商婦)가 후
　세에 전해졌다.

종성관에서 비를 맞으며

鍾城館 遇雨   심언광(沈彦光)

雲鳥堂堂陣勢聯　구름 속의 새[25]들이 당당하게 진을 치듯 이어지고
書生袖裏有龍泉　서생은 소매 속에 용천검을 품었네

　　豪宕得稱 호탕함이 걸맞음을 얻었다.

黃沙古戌身千里　몸은 천리 밖 황사 날리는 옛 수자리에 있으면서[26]
白日長安夢九天　한낮 서울의 대궐을 꿈꾸었네

　　濶大氣魄 활달하고 큰 기백이다.

楡塞雨聲連海嶠　변새의 빗소리는 바다와 산에 이어지고
萩江秋色老風煙　변방 강가의 가을빛은 바람결에 저무네
蕭蕭落木關山夜　나뭇잎 우수수 떨어지는 관산의 밤
旅館靑燈惱客眠　여관 푸른 등불이 나그네를 잠 못 이루게 하네

고성 가는 도중에

高城道中有感

寒沙衰草接空原　찬 모래와 시든 풀이 빈 들판에 접해 있으니
極目人烟十里村　십 리 밖 마을 밥 짓는 연기를 한껏 찾아보네
石爛便驚天地老　돌이 문드러졌으니 천지가 오래 되었음에 놀라고
仙歸空記姓名存　사선(四仙)[27]은 돌아갔으나 성명은 헛되어 기록되어

---

25 원문의 운조(雲鳥)는 군대의 팔진(八陣) 가운데 운진(雲陣)과 조상진(鳥翔陣)을 뜻하기
　도 한다.
26 심언광이 51세 되던 1537년에 함경도 관찰사로 좌천되어 지은 시이다.
27 신라시대에 술랑(述郎), 남랑(南郎), 영랑(永郎), 안상(安祥)의 네 선인(仙人)이 고성 호
　수에 와서 3일 동안 놀았다 하여 삼일포라 하였다. 김창협이 쓴 「동유기(東游記)」에 "삼일
　포는 둘레가 10여 리쯤 된다. 밖으로 36개의 봉우리가 둘러싸 있고 안에는 작은 섬 하나가

　　　　　　　　있네

金剛鶴叫蒼山暮　금강산의 학이 해 저문 푸른 산에서 울고

蓬島雲深碧海昏　봉래도의 구름은 저물녘 푸른 바다에 깊구나

簪履三千無處問　옥비녀에 진주신 삼천 무리[28]를 물을 곳 없어

客懷憑與白鷗論　나그네 시름을 흰 갈매기와 논하려네

　豊腴 풍성하고 기름지다.

주촌역 유감

朱村驛有感[29]

去國經秋滯塞城　서울 떠나 가을 거치며 변방 성에 막혀 있으니

異方雲物摠關情　낯선 땅 경물들이 모두 마음에 걸리네

洪河欲濟無舟子　넓은 강 건너고 싶으나 사공이 없고

寒木將枯有寄生　겨울나무는 말라가도 겨우살이 매달려 있네

　悔心之萌而吁已晚矣 후회하는 마음이 싹텄으나 아! 이미 늦었다.

自笑謀身非直道　곧은 도가 아닌 곳에 일신을 도모함이 우습고

還慙欺世坐虛名　헛된 이름에 붙들려 세상 속임이 부끄러워라

曉來拓戶臨靑海　새벽 오자 문을 열고 푸른 바다 마주하니

旭日昭昭照膽明　떠오른 해가 밝고 밝게 간담을 비추는구나

　　있는데, 붉은 누각이 그 위에 높이 세워져 있으니 이름하여 사선정이라 하였다. 사선에
　　대해 세상에 전해 오는 말에 의하면, 이들은 신라시대 사람으로 일찍이 관동(關東)의 여러
　　명승지를 두루 유람하다가 이곳에 이르러서는 3일 동안 돌아갈 줄을 잊어버렸으며, 포
　　(浦)와 정자가 모두 이 때문에 그러한 이름을 얻게 된 것이라고 한다."라고 하였다.

28　안축이 「관동별곡(關東別曲)」 3장에서 "옥비녀에 진주 신 삼천의 무리[玉簪珠履 三千徒
　　客]"라고 하였다. 잠리(簪履)는 옥비녀를 꽂고 진주 신을 신은 신선의 무리, 또는 풍류객
　　이란 뜻으로 사용되었다.

29　『어촌집』 권5에는 「경성 주촌역 감회(鏡城朱村驛感懷)」 제2수로 실려 있다.

독락정 봄놀이
獨樂亭遊春

上巳東風曲水湄	상사일의 봄바람이 곡수연 베푼 물가에 부는데
小亭松櫟碧參差	작은 정자의 소나무와 상수리나무 삐죽빼죽하구나
春撩病客班芳草	꽃과 풀 사이를 서성거리니 봄이 병든 나그네 고치고
花貸愁人上接籬	근심 띤 시름겨운 이에게 꽃이 봄을 빌려주네
樽酒更謀千日醉	한 동이 술로 다시 천일 동안 취하려 하니
功名已判十年癡	공명이 십 년의 어리석음을 판단하는구나
良辰勝會能多少	좋은 시절 아름다운 모임이 얼마 안 되니
莫負菁華未暎時	아름다운 꽃이 지지 않았을 때를 저버리지 마시게

跌宕可誦 질탕하여 외울 만하다.

밤에 앉아 감회가 있기에
夜坐有感　　　　　　　　　　　　　　민제인(閔齊仁)

晚抛儒術摠戎旗	늘그막에 유학을 버리고 군대 깃발을 총괄하니
志士成功會有時	지사가 공을 이룰 그 때가 지금이로다
白髮多從西塞得	백발로 서새에 나가서 공적을 많이 얻었으나

可悲 슬플만 하다.

丹心只許北辰知	일편단심은 다만 북두성만이 알도록 허여했네
孤城暮角江流急	외로운 성 저녁 호각 소리에 강 물살 빠르고
絶域春風雁到遲	궁벽한 지역 봄 바람에 기러기도 더디 이르누나
起望雲河仍不寐	일어나 연운과 하황[30]을 바라보다 잠을 못 이루니

---
30 연운(燕雲)은 하북성(河北省) 지역의 별칭이고, 하황(河湟)은 황하와 황수(湟水)의 유역이니, 모두 북부 중국을 총칭한다.

胡笳悄悄使人悲　호드기 구슬픈 소리가 사람을 슬프게 만드네

　　寫得塞上歸思動人 변새에서 돌아갈 생각이 사람을 격동시킴을 묘사하였다.

부채를 보내준 모재[31] 김상국에게 사례하다

謝慕齋金相國惠扇　　　　　　　　　　　　　　　　　　서경덕(徐敬德)

一尺淸飆寄草堂　한 자의 맑은 바람을 초당으로 부쳐 오니
據梧揮處味偏長　오동나무에 기대 부쳐보는 맛이 별나게 좋구나
誰知一本當頭貫　한 뿌리에 머리 끝이 모두 꿰어 있는 줄 누가 알았으랴

　　非覬洞道 竅者安得說到此耶 깊은 도를 엿보는 것이 아니라면 엿본 자가 어찌 이렇
　　게까지 말할 수 있으랴.

便見千枝自幹張　천 가닥 가지가 절로 펼쳐지네
形軋氣來能鼓吹　형체에 밀려 기(氣)가 불려 오니
有藏虛底忽通凉　고요한 허공 아래 갑자기 시원하게 통하네

　　濂洛諸賢 所不能道者 염락의 제현이 말할 수 없는 것이다.

不須拂洒塵埃撲　휘두르느라 먼지 뒤집어쓸 것 없이
竹杖相將雲水鄕　대지팡이와 어울려 구름과 물 따라가려네

보진암 조욱에게 지어 주다

贈葆眞菴 趙昱

將身無愧立中天　몸을 중천에 세워도 부끄럽지 않으니
興入淸和境界邊　흥취가 맑고 화한 지경에 들어가 있네
不是吾心薄卿相　내 마음이 재상을 박하게 여긴 게 아니라

---

31 김안국(金安國)의 호인데, 예조판서를 거쳐 좌찬성(종1품)을 지냈으므로 상국(相國)이라
　　하였다.

從來素志在林泉　원래 본 뜻이 임천(林泉)에 있었다네
誠明事業恢遊刃　성(誠)·명(明)의 학업은 여유 있게 칼날을 놀리고
玄妙機關好着鞭　현묘(玄妙)한 기관(機關)을 잘 수렴하기를
主敬工成方對越　경(敬)을 위주로 하는 공부는 이제 하늘 대할 만하니
滿窓風月自悠然　창에 가득한 바람과 달도 느긋하구나

　已到十分地位 이미 십분 지위에 이르렀다.

　看擊壤一部 有如此篇名 『격양집』 1부를 보니, 이와 같은 편명이 있다.

환선정에 쓰다

題喚仙亭　　　　　　　　　　　　　　　　　　　　송인수(宋麟壽)

紅粧翠黛載樓船　붉은 화장 푸른 눈썹 미인들을 누선에 실으니
新政應知太守賢　새로 다스리는 태수가 어진 줄 응당 알겠네
嬴女奏簫歌扇底　영녀[32]는 노래하는 부채 밑에 퉁소를 불고
馮夷擊鼓舞衣前　풍이는 춤추는 소매 앞에 북을 울리누나[33]
江魚吹浪牙檣動　강 고기가 물결을 불어 상아 돛이 움직이고
沙鳥驚群錦纜牽　모래 위 새들은 떼로 놀라 비단 닻줄이 끌리네
莫道三山迷處所　삼신산이 어디인지 모른다고 말하지 마소
喚仙亭上會神仙　환선정 위에 여러 신선이 모였다오

　殊好 但未免生剝少陵 특히 좋다. 단 소릉[두보]를 날로 벗겨먹는 것은 면하지 못한다.

32　영녀는 성이 영씨(嬴氏)인 진(秦)나라 목공(穆公)의 딸 농옥(弄玉)을 가리킨다. 농옥은
　퉁소 잘 부는 소사(簫史)에게 시집가서 퉁소를 배워 봉황(鳳凰)의 울음소리를 잘 냈는데,
　뒤에 그 부부가 똑같이 신선이 되어 바람을 타고 승천했다고 한다. 여기서는 퉁소 부는
　여인을 지칭한 것이다.
33　풍이는 수신(水神)의 이름인데, 강에서 뱃놀이를 할 적에 물결이 출렁대는 것을 가리켜
　한 말이다.

산으로 돌아가는 청송 성수침을 보내며 기재의 운을 쓰다

送成聽松守琛還山 用企齋韻   임억령(林億齡)

寂寞荒村隱少微   적막한 황촌에 소미가 숨었는데

蕭條石逕接柴扉   쓸쓸한 돌길이 사립문에 닿아 있네

身同流水世間出   몸은 흐르는 물 같아서 세상에 나갔건만

   奇拔語 기발한 말이다.

夢作白鷗江上飛   꿈속에선 갈매기 되어 강 위를 나네

山擁客窓雲入座   산은 창문 에워싸고 구름이 스며들며

雨侵書榻葉投幃   비는 책상에 들이치고 나뭇잎은 휘장을 치네

   清警語 맑고 놀라운 말이다.

飄然又作抽簪計   바람처럼 또 벼슬에서 물러날 계획하니

塵土無由染素衣   티끌이 무슨 수로 흰 옷을 더럽히랴

   通篇 若神龍不受羈絆 시편을 통틀어 신룡이 얽매임을 받지 않는 듯하다.

호음의 시[34]에 차운하다

次湖陰韻

九衢人散遞寒更   아홉 대로에 사람들 흩어지고 추운 시각으로 바뀌어

   軒軒若霞擧空中 날 듯이 노을이 공중에 피어오른다.

庭樹飜飜宿鳥驚   뜨락의 나무 펄렁펄렁하자 잠 자던 새가 놀라네

別意凄涼殘燭泣   이별한 마음 처량하여 사위는 촛불이 눈물 흘리고

   宕而婉 질탕하면서도 어여쁘다.

---

34 『湖陰雜稿』卷4 南宮日錄「同善卿·養叔餞石川 互唱更酬 夜分乃散」13수 가운데 제3
수이다. "世事從來喜變更, 追思心跡幾魂驚. 凍毫有力衝愁陣, 蠟炬多情替月明. 吾道
自知須用拙, 晚塗安得尙貪名? 只應聚散如絃矢, 何處相逢底裏傾?"

酒光搖蕩小船明　술잔 빛이 뒤흔들리며 작은 배처럼 분명하네
山川客子求靈藥　산천의 나그네는 신령한 약을 구하려 하고
宇宙尙書動大名　우주간의 상서는 큰 이름이 진동하네
坐到夜央杯更洗　앉은 채로 밤이 깊어져 술잔 다시 씻노라니[35]
不知天際月輪傾　어느새 하늘 가에 달바퀴가 기울어졌구나

월정사

月精寺　　　　　　　　　　　　　　　　　박광우(朴光佑)

松檜陰森一逕通　솔 그늘 우거진 가운데 한 가닥 길이 뚫려
入門初見殿扉紅　문에 들어서니 홍살문부터 보이누나
千層寶塔回飛鳥　일천 층 보탑에는 나는 새가 맴돌고
八角神鈴響半空　팔각의 방울 소리 반공에 울리네
法帙謾傳王子事　불경은 부질없이 왕자의 사적을 전하니
居僧那識世尊功　여기 사는 승려들이 세존 공덕 어찌 알리
鍾鳴忽作文殊會　종 울리자 갑자기 문수회가 시작되니
玉座香飄萬壑風　옥좌의 향이 만 골짝 바람에 퍼지네
　斤兩骨肉俱均稱 근량과 골육이 다 고르다.

첨사 박계현의 수항정 시권에 쓰다

題朴僉使啓賢受降亭詩卷　　　　　　　　　홍섬(洪暹)

江奔天塹雄襟帶　하늘이 내린 병참은 강이 내달려 금대같은 요지를 압

---

35 소식(蘇軾)의 「전적벽부(前赤壁賦)」에 "잔을 씻어 다시 술을 따르니 안주거리 이미 떨어지고 술잔과 소반이 낭자하였다. 배 안에서 서로 몸을 베고 누운 채 자느라 동방이 훤히 밝아 오는 줄도 몰랐다.[洗盞更酌, 肴核旣盡. 盃盤狼藉. 相與枕藉乎舟中, 不知東方之旣白.]"라고 하였다.

　　　　　　　도하고

亭壓危城號受降　아스라한 성은 정자가 압도하여 수강정이라 이름하네

撫馭時須香案吏　무어(撫馭)할 때는 향안리[36]가 필요하고

風流盡屬碧油幢　풍류를 즐길 일은 죄다 벽유당[37]에 속하였네

春回草色埋殘壘　봄 돌아오자 풀빛은 잔결한 보루를 묻고

秋晚波光淨入窓　가을 깊어지자 물결 빛이 창으로 깨끗하게 들어오리

陳迹愧曾留姓字　지나간 자취는 이름을 그것에 남겨 부끄럽건만

輕裘喜得士無雙　갖옷 걸치는 귀한 집에서 무쌍[38]의 선비를 얻어 기쁘
　　　　　　　도다

　二聯俱均適 두 연이 모두 고르고 알맞다.

임사수의 관서행록 뒤에 쓰다

題林士遂關西行錄後　　　　　　　　　　　　　　　이황(李滉)

捭闔奇謀漢子房　패합[39]의 꾀를 지닌 한나라 장자방이

當年曾受石公方　황석공의 방법을 일찍이 전수받았네

---

36 향안리(香案吏)는 하늘의 궁궐에서 옥황상제를 곁에서 시종하는 선관(仙官)을 이른다. 당나라 원진(元稹)이 월주 자사(越州刺史)로서 회계(會稽)에 있을 때, 백거이(白居易)에게 「이주택과어낙천(以州宅夸於樂天)」 시를 보내어, "나는 본디 옥황상제의 향안리였는데, 인세에 귀양 와서도 작은 봉래산에 산다오.[我是玉皇香案吏 謫居猶得小蓬萊]"라고 하였다.

37 벽유당(碧油幢)은 기름 먹인 푸른 장막으로, 장수의 수레를 가리킨다.

38 여기서는 둘도 없는 국사(國士)라는 뜻이다. 한나라 승상 소하(蕭何)가 고조(高祖)에게 한신(韓信)을 천거할 때 했던 말 가운데 "여러 장수는 얻기가 쉽지만, 한신 같은 사람은 둘도 없는 국사입니다.[諸將易得耳, 至如信者, 國士無雙.]"라고 한 말이 있다. 『사기』 권92 「회음후열전(淮陰侯列傳)

39 개폐(開閉), 억양(抑揚), 허실(虛實) 등을 끝없이 펼쳐나가는 변론술(辯論術)을 가리킨다. 『귀곡자(鬼谷子)』에 「패합」이 있는데, 전국시대 소진(蘇秦)과 장의(張儀)가 귀곡자를 스승으로 삼아 패합과 종횡의 술(術)을 배워 유세하는 방법으로 삼았다.

未鬝巢窟龍庭界 미처 용정의 소굴을 쓸어내기 전에
先作干城鰈海疆 먼저 접해[40]의 간성을 만들었구나
絶域病攻天拂亂 이역에 병든 것은 하늘이 어긋나게 하는 것이니
　　奇氣逼人 기이한 기운이 사람에게 닥친다.
荒城雷鬪鬼驚忙 황성의 벼락소리 귀신 놀라 달아나리
豪吟百首凌雲氣 호탕하게 읊은 백 편의 시는 능운의 기상이라
妙句何妨鐵石腸 묘한 글귀 철석장에 무엇이 방해되랴

狂胡射月遼東塞 요동 변방에선 오랑캐가 달을 쏘고
　　通篇 氣自突兀 시편을 통틀어 기운이 절로 우뚝 솟는다.
壯士搜兵樂浪墟 낙랑의 옛터에선 장사가 병사를 찾네
指顧威靈驅虎豹 지휘하는 위령은 호랑이 표범을 몰아내고
風流談笑發詩書 풍류로운 담소는 시서로 발산되네
海航病得龍王藥 바다에서 병이 들자 용왕이 약 보내고
江閣吟窺帝子居 강각의 읊은 시는 제자의 거처를 엿보네
唾手功名歸燕頷 단정코 공명이 연함[41]에게 돌아가서
太平容我老樵漁 태평을 노래하며 나는 어초에 늙으리라

---

40 가자미가 많이 난다고 하여, 중국에서 우리나라를 부르는 별칭이었다고 한다.
41 관상가가 반초(班超)에게 말하기를 "그대는 제비의 턱에다 범의 머리라서 비상하여 고기를 먹는 상이니, 바로 만리후의 상이다.[燕頷虎頭 飛而食肉 此萬里侯相也]" 하였다. 뒤에 반초가 서역을 평정하여 그 공로로 정원후(定遠侯)에 봉해졌다. 『후한서(後漢書)』 권 47 「반초열전」

옥당실학 시에 차운하다
次玉堂失鶴韻[42]　　　　　　　　　　　　　　　　　김인후(金麟厚)

悔放殊姿送遠天　아름다운 너를 먼 하늘로 보내고 후회하는데
　　語語皆仙 말 하나하나가 모두 신선이다.
只今蹤迹寄何邊　지금은 그 자취를 어디에 부쳤는가
留詩肯弔千年柱　시를 지어 화표주를 조문하려 하노니
刷羽堪依十丈蓮　날개 정돈하고 열 길 연꽃에 깃들 만하구나
淸轉玉簫臺畔影　옥피리 소리 맑게 퍼질 때 누대에 그림자 어른거리고
　　飄飄然羽化九皐 표표하게 구고에 신선이 날아오른다.
微茫赤壁夢中仙　아득한 적벽에서는 꿈속의 신선이었네
山高海濶無消息　산 높고 바다 넓어 소식조차 없으니
倘記當年玳瑁筵　그 당시 화려한 잔치를 행여 기억하고 있으려나

죽우당
竹雨堂[43]

坡山歸臥世情微　파산에 와 누우니 세상 관심이 적어져
白日閒簾半掩扉　대낮 한가한 집에 문을 반만 닫았네
黃卷政堪終夕對　노란 책과 마주앉아 저녁에야 마치니
紅塵能向此間飛　붉은 티끌이 어찌 이곳으로 날아들랴

42　이 시는 홍섬(洪暹)의 「옥당실학운(玉堂失鶴韻)」에 차운한 것이다. 홍섬의 원시와 나세
　　찬(羅世纘), 이황(李滉), 김인후(金麟厚), 임억령(林億齡)의 차운시는 『송재유고(松齋遺
　　稿)』 권1에 실려 있다. 홍문관에서 학을 기른 일은 성해응(成海應)의 『연경재전집(硏經齋
　　全集)』 속집(續集) 11책 「옥당학설(玉堂鶴說)」에 자세하다.
43　『하서전집』 권10에 실린 이 시 제목에 " 청송선생 성수침의 당명[聽松成先生守琛坡山堂
　　名]"이라고 주를 달았다.

淸泠澗壑鳴環佩　맑고 차가운 골짝 시냇물이 패옥 소리 들려주고
窈窕林巒繞障幃　깊숙한 숲과 산이 병풍처럼 둘렸구나
病裏僅成婚嫁畢　병든 가운데 시집 장가를 이제 다 마쳤건만
十年猶未製荷衣　십 년 동안 아직도 하의(荷衣)[44]는 못 지었네
　　亦自脫俗 역시 절로 세속을 벗어났다.

퇴계에게 부쳐 답하다

寄答退溪　　　　　　　　　　　　　　　　　　임형수(林亨秀)

高義吾君我不如　그대의 높은 의리 나는 그만 못한데
書來情款溢言餘　편지를 보내 주니 인정이 말 밖에 넘치네
本知卞玉能成刖　변씨의 옥은 발꿈치 베일 것을 알고 있으니
未必羊腸可覆車　반드시 양장이라야 수레 넘어지는 것은 아닐세
浮海宦情今已苦　떠돌며 벼슬하는 마음 이제는 고달프니
買山歸計未應踈　산 사서 돌아갈 계획을 소홀하지 않으리
江梅落盡誰相問　강가 매화 다 졌는지 누구에게 물어볼까
萬里空傳尺素書　만 리 밖에서 부질없이 편지만 전하누나
　　其人異也 淸亦淸邵 그 사람이 특이하니 맑음 역시 맑고 고결하다.

질정관 유회부[45]가 북경으로 가는 것을 전송하며

送質正官柳晦夫赴京　　　　　　　　　　　　　　정유길(鄭惟吉)

文獻徵華屬俊姿　문헌의 화려한 징험은 준걸의 자태에 속하고

---

44 하의(荷衣)는 숨어 지내는 은자의 옷을 상징한다. 굴원의 「이소(離騷)」에 "연꽃을 잘라 윗옷을 해 입고, 부용 잎 모아 치마를 만들었네.[製芰荷以爲衣兮 集芙蓉以爲裳]"라고 하였다.
45 회부(晦夫)는 유근(柳根)의 자이다. 28세 되던 1576년에 질정관으로 중국에 다녀왔다.

狀元聲價上邦知　장원급제의 성가(聲價)는 상국에서도 알아주네
南宮演禮輸情素　남궁에서 예의를 연습하여 본래의 정을 다 바치고
　切實 아주 사실에 맞다.
北極賓陽抱別離　북극으로 태양의 손님 되어 가니 이별의 한을 품게
　　　　　　　　되네
蠻館燭殘羈夢後　오만관[46] 등촉이 사위는 것은 객로에서 꿈꾼 뒤이고
　流艶 매끄럽고 곱다.
午門香動早朝時　오문의 향기가 동하는 것은 이른 아침 조회할 때일세
歸來倘問郊居地　돌아와서 만일 교거의 나를 방문한다면
白髮枯筇候竹籬　백발로 마른 지팡이 짚고 대 울타리에서 기다리겠네
　館閣中 上上品 관각의 작품 중에서 가장 잘 된 작품이다.

소한식. 두보의 운을 쓰다

小寒食 用杜韻　　　　　　　　　　　　　　　이홍남(李洪男)

一番風雨送輕寒　한번 비바람에 가벼운 추위 물러가니
靜裏燒香坐整冠　고요히 향 피우고 의관을 정제해 앉았네
春服已成今未御　봄옷은 이미 지었으나 여태껏 입지 못하고
花枝猶早幾時看　꽃가지는 아직 이르니 언제 보려나
心隨去鳥游晴落　마음은 새 따라가 맑은 날에 노니는데
身似孤舟滯險湍　몸은 외로운 배처럼 험한 여울에 걸렸네
最是尊空難强飮　이래서 술통이 비어도 더 마시지 못하고
秖將詩句費吟安　다만 시구나 다듬어 편안히 읊조리네
　五六得意 경련(頸聯)이 득의작이다.

---

46 원문은 '만관(蠻館)'이다. 오만관은 중국 남쪽 지방의 오랑캐인 오만(烏蠻)의 사신들이
　북경(北京)에 왔을 적에 묵던 관소(館所)로, 변방의 사절들이 묵는 숙소를 지칭한다.

병들어서 호당(湖堂)을 나가다

病後出湖堂 김질충(金質忠)

常苦愁腸日九廻　시름 깊어 하루에 장 아홉 번 꼬이는데
忽驚啼鳥報春來　우는 새가 봄을 알려 홀연히 놀랐네
三年藥物人猶病　삼 년 동안 약 먹어도 사람은 병 그대론데
一夜雨聲花盡開　하룻밤 빗소리에 꽃들은 모두 피었구나
世事紛紛難自了　세상일 분분하여 절로 끝나기 어려운데
天機滾滾遞相催　천기는 잘도 돌아 서로 재촉하는구나
平生久負凌雲氣　평생에 오랫 동안 능운 기개 저버렸는데
惆悵如今半已摧　서글프게도 지금 와선 이미 절반 꺾여졌네

충주 누헌에 쓰다

題忠州樓軒 윤결(尹潔)

水回山擁古名州　물이 돌고 산이 낀 이름난 옛 고을
碧瓦朱欄照上流　푸른 기와 붉은 난간이 상류에 비치네
佳節忽來還作客　좋은 계절 홀연 왔으나 몸은 도로 나그네이니
宿醒猶在更登樓　어제 마신 술 깨기도 전에 다시 누에 오르네
　　超然翩然 초연하고 날래다.
郊原霽色人家晩　들판에 비 개고 인가는 저무는데
江浦寒聲雁陣秋　강포에 차가운 소리 들리니 기러기떼 나는 가을일세
　　淸麗絶世 청려함이 세상에서 뛰어나다.
鬢髮易凋歸計緩　귀밑머리 쉽게 쇠하는데 돌아 갈 계책은 더디니
遠遊何日免淸愁　멀리 노니는 나그네 어느 날에나 맑은 시름을 면하랴

윤, 이 두 친구에게 부치다

寄尹李二故人   노수신(盧守愼)

由來嶺海能死人   예로부터 영해 밖[47]은 사람을 죽게 하는 곳이니
不必驅馳也喪眞   분주하게 돌아다니며 내 본성을 상실할 필요가 없네
日暮林烏啼有血   날 저물자 숲속 까마귀 슬피 울어 피를 토하고
　　刺骨恨語 眞是杜陵 뼈에 사무친 한스러운 말이니 진실로 두릉[두보]이다.
天寒沙鴈影無隣   추워지니 기러기 그림자는 이웃이 없구나
政逢蘧伯知非歲   거백옥이 잘못을 알던 나이[48]가 바로 되었고
空逼蘇卿返國春   소경이 고국에 돌아온 해[49]에 공연히 가까워졌네
灾疾難消老形具   질병은 낫지 않고 노인 모습은 다 갖춰졌으니
此生良覿更何因   이생에 무슨 인연으로 다시 만나랴

탄금대에서 눌재의 운을 사용하여 짓다

彈琴臺 用訥齋韻

連延曠望縱平探   넓은 들판 멀리 바라보며 마음껏 탐색하다가
東得瓊臺上蔚藍   동쪽으로 경대를 만나니 위엔 하늘 맑구나
遠嶂高圍踞虎府   먼 산봉우리들은 우뚝이 거호부[50]를 에워싸고
　　詞雄奇杰 少陵勍敵 말이 웅장하고 기걸하니 소릉의 강적이다.

---

47 영해(嶺海)는 중국의 오령(五嶺) 밖으로부터 남해(南海)를 굽어보는 지역을 말한 것으로,
　　흔히 변방의 유배지를 가리킨다.
48 『회남자(淮南子)』「원도훈(原道訓)」에 "거백옥은 나이 오십이 되어서 49년 동안의 잘못
　　을 알았다.[蘧伯玉行年五十 而知四十九年之非]"라고 하였다.
49 소경(蘇卿)은 한나라 무제(武帝) 때의 중랑장(中郎將)으로 자가 자경(子卿)인 소무(蘇武)
　　이다. 흉노에 사자로 갔다가 억류된 지 19년 만에 한나라 소제(昭帝)가 흉노와 화친하면서
　　억류가 풀려 한나라로 돌아왔다.
50 웅크리고 앉은 호랑이 형국의 큰 고을이라는 뜻이니, 충주를 가리킨다.

長江曲抱臥龍菴　긴 강물은 구불구불 와룡암을 안고 흐르네
二儀淸濁元分一　하늘과 땅은 원래 하나에서 나뉘었고
百代興亡竟合三　백대의 흥망을 거쳐 끝내는 셋이 합해졌네
　撑柱宇宙 우주의 기둥을 지탱한다.
大丈夫身生老病　대장부의 몸이 태어나고 늙고 병드는 가운데
　豁達 활달하다.
倚雲長嘯不生慙　우뚝 서서 휘파람 부니 부끄러울 것 없구나

박지저의 운을 사용하다
用朴之樗韻

三十年前得識君　삼십 년 전에 그대를 알게 되었으니
別來芝蕙幾歎焚　헤어지고 나서 영지가 혜초 타는 걸 얼마나 탄식했으
　　　　　　　　　라[51]
重尋穴蟻槐南夢　거듭 개미굴 찾아 괴안몽을 꾸고 있으니
免作江魚腹裏魂　물고기 배 속의 넋[52]이 되는 건 면했다오
商嶺暮雲餘薄業　상령[53]의 저녁 구름 속에 하찮은 생업이 남아 있고
雪城春樹但深村　설성의 봄 나무[54] 밑엔 깊숙한 마을만 자리하였네

---

51 진(晉)나라 육기(陸機)의 「탄서부(歎逝賦)」에 "영지가 불에 타니 혜초가 탄식하는 게 개
　탄스럽네.[嗟芝焚而蕙歎]"라고 한 데서 온 말로, 전하여 동료의 불행을 보고 비통해하는
　뜻으로 사용된다.
52 굴원(屈原)의 「어부사(漁父辭)」에 "차라리 상강에 빠져 죽어서 물고기 배 속에 장사를
　지낼지언정 어찌 이 깨끗한 몸으로 세속의 더러운 먼지를 뒤집어쓸 수 있겠는가.[寧赴湘
　流 葬於江魚之腹中 安能以皓皓之白 而蒙世俗之塵埃乎]"라고 하였다.
53 상령은 노수신의 고향인 상주(尙州)의 옛 이름이다.
54 설성(雪城)은 충북(忠北) 음성(陰城)의 옛 이름이다. 저녁 구름과 봄 나무는 두보(杜甫)의
　「춘일억이백(春日憶李白)」에 "위수 북쪽엔 봄 하늘의 나무요, 강 동쪽엔 해 저문 구름이
　로다. 어느 때나 술 한 동이를 두고서, 우리 함께 글을 조용히 논해 볼까.[渭北春天樹
　江東日暮雲 何時一樽酒 重與細論文]"라고 한 데서 온 말로, 멀리 떨어져 있는 친구를

相逢俛仰空陳迹　서로 만난 뒤 잠깐 사이에 묵은 자취가 되었으니
白髮孤眼萬事昏　백발에 고독한 눈은 만사가 캄캄하구려

　　亦多斤兩 역시 근량이 많이 나간다.

일훈의 시축 가운데서 퇴계와 대곡의 시를 보고 그리워하며
그 시에 차운하다
一訓軸中 懷退溪大谷次其韻

誤入桃源路自通　도원에 잘못 들었는데 길이 절로 통하여
倦登葩寺境偏空　천천히 파곳사에 오르니 경내가 공허하구나
龍門深省鍾聲外　용문의 종소리에 깊은 깨달음을 얻고[55]
衡嶽潛心日色東　형악의 해 뜨는 동쪽에 마음 가라앉히고 묵도하였네[56]
雲在水流從信馬　구름 머물고 물 흐르는 곳을 말 가는 대로 가다가

　　閑遠中有奇思 한원(閑遠)한 가운데 기이한 생각이 있다.

鳥啼花落費移筇　새 울고 꽃 떨어진 곳에선 지팡이 짚고 거닐었네
殘年安得成三老　여생에 어떻게 하면 세 노인을 이루어
來往風流一笑同　풍류롭게 내왕하면서 함께 한번 웃어 보려나[57]

　　그리워하는 뜻이다.

55 두보(杜甫)의 「유용문봉선사(游龍門奉先寺)」 시에 "깨려던 차에 새벽 종소리 들으니, 사
  람으로 하여금 깊은 깨달음 얻게 하네.[欲覺聞晨鐘 令人發深省]"라고 하였다.

56 한유(韓愈)의 「알형악묘수숙악사제문루(謁衡嶽廟遂宿嶽寺題門樓)」에 "마음 갈앉히고
  묵묵히 기도하니 응험이 있는 듯해라, 어찌 정직함이 신명께 감통한 게 아니겠는가.[潛心
  默禱若有應 豈非正直能感通]"라고 하였다.

57 『소재집』 권5에 실린 이 시 제목에는 대곡(大谷)이 귀계(龜谿)로 되어 있으니, 그렇다면
  세 노인은 이황, 이중립(李中立), 노수신을 가리킨다. 함께 한번 웃어 본다는 것은 동진
  (東晉) 시대 여산(廬山) 동림사(東林寺)의 고승(高僧) 혜원 법사(慧遠法師)와 도연명,
  육수정(陸修靜)의 호계삼소(虎溪三笑) 고사에서 온 말이다.

정승 홍섬이 궤장을 하사받은 연석[58]에서 짓다

洪政丞遲賜几杖宴席作

三從不出相門闌　삼종 일생이 재상 가문을 벗어나지 않았으니[59]

奇思奇語相稱 기이한 생각과 기이한 말이 서로 걸맞다.

此事如今始有之　이런 일은 지금에 처음 있는 일일세

更拄省中靈壽杖　게다가 아들은 하사받은 영수장[60]을 짚고 서서

容易得來 句自破的 용이하게 터득하니 시구가 절로 정곡을 찌른다.

却披堂上老萊衣　몸에는 당상의 노래자 옷을 걸쳤네

恩承雨露眞千載　우로 같은 은택 입음은 참으로 천년에 한번 있으니

歡接冠紳盡一時　즐겁게 접대하여 한때의 조관이 다 모였네

何處得來叨席次　이런 잔치에 참석한 적이 그 어디에 있었던가

愧無佳句賁黃扉　재상을 꾸며 줄 좋은 시구가 없어 부끄럽구려

학림수[61]의 금강산 유람 시축에 쓰다

題鶴林守遊金剛軸

昔上毗盧覽衆山　예전엔 비로봉에 올라 뭇 산을 둘러봤는데

今從摩詰認屛顏　지금은 마힐[62]을 통해 높은 산임을 알겠네

---

58 홍섬(洪暹)이 69세에 좌의정에 오르고, 70세 되던 1573년에 궤장을 하사받았다.

59 삼종(三從)은 『예기』 「교특생(郊特牲)」에 "부인은 남을 따르는 자이니, 어려서는 부형을 따르고, 시집가서는 남편을 따르고, 남편이 죽으면 자식을 따른다.[婦人 從人者也 幼從 父兄 嫁從夫 夫死從子]"라고 한 데서 온 말이다. 홍섬의 모친 송씨(宋氏) 부인이 일평생 다복하여 부친 송질(宋軼), 남편 홍언필(洪彦弼), 아들 홍섬이 재상이었던 것을 말한다.

60 영수목(靈壽木)으로 만든 지팡이인데, 『한서(漢書)』 「공광전(孔光傳)」에 "태사에게 영수 장을 하사하였다.[賜太師靈壽杖]"라고 하였다.

61 왕족 화가인 이경윤(李慶胤, 1545~1611)의 봉호인데, 뒤에 학림정(鶴林正)에 진봉(進封) 되었다.

屯雲古檜深深洞　구름 쌓인 늙은 회나무 밑은 깊고깊은 골짝이요

勝宗少文壁畫 종소문[종병(宗炳)]의 벽화보다 낫다.

落日危橋淺淺灣　석양 아래 높은 다리 밑엔 얕은 물굽이가 흐르네

跨鶴風流窮左海　학을 탄 풍류는 좌해[63]를 남김없이 궁탐하였고

籠鵝文彩擅東韓　거위 담은 농[64]의 문채는 동한에 으뜸일세

想有鵝翁詩 시상에 아옹[왕희지]의 시가 있다.

可憐嶺外稀年客　가련하게도 영남의 칠십 세 된 나그네가

贏得城中滿袖潸　성 안에서 소매 가득 눈물로 젖고 말았구나

기성부원군 유홍의 강정시에 차운하다

次兪杞城泓江亭韻

出郭已知危得仙　성곽을 나오자 우뚝하게 신선 된 것을 알았으니

突兀 우뚝하다.

瓊臺更有鬱藍天　화려한 누대 위에 다시 울람천[65]이 있구려

---

62 마힐(摩詰)은 성당(盛唐)의 시인이자 서화에도 뛰어났던 왕유(王維)의 자이다. 그의 그림은 특히 산수(山水), 운석(雲石)에 뛰어나서 남화(南畫)의 조(祖)로 일컬어졌다. 여기서는 이경윤의 금강산첩에 그린 김제(金褆)의 그림을 왕유의 산수화에 빗대서 한 말이다.

63 좌해(左海)는 바다의 동쪽이라는 뜻으로 우리나라를 지칭하는데, 여기서는 특히 금강산을 끼고 있는 동해(東海)의 주변을 가리킨다.

64 거위 담은 농[籠鵝]은 왕희지(王羲之)의 고사에서 온 말이다. 『진서(晉書)』「왕희지열전(王羲之列傳)」에 "산음에 한 도사가 좋은 거위를 기르고 있었는데, 왕희지가 가 보고 맘속으로 매우 좋아하여 도사에게 그 거위를 팔아 달라고 굳이 요구하자, 도사가 말하기를 '나를 위해 『도덕경』을 써 준다면 의당 거위 떼를 몽땅 주겠다.'라고 하였다. 왕희지가 흔연히 『도덕경』을 다 쓰고 나서 거위를 농에 담아 가지고 돌아와 매우 즐거워했다.[羲之欣然寫畢 籠鵝而歸 甚以爲樂]"라고 하였다. 여기서는 금강산첩에 글씨를 쓴 이산해(李山海)의 호가 아계(鵝溪)이기에 그의 글씨를 왕희지의 글씨에 빗대서 한 말이다.

65 울람천(鬱藍天)은 신선이 사는 금화산(金華山) 위에 있는 하늘이다. 두보(杜甫)의 「동도금화산관(冬到金華山觀)」에 "위에는 울람천이 있어, 드리워진 빛이 경대를 감싸네.[上有蔚藍天 垂光抱瓊臺]"라고 하였다.

接得好 접함이 좋다.

世紛錯落了無日　세간의 일 분란스러워 그칠 날이 없으니

琢句流便 조탁한 시구가 유려하고 편하다.

歸夢悠揚尋幾年　고향 꿈은 훨훨 날아서 몇 년이나 찾았던가

我欲孤帆上龍瀨　나는 외로운 돛배 타고 용탄66을 오르고 싶으니

扇妙思巧 而句自嚴重 선동함이 묘하고 생각이 공교하나 시구가 절로 엄중하다.

君能斗酒下牛川　그대는 말술 싣고 우천으로 내려오시게

共驚身老皇恩渥　늙은 몸으로 황은 두터움에 함께 놀라니

又度淸秋憶廢田　또 맑은 가을 지나면 고향의 묵밭도 생각나리

강릉에 친제하실 때에 어가를 호종하면서 느낌을 읊다
親祭康陵 扈駕感吟

二陵松柏愴秋風　두 능67의 소나무와 잣나무가 가을바람에 슬픈데

玉輦東來謁墓宮　어가가 동쪽으로 오시어 묘궁을 배알하시네

誠意滿空雲漸下　성의가 하늘 가득해 상서로운 구름 차츰 내려오고

禮容如始日方中　행례의 거동이 처음 같은데 해는 바야흐로 중천일세

神鬯意妙 정신이 화창하고 뜻이 묘하다.

香銷御路千林靜　향 연기 스러진 어로엔 수많은 숲이 고요하고

角壯神行五衛同　호각 소리 웅장한 신행(神行) 길에 오위가 함께했네

矯然龍跳 높이 용이 뛴다.

近侍舊臣還浪迹　측근의 옛 신하들이 이제는 자취 없어

白頭南望思無窮　백발로 남쪽을 바라보노라니 생각이 무궁하구나

---

66 충주(忠州)의 용탄동(龍灘洞)을 말하는데, 소재의 스승이며 장인인 이연경(李延慶)이 만
　년에 거주했던 곳이다.

67 명종(明宗)과 인순왕후(仁順王后) 심씨(沈氏)의 능을 나란히 앉혀 쌍릉이기에 '누 능[二
　陵]'이라 하였다.

동호에서 송별하다

東湖送別

城東三月大湖平 성 동쪽 삼월에 큰 호수가 질펀하고

　起便雄奇 기구가 웅기해진다.

一帶林風相與淸 일대의 숲 바람은 서로 더불어 맑구나

　渾渾不窮 혼혼(渾渾)하여 끝이 없다.

花片本來隨世態 꽃잎은 본래부터 세태를 따르거니와

柳條何以繫人情 버들가지가 어떻게 인정을 잡아매는가

　何等感慨 어떠한 감개더냐?

沿江百丈依依色 강 따라 내려가는 백 길 돛대는 희미하고

喚渡長年歷歷聲 나루에서 사공[68]을 부르는 소리 역력하구나

兔洞龍灘如在眼 토동과 용탄[69]이 마치 눈앞에 있는 듯하여

數行衰涕暗沾纓 두어 줄 쇠한 눈물이 나도 모르게 갓끈을 적시네

　蒼然鏗然 有韻有骨 창연하고 쟁쟁하여 운율이 있고 뼈가 있다.

---

68 원문의 장년(長年)은 장년삼로(長年三老)의 준말로 뱃사공을 말한다. 『서언고사(書言故事)』 「인품류(人品類)」에 "뱃사공을 장년삼노라고 한다.[梢人曰 長年三老)]"라고 하였고, 그 주(注)에 "협중에서 뱃사공을 장년이라 하고, 노 젓는 사람을 삼노라고 한다.[峽中以舟師爲長年 拖工爲三老]"라고 하였다.

69 토동은 노수신의 고향인 상주(尙州) 화령현(化寧縣)에 있는 골짜기로, 선영(先塋)이 있었다. 용탄(龍灘)은 충주에 있는 지명으로, 그의 스승인 이연경(李延慶)이 생전에 살았던 곳이다.

동래 부사로 부임하는 노자평[70]을 보내다
送盧子平赴東萊

古敦同姓今何薄　예전엔 동성 간에 돈목했는데 지금은 어찌 야박한가

人旺分宗我獨凉　남들은 분종이 왕성하건만 우리는 유독 고단하구나

舊友若干常抱介　옛 친구 몇 사람은 항상 개결함을 품고 있는데

新恩千里更情傷　신은 입어 천 리 떠나니 다시 마음 아프네

秋風乍起燕如客　가을바람이 언뜻 일자 제비는 나그네 같고

　換杜之胎 두보의 태를 바꾸었다.

晚雨暴過蟬若狂　석양 비가 급하게 지나가자 매미는 미친 듯 울어 대네

　自出機杼 절로 기저(機杼)[71]에서 나온다.

南翁七十又二歲　남옹은 일흔하고도 또 두 살을 더하였으니

　情到黯然 정이 암연함에 이른다.

生別死別俱茫茫　생이별과 사별이 모두 아득하구나[72]

　別調 이별의 곡조이다.

용산에서 한강으로 돌아오는 배 안에서 읊다
自龍山歸漢江舟中口號　　　　　　　　　　박순(朴淳)

琴書顚倒下龍山　거문고 책 끼고 낭패당해 용산으로 물러나왔다가

一棹飄然倚木蘭　목란선(木蘭船)에 의지해 바람 따라 흘러가네

霞帶夕暉紅片片　석양 노을을 받으니 조각조각 붉고

70　자평(子平)은 노준(盧埈, 1538~?)의 자이다. 선조(宣祖) 때에 동래 부사(東萊府使), 파주 목사(坡州牧使) 등을 역임하였으며, 노수신에게 조항(祖行)이 된다.

71　베틀과 북. 문장을 구성하는 기량을 비유한다.

72　두보(杜甫)의 「몽이백(夢李白)」 시에 "사별이라면 이미 흐느껴 울었겠거니와, 생이별도 항상 슬프기만 하네.[死別已吞聲 生別常惻惻]"라고 하였다.

雨增秋浪碧漫漫　빗물 늘어난 가을 물결은 넘실넘실 푸르구나

江蘺葉悴騷人怨　강리[73] 잎새 다 시들어 소객(騷客)의 마음 슬퍼지고

水蓼花殘宿鷺寒　물여뀌 꽃 다 졌으니 자던 백로도 추워하리

　清楚 청초하다.

頭白又爲江漢客　백발 머리로 강에 떠도는 나그네 되어

滿衣霜露泝危灘　서리 이슬 잔뜩 맞으며 위태한 여울을 거슬러 오르네

　萬里佳品 만리의 훌륭한 품격이다.

석왕사를 찾다

訪釋王寺　　　　　　　　　　　　　　　　　심수경(沈守慶)

雨後輕衫出郭西　비온 뒤 홑옷 차림으로 성 서쪽에 나가보니

垂楊裊裊草萋萋　수양버들 한들한들 풀은 무성하구나

溪深正漲桃花浪　시냇물 불어나 복사꽃잎 찰랑거리고

路淨初乾燕子泥　길이 막 말라서 제비가 진흙 물어 나르네

黃犢等閑依壟臥　누런 송아지 한가롭게 언덕에 기대 눕고

翠禽多事傍林蹄　물총새는 분주히 수풀 곁에서 우는구나

　佳致 운치가 아름답다.

尋僧却恨春都盡　스님 찾으러 가다가 봄이 다 가는 게 한스러워

不見殘紅撲馬蹄　말발굽에 밟히는 꽃잎을 못 보겠구나

73　향초인데 현자(賢者)가 은둔하여 덕을 닦는 것을 비유하기도 한다. 『초사(楚辭)』「이소
　　(離騷)」에 "강리와 벽지를 몸에 두르고, 가을 난초 엮어서 허리에 찼네.[扈江蘺與辟芷兮
　　紉秋蘭以爲佩]"라는 구절에서 유래하였다.

탄신일 아침에 조회하다

誕日早朝   권벽(權擘)

旭日初昇曙色分   붉은 해 갓 솟아오르니 아침 경색이 분명하고

風飄佳氣正氤氳   바람이 날려 좋은 기운이 정히 넘실거리네

休祥已自虹流見   아름다운 상서는 이미 흐르는 무지개로 나타나고

廣樂還從鳳吹聞   균천광악[74]은 봉소(鳳簫)의 취주 따라 들려오네

玉佩響隨高閣漏   패옥의 음향은 높은 전각에서 흘러나오고

金爐煙作半空雲   금빛 향로의 연기는 반공에 구름같이 피어오르네

朝回更覺歡聲沸   아침 돌아오자 다시 환호성 들끓는 것을 깨닫나니

共把南山祝聖君   다같이 성군이 남산[75]처럼 만수하시길 축원하노라

春容富艶 고상하고 우아하며 넉넉하고 아름답다.

정월 초하루 아침에 조회하고 이날 사면 교서를 반포했다

元日早朝 是日頒赦

向曙鍾聲徹九門   새벽이 가깝자 종루의 소리가 궁궐의 구중 문을 뚫고 전하여

春生殿閣布微溫   봄 기운 태어나는 전각에서 다사로운 옥음을 선포하시네

催班共聽金鷄赦   조반으로 하여금 금계[76]의 사면령을 함께 듣도록 재촉

---

74 원문은 '광악(廣樂)'인데 균천광악(鈞天廣樂)의 준말로, 궁중 음악을 뜻한다. 균천은 천제(天帝)의 거소이다. 춘추시대 조간자(趙簡子)가 5일 동안 혼수상태에 빠져 있을 때 균천에 올라가서 광악을 듣고 왔다는 고사가 있다. 『사기(史記)』 권43 「조세가(趙世家)」 참조.

75 군주의 만수무강을 비유한다. 『시경』 「남산유대(南山有臺)」에 "남산에는 향부자가 있고, 북산에는 명아주풀이 있네. 즐거운 군자여, 나라의 근본이네. 즐거운 군자여, 만수무강하소서."라고 하였다.

하니

拜賜欣霑白獸樽   하사품에 절하면서 백호 술잔에 술 적시는 것을 기뻐
하네

日照螭頭當眼縇   햇살은 용머리[77]를 비추어 눈앞에서 구불구불하고

香浮旗尾受風翻   향은 깃발 꼬리에 감돌아 바람을 받아 펄럭이네

詞臣忝草絲綸罷   문사 담당 신하로서 외람되이 교서를 다 기초했지만

老去空慚未報恩   늙어가매 군은을 갚지 못한 것이 그저 부끄럽구나

　　亦早朝之亞   역시 「조조(早朝)」에 버금간다.

보루각
報漏閣[78]

頻聞高閣遞傳呼   높은 누각에서 교대로 알리는 것을 자주 들으면서

認得寒聲在漏壺   차가운 소리가 보루하는 호리병에서 나는 것을 확인
하네

曆象授時堯制度   역상을 살펴 시각 알리는 것은 요 임금의 제도요

璣衡齊政舜規模   선기옥형으로 칠정 정리함[79]은 순 임금의 규모라네

催殘曉箭開千戶   새벽의 누전(漏箭)을 재촉한 끝에 궁중의 일천 호가
열리고

---

76 사면령(赦免令)을 말한다. 옛날에 사면령을 반포할 적에 금계를 장대 끝에 올려 두고
반포하였다고 한다. 황정견(黃庭堅)의 「죽지사(竹枝詞)」에 "두견은 더 울려야 피 말라서
눈물 없는데, 어느 때나 금계가 구주를 사면할까?[杜鵑無血可續淚 何日金鷄赦九州]"라
고 하였다.

77 원문의 '이두(螭頭)'는 대궐의 정전(正殿) 앞 섬돌에 새긴 용머리 모양의 조각인데, 전하
여 궁궐 또는 궁중을 뜻한다.

78 보루각(報漏閣)은 궁중의 누각으로, 밤에 경(更)에는 북을 치고 점(點)에는 징을 쳤다.

79 원문의 '제정(齊政)'은 제칠정(齊七政)인데 칠정은 해와 달과 오성(五星)을 말하니 천체
(天體)의 운행을 관찰하여 역법을 정리한다는 뜻이다.

報盡更籌徹九衢　야간 시각을 경주(更籌)가 다 알린 후 도성의 아홉 거
　　　　　　　　　리 통하니
解使老翁增感慨　노옹으로 하여금 감개를 더 하도록 할 줄 알아
年光偏向此中徂　세월이 오로지 이 속에서 흘러가게 되누나
　　意好 뜻이 좋다.

좌의정 유관의 천장 때 지은 만장

左議政柳公灌遷葬挽章[80]

都人加額裒衣來　도성민들은 예복 위의에 손을 이마에 얹어 존경하고
玉燭須憑燮理才　옥촉[81]의 태평성세는 섭리의 재능에 기대려 하였으니
黃道初開賓出日　황도의 궤도가 열려 솟아나는 해를 맞이하고
靑雲自致拆中台　푸른 구름이 절로 이르러 중태[82]에서 트였다네
魏碑起踣流春澤　위징의 비가 넘어졌다 일어나듯[83] 봄날의 은택이 흐
　　　　　　　　　르고
薰筆褒賢照夜臺　훈공 기록의 붓으로 현인을 포상하여 무덤을 비추네
滌盡舊冤新卜兆　묵은 원한 죄다 씻고 새로 조짐을 점쳐 천장하니
偏知生死極榮哀　살아서는 극히 영화롭고 죽어서는 극히 애도함[84]을 잘

---

80 을사사화에 희생되었던 유관(柳灌, 1484~1545)의 이장을 조상하는 칠언율시이다. 윤원
형과 이기(李芑)의 모함으로, 유관은 윤임(尹任)·유인숙(柳仁淑)과 함께 종사(宗社)를
모의했다는 이유로 처형되었다. 윤원형이 몰락하고 선조가 즉위한 처음에 천장이 행해졌
던 듯하다.

81 옥촉 : 사시의 기운이 화창한 것을 표현하는 말로 태평성세를 뜻한다. 『이아(爾雅)』「석천
(釋天)」에 "사시의 기운이 화창한 것을 옥촉이라 한다."라고 하였다.

82 중태 : 삼정승(三政丞)의 하나인 좌의정. 상태(上台), 중태(中台), 하태(下台)를 삼태성
(三台星)이라 하는데, 각각 영의정, 좌의정, 우의정을 상징한다.

83 위징의 비가 넘어졌다 일어나듯 : 당나라 위징(魏徵)의 고사이다. 당 태종 이세민의 직신
(直臣)이 위징이 죽은 후, 요동의 고구려 정벌에서 실패한 후 위징의 비를 다시 세우고
그이 선견지명을 포상했다는 고사가 있다. 『구당서(舊唐書)』「위징열전(魏徵列傳) 참조.

알겠네

引事琢辭 俱甚工緻 사실을 끌어오고 말을 다듬은 것이 둘 다 아주 공교롭고 치밀하다.

성절에 조회하여 하례하다

聖節朝賀⁸⁵   양응정(梁應鼎)

節到流虹擁百祥 만수절 이르자 무지개빛 온갖 상서가 옹위하고
駿奔寰海筐玄黃 바다 끝 번병도 달려와 비단을 광주리로 바치네⁸⁶
槍竿攢攢雲煙闢 곧고도 곧은 깃대에 구름 안개가 걷히고
樂律彤彤鳥獸蹌 악률이 둥둥 연주되자 새 짐승이 춤을 추네
拜極一時瞻有作 동시에 황극의 천자에게 일어나서 우러르며
呼嵩三祝享無疆 만세를 외쳐 만수무강을 세 번 축원하네
退朝凝坐成追憶 조반(朝班)에서 물러나 우뚝 앉아 추억으로 삼으니
夢裏淸都轉渺茫 꿈속에서 맑은 도성이 아련한 일이 되었구나

以矜莊爲貴 긍지와 장엄이 귀하다.

---

84 살아서는 극히 영화롭고 죽어서는 극히 애도함 : 『논어』 「자장(子張)」에 보면, 자공(子貢)
이 스승 공자의 덕을 찬양하며 "살아서는 누구나 존경하고 죽어서는 누구나 애도한다.[其
生也榮, 其死也哀.]"라고 하였다.

85 『송천선생유집』에는 제목이 「성절에 조회하여 하례한 후에 우연히 율시 한 수를 지어
서장관 윤경에게 보여주다[聖節朝賀後偶成一律 示尹書狀曝]」로 되어 있다. 양응정은
59세 되던 1577년 정월에 이조 참의가 되고, 성절사(聖節使)가 되어 중국에 다녀왔다.

86 원문은 '비현황(筐玄黃)'이다. 『서경』 「무성(武成)」에 "남녀들이 광주리에 검고 누런 비단
을 담아 우리 주왕을 밝힘은 하늘의 아름다움이 진동하기 때문이었다.[惟其士女 筐厥玄
黃 昭我周王 天休震動]"라고 하였다.

만경대

萬景臺[87]   양사언(楊士彦)

九霄笙鶴下珠樓	구천에서 학 타고 생황 불며 신선이 주옥 누각에 내려와
萬里空明灝氣收	만리에 걸친 밝은 하늘 맑은 기운을 거두어 모았네
青海水從銀漢落	푸른 바다의 물이 은하수에서부터 떨어졌고
白雲天入玉山浮	흰 구름은 하늘로 들어가 백옥산처럼 감도네
長春桃李皆瓊藥	긴긴 봄에 복사꽃 오얏꽃은 모두 경옥의 잎새요
千歲喬松盡黑頭	천년 묵은 키 큰 소나무는 죄다 머리가 검구나
滿酌紫霞留一醉	신선의 자하주 가득 부어 한 바탕 취하여 머무나니
世間無地起閑愁	세간에서 한가로운 시름을 일으킬 곳이 없다네

字字烟霞 仙家神品 글자마다 연하이니, 선가의 신품이다.

처음 산을 나와 심경혼에게 주다 이름은 장원이다

初出山 贈沈景混長源   이이(李珥)

分袂東西問幾年	동서로 헤어진 지 몇 년이나 되었던지
欲陳心事意茫然	마음 속 일을 늘어놓으려니 마음이 아득해지네
前身定是金時習	전생에는 정말 김시습(金時習)이었고
今世仍爲賈浪仙	이생에는 이어서 가낭선(賈浪仙)이라네
山鳥一聲春雨後	봄비 내린 뒤에 한 줄기 산새 소리 들려오고
水村千里夕陽邊	석양녘 물가 마을이 천리에 뻗어 있구나

---

87 양사언의 『봉래시집(蓬萊詩集)』 권2에는 '청간정(淸磵亭)'이라는 제목으로 실렸는데,
"혹은 이 시가 산정(山亭)에서 지었다고도 전한다.[或云 此傳山亭作]" 하였다. 강원도
고성군 토성면 청간리에 있는 청간정에 이 시가 현판으로 걸려 있었다고 한다.

猶是龍象語 고승의 말 같다.

相逢相別渾無賴　만나고 헤어질 기약 믿을 수 없어

回首浮雲點碧天　머리 돌리니 뜬구름이 푸른 하늘에 점점이 떠 있네

本集不載 似爲三四諱之 然絶佳詩 본집에는 실려 있지 않으니 삼구와 사구를 피휘한 듯하다. 그러나 아주 훌륭한 시이다.

오동

烏洞　　　　　　　　　　　　　　　　　　　박지화(朴枝華)

山葉欲黃南去後　산의 나뭇잎 누릇해질 때 남으로 떠났다가

雖復江西峭詭淵深 自是當行家第一 비록 다시 강서파의 초궤(峭詭)함이 깊을지라도 당행가(當行家 : 전문가) 제일이다.

林鸎初囀北歸前　숲의 꾀꼬리 울기 시작할 때 북으로 돌아왔네

光陰脫手箭相似　세월은 손을 떠난 화살과 같고

蹤迹印泥鴻杳然　종적은 진흙에 찍힌 기러기 발자국처럼 아득하네

百歲莵裘底處所　평생토록 은거지만 거처로 삼았으니

一生行李只詩篇　일생의 짐보따리라고는 시편뿐일세

瘦童羸馬江南路　수척한 아이와 따라 비루먹은 말을 타고 강남길 가니

倘有良工作畫傳　혹 그림 그려 전할 양공이 있으려나

양대박의 시에 차운하다

次梁大樸韻　　　　　　　　　　　　　　　　권응인(權應仁)

蓬髮經旬懶不梳　엉클어진 머리 게을러 열흘 넘게 빗지 않고

寂寥無客到幽居　깊은 곳 찾아오는 손님 없어 적막하게 사네

誰憐老子貧非病　누가 병 없이 가난한 늙은이를 가여워하리

長憶騷人話勝書　시인들 말이 글보다 나음을 생각하네

賓舘賞花春酒熟 여관에서 꽃구경할 때 봄 술이 익었고
禪房聽雨夜窓虛 선방에서 빗소리 들을 때 밤 창이 허전했지
夢中舊事言猶耳 꿈속의 옛일이건만 말은 귓가에 남아 있으니
音信雖稀意未踈 편지는 드물어도 뜻까지 멀어지지는 않았겠지

　　爛熟入妙 何害晚宋 난숙하여 묘한 경지에 들어갔으니 어찌 만송(晚宋)에 해가 되랴.

을묘년 군막에서 짓다

乙卯幕中作　　　　　　　　　　　　　　　　　　양사준(楊士俊)

將軍一捷萬人觀 장군의 승전을 만인이 보았고

　　氣槩洋洋然 기개가 출렁댄다.

壯士從遊汔可還 따르던 병사들은 거의 집으로 돌아갔네
雨洗戰塵淸海岱 비바람에 전흔이 씻겨 산과 바다가 맑아졌고

　　眞戰捷語 진실로 전투의 말이다.

笛橫明月捻關山 피리 소리와 밝은 달빛이 관산을 감쌌구나
誰將婉畫安天下[88] 누가 전략[88]을 잘 세워 천하를 안정시켰나
却笑浮名動世間 헛된 명성이 세상에 떠도니 우습기만 하구나
高閣夜涼仍獨坐 서늘한 밤 높은 망루에 홀로 앉아 있자니
荷花偏似夢中顏 연꽃이 꿈인 듯 얼굴을 내미네

　　有東山之戀 동산시(東山詩)[89]의 연연함이 있다.

---

88 원문의 완획(婉畫)은 남조(南朝) 송나라 사첨(謝瞻)의 「장자방시(張子房詩)」에 나오는
　　"화순하게 유막 속에서 주획하였다.[婉婉幕中畫]"라는 말을 줄인 것으로, 장량(張良)이
　　유방(劉邦)을 위해 참모로서 전략을 잘 세운 것을 의미한다.
89 『시경』 빈풍의 편명으로 주공이 은나라를 정벌하고 돌아올 때 부른 병사들의 노래라고
　　한다.

백상루

百祥樓   고경명(高敬命)

此篇 力洗江西 欲入李唐 故頗流麗淸遠 이 편은 힘써 강서파를 씻어내고 당시로
들어가고자 하였기 때문에 제법 유려(流麗)하고 청원(淸遠)하다.

醉躡梯飇十二樓   바람맞는 십이루에 취해서 올라와 보니
晴川芳草望中收   맑은 냇물 고운 풀밭이 시야에 들어오네
水宮簾箔疑無地   용궁인가 주렴 아래에 땅이 없나 싶고
蓬島烟霞最上頭   봉래도의 노을 안개가 한껏 위에 어렸구나
天外梅花飛玉笛   하늘 너머 매화곡이 옥피리로 불려오고
月邊蓮葉渺仙舟   달 옆의 연잎은 신선의 배같이 아득해라
臨風欲把浮丘袂   바람 맞아 부구공의 옷소매를 잡으려다[90]
笙鶴飄然戲十洲   생황 불며 학 타고[91] 십주에 노니누나

도중에 십삼산을 바라보며

道中望十三山

綰結湘鬟翠幾重   상군 머리 묶어맨 듯 푸른 봉우리 몇 겹인가
    眉目迥別 미목이 아주 다르다.
脩眉天際畵初濃   긴 눈썹 하늘 끝에 방금 짙게 그려 놓았네
神鼇戴立疑三島   신선의 자라가 이고 선 삼신산인가 싶고
巫峽飛來剩一峰   무협에서 날아와 한 봉우리 더 있는 듯하네[92]

---

90 곽박(郭璞)의 「유선시(遊仙詩)」 제3수에 "왼손으로 부구의 옷소매를 부여잡고, 오른손으
   로 홍애의 어깨를 어루만진다.[左把浮丘袖 右拍洪崖肩]"라고 하였다.
91 주나라 영왕(靈王)의 태자 진(晉)이 생황 불기를 좋아했는데, 신선 부구공(浮丘公)을 따
   라 숭고산(嵩高山)으로 갔다가 30년 뒤에 백학을 타고 구지산 정상에 나타나서 사람들에
   게 손을 흔들어 인사하고 날아갔다고 한다. 『열선전(列仙傳)』 「왕자교(王子喬)」

話出十三山便好 십삼산을 말하여 좋아졌다.

燕塞斷鴻低積縞 연 땅 끊긴 기러기는 흰 천을 풀어 쌓듯 내려 앉고
海門殘照下高春 바다의 저녁 해는 고용에 내려오네
恨無謝眺驚人句 한스럽구나, 사조만큼 사람 놀랜 시구가 없어
快寫平生芥蒂胸 평생 막힌 가슴을 통쾌하게 못 뚫었으니

雖無骨幹 亦自膚立 비록 골간이 없으나 역시 절로 살갗이 섰다.

옥천군에 눈 내린 뒤

玉泉郡雪後[93]

朔吹通霄冷郡齋 하늘에서 삭풍이 불어 관아가 썰렁하더니
曉來飛雪漲官街 새벽 되며 거리에 눈이 흩날리네
剛泉積縞連千嶂 강천산에 눈이 쌓여 봉우리들 희게 이어지고
赤岸餘霞霽兩崖 적안의 남은 노을은 양쪽 언덕에 개었구나
郊外臂蒼生獵興 들에서 매잡이로 사냥하려는 흥이 나고
樓頭披氅動詩懷 누각에서 학창의 입고 시를 짓고 싶구나

---

92 『계산기정』「도만(渡灣)」에 "십삼산은 모두 산이다. 본래의 이름은 석산(石山)인데 산에는 한 포기의 풀이나 한 그루의 나무도 없고, 산세가 뾰족하고 높은 것이 마치 물고기 머리가 일제히 위쪽을 보고 빼끔거리는 것처럼 생겼으며, 줄을 지어 열세 봉우리를 이루고 있기 때문에 붙여진 이름이다. 그러나 그 봉우리를 세어보면 크고 작은 것이 같지 않을 뿐더러 열셋에 그치지도 않는다."라고 하였다. 의무려산(醫巫閭山)의 줄기이기에 이렇게 말하였다.

93 『제봉집』 권5에는 「납월 십칠일에 내린 눈[臘月十七日雪]」이라는 제목으로 실려 있다. 고경명이 군수로 부임했던 순창군의 옛 이름이 옥천(玉川)이다.
이 시는 1585년 순창군수로 있을 때 밤에 내리는 눈을 보고 일어나는 흥취를 읊은 칠언율시로 가(佳)운이다. 「제봉집」에는 제목을 "12월 17일 눈(臘月十七日雪)"이라고 하였고, 수련 대구의 '새벽 되니(曉來)'를 '일어나 보니(起看)'로, 함련 출구의 '강천(剛泉)'을 '강천(岡泉)'으로, 대구의 '애(厓)'를 '애(崖)'로, 경련 대구의 '시회(詩懷)'를 '고일(高一)'로 하였다. 순창군의 다른 이름이 옥천(玉川)인데, 해남에 속한 폐현(廢縣)인 옥천(玉泉)을 제목으로 붙인 것은 착오인 듯하다.

山城茗椀眞多分　산성에서 차를 마시는 분수도 좋지만
金帳羔兒與願乖　금빛 휘장에 고아주[94] 마시려던 소원은 어긋났구나
　　語意俱豪宕 말과 뜻이 모두 호탕하다.

금잉어를 먹으며

食錦鱗魚有感

錦纈纖鱗玉作肌　비단같이 가는 비늘 옥 같은 살결
此魚風味我深知　이 물고기의 맛을 나는 잘 아네
鳴蓑細雨垂綸處　도롱이에 떨어지는 가랑비 맞으며 낚시줄 드리우고
滿座腥風斫膾時　자리에 비린내 가득하게 회를 뜨네
壁蠍解教遷客喜　전갈은 멀리서 온 나그네를 기쁘게 하고
南烹翻動故園思　남쪽 음식은 고향 생각을 불러일으키네
　　亦有味其言 역시 그 말이 맛이 있다.
木溪烟艇應無恙　목계의 안개 속에 배는 잘 있으리니
來歲如今不負期　내년에는 지금처럼 약속을 저버리지 않으리
　　結亦婉切 결구도 또한 곱고 절실하다.

정자 임복이 술을 보내준 것이 고마워

謝林正字復送酒

松堂煮酒淡如油　송당이 빚은 술은 기름같이 담박하니

---

94 송나라 한림학사 도곡(陶穀)이 당태위(黨太尉) 집의 기녀(妓女)를 얻자, 정도(定陶)에
들러 눈 녹은 물로 차를 끓여 마시면서 그 기녀에게 말하였다. "당태위의 집에서는 응당
이런 풍류를 모를 것이다." 기녀가 대답하였다. "당태위는 거칠고 경솔한 사람이니 어찌
이런 풍류가 있겠습니까마는, 그는 소금 빛처럼 하얀 장막 밑에 앉아 조용히 미인의 고운
노랫소리를 들으며 양고주를 마실 뿐이랍니다." 『제요록(提要錄)』

妙處方之內法優 묘한 처방이 궁중비법보다 뛰어나구나
火活泉新齊氣力 센 불과 새 샘물로 기력을 갖추고
蠟香椒烈備剛柔 꿀 향기와 매운 산초가 강하고도 부드럽네
金莖瑞露濃初滴 승로반의 이슬은 맺혀 떨어지려 하고
赤岸晨霞爛欲流 적안[95]의 새벽노을은 찬란히 흐르려 하네
持向病夫應有意 병든 사람에게 술을 주다니 응당 뜻이 있겠지
黃封曾識殿西頭 황봉주[96] 맛을 일찍이 대궐에서 알았네

通篇 腴彎圜轉 行中第一 시편을 통틀어 기름지고 화창하며 둥글게 구르니 행중에서 제일이다.

벼슬에서 파직되어 지천으로 향하다가 누원에 앉아서

官罷向芝川 坐樓院   황정욱(黃廷彧)

午憩東樓卸馬鞍 낮에 동루에서 말안장 내려놓고 쉬노라니
窮陰忽作暮天寒 음산한 그늘이 갑자기 저녁 한기를 만드네
　　儘好 아주 좋다.
青春謾說歸田好 젊어선 전원으로 돌아가는 게 좋다고 말했다가
　　淡語有味 담담한 말에 맛이 있다.
白首猶歌行路難 흰머리로 오히려 세상 살기 어렵다 노래하네
天或試人聊自遣 하늘이 혹 사람을 시험하니 마음을 풀고
雨還留客暫求安 비에 붙들린 나그네 잠시 편함을 구하네
明朝刮目鄉山碧 내일 아침엔 눈을 씻고 푸른 시골 산을 보리니

---

95 적안은 전설상의 지명으로, 매승(枚乘)이 지은 「칠발(七發)」에 "적안을 뛰어넘어 부상을 청소한다.[凌赤岸篲扶桑]"라고 하였다. 두보(杜甫)의 「희제왕재산수도가(戲題王宰山水圖歌)」에는 "적안의 물은 은하수와 서로 통한다.[赤岸水與銀河通]"라고 하였다.

96 원문의 황봉(黃封)은 황봉주(黃封酒)의 준말로, 어사주를 의미한다. 송대에 관청에서 술을 빚을 때 황색 비단이나 황색 종이로 술을 봉한 데서 유래하였다.

且負今宵一夢闌　오늘밤에는 한바탕 단꿈을 꾸리라

　　湖蘇之外 公堂登壇 호음과 소재 외에 공이 마땅히 문단에 오를 만하다.

홍주에서 다시 해서관찰사로 가는 최흥원을 보내며

送崔復初興源 自洪陽再按海西

關海當年負弩人　해서에서 왕년에 쇠뇌[97]를 졌던 사람이

此來又送再回巡　여기에 와서 다시 관찰사로 가는 그대를 전송하네

甘棠舊翠還新色　팥배나무는 예전 푸른빛이 도리어 새로우니

寶帶黃金換素銀　관복의 황금빛 허리띠는 소은(素銀)이 바뀐 것일세[98]

　　說得便眞 말을 풀어낸 것이 문득 참되다.

自是功名苦相逼　이로부터 공명이 괴롭게 그대를 핍박하리니

莫言岐路枉傷神　갈림길이 마음을 상하게 한다 말하지 말게

只應濯熱亭前水　탁열정[99] 앞에 흐르는 물로도

難洗湖西望行塵　호서에서 떠나는 수레의 흙먼지를 씻기는 어렵다네

　　深厚 깊고 두텁다.

　　此老結皆有力 而此結最優 이 노부의 결구는 모두 힘이 있는데, 이 결구가 가장
　　우수하다.

---

97 사마상여가 중랑장(中郎將)이 되어 고향인 파촉(巴蜀) 땅에 사신으로 갔을 적에 "촉군
태수 이하가 모두 교외에 나와 영접하였으며, 현령은 몸소 쇠뇌를 등에 지고 앞장서서
달렸다.[蜀太守以下郊迎, 縣令負弩矢先驅]"라는 고사가 전한다. 『사기(史記)』권117 「사
마상여열전(司馬相如列傳)」 황정욱이 48세 되던 1579년에 해주 목사로 부임했는데 최흥
원이 이어서 관찰사로 부임하였다.

98 목사는 종3품이므로 소은(素銀)으로 된 띠를 착용하였는데, 종2품 감사로 승진하여 금대
(金帶)를 착용하게 되었다.

99 황정욱이 1579년 해주에 부임하여 탁열정을 지었는데, 해주목 북촌에 있었다.

이의중이 영평 수동에 새로 지은 정자에 장난삼아 지어 보내다
戲寄李宜仲永平水洞新亭

桂樹叢生在磵阿 계수나무 우거진 냇가 언덕에

幽人晩計此婆娑 은자가 만년 계책으로 한가롭게 지내시네

千岩爛錦呈紅葉 천 개의 바위는 찬란한 비단처럼 붉은 잎을 바치는데

萬壑驚雷送遠波 만 골짜기는 놀래키는 우레처럼 먼 파도소리를 보내네

不管問津迷道路 나루를 묻다가 길을 잃어버리는 일은 상관하지 않고
　意 뜻이 있다.

有時乘興出烟蘿 때때로 흥이 일면 안개 낀 넝쿨풀을 찾아 나선다네

小山招隱眞堪賦 소산이 초은사를 참으로 지을 만한 곳이니[100]

豺虎晝嗥君奈何 승냥이와 호랑이가 낮에 울면 그대 어찌하려나
　殷壑之音 골짜기를 울리는 소리이다.

함흥으로 부임하는 김명원을 보내면서
送別金應順命元 赴咸興

曾玷先朝侍從班 선왕 때 시종하는 반열에 들어서

愛君寸氣濟艱難 임금을 사랑하는 작은 기운으로 어려움을 구제했네

丁寧玉署盛顒牧 부디 옥당에 파목[101]이 가득하니
　溫厚 온후하다.

畢竟邊城識范韓 필경 변경의 성에서 범한[102]을 알아보리

---

100 『초사(楚辭)』에 실린 회남소산(淮南小山)의 「초은사(招隱士)」 첫머리에 "계수나무 우거진 그윽한 산속[桂樹叢生兮山之幽]"이라고 하였다.

101 염파(廉頗)와 이목(李牧). 전국 시대 조(趙)나라의 뛰어난 장수들이다. 염파가 군사를 맡고 있을 적에는 강한 진(秦)나라조차도 감히 조나라를 얕보지 못하였으며, 이목이 흉노족을 방비하고 있을 때에는 흉노가 남쪽으로 내려오지 못하였다.

天意可知還授鉞 하늘의 뜻은 알만하여 부월을 주었으니

何處得來 어디에서 터득해온 것인가?

此心相待詎彈冠 이 마음은 어찌 관을 털까 기다렸다네

只應離別常吾輩   다만 헤어짐은 우리에게 일상이나

感慨之語 감개한 말이다.

又是春風一味酸   또 봄바람에 고통 한 번 맛보네

오음의 시에 차운하여 주다
贈梧陰次韻

春事闌珊病起遲   봄 풍경 저물 즈음 병으로 늦게 일어나

鶯啼燕語久逋詩   꾀꼬리 울고 제비 지저귀어도 오래 시 짓지 않았네

極好 매우 좋다.

一篇換骨奪胎去   그대 한 편의 시는 뼈를 바꾸고 태를 벗은 것이라

奇哉 기이하도다.

三復焚香盥手時   손을 씻고 향을 사르며 세 번이나 본다네

天欲此翁長漫浪   하늘은 이 늙은이를 길이 얽매임 없이 살게 하는데

人從世路姑低垂   이 사람은 세상길에서 나지막이 살고 있구나

銀山松桂芝川水   은산의 솔과 계수나무, 지천의 시냇물은

應笑吾行又失期   응당 내 돌아감이 또 때를 놓쳤음을 비웃고 있겠지

---

102 범중엄(范仲淹)과 한기(韓琦). 북송(北宋) 때의 명신이다. 이들은 모두 병무(兵務)에 오래 종사하면서 당대에 명망이 높았다.

심충겸이 춘천으로 부임하는 것을 전송하며
送沈公直赴春川

清平山色表關東　청평산 산색은 관동의 으뜸이라
下有昭陽江漢通　아래로 소양강이 한강으로 통하네
　　便好 문득 좋다.
馳出都門一匹馬　도성문 달려나갈 때 한 필의 말이더니
　　湖蘇無此奇 호음이나 소재에게도 이같이 기이함은 없다.
泝洄春水半帆風　봄물 따라 올라갈 때 돛에 바람 가득하리
送人作郡鬼爭笑　사람 보내 고을을 맡긴다니 귀신도 웃고
問舍求田囊又空　밭을 사 농사짓자니 주머니가 비었구나
　　倔而不拘 굽혔으나 구속되지 않는다.
爲語當時勾漏令　당시의 구루령 갈홍에게 말하노니
衰顏須借點砂紅　늙은 얼굴에 단사 빌려 단장해 주시오

縹緲春城水一隅　봄 성 모퉁이로 흐르는 물이 아스라해
江山樓觀直文魁　강산의 누대가 실로 문장의 으뜸일세
玉堂步履星辰遠　옥당에 걷던 걸음 북두성과 멀어지면
碧落神仙笙鶴來　푸른 하늘의 신선이 학을 타고 내려오겠지
模寫風煙翻幾勾　좋은 경물 몇 구절 그려내면
鍊成丹藥化三胎　단약을 만들어 태를 세 번 바꾸리라
平生睡足今頭白　평소에 잠이 많아 머리가 이제 세었는데
坐數交朞歲六回　앉아 세어보니 바둑 두며 사귄지 여섯 해일세
　　矯矯騰踔 기세 좋게 뛰어오른다.

바다
海[103]

目力東收碧海來　눈길을 동쪽으로 돌리니 푸른 바다가 보여
茫茫溟渤在亭臺　망망한 큰 바다가 누대에 닿았구나
　　昌大得稱 창대하다고 일컬을 만하다.
兩儀高下輪輿轉　음양이 오르내리니 해와 달이 돌고
太極鴻濛汞鼎開　태극이 생성되기 전에 수은솥이 열렸네
　　古今有道得麽 고금에 이렇게 말한 적이 있었던가.
貝闕珠宮生睇眄　진주조개로 꾸민 궁궐이 비스듬히 보이고
馮夷河伯送風雷　수신 하백이 바람과 우레를 보내네
時危兵甲猶如許　시절이 위태롭고 병사가 오히려 이러하니
誰挽滄波洗得回　누가 푸른 물결을 끌어다가 씻어 내려나
　　自作一家 非杜非黃 스스로 일가를 이루어 두보도 아니요 황정견도 아니다.

산
山

萬里滄溟掃翳昏　일만 리 맑은 바다가 어둠을 쓸어내니
乾坤初闢坎離門　천지가 처음으로 음양의 문을 열어젖히네
　　透得化竅 천지조화의 문을 열었다.
衆峯父祖皆相揖　뭇 산의 부조들이 모두 서로 절을 하니
高頂星辰却可捫　높은 산마루에서 별들을 문득 만질 수 있구나
　　極重極悍 筆力扛鼎 지극히 무겁고 지극히 사나우니 필력이 세발 솥을 든다.

---

103 「바다[海]」와 「산(山)」의 2수는 『지천집』 권2에 「이성 동헌 시에 차운하다[次利城東軒韻]」의 제1수와 제2수로 실려 있다.

驅石漫傳秦帝跡　돌을 몰아[104] 질펀하게 진시황의 자취를 전하고
割腸誰慰楚臣魂　창자를 베더라도 누가 굴원의 혼을 위로하랴

引事亦工 일을 인용한 것 역시 공교하다.

桑田亦是須臾事　바다가 뽕나무 밭이 되는 것도 잠간 사이의 일이니
賊滅時平海水飜　적이 섬멸될 때에 바닷물이 뒤집히리라

鎔範造化來 조화를 녹여 만들어냈다.

길주 지주대에서

吉州砥柱臺

混沌初分積氣浮　혼돈이 처음 나뉘어 쌓인 기운 떠 있는데

雄盪渾涵, 足洗千古纖靡 웅장하고 심오하여 천고의 쇠미함을 씻기에 족하다.

何來巨石峙中流　어디서 온 큰 바위가 물살 위에 우뚝 섰나

屹屹嵓嵓 우뚝하고 험준하다.

雷風擊搏猶難動　우레와 바람 몰아쳐도 움직이지 않고
岳海驚翻只獨留　산과 바다 놀라 뒤집혀도 홀로 남아있네

氣壯語激, 令人駭視 기운이 장대하고 말이 격렬하여 사람으로 하여금 놀라서 보게 한다.

萬古至今誰閱視　만고에 지금까지 누가 보았던가
一身千里幸來遊　이 한 몸 천리 밖에 다행히 와서 노니는구나
聞君欲辦新亭子　듣건대 그대가 새 정자를 지으려 한다니
八九雄呑在極眸　운몽택 여덟아홉 개를 삼킬[105] 듯한 곳이 내 눈에 있네

---

104 원문의 구석(驅石)은 『태평어람(太平御覽)』 권4 「천부(天部)」에 보이는 고사이다. "진시황이 바다 위에 돌다리를 만들고 바다를 건너가서 해 뜨는 곳을 구경하려 했다. 그 때 어떤 신이 돌을 몰고[神人驅石] 오면서 속도가 빠르지 않다고 돌에 채찍질을 하자 모든 돌에서 피가 흘렀다. 지금도 그 석교는 아직 붉은 색이다."

105 사마상여(司馬相如)가 「상림부(上林賦)」에서 "초나라에는 칠택이 있다. 그중 하나인 운

천도

穿島

仇池小有潛通地   구지산과 소유천이 땅속으로 통하는데[106]
極目披襟海上臺   옷깃 헤치고 바닷가 누대를 멀리 바라보네

   極好句 아주 좋은 구절이다.

八九平吞雲夢闊   운몽택 여덟아홉 개를 마음속에 삼키고
三千遠覘漢槎回   삼천 물결 아득히 은하의 뗏목 돌아오네
滄波浩渺鯨爭戲   끝없는 푸른 파도에 고래가 다투어 노닐고

   渾渾注之不竭 혼혼(渾渾)하게 흘러들어 다하지 않는다.

碧落霏微雨驟來   까마득한 하늘에는 소나기가 쏟아지는데
老去壯觀眞快意   늙어가며 보는 장관 참으로 통쾌하니
向來憂惱摠成灰   지나간 근심 걱정이 모두 재가 되는구나

   壯麗可人 장려(壯麗)하니 마음에 드는 사람이다.

   몽택은 사방이 900리인데, 운몽택처럼 큰 호수를 여덟아홉 개를 삼켜도 가슴속에 조금도 거리낌이 없다.[楚有七澤 其一曰雲夢 方九百里 吞若雲夢者八九 其於胸中曾不蔕芥]」라고 하였다. 『사기(史記)』 권117 「사마상여열전」

106 소유천은 중국 하남성(河南省)에 있는 골짜기의 이름이고, 구지는 감숙성(甘肅省)에 있는 산 이름인데, 구지산 정상에 고여 있는 물이 땅속을 통해서 소유천으로 흘러내린다고 한다. 소유천은 도교(道敎)에서 말하는 36동천(洞天) 중의 하나로, 보통 선경(仙境)을 뜻하는 말로 쓰인다. 두보(杜甫)의 시 「진주잡시(秦州雜詩)」 14에 "만고토록 구지에 고인 물이, 땅속으로 몰래 소유천으로 흐른다네.[萬古仇池穴 潛通小有天]"라고 하였다.

임진왜란에 나는 천만 뜻밖의 화를 당하고 탄핵을 받아 길주에 유배되었다. 길주의 노인인 첨지 박사호가 때때로 찾아와 만났는데, 하루는 어렸을 때 얘기를 하다가 모재 김안국 선생을 따라 여흥 시골집에 가서 동문인 훈도 김기에게 배우고 또 선생의 시문을 많이 외웠다고 하였다. 아! 나도 어렸을 때 김훈도를 따르며 잠깐 모재선생의 풍모를 듣고 분발했었다. 그때 선생은 이미 조정에 나갔다가 돌아가셨다. 비록 얼굴을 뵙고 말씀을 받들지는 못했지만 실제로 친히 모셨던 것과 다름이 없었다. 어찌 난리 끝에 외딴 변방에서 동문의 제자를 만날 줄 알았으랴. 살고 죽음을 느껍게 생각했기에 이것을 써서 드린다

壬辰之亂 余罹千萬不測之禍 及被譴來配吉州 州老朴僉知士豪時來相見 一日自言 少時 往從慕齋先生 之驪興村舍 仍受學於同門金訓導器氏 且誦先生之詩與文甚悉 噫 余又少從金訓導 竊聞先生之風而興起焉者 其時先生已入朝以歿 雖未及面承緖論 而實與親炙者無異也 豈自意干戈亂離之餘 得見同門之侯芭於絶塞之外哉 感念存歿 聊書此以贈

序文亦高古有氣力 서문 역시 높고 예스러워 기력이 있다.

慕老先生百代師	모재 선생은 백대의 스승이라
我從門下覓歸岐	나도 문하에서 학문의 길을 찾았지
關門紫氣靑牛去	관문의 자주 기운은 검은 소와 함께 가버리고[107]
弟子玄經白首知	제자는 흰 머리 되어 현경을 알았네
亂世孤蹤還到此	난세에 외로운 자취 여기에 이르렀는데

---

107 노자(老子)가 주(周)나라의 주하사(柱下史)로 있다가 세상이 어지러움을 꺼려 벼슬을 버리고 청우(靑牛)를 타고 함곡관을 지나 대진(大秦)으로 들어갔다는 전설이 있다. 이때 관령(關令) 윤희(尹喜)가 동쪽에서 서쪽으로 옮겨 오는 자기(紫氣)를 보고 성인이 오실 것이라고 기대하였는데, 과연 노자가 청우를 타고 왔다고 한다. 『열선전(列仙傳)』

舊徒今日若前期　옛 문도 오늘 만남이 마치 기약한 듯하구나
相逢共說當時事　만나서 그때 일을 함께 얘기하노라니
十二高樓夜雨悲　십이루 높은 누각에 밤비가 슬프구나

　三四神對 結亦超然 3구와 4구는 신묘한 대구이고, 결구도 역시 초연하다.

유희담에게 주며 노량정을 생각하다

贈柳希聃憶鷺梁亭

江上漁村舊聚居　강가의 어촌이 옛날 살던 곳인데
遺民此日是周餘　난리 겪은 백성들이 오늘까지 살아 남았네
山川鬱鬱紆疇昔　산천은 울울하게 지난날을 둘렀고
風日依依竟自如　풍광은 어렴풋하게 끝내 여전하구나
坐客不禁周顗淚　나그네는 주의를 위해 눈물을 금치 못하고[108]

　借對亦斐然 빌린 대구 역시 문채가 난다.

令人長憶武昌魚　길이 무창의 물고기[109]를 생각하게 하네
十年問舍樓難定　십 년 동안 지내기 어려웠던 사정을 물으니
何處田園可稅車　어느 곳 전원에서 짐수레를 부릴 수 있으랴

　悽斷動人 처절함이 사람을 감동시킨다.

---

108 서진(西晉)이 유송(劉宋)에 쫓겨 장강(長江)의 동남쪽으로 건너가 동진(東晉)이 되었는데, 주의(周顗), 왕도(王導) 등 여러 재상들이 좋은 날을 만날 때마다 신정(新亭)에 모여 풀을 깔고 앉아서 연음(宴飮)을 하였다. 한번은 연음하던 중에 주의가 탄식하기를 "풍경은 서쪽의 고국과 서로 다르지 않으나 산하는 절로 다른 것이 있구나.[風景不殊 正自有山河之異]"라고 하자, 함께 있던 사람들이 서로 바라보며 눈물을 흘렸다.

109 삼국시대 오(吳)나라의 손호(孫皓)가 도읍을 건업(建業)에서 무창으로 옮기자 백성들의 생활이 곤궁하여 원망이 높았다. 이에 육개(陸凱)가 "차라리 건업의 물을 마실지언정, 무창의 물고기는 먹지 않겠네.[寧飮建業水 不食武昌魚]"라는 민간의 동요를 들어 상소한 일이 있다. 『삼국지(三國志)』 권61 「오서(吳書) 육개전(陸凱傳)」

포월정

抱月亭[110]

　海州 해주에 있다.

何緣一棹過滄溟　무슨 인연이 있어 한 척 배로 맑은 바다를 건넜던가
快見飛甍耀極汀　물가에 날아갈듯 화려한 지붕이 시원하게 보이네
　運思直下 雍容自得 운용한 생각이 곧바로 내려가 옹용(雍容)함이 절로 얻어진다.
曾躡此丘收勝槪　전날 이 언덕을 밟으며 좋은 경치 보았는데
却聞新賞出前汀　문득 새로운 볼거리가 모래밭 앞에 솟았다고 들었네
海門萬里金波動　바다 입구 만리에 금빛 물결 일렁이는데
碧落千層素氣經　푸른 하늘 높은 곳으로 뿌연 기운이 지나가네
　如是如是 이렇구나, 이렇구나.
八九胸中添絶洒　거대한 호수 같은 흉금이 더욱 깨끗해지니
馭風疑入廣寒扃　바람을 타면 바로 광한전으로 들어갈 듯하여라
　鑢錘甚巧 문장을 빚어내는 솜씨가 몹시 교묘하다

일미도

一眉島

三岐水合一眉橫　세 줄기 강물이 합하며 꼬리 하나가 가로질러
拔地烏頭見古城　높이 솟은 오두에 옛 성이 보이네
　如神鼇噴氣 신령스러운 거북이 기운을 뿜는 듯하다.
鳥去鳥來天界白　새가 오고 새가 가니 하늘은 백색을 가르고
潮生潮落島分靑　밀물 들고 썰물 나니 섬은 청색을 나누었네

---

110 『지천집(芝川集)』 권2에 '寄題抱月亭'이라는 제목으로 실려 있고, "해주에 사는 이수익
　의 작은 정자이다.[海州居李守益小亭]"라고 하였다.

矯矯有奇思 우뚝하게 기발한 생각이 있다.

神遊八極樓居好　정신이 온 세상에 노니니 누대의 삶이 좋은데
目送千帆海氣淸　눈으로 천 척의 배를 보내니 바다 기운 맑구나
多少同游俱興逸　함께 노닐던 사람들 모두 흥이 일어
依然風詠舞雩行　의연히 읊조리며 무우에 거닐었네

박연폭포를 읊다

詠朴淵

東眺天磨竝聖居　동쪽으로 천마산과 성거산을 함께 바라보니
朴淵深在洞門回　동문 돌아든 곳에 박연이 깊숙이 있네
　森邃可怖 빽빽하고 깊숙하여 떨만하다.
靑山玉液何時圻　푸른 산의 맑은 샘물은 언제 터져 나왔나
碧落銀河此夜開　푸른 하늘 은하수는 이 밤에 펼쳐져 있네
　雄放宏悍 호방하고 질탕하여 웅장하고 사납다.
聲入千岩萬壑吼　소리가 천 개 바위로 스며 만 골짜기가 울부짖고
爽隨大氣剛風培　상쾌한 기운이 대기를 따라 거센 바람 일으키네
依然導我參寥廓　의연하게 나를 이끌어 넓고 큰 하늘에 들게 하니
眞若飛仙挾往來　진실로 나는 신선이 옆에 끼고 왕래하는 듯하구나
　倏忽 갑작스럽다.

강릉 태수로 부임하는 신식에게 주다

贈申江陵湜之任

昔遊東表鏡湖亭　지난 날 동쪽에서 뛰어난 경포대에 노닐 적에
雲夢胸呑八九平　운몽택 여럿 삼킨 듯 가슴이 탁트였지
　此老胸次喜用八九 이 늙은이는 흉금이라는 뜻으로 팔구(八九)를 즐겨 사용한다.

露浥海棠狸血艶 이슬이 해당화를 적시니 핏빛으로 붉은데
　清而巧 맑으면서도 공교롭다.
玉鳴沙路馬蹄輕 옥소리가 모랫길에 울리니 말굽이 가볍네
袁宏秋渚波聲靜 원굉[111]의 가을 물가엔 파도 소리 고요한데
　帖妥不凡 안정되게 놓은 것이 평범치 않다.
庾亮南樓月色清 유량의 남루에는 달빛이 맑게 비치네
萬古風流餘興在 만고 풍류의 여흥이 있어
亭中倘有客星經 정자 안에는 아마 객성이 머물러 있으리

허단보의 죽첩에 쓰다
題許端甫竹帖
　石陽正寫竹 而朱天使畫蘭 석양정이 대나무를 그리고, 천사 주지번이 난초를 그렸다.

渭畝青青竹數竿 위천의 밭[112] 푸르디 푸른 대나무 몇 그루를
移來卷裏摠琅玕 옮겨온 두루마리 안에는 모두 구슬이로다
王孫筆妙化工外 왕손의 붓이 묘해 조화를 벗어나고
學士名高北斗間 학사의 이름 높아 북두 사이에 있도다
丹鳳忽宣天上詔 붉은 봉황 홀연히 천상의 조서를 베풀고
彩毫因吐谷中蘭 채색 붓이 이어서 골짜기 난초를 토하네
自然意足難形處 그리기 어려운 곳에 자연히 뜻이 충분하니
聲色前頭句未安 음악과 기녀 앞에 시구 놓기 편치 않네

---

111 진(晉)나라 원굉이 소싯적에 집이 가난하여 남의 집 세미(稅米)를 운반해 주며 생계를
　꾸려 나갔는데, 어느 날 배를 타고 가며 자기가 지은 영사시(詠史詩)를 읊다가 마침 뱃놀
　이를 하며 달을 감상하던 진서장군(鎭西將軍) 사상(謝尙)의 눈에 띄어 배로 불러들여
　크게 인정을 받았다. 『세설신어(世說新語)』 「문학」
112 중국 위천(渭川)에 천무(千畝)의 대나무가 있었다 한다. 『사기(史記)』 권129 「화식열전
　전(貨殖列傳)」

沈厚莊重 몹시 두텁고 장중하다.

회암사 가는 길에서

檜岩道中   정작(鄭碏)

匹馬十年西復東 필마로 십 년 동안 동서로 방랑하다가
維楊今日又秋風 오늘은 버드나무에 가을바람이 부는구나
山如圖畫白雲外 산은 그림같이 흰 구름 밖에 있고
　　語有神助 말에 신의 도움이 있다.
路入招提紅樹中 길은 붉게 물든 숲속 절로 들어가네
湘浦何須吊屈子 상강에서 어찌 굴원만 조상하랴
　　意譏獨醒好 뜻이 홀로 깨어있음을 조롱하니 좋다.
鹿門終擬問龐公 녹문산에서 마침내 방덕공 본받기를 묻는구나
隱淪經濟各天性 숨어살거나 벼슬하거나 각각 천성이니
　　悲憤可憐 비분함이 가련하다.
我亦初非田舍翁 나 또한 처음부터 농부는 아니었네

금사 이수종이 평양 가는 것을 전송하며

送琴師李壽鍾之平壤

節迫三三三日纔 절기가 삼월 삼짇날에 겨우 삼일 남았는데
東風吹雨洗輕埃 동풍이 비를 뿌려 가벼운 먼지를 씻었네
故人千里有行色 옛 친구는 천리를 간다고 행장을 차렸는데
　　松溪所稱 송계[권응인(權應仁)]가 칭찬한 바이다.
老子一春無好懷 늙은이는 봄날에 좋은 회포가 없구나
北郭無心問花柳 북쪽 성곽에서 무심히 꽃과 버들을 찾고
浿江何處倚樓臺 대동강 어느 곳 누대에 의지하려나

繁華難禁故園思　번화한 중에도 옛 동산 생각 금하기 어려우니
鸎囀上林來不來　상림에 꾀꼬리 소리 나도 들리지 않으리라

강릉에 제사 지내며 느낌이 있어

奉祀康陵有感　　　　　　　　　　　　　　　　신응시(辛應時)

城東松檜鬱崔嵬　성 밖 동쪽 소나무 울창한 곳에서
一十年來奉祀來　십 년 만에 제사를 지내네
天外白雲長入望　하늘 밖에 흰 구름이 멀리 보이고
崗頭金粟漫成堆　산기슭에 금속[113]이 언덕을 이루었네
龍墀晝接思前席　임금을 접견하러 나가던 일 생각나고
蜃衛宵嚴憶扈陪　밤에 영구를 엄숙하게 모셨던 일 기억나네
白首啣恩猶未死　흰머리에 은혜를 입었건만 아직도 죽지 못해
瓣香燒罷淚盈腮　분향이 끝나자 눈물이 뺨을 적시네

조천

朝天　　　　　　　　　　　　　　　　　　　　최경창(崔慶昌)

漏下重城曙色遙　파루 아래 중성은 새벽빛 아직 먼데
君王將御紫宸朝　군왕께선 자신궁에 조회하러 납시네
衣冠盡入蓬萊殿　의관들은 모두 봉래전으로 들어가고
馳道斜連太液橋　치도(馳道)는 비스듬히 태액교로 이어지네
仗裏祥雲隨轉盖　의장 속에 상운이 일산을 따라돌고
　觸目見琳琅珠玉　눈에 닿는 곳마다 보옥과 구슬을 본다.

---

113 왕릉(王陵)을 가리킨다. 당나라 현종(玄宗)의 태릉(泰陵)이 섬서성(陝西省) 포성현(蒲城縣) 금속산(金粟山)에 있기 때문에 비유한 말이다.

日邊佳氣繞吹簫　해 옆의 아름다운 기운이 취소에 둘렸구나

遷喬自幸聯鵷鷺　벼슬 올라 다행스럽게 원로[114]와 이어지니

穆穆明庭覬舜堯　심원한 밝은 조정 요순 시절을 본 듯하네

西臺月曉漏聲遙　서대에 달빛 환하고 파루 소리 먼데

左掖門前候早朝　좌액문 앞에서 새벽 조회를 기다리네

瑞靄尙含靑瑣柳　상서로운 아지랑이가 청쇄문의 버들을 머금고

　　秀色飛動　빼어난 색이 날아 움직인다.

仙旂已繞絳河橋　신선의 깃발이 이미 은하의 다리를 둘렀네

天香縹緲開龍闕　천향이 희미하게 용궐을 열고

輦路徘徊引鳳簫　연로를 배회하며 봉소를 부네

再拜賜霑光祿供　광록시에서 바친 술 하사받아 재배하고 취하니

微臣竊效祝文堯　미천한 신하 속으로 요임금 되시기를 빌었네

　　不可易得　쉽게 얻을 수 없다.

봉은사. 이백생이 보내준 시에 차운하다

奉恩寺 次李伯生見寄之韻　　　　　　　　　백광훈(白光勳)

偶因休浣到沙門　우연히도 말미 받아 절간에 찾아드니

把酒題詩舊事存　술 마시고 시 지었던 옛 일이 남아 있구나

紅藕一池風滿院　붉은 연꽃 한 연못에 바람은 절 안 가득하고

亂蟬千樹雨歸村　나무마다 매미 울더니 비가 마을에 내리네

深慚皓首從羈宦　흰머리로 벼슬에 매인 것이 깊이 부끄럽지만

猶喜靑山似故園　푸른 산이 옛 고향과 비슷한 게 기쁘구나

---

114 원로(鵷鷺)는 원추새와 해오라기로, 줄지어 날아가는 모습이 조용하고 우아하여 백관(百官)이 조정에 질서 있게 늘어서 있는 모습에 비유하는 말로 쓰인다.

聞說錦湖烟景異　듣건대 금호의 안개 경치 기이하다니
乞容歸棹問眞源　용납되면 돌아가서 참 근원을 물어보리라
　　亦有佳處 역시 아름다운 곳이 있다.

월정[115] 아상께

上月汀亞相　　　　　　　　　　　　　　　　　이달(李達)

客衾秋氣夜迢迢　나그네 이불은 가을이라 밤 들며 더욱 차가워지는데
深屋踈螢度寂廖　그윽한 집에 반딧불 몇 마리가 쓸쓸하게 넘나드네
明月滿庭涼露濕　밝은 달빛은 뜨락 가득 서늘한 이슬에 젖고
碧天如水絳河遙　푸른 하늘은 강물 같아 은하수 아득해라
離人夢斷千重嶺　집 떠난 사람의 꿈은 산 너머 산 겹겹이 막혔는데
禁漏聲殘十二橋　궁궐 물시계 소리는 열두 다리에 남아 있구나
咫尺更懷東閣老　가까운 곳에 계신 늙은 정승을 다시금 생각하지만
貴門行馬隔雲霄　고귀한 집 앞의 행마는 구름과 하늘 저 너머 있네
　　酷似仲默 하중묵과 아주 비슷하다.

구성에서 부사 임식에게 지어 주다

龜城贈林明府 植

八月邊霜近授衣　팔월 변방에 서리 쳐 구월에[116] 가까우니
北風吹葉雁南飛　북풍이 잎새에 불고 기러기 남으로 나네
誰憐范叔寒如此　그 누가 범숙의 이같은 가난을 불쌍타 하랴
自笑蘇秦困不歸　소진은 곤궁해도 돌아가지 못해 스스로 웃네

---

115 월정은 윤근수(尹根壽, 1537~1616)의 호인데, 좌찬성을 지냈다. 시호는 문정(文貞)이다.
116 9월이 되면 겨울옷을 만들어 보내야 하기 때문에, 9월을 수의(授衣)라고도 했다.

家在海西音信斷　집은 바다 서쪽에 있어 소식조차 끊어지고
客來關外故人稀　나그네로 관외에 오니 친구가 드물어
燈前暫結思鄕夢　등불 앞에서 잠시 고향 생각 꿈꾸니
秋水烟沈舊釣磯　가을 물 안개 속에 옛 낚시터 잠겼네
　　絶佳之作 가장 아름다운 작품이다.

새재에서 두견 울음을 듣고
鳥嶺 聞杜鵑

隴坂漫漫隴水悲　고개는 아득한데다 물소리까지 슬프기만 해서
旅人南去馬行遲　나그네 남쪽으로 가려니 말 걸음도 느리기만 하네
辭家正欲懷吾土　집 떠나 참으로 내 고향 그리웠으니
入峽那堪聽子規　골짜기 들어와 두견 울음을 차마 들을 수 있으랴
　　對巧 대구가 공교하다.
千嶂不分雲起處　어느 산에서 구름 일어나는지 알 수 없는데다
數聲猶苦月沈時　달까지 질 무렵 두견 소리 더욱 괴로워라
　　極佳句 지극히 아름다운 구이다.
杜陵無限傷心事　두보가 끝없이 가슴 아프던 시절
直到鄜州別有詩　부주에 이르러 특별히 시를 지었었지[117]

---

117 당나라 현종(玄宗) 때에 안녹산(安綠山)의 난리가 일어나자 두보의 가족이 부주(鄜州)의
　　강촌(羌村)에 피난해 있었는데, 뒤에 두보가 이곳을 찾아가 서로 상봉하고 그 감회를
　　「강촌」이란 제목으로 서술하였다.

봉은사 스님의 시축에 차운하다
湖寺僧卷次韻

東湖停棹暫經過 동호에 노를 멈추고 잠시 흐르노라니
楊柳悠悠水岸斜 물언덕 비탈 위로 버들 늘어져 있네
病客孤舟明月在 병든 나그네의 외로운 배는 밝은 달빛 속에 있고
老僧深院落花多 늙은 스님의 깊은 절간엔 떨어지는 꽃잎이 많구나
　　唐人妙處 당나라 시인의 묘처이다.
歸心黯黯連芳草 돌아가고픈 마음 아득히 향그런 풀밭에 이어지지만
鄉夢迢迢隔海波 고향 꿈은 멀고도 멀어 바다 물결 너머에 있네
獨坐計程關塞外 홀로 앉아 관새 저 멀리 갈 길을 생각하노라니
不堪殘日聽啼鴉 해질 무렵 갈까마귀 울음소리를 차마 듣기 어려워라

봉은사 스님의 시권에 쓰다
題湖寺僧卷

晴鳩相逐喚終朝 비 개인 아침에 비둘기들이 서로 따르며 불러
　　極其突兀 그 돌올(突兀)함을 지극히 했다.
睡起僧房掩寂寥 승방에서 일어나 보니 고즈넉하게 닫혀 있네
　　接得雍重 접함이 옹중(雍重)함을 얻었다.
深院定中禪客坐 깊은 절간 선객들은 정중(定中)에 앉아 있고
上方齋後佛香銷 상방에 재가 끝나 불향(佛香)이 스러지네
春山一雨薩蕪長 봄 산에 비 내리자 천궁과 순무 자라고
鄉國三更夢寐遙 고향생각 삼경까지 꿈속에도 멀구나
更與吾師說幽約 나의 스님과 다시 그윽한 약속 맺었지만
幾時重上廣陵橋 어느 때에야 광릉교에 다시 올라오랴
　　三四峭麗 六七渾融 삼구와 사구는 초려(峭麗)하고 육구와 칠구는 혼융(渾融)되어

있다.

손명부[118]의 죽음을 슬퍼하다
挽孫明府
　汝成 子億先卒 여성이다. 아들 억이 먼저 죽었다.

君爲明府我爲客　그대 명부가 되시고 나는 나그네였을 때
三月烟花烏鵲橋　삼월 오작교에 화려한 꽃이 피었었지
點檢遺篇如昨日　남긴 글 점검하던 일이 어제 같은데
凄涼哀輓卽今朝　오늘 아침 처량하게 슬피 만가를 부르네
人間父子情何極　인간 세상에 부자의 정이 어찌 끝나랴만
海內交親膽欲消　해내의 친한 벗들 간담이 녹으려 하네
京口閉門秋色裏　서울 길은 가을빛 속에 문이 닫히고
　何等哀感 어떠한 슬픈 감정인가?
滿庭紅葉雨蕭蕭　뜨락 가득 붉은 잎이 쓸쓸히 지네
　情思入妙 정과 생각이 묘한 경지에 들었다.

무제
無題

瑤絃纖縷合歡床　아름다운 거문고 소리 합환상(合歡床)에 가늘고
暖壓紅錦小洞房　소동방에는 붉은 비단을 따뜻하게 깔았네
　文采葩流 문채가 화려하게 흐른다.
夢覺秦樓分翡翠　진루에서 꿈 깨니 비취가 나뉘었고
日沈湘浦斷鴛鴦　상포에 해 져서 원앙이 끊겼네

---

118 명부는 태수나 현령을 이르는 말인데, 남원부사 손여성을 가리킨다.

粧鈿寶月明珠綴　머리꽂이 보월은 명주로 엮었고
腰帶盤雲瑞錦囊　허리에는 상서로운 구름으로 금낭을 찼네
十二斜行金鴈柱　기러기발 기둥에 열두 줄[119]이 비꼈는데
碧紗如霧掩秋香　푸른 깁 안개같이 가을 향기를 가렸네

　　諸篇大槪如水月鏡花 제편이 대개 물 속의 달, 거울 속의 꽃과 같다.

북원에서 남원으로 향하는 이달을 보내며

在北原 送李益之向南原　　　　　　　　　　　　　양대박(梁大樸)

春來無日不思家　봄이 오니 집 생각 않는 날이 없는데
家在龍城蓼水涯　집은 용성의 여뀌꽃 피는 물가일세
松逕幾寒孤鶴夢　솔 길에 외로운 학의 꿈은 얼마나 추웠으랴
竹窓應坼早梅花　대나무 창을 열면 이른 매화 피었으리

　　晩唐佳品 만당의 아름다운 품격이다.

殊方作客別懷惡　낯선 곳 나그네 되어 헤어지기 괴로운데
歧路送君芳草多　방초 우거진 갈래 길에서 그대를 보내네
從此橫岡遮望眼　예서부터 가로막은 산이 시야를 가리고
關河不盡暮雲賖　강물은 다함없어 저녁구름 아득하구나

　　自有斤兩 절로 근량이 있다.

푸른 시내

靑溪

路入靑溪古洞天　길은 푸른 시내 옛 동천으로 드는데

---

119 거문고의 줄은 12달을 뜻해 12줄인데, 거문고 판과 줄 사이에 기러기발을 끼워 움직이며 음을 조절하였다.

短筇隨處碧蘿懸 지팡이 짚고 가는 곳마다 푸른 덩굴 걸리네
一區雲物三淸地 이곳 경물은 삼청 신선이 사는 곳이니
萬壑風雷百道泉 골짜기마다 바람소리 오솔길마다 샘일세
山鬼夜窺金鼎火 산 귀신은 밤에 금정[120]의 불을 엿보고
　　極力造微 지극히 힘을 써서 은미함에 나아갔다.
水禽秋宿石堂烟 물새는 가을 안개 속에 돌집에서 잠드네
令人忽起凌空思 문득 하늘을 날고픈 생각이 들게 하니
不踏丹梯不是仙 붉은 사다리를 밟지 않아도 신선이 아니겠는가

고경명이 동래로 부임하는 것을 받들어 보내며
奉送高苔軒之任東萊

巨浸漫漫日月開 큰 바다 아득한데 해와 달이 뜨고
　　軒豁氣擧 헌칠하고 활달한 기개와 거동이다.
彩雲多處是蓬萊 채색 구름 많은 곳이 바로 봉래라네
　　極好 지극히 좋다.
若敎羽化猶能度 만약 신선이 되려면 능히 헤아려야지
除却飇輪不可來 바람이 끄는 수레는 올 수가 없다네
冠盖遙通日本國 통신사 관원들은 멀리 일본국으로 오가고
　　氣槩洋溢 기개가 넘실댄다.
乾坤長繞海雲臺 하늘과 땅은 길게 해운대를 둘렀구나
令人忽起乘桴興 홀연히 뗏목 타고 나갈 흥을 일으키는데
直到扶桑未擬回 해 돋는 곳에 이르면 돌아오지 못하리
　　以雲日疊字誚之 癡人前說夢 운(雲)와 일(日) 자를 겹쳐 썼다고 꾸짖는 것은 어리석
　　은 사람 앞에서 꿈 이야기를 하는 꼴이다.

---

120 도사가 선약(仙藥)을 만들 때에 사용하는 솥이다.

돌아가는 기러기

歸鴈

平沙浩浩水茫茫　평평한 모래 널찍하고 물은 아득하고
秋盡江南鴈字長　가을 다한 강남에 기러기 행렬 길구나
雲渚月明時叫侶　구름 낀 물가 달이 밝아 때로 짝을 부르고
塞天霜落亂隨陽　변새 하늘 서리 내리자 어지러이 볕을 따르네
斜斜整整寧違陣　기울었다 가지런했다 어찌 진을 거스르랴
弟弟兄兄自作行　아우는 아우끼리 형은 형끼리 스스로 행렬 만드네
菰浦稻畦應有繳　줄풀 나루 논 두둑에 주살이 있을 테니
不如飛入水雲鄉　수운향(水雲鄉)[121]에 날아드는 것만 못하리

　　世所稱絶唱 然墮江西 세상에서 절창이라 일컬으나 강서파에 떨어졌다.

해남에서 허봉에게 부치다

海南寄許美叔　　　　　　　　　　　　　　　　　　임제(林悌)

公退烏巾坐小齋　공무에서 물러나 오건 쓰고 사랑방에 앉으니
夕熏初換水沈灰　저녁 향기 막 바뀌어 물이 잿빛에 잠기네
馬卿猶抱三年病　사마상여는 삼년이나 소갈병에 시달렸고
龐統元非百里才　방통은 본래 한 고을 다스릴 재주가 아니었지[122]

　　自負 자부심이 강하다.

秋入碧梧蠻雨霽　가을이 벽오동에 들어 장마비 개고
海連靑嶂怪禽來　바다가 푸른 봉우리에 이어져 괴이한 새가 날아오네

---

121 물과 구름의 고장이라는 뜻으로 은자가 사는 맑은 곳을 비유한 말이다.
122 『삼국지(三國志)』「방통전(龐統傳)」에 "방사원은 백리재가 아니므로, 치중·별가 등의
　　직임을 수행하게 해야만 비로소 준마의 발을 펼 수가 있을 것이다.[龐士元非百里才也
　　使處治中別駕之任 始當展其驥足耳]"라고 하였다. 사원(士元)은 방통의 자이다.

西樓一夜孤舟夢　서쪽 다락에서 어젯밤 외로운 배를 꿈꾸니
蘆葦烟深舊釣臺　갈대밭의 옛 낚시터엔 안개가 자욱하구나

　　聲俊 소리가 뛰어나다.

숙부님에게[123]

呈叔父　　　　　　　　　　　　　　　　　　정지승(鄭之升)

舊事詩書着二毛　가업인 시서를 익히느라 머리 벌써 희어졌는데[124]
有時舒嘯上東皐　이따금 휘파람 불며 동쪽 언덕에 오릅니다
南貧置酒朝醥足　남쪽은 가난하여[125] 아침 해장술이면 족하고
北富薰天夜笛高　북쪽은 부유하여 밤에도 피리소리 높습니다

　　超然自高 초연히 절로 높다.

客去閉門留月色　나그네 떠나 문 닫고나니 달빛만 남아 있는데

　　神語 신령스러운 말이다.

夢廻虛閣散松濤　꿈 깬 빈 누각에는 솔바람소리 들려옵니다

　　冷然靈籟入耳 차갑게 바람이 귀에 들어온다.

思量正在功名外　생각하고 헤아리시는 게 공명 밖에 있으니
須信人間第一豪　모름지기 인간 세상 제일가는 호걸이심을 알겠습니다

---

123 정지승의 할아버지는 좌의정 정순붕(鄭順朋), 아버지는 4남인 만죽(萬竹) 정현(鄭礥)이
다. 장남 북창(北窓) 정렴(鄭𥖝)과 5남 고옥(古玉) 정작(鄭碏)이 시를 잘 지어 시집을
남겼으니, 숙부는 정작을 가리킨다.

124 진(晉)나라 때 문인 반악(潘岳)이 「추흥부(秋興賦)」를 서문에 "내 나이 서른두 살에 처음
으로 이모를 보았다.[余年三十二 始見二毛]"라고 하였다. 원문의 이모(二毛)는 희끗해
진 머리를 말한다.

125 죽림칠현의 한 사람인 완적(阮籍)과 완함(阮咸)은 숙질(叔姪)인데 남쪽 가난한 마을에
살고, 다른 완씨들은 북쪽 부유한 마을에 살았다.

영보정[126]

永保亭   이춘영(李春英)

四篇 極力摹擬挹翠 而韻調終讓一頭地 然豪縱自肆 則有之 네 편이 힘을 다해 읍취
헌[박은(朴誾)]을 모의하였으나 운율과 격조가 끝내 한 머리 땅을 사양하였다. 그렇
지만 호방하게 마음대로 하는 점은 있다.

樓臺層構鬱穹崇 층층이 쌓은 누대 하늘에 우뚝 닿았고
高揭朱欄對碧峯 높이 걸린 붉은 난간은 푸른 산 마주했네
千尺獨臨三面水 천 척 높은 곳에서 홀로 삼면 바다 임하니
　　恣筆馳頓 붓을 마음대로 내달렸다.
八窓不斷四時風 여덟 개 창으로 사시절 바람이 끊이지 않네
城形圓似吐雲月 성 모양 둥글어 달 토해내는 구름 같고
山勢蜿如飮海龍 산 형세 구불구불 바닷물 마시는 용 같구나
　　寫得森硠 삼라를 묘사해 냈다.
飛閣捲簾明鏡裏 누각에서 달빛 아래 주렴을 걷으니
眞仙都在水晶宮 참 신선들이 모두 수정궁에 있네

百尺樓西水接天 백 척 누대 서쪽은 물이 하늘과 접하고[127]
四山松檜鬱蒼然 사방 산의 소나무 회나무는 울창하여 푸르구나

---

126 작자 이춘영의 문집『체소집(體素集)』'칠언율시(七言律詩)'에는「호서(湖西) 수영(水
營) 읍취헌(挹翠軒)의 시가 사람들 입에 회자된 것이 대개 120년인데, 내가 이곳을 들러
보니 바다와 산의 아름다운 곳은 의연히 지난날과 같았지만, 나의 재주가 졸렬하여 포장
해서 드러낼 수 없으니 어찌하겠는가. 억지로 근체 다섯 수를 제하였다, 개꼬리로 담비꼬
리를 잇는 듯한 이 속편의 작이 어찌 부끄럽지 않겠는가[湖西水營挹翠軒之詩 膾炙人口
蓋百二年 而余過之 海山佳處 依然如舊 而奈才拙不足以鋪張之何 强題近體五首 續貂
之作 能無愧乎]라는 제목으로 되어 있고, 모두 5수이다.
127 당나라 이상은(李商隱)의「상월(霜月)」에 "길 떠나는 기러기 울음소리를 들을 때 이미
매미는 사라졌고, 백 척 누대는 물이 하늘과 접해 있다.[初聞征雁已無蟬, 百尺樓臺水接
天.]"라고 하였다.

簾旌撲地海風起　장막의 포백[128]이 땅을 치고 해풍이 일어나며

　　極其豪思 호방한 생각을 지극히 하였다.

闌影轉階湖月圓　난간의 그림자가 계단에서 이동하자 호수에 뜬 달이
　　　　　　　　둥그네

近岸盡居抖蚌戶　기슭 가까이에는 조개 쪼개 진주 찾는 어부들이 거처
　　　　　　　　하고

晚潮常送釣魚船　저녁에 일어나는 썰물은 고기 낚는 배를 늘 전송하네

五更眠枕波聲怒　오경에는 성난 파도 소리가 베갯머리를 시끄럽게 해

人在窓間夜不眠　나그네는 창 아래서 한밤에도 잠을 이루지 못하네

雉堞縈紆樹木間　나무 사이로 성가퀴가 빙 둘러 있는데

金鼇頂上壓朱欄　금자라 정수리 위에 붉은 난간 우뚝하구나

月從今夜十分滿　달은 오늘 밤부터 가득 차오르고

　　何讓古人 어찌 고인에게 양보하랴.

湖納晚潮千頃寬　호수는 저녁 밀물 받아들여 천 이랑 넓어졌네

酒氣全勝水氣冷　술기운이 차가운 물 기운을 완전히 이기고

角聲半雜江聲寒　뿔피리 소리가 차가운 강물 소리와 반씩 섞였구나

　　儘是快活 다 쾌활하다.

共君相對不須睡　그대와 함께 마주했으니 잠들지 말아야지

待到曉霧淸漫漫　새벽 안개 개일 때까지 기다려 보세

永保亭子凌虛閣　영보정과 능허각[129]

高倚城墻下枕湖　높이 성 담에 기대어 아래에 호수를 베고 있네

---

128 원문은 '염정(簾旌)'으로 본래 장막 끝에 매달린 포백을 가리키는데, 널리 염막(簾幕)을
　　뜻한다.

129 영보정 서남쪽에 있는 누각으로, 매죽당(梅竹堂)이 있다.

開戸雲烟呈態度　문 여니 구름 안개 속 좋은 풍광을 드러내고
捲簾山水看縈紆　주렴 걷으니 산수가 어우러져 나타나네
風飄忽過無蹤迹　돛단배 홀연히 지나가 온데간데 없어지고
霞鶩齊飛入畫圖　지는 노을이 따오기와 나란히 날아[130] 그림 속에 드네
　　氣勢遒壯 기세가 씩씩하다.
三十六窓明月夜　서른여섯[131] 개 창에 달 밝은 밤
秖疑身世在氷壺　내가 빙호에 있는가 의아하구나

임자중(林子中)[132]의 진중(陣中)에 쓰다

題林子中懽陣中　　　　　　　　　　　　　　　권필(權韠)

畫角吹開萬竈烟　화각을 불어 일만 부엌[133]의 연기를 열고
陣橫雲鳥壓山川　진은 운조를 가로 펼쳐[134] 산천을 누르네
赤光在地戈揮日　붉은빛이 땅에 있으니 창이 해를 걷어올리고[135]

---

130 당(唐)나라 왕발(王勃)이 지은 「등왕각서(滕王閣序)」에 "지는 노을은 외로운 따오기와 나란히 날고, 가을 강물은 긴 하늘과 한빛이구나.[落霞與孤鶩齊飛 秋水共長天一色]"라고 하였다.

131 도가(道家)에서 신선이 산다는 36개의 명산 골짜기, 즉 삼십육동천(三十六洞天)의 숫자를 가져다 쓴 것이다.

132 자중은 임환(林懽, 1561~1608)의 자이고, 호는 습정(習靜)이다. 1590년 진사시에 합격하고 임진왜란이 일어나자 의병장 김천일(金千鎰)의 종사관으로 활동하였으며, 정유재란 때에는 보화도(寶化島)에 주둔한 이순신의 군대에 군량미를 보내고 의병을 규합하여 전투를 지휘했다.

133 전국시대에 위(魏)나라에 쳐들어간 제(齊)나라가 그들의 사졸이 겁먹고 도망간 것처럼 속이기 위해 처음에는 10만 개의 부엌을 만들었다가 다음 날에는 5만 개로, 또 그다음 날에는 3만 개로 줄어 갔다는 고사가 있다. 임환의 진중에서 많은 군사가 밥 짓는 모습을 형용한 것이다.

134 강태공(姜太公)이 지은 『육도삼략(六韜三略)』에 운조진(雲鳥陣)이 있다.

135 『회남자(淮南子)』 「남명훈(覽冥訓)」에 나오는 고사를 인용한 것으로, 노(魯)나라 양공(陽公)이 한(韓)나라와 한창 전쟁을 하는데 해가 저물려 하자 창을 휘둘러 해를 걷어서 90리 뒤로 물러나게 하였다 한다.

白氣漫空劍倚天　흰 기운이 허공에 가득하니 검이 하늘에 기대[136] 섰네
未着祖鞭吾老矣　조편[137]을 잡기도 전에 나는 늙었고
欲投班筆意茫然　반필[138]을 던지고 싶어도 뜻이 아득하구나
可憐玉帳秋宵夢　가련해라 원수의 막사에서 가을밤 꿈은
還繞西江舊釣船　서강에서 예전 낚시하던 배를 감돌고 있으리

　　上四句極豪壯 下四句較均適 위 네 구는 지극히 호장(豪壯)하고 아래 네 구는 비교
　　적 고루 적절하다.

해직한 뒤에 장난삼아 짓다
解職後戲題

平生樗散鬢如絲　평생에 무능한 이 몸이 머리털만 실같이 희어져
薄官凄凉未救飢　낮은 관직 처량하니 굶주림도 못 구제하네
爲問醉遭官長罵　묻노니 술 취했다고 상관에게 꾸지람 당하느니

　　極好句 지극히 좋은 시구이다.

何如歸赴野人期　고향으로 돌아가 야인 되는 편이 낫지 않을까
催開臘甕嘗新醅　섣달 항아리를 빨리 열어서 새로 익은 술 맛보고

---

136 "검이 하늘에 기대[劍倚天]"는 의천검(倚天劍)을 형용한 것이다. 송옥(宋玉)의 「대언부(大言賦)」에 "네모난 땅으로 수레를 만들고 둥근 하늘로 덮개를 만들고, 장검이 번쩍이며 하늘 저편에 기대 섰다.[方地爲車 圓天爲蓋 長劍耿耿倚天外]"고 한 데서 온 말이다.

137 조편(祖鞭)은 조적(祖逖)의 채찍을 가리킨다. 동진(東晉)의 유곤(劉琨)이 조적이 기용되었다는 말을 듣고 친구에게 보낸 편지에서 "나는 매일 창을 베고 날이 밝기를 기다리며 오랑캐를 물리칠 뜻을 품고 있는데, 늘 조생이 나보다 먼저 채찍을 잡을까 두려워하였다." 하였다. 『진서(晉書)』 권62 「유곤전(劉琨傳)」 여기서는 남보다 먼저 전쟁터에 나가는 것을 뜻한다.

138 반초(班超)의 붓이다. 반초는 집이 가난하여 관청의 고용인이 되어 서사(書寫) 품을 팔아 부모를 봉양하며 살았는데, 하루는 붓을 던지고 탄식하였다. "장건(張騫)이 이역(異域)에서 공을 세워 후(侯)에 봉해졌는데, 어찌 오랫동안 글씨나 쓰고 있으랴." 그리고는 서역으로 사신 가서 50여 개 나라가 한나라에 조공하도록 하여 서역도호(西域都護)가 되고 정원후(定遠侯)에 봉해졌다. 『후한서(後漢書)』 권77 「반초열전(班超列傳)」

自在 자유자재이다.
更向晴窓閱舊詩 밝은 창가에서 예전에 지은 시를 읽으리라
謝遣諸生深閉戶 학생들을 사절하고 깊이 문 닫아 들어앉으니
病中唯有睡相宜 병중에는 오직 잠자는 것만이 가장 좋구나
氣矯肯受人拘 기개가 높아 남의 구속을 기꺼이 받는다.

이른 아침에 벽란도(碧瀾渡)를 건너며
早渡碧瀾

江上嗚嗚聞角聲 강가에 구슬프게 화각 소리 울리는데
斗柄揷江江水明 북두성 자루는 강에 꽂히고 강물은 맑구나
早潮侵岸鴨鵝亂 아침 밀물이 기슭에 밀려드니 오리 떼 어지럽고
遙舍點灯砧杵鳴 먼 집에 등잔불 켜자 다듬이 소리 들리네
客子出門月初落 나그네 문을 나서니 달이 그제야 지고
舟人掛席風欲生 뱃사공 돛을 펼치니 바람이 일려고 하네
西州千里自玆去 서주 천 리 길을 여기서부터 가노니
長路險艱何日平 험난한 긴 여정이 어느 날에나 평안해지랴
爲千古曉行絶調 천고에 새벽 여행의 절조이다.

저녁에 돌아오며
暮歸

夕日已入羣動息 석양은 이미 서산에 지고 모든 움직임 그치니
烟沙露草迷荒原 안개 낀 모래톱 이슬 젖은 풀에 들판이 황량하구나
虎嘯陰壑夜風烈 범이 어두운 골짜기에서 우니 밤바람이 매섭고
狐鳴空林秋月昏 여우가 빈 숲에서 우니 가을 달이 흐릿하구나
流螢閃閃疑鬼火 반딧불 반짝이며 나니 도깨비불인 듯하고

老樹曖曖知山村　고목이 아련히 뵈니 산촌인 줄 알겠네
家僮出迎把兩炬　가동이 두 자루 횃불 들고 마중 나오니
枝間寒鵲驚飛翻　나뭇가지 사이 까치들이 놀라서 날아가누나
　　亦暮行絶倡 이 시 또한 저녁 여행의 절창이다.

저녁
夕　　　　　　　　　　　　　　　　　　　　　양경우(梁慶遇)

蒼苔一逕映斜曛　푸른 이끼 낀 오솔길에 석양이 비쳐
　　便幽眇 그윽하고 어두워졌다.
攀盡脩篁上古原　긴 대나무 붙잡으며 고원에 올랐네
鸛鷺追飛投水樹　황새와 따오기는 따라 날다가 물가 나무에 내려앉고
牛羊自下入山村　소와 양도 절로 내려와 산촌에 들어가네
耽看暮景頻移杖　저녁 경치 보느라 자주 발을 옮기고
　　何等風神 어떠한 풍신이던가.
爲有佳期不掩門　좋은 약속 있기에 문을 닫지 않았네
惆悵窮陰近殘臘　서글프게도 세밑 가까워 음기도 다하니
小梅消息月黃昏　황혼의 달빛에 작은 매화가 피겠네

귀작(鬼作) 2인

영남루에 쓰다
題嶺南樓　　　　　　　　　　　　　　　　　가야선녀(伽倻仙女)

金碧樓明壓水天　금빛 누각이 훤하게 물밑 하늘을 누르는구나
昔年誰構此峯前　옛날에 누가 이 봉우리 앞에 지었는가

一竿漁父雨聲外　낚싯대 하나 드리운 어부는 빗소리 밖에 섰고
十里行人山影邊　십 리 밖에 행인은 산그늘 가를 가네
入檻雲生巫峽曉　난간에 든 구름은 무협의 새벽에 생기고
逐波花出武陵烟　물에 뜬 꽃은 무릉의 안개 속에서 나오네
沙鷗但聽陽關曲　백사장의 갈매기는 양관곡을 듣기만 하니
那識愁深送別筵　어찌 송별하는 자리에 시름 깊은 줄을 알랴
　　別是一種超然 따로 일종의 초연함이 있다.

허혼의 증승 시에 차운하다

次許渾贈僧韻　　　　　　　　　　　　　　　　　　　이현욱(李顯郁)

秋山路僻問歸樵　가을 산길 외져서 돌아가는 나무꾼에게 물으니
爲指前峯石逕遙　손가락으로 앞산 돌길을 가리키네
僧與白雲還暝壑　스님도 흰 구름도 어두운 골짜기로 돌아간 뒤에
　　非人非鬼 自是超絕 사람도 아니고 귀신도 아니고 절로 초절(超絕)하다.
月隨滄海上寒潮　달이 푸른 바다 차가운 밀물을 따라 오르네
世情老去渾無賴　세상살이 늙을수록 도무지 믿을 수 없는데
游興年來獨未消　유흥만은 요즘에도 사그러 들 줄을 모르누나
回首孤航又陳迹　둘러보니 외로운 배 벌써 자취 아득한데
疎鍾隔渚夜迢迢　물 건너 드문 종소리만 한밤에 은은해라

실명씨(失名氏) 1인

비파의 등에 쓰다
題琵琶背

鯤絃鐵撥撼高堂	곤이 줄 쇠채로 높은 집을 흔드니
十指纖纖窈窕娘	열 손가락 섬섬옥수의 아리따운 아가씨라
巫峽啼猿哀淚濕	무협에 우는 원숭이 애절한 눈물 짓고
衡陽歸鴈怨聲長	형양으로 돌아가는 기러기 원망 소리 길구나
凍深蒼海龍吟壯	얼음 깊은 창해엔 용의 읊음 웅장하고
淸徹疎松鶴夢涼	맑고 성긴 소나무에 학의 꿈 서늘하네
曲罷參橫仍月落	곡이 다하자 삼성은 비끼고 달도 떨어지니
滿庭山色曉蒼蒼	뜰에 가득한 산색이 새벽에 창창하구나[139]

鼓吹能品 고취하니 능숙한 품격이다.

---

139 이 시의 시화가 권응인(權應仁)의 『송계만록(松溪漫錄)』에 실려 있다. "옛날 두세 선비가 기생들을 데리고 산사(山寺)에 모여 놀았다. 술이 얼근하여 취해 누웠는데 옆에는 거문고가 벽에 기대어 있었다. 어떤 중이 밖으로부터 왔는데, 얼굴은 얼룩지고 검었으며 옷은 남루하였다. 그가 몰래 거문고 바닥에 다음과 같이 적었다. (시 줄임) 그리고는 갑자기 보이지 않았다. 당시 사람들이, '정허암(鄭虛菴)이 아니면 이렇게 지을 수 없다.' 하였다." 정희량의 문집인 『허암선생속집(虛庵先生續集)』 권2 「유사(遺事)」에 이 시가 시화와 함께 실려 있다.

칠언배율(七言排律) 부(附)

영남루 술자리에서 주인 이충걸 공에게 사례하다. 이때 우병사 김세희 공과 황장목 경차관 곽지번 군이 함께 모였다

嶺南樓觴席 謝主人李公忠傑 時右兵使金公世熙 黃腸木敬差官郭君之
蕃俱會　　　　　　　　　　　　　　　　　　　　박상(朴祥)

丁卯東堂試院秋　정묘년 가을 동당시 시험장에서

　　直說便朴 곧바로 말하여 질박해 졌다.

平生何幸識荊州　형주를 알게 되었으니 평생 어찌나 다행인지

依俙面目嗟相闊　어렴풋한 모습으로 서로 헤어져

荏苒星霜問幾周　그럭저럭 세월이 얼마나 지났는지

客路轉蓬逢蜡臘　나그네길에서 쑥대 딩굴듯하다 섣달을 맞아

　　便爾不凡 평범치 않아졌다.

公堂披霧謁君侯　공당에서 안개 헤치고 군후를 만나뵙네

庫錢肯愛歡娛費　부고(府庫)의 돈이라고 즐기는 비용을 아끼려 들랴

　　委曲 곡절이 있다.

樽玉聊爲壓倒謀　동이 속의 옥 같은 술이 압도적인 꾀일세

燕寢凝香辭上館　거실에 향기 엉켜 있는 상관을 나와

　　突兀森砢 돌올하고 빽빽하다.

丹梯跨漢赴高樓　붉은 사다리로 은하수 타넘고 높은 누각에 올랐네

遮風甲帳圍三面　바람 막는 갑장이 삼면을 에워싸고

　　麗而不靡 鑪錘嚴重 고우나 화미하지 않고 빚어낸 것이 엄중하다.

納日珠簾捲一頭　햇빛을 들이느라 주렴이 한 자락 말아 올려졌네

斐潤綵筵裁錦綉　윤기 도는 자리는 비단을 마름질했고

　　出之不艶 아름답지 않게 나왔다.

鮮華朱戶削琳璆　곱고 붉은 지게문은 옥을 깎아 세웠네

工曹後到朝廷在　공조에서 뒤늦게 이르니 조정 관원이 자리에 있고
元帥先臨節度遒　원수가 먼저 임석했으니 절도가 꿋꿋하네
爐麝亂霏薰點數　향로의 사향 피어나니 훈훈한 향내 번지고
　　富艷 풍부하고 아름답다.
髻鴉交襯妓行稠　검은 쪽 닿아 있으니 기생들 가득하구나
微醺漸覺諧言笑　술이 거나해지니 담소가 차츰 어울려지고
卒爛還從錯獻酬　취하고 나니 차례 바뀌면서 술잔을 주고 받네
黃鶴晴川天半落　황학과 청천이[140] 하늘에서 반쯤 떨어졌고[141]
吳門烟樹地偏浮　오문의 나무엔 안개 끼고 땅은 치우쳐 떠 있구나
西橋晚罷漁村市　서교에 날 저물자 어촌의 저자도 파하고
南浦遙通海賈舟　남포엔 바다 상선들이 멀리 통하네
粧暮赤雲飛紫鳳　저녁을 단장하는 붉은 구름에 자주빛 봉새 날고
　　奇 기이하다.
鎭虛靈嶽舞蒼虯　허한 곳을 진압하는 영악에는 푸른 규룡 춤추네
曠懷橫厲朔鵬界　활달한 마음은 붕새 나는 곳에 솟구쳐 오르고
　　渾渾不渴 혼혼(渾渾)하여 마르지 않는다.
騷興聯翩宿莽洲　시인의 흥도 숙망주에 날아오르네[142]
王母桃花開不盡　서왕모의 복사꽃 그치지 않고 피며
茂陵金椀散無收　무릉의 오얏나무는 열매 흩어져도 거두지 않네
將詩欲答翰林月　시를 지어 한림학사의 시에 화답하고 싶거니와

---

140 당나라 최호(崔灝)의 황학루(黃鶴樓) 시에, "황학이 한번 가서 다시 돌아오지 않으니, 흰 구름만 천년 동안 부질없이 왕래하누나. 날 갠 냇물엔 한양의 숲이 역력히 비치고, 향기로운 풀은 앵무주 물가에 무성하도다.[黃鶴一去不復返 白雲千載空悠悠 晴川歷歷 漢陽樹 芳草萋萋鸚鵡洲]"라고 한 데서 '黃鶴'과 '晴川'을 가져왔다.

141 이백(李白)의 「등금릉봉황대(登金陵鳳凰臺)」 시 "삼산은 푸른 하늘 밖으로 반쯤 떨어져 있고[三山半落靑天外]"에서 '半落天'을 가져 왔다.

142 은거하며 깨끗한 삶을 사는 것을 말한다. 「이소(離騷)」에서 "아침에는 비산(阰山)의 목란을 취하고 저녁에는 물가의 숙망을 캐노라.[朝搴阰之木蘭兮 夕攬洲之宿莽]"라고 하였다.

翩翩豪擧 날래고 호기로운 거동이다.

擧酒須投湘水流　술을 들어 상수의 흐름에 던져야 하리

地主慇懃加慰藉　이 고장 주인이 은근하게 위로해 주는지라

征人繾綣重夷猶　나그네는 그 뜻에 매여 거듭 머뭇거리네

塵寰未有神仙府　티끌 세상에는 신선의 고을 있지 않기에

矯然遐想 우뚝하게 먼 시상이다.

淸夢眞成汗漫遊　맑은 꿈으로 정처없이 떠돌아 다니네

松憤歲寒鏗寶瑟　소나무는 추운 철에 분발해 슬풍류를 울려내고

矜莊不怠 조심성 있고 장엄하여 태만하지 않다.

竹悲江色戞鳴球　대나무는 강 경치를 슬퍼하여 옥경을 댕그랑거리네

蒙山躑躅更登覽　몽산에 머뭇거리며 다시 올라가 보니

要聽長林黃栗留　장림의 꾀꼬리 소리를 들으려는 걸세

不了語 끝나지 않는 말이다.

雄辭傑句滔滔莽莽 眞千載奇作 웅장한 말과 걸출한 시가가 넘실대고 우거져서 진실
로 천년에 한 번 나올 기이한 작품이다.

등왕각 응제

滕王閣 應製[143]　　　　　　　　　　　　　　　　　정사룡(鄭士龍)

剗革孤隋靖八荒　민심 잃은 수나라를 무너뜨리고 온 세상 바로잡으니

起便渾重 기구가 혼중(渾重)해진다.

根盤仙李葉輝光　뿌리를 깊게 내린 오얏나무는 잎이 빛나는구나

接得好 접함이 잘 되었다.

山河宰割推南紀　차지한 산하는 남방까지 통하고

節鎭雄腴屬少王　웅장하고 부유한 진땅이 등왕에게 속하였네

---

143 『호음잡고』 권4 「응제록」에 실렸으며, "七言排律二十韻 居首 賜增秩"라고 하였다.

入意便眞 들어간 뜻이 참되다.

物力擅殷誇宇內　풍족한 물자를 독차지해 천하에 자랑하고

城池控勢占炎方　성과 못은 형세를 잡아 더운 땅을 차지하였네

時丁多暇觀游賁　시절이 한가하여 노니는 곳이 웅장하고

制出高懷結構良　제도가 큰 뜻에서 나왔으니 구조가 좋구나

看他鎔範之工 그가 규범을 녹이는 솜씨를 보라.

直壓巴山成枕臂　파산을 눌러 팔베개를 하고

俯臨衡浦作滄浪　형산포구를 굽어보며 창랑수로 삼았네

般倕效技工難狀　노반과 수의 기교를 본받아 공교함을 말하기 어렵고

神鬼輸功妙叵量　귀신의 힘을 가져와 오묘함을 헤아리기 어렵네

納日簷虛先曉白　햇살 들이는 처마는 비어 새벽보다 먼저 밝아지고

受風寮薄未秋涼　바람을 받는 휘장은 얇아 가을 전에 서늘하네

淸都恍惚移眞界　청도인지 황홀하여 신선의 땅을 옮겨놓은 듯하고

春容鉅麗 웅장하고 전아하며 크고 아름답다.

紫府深嚴祕玉皇　자부인지 삼엄하여 옥황상제가 숨어 있는 듯

吳楚殫奇供玩好　오 땅과 초 땅은 기이함을 다하여 즐길 것을 제공하고

鄒枚擒藻盛文章　추연과 매승이 재주를 펼치니 문장이 성대했도다

名誇一世還消歇　명성은 일세를 풍미하다가 문득 다 사라지고

曲折生姿 곡절에서 자태가 생겨난다.

事去千年費贊襄　일이 천년을 지나니 칭찬만 헛되구나

竹色松聲俱境寂　대나무빛과 솔소리가 모두 적막하니

筆端恣肆 不覺誤引 亦魯連書之不檢也 붓끝이 방자하여 잘 못 끌어들인 것을 깨닫지 못하니 역시 노련(魯連)이 쓰고나서 검사하지 않는 것이다.

淸江白石秖心傷　맑은 강과 푸른 돌에 다만 마음 아플 뿐

高秋勝會朋簪盍　가을날의 성대한 모임에 벗들이 바삐 모여들고

襯切不粘 가깝고 절실하여 모호하지 않다.

健筆雄詞腹藁忙　웅장한 글을 뱃속에서 바삐 쏟아내네

神借便風須發祕　정신이 순풍을 빌렸어도 오묘함을 드러내야 하고

才雖宿構敢攖鋩　재주는 비록 미리 엮은 것이라도 감히 대적했으랴

看他强力捭闔處 그가 강력하게 문짝을 열어젖히는 곳을 보라.

地因人勝須恢拓　땅이 사람으로 인해 유명해지니 마음이 트여야 하고

指滕王 등왕[144]을 가리킨다.

事待文傳要激昂　일이 글을 기다려 전해지려면 문장이 격앙되어야 하네

指子安 자안[145]을 가리킨다.

兩事作關鎖 두 일이 관문의 자물쇠가 되었다.

霞鶩至今餘物色　노을과 따오기는 그 모습이 지금도 남아 있건만

極弄丸之妙 공을 가지고 노는 묘미를 지극히 하였다.

畫圖終古謾留藏　그림은 예로부터 부질없이 보존되어 왔구나

飛雲捲雨懷時遠　구름 날리고 비 걷히던 시절 돌아보니 아득한데

方用本色折證 바야흐로 본색을 써서 변증하였다.

佩玉鳴鑾撫迹亡　패옥소리 말방울소리는 더듬어보아도 자취가 없네

作記致高光焰爛　기문을 적어 높혔으니 광채가 휘황하고

入事不漏 일에 들어가 빠뜨리지 않는다.

重新事偉姓名香　중수하여 웅걸차게 했으니 성명이 향기롭구나

政同分陜歸釐革　정사는 한가지라 외직에서도 나쁜 구습을 고치고

貶極投荒尙倔强　쫓겨나 궁벽한 땅에 가도 뜻은 오히려 굳세네

舊閣淪江徵信史　옛 누각이 강에 잠긴 것을 믿을만한 기록에서 찾아내어

種種具載 종류별로 모두 실었다.

新臺出漢繼遺芳　새로운 누대를 하늘 높이 세워 그 명성을 이었네

---

144 당고조(唐高祖)의 아들 이원영(李元嬰)을 가리킨다. 홍주도독(洪州都督)으로 있던 653
년 감강(贛江)의 강변에 등왕각(滕王閣)을 지었다.

145 당나라 때 시인 왕발(王勃)의 자이다. 675년 중양절에 홍주도독 염공(閻公)이 등왕각에
연회를 베풀었는데, 마침 왕발이 남창(南昌)으로 가다가 연회에 참석하여 「등왕각서(滕
王閣序)」를 지었다.

微臣詎列三王後　한미한 신이 어찌 삼왕의 뒤에 서리오

引事收了處好 일을 인용하여 거두어들이는 곳이 좋다.

歌頌無能獻斐狂　찬송하려 해도 아름다운 문장을 올릴 수가 없구나

嚴悍宏麗 無一歇語 如構凌雲臺 稱量材木 不偏不重 眞詞家老匠 엄한(嚴悍)하고
굉려(宏麗)하며 중요하지 않은 말이 하나도 없어, 구름 위로 솟은 대를 지으면서
딱 맞게 재목을 헤어려 편중되지도 않고 중복되지도 않게 한 것과 같으니, 진실로
사가의 노장이다.

규수(閨秀) 1인

목사 서익의 소실이 큰 글자로 액서(額書)를 부쳐주어 고마워하다

謝徐牧使益小室 惠題額大字書　　　　　　　　　　　이원(李媛)

瘦硬寫成天外態　여위고도 굳세게 하늘 밖의 정취를 써서 이루니

便爾奇拔 기발해졌다.

元和脚迹見遺蹤　유공권(柳公權) 서체의 남은 자취 보여주네

眞行翥鳳飄揚裏　진서와 행서 나부끼는 가운데 봉새처럼 날아오르고

宏悍卓詭 非脂粉家可及 亦一異事 굉한(宏悍)하고 탁궤(卓詭)하여 분이나 바르는
작가가 미칠 수 있는 것이 아니니 역시 하나의 기이한 일이다.

大字崩雲結密中　큰 글씨는 뭉게구름이 응집되었구나

試掛山軒疑躍虎　시험삼아 산헌에 걸고 보니 호랑이가 뛰는 듯

看他雄放 그의 웅방(雄放)함을 보라.

乍臨江閣訝騰龍　문득 강각에 거니 용이 오르는 듯해라

衛夫人筆方知健　위부인의 필재[146] 바야흐로 건장한 줄 알거니와

---

146 필법(筆法)을 설명한 필진도(筆陣圖)를 왕희지(王羲之)가 썼다고 하는데, 왕희지의 어릴

折証甚妙 변증함이 매우 묘하다.

蘇惹蘭才豈擅工　소약란의 재주라고 어찌 공교함을 독차지하랴

體若蕙枝思則壯　몸은 마치 혜초가지 같아도 생각은 씩씩하며

指纖蔥玉掃能雄　가녀린 손 파대공 같건만 글씨를 쓰면 웅장하구나

極好句 지극히 좋은 구이다.

神交萬里通文墨　정신적인 사귐이 만리를 문묵으로 통하니

爲報驪珠白玉童　여의주를 갚기 위해 백옥동자에게 알리노라

冷語結了 차가운 말로 맺었다.

적 스승인 위부인이 썼다고도 한다.

국조시산 권8

오언절구(五言絕句)

풍악

楓岳

성석린(成石璘)

一萬二千峯　일만 이천 봉우리
高低自不同　높고 낮음이 저마다 다르네
君看日輪上　그대 보게나. 해[1] 오를 때에
高處最先紅　높은 곳이 가장 먼저 붉어짐을

看他負遠到氣象 그가 원대한 기상을 자부했음을 보라.

우연히 짓다

偶題

유방선(柳方善)

結茆仍補屋　띠풀을 엮어 지붕을 깁고
種竹故爲籬　대를 심어 울타리로 삼네
多少山中味　제법 산속에 사는 맛을

閑適 然未免儉 한적하지만, 검약함을 면하지 못하였다.

年年獨自知　해마다 혼자서 알아 간다네

1　일륜(日輪)은 수레바퀴같이 둥근 해인데, 『열자(列子)』에 "해가 처음 나올 때에 크기가 수레바퀴같다[日初出 大如車輪]"라고 하였다.

자미화[2]

紫薇花   성삼문(成三問)

歲歲絲綸閣   해마다 사륜각[3]에서 지낼 때에는
抽毫對紫薇   붓 들고 자미화를 마주했었지
今來花下醉   이제 와 꽃 아래서 술에 취하니
到處似相隨   가는 곳마다 나를 따르는 것 같구나
　有情 정감이 있다.

노랫말을 적다[4]

述樂府辭   김수온(金守溫)

十月層氷上   시월 층층이 언 얼음 위에
寒凝竹葉栖   차가운 댓닢자리에 얼어붙었네
與君寧凍死   님과 함께 얼어 죽을망정
遮莫五更雞   새벽 닭아, 울지 말거라

---

2 『청구풍아(靑丘風雅)』에서는 제목 아래에 "세간에서는 백일홍이라 부른다[俗呼百日紅]"
　고 협주를 달았다.
3 사륜(絲綸)은 제왕의 명령이나 조서(詔書)를 뜻한다. 『예기』 「치의(緇衣)」에 "왕의 말이
　실과 같으면 그 나오는 것은 윤과 같다. 왕의 말이 윤과 같으면 그 나오는 것은 발과
　같다.[王言如絲 其出如綸 王言如綸 其出如綍]"라고 하였다. 사륜각은 그가 오래 벼슬했
　던 홍문관이나 집현전을 가리킨다.
4 『악장가사(樂章歌詞)』에 실린 고려가요 「만전춘 별사(滿殿春別詞)」를 한시로 옮긴 것
　이다.

채자휴가 그림을 청하기에 청산백운도 한 폭을 그리고 그 위에 쓰다

蔡子休求畵 作靑山白雲圖一幅 因題其上   강희안(姜希顏)

江上峰巒合　강 위에는 봉우리들 높고 낮게 어울리고
　　足稱三絶 삼절이라고 이르기에 넉넉하다.
江邊樹木平　강가에는 나무숲이 나직하구나
白雲迷遠近　흰 구름에 멀고 가까운 걸 모르겠으니
何處得蓬瀛　어디가 봉래이고 영주이던가

나홍곡[5]

囉嗊曲   성간(成侃)

　　三篇極似唐人樂府 3편이 당나라 시인의 악부와 아주 비슷하다.

爲報郞君道　낭군에게 전해 묻노니
今年歸未歸　올해에는 돌아오시려는지요
江頭春草綠　강가에 봄풀 푸르러지면
是妾斷腸時　저의 애간장이 끊어진답니다

郞如車下轂　님이 수레바퀴라면
　　孟參謀遺意 맹교의 남긴 뜻을 지니고 있다.
妾似路中塵　저는 길가의 먼지랍니다
相近仍相遠　가까이 왔다가는 곧 멀어지니

---

5   범터(范攄)의 『운계우의(雲溪友議)』에 "금릉에 나홍루라는 누각이 있는데, 바로 진(陳)
　　후주(後主)가 세운 누대이다.「나홍곡」은 유채춘이 부른 곡이다. 모두 당시 제자들이 지은
　　오언, 육언, 칠언의 절구인데, 일명「망부가」라고도 한다.[金陵有囉嗊樓 乃陳後主所建
　　囉嗊曲劉采春所唱 皆當代才子所作五六七言絶句 一名望夫歌]"하였다.

看看不得親　바라만 볼 뿐 친할 수는 없네요

綠竹條條勁　푸른 대는 가지마다 굳세고
浮萍箇箇輕　부평초는 낱낱이 가볍지요
願郎如綠竹　바라오니 님은 푸른 대 같으셔서
不願似浮萍　부평초같이 살지는 마셔요

잠에서 일어나다

睡起　　　　　　　　　　　　　　　　　서거정(徐居正)

簾影深深轉　발 그림자가 깊숙이 들어오고
荷香續續來　연꽃 향내도 그치지 않고 번져오네
夢回孤枕上　외로운 베개맡에서 꿈을 깨어보니
　折旋蟻封 亦好 개미둑같이 좁은 곳에서도 잘 움직이니[6] 역시 좋구나.
桐葉雨聲催　오동잎에 빗소리가 급하구나

규방의 마음

閨情　　　　　　　　　　　　　　　　　김극검(金克儉)

未授三冬服　삼동의 옷을 아직 전하지 못해

6　절선(折旋)은 직각으로 꺾어서 돌아가는 것을 말하고, 의봉은 개미가 나뭇조각이나 흙으로 지은 개미집이다. 『주자어류(朱子語類)』 권105 「경재잠」의 문답에, "개미굴 입구에 흙이 불룩 솟아나와서 둔덕처럼 되어 있는데, 그 사이의 길이 구불구불하여 마치 좁은 골목길처럼 되어 있다. '말을 타고서 의봉 사이를 절선한다'는 옛말이 있는데, 이것은 의봉 사이의 통로가 구불구불하고 협소한데도 말을 타고 그 속을 제대로 꺾어 돌면서 말 달리는 절도를 잃지 않는다는 뜻이니 이렇게 하기가 어렵다는 말이다.[蟻穴地 其泥墳 起如丘垤 中間屈曲如小巷道 古語云 乘馬折旋於蟻封之間 言蟻封之間 巷路屈曲狹小 而能乘馬折旋於其間 不失其馳驟之節 所以爲難也]"라고 하였다.

空催半夜砧　부질없이 한밤중에 다듬이질 재촉하네
銀缸還似妾　은항[7]이 마치 나와 같아서
淚盡却燒心　눈물이 다 마르자 속까지 태우는구나

그림 부채에 쓰다

題畫扇　　　　　　　　　　　　　　　　　　　정(婷)[8]

黃葉秋風裡　누런 잎이 가을바람에 지고
靑山落照時　푸른 산에는 해가 지는데
江南杳何處　강남 땅 아득하게 어느 곳으로
一棹去遲遲　배 한 척 느릿느릿 흘러가는가

군실에게 부치다

寄君實

旅館殘燈曉　등불 가물거리는 여관의 새벽
孤城細雨秋　외로운 성에 가랑비 내리는 가을
思君意不盡　그대를 그리워하는 마음 끝이 없어
千里大江流　천리에 큰 강이 흐르네

　翛翛有味 날아가는 듯한 맛이 있다.

7　은백색으로 비치는 등불이나 촛불을 가리킨다.
8　성종(成宗)의 형인 월산대군(月山大君) 이정(李婷, 1454~1488)인데, 왕자의 성을 쓰지
　않는 관습으로 정(婷)이라 썼다. 그러다보니 중국에 여성 시인으로 알려지기도 했다.

백아

伯牙   신항(申沆)

我自彈吾琴	내가 스스로 내 거문고를 타니
不須求賞音	이 소리 알아줄 사람이 필요 없다네
鍾期亦何物	종자기는 어찌된 사람이기에
强辨絃上心	억지로 줄 위의 마음을 따졌는가⁹

남에게 주다

贈人   박계강(朴繼姜)

花落知春暮	꽃이 지니 봄 저문 줄 알았고
尊傾覺酒無	술동이 기울이다가 술 없는 줄 알았네
光陰催白髮	세월이 백발을 재촉하니
莫惜典衣沽	옷 잡혀 술사기를 아까워 마소

고운 달

佳月   김정(金淨)

佳月重雲掩	고운 달이 겹겹 구름에 가려져
迢迢暝色愁	아득히 어두운 하늘이 시름겹구나
清光不可待	맑은 달빛을 기다릴 수 없어

---

9 백아(伯牙)는 금(琴)을 잘 탔고, 종자기(鍾子期)는 소리를 잘 들었다. 백아가 금을 타면서
뜻이 높은 산에 있으면 종자기가 말하기를, '좋구나, 높고 높기가 태산(泰山)과 같구나.'
하고, 뜻이 흐르는 물에 있으면 종자기가 말하기를, '좋구나, 넓고 넓기가 강하(江河)와
같구나.' 하였다. 그 뒤에 종자기가 죽자 백아가 다시는 금을 타지 않았다. 『열자(列子)』
「탕문(湯問)」

不字改以猶字 亦好 ‘불(不)’ 자를 ‘유(猶)’ 자로 고쳐도 또한 좋다.¹⁰

深夜倚江樓　깊은 밤 강가 누대에 기대어 있네

감흥
感興

落日臨荒野　지는 해는 거친 들에 뉘엿 비치고
寒鴉下晚村　갈까마귀¹¹ 저문 마을에 내려 앉는구나
　　隨州雅韻 유수주의 아운이 있다.
空林烟火冷　빈 수풀엔 저녁 연기 싸늘하고
白屋掩衡門　초가집엔 사립문이 닫혀 있구나

도심 스님에게 주다
贈釋道心

落日毗盧頂　해가 비로봉 꼭대기에 떨어지니
東溟杳遠天　동해 바다가 먼 하늘에 아득해라
　　非涉此境 安知此妙 이러한 경치를 보지 않았으면 어찌 이러한 오묘함을 알았으랴?
碧崦敲火宿　푸른 바위 틈에 불을 지펴 자고
聯袂下蒼烟　나란히 자욱한 안개 속으로 내려왔네

---

10 뜻이 명확치 않아, 목판본을 참조하여 ‘不字’를 보완하여 번역하였다. 전구(轉句)를 “淸光
猶可待”로 고치면 “그래도 달빛을 기다릴 수 있어”라는 뜻이 되어 결구(結句)에 자연스럽
게 이어진다.
11 한아(寒鴉)는 추위에 떠는 갈까마귀이기에 놀라거나 울거나 날아가는 동작이 이어진다.
이백(李白)의 「삼오칠언」에 “가을바람 시원하고, 가을 달 밝구나. 낙엽은 모였다 도로
흩어지고, 갈까마귀는 깃들었다가 다시 놀라네.[秋風淸 秋月明 落葉聚還散 寒鴉棲復
驚]” 하였다.

떠나 보내며 지어 주다
贈別

回首送君處	그대 떠나 보낸 곳으로 머리 돌리니
蒼茫海日昏	아득한 바다에 해가 저무네
家山應見過	그대 고향 산을 응당 지나가리니
花落掩柴門	꽃 지고 사립문은 닫혀 있겠지

나의 만사[12]
自挽　　　　　　　　　　　　　　　　　　　　　　　　기준(奇遵)

日落天如墨	해 지자 하늘이 먹빛 같아지고
山深谷似雲	산 깊어 골짜기는 구름 같구나

　家兄得於穩城者 讀之黯慘 형님이 온성에서 얻어온 것인데 읽을수록 암담하고 처
　참하다.

君臣千載意	임금과 신하의 천년의 뜻이
惆悵一孤墳	서글프게도 하나의 외로운 무덤뿐일세

망천도[13]
輞川圖　　　　　　　　　　　　　　　　　　　　　　　최수성(崔壽峸)

秋日下西岑	가을 해가 서산에 지니

---

12 허균의 『학산초담』에 이 시에 관한 시화가 실려 있다. "응교(應教) 기준(奇遵)이 온성(穩
　城)으로 귀양 가 있는데, 서울로부터 사약이 내려왔다. 그는 조용히 시를 읊어, 자신의
　만사를 지었다. (시 줄임) 이 시를 읽으면 사람으로 하여금 심장과 간장이 다 찢어지게
　한다."

13 당나라 시인 왕유(王維)가 만년에 망구(輞口)에 있던 송지문(宋之問)의 남전(藍田) 별서

暝烟生遠樹　어두운 연기 먼 나무에 피어오르네

　　郜家奴少有意 치가노[14]의 뜻이 조금 있다.

斷橋兩幅巾　끊어진 다리에 복건 쓴 두 사람

誰是輞川主　그 누가 망천의 주인이신지

원숭이 그림에 쓰다

題畫猿　　　　　　　　　　　　　　　　　　　　　나식(羅湜)

老猿失其群　늙은 원숭이가 제 무리를 잃고

落日枯楂上　해 질 무렵 마른 등걸 위에 앉았네

黙坐首不回　잠자코 앉아 고개도 돌리지 않으니

想聽千峯響　아마도 온 산의 메아리를 듣는 게지

　　此申鄭所閣筆 而蘇老所歎服 乃伊州遺格 所謂截一句不得 唯盛唐人能之 이 시는
　　신광한 정사룡이 붓을 놓게 하고, 소재(蘇齋) 노인이 탄복하게 하였다. "이는 「이주가
　　(伊州歌)」[15]의 법이니 이른바 한 구절이라도 끊어 놓으면 시편을 이룰 수가 없다는
　　구성이다."[16] 오직 성당(盛唐)의 시인만이 이렇게 지을 수 있다.

(別墅)를 얻어 개축하고는, 벗들이 오면 배를 띄우고 시를 지으며 놀았다. 왕유가 승경
스무 곳을 골라 「망천도」를 그렸는데, 일본 후쿠오카 쇼우후쿠지(聖福寺)에 후대 모사본
이 소장되어 있어 왕유가 뱃놀이하며 시를 짓던 모습을 볼 수 있다.

14 치가노(郜家奴)는 『세설신어(世說新語)』「품조(品藻)」에 나오는 치사공(郜司空) 집안의
　　종인데, 문장을 알고 일마다 뜻이 있었다고 한다. 후에는 일반 평상인 작자를 가리키는
　　말로 썼다.

15 당나라 악부(樂府)로서 이천(伊川)의 수령 범중윤(范仲胤)의 처가 지었다는 노래인데,
　　객지로 떠난 남편이 오래 돌아오지 않는 것을 탄식하였다. 같은 제목으로 여러 시인들이
　　시를 지었으며, 우리나라의 근대시인 김소월도 무명씨의 「이주가」를 번역하여 『삼천리』
　　에 게재하였다.

16 인용부호 속의 구절은 허균의 『성수시화』에 손곡 이달의 평이라고 하였다.

여강
驪江

日暮滄江上　해는 푸른 강에 저무는데
天寒水自波　날은 차고 물은 절로 일렁이네
孤舟宜早泊　외로운 배는 일찌감치 정박해야 하리
　　有憂時保身之意 우환이 있는 시기에 몸을 보전하려는 뜻이 있다.
風浪夜應多　풍랑이 밤 되면 응당 많아지리니[17]

도봉사[18]
道峯寺

曲曲溪回復　굽이굽이 시내가 돌아 흐르고
登登路屈盤　터덜터덜 걷는 길은 구부러졌네
黃昏方到寺　황혼이 되어 절에 이르니
淸磬落雲端　맑은 경쇠소리가 구름 끝에 스러지네
　　逼唐 당시에 가깝다.

고향으로 돌아가는 백창경[19]을 보내며
送白彰卿還鄕　　　　　　　　　　　　　　　　　임억령(林億齡)

江月圓還缺　강 위의 달은 찼다가 다시 기울고

---

17 『한고관외사』본 『학산초담』 소주에, 이 시의 작자에 대한 이설들을 소개하고 있다. "다른
　야사(野史)를 참조해 보면 최원정(崔猿亭)의 시로 되어 있다. 그의 숙부인 세절(世節)이
　이 시를 가지고 그를 참소했다고도 하나, 어떤 것이 옳은지 모르겠다. 화원시(畫猿詩)의
　아랫수를 『기아(箕雅)』에서는 원정(猿亭)의 시라고 하였는데, 혹 잘못이 아닌가 한다."
18 나식의 문집 『장음정유고(長吟亭遺稿)』에는 「운계사(雲溪寺)」라는 제목으로 실려 있다.

庭梅落又開　뜨락의 매화는 졌다가 또 피네
逢春歸未得　봄을 맞고도 돌아갈 수가 없어
獨上望鄕臺　홀로 망향대에 오르네

배를 타고 저자도를 지나 봉은사를 향하며

舟過楮子島 向奉恩寺[20]　　　　　　　　　　　　　　　　　정렴(鄭磏)

孤烟橫古渡　외로운 연기가 옛 나루터에 걸려 있고
寒日下遙山　차가운 해는 먼 산에 지네
　其人異也 詩亦淸遠 그 사람이 기이하더니 시 또한 청원하구나.
一棹歸來晚　조각배로 떠나는 저녁에
招提杳靄間　절[21]이 아득히 아지랑이 사이로 보이는구나

충주(忠州) 망경루(望京樓) 시에 차운하다

次忠州望京樓韻　　　　　　　　　　　　　　　　　　　　　윤결(尹潔)

遠客思歸切　먼 길 나그네 돌아가고픈 생각 간절하여
登樓北望京　망경루에 올라[22] 북으로 서울을 바라보네

---

19 창경(彰卿)은 백광훈(白光勳, 1537~1582)의 자인데, 임억령과 마찬가지로 해남(海南) 출신이다.

20 정렴의 『북창선생시집(北窓先生詩集)』에 「携朴君實枝華舍第君敬 向奉恩寺舟中作」이라는 제목으로 실렸으며, 박지화의 문집 『수암선생유고(守庵先生遺稿)』의 「차북창고옥운(次北窓古玉韻)」에 정렴의 원운(元韻)으로 이 시가 실려 있다.

21 초제(招提)는 범어(梵語) caturdeśa의 음역(音譯)으로 절이나 승려의 별칭이다. 두보의 「유용문봉선사(遊龍門奉先寺)」 시에 "이미 초제를 따라 노닐었고 다시 초제의 경내에 유숙한다.[已從招提遊 更宿招提境.]"라고 하였다.

22 삼국시대 위나라 왕찬(王粲)의 「등루부(登樓賦)」에 "강산 경치 참 좋다마는 내 고향이 아니니, 어찌 더 머물 생각이 나겠는가.[雖信美而非吾土兮 曾何足以少遊]" 하였다. 그 뒤부터 등루(登樓)는 고향을 그리워하는 뜻을 지니게 되었다.

還同江上鴈　강 위에 기러기도 나와 같이
秋盡更南征　가을이 지나자 다시 남으로 오네

호수 정자에서 아침에 일어나 우연히 읊다

湖亭朝起偶吟[23]　　　　　　　　　　　　　　강극성(姜克誠)

江日晩未生　강에는 해가 늦도록 뜨지 않고
蒼茫十里霧　아득하니 십 리에 안개가 자욱해라
但聞柔櫓聲　부드럽게 노를 젓는 소리만 들려 올 뿐
　頗造微 자못 정묘하다.
不見舟行處　배 가는 곳은 보이지 않네

가을 생각

秋思　　　　　　　　　　　　　　　　　　　양사언(楊士彦)

孤烟生曠野　외로운 연기가 광야에서 일어나고
殘日下平蕪　지는 해는 벌판으로 내려오네
爲問南來鴈　남쪽으로 온 기러기에게 묻노니
家書寄我無　집에서 내게 부친 편지가 없던가

절구

絶句　　　　　　　　　　　　　　　　　　　이후백(李後白)

細雨迷歸路　가랑비가 갈 길을 어지럽히고

23　『명시별재(明詩別裁)』나 『명시종(明詩綜)』 같은 중국 시선집에는 「湖堂早起」라는 제목
　　으로 실려 있다.

騎驢十里風　나귀를 타니 십 리에 바람이 부네

野梅隨處發　들매화는 가는 곳마다 피어

　　公詩不多 見此 自超凡 공의 시가 많지 않지만, 이 시를 보면 절로 뛰어나다.

魂斷暗香中　은은한 향기[24]에 혼이 끊어지네

친구를 보내며

送人　　　　　　　　　　　　　　　　　　　하응림(河應臨)

草草西郊別　조촐하게 서쪽 교외에서 헤어지느라

秋風酒一杯　가을바람에 술 한 잔일세

青山人不見　푸른 산에 아무도 보이지 않아

　　近於自挽 스스로 지은 만사에 가깝다.

斜日獨歸來　지는 해에 홀로 돌아오리라

눈이 온 뒤에 우연히 읊다

雪後偶吟　　　　　　　　　　　　　　　　　이순인(李純仁)

古郭人聲絶　옛 성에 사람 소리 끊어지고

寒鴉凍不翻　갈까마귀 얼어서 날지 못하네

還如去年雪　다시 지난 해 눈 내릴 때처럼

寂寞臥江村　적막한 강마을에 누워 있구나

　　枯淡 고담하다.

24　송나라의 고사(高士) 임포(林逋)의 시 「동산의 작은 매화[山園小梅]」에 "맑고 얕은 물에
　　성긴 그림자 비껴 있고, 황혼 녘 달빛 속에 은은한 향기 떠도누나.[疎影橫斜水淸淺 暗香
　　浮動月黃昏]"라고 한 뒤부터 암향(暗香)은 매화의 은은한 향기를 뜻한다. 『임화정집(林
　　和靖集)』 권2.

무제

無題 이성중(李誠中)

紗窓近雪月　사창[25]에 눈 속의 달이 다가와
滅燭延淸輝　촛불 끄고 맑은 달빛을 끌어들였네
　　了得北里公案 북리 공안을 잘 터득하였다.
珍重一杯酒　진중하게 올리는 한 잔 술에
夜闌人未歸　밤 늦도록 손님은 돌아가지 않네

고봉군[26] 산정에 쓰다

題高峯郡山亭 최경창(崔慶昌)

古郡無城郭　오래된 고을이라 성곽은 없어지고
山齋有樹林　산속 객관에는 숲만 있구나
　　楂梨橘柚 各有其味 아가위 배 귤 유자가 저마다 자기 맛을 지녔다.[27]
蕭條人吏散　백성도 아전도 흩어져 고요한데
隔水搗寒砧　물 건너 마을에 차가운 다듬이 소리[28]

---

25 종이가 아니라 깁을 바른 창으로, 여인의 규방을 가리킨다.
26 경기도 고양군의 옛 이름이다.
27 『장자(莊子)』 「천운(天運)」에 나오는 문장이다. "그러므로 삼황오제의 예의와 법도를 열매에 비유하자면 아가위나무, 배나무, 귤나무, 유자나무의 열매와 같을 것이다. 그 나무들의 열매의 맛은 서로 다르더라도 사람의 입맛에 맞는다는 점에서는 모두 같다.[故譬三皇五帝之禮義法度, 其猶楂梨橘柚邪 其味相反 而皆可於口]"
28 한침(寒砧)은 겨울옷을 준비하는 다듬질이다. 심전기(沈佺期)의 「고의(古意)」에, "구월이라 차가운 다듬이 소리 낙엽을 재촉하고, 시월이라 수자리살이 요동을 생각하네[九月寒砧催木葉 十月征戍憶遼東]"라 하였다.

홍경사[29]

弘慶寺   백광훈(白光勳)

秋草前朝寺   옛 왕조의 절 뜨락에는 가을 풀만 깔리고
殘碑學士文   남아 있는 빗돌에는 학사의 글이 쓰여 있네[30]
千年有流水   천 년의 세월이 저 물과 같이 흘러갔는데
落日見歸雲   지는 햇살 속으로 돌아가는 구름이 보이는구나

　　絶唱 절창이다.

용강에서 성보[31]와 헤어지며

龍江別成甫

千里奈君別   천릿길 그대와 어이 헤어질 거나
起看中夜行   한밤에 길 떠나는 그대를 일어나 배웅하네
孤舟去已遠   외로운 배는 벌써 멀리 가버렸는데

　　不可無一 不可有二 (이런 시가) 하나쯤 없을 수는 없지만, 둘이 있어서는 안 된다.

月落寒江鳴   달마저 지자 차가운 강물소리만 들리네

29　홍경원(弘慶院)은 고을 북쪽 15리에 있다. 고려 현종이, "이곳은 갈래길의 요충인 데다가
　　사람 사는 곳에서 멀리 떨어져 있고, 무성한 갈대숲이 들판에 가득해서 행인들이 자주
　　강도에게 약탈당한다."고 하였다. 그래서 형긍 스님에게 명하여 절을 세우게 하고, 병부상
　　서 강민첨 등이 일을 감독하게 하였다. 병진년(1016)부터 신유년(1021)까지 2백여 년간
　　집을 세우고, 봉선홍경사라고 이름을 내렸다. 『신증동국여지승람』 제16권 「직산현」
30　이에 비석을 세우고 한림학사 최충에게 명하여 비문을 짓도록 했었는데, 지금 절은 없어지
　　고 원(院)과 비석만 남았으므로, 결국 절 이름을 따서 홍경원이라고 불렀다. (같은 글)
31　이름은 윤유기(尹惟幾)이고, 성보는 자이다. 고산 윤선도의 양부이다. 강원도 관찰사를
　　지냈다.

서울에서 벗과 헤어지며
洛中別友

長安相送處　장안에서 그대를 보내노라니
無語贈君歸　돌아가는 그대에게 할 말이 없네
却向江南望　한강 남쪽[32]을 향해 바라보니
靑山又落暉　푸른 산에 또 저녁해가 지는구나
　淡語有味 담담한 말이 맛이 있다.

보낼 데가 있기에
有贈[33]

江南采蓮女　강남의 연밥 따는 여인네
江水拍山流　강물이 산을 치고 흐르네
　陟奇 기이한 경지에 올랐다.
蓮短未出水　연줄기 짧아 물에서 나오지 못하기에
棹歌春政愁　뱃노래에 봄이 참으로 시름겨워라
　不失唐韻 당운을 잃지 않았다.

강릉에서 서울로 가는 이예장과 헤어지며
江陵別李禮長之京　　　　　　　　　　　　　이달(李達)

桐花夜烟落　오동 꽃잎은 밤안개 속으로 떨어지고

---

32 강남은 한강 남쪽이지만, 백광훈의 고향이 영암(해남)이므로 이 시에서는 호남을 가리
　킨다.
33 『옥봉집』이나 『악부신성(樂府新聲)』에는 「강남사(江南詞)」라는 제목으로 실려 있다. 이
　제목이 더 적합하다.

海樹春雲空 　바닷가 나무에는 봄구름이 사라졌네

孤情絶照 외로운 마음을 아주 잘 보여준다.

他日一杯酒 　훗날 한 잔 술 마주하고

相逢京洛中 　서울 가는 길목에서 다시 만나세

우연히 읊다
偶吟　　　　　　　　　　　　　　　　　　송한필(宋翰弼)

花開昨夜雨 　어제 밤 비에 꽃이 피더니

花落今朝風 　오늘 아침 바람에 꽃이 떨어졌네

若截一句 篇不能成 亦伊州遺格 만약 한 구절을 끊어내면 한 편이 이뤄지지 않으니,
이 또한 「이주가」의 유격(遺格)이다.[34]

可憐一春事 　가련하다! 올 한 해 봄의 풍경이

來往風雨中 　비바람 속에 왔다 갔구나

규수의 원망
閨怨　　　　　　　　　　　　　　　　　　임제(林悌)

十五越溪女 　열다섯 살 월계[35] 아가씨

羞人無語別 　남 보기 부끄러워 말도 없이 헤어졌네

有情 정겹다.

歸來掩重門 　돌아와 겹문 닫고는

泣向梨花月 　배꽃에 걸린 달을 보며 울었네

---

34 이주유격(伊州遺格)은 「이주가」처럼 한 연이 하나의 의미 단락으로 연결되어 읽히는 것을 말한다.

35 원래는 월(越)나라의 미녀인 서시(西施)가 깁을 빨던 곳을 가리키는데, 후대의 시문에서는 흔히 아름다운 여인이 살고 있는 주위의 시냇물을 뜻하는 말로 쓰였다.

봄을 슬퍼함

傷春   정지승(鄭之升)

草入王孫恨   풀잎에 왕손[36]의 한이 스며들고
花添杜宇愁   꽃잎에는 두견[37]의 시름이 더해졌네
汀洲人不見   모래섬엔 사람 하나 보이지 않고
風動木蘭舟   바람에 목란배[38]만 일렁이누나

노산군(魯山君)의 옛집

魯宮   정용(鄭鎔)

人度桃花岸   사람은 복사꽃 핀 강 언덕을 지나가고
馬嘶楊柳風   말은 버들에 스치는 바람 맞으며 우네
夕陽山影裡   석양의 산 그림자 속에
寥落魯王宮   노산군 집이 쓸쓸하구나

　無限感嘆 감탄이 끝없다.

---

36 소산(小山)이 지은 「초은사(招隱士)」에 "왕손은 노닐며 돌아오지 않는데, 봄풀은 자라나
　무성해졌구나.[王孫遊兮不歸 春草生兮萋萋]"라고 한 뒤에, 여러 시인들이 왕손을 돌아
　오지 않는 님이라는 뜻으로 썼다.
37 촉(蜀)나라 임금이었던 두우(杜宇)가 재상 별령(鱉令)에게 왕위를 빼앗기고 원통하게 죽
　어서 두견새가 되었는데, 봄철이면 밤낮으로 피를 토할 때까지 슬피 울었다는 전설이
　『화양국지(華陽國志)』 권3 「촉지(蜀志)」에 전한다.
38 처음에는 오왕(吳王) 합려(闔閭)가 심은 목란으로 노반(魯班)이 만든 배를 가리켰지만,
　그 뒤부터 곱게 꾸민 작은 배를 가리킨다.

밤에 짓다

夜作

鵂鳴園樹裡	부엉이는 동산 나무에서 울고
雲黑五更天	구름은 새벽 하늘에 검구나

　令人頭髮竦竪 사람으로 하여금 머리털이 곤두서게 한다.

遠客那堪聽	먼 길 나그네가 차마 들을 수 있으랴
悠悠夜似年	길고 긴 이 밤이 일 년 같구나

남에게 주다

贈人

二月燕辭海	이월이라 제비가[39] 바다를 건너 오니

　琢妙 탁마가 묘하다.

千村花滿秦	서울[40]의 마을마다 꽃이 가득하구나
每醉淸明節	매번 취하던 청명절[41]이

　極好 아주 좋다.

至今三十春	올 들어 삼십 년이 되었네

---

39 『예기(禮記)』에 "중춘의 달에 제비가 온다.[仲春之月 元鳥至]"라고 하였다. 중춘은 음력 2월이다.

40 진(秦)은 전국시대 진나라가 도읍한 장안(長安)을 가리키며, 조선시대에도 서울을 장안이라 하였다.

41 『주례(周禮)』 권30 「하관(夏官) 사관(司爟)」에 "사관은 불에 관한 정사를 관장한다.[司爟 掌行火之政令]"라고 하였다. 이 구절의 주(註)에 "청명에 느릅나무와 버드나무로 불을 일으켜서 근신(近臣)과 척리(戚里) 등에게 상으로 나누어주었으므로 청명화(淸明火)라고 일컫는다."라고 하였다. 소식의 사(詞) 「망강남(望江南)」에 "새 불씨로 새 차를 달이고, 시 짓고 술 마시며 풍광을 좇네.[且將新火試新茶 詩酒趁年華]" 하였다.

가을 시름

秋懷

菊垂雨中花　국화는 빗속에 꽃 늘어지고
秋驚庭上梧　뜨락의 오동잎은 가을에 놀라누나
今朝倍惆悵　오늘 아침 갑절이나 서글퍼라
昨夜夢江湖　어젯밤에 강호를 꿈꾸었지

　　亦非常調 비상한 가락이다.

봄날 느지막이

春晚

酒滴春眠後　봄잠을 자고 나니 술방울이 떨어지고[42]
花飛簾卷前　주렴 걷기 전에 꽃이 흩날리누나

　　未卷而花已落云 주렴을 걷기 전에 꽃이 이미 떨어진 것을 말한다.

人生能幾許　인생이 얼마나 살랴
悵望雨中天　비 내리는 하늘을 서글피 바라보네

　　字字珠璣 글자 하나하나가 구슬 방울이다.

42　술이 익으면 술통에서 방울져 떨어진다. 이하(李賀)의 「장진주(將進酒)」에 "유리 술잔에
　　호박주 빛깔 짙기도 해라, 작은 술통에서 흐르는 술 방울이 진주처럼 붉구나. 용 삶고
　　봉 구우니 기름은 이글거리고, 수놓은 비단 휘장은 향기로운 바람을 에워싸네.[琉璃鍾琥
　　珀濃 小槽酒滴眞珠紅 烹龍炮鳳玉脂泣 羅幃繡幕圍香風]"라고 하였다.

규수(閨秀) 1인

남에게 주다
贈人   김씨(金氏)

境僻人來少   외진 곳이라 찾아오는 사람이 적고
山深俗事稀   산이 깊어서 세속의 일이 없답니다
  非賞之也 責之也 감상하라는 것이 아니라, 꾸짖는 것이다.[43]
家貧無斗酒   집이 가난하여 한 말 술이 없으니
宿客夜還歸   묵을 손님이 밤중에 돌아가지요

역원의 벽에 쓰다
題院壁   무명씨[44]

鳥窺頹院穴   새는 무너진 역원의 구멍을 엿보고
人汲夕陽泉   사람은 석양에 샘물을 긷네
  疑虛菴作云 아마도 허암의 작품이리라고 한다.
山水爲家客   산수를 집으로 삼는 나그네가
乾坤何處邊   하늘과 땅 사이에 어느 끝으로 가야 하나

---

43 자신을 찾아주지 않는 님을 넌지시 꾸짖는다는 뜻이다.
44 『기묘록 보유 권하(己卯錄補遺 卷下)』「최수성전(崔壽峸傳)」에는 최수성이 지은 시로
    실려 있다. 『성호전집』권8「해동악부」에도 이 시를 소개하고, 어떤 사람이 "가천원(加川
    院) 벽 위에 적혀 있던 시 두 구절이 아마도 허암(정희량)이 지은 글일 것이다"고 말했다고
    하였다.

벽에 쓰다
題壁[45]

水澤魚龍國　연못은 물고기와 용의 나라

　云是猿老之作 與前篇姑存之 이 시는 원정(猿亭) 노인의 작품이라고 하는데, 전편
　과 함께 임시로 (무명씨에) 넣어 둔다.

山林鳥獸家　산림은 새와 짐승의 집

孤舟明月客　외로운 배로 밝은 달 아래 가는 나그네

何處是生涯　어디가 내 생애를 부칠 곳인가

부(附) 육언절구(六言絶句)

소격전[46]에서 재를 올리며[47] 소동파가 태을전[48]에서 제사지낼 때 지은 시에 차운하여 짓다
致齋昭格殿 次東坡祭太乙韻　　　　　　　　　강희맹(姜希孟)

雲際如聞仙佩　구름 사이로 신선의 패옥소리 들리는 듯

風端暗送天香　바람 끝에서 가만히 하늘 향기가 풍겨오네

---

45 정희량의 문집 『허암속집(虛庵續集)』 권1에 「失題」라는 제목으로 실려 있고, "出儒林抄
集"이라는 소주가 덧붙어 있다.

46 삼청(三淸)과 성신(星辰)에 대한 초제(醮祭)를 관장하는 부서인데, 서울 삼청동에 있었
다. 도교 제사를 관장하던 기관이었으므로 계속 폐지를 건의하다가 중종 때에 조광조를
비롯한 신진사류에 의해서 폐지되었다.

47 때가 되어 제사하려 할 적에 군자가 재계를 한다. 재(齊)라는 말은 가지런히 한다는 뜻이
니, 가지런하지 않은 몸을 가지런히 하여 재계를 지극히[致齋] 하는 것이다. … 그러므로
7일 동안 산재를 하여 마음을 안정시키고, 3일 동안 치재를 하여 마음을 가지런히 한다.
마음을 안정시킴을 재(齊)라고 이르니, 재라는 것은 정(精)하고 밝음이 지극한 것이다.

露濕珠宮欲閉　이슬 젖은 구슬 궁전은 문이 닫히려는데
星河低度彤墻　은하수는 나지막이 붉은 담장을 지나네
　清麗可喜 맑고도 고와서 즐길 만하다.

육언
六言　　　　　　　　　　　　　　　　　　　이달(李達)

黃鳥百囀千囀　꾀꼬리는 백 번 천 번 지저귀고
綠楊長枝短枝　푸른 버들은 길고 짧게 늘어졌네
雕窓繡戶深掩　아로새긴 창 수놓은 문은 깊이 닫혀 있어
怨臉愁眉獨知　원망 어린 뺨 시름 가득한 눈썹을 혼자만 아네
　濃艶 농염하다.

그런 뒤에야 신명과 사귈 수 있다.[及時將祭, 君子乃齊. 齊之爲言, 齊也, 齊不齊以致齊者也. … 故散齊七日以定之, 致齊三日以齊之. 定之之謂齊, 齊者, 精明之至也. 然後可以交於神明也.]『예기』권23「제통(祭統)」
48 태을성(太乙星)에 사는 태일진군(太一眞君)을 제사하는 전각이다. 태을성은 하늘 북쪽에 있는 별로, 병란과 재앙과 생사 따위를 맡아서 다스린다고 한다.

칠언절구(七言絶句)

계유년¹ 설날 봉천문²에서 읊다

癸酉正朝 奉天門口號 　　　　　　　　　　　　　　정도전(鄭道傳)

春隨細雨度天津　봄이 가랑비 따라 천진교를 건너오니
太液池邊柳色新　태액지³ 가에 버들빛이 새롭구나
滿帽宮花霑錫宴　모자에 궁화 가득 꽂고 잔치를 대접 받으니
金吾不問醉歸人　금오군은 취해 돌아가는 사람을 묻지도 않네⁴

　　富麗溫重 화려하면서도 온화 장중하다.

1　1393년이다. 1392년 10월 25일에 문하 시랑찬성사(門下侍郎贊成事)로 명나라 남경에 가서 사은(謝恩)하고 말 60필을 바치게 하였으며, 사은사(謝恩使) 정도전(鄭道傳)이 1393년 3월 20일에 돌아왔다.

2　『삼봉집』에는 제목이 봉천전(奉天殿)으로 되어 있는데, 명나라 태조(太祖) 초기에 조회 (朝會)하는 정전(正殿)을 봉천전으로 정하였다. 1557년 화재로 소실되어 1562년에 중건 하고 황극전(皇極殿)으로 개칭하였으며, 청나라 순치제(順治帝) 때인 1645년 태화전으로 개칭하였다.

3　한나라 무제가 장안(長安)에 건장궁(建章宮)을 세우고 그 북쪽에 만든 연못이다. 후대에 는 흔히 궁궐 안에 있는 연못을 뜻하는 말로 쓰였다.

4　『삼봉집』에 주가 달려 있다. "이 사행에는 황제가 특례로 대우하고 방한(防限)을 하지 않았으니, '금오군은 취해 돌아가는 사람을 묻지도 않네.'라는 구절이 바로 이를 말한 것이다."

나 자신을 읊다

自詠

致君無術澤民難   성군 만들[5] 재주 없고 백성에게 은택 베풀기 어려우니
欲向汾陰講典墳   분음[6]에 가서 경전[7]이나 강론해야겠구나
十載風塵多戰伐   십 년 풍진 세월에 전쟁이 많아서
青衿零落散如雲   유생[8]들 영락하여 구름같이 흩어졌네

　　自負甚重 자부함이 매우 심중하다.

김거사의 들집을 찾다

訪金居士野居

秋雲漠漠四山空   가을 구름 아득하고 사방 산은 비었는데
落葉無聲滿地紅   나뭇잎은 소리 없이 떨어져 땅에 가득 붉구나

　　如畵 그림 같다.

5　치군(致君)은 요순 같은 임금을 만드는 것이다. 『맹자』「만장 상(萬章上)」에 "내가 이 임금을 요순 같은 임금으로 만드는 것보다 더 좋은 것이 어찌 있겠으며, 내가 이 백성들을 요순 시대의 백성 같은 백성으로 만드는 것보다 더 좋은 것이 어찌 있겠는가?[吾豈若使是 君爲堯舜之君哉 吾豈若使是民爲堯舜之民哉]" 하였는데, 초순(焦循)의 정의(正義)에 "치군(致君)"이라는 말로 함축 설명하였다.

6　수나라 학자 왕통(王通)이 분음(汾陰)에서 제자를 가르치며『예론(禮論)』·『악론(樂論)』을 지었다. 또『춘추』의 체제에 따라 애공 14년(기원전 481) 획린(獲麟)사건 이후부터 북위(北魏)에 이르기까지 연도별로 사건을 기록하고 이를『원경(元經)』이라고 했다. 『구당서(舊唐書)』권190상「왕발열전(王勃列傳)」

7　원문의 전분(典墳)은 삼분오전(三墳五典)의 약칭이다. 『문선(文選)』「동경부(東京賦)」에 "옛날에 항상 삼분오전(三墳五典)이 없어져서 위로 염제(炎帝)와 제괴(帝魁)의 아름다운 의표를 보지 못하여 한스러워하였다."라고 하였는데, 설종(薛綜)의 주에 "삼분(三墳)은 삼황(三皇)의 글이고, 오전(五典)은 오제(五帝)의 글이다."라고 하였다.

8　원문의 청금(青衿)은 청색으로 깃을 두른 옷으로 선비의 복장을 가리키는데, 전하여 선비를 지칭하는 말로 쓰인다. 『시경』에 실린 학교가 폐한 것을 풍자한 시「자금(子衿)」에 "푸르고 푸른 그대의 옷깃이여.[青青子衿]"라고 한 데서 온 말이다.

立馬溪橋問歸路 시내 다리에 말 세우고 갈 길을 묻노라니
不知身在畫圖中 내 몸이 그림 속에 있는 듯하구나

> 玲瓏圓轉 優入唐域 영롱하고 순조롭게 이어져 당시의 경지에 넉넉히 들어갔다.

철령

鐵嶺

鐵嶺山高似劒鋩 철령[9]의 산이 높아 칼날 같은데
海天東望正茫茫 바다와 하늘 동쪽으로 바라보니 아득하구나
秋風特地吹雙鬢 가을바람이 유달리 귀밑머리에만 부는데
驅馬今朝到朔方 말 몰고 오늘 아침 북방에 왔네

> 有旄杖下形 의장대의 깃발과 같은 형상이 있다.

격옹도(擊甕圖)[10] 온공[11]의 일이다.

擊甕圖 溫公事   권근(權近)[12]

玉斗碎時虧覇業 옥두를 깨뜨리자 패업이 이지러지고[13]

---

9 강원도 회양도호부에 있는 685m 고개인데, 고려 때 이곳에 관문을 설치하고 철관(鐵關)이라 하였다. 『신증동국여지승람』 권47 「회양도호부」에 실린 이곡(李穀)의 기(記)에 "철령은 우리나라 동쪽에 있는 요해지(要害地)로 이른바 한 사람이 관문에서 막으면 일만 사람이 덤벼도 열지 못한다는 곳이다. 그러므로 철령 이동(以東)의 강릉(江陵)의 여러 고을을 관동(關東)이라 한다. … 이제 내가 본 철관(鐵關)의 험난함은 진실로 한 사람으로 하여금 지키게 한다면 비록 천만 사람이 쳐다보고 공격하더라도 몇 해 몇 달 만에 들어올 수는 없겠다." 하였다.

10 송나라의 재상 사마광(司馬光)이 어려서 여러 아이들과 같이 놀다가 물이 가득한 큰 물독에 한 아이가 빠지자 여러 아이들은 모두 도망쳤는데, 사마광은 큰 돌을 가져다가 그 독을 깨어서 물이 쏟아지게 하여 그 아이를 살렸다고 한다. 후세에 그것을 그림으로 그린 것이 「격옹도」이다.

11 온공은 사마광의 시호이다.

此字對處 故是奇[14]格 이 글자들이 하나하나 대를 이루었으므로 기이한 격조가 있다.

珊瑚擊處有驕心 산호를 부순[15] 곳에는 교만한 마음 있었네

爭如幼日多奇氣 어찌 같으랴! 어린 시절 기특한 기상이 많아

倉卒全人慮已深 창졸간에 사람 살릴 만큼 생각이 이미 깊었던 것과

儘緊要 다 긴요하다.

봄날 성남에서 본 대로 읊다

春日 城南 卽事

春風忽已近淸明 봄바람에 어느덧 청명절이 가까워지니

細雨霏霏晩未晴 가랑비 부슬부슬 저녁까지 개질 않네

屋角杏花開欲遍 집 모퉁이 살구꽃이 활짝 피려는지

數枝含露向人傾 이슬 머금은 두어 가지 내게로 기울었네

甚佳 몹시 아름답다.

<hr>

12 목판본 『국조시산』에는 작자 이름이 없어 앞 사람인 정도전으로 되어 있지만, 이대본 필사본에는 '권근'이라고 쓰여 있다. 목판본을 제작하는 과정에서 '권근'의 이름이 빠진 탓에, 뒤에 실린 「春日城南卽事」까지 정도전의 작품으로 잘못 알려졌다.

13 옥두(玉斗)는 옥으로 만든 술잔인데, 홍문연(鴻門宴)에서 유방이 범증(范增)에게 선물한 것이다. 유방을 죽이려다가 이미 달아난 것을 안 범증은 옥두를 받아 땅바닥에 놓고 검을 뽑아 내리쳐 깨뜨리며 "아이고! 어린애하고는 일을 도모하는 것이 아닌데. 항왕(항우)의 천하를 빼앗을 자는 패공이다. 이제 우리는 죄다 잡히는 신세가 되었다"라고 했다. 뒷날 항우는 자결하고 유방이 천하를 통일하였다. 『사기(史記)』 권7 「항우본기(項羽本紀)」

14 이대본에는 '常'으로 되어 있는데, 목판본의 '奇'가 문맥상 맞다. 옥두와 산호, '碎'와 '擊', '時'와 '處', '虧'와 '有'자가 모두 대를 이루고 있다.

15 진(晉)나라 왕개(王愷)와 석숭(石崇)은 이름난 부호였는데, 왕개가 2척이 넘는 산호수(珊瑚樹)를 무제에게서 하사받고 자랑삼아 보이자, 석숭은 하찮게 여기고 철여의(鐵如意)로 부숴버렸다. 왕개가 자기의 보물을 질투한 것이라고 노여워하자, 석숭이 자기 집의 산호수를 모두 가져 오게 하였다. 그 중에는 3~4척이 넘는 것만도 6~7개나 있었다 한다. 『진서(晉書)』 권33 「석숭전(石崇傳)」

봄을 보내는 날 벗과 헤어지며
送春日別人   조운흘(趙云仡)

謫宦傷心涕淚揮   쫓겨난 신세 마음 아파 눈물을 뿌리다가
送春兼復送人歸   봄을 보내면서 님까지 보내네
春風好去無留意   봄바람아 잘 가거라. 머물 생각 말아라
久在人間學是非   인간 세상에 오래 있으면 시비만 배운다네
　　四佳老以爲絶好 사가[16] 노인이 '아주 좋다'고 했다.

본 대로 읊다[17]
卽事

柴門日午喚人開   사립문을 한낮에 아이 불러 열고서
步出林亭坐石苔   숲속 정자로 걸어 나가 이끼 낀 바위에 앉았네
昨夜山中風雨惡   어젯밤 산속에 비바람이 사납더니
滿溪流水泛花來   개울 가득 흐르는 물에 꽃잎 떠내려 오는구나
　　語蒨思淵 말이 고우면서도 생각이 깊다.

---

16 사가(四佳)는 서거정(徐居正)의 호이며, 이 비어(批語)는 서거정의 『동인시화(東人詩話)』에서 가져온 것이다.

17 허균의 『성수시화』에 이 시를 지은 배경이 실려 있다. "석간(石磵) 조운흘(趙云仡)은 고려 때 이미 관직이 현달하였으나 늘그막에는 미친 체하여 세상을 즐기고 지내면서 사평원주(沙坪院主)가 되기를 자청하였다. 하루는 임견미(林堅味)와 염흥방(廉興邦)의 당여(黨與)로서 외지에 유배당한 사람들이 길에 줄이은 것을 보고 시를 지었다."

구산역[18] 강릉

丘山驛 江陵

珠淚雙雙落玉卮	구슬 같은 두 줄기 눈물을 옥잔에 떨어뜨리며
陽關三疊送人時	양관곡 세 번 불러[19] 사람을 전송하네
太山作地東溟渴	태산이 평지 되고 동해 물이 말라야
始斷丘山泣別離	비로소 이별의 눈물이 구산에서 끊어지리

기우자[20]를 찾아왔으나 만나지 못하다

訪騎牛子不遇   성석린(成石璘)

德彝不見太平年   봉덕이는 태평세월을 보지 못했다는데[21]

---

18 구산역(丘山驛)은 (강릉)부 서쪽 20리에 있다. 정자가 있는데 사람을 서쪽으로 전송하는 곳이다. 『신증동국여지승람』 권44 「강릉대도호부」

19 당나라 시인 왕유가 위성(渭城)에서 친구를 송별하며 읊은 「송원이사안서(送元二使安西)」가 악부(樂府)에 편입되어 송별할 때 부르는 노래가 되었는데, 반복하여 불렀기에 양관삼첩(陽關三疊)이라 한다. 양관삼첩을 부르는 방법에 대하여 설명이 다양한데, 『성호사설』의 가사삼첩(歌詞三疊)에서는 이렇게 설명하였다. "뒷사람들이 양관삼첩(陽關三疊)을 논하는데, 그 설이 매우 많아서 합치면 한 책이나 된다. 그러나 글귀마다 일첩(一疊)이란 것은 역시 온당치 못한 것 같으니, 지금 (이백이 지은) 「억진아(憶秦娥)」를 자세히 보면, 진루월(秦樓月)·음진절(音塵絶)이라는 두 글귀가 다 첩(疊)이니, 이는 2첩(疊)인 것이다. 양관시(陽關詩)를 만약 일곱 자인 네 글귀로만 한다면, 아마도 곡조를 이루지 못할 듯싶으니, 반드시 「억진아」를 예로 삼아서, 읍경진(浥輕塵)·유색신(柳色新)·일배주(一盃酒) 세 글귀를 첩으로 부르면 3첩이 될 것이다. 우리나라 습속이 음조(音調)는 비록 유별나지만, 제3첩에 이르게 되면 지극히 맞는다." 연민(淵民) 선생도 그렇게 강독하였다.

20 이행(李行, 1352~1432)의 호이다.

21 당나라 태종 때에 봉덕이는 국법을 엄하게 적용하는 법치(法治)를 주장하였는데, 태종은 덕치(德治)를 주장한 위징(魏徵)의 의견에 따라 교화에 힘썼고 나라가 부강하게 되었다. 봉덕이가 죽은 뒤에, 태종이 "봉덕이에게 이러한 결과가 있는 것을 보게 하지 못해 애석하다."라고 하였다. 『신당서(新唐書)』 권97 「위징열전(魏徵列傳)」

八十逢春更謝天　여든에 봄을 만났으니 다시 하늘에 감사하네
桃李滿城香雨過　복사 오얏꽃이 성에 가득하고 향긋한 비 지나가는데
謫仙何處酒家眠　적선은 어느 곳 술집에서 자고 있는가[22]

　　虛白所嘆賞 허백당(성현)이 탄상한 시이다.

조시중[23]이 좌주[24]를 맞아 잔치를 베푼 것을 축하하다[25]
賀趙侍中邀座主開讌

得士方知座主賢　선비를 잘 뽑았으니 비로소 좌주의 현명함을 알겠네
侍中獻壽侍中前　조시중이 이시중[26] 앞에 장수를 빌어 술잔 올리네
天敎好雨留佳客　하늘은 좋은 비를 내려 아름다운 손님을 머물게 하고
風送飛花落舞筵　바람은 꽃잎을 날려 춤추는 자리에 떨어뜨리네

　　氣槪 기개가 있다.

22　두보의 「음중팔선가(飮中八仙歌)」에 "이백은 술 한 말에 시가 백 편인데, 장안의 저잣거
　　리 술집에서 잠이 들었네. 천자가 불러도 배에 오르지 않으면서, 신이 바로 술 가운데
　　신선이라 자칭하였네.[李白一斗詩百篇 長安市上酒家眠 天子呼來不上船 自稱臣是酒
　　中仙]"라고 하였다.

23　1392년에 문하시중이 된 조준(趙浚, 1346~1405)을 가리킨다.

24　당나라나 송나라 때에 진사 급제자가 주시관(主試官)을 부르던 명칭인데, 고려에서도
　　그렇게 불렀다. 이 시에서는 조준의 좌주였던 이색(李穡)을 가리킨다.

25　이 시에 대한 시화가 서거정이 지은 『용재총화』 권9에 실려 있다. "내가 어렸을 적에
　　조시중(趙侍中)이 좌주(座主)를 맞아 잔치를 하였다. 독곡이 그 자리에서 축하하는 시를
　　지었다. (시 줄임) 좌우에 있는 사람들이 모두 탄복하였다. (그의 형인) 창녕부원군(昌寧
　　府院君)이 듣고 책망하였다. '선비가 재주를 꺼림은 샘많은 계집을 싫어하는 것보다도
　　심하거늘, 너는 어찌 사양하지 않고 감히 먼저 시를 지어 몸가짐을 생각하지 않는가.'
　　당시는 말세여서 사람들이 흔히 재주 있음을 시기하여 서로 해치는 까닭으로 이를 두고
　　한 말이다."

26　시중은 고려시대 중서문하성의 최고 관직으로, 종1품이다. 이색이 1385년에 검교문하시
　　중이 되었는데, 1365년부터 동지공거(同知貢擧), 1371년부터는 지공거(知貢擧)가 되어
　　가장 많은 관원들의 좌주가 되었다.

등명 스님에게 부치다

寄燈明師   강회백(姜淮伯)

人情蟬翼隨時變   인정은 매미 날개처럼 수시로 변하고
世事牛毛逐日新   세상일은 쇠털처럼 날마다 새로워지는구나
> 雖功而格自卑 비록 공을 들였지만 격이 절로 낮다.

想得吾師禪榻上   우리 스님 선탑에 앉아 있을 생각해보니
坐看東海碧㳍㳍   동해의 맑고[27] 푸른 물을 앉아서 보시겠지

약재 김구용의 시에 차운하다

次金若齋九容韻   박의중(朴宜中)

杜門終不接庸流   문 닫아걸어[28] 끝내 용렬한 무리들과 상대하지 않고
只許靑山入我樓   오직 청산만 내 누대에 들어오게 하였네
樂便吟哦慵便睡   즐거우면 시 읊고 싫증나면 졸았더니
更無閑事到心頭   이제는 한가로움조차 마음에 이르지 않네
> 閑思可掬 香山遺韻 한가로운 생각이 손에 잡힐 듯하여 향산(백거이)의 유풍이 있다.

---

27 '㳍㳍'은 물이 맑아서 돌이 들여다보이는 것을 말한다. 『시경』 「양지수(揚之水)」에 "느릿느릿 흘러가는 물이여. 흰 돌이 해맑고 깨끗하도다.[揚之水 白石㳍㳍]" 하였는데, 주희(朱熹)의 집주에서 "인린(㳍㳍)은 물이 맑아서 돌이 들여다보이는 것이다."라고 하였다.

28 도연명의 「음주 20수」 가운데 제12수 "집안에 들어앉아 다시 세상 밖으로 나가지 않고[杜門不復出] 죽을 때까지 세상과 인연을 끊었다네.[終身與世辭]" 이후에 두문불출이라는 말이 널리 쓰였다.

진양의 난리[29] 뒤에 성인의 진영을 알현하다

晉陽亂後謁聖   이첨(李詹)

廨宇丹靑一炬亡   관아[30]의 단청들은 횃불 한 자루에 없어졌는데
頑童尙解護文坊   무지한 자[31]들이 오히려 문묘(文廟)[32]는 보호할 줄 알
                        았네
十年海嶠風塵裡   십 년[33] 영남의 풍진 속에서
獨整夜冠謁素王   혼자 의관을 바로잡고 소왕(素王)[34]을 뵈옵니다

게으름이 심해져[35]

慵甚

平生志願已蹉跎   평생에 뜻하던 것 이미 다 틀렸으니
爭奈踈慵十倍多   게으름이 열 배나 더한들 어찌하리
午枕覺來花影轉   낮잠을 깨고 나니 꽃 그림자 옮겼는데
暫携稚子看新荷   잠깐 어린애 손을 잡고 새로 핀 연꽃을 보네
    閑遠有韻 한적하여 운치가 있다.

---

29 1380년, 1381년 두 차례에 걸쳐 왜구가 침략하여 진주가 크게 피해를 입었다.

30 해우(廨宇)는 관아를 가리킨다. 대부분의 읍지(邑誌) 앞부분에 해우(廨宇) 항목이 보인다.

31 완동(頑童)은 버릇없고 어리석은 사람인데, 『청구풍아(靑丘風雅)』에 "왜노(倭奴)"라고 주를 달았다.

32 문방(文坊)의 출전은 확인되지 않지만, 문묘가 있는 동네라는 뜻으로 썼다.

33 이첨이 1375년에 권신 이인임(李仁任)을 탄핵하였다가 하동(河東)에 10년간 유배되었다.

34 소왕(素王)은 제왕의 덕을 갖추고 있으면서도 그 지위를 얻지 못한 이를 일컫는 말로 보통 공자(孔子)를 뜻한다. 한(漢)나라 왕충(王充)의 『논형(論衡)』 권27 「정현(定賢)」에 "소왕의 사업은 『춘추』에 있다.[素王之業 在於春秋]"라고 하였다.

35 이첨의 문집인 『쌍매당협장집(雙梅堂篋藏集)』에서 찾아볼 수 없다.

밤에 한벽루[36]를 지나며 거문고 타는 소리를 듣고

夜過寒碧樓 聞彈琴

神仙腰佩玉摐摐   신선의 패옥 소리 찰랑찰랑 울리는데
來上高樓掛碧窓   높은 다락에 올라 푸른 창을 걸었네
入夜更彈流水曲   밤 들어 다시금 유수곡을 타더니
一輪明月下秋江   한 바퀴 밝은 달이 가을 강에 지누나

何等淸切 얼마나 맑고 절실한가.

有唐人雅格 당나라 시인의 아격이 있다.

꾀꼬리 소리를 들으며[37]

聞鶯

三十六宮宮樹深   서른여섯 궁궐[38]에 궁궐 나무 깊숙한데
蛾眉夢覺午窓陰   한낮 창가 그늘에서 궁녀의 꿈이 깨었네
玲瓏百囀凝愁聽   영롱하게 지저귀는 소리 시름 속에 들어보니
盡是香閨望幸心   사랑받기 바라는 규중 여인의 마음일세

酷似杜紫薇 두자미[39]의 시와 아주 비슷하다.

---

36 이첨 당시에 있던 한벽루는 충청도 청풍 객관에 있었고, 전라도 전주에 있던 한벽당도 한벽루라 불렸다. 『동문선』에는 함벽루(涵碧樓)로 되어 있는데, 함벽루는 합천에 있었다. 함벽정은 평양과 경주에도 있어, 어느 곳에서 지은 시인지 확실치 않다.

37 역시 이첨의 문집에는 실려 있지 않고, 앞의 시와 마찬가지로 허균의 『성수시화』를 통해서 전해졌다.

38 『후한서(後漢書)』 「반고열전(班固列傳)」에 실린 「서도부(西都賦)」에 "이궁(離宮)과 별관(別館)이 36개소이다."라고 하였는데, 이현(李賢)이 『삼보황도(三輔黃圖)』에 "상림에 건장궁과 승광궁 등 11개 궁이 있고, 평락궁과 견관궁 등 25개의 궁이 있어 모두 36곳이다."라고 주를 달았다.

39 중서성(中書省)의 별칭이 자미성(紫微省)이므로, 중서사인(中書舍人)을 지낸 당나라 시인 두목(杜牧)을 두자미(杜紫微)라고도 불렀다.

경안부[40]

慶安府 조서(曺庶)

水光山氣弄晴沙　물빛과 산 기운이 맑은 모래 어루만지고
楊柳長堤十萬家　버드나무 긴 둑에는 집이 십만 채일세
　　　可想 가히 상상이 된다.
無數商舡城下泊　수없이 많은 장삿배들이 성 아래 대었고
竹樓烟月咽笙歌　죽루[41]의 달빛에 피리와 노랫소리 들리는구나

섣달 그믐날 밤

除夜 정총(鄭摠)

駈儺處處鼓如雷　악귀 쫓는[42] 곳마다 북소리 우레 같으니
春色遙隨斗柄回　봄빛이 멀리서 북두칠성 따라 돌아오네[43]

---

40 허균의 『성수시화』에 "그 뒤 참의(參議) 조서(曺庶)가 또한 금치(金齒)에 유배당한 뒤 몇년 만에 석방되어 돌아왔는데, 황주(黃州)에서 지은 시에 (시 줄임) 라고 하였다. 나는 장부의 몸으로 좁은 땅에 태어나 천하를 유람하지 못한 것을 한스럽게 여겨 왔는데 두 공(公)은 비록 이방(異方)에 유배되었으나 그래도 오·초(吳楚)의 산천을 다 보았으니 참으로 인간의 쾌사라 할 수 있겠다."라고 하였다. 황주는 지금의 호북성 황구시이고, 그 안에 황주현이 있다.

41 송나라 문인 왕우칭(王禹偁, 954~1001)이 황주 자사(黃州刺史)로 좌천되었을 때 자신의 은거 생활을 담은 「황강죽루기(黃岡竹樓記)」를 지었는데, 그 글 중에 "황강 지방에는 대가 많은데 큰 것은 서까래만하다. 죽세공이 대나무를 쪼개어 막힌 마디를 긁어내고 그것을 기와 대신으로 사용한다.[黃岡之地多竹 大者如椽 竹工破之 刳去其節 用代陶瓦] 소루 두 칸을 짓고, 월파루(月波樓)와 통하게 하였다.[因作小樓二間 與月波樓通.]"라고 하였다.

42 구나(驅儺)는 옛날 12월에 거행하던 역귀(疫鬼)를 몰아내는 의식이다. 『후한서』「예의지 하(禮儀志下)」에 10세 이상, 12세 이하인 중황문 자제(中黃門子弟) 120인을 아이초라니 [侲子]로 삼고, 방상씨(方相氏)는 황금 사목(黃金四目)의 가면(假面)을 쓰고, 십이수(十二獸)의 가면극을 벌이면서, 갑작(甲作), 필위(胇胃), 웅백(雄伯), 등간(騰簡), 남저(攬 諸), 백기(伯奇), 강량(强梁), 조명(祖明), 위수(委隨), 착단(錯斷), 궁기(窮奇), 등근(騰 根) 등 십이신(十二神)을 시켜 금중(禁中)의 악귀(惡鬼)들을 몰아낸다고 하였다.

挑盡寒燈題帖字　싸늘한 등불 심지를 다 올려 춘첩자[44]를 쓰고
膽瓶相對一枝梅　병[45]에 담은 한 가지 매화를 마주하였네

철령 관문으로 가는 길에

鐵關途中　　　　　　　　　　　　　　　　　변중량(卞仲良)

鐵關城下路歧賒　철령 관문 아래로 갈림길이 아득히 뻗었는데
滿目烟波日又斜　눈에 가득 안개 덮이고 해는 또 기우는구나
南去北來春欲盡　남에서 오고 북으로 가다보니[46] 봄이 저물어
馬頭開遍海棠花　말 앞에는 해당화가 두루 피었구나

　　逼唐 당시에 가깝다.

송도에서

松山

松山繚繞水縈回　송도는 산이 에워싸고 강물이 구비돌아

---

43 두병(斗柄)은 국자 모양인 북두칠성의 별 가운데 자루에 해당하는 세 개의 별인 옥형(玉衡), 개양(開陽), 요광(搖光)을 말한다. 『논어』 「위정(爲政)」 집주(集註)에 "하(夏)나라는 인(寅)을 가리킬 때를 정월로 삼았다.[夏正建寅]"라고 했다. 두병의 방향이 바뀌는 것을 보고 봄이 오는 것을 알았다.

44 춘첩(春帖) 또는 춘단첩자(春端帖子)라고도 한다. 입춘에 집안의 기둥이나 대문에 써 붙이는 글귀로 돌아오는 한 해의 복을 기원하거나 경계하는 내용을 위주로 한다. 왕궁에서는 제술관(製述官)을 시켜 축하하는 시를 지어 연잎이나 연꽃 무늬의 종이에 써서 대궐 기둥에 주련(柱聯)으로 붙였다.

45 담병은 목이 길고 배가 불룩해, 마치 쓸개를 달아 놓은 것처럼 생긴 꽃병이다. 허균이 편집한『한정록』에 원굉도가 지은 「병화사」가 실렸는데, "거실이 낮고 좁아 이사(移徙)해도 덧없으므로 부득이 담병(膽瓶)에 꽃을 꽂아놓고 수시로 바꿨으니, 경사(京師)의 인가(人家)에 소유한 이름난 꽃들이 하루아침에 나의 책상 앞의 물건으로 되었다."하였다.

46 당나라 시인 두목(杜牧)의 「한강(漢江)」에 "남북으로 오가느라 사람 절로 늙으니, 석양에 돌아가는 낚싯배를 오래 전송하노라.[南去北來人自老 夕陽長送釣船歸]"하였다.

多少朱門盡綠苔　그 많던 붉은 대문[47]에 모두 푸른 이끼 돋았구나
惟有東風吹雨過　봄바람만이 비를 몰고 지나가니
城南城北杏花開　성남 성북에 살구꽃이 피었구나

無限感慨 千載想之 猶當淚下 況親睹之者乎 무한한 감개에 젖어 있다. 천년 뒤에 읽으며 상상해도 오히려 눈물이 흐르니, 하물며 당시에 이를 친히 본 사람이야 말해 무엇하랴.

가을날

秋日　　　　　　　　　　　　　　　　　　　　　　　　권우(權遇)

竹分翠影侵書榻　대나무는 푸른빛 나누어 책상에 스며들고
菊送淸香滿客衣　국화는 맑은 향기 보내어 나그네의 옷에 가득하네
落葉亦能生氣勢　낙엽 또한 기세를 일으킬 줄 알아
一庭風雨自飛飛　온 뜨락이 비바람에 절로 날아다니네

亦自楚楚 이 시 또한 절로 뛰어나다.

죽장사[48]

竹長寺　　　　　　　　　　　　　　　　　　　　　　　정이오(鄭以吾)

衙罷乘閑出郭西　관청 일 마치고 틈을 내어 성곽 서쪽을 나서니
僧殘寺古路高低　스님 적고 절은 낡았는데 길마저 울퉁불퉁하구나

---

47 보통 왕공가(王公家)의 문은 붉은색을 칠하고 민가의 문은 흑색이나 청색을 칠하였는데, 후에 부호나 고관대작들도 흔히 붉은색으로 문을 칠하는 풍속이 생겼다.

48 『신증동국여지승람』 권29 「선산도호부」 '불우(佛宇)'조에 "죽림사와 죽장사(竹杖寺)가 모두 비봉산에 있다."고 하였으며, '고적(古跡)'조에 "제성단(祭星壇)이 부의 서쪽 5리, 죽장사 옆에 있다. 고려 때에 남극노인성(南極老人星)이 여기에서 보였으므로 매년 봄·가을 중기일(中氣日)에 향을 하사하여 제사지냈는데, 본조에 와서 폐지되었다. 그때 제사하던 돌단[石壇]이 지금 남아 있다." 한 뒤에 이 시가 실려 있다. 태조실록 7년(1398)

祭星壇畔春風早　제성단 곁에 봄바람은 아직 이른데
紅杏半開山鳥啼　붉은 살구꽃은 반쯤 피고 산새가 우네

　中唐高品 중당시(中唐詩) 가운데 뛰어난 작품이다.

차운하여 정백용에게 부치다

次韻寄鄭伯容

二月將闌三月來　이월이 다 지나고 삼월이 오니
一年春色夢中回　한 해의 봄빛이 꿈속에 돌아가네

　極好 몹시 좋다.

千金尙未買佳節　천금으로도 아름다운 철은 살 수 없으니
酒熟誰家花正開　누구 집에 술이 익어 꽃 한창 피었을까

　當爲國初絶句第一 마땅히 조선초의 절구 가운데 으뜸이다.

회포를 쓰다

書懷　　　　　　　　　　　　　　　　　　　　　　　　　유방선(柳方善)

門巷年來草不除　골목에는 몇 년째 풀도 베지 않아
片雲枯木似僧居　조각 구름 마른 나무가 중의 거처 같구나
多生結習消磨盡　오랜 세월 욕심은 다 사라지고
只有胸中萬卷書　가슴 속에는 만권의 책만 남아 있다네

　想其抱窮然 詩自好 궁박한 모습이 그려지지만, 시는 절로 좋다.

　9월 7일 기사에 '전 지선주사(知善州事) 정이오(鄭以吾)'라고 하였으니, 그 이전에 선산
부사로 부임했던 시절에 지은 시이다.

수암상인 시권에 쓰다

秀菴上人卷子   강석덕(姜碩德)

占斷烟霞心自閑　아름다운 곳 차지하여 마음 절로 한가로운데
茅茨高架碧屛顔　우뚝 솟은[49] 푸른 산에 띠집 높이 걸려 있구나
飢飡倦睡無餘事　배고프면 먹고, 지치면 잠들 뿐 다른 일 없는데
春鳥一聲花滿山　봄 새가 한 번 울자 꽃이 산에 가득하네

　似悟 깨달음이 있는 듯하다

해운대[50]

海雲臺   최항(崔恒)

登臨不必御冷風　찬바람 타고[51] 구태어 산에 오르지 않아도
拂盡東華舊軟紅　궁궐의 묵은 먼지[52]를 다 털어 버렸네
醉踏金鼇吟未已　취한 채 금오[53]를 밟고 시 읊기를 그치지 않으니

49　잔안(屛顔)은 큰 산이 우뚝 서 있는 모습을 말한다.

50　해운대(海雲臺)는 (동래)현의 동쪽 18리에 있다. 산의 절벽이 바닷속에 잠겨 있어 그 형상
　　이 누에의 머리와 같으며, 그 위에는 온통 동백나무와 두충나무, 소나무, 전나무 등으로
　　덮여 있어 싱싱하고 푸르러 사철 한결같다. 이른 봄철이면 동백꽃 잎이 땅에 쌓여 노는
　　사람들의 말굽에 차이고 밟히는 것이 3·4치나 되며, 남쪽으로는 쓰시마가 아주 가깝게
　　바라다 보인다. 신라 때 최치원(崔致遠)이 일찍이 대를 쌓고 놀았다 하는데, 유적이 아직
　　도 남아 있다. 일설에는 최치원이 자(字)를 해운(海雲)이라고 하였다 한다. 『신증동국여
　　지승람』 권23 「동래현」 '고적'조

51　열자는 바람을 타고 다니는데, 시원하게 날아다니다가 십오일 뒤에야 돌아온다.[夫列子
　　御風而行 冷然善也 旬有五日而後反]『장자』 「소요유(逍遙遊)」

52　동화는 본래 천정(天庭)의 동쪽에 있는 별자리 이름인데, 백관이 입조할 때에 출입하던
　　동쪽 문의 이름이다. 소식(蘇軾)의 「박박주(薄薄酒)」 시에, "서호의 풍월이 동화문의 뿌
　　연 먼지만 못하다.[西湖風月 不如東華軟紅土]"라는 전인(前人)의 희어(戲語)를 인용하
　　여 "은거하여 뜻을 구함엔 의리만을 따를 뿐, 동화문의 먼지나 북창의 바람은 아예 계교치
　　않는다네.[隱居求志義之從 本不計較東華塵土北窓風]"라고 하였다.

紫簫吹徹海雲中　신선의 퉁소 소리가 바다 구름을 뚫고 들려오네

궁사 사시

宮詞 四時　　　　　　　　　　　　　　　　　　　　　　성간(成侃)

　四篇俱是當行 而較之蓀谷 相去奚啻萬由旬 4편이 모두 궁사의 본색이기는 하지만, 손곡(이달)의 궁사와 비교하면 그 차이가 어찌 만유순[54]뿐이겠는가.

依依簾幕燕交飛　흔들리는 주렴에 제비들 번갈아 날아드는데
日射晴窓睡起遲　햇빛이 맑은 창에 비치고서야 느지막이 일어나네
急喚小娃供頮水　급히 시녀를 불러 세숫물 바치게 하고
海棠花下試春衣　해당화 밑에서 봄옷을 입어 보네
　好 좋다.

陰陰簾幕暑風淸　어둑한 주렴에 여름바람 시원해
閑瀉銀漿滿玉缾　한가로이 은빛 물을 쏟아 옥병에 채우네
好箇黃鸝多事在　예쁜 저 꾀꼬리는 할 일도 많아
隔墻啼送兩三聲　담 너머로 두세 마디 울어 보내네

碧梧金井換新秋　우물가[55] 벽오동이 새 가을로 바뀌어

53　『열자(列子)』「탕문(湯問)」에 '발해(渤海)의 동쪽에 대여(岱輿), 원교(員嶠), 방호(方壺), 영주(瀛洲), 봉래(蓬萊) 다섯 신산(神山)이 있는데, 이 산들이 조수에 표류하지 않도록 천제(天帝)의 명에 따라 금빛자라[金鼇] 15마리가 이 산들을 머리에 이고 있다'는 이야기가 실려 있다. 해운대가 있는 동래현을 봉래현이라고도 했으므로 금오(金鼇)를 끌어들인 것이다.
54　범어(梵語) yojana의 음역으로 옛날 인도의 거리 단위이다. 80리, 60리, 40리 등 여러 설이 있다. 여기서는 차이가 아주 크다는 뜻으로 만유순이라 했다.
55　금정은 우물 난간을 아로새겨 꾸민 것을 말한다. 장적(張籍)의 「초비원(楚妃怨)」에 "오동 잎이 황금정에 질 때, 가로지른 녹로에 단 두레박줄 당기누나.[梧桐葉下黃金井 橫架轆轤

斜倚熏籠一段愁 향로에 기대니 한 가닥 시름이 이네
明月滿庭天似水 밝은 달빛 뜰에 가득하고 하늘은 물 같이 맑은데
　甚新 몹시 새롭다.
起來無語上簾鉤 일어나 말없이 주렴을 걷어 올리네

七寶房中別置春 칠보⁵⁶로 꾸민 방 안에 따로 봄을 간직해 두어
羅巾斜帶辟寒珍 비단수건에 벽한진(辟寒珍)⁵⁷을 비껴 찼네
朝來試步梅花下 아침에 매화나무 밑을 걸어 나오는데
臉上臙脂懶未勻 볼 위의 연지를 게을러 고루지 못했구나
　最優 가장 뛰어나다.

우연히 쓰다
偶書

言辭出口屢觸諱 입에서 나오는 말마다 기휘에 저촉되다가
世事折肱曾飽更 세상일에 팔을 부러뜨려⁵⁸ 실컷 경험 얻었네

　牽素綆]」라고 하였다.

56　일곱 종류의 보물인데, 경전마다 다르다. 『반야경(般若經)』에는 금·은·유리·차거(硨渠)·마노(瑪瑙)·호박(琥珀)·산호(珊瑚), 『아미타경(阿彌陀經)』에는 금·은·유리·파리(玻璃)·차거·적주(赤珠)·마노, 『법화경(法華經)』에는 금·은·유리·차거·마노·진주·민괴(玫瑰), 『무량수경(無量壽經)』에는 금·은·유리·파리·산호·마노·차거, 『항수경(恒水經)』에는 금·은·유리·진주·차거·명월주·마니주(摩尼珠)라 하였다.

57　추울 때에 집 안에 두면 추위를 모른다는 보물(寶物)이다. 당나라 개원 2년(714)에 교지국(交趾國)에서 무소뿔 하나를 바쳤는데, 그 사자의 요청에 따라 금반(金盤)에 담아 전중(殿中)에 놓아두자 따스한 기운이 발산하였다. 황제가 그 까닭을 물으니, 사자가 대답하기를 "이것은 추위를 물리치는 서각입니다.[此辟寒犀也]"라고 했다고 한다. 『고금사문유취(古今事文類聚)』 후집 권36 「벽한서(辟寒犀)」

58　절굉(折肱)은 경험을 의미한다. 『춘추좌전(春秋左傳)』 정공(定公) 13년에, 범씨(范氏)와 중항씨(中行氏)가 군주를 치려 하자, 제(齊)나라의 고강(高彊)이 "세 차례 팔뚝이 부러지는 부상을 당하고 나서야 좋은 의사가 된다는 것을 알 수 있다.[三折肱 知爲良醫]"라고

黃昏風雨鬧北牖　황혼의 비바람 소리가 북창에 시끄럽더니
夢作聖居山水聲　꿈속에서 성거산[59]의 물 소리로 들리네

　　奇拔 기발하다.

白日靑天萬里暉　밝은 해가 푸른 하늘 만리를 비추면
祥麟彩鳳共乘時　기린과 봉황이 함께 때를 만나건만
三更月落村墟黑　삼경에 달이 져서 마을이 어두우니
留與狐狸假虎威　여우가 호랑이 위세를 빌리게[60] 내버려두세

　　意甚有指 가리키는 뜻이 심히 있다.

성남에 놀며[61]
遊城南

鉛槧年來病不堪　요즘 들어 병 이기지 못해 붓[62]을 들지 못하다가
東風引興到城南　봄바람에 흥겨워 성남에 이르렀네

　　말했다.

59 황해도 우봉현에 있는 산이다. 성현이『진일유고』서문에서 "중형 성간이 26세 되던 1452
년 여름에 성임(成任) 및 친우들과 다시 송도에 가서 천마(天磨)·성거(聖居)·오관(五冠)
·송악산(松岳山)을 유람하고 유산록(遊山錄)을 남겼다"고 했는데, 유산록은『진일유고』
에 실려 있지 않다.

60 『전국책(戰國策)』「조책(趙策)」에 실린 '호가호위(狐假虎威)' 고사를 말한다.

61 『진일재유고』권1에는「與玉堂學士 遊城南」라는 제목으로 실렸으며, 성현의『용재총화』
에 시화가 실려 있다.
"집현전의 여러 학사(學士)들이 상사일(上巳日)에 성남(城南)에서 놀 때 나의 화중(和仲
중형 성간)씨도 참여하였다. 화중씨가 새로 급제하여 문명이 있어 초청한 것이다. 학사들
이 운자(韻字)를 나누어 시를 짓자 화중씨도 '남(南)' 자 운으로 시를 지으니, (시 줄임)
여러 학사들이 붓을 놓고 시를 짓지 못했다."

62 연(鉛)은 옛날 사람들이 글을 쓸 때 사용했던 연분필(鉛粉筆)이고, 참(槧)은 나무판으로,
필기도구, 또는 문장이나 글공부를 가리킨다. 『서경잡기(西京雜記)』에 "양자운(揚子雲)
이 항상 연필을 품에 끼고 목판을 들고 다녔다."라고 하였다.

陽坡草軟細如織　볕든 언덕에 여린 풀이 베처럼 고우니
正是靑春三月三　정말 푸른 봄 삼월 삼짇날일세

추위가 겁나서 나가지 못하고 시를 읊어 여러 공에게 드리다
怕寒不出 吟呈諸公[63]

南隣雲幕柳間橫　남쪽 이웃은 높은 차일을 버들 숲에 둘러치고
北里笙歌鬧曉晴　북쪽 마을에는 풍악 소리 맑은 새벽에 요란하건만[64]
九十春光都過了　수십일 봄빛이 다 지나가도록
揚雄辛苦草玄經　양웅은 고생하며 『태현경』을 지었네[65]

　　儘好 매우 좋다.

길을 가면서
道中

籬落依依半掩扃　울타리는 늘어지고 사립문 반나마 닫혔는데
斜陽立馬問前程　석양에 말 세우고 앞 길을 물었네
倐然細雨蒼烟外　얼핏 가랑비 지난 뒤 푸른 연기 너머로
時有田翁叱犢行　마침 농사꾼이 소를 몰고 가는구나

---

63 『진일재유고』에는 「怕寒不出 吟得六首 錄奉本殿諸公 冀和」라는 제목으로 실려 있으며,
　6수 가운데 제5수이다.
64 양웅이 술을 좋아했지만, 아무도 그 집에 찾아오는 이가 없었다. 좌사(左思)의 「영사시(詠
　史詩)」에 "남쪽 이웃에는 종과 경쇠 두들기고, 북쪽 마을에는 생황과 피리 불어대건만,
　적적한 양자의 집에는 문에 높은 벼슬아치의 수레가 없구나.[南隣擊鐘磬 北里吹笙竽
　寂寂揚子宅 門無卿相輿]"라고 하였다.
65 『한서(漢書)』 권87 「양웅전(揚雄傳)」에 "애제(哀帝) 때 외척인 정씨(丁氏), 부씨(傅氏)와
　동현(董賢) 등이 정권을 휘둘렀는데, 이들에게 붙는 자들은 더러 기용되어 이천석(二千
　石) 벼슬에 이르기도 하였다. 당시 양웅은 한창 『태현경』을 저술하고 있었는데 스스로를
　지키며 담담하게 지냈다."고 하였다. 이 시에서 양웅은 성간 자신을 가리킨다.

어부

漁父

數疊靑山數谷烟	몇 겹의 푸른 산에 안개 낀 골짜기
紅塵不到白鷗邊	흰 갈매기 나는 곳에 속세의 티끌[66] 이르지 않네
漁翁不是無心者	고기 잡는 늙은이는 욕심 없는 이가 아니어서
管領西江月一舡	서강의 달을 한 배 가득 차지하였네[67]

篇篇氣自淋漓 近代則秒萎矣 한 편 한 편에 기운이 넘쳐 흐르지만, 근체시는 조금
위축되었다.

형공[68]의 시를 읽고

讀荊公詩   서거정(徐居正)

杜鵑當日哭天津	두견새가 그날 천진교[69]에서 울더니
天下蒼生萬事新	천하의 창생들이 만사가 새로워졌지[70]

---

66 홍진(紅塵)은 연홍진(軟紅塵), 즉 부드러운 먼지인데, 주로 번화한 지방을 가리키는 말로
   쓰인다.

67 관령(管領)은 맡아 다스리는 것인데, 조선 시대 한성부·개성·평양의 각 부(部)에 소속된
   각 방(坊)의 책임자도 관령이라 하였다.

68 송나라 시인 왕안석(王安石)의 봉호가 형국공(荊國公)이다. 『사가시집』에는 「讀王荊公
   集 題後」라는 제목으로 실려 있다.

69 낙양에 있는 다리인데, 수나라 양제가 만들었다고 한다. 소옹이 50대 시기에 사마광(司馬
   光) 등 낙양(洛陽) 인사들의 도움을 받아 천진교(天津橋) 남쪽에 집을 짓고 안락와(安樂
   窩)라고 이름을 붙여 유유자적하며 살았다.

70 송나라 학자 소옹(邵雍)이 낙양(洛陽)에 거주할 적에 손님과 함께 달밤에 거닐었는데,
   천진교 위에서 두견새 우는 소리를 듣고 걱정스러운 표정을 지었다. 손님이 그 까닭을
   물으니, 이렇게 대답하였다. "예전에는 낙양에 두견새가 없었는데 지금 처음으로 두견새
   가 온 것으로 보면, 앞으로 몇 년 안 가서 임금이 남쪽 사람을 재상(宰相)으로 등용하면
   남쪽 사람을 많이 끌어들여 오로지 변경(變更)만을 일삼게 되리니, 천하가 이때부터 일이
   많아지게 될 것이다. 천하가 다스려지려면 지기(地氣)가 북(北)에서 남(南)으로 내려가는

相業早知能誤世　재상 되어 세상 그르칠 줄 일찍 알았더라면
半山端合作詩人　반산은 시인이 되기에나 꼭 맞았으리라[71]

　意好 뜻이 좋다.

봄날
春日

金入垂楊玉謝梅　금빛이 버들에 들고 옥빛은 매화를 떠나는데[72]

　尖 참신하다.

小池春水碧於苔　작은 못의 봄물이 이끼보다 푸르구나
春愁春興誰深淺　봄 시름과 봄 흥취는 어느 쪽이 깊을까
燕子不來花未開　제비는 오지 않고 꽃도 아직 피지 않았네

　豪宕 호탕하다.

저녁 산 그림[73]
晩山圖

嵯峨古樹與雲參　우뚝한 고목이 구름과 가지런하구나
石老嵓奇水滿潭　돌은 늙고 바위 기이한데 물이 못에 가득하네

것이고, 장차 어지러워지려면 지기가 남에서 북으로 올라가는 것이다. 지금 남방의 지기
가 이르렀기에, 조류(鳥類)가 가장 먼저 지기를 받는 것이다." 새로운 재상이 일을 만들어
내어 세상이 어지러워진 것을 의미한다.

71 반산(半山)은 왕안석의 호이다. 왕안석은 당송 팔대가(唐宋八大家)의 한 사람으로 시
(詩)와 문(文)에 모두 뛰어났는데, 신종 때에 재상이 되자 많은 신법(新法)을 만들어서
무리하게 강행하다가, 조정의 물의가 비등하여 끝내 명신들로부터 배척을 받아서 실패하
고 말았다.

72 금빛이 버들에 든다는 것은 버들 싹이 노랗게 터져 나온 것을 가리키고, 옥빛이 매화를
떠났다는 것은 하얀 매화가 다 졌음을 뜻한다.

73 서거정의 「만산도」는 문집에 2수가 실렸는데, 『사가시집』 권28에 「題畫屛八疊」 가운데

更欲乘鸞吹鐵笛 다시 난새를 타고 쇠피리 불면서[74]

夜深明月過江南 깊은 밤 밝은 달빛 받으며 강남에 가고 싶구나[75]

  渾重富麗 自是大家氣格 혼중하고 부려하여, 절로 대가의 기격이 있다.

국화가 피지 않아서 서글픈 마음에 짓다

菊花不開 悵然有作

佳菊今年開較遲 아름다운 국화가 올해엔 전보다 더디게 피어

一秋情興謾東籬 한 가을 정취가 동쪽 울타리에[76] 게으르구나

西風大是無情思 가을바람 너무나 정이 없어서

不入黃花入鬢絲 국화에는 들지 않고 귀밑털에만 들어왔네

  可愛 사랑스럽다.

상산의 네 늙은이가 바둑을 두는 그림[77]에 쓰다

題四皓圍碁圖

於世於名已兩逃 세상도 명성도 이미 다 벗어나

  제4수로, 권30 「題畫十二首 爲權護軍作」 가운데 제11수로 실렸다. 이 시는 호군 벼슬을 하던 권아무개의 병풍에 지어준 것인데, 『동문선』에도 실렸다.

74 진(秦)나라 목공(穆公)의 딸 농옥(弄玉)이 소사(蕭史)에게 시집가서 날마다 퉁소를 배워 난봉(鸞鳳)의 소리를 내자, 난봉이 그 집에 와서 머물렀다. 목공이 봉대(鳳臺)를 지어 주어 부부가 몇 년 살다가, 하루아침에 봉황을 따라 날아가 버렸다고 한다. 『열선전(列仙傳)』 권상 「소사(蕭史)」

75 허균의 『성수시화』에 "서사가(徐四佳)의 시가 지리하지만 그래도 부섬하고 아름다워 간간이 좋은 구절도 있다. 이를테면 (시 줄임) 같은 구절들은 역시 아취가 있다." 하였다.

76 도잠(陶潛)의 「음주(飲酒)」 시에, "동쪽 울타리 밑에서 국화를 따고, 물끄러미 남산을 바라보네.[採菊東籬下 悠然見南山]"라고 한 뒤부터 동쪽 울타리의 국화는 한적한 은자를 나타내는 표현으로 썼다.

77 진(秦)나라 말기에 폭정을 피해 동원공(東園公), 기리계(綺里季), 하황공(夏黃公), 녹리

閑圍一局子頻敲　한가히 바둑판에 돌을 자주 두드리네

此中妙手無人識　이 가운데 묘수를 알아주는 이 없었으나

　　極好 아주 좋다.

會有安劉一着高　유씨를 안정시킨[78] 한 점은 정말 고수였지

　　結意極好 결구의 뜻이 아주 좋다.

눈에 본대로 읊다

卽事

捲簾深樹鵓鳩鳴　발 걷으니 나무그늘에 비둘기 우는데

時見幽花一點明　그윽한 꽃의 꽃잎 하나가 마침 눈에 환하구나

　　淸冷有姿 맑고 서늘한 자태가 있다.

小坐西軒淸似水　잠시 서쪽 마루에 앉으니 강물처럼 시원해

秋晴時復勝春晴　가을 햇살이 봄 햇살보다 한결 낫구나

태수 김종직의 '전가' 시에 차운하다

次金太守宗直咏田家韻　　　　　　　　　　　강희맹(姜希孟)

流水涓涓泥沒蹄　시냇물이 졸졸 흘러 진흙에 말발굽이 빠지는데

선생(甪里先生)이 상산에 은거했는데, 이들은 영지(靈芝)를 캐 먹고 바둑을 두며 소일하였다고 한다. 이들이 바둑을 두며 소일하는 모습을 그린 「사호위기도(四皓圍棋圖)」가 다양한 형태로 전한다.

78 여씨(呂氏)를 섬멸하고 유씨(劉氏)의 한실(漢室)을 안정시킨 일을 말한다. 한나라 고조(高祖)가 죽은 뒤의 일을 여후(呂后)가 물었을 때, "주발은 중후하기만 할 뿐 문채가 없으나, 그래도 유씨를 편안케 할 자는 반드시 주발일 것이다.[周勃重厚少文 然安劉氏者必勃也]"라고 대답한데서 '안유(安劉)'라는 표현이 나왔다. 『사기(史記)』「고조본기(高祖本紀)」 뒤에 고조가 태자를 폐하려고 하자 여후가 장량(張良)의 계교를 써서 상산 사호(商山四皓)를 맞이하여 태자를 보필하도록 하였다. 어느 날 사호가 태자를 모시고 고조를 알현하자 고조가 말하기를, "태자의 우익이 조성되었구나."라고 하고 태자를 폐하지 않았다.

煖烟桑柘鵓鳩啼 따스한 아지랑이 이는 뽕나무에 비둘기가 우네

阿翁解事阿童健 늙은이는 일을 알고 아이[79]는 힘이 세서

作入 입성으로 하였다.

刳竹通泉過岸西 대를 잘라 샘물을 연결해 언덕 서쪽으로 보내네

作平 평성으로 하였다.

姿媚橫生 곱고도 자연스러운 표현이 넘친다.

참성단[80] 마니산에 있다.

塹城壇 摩尼山

海上孤城玉界寒 바닷가 외로운 성에 선계(仙界)가 선선한데

風吹沆瀣露凝漙 바람이 항해[81]를 불어 이슬 방울 맺혔구나

步虛人在靑冥外 보허자[82]가 아득한 하늘 밖에 있어

吟罷瓊章月滿壇 경장[83]을 읊고 나자 달빛이 제단에 가득하네

雖欠仙骨 亦稍脫俗 비록 선골은 부족하지만 또한 제법 속됨을 벗어났다.

---

79 원문은 '阿翁'이지만 문맥에 어긋나, 『사가시집』을 참조하여 '阿童'으로 입력하고 번역하였다.

80 마니산 꼭대기에 있다. 돌을 모아 쌓았는데, 단의 높이는 10척이며, 위는 모가 나고 아래는 둥근데, 위는 사면이 각각 6척 6촌이요, 아래 둥근 것은 각각 15척이다. 세상에서 전하기를, "단군(檀君)이 하늘에 제사지내던 곳이다." 하였다. 본조에서 전조(前朝)의 예전 방식대로 이 제단에서 별에 제사지냈는데, 아래에 재궁(齋宮)이 있다. 『신증동국여지승람』 권12 「강화도호부」

81 선인(仙人)이 마신다는 북방의 밤기운이 어려 맺히는 맑은 이슬을 말한다. 한나라 사마상여(司馬相如)의 「대인부(大人賦)」에 "항해를 마시고 아침놀을 먹으며, 영지를 씹고 경화를 먹는다.[呼吸沆瀣兮餐朝霞 咀噍芝英兮嘰瓊華]"라고 하였다.

82 허공을 걸어다니는 신선이나 도사를 가리킨다.

83 아름다운 글이나 종이라는 뜻인데, 이 글에서는 도사가 천신에게 재를 드릴 때에 사용하는 종이나 글, 즉 청사(靑詞)를 가리키는 듯하다.

병 끝에 읊어 최호원에게 드리다

病餘吟成 呈崔勢遠灝元[84]

南窓終日坐忘機　남쪽 창가에 종일 앉아 세상일을 잊었더니[85]
庭院無人鳥學飛　뜨락엔 사람 없어 새가 날갯짓을 배우네

　　閑澹 한가하고 담박하다.

細草暗香難覓處　여린 풀에 그윽한 향내 어디에서 나는지

　　點綴縹緲 풍경을 얽은 것이 아득히 넓다.

淡烟殘照雨霏霏　엷은 안개 저녁 햇살에 부슬부슬 비가 내리네

매화

梅

黃昏籬落見橫枝　황혼녘 울타리에서 횡지매를 보고
緩步尋香到水湄　느린 걸음으로 향내 찾아 물가에 이르렀네
千載羅浮一輪月　천년 세월 나부산[86]의 한 바퀴 달이

---

84 최호원의 자가 세원(勢遠)이라는 뜻인데, 세조 병자년(1456) 문과방목에는 최호(崔灝)의 자가 세원이라고 적혀 있다. 『세조실록』에는 최호와 최호원이 번갈아 보이는데, 사마방목에도 1447년에 자가 세원인 최호만 보이고, 최호원은 사마방목이나 문과방목에 모두 보이지 않는다.

85 망기(忘機)는 기심(機心)을 잊고 무심하다는 뜻인데, 기심은 무언가를 교묘하게 꾀하려는 마음이다. 『열자(列子)』 「황제(黃帝)」에 기심의 예가 실려 있다. "바닷가에 사는 어떤 사람이 갈매기를 몹시 좋아하여 매일 아침 바닷가로 가서 갈매기와 놀았는데, 날아와서 노는 갈매기가 백 마리도 넘었다. 그의 아버지가 '내가 들으니 갈매기들이 모두 너와 함께 논다고 하는구나. 네가 그 갈매기를 잡아와라. 내가 구경하고 싶다.' 하였다. 다음날 바닷가로 나가니 갈매기들이 날아다니기만 하고 아래로 내려오지 않았다."

86 중국 광동성에 있는 도교의 명산으로 매화의 고사가 유명하다. 수나라 개황(開皇) 연간에 조사웅(趙師雄)이 나부산에서 한 여인을 만났는데 그녀에게서 나는 향기가 너무나 향기롭고 목소리가 청아하여 함께 술을 마시고 크게 취했다가 깨어나 보니 큰 매화나무 아래였다고 한다. 『용성록(龍城錄)』

至今來照夢廻時　꿈을 깬 지금도 와서 비추는구나

亦自可兒 또한 절로 사랑스럽다.

의주에 머물며 판서 박원형의 시에 차운하다

留義州 次朴判書元亨韻　　　　　　　　　　　　　　이승소(李承召)

旅館偏驚變物華　여관에 묵다보니 물색 변화가 더욱 놀라운데
風吹柳幕翠欹斜　버들 장막에 바람 불어 푸른 가지 기울었구나
山城地僻餘寒在　산성은 땅이 외져서 추위가 아직 남아
五月初看芍藥花　오월에야 처음으로[87] 작약 꽃을 보았네

미인도

美人圖

閑來相與鬪圍碁　한가롭게 벗과 더불어 바둑을 두다가
却被春嬌下子遲　문득 봄의 교태 보느라고 돌을 더디 놓는구나
手托香腮無限意　손으로 고운 뺨을 괴니 생각은 끝이 없고
桃花枝上囀鶯兒　복사꽃 가지 위에는 꾀꼬리가 지저귀네

艶體中 稍嘗一臠 염정시의 좋은 맛을 이 한 점으로 조금이나마 느낄 수 있다.[88]

---

87 『국조시산』 이대본이나 문집 『삼탄집』에는 '初'로 되어 있었는데, 목판본에는 '猶'로 고쳐
간행하였다. 작약꽃은 양력 5월에 피기 시작하는데 이승소는 음력 5월에 작약꽃을 처음
보았으니, '산성이 추워서 작약이 이제야 피는구나.' 하는 느낌으로 '初'를 쓰지 않았을까?
박태순이 어느 자료를 보았기에 '猶'로 고쳤는지는 알 수 없다.

88 『회남자(淮南子)』 「설림훈(說林訓)」에, "한 점의 고기를 맛보고서 온 솥의 고기 맛을 안
다.[嘗一臠肉 而知一鑊之味.]"라고 하였다.

제천정에서 중추부사 송처관의 시에 차운하다

濟川亭 次宋中樞處寬韻[89]   김종직(金宗直)

吹花擘柳半江風   꽃잎 날리고 버들을 가르며 강바람 부는데
檣影搖搖背暮鴻   돛대 그림자 흔들리며 저녁 기러기를 등졌구나
一片鄕心空倚柱   한 조각 고향 생각에 부질없이 기둥에 기대노라니
白雲飛度酒舡中   흰 구름은 날아서 술 실은 배를 지나누나

　氣度弘厚 기상과 풍도가 크고 두텁다.

보천탄[90]에서

寶泉灘卽事

桃花浪高幾尺許   복사꽃 뜬 물결[91]이 몇 자나 되는지
銀石沒項不知處   흰 바위 머리 잠겨 간 곳을 알 수 없네

　矯健入古 굳세고 힘이 있어 고시(古詩)의 영역에 들어갔다.

兩兩鸕鶿失舊磯   쌍쌍이 나는 가마우지[92]는 옛 낚시터를 잃어
衝魚却入菰蒲去   고기를 물고는 부들[93] 속으로 들어가는구나

　獨此絶似唐 이 절구만이 당시와 비슷하다.

---

89 김종직의 문집인 『점필재집』 권1에는 「和洪兼善濟川亭次宋中樞處寬韻」이라는 제목으로 실려 있다. 송처관의 시에 차운하여 홍겸선에게 화답한 시이다.

90 보천탄(寶泉灘)은 본부의 동남쪽 21리에 있다. 곧 여차니나루의 하류인데, 남쪽으로 흘러 인동현의 경계로 들어가 칠나루[漆津]가 된다. 『신증동국여지승람』 권29 「선산도호부」 김종직의 고향인 선산에 있는 여울이다.

91 중춘(仲春)에 얼음이 녹아 흘러 불어난 강물로, 이때부터 복사꽃이 피기 시작하기 때문에 '도화랑(桃花浪)' 혹은 '도화신(桃花汛)'이라고 한다.

92 이 일대에 노자석(鸕鶿石)이 있고, 이규보가 지은 시가 『신증동국여지승람』 권29 「선산도호부」 '산천'조에 실려 있다.

93 '菰蒲'는 물풀인 줄과 부들이다. 잎과 줄기로 자리를 만든다.

산길을 가다가

山行 卽事   김시습(金時習)

兒捕蜻蜓翁補籬   아이는 잠자리 잡고 할아비는 울타리를 고치는데
小溪春水浴鸕鷀   작은 개울 봄 물에 가마우지 멱을 감네
靑山斷處歸程遠   푸른 산 끊어진 곳에 돌아갈 길이 멀어
橫擔烏藤一個枝   등나무[94] 한 가지 비스듬히 메고 가네
   阿龍故自超 아룡이기 때문에 스스로 뛰어나다.[95]

종군[96]

從軍   박휘겸(朴撝謙)

十萬貔貅擁戍樓   십만의 용맹한 군사[97]가 수루를 지키는데
夜深邊月冷狐裘   밤 깊은 변방 달빛에 여우 갖옷[98] 싸늘하구나

---

94 '烏藤'은 검은 등나무로 만든 지팡이이다.
95 『세설신어』「기선(企羨)」에 보이는 표현이다. "왕승상(王導)이 사공(司空)에 배수되자 환정위(桓廷尉, 桓彝)가 머리를 빗어 두 끝을 세우고는 갈포의 아랫치마를 입고 지팡이를 집고 길가에서 왕도를 살펴보다가 찬탄하였다. '사람들이 왕도가 뛰어나다 하더니, 왕도이기 때문에 절로 뛰어나구나!' 자기도 모르는 사이에 그의 뒤를 따라 대문(臺門, 관아의 문)에까지 이르렀다.[王丞相拜司空 桓廷尉作兩髻 葛裙 策杖 路邊窺之 歎曰 人言阿龍 超 阿龍故自超 不覺至臺門]" 아룡(阿龍)은 왕도의 소자(小字)이다.
96 악부(樂府)의 상화가사(相和歌辭) 평조곡(平調曲)의 제목인데, 흔히 「종군행(從軍行)」이라는 제목을 썼다.
97 '貔貅'는 호랑이를 잡아먹는다는 맹수의 이름으로 비(貔)는 수컷이고 휴(貅)는 암컷인데, 옛날에 길들여 전쟁에 썼다고 한다. 이 시에서는 용맹한 장수를 뜻한다. 『주례』「동관고공기 재인」에 "천하의 큰 짐승이 다섯이니, 지자(脂者), 고자(膏者), 나자(臝者), 우자(羽者), 인자(鱗者)이다." 하였는데, 주에 "… 나자는 호랑이, 표범, 비휴(貔貅), 교룡 같은 털 짧은 짐승 따위이다." 하였다.
98 『논어』「향당(鄕黨)」에 "공자는 여름에는 가는 갈포와 굵은 갈포로 홑옷을 만들어 반드시 겉에다 입으셨다. 검은 옷에는 염소 가죽으로 갖옷을 만들고, 흰 옷에는 사슴 가죽으로 갖옷을 만들고, 누른 옷에는 여우 가죽으로 만든 갖옷을 입으셨다.[君子不以紺緅飾 紅紫

一聲長笛來何處 한 가락 긴 피리소리가 어디에서 날아와
吹盡征夫萬里愁 출정한 군사의 만리 시름을 불어서 없애주려나

眞得塞曲豪壯之音 宜蒙文忠之激賞也 참으로 새곡(塞曲)[99]의 호방하고 장쾌한 음률을 얻었으니, 문충공 신숙주의 격찬을 마땅히 받을 만하다.

두자미[100]

詠杜子美

劍南千里絶家書 검남[101] 천리에 집안 편지도 끊어져
身與沙鷗不定居 몸이 갈매기와 함께 정처 없이 떠돌았네
夢罷四更山吐月 꿈 깨고 난 새벽에 산이 달을 토하면
子規聲裡秣征驢 소쩍새 울음 속에 길 떠날 노새를 먹이네

비에 묶여, 청주 동헌에 쓰다

帶雨 題淸州東軒   성현(成俔)

畫屛高枕掩羅幃 그림 병풍 높은 베개에 비단 휘장으로 가렸는데
別院無人瑟已希 별원에 사람 없고 거문고 소리도 벌써 드물어졌네[102]

不以爲褻服 當暑袗絺綌 必表而出之 緇衣羔裘 素衣麑裘 黃衣狐裘]"라고 하였다. 겨울에 검은 옷에는 염소 갖옷을, 흰 옷에는 가슴 갖옷을, 누른 옷에는 여우 갖옷을 입었는데, 이 시에서는 방한복을 뜻한다.

99 새곡(塞曲)은 악부 「횡취곡(橫吹曲)」의 이름으로, 변새(邊塞)에 종군하던 군인들이 고향에 돌아가고픈 심경을 표현하였다. 「입새곡(入塞曲)」, 「출새곡(出塞曲)」, 「새상곡(塞上曲)」, 「새하곡(塞下曲)」 등의 제목이 있다.

100 자미는 당나라 시인 두보의 자이다. 그의 조상이 두릉에 살았고 자신도 두릉 부근에 살았기에 두릉야로(杜陵野老), 두릉포의(杜陵布衣) 등으로 자호하였다.

101 당나라의 10도(道) 가운데 하나로, 지금의 사천성(四川省)에 있었다. 검각(劍閣)의 남쪽 지역이므로 검남이라고 하였다. 두보가 피난 시절에 검남 절도사(劍南節度使) 엄무(嚴武)의 막부에 있었으며, 그가 초당을 마련해 주었다.

爽氣滿簾新睡覺　상쾌한 기운이 발에 가득해 잠을 막 깨어 보니
一庭微雨濕薔薇　온 뜨락 가랑비에 장미꽃 젖어 있구나

삼짇날

三月三日　　　　　　　　　　　　　　　　　　　　김흔(金訢)

才經百五又三三　겨우 한식[103]이 지나자 또 삼짇날 되니
客裡那堪歲月淹　객지에서 세월 가는 것을 어찌 견디리
且趂良辰沽美酒　마침 좋은 철이니 맛좋은 술이나 사려네
杏花西畔颺靑帘　살구꽃[104] 핀 서쪽 언덕에 술집 깃발[105]이 나부끼누나

쓰시마로 가는 배에서 밤에 앉아[106]

馬島舟中夜坐

獨揭孤篷枕不安　누워도 편치 않아 홀로 뜸[107]을 걷으니

---

102 공자가 제자들에게 포부를 묻다가 증점에게 마지막으로 물었다. "증점이 거문고를 차츰 적게 연주하다가 크게 한바탕 퉁기고서 거문고를 내려놓은 뒤에 일어나서 대답하였다. '저는 세 사람과 생각이 다릅니다.[鼓瑟希 鏗爾 舍瑟而作 對曰 異乎三子者之撰]'"

103 『형초세시기(荊楚歲時記)』에 "동지로부터 105일이 지나서 거센 비바람이 몰아치는 때를 한식이라 하여 삼일 동안 불을 금한다.[去冬節一百五日卽有疾風甚雨 謂之寒食 禁火三日]"라고 하였다.

104 두목(杜牧)의 「청명(淸明)」 시에 "애야. 술집이 어디 있느냐고 물으니, 목동이 멀리 살구꽃 핀 마을을 가리키네.[借問酒家何處有 牧童遙指杏花村]"라고 한 시가 유명해지자, '살구꽃 핀 마을[杏花村]'이 술집을 가리키는 말로 쓰였다.

105 청렴(靑帘)은 푸른 깃발로 주점(酒店)을 가리키고, 홍탄(紅炭)은 찻집을 뜻한다. 정곡의 시 「여우낙양촌사(旅寓洛陽村舍)」에 "물새는 어망을 엿보고, 푸른 깃발 내걸려 술집인 줄 알겠네.[白鳥窺魚網 靑帘認酒家]"라고 하였다.

106 1479년 통신사 이형원(李亨元)의 서장관(書狀官)으로 쓰시마에 갔다가 시고리포(時古里浦)에 정박하여 지었다.

107 '篷'은 비바람이나 햇빛을 막기 위해 띠나 부들 등의 풀로 거적처럼 엮어서 배[舟]의 윗부

西風一夕晚潮寒　가을바람이 저녁 내내 불어 조수가 차구나
海天秋色尋無處　바다와 하늘에선 가을 빛 찾을 곳 없더니
却向潘郎鬢上看　문득 반랑의 살쩍[108] 위에 보이는구나

꽃을 찾아 옛 절에 가다
尋花古寺　　　　　　　　　　　　　　　　　　이정(李婷)

春深古寺燕飛飛　봄이 깊은 옛 절에 제비가 날건만
深院重門客到稀　깊은 절 겹문에는 오는 손님 드물구나
我自尋花花已盡　나는 꽃을 찾아 왔지만 꽃은 벌써 다 졌으니
尋花還作惜花歸　꽃을 찾아 왔다가 꽃을 아쉬워하며 돌아오네
　雖詼而意自好 비록 우스개 소리이지만 뜻이 절로 좋다.

한식
寒食

寒食淸明二月天　한식과 청명이 모두 이월이라[109]
東風庭院掛秋千　봄바람 부는 정원에 그네를 매었네[110]

　분을 덮는 뜸이다. '게봉(揭篷)'은 '돛을 단다'는 뜻과 '배뜸을 걷는다'는 두 가지 뜻이
　있는데, 이 시에서는 '뜸을 걷자 물결 차가운 것이 느껴졌다'는 문맥으로 파악하였다.
108 반랑(潘郎)은 진(晉)나라의 시인 반악(潘岳)으로, 시도 잘 짓고 인물도 잘났다. 그는 32세
　에 머리털이 세기 시작하여, 32세를 이모지년(二毛之年), 즉 두 가지 털이 되는 나이라는
　말이 생겨났다. 김흔(1448~1492) 자신의 나이도 32세였는데 머리가 세기 시작한 것을
　보고 놀란 것이다.
109 청명은 24절기의 다섯째 절기로, 춘분(春分)과 곡우(穀雨) 사이에 있다. 양력 4월 5일경
　이 된다. 한식이 청명보다 하루나 이틀 전인데, 어쩌다 바뀌는 경우도 있다.
110 우리나라에서는 단오에 그네를 탔지만, 중국에서는 청명이나 한식에 그네를 탔다. 추천
　(鞦韆)이라고도 쓴다.

流鶯啼過畫樓去   꾀꼬리는 그림 누각을 울며 지나가는데
一樹杏花開政妍   한 그루 살구꽃이 피어 참으로 아름답구나
　芳蘭竟體[111]   온몸 가득 난초 향기가 난다.

운계사
雲溪寺[112]   이심원(李深原)[113]

樹陰濃淡石盤陁   나무 그늘이 짙다가 엷어지고 바위는 울퉁불퉁
一迤縈回透澗阿   한 오솔길이 굽이지며 시냇가 언덕을 지나는구나
陣陣暗香通鼻觀   어디선가 은은한 향기가 코[114]로 끊임없이 들어와
遙知林下有殘花   숲에 지다 만 꽃이 있음을 멀리서도 알겠구나
　引人着勝地   사람을 이끌어 명승지에 이르게 한다.

눈에 본대로 읊다
卽事

一犁春雨杏花殘   한 보지락[115] 봄비에 살구꽃이 지는데

---

111 『남사(南史)』「사람전(謝覽傳)」에 나오는 말이다. "양(梁)나라 무제(武帝)가 건업(建業)을 평정하자 조정의 관원들이 모두 그를 배알하러 갔다. 사경척(謝景滌)은 그때 20세였는데 의기가 고상하고 바라보는 눈매가 총명했다. 양나라 무제가 한참 동안 그를 바라보다가, 서면(徐勉)에게 말했다. '여기에서 온몸 가득 난초 향내가 나는 것을 느낀다.[覺此生芳蘭竟體]'

112 『속동문선』에는 「이십오일 상수역에서 운계사에 이르다[二十五日自湘水驛到雲溪寺]」라는 제목으로 실려 있다. 상수역은 적성현 남쪽 27리에 있던 역이고, 운계사도 적성현 감악산에 있던 절이다. 운계사 터에 1971년에 범륜사를 세웠다.

113 주계군 이심원은 왕족이어서 성을 쓰지 않고 '深源'이라고만 적혀 있다.

114 비관(鼻觀)은 불교의 용어로서, 스스로 자신의 코끝을 관찰하는 것이다. 연기처럼 드나드는 콧속의 기(氣)를 관찰하다 보면 신심(身心)이 안으로 밝아지고 연기가 차츰 사라져서 비식(鼻息)이 맑아진다고 한다.

處處人耕白水間　곳곳에서 사람들이 무논을 가네
獨立蒼茫江海上　아득한 강가에 홀로 서니
不勝惆悵望三山　시름겨워 삼신산을 보지 못하겠구나

진원 객관[116]의 시에 차운하다

次珍原客館韻　　　　　　　　　　　　　　　　　　양희지(楊熙止)

山藏小縣石田多　산 속에 숨은 작은 고을이라 돌밭이 많구나
村似朱陳八九家　마을은 주진촌[117] 같아 여남은 집일세
杜宇一聲愁欲死　두견새[118] 울음소리에 시름 겨워 애타는데
滿庭明月照梨花　뜰에 가득한 달빛이 배꽃을 비추누나

뇌계[119] 죽지곡[120]

㵢溪竹枝曲　　　　　　　　　　　　　　　　　　　유호인(兪好仁)

城南城北鬧鷄豚　성남 성북에 닭과 돼지 소리 요란한데

---

115 '일리우(一犁雨)'는 쟁기질하기에 알맞게 내린 봄비이다. 보지락은 비가 온 양을 나타내는 단위로, 보습이 들어갈 만큼 빗물이 땅에 스며든 정도이다.

116 진원현은 전라도 창평현과 광산현, 장성현, 영광군 가운데에 있던 현인데, 지금의 전라남도 장성군 진원면 일대이다. 객관에 무민루(撫民樓)가 있었다.

117 백거이(白居易)의 시 「주진촌(朱陳村)」에 "서주 고풍현에, 마을이 있으니 주진이라 하네. … 그 촌에는 주씨와 진씨 두 성만이 살고 있어, 대대로 서로 혼인하고 살아가네.[徐州古豐縣 有村曰朱陳 … 一村有兩姓 世世有婚姻]"라고 하였다. 『백낙천시집(白樂天詩集)』 권10

118 촉(蜀)나라 망제(望帝)의 이름이 두우(杜宇)였는데, 재상에게 나라를 빼앗겨 타향에서 원한을 품고 죽은 뒤 두견으로 환생했다는 전설이 있다. 『화양국지(華陽國志)』 권3 「촉지(蜀志)」

119 경상도 함양과 사천을 흐르는 시내이자, 유호인의 호이다.

120 악부(樂府)의 적곡(笛曲) 이름으로, 각 지방의 풍토를 읊은 칠언절구이다. 당나라 시인 유우석(劉禹錫)이 낭주(朗州)에 폄적(貶謫)되었을 때 굴원(屈原)의 구가(九歌)를 모방하

賽罷田神穀雨昏　농신굿 끝이 나자 곡우절이 저무는구나
太守遊春勤勸課　태수의 봄놀이는 권농하기[121] 위한 것이라
肩輿時入杏花村　가마가 때로는 행화촌을 찾아드네

　無縹緲之音 而自穠厚有味　맑고 긴 음향은 없지만, 절로 농후하여 맛이 있다.

군자사[122]
君子寺

烟樹平沈雨意遲　안개 낀 숲이 어둑해 비 내릴 것 같지 않아
　穠遠 농원하다.
晚來看竹坐移時　저물녘에 대를 보며 오랫동안 앉아 있었네
　淡雅 담아하다.
老禪碧眼渾如舊　늙은 선사[123]의 푸른 눈[124]이 예와 같아서
更檢前年此日詩　작년 이맘때 읊은 시를 다시금 살펴 보네

여 죽지가(竹枝歌) 구편(九篇)을 지은 데서 비롯되었는데, 소식(蘇軾)이 지은 죽지가의
서(序)에 의하면, 죽지가는 본디 초(楚)나라의 가락으로서 순(舜)의 두 비(妃) 아황(娥皇)
· 여영(女英)과 굴원을 몹시 애도하고, 회왕(懷王)과 항우(項羽)를 매우 가련하게 여긴
데서 깊은 원한과 비통함이 배어 있다고 하였다.
121 『후한서(後漢書)』 권25 「탁무전(卓茂傳)」에 "이때에 왕망(王莽)이 정권을 잡았는데, 대
사농과 육부승을 두어서 농상(農桑)을 권과(勸課)하였다.[是時 王莽秉政 置大司農六部
丞 勸課農桑]"라고 하였다.
122 『신증동국여지승람』 권31 「함양군」 '불우(佛宇)조'에 "군자사(君子寺)는 지리산에 있다.
전설에, '신라 진평왕(眞平王)이 왕위를 피해서 여기에 살다가, 태자를 낳아서 나라로
돌아가고, 집은 희사하여 절로 만들었다.'고 한다." 하였다.
123 필사본에는 '祥'으로 되어 있지만, 목판본을 참조하여 '禪'으로 입력하고 번역하였다.
124 푸른 눈의 달마대사(達摩大師)를 벽안호승(碧眼胡僧)이라 호칭한 데서 온 말로, 훗날
고승(高僧)을 뜻하는 말로 주로 쓰였다.

홍매를 그린 족자에 쓰다

題紅梅畫簇   조위(曺偉)

夢覺瑤臺踏月華   요대에서 잠을 깨어 달빛 아래 거니노라니[125]
香魂脉脉影橫斜   향그런 혼[126]은 또렷하고 그림자 비스듬히 드리웠네
似嫌玉色天然白   옥색의 천연한 흰 빛을 꺼려
一夜東風染彩霞   밤새 봄바람이 채색 노을을 물들인 듯해라

　　麗而婉 곱고도 완곡하다.

자건[127]이 곧바로 낙양[128]으로 갔다는[129] 소식을 듣고 시를 지어 부치다

聞子建卽眞赴洛 作詩寄之

西掖罘罳隔霧看   중서성[130] 울타리[131]가 안개 너머 보이는데

---

125 요대는 천상의 선궁(仙宮)에 있다는 옥으로 화려하게 장식한 누대이다. 월화(月華)는
　　달빛이다. 이백이 「청평조사(淸平調詞)」에서 "군옥의 산 정상에서 본 것이 아니면, 요대
　　의 달빛 아래에서 만난 것이 분명하네.[若非群玉山頭見 會向瑤臺月下逢]"라고 하였다.
126 증공(曾鞏)의 시 「우미인초(虞美人草)」에 "향기로운 혼이 밤마다 칼빛 따라 나니, 푸른
　　피가 변하여 무덤 위의 풀이 되었다오.[香魂夜逐劍光飛 靑血化爲原上草]"라고 하였다.
　　향혼은 미인의 혼인데, 이 시에서는 향기로운 매화를 가리킨다.
127 자건은 갑오년(1474) 문과에 조위와 함께 급제한 정석견(鄭錫堅, ?~1500)의 자인데,
　　문과방목에는 자건(子健)으로 기록되어 있다. 이 시는 정석견이 1483년 천추사(千秋使)
　　의 서장관으로 북경에 갔다는 말을 듣고 지은 시이다.
128 하남성 낙수(洛水) 가에 있는 옛 도읍지로, 동주(東周)의 도읍지이고, 춘추전국시대의
　　위·진의 문화 중심지이며, 후한(後漢)의 도읍지였다. 이 시에서는 명나라 수도인 북경을
　　가리킨다.
129 임시서리(臨時署理)의 직에 있다가 정식으로 임명되는 것을 즉진(卽眞)이라 한다.
130 서액(西掖)은 궁성의 서쪽에 있던 중서성(中書省)의 별칭이다.
131 부시(罘罳)는 대궐 문에 이어진 곡각(曲閣)인데, 후세에 와서는 새 따위를 막기 위하여
　　큰 건물 처마 밑에 치는 그물을 가리킨다. 침입을 방어하는 역할을 한다. 『예기』 공영달의
　　소(疏)에 "부사에 대해 해설하는 자가 '천자는 외병(外屛)을 설치하니, 신하가 이 병(屛)

宮槐葉落曉光寒　궁중 홰나무[132]는 잎이 떨어져 새벽 빛이 차갑구나
秋風江海金虀膾　가을바람 부는 강가에 맛있는 음식들이
爲問何如苜蓿盤　나의 초라한 밥상[133]과 어떠하신지
　　調越 격조가 뛰어나다.

봄을 슬퍼하며

傷春　　　　　　　　　　　　　　　　　　　　신종호(申從濩)

茶甌飲罷睡初輕　차 한 잔 마시고 나자 졸음이 깨니
隔屋聞吹紫玉笙　지붕 너머로 고운 피리[134] 소리 들려 오누나
燕子不來鶯又去　제비는 오지 않고 꾀꼬리마저 가버리니
滿庭紅雨落無聲　뜰에 가득 붉은 꽃비[135]는 소리 없이 떨어지네
　　好 좋다.
　　晩李佳品 만당(晩唐)의 가품이다.

에 이르러 부복하여 그 일을 생각하는 것이다.'라고 하였다.[解者以爲天子外屛 人臣至
屛俯伏 思念其事]"하였다.
132 주나라 때 외조(外朝)에 홰나무와 가시나무를 심어 조신(朝臣)들이 서는 자리를 만들었
다.『주례(周禮)』추관(秋官)에 "왼편 구극(九棘)이 있는 곳에는 고(孤)와 경(卿)과 대부
(大夫)가 자리하고, 오른편 구극이 있는 곳에는 공후백자남(公侯伯子男)이 자리하며,
앞 삼괴(三槐)가 있는 곳에는 삼공이 자리한다." 하였다.
133 당나라 현종(玄宗) 때 설영지(薛令之)가 동궁 시독관(東宮侍讀官)으로 있으면서 밥상이
하도 빈약하므로 시를 지어 읊었다. "아침 해가 둥그렇게 돋아 올라, 선생의 식탁을 비추
어 주네. 쟁반에는 무엇이 있는가. 난간에서 자란 목숙 나물이로다.[朝日上團團 照見先
生盤 盤中何所有 苜蓿長闌干]"『설부(說郛)』권74「목숙반(苜蓿盤)」목숙은 소에게 먹
이는 풀이다. 신라 때에 목숙전(苜蓿典)이라는 관서가 있었는데, 목초지를 관리하였다.
134 옛사람들이 자죽(紫竹)을 심어 피리를 만들었기에, 옥피리가 아니어도 자옥생(紫玉笙)
이라 하였다.
135 백거이(白居易)의「장한가(長恨歌)」에 "복사꽃이 어지러이 떨어지니 붉은 비가 오는 것
같다.[桃花亂落如紅雨]"라고 하였다.

粉墻西面夕陽紅 고운 담장 서편에 석양이 붉은데
飛絮紛紛撲馬鬉 버들솜 어지러이 말 갈기에 떨어지네
夢裡韶華愁裡過 꿈속의 좋은 시절 시름 속에 지나가니
　　俚弱 속되고 섬약하다.
一年春事楝花風 일 년의 봄 경치는 꽃바람[136]일세
　　得蘇之穠 소동파의 농염함을 얻었다.

무제
無題

第五橋頭烟柳斜 제오교[137] 머리에 내 낀 버들 늘어졌는데
晩來風日轉淸和 저녁 되자 바람 자고 햇살도 맑고 따스해라
緗簾十二人如玉 열두 줄 비단 주렴에 여인이 백옥같이 아름다워[138]
靑瑣詞臣信馬過 대궐[139]에서 글 맡은 신하가 말 가는 대로 찾아드네
　　風流不減 풍류가 줄어들지 않았다.

---

136 5일마다 한 번씩 새로운 꽃이 피는 것을 알려주는 바람을 번풍(番風), 또는 화신풍(花信風)이라고 한다. 초봄부터 초여름까지 모두 24번의 바람이 부는데, 매화풍(梅花風)이 가장 먼저 불고, 연화풍(楝花風)이 가장 나중에 분다고 한다. 연화는 멀구슬나무꽃이다.

137 장안 남쪽 위곡(韋曲) 부근에 있던 명승으로, 장안을 떠나던 사람들을 송별하던 곳이다. 한양에선 개천(청계천)에 놓은 다섯 번째 다리를 가리키는데, 정조(正祖)는 「국도 팔영(國都八詠)」 가운데 「광통교의 개인 달[通橋霽月]」에서 "제오교를 가고 또 가고 오고 또 오니[去去來來第五橋] 십분 밝은 달 상원의 밤이구나.[十分明月上元宵]"라고 하여, 광통교를 제5교라고 하였다. 기생 상림춘의 집이 광통교에 있었다.

138 『시경』 「백구(白駒)」에 "싱싱한 꼴 한 다발을 먹이니, 그 사람은 옥처럼 맑구나.[生芻一束 其人如玉]" 하였다.

139 '청쇄(靑瑣)'는 궁궐을 뜻하는 말이다. 한나라 무제(武帝)가 장안의 궁궐 문을 푸르게 아로새겼으므로 청쇄문(靑瑣門)이라 하였다.

서강에서 한식날

西江寒食   남효온(南孝溫)

天陰籬外夕寒生   날이 흐려 울타리 밖에 저녁 한기 일더니
寒食東風野水明   한식날 봄바람 불어 들판 강물이 밝아지네
無限滿舡商客語   배에 가득한 장사꾼들의 말은 끝이 없는데
柳花時節故鄕情   버들개지 날리는 철이 되니 고향 생각 간절하구나
   何減右丞 어찌 우승[140]보다 못하랴.

삼짇날 성남에서

上巳城南[141]

城南城北杏花紅   성남 성북에 살구꽃 붉게 피었는데
日在花西花影東   해가 꽃 서쪽에 있어 꽃 그림자 동쪽에 지네
   巧 교묘하다.
匹馬病翁驚節候   필마 탄 병든 늙은이 철 바뀐[142] 것에 놀라
斜風吹淚女墻中   비낀 바람 맞으며 성가퀴에 눈물 뿌리네

---

140 상서우승(尚書右丞)을 지낸 성당(盛唐)의 시인 왕유(王維)를 가리킨다.
141 남효온의 문집인 『추강집』에는 「2월 그믐날 돈의문 성곽에 오르다[二月晦日 登敦義門城]」라는 제목으로 실려 있다.
142 우리가 일상생활에서 쓰는 24절기는 양력이고, 음력에서는 5일 단위로 72절후를 구분하였다. 『예기』 월령(月令)에 본다면 5일을 1후(候), 3후를 1기(氣), 6후를 1월(月)로 하여 1년을 24기 72후로 하였다.

월계[143]

月溪

水北石山霜後樹　강 북쪽 돌산에는 서리 맞은 나무
水南茅店午時鷄　강 남쪽 초가 주막엔 한낮의 닭 울음소리
蹇驢古棧斜風勁　지친 노새 낡은 잔도에 비낀 바람 거센데
細雨蕭蕭過月溪　가랑비 부슬부슬 맞으며 월계를 지나가네
　沈寥 쓸쓸하다.

안응세를 꿈에 보다

夢安子挺 應世[144]

邯鄲一夢暮山前　저문 산 앞에서 한바탕 꿈을 꾸었으니[145]
魂與魂逢是偶然　혼과 혼이 만난 것은 참으로 우연일세
　一往有深情 한번 가니 깊은 정이 있다.
細雨半庭春寂寞　가랑비 내리는 뜰에는 봄날이 적막한데
杏花無數落紅錢　살구꽃이 무수히 붉은 돈처럼 떨어지네
　新 새롭다.

---

143 월계협은 팔당대교 부근 광나루에서 양수리에 이르는 협곡의 옛 이름으로, 달냇골이라고
　도 한다.

144 자정(子挺)은 안응세(安應世, 1455~1480)의 자이다. 본관은 죽산(竹山), 호는 월창(月
　窓)으로, 남효온의 친구인데, 진사에 합격하던 해에 26세로 죽었다.

145 한단일몽(邯鄲一夢)은『침중기(枕中記)』에 나오는 이이야기이다. 노생(盧生)이 한단(邯
　鄲)에서 도사 여옹(呂翁)의 베개를 얻어 베고 잠을 자는 동안 장가들어 자식 손자 낳고
　온갖 부귀영화 다 누리면서 나이 여든이 되도록 살았는데, 잠에서 깨어보니 아까 주인이
　찌던 조밥[黃粱飯]이 아직 익지 않고 있었다.

늦가을
秋晚 안응세(安應世)

黃菊開殘故國花　피었다 지는 누런 국화는 고향의 꽃인데
寒衣未到客思家　겨울옷이 오지 않아 나그네 집 생각하네
邊城落日連衰草　변방 성에 지는 해는 시든 풀이 이어졌는데
啼殺秋風一樹鴉　온 나무의 갈까마귀[146]는 추풍에 쉬지 않고 우네
　　峭麗深至 웅장하고도 아름다우며, 지극히 깊다.

무제
無題

雨濕雲蒸暗海城　비에 젖고 구름 일어 바다 성이 어두운데
傷心前歲送郎行　마음 아프게 지난 해에 임을 보내었네
燕鴻寂寞音書斷　제비와 기러기 적막하여 편지마저 끊어지고
深院無人杏子成　깊은 정원에 사람 없어 살구만 맺혔구나

회포를 쓰다
書懷 김굉필(金宏弼)

處獨居閑絶往還　한가히 홀로 지내며 왕래가 끊어져
只呼明月照孤寒　밝은 달을 부르니 쓸쓸한 나를 비추네
　　清思可掬 맑은 생각을 움켜쥘 수 있다.
憑君莫問生涯事　그대여 생애가 어떤지 묻지 마오

---

146 원문에는 '花'로 되어 있지만, 제1구에도 '花'로 압운했으며, 문맥상 맞지 않는다. 『동문
선』과 목판본을 참조하여 '鴉'로 고치고 번역하였다.

萬頃烟波數疊山　만경 연파에 첩첩 청산뿐이라오

神情散朗 自有林下風 정신이 초일하고 밝아 임하의 풍기가 있다.[147]

두류산에서 놀다가 화개현에 이르러 짓다[148]

遊頭流山 到花開縣作　　　　　　　　　　　　　　　정여창(鄭汝昌)

風蒲獵獵弄輕柔　냇버들은 한들한들 가볍게 흔들리는데[149]

四月花開麥已秋　사월 화개 땅엔 보리가 벌써 익었네

看盡頭流千萬疊　두류산[150] 천만 봉을 두루 다 돌아보고 나서

胸次脫然 가슴속이 시원해진다.

孤舟又下大江流　외로운 배로 또 큰 강물을 따라 내려가네

豪 호방하다.

영제 가는 길에서

永濟道中　　　　　　　　　　　　　　　　　　　　김천령(金千齡)

羸馬凌兢驛路賒　여윈 말은 부르르 떨고 갈 길은 먼데

---

147 진(晉)나라 때 사안(謝安)의 질녀이자 뛰어난 여성 문인인 사도온(謝道韞)에 대하여 어떤
이가 평하였다. "정신이 초일하고 밝아 임하의 풍기가 있다.[神情散朗 故有林下風氣]"
고상하고 기품이 있는 자태를 가리킨다. 『진서(晉書)』 권96 「왕응지 처 사도온열전(王凝
之妻謝道韞列傳)」

148 정여창의 문집인 『일두집(一蠹集)』에는 「악양(岳陽)」이라는 제목으로 실렸다. 악양은
화개와 마찬가지로 진주의 속현(屬縣)이다. 정여창은 모친상을 치른 뒤 1488년에 섬진강
(蟾津江) 어구에 악양정(岳陽亭)을 짓고 생활하였으며, 이듬해 4월에 두류산을 유람하
였다.

149 송나라 승려 도잠(道潛)의 「임평도중(臨平道中)」 시에도 "냇버들 한들한들 가볍게 흔들
리니, 앉으려는 잠자리 제대로 앉지 못하네.[風蒲獵獵弄輕柔 欲立蜻蜓不自由]"라는 절
창(絶唱)이 전한다.

150 지리산(智異山)의 다른 이름이다.

隔林尨吠是誰家 숲 넘어 삽살개 짖는 곳이 누구네 집인가
黃昏月落郊原黑 황혼에 달이 지고 들판이 캄캄하건만
認得前村蕎麥花 앞마을 메밀꽃은 알아볼 수 있겠구나

　　自別 자별하다.

새벽에 일어나 강재에게 주다 이려이다

曉起呈强哉 李膂　　　　　　　　　　　　　　　　　　이창수(李昌壽)

睡起窓扉手自推 자다 일어나 창문을 밀어 젖히니
樹頭殘月尙俳個 나무 끝에 지는 달이 아직도 배회하네
春天漸曙林鴉散 봄 하늘 차츰 밝아지고 갈까마귀 흩어지자
臥看靑山入戶來 문 안에 드는 푸른 산을 누워서 바라보네

　　翛然有味 시원하여 맛이 있다.

삼체시[151] 뒤에 쓰다

書三體詩後[152]　　　　　　　　　　　　　　　　　　　유순(柳洵)

無邪三百最精英 사무사(思無邪)[153] 삼백 편이 시의 가장 정수인데
詩到唐家亦大成 시는 당나라에 이르러 크게 이루어졌네
獨笑江西傳晩派 우습게도 강서파[154]는 늦게야 유파를 전해

---

151 송나라 주필(周弼)이 1250년에 편찬한 당시선집(唐詩選集)으로『당현삼체시법(唐賢三
體詩法)』또는『당삼체시(唐三體詩)』라고도 한다. 7언절구, 7언율시, 5언율시의 3체시
494수를 수록하였으며, 수록된 시인 167명 중 대부분이 중당과 만당의 시인이다.

152『속동문선』에는 「이수의 당삼체시 권상에 쓰다[書耳叟唐三體詩卷上]」라는 제목으로 실
려 있다. 이수(耳叟)는 성담수(成聃壽)의 자로, 본관은 창녕, 호는 문두(文斗)이다. 생육
신의 한 사람이다.

153『논어』「위정(爲政)」에 "시경에 있는 삼백 편을 한마디로 평한다면 생각함에 사특함이
없다.[詩三百 一言以蔽之 曰思無邪]"라고 하였다.

强將排比賭虛名 억지로 얽어매어 헛된 이름을 따려 했구나

論議得好 논의가 좋다.

『송사』[155]를 읽고

讀宋史   최부(崔溥)

挑燈輟讀便長吁 등잔불 돋우며 다 읽고 나서 길게 탄식하니
天地間無一丈夫 천지 사이에 대장부 하나 없었구나
三百年來中國土 삼백 년 내려온 중국 땅을
如何付與老單于 어찌하여 교활한 선우[156]에게 내어 주었나

悲壯頓挫 令人改觀 비장하며 울분을 토로하여, 사람으로 하여금 고쳐보게 한다.[157]

조령

鳥嶺   이효칙(李孝則)

秋風黃葉落紛紛 추풍에 누런 잎이 어지러이 떨어지는데

---

154 북송(北宋)의 황정견(黃庭堅)과 진사도(陳師道)가 새로운 시풍을 개창하여 많은 시인들
이 이를 추종하였는데, 여본중(呂本中)이 이들 유파 25인에 대해 계통도를 만들어 「강서
시사종파도(江西詩社宗派圖)」라고 한 뒤로 이들을 강서파(江西派), 또는 강서시파(江西
詩派)라고 하였다. 글자를 다듬고 잘 꾸몄다.

155 원나라의 탈탈(脫脫)과 아로도(阿魯圖)가 칙명을 받아 송대의 각 황제마다 편찬했던 국
사(國史), 실록(實錄), 일력(日曆) 등을 기초로 하여 순제(順帝) 지정(至正) 3년(1343)에
시작하여 지정 5년(1345)에 완성한 사서이다. 단기간에 집필하여 완성하였기 때문에 후
대에 정선되지 않은 조악한 사서라는 평가를 받았다. 본기(本紀) 47권, 지(志) 162권,
표(表) 32권, 열전(列傳) 255권, 총 496권으로 이루어져 있다.

156 한나라 때에 흉노족 추장을 부르던 이름인데, 여기서는 송나라를 멸망시킨 원나라 세조
쿠빌라이(忽必烈)를 가리킨다.

157 허균이 『학산초담』에서 이 시를 소개하며, "시가 침착하고 노련하니, 그 사람 됨됨이를
짐작할 만하다.[沈着老蒼 可想其爲人]"고 하였다.

主屹山高半沒雲 주흘산[158] 높이 솟아 반은 구름에 묻혔네
二十四橋嗚咽水 이십사교[159]에 흐느껴 우는 물소리를
一年三度客中聞 한 해에 세 번이나 나그네 길에서 듣네
　　潛夫所閣筆者 잠부가 붓을 놓게 하였다.[160]

미인도[161]

美人圖　　　　　　　　　　　　　　　　　　　어무적(魚無迹)[162]

睡起重門淰淰寒 자다 일어나니 중문에 찬 기운 선뜩하구나
鬢雲繚繞練袍單 치렁치렁 구름 같은 머리에 명주 홑적삼일세
閑情只恐春將晚 한가로운 마음에 봄이 저물까 걱정되어
折得梅花獨自看 매화가지 꺾어[163] 쥐고 저 홀로 바라보네

---

158 경상도 문경현 북쪽에 있는 진산이다.

159 강소성 양주(揚州) 강도현(江都縣) 서교(西郊)에 24개의 교량(橋梁)이 있는 명승지이다. 두목(杜牧)의 「기양주한작판관(寄揚州韓綽判官)」 시에, "이십사교의 달 밝은 밤에, 어느 곳에서 옥인이 퉁소를 불게 했나.[二十四橋明月夜 玉人何處敎吹簫]"라고 하였다. 이 시에서는 문경 새재에 있던 여러 다리를 가리키는 듯한데 확실치 않다.

160 잠부는 어무적의 자이다. 이 이야기가 여러 시화에 전하는데, 권응인의 『송계만록』에서는 이렇게 기록하였다. "안동(安東)에 청빈한 선비 이효칙(李孝則)이 있었는데, 어무적과 함께 조령(鳥嶺)을 넘었다. 이효칙이 한 절구를 지었다. (시 줄임) 어무적이 그만 붓을 놓고 말았다.[安東有一措大李孝則 携魚無迹同踰鳥嶺 李有一絶云 … 魚閣筆]"

161 일본 도쿄국립박물관에 소장된 오쿠라 컬렉션에 조선후기에 그려진 미인도가 있는데, 이 시가 적혀 있다.

162 『월정만필』에는 명나라 문인 당인(唐寅)이 지은 시라고 실려 있다.

163 남조 송나라의 육개(陸凱)가 강남의 매화가지를 꺾어 친구 범엽(范曄)에게 보내면서 "매화가지 꺾다가 역마 탄 사자 만나, 농산 끝의 벗에게 부쳐 주노라. 강남에는 가진 것이 없어, 애오라지 한 가지의 봄을 부치노라.[折梅逢驛使 寄與隴頭人 江南無所有 聊贈一枝春]"라고 시를 읊었다. 『태평어람(太平御覽)』 권970에 인용된 「형주기(荊州記)」. 이후에 '절매(折梅)'나 '기매(寄梅)'는 그리움을 뜻한다.

부질없이 짓다
謾成   이주(李胄)

老㤼風霜病益頑　늙어지며 바람 서리에 병이 더칠까 겁나서
一簷朝旭坐蒲團　처마 가득 햇별 날 때 부들자리에 앉았네
隣僧去後門還掩　이웃 스님 돌아간 뒤에 문을 도로 닫으니
只有山雲過石欄　산 위의 구름만 돌난간을 지나는구나

밤에 앉아[164]
夜坐

陰風慘慘雨淋淋　음산한 바람에 비까지 추적추적 내려
海氣連山石竇深　바다 기운이 산 속의 깊은 석굴까지 이르네
此夜浮生餘白首　오늘 밤 떠다니는 인생[165]은 흰 머리만 남았기에
點燈時復顧初心　등불 켜고 이따금 초년 마음을 돌아보았네
　悲切 슬프고 처절하다.

그리움
懷人

銅掌霜飄月露鮮　구리 승로반[166]에 서리 날리고 달빛에 이슬 맑은데

---

164 이주의 문집인『망헌유고』협주에 "금골산에서 지었다.[金骨山作]" 하였다. 금골산은 진
도에 있는데, 이주가 진도에 유배되어 있던 1502년 10월에 금골산에 23일간 머물렀다.
165 『장자』「각의(刻意)」에 "살아 있을 때는 마치 물 위에 떠다니는 것처럼 자유스럽고, 죽을
때는 쉬는 것처럼 편안하게 여긴다.[其生若浮 其死若休]"라고 하였다.
166 원문의 '동장(銅掌)'은 구리로 만든 선인장(仙人掌)인데, 한나라 무제(武帝)가 신선술에
미혹되어 신명대(神明臺)를 세우고 구리로 이슬을 받는 승로반(承露盤)을 설치하여 밤이

天街鍾漏落燈前 서울 거리의 종소리가 등잔 앞에 떨어지네
黃茅小店香奩閉 초가지붕 작은 집에 경대[167]를 닫아놓고
今夜故人應未眠 오늘밤 옛 님은 잠들지 못하리라

스님에게
寄僧

鍾聲敲月落秋雲 종소리가 달을 두드리며 가을 구름에 떨어지더니
山雨修修不見君 산비가 주룩주룩 내려 그대 보이지 않네
鹽井閉門猶有火 소금 굽는 집[168]은 문 닫혔어도 불길은 남아 있고
隔溪人語夜深聞 개울 너머 사람 말소리가 밤 깊도록 들리네

格高語超 極似鬼語 격조가 높고 시어가 뛰어나지만, 귀신의 말과 몹시 비슷하다.

이별을 슬퍼하다
傷別

池面沈沈水氣昏 깊고 고요한 못의 수면 위에 물안개 덮였는데
枕邊魚擲夜深聞 베갯머리에 물고기 뛰는 소리 밤 깊도록 들리네
明宵泊近驪江月 내일 밤 여강의 달빛 아래 배를 대어도
竹嶺橫天不見君 죽령이 하늘을 가로질러 그대 보지 못하리라

情思隱約 정겨운 사연이 함축되어 있다.[169]

슬을 받아 마셨다. 여기서는 가을 이슬이 촉촉이 내린 것을 표현한 말이다.
167 향렴은 향료와 귀중품을 간직하는 그릇이나 상자이다.
168 염정은 짠 물이 나오는 우물인데, 이 우물물로 소금을 만들어 넉넉하게 살림하였다.
169 은약(隱約)은 성현의 경서에 담긴 간략하면서도 심오한 뜻을 말한다. 『사기』「태사공자서(太史公自序)」에 "『시경』과 『서경』의 글이 함축적이고 심오한 것은 작가가 자신의 생각을 실현하고자 했기 때문이다.[夫詩書隱約者 欲遂其志之思也]"라고 하였다.

사인사[170] 연정에 쓰다
題舍人司蓮亭   강혼(姜渾)

竹葉淸尊白玉杯　죽엽청주 술동이에 백옥 술잔이었지
舊遊蹤迹首空廻　옛날 놀던 곳을 부질없이 돌아보네
庭前明月梨花樹　뜰 앞의 밝은 달 배꽃 핀 나무는
爲問如今開未開　지금도 꽃을 피우고 있는지 묻고 싶구나
　　有情 유정하다.

삼가현의 정현감이 쌍명헌[171]에 걸 시를 구하기에 옛날에 놀던 일을 써서 부친다[172]
三嘉鄭使君 求雙明軒詩 記舊遊以寄

古縣鴉鳴日落時　옛 고을에 갈까마귀 울며 해질 무렵에
雪晴江路細逶遲　눈 갠 강둑길이 구불구불 이어져 있네
人家處處依林樾　인가는 여기저기 숲 사이에 있고
白板雙扉映竹籬　판자문[173] 두 짝이 대울타리에 가려져[174] 있구나

---

170 의정부에 딸린 부서 이름으로, 의정부의 실무자인 사인(舍人 정4품)들의 직소(職所)이다. 의정부 건물 서남쪽으로는 월랑(月廊) 수십 칸이 있는데, 그 중 남쪽 월랑은 백관의 서계(誓戒)를 받는 곳이고, 북쪽에 있는 사인사에는 청풍각(淸風閣) 편액(扁額)이 있었으며, 앞에는 연못이 있었다.

171 『신증동국여지승람』 권31 「삼가현」 '궁실(宮室)'조에 "쌍명헌은 객관 동헌이다."라고 하였다. '누정(樓亭)'조에 "관수루(觀水樓)가 객관 남쪽 7보쯤에 있다. 성화(成化) 경인년 (1470) 여름에 현감 정자숙(鄭自淑)이 건립하였다. 절도사 이극균(李克均)이 기문하였다."라고 하였다.

172 이 시가 『신증동국여지승람』 권31 「삼가현」 '제영(題詠)'조에 실려 있다. 정자숙이 관수루를 세우고 이극균에게 기문을 받으면서, 쌍명헌의 제영은 강혼에게 부탁한 듯하다.

173 '백판(白板)'은 아무것도 칠하지 않은 널판으로, 가난한 촌가(村家)를 의미한다.

174 '映'에는 '비추다' 외에 '덮다', '가리다'라는 뜻도 있다.

성산 기생에게 부치다[175]

寄星山妓

三絶俱香奩本色語 세 편의 절구가 모두 향렴체[176]의 본색을 보였다.

扶桑館裡一場驩 부상역[177] 객관에서 한바탕 즐기렸더니
宿客無衾燭燼殘 숙박객은 이불도 없고 촛불은 가물거리네
十二巫山迷曉夢 열두 봉우리 무산[178]이 새벽 꿈에 어른거려
驛樓春夜不知寒 역루의 봄밤이 추운 줄도 몰랐구나

---

175 심수경의 『견한잡록』에 이 시의 시화가 실려 있다. "조정에서 사명(使命)을 받아 지방에 나가면 각 고을에서는 기생을 천침(薦枕)하는 예(例)가 있다. 감사(監司)는 풍헌관(風憲官)이라, 비록 본읍에서 천침하더라도 데리고 가지 못하는 것이 역시 예로부터 있는 전례였다. 진천(晉川) 강혼(姜渾)이 영남 지방의 관찰사로 있을 때 성주(星州)의 은대선(銀臺仙)이라는 기생에게 정을 쏟더니, 하루는 성주에서 떠나 열읍(列邑)을 순행할 때 점심때가 되어 부상역(扶桑驛)에서 쉬게 되었다. 부상역은 성주에서 가는 곳까지의 절반 길이나, 기생 또한 따라와서 저물어도 차마 서로 작별하지 못하여 부상역에서 묵게 되었다. 이튿날 아침에 시를 써서 기생에게 주었다. (제1수 줄임) 침구를 이미 개령(開寧)에 보내어 미처 가져오지 못하였기로 이불도 없이 잔 것이다."

176 여인의 감성 넘치는 자잘한 일을 소재로 삼아 우아한 표현을 사용하여 짓는 시가 향렴체(香奩體)인데, 육조(六朝)의 궁사(宮詞)에서 시작되었다. 송나라 엄우(嚴羽)의 『창랑시화(滄浪詩話)』 「시체(詩體)」에 "향렴체는 한악(韓偓)의 시가 모두 여인의 의상이나 지분(脂粉)에 관한 말인데다가 『향렴집(香奩集)』이 있기 때문에 생긴 명칭이다."라고 하였다.

177 『신증동국여지승람』 권29 「개령현」 '역원(驛院)'조에 "부상역(扶桑驛)은 현의 남쪽 30리에 있다."고 하였다.

178 무산(巫山)의 봉우리가 열둘이다. 송옥(宋玉)의 「고당부(高唐賦)」 서(序)에 무산(巫山) 운우(雲雨) 고사가 실려 있다. "초나라 양왕(襄王)이 송옥과 더불어 운몽대(雲夢臺)에 놀러가서 고당(高唐)의 대(臺)에서 바라보니 그 위에 구름이 둥실 치솟으며 잠깐 동안에 변화가 무궁하였다. 왕이 송옥에게 묻기를, '이것이 무슨 기운인가?' 하자, 송옥이 '소위 조운(朝雲)이라는 것입니다' 하였다. 왕이 '무엇을 조운이라고 하는가?' 하고 묻자 송옥이 답하였다. '옛날에 선왕(先王)께서 고당에 놀다가 지쳐서 낮에 잠이 들었는데 꿈에 어떤 부인이 나타나 말하기를, "첩(妾)은 무산의 여자입니다. 고당의 나그네로 왕께서 고당에 논다는 말을 듣고 자리와 베개로써 모실까 합니다." 하여 왕께서 청을 들어주었습니다. 부인이 떠나면서, "첩은 무산의 남쪽 높은 언덕에 있어서 아침에는 조운이 되고, 저녁에는 행우(行雨)가 되어 아침저녁마다 양대(陽臺) 아래 있습니다." 하였답니다.'" 운우(雲雨)는 남녀의 교환(交驩)을 비유한다.

姑射仙人玉雪姿　고야산 선녀[179]의 백옥 같은 자태여
曉窓金鏡畫蛾眉　새벽 창가에서 거울 보며 눈썹을 그리네
卯酒半酣紅入面　아침 술[180]에 반쯤 취해 얼굴이 발그레해져
東風吹鬢綠參差　봄바람이 살적에 불어 검은 머리 흩날리네

　妙 묘하다.

　情景宛然 정경이 완연하다.

雲鬢梳罷倚高樓　구름결같은 머리 빗질하고 높은 다락에 기대어
鐵笛橫吹玉指柔　철피리[181]를 빗겨 부니 흰 손가락 곱구나
萬里關山一輪月　만리 관산 외로운 달밤에
數行淸淚落伊州　두 줄기 맑은 눈물이 이주[182]에 떨어지네

　恨情可掬 한스런 정감이 손에 잡힐 듯하다.

택지[183]에게 주다

贈擇之　　　　　　　　　　　　　　　　　　　　최숙생(崔淑生)

洞裡春風花亂開　마을 안에 봄바람 불자 꽃이 흐드러지게 피어

---

179 『장자(莊子)』「소요유(逍遙遊)」에 "막고야산에 신인이 사는데, 살결은 빙설처럼 하얗고,
　얌전하기는 처녀와 같다.[藐姑射之山 有神人居焉 肌膚若氷雪 淖約若處子]"라고 하였다.
180 묘주(卯酒)는 묘시(卯時) 즉 아침 다섯 시에서 일곱 시 사이에 마시는 술이라는 뜻이니,
　이른 아침에 마시는 술을 이른다.
181 철적(鐵笛)은 은자(隱者)나 고사(高士)가 불었던 피리이다. 중국 무이산(武夷山)에 은자
　유겸도(劉兼道)가 노닐던 유적이 있는데, 주희(朱熹)가 여기에 철적정(鐵笛亭)이라는
　정자를 짓고 시를 지었다. 주희의 「철적정서(鐵笛亭序)」에 "무이산 산중 은자인 유군은
　쇠피리를 잘 불어서, 구름을 뚫고 돌을 찢는 소리가 났다.[武夷山中隱者劉君 善吹鐵笛
　有穿雲裂石之聲]"라고 하였다.
182 「이주곡(伊州曲)」은 당나라 현종(玄宗) 때 이주(伊州)에서 채집한 곡조의 이름이다. 수
　자리에 나가 오랫동안 돌아오지 않는 낭군을 그리는 여인의 애절한 심경을 노래하였다.
　이 시에서는 강혼이 은대선과 헤어지는 개령 부상역을 가리킨다.

韶光鼎鼎夢中催　고운 봄빛이 환하게 꿈속에도 재촉하네

　　旨而俚 아름다우나 비속하다.

隣家脩竹無人看　이웃집의 긴 대나무 보는 사람 없으니

自愛淸陰獨步來　맑은 그늘 사랑하여 홀로 걷다가 오네

　　甚閑 몹시 한적하다.

祗見靑山不見村　푸른 산만 보이고 마을은 보이지 않아

漁郞無路覓桃源　어부가 무릉도원 찾을 길이 없구나[184]

丁寧爲報東風道　봄바람에게 간곡히 부탁하노니

莫遣飛花出洞門　꽃잎을 날려 동문 밖으로 보내지 마소

　　意新語警 뜻이 새롭고 말이 놀랍다.

林下柴扉面水開　숲속의 사립문이 강을 보고 열려 있고

蕭蕭山雨竹間催　우수수 산속의 비가 대숲에 시끄럽구나

　　少有味 조금 맛이 있다.

小窓睡起無人過　작은 창가에서 잠 깨니 지나는 사람 없어

時有風花自往來　바람에 꽃잎만 왔다 갔다 하는구나

　　亦儘佳 역시 다 아름답다.

---

183 갑자사화에 함께 유배된 친구 이행(李荇)의 자이다. 4월에 응교 최숙생(崔淑生)은 장 60을 때려 신계(新溪)에 부처(付處)하고, 부응교 이행(李荇)은 장 60을 때려 충주(忠州)에 부처하였다. 12월에는 장 1백에 처하여 먼 외방에 보내 종으로 삼았다.

184 진(晉)나라 때에 무릉 땅의 한 고기잡이꾼이 어느 산골 시내로 고기를 잡으러 들어가다가 복사꽃이 만발한 골짜기를 발견하였는데, 이 세상과는 상관 없이 몇 백 년 전에 피난간 사람들만 사는 곳이라 하였다. 그 고기잡이꾼이 돌아왔다가 다시 그곳을 찾으려 하였으나, 끝내 찾지 못하였다 한다. 도연명이 그 이야기를 듣고 「도화원기(桃花源記)」를 지어 세상에 알려졌다.

우계에서[185]

羽溪   이우(李堣)

雪逼窓虛燭減明   눈(雪) 빛이 빈 창에 스며드니 촛불이 무색해지고
　料峭語 날카로운 시어이다.

月篩松影動西榮   달빛 솔 그림자에 어려[186] 서쪽 처마에 일렁이네
　巧 교묘하다.

夜深知得山風過   밤이 깊어 산바람이 부는 줄 알겠구나

墻外蕭騷竹有聲   담 밖의 대나무에 우수수 소리가 나네
　蕭宗有趣 시원한 의취가 있다.

벗의 강가 정자에 쓰다

題友人江亭   성몽정(成夢井)

爭占名區漢水濱   한강 가 좋은 곳을 다투어 차지하여

亭臺到處向江新   가는 곳마다 누대가 강을 향해 새롭구나

朱欄大抵皆空寂   붉은 난간은 대개 비어 있으니

携酒來憑是主人   술 들고 와서 기대면 바로 주인이라네
　名言名言 명언이다. 명언.

---

185 우계는 강릉대도호부의 속현이다. 『신증동국여지승람』 권44 「강릉대도호부」 '역원(驛院) 임계역'조에 이 시가 실려 있다.

186 '사(篩)'는 체를 친다는 뜻으로, 달빛이 사물에 어른거리는 모습을 말한다.

해운대[187]

海雲臺　　　　　　　　　　　　　　　　　　　　　　　　황형(黃衡)

　庚午破倭後 登此次韻 경오년(1510)에 왜구를 격파하고 나서 이곳에 올라 차운하였다.

建節高臺起大風　부절을 세운[188] 높은 누대에 큰 바람이 일어

　便壯 기상이 굳세다.

海雲初捲日輪紅　바다에 구름 갓 걷히고 해가 붉게 오르네

　詞雄 말이 웅걸하다.

倚天撫劍頻回首　의천검[189]을 어루만지며 고개 자주 돌려 보니

馬島彈丸指顧中　탄환만한 대마도가 가까이[190] 보이는구나

　氣呑卉寇 기백이 왜구를 삼킨다.

신광사에 쓰다[191]

題神光寺　　　　　　　　　　　　　　　　　　　　　　　남곤(南袞)

　雖其人可怒可唾 而詩自好 비록 그 사람은 가증스러워 침을 뱉을 만하지만, 시는
절로 좋다.

千重簿領抽身出　천 겹 공문서 더미에서 몸을 빼내어

---

187 이 시를 지은 배경이 허균의 『학산초담』에 실려 있다. "황형은 무장(武將) 출신으로, 글과
글씨에도 능했다. 경오년(1510)에 왜구를 진압하고 몰운대(沒雲帶)에 올라 시를 지었다.
(시 줄임) 조어(造語)가 기이하고 장엄하여 마치 그 사람을 보는 듯하다. 어찌 인재가
옛사람에게 못 미치랴."

188 고대 왕실에서 절도사를 지방에 파견할 때에 신표(信標)로 사용하기 위해 부절(符節)을
만들어 주었다. 대[竹], 나무 또는 금속으로 만들고, 그 위에 문자를 쓴 다음 둘로 쪼개어
각기 하나씩 가졌다가 사용할 때에 맞추어 보고 확인하였다. 건절은 절도사(節度使)가
부절(符節)을 잡는다는 뜻이다.

189 송옥(宋玉)의 「대언부(大言賦)」에 "네모난 땅으로 수레를 만들고, 둥근 하늘로 덮개를
만들고, 긴 검은빛이 번쩍이며 하늘 저편에 기대 섰네.[方地爲車 圓天爲蓋 長劍耿耿倚
天外]" 하였다.

190 지고(指顧)는 손가락으로 가리키고 고개를 돌려 돌아본다는 뜻으로, 가까운 거리를 나타낸다.

十笏僧房借榻眠　십홀(十笏)[192] 남짓 승방에 침상 빌려 잠자네
六月炎塵飛不到　6월의 무더위도 날아오지 못하니
上方知有別般天　절간[193]에 별다른 천지가 있는가 보네

入洞遙聞鍾磬響　동구에 들어오자 멀리 종소리[194] 들리더니
過橋初見殿寮開　다리를 지나서야 전각들이 보이누나
雲扃霧鑰何曾鎖　구름 문 안개 빗장 어찌 잠갔으랴만
宦子塵蹤自不來　벼슬아치 티끌 자취가 절로 오지 않았네

金書殿額普光明　금글씨 편액에 보광명[195]이라 하였는데
二百年來結搆精　이백년이 지나도 법당은 아름답구나
試問開山大檀越　이 절을 세운[196] 단월[197]이 누구신가

---

191 『신증동국여지승람』 권43 「해주목(海州牧)」 '불우(佛宇)'조에 신광사 설명과 함께, 남곤
이 지은 이 시가 5수 실려 있다. "신광사는 북숭산(北嵩山)에 있다. 지정(至正) 2년(1342)
에 원나라 황제가 원찰(願刹)이라 칭하고, 태감 송골아(宋骨兒)를 보내어 목공과 장인
37명을 거느리고 와서 고려 시중 김석견(金石堅)·밀직부사 이수산(李守山) 등과 함께
감독하여 설계 건축하였다. 지금도 전당(殿堂)과 불상의 금은 단청을 한 것이 완연하여
엊그제 한 것 같다."

192 홀을 열 개 넣을 정도의 넓이를 가리킨다. 홀은 속대(束帶) 시에 허리에 꽂는 수판(手板)
인데, 조선시대 홀은 길이가 33cm, 너비는 아래가 5cm, 위는 3.5cm이다. 등운재(鄧雲
齋)의 「수옥재부(漱玉齋賦)」에 "가만히 보니 네 벽뿐이요, 헤아리니 십홀도 되지 않네.
[窺之止存四壁 量出不滿十笏]"하였다.

193 상방(上方)은 지세가 높은 곳으로 산사(山寺)를 뜻한다. 두보의 「산사」에 "상방에 겹겹의
전각 저무는데, 백 리 밖 가는 터럭도 보이는구나.[上方重閣晚 百里見秋毫]"하였다.

194 종경(鍾磬)은 종과 경쇠인데, 경쇠는 옥 또는 돌로 ㄱ자형으로 만들어 꺾인 모퉁이에
구멍을 뚫어 그곳을 꿰어 달고 치는 타악기이다. 불전 처마에 걸린 풍경(風磬)을 가리키
기도 한다.

195 원나라 마지막 황제인 순제(順帝)의 원찰로 중건한 신광사의 법당인데, 보광명전은 부처
가 『화엄경』을 아홉 차례 법회를 설한 일곱 군데[七處九會] 가운데 한 곳이다.

196 개산(開山)은 산문(山門)을 열어 절을 세우는 것으로, 처음 시작한다는 뜻으로도 썼다.

197 범어(梵語) dnānpati의 음역(音譯)으로, 단나(檀那)라고도 한다. 보시하는 주인, 즉 시주
라는 뜻인데, 보통 불교 신도를 가리킨다.

碧空無際鳥飛輕　푸른 하늘 끝이 없어 새가 가볍게 나네

至正皇家屬亂離　지정 황실에서 난리를 겪은 뒤에[198]
神光佛宇煥簷楣　신광사 절간을 찬란히 세웠네
如今住社僧千指　지금도 머무는 스님들 천 명이나 되는데
爭道當時宋骨兒　다투어 당시 송골아[199]를 칭송하네

　　亹亹不厭 계속 이어져도 싫증나지 않는다.

庭前栢樹儼成行　뜰앞의 잣나무[200]가 의젓하게 늘어서서
朝暮蕭森影轉廊　아침 저녁으로 삼엄하게 그림자가 회랑을 도네
欲問西來祖師意　서쪽에서 온 조사의 뜻을 물으려 하니

　　引事甚的 고사를 끌어들인 것이 매우 적확하다.

北山靈籟送凄凉　북숭산 신령한 바람이 서늘한 기운을 보내오네

參差洞壑列嵾䂥　어슷비슷 골짜기가 횡뎅그레[201] 벌렸는데
八白禪僧杖錫過　팔백 선승이 지팡이 짚고 지나네
丈室不增仍不減　한 길 너비 승방[202]이 늘지도 줄지도 않았으니

---

198 지정(至正)은 원나라 마지막 황제인 순제(順帝)의 연호이다. 원나라에서 1330년 7월에 명종(明宗)의 태자(太子) 타환첩목이(妥懽帖睦爾)를 황해도 앞에 있는 대청도(大靑島)로 귀양보냈는데, 해주 북숭산 기슭에서 이상한 기운이 빛나는 것을 보고 찾아가니 숲속에 부처 하나가 있었다. 그가 부처의 도움을 얻어 환궁하면 절을 지어 보답하겠다고 했는데, 원나라에서 1331년 12월에 그를 소환하여 황제로 즉위하였다.
199 순제가 신광사를 짓도록 보낸 태감(太監 환관)의 이름이다.
200 당나라 어떤 스님이 조주선사(趙州禪師)에게 "조사(祖師 達摩)가 서쪽에서 온 뜻[西來意]"을 묻자, 조주가 "뜰 앞의 잣나무[庭前栢樹子]"라고 답하였다. 이것이 화두(話頭)이다.
201 함하(嵾䂥)는 골짜기가 넓고 텅 빈 모습이다.
202 장실(丈室)은 방장실(方丈室)이라고도 하는데, 사방 한 길이 되는 넓이의 방이다. 후세에는 사찰 주지의 뜻으로도 사용되었다.

信手拈來 物物眞　손 가는 대로 써 내어도 사물마다 참되다.

個中誰是老維摩　이 가운데 누가 바로 유마힐[203]이신가

最好 가장 좋다.

박은이 그림 병풍에 쓴 시 뒤에 적다

書朴誾題畫屛詩後　　　　　　　　　　　　　　　이행(李荇)

古紙淋漓寶墨痕　낡은 종이에 먹 자국 생생한데

靑山無處可招魂　청산 그 어디에도 초혼할 곳이 없구나

愴語 비창한 말이다.

百年寂寞頭渾白　적막한 백 년 인생에 머리털은 온통 희어져

風雨空齋獨掩門　비바람 치는 빈 서재에서 홀로 문 닫고 지내네

사월 십육일 동궁의 이어소(移御所)[204] 직사(直舍)의 벽에 적다

四月十六日 書東宮移御所直舍壁

衰年奔走病如期　늙마에 분주타 보니 기약이나 한 듯 병이 찾아드는데

春興無多不到詩　봄 흥취가 많지 않아 시까지 지을 건 없구나

冷語 쌀쌀맞은 말이다.

睡起忽驚花事晩　졸다 깨보니 놀랍게도 봄빛이 저물어

一番微雨落薔薇　한 차례 보슬비가 장미를 지게 하네

和厚典則 詞家上乘 온화하고 법칙에 맞으니 시인의 상승[205]이다.

---

203 유마는 석가모니의 속제자(俗弟子)인 유마힐(維摩詰)을 가리킨다. 그는 본디 인도 비야
리국(毘耶里國)의 장자(長者)로서 속가(俗家)에 있으면서 보살행업(菩薩行業)을 잘 닦
아 불제자(佛弟子)보다 뛰어났다고 하는데, 그가 설(說)한 『유마경(維摩經)』 3권이 전
한다.

204 왕이나 세자가 자리를 옮겨서 임시로 거처하는 곳이다.

이십구일에 다시 숙직하며 느낌이 있어 앞에 쓴 시에 차운하다
二十九日 再直有感 次前韻

平世功名敢自期　태평 시대에 공명을 감히 스스로 기약했더니
祗今還愧伐檀詩　이제 와선 도리어 벌단시[206]에 부끄럽구나
靑山咫尺無歸路　청산이 지척이건만 돌아갈 길 없어
一任東風老蕨薇　봄바람에 고사리 늙어 가도록 버려두었네

　　較前篇尤勝 앞의 작품보다 더 좋다.

합천에서 자규(子規)[207] 울음을 듣고
陝川聞子規

江陽春色夜悽悽　강양[208] 땅 봄빛이 밤 들자 처량한데
睡罷無端客意迷　잠 깨자 괜스레 나그네 마음 어지럽구나
萬事不如歸去好　세상 만사가 돌아가느니만 못하다고[209]
隔林頻聽子規啼　숲 너머 두견새가 자주 우는구나

　　開口輒好 입만 열면 모두 좋다.

---

205 불교 용어로 최상의 교법을 뜻하는데, 여기서는 가장 높은 수준의 시를 가리킨다.

206 「벌단(伐檀)」은 『시경』 위풍(魏風)의 편명으로, 벼슬아치가 공로도 없이 나라의 녹을 먹어 군자가 벼슬길에 나가지 못하는 것을 풍자한 시이다. "꿍꿍거리며 박달나무를 베어 왔건만 하수 물가에 버려두니, 하수가 맑고 또 물결이 일도다. 심지 않고 거두지 않으면 어찌 삼백 전의 벼를 얻을 것이며, 사냥하지 않으면 어찌 너의 뜰에 매달려 있는 담비를 보겠느냐. 저 군자여, 공밥을 먹지 않도다.[坎坎伐檀兮 寘之河之干兮 河水淸且漣 不稼不穡 胡取禾三百廛 不狩不獵 胡瞻爾庭有縣兮 彼君子兮 不素餐兮]"

207 자규는 소쩍새와 두견새로 섞어서 번역하는데, 완전히 다른 새이다. 소쩍새는 천연기념물 제324-6호로, 두견이는 천연기념물 제447호로 지정하여 보호하고 있다.

208 합천이 본래 신라의 대량주(大良州)였는데, 경덕왕(景德王)이 강양군(江陽郡)이라 고쳤다. 남강(南江) 북쪽에 있어 강양(江陽)이라 한 것이다.

209 왕위를 내놓고 도망갔던 촉나라 망제(望帝) 두우(杜宇)가 죽어서 두견새가 되었는데, 항상 한밤중에 '불여귀(不如歸)'라고 들리는 듯한 소리로 몹시 처절하게 운다고 전해졌다.

팔월 보름 밤
八月十五夜

平生交舊盡凋零　평생의 벗들이 모두 죽어버리고
白髮相看影與形　백발에 서로 보는 건 내 그림자와 몸뿐일세[210]
正是高樓明月夜　높은 다락 달 밝은 오늘 밤에
笛聲凄斷不堪聽　피리 소리 처절하여 차마 듣지 못하겠구나

無限感慨 讀之愴然 무한한 감개가 있어 읽으면 서글퍼진다.

서릿달[211]
霜月

以下次南嶽倡酬集者 이하는 『남악창수집(南岳唱酬集)』에 차운한 것이다.

晚來微雨洗長天　날 저물자 가랑비가 넓은 하늘을 씻어 내더니
入夜高風捲暝烟　밤 들자 높은 바람이 어둑한 안개를 걷어 내네
夢覺曉鍾寒徹骨　새벽 종소리에 꿈 깨자 추위가 뼈에 스며드는데
素娥靑女鬪嬋娟　흰 달[212]과 푸른 서리[213]가 고운 자태를 다투는구나

---

210 이밀(李密)의 「진정표(陳情表)」에 "외롭게 홀로 선 채, 신의 몸과 그림자만이 서로 위로
　　할 뿐입니다.[煢煢孑立 形影相吊]"라고 하여, 자신이 의지할 데 없는 외로운 신세임을
　　표현하였다.
211 서리가 내리는 밤의 차가운 달이기도 하지만, 겨울달, 동짓달을 가리키기도 한다. 이
　　시는 이행이 1531년에 지은 『화주문공남악창수집(和朱文公南岳唱酬集)』에 실려 있다.
　　주희(朱熹)가 벗 남헌(南軒) 장식(張栻)과 함께 남악(南岳)인 형산(衡山)을 등정하면서
　　지은 시들을 차례에 따라 차운한 것 가운데 한 편이다. 주자의 원운(原韻)은 『주자대전(朱
　　子大全)』 권5에 실려 있다.
212 소아(素娥)는 서왕모가 남편에게 준 불사약(不死藥)을 훔쳐 먹고 달 속으로 도망가 달의
　　선녀가 되었다는 항아(姮娥)를 말하는 것으로, 달을 가리킨다.
213 『회남자(淮南子)』 「천문훈(天文訓)」에 "가을 석 달에 … 청녀가 나와, 서리와 눈을 내려주
　　네.[至秋三月 … 青女乃出 以降霜雪]"라고 하였다. 청녀는 천신(天神)인 청천옥녀(青天

不減唐人高處 당나라 시인의 높은 경지에 모자라지 않다.

순부[214]를 그리워하며

憶淳夫

虛庵居士去尋眞 허암거사는 참된 세계를 찾아 떠났으니

不見悠悠世事新 하고많은 세상사 바뀐 것을 보지 못했네

  曲盡 곡진하다.

湘水有魂招不得 상수에 혼[215]이 있겠건만 불러도 오지 않으니

人間無地可藏身 인간 세상에 제 한 몸 감출 곳이 없었구나

  破的 정곡을 꿰 뚫었다.

대나무를 마주하고

對竹

十年功力一園林 십 년 공력을 이 정원에 쏟았건만

誰識衰翁着意深 이 늙은이 깊은 마음을 그 누가 알리요

白首更無知己在 백발이 된데다 알아주는 벗마저 없으니

此君相對要開襟 그대[216]를 마주하고서 흉금을 열어야겠구나

玉女)로 서리와 눈을 관장한다고 한다.

214 친구 정희량(鄭希良)의 자이다. 『용재집』 협주에 "순부가 임술년(1502) 5월 5일에 강물에 몸을 던져 죽었다."고 하였다.

215 '상혼(湘魂)'은 굴원을 가리킨다. 굴원은 초나라 회왕(懷王)에게 버림을 받아 소상강(瀟湘江)에 빠져 죽었는데, 「천문(天問)」이라는 글을 남겼다. 『사기(史記)』 권84 「굴원열전(屈原列傳)」

216 왕휘지(王徽之)가 대나무를 사랑하여 '차군(此君)'이라 불렀다. 왕휘지가 주인이 없는 빈집에 잠시 거처할 적에 대나무를 빨리 심게 하자 사람들이 그 이유를 물으니, "군자가 어떻게 하루라도 차군이 없이 지낼 수가 있겠는가.[何可一日無此君耶]"라고 대답하였

중열[217]의 시를 읽고
讀仲說詩

挹翠高軒久無主 읍취헌 높은 누각에 오랫동안 주인이 없어
屋梁明月想容姿 지붕 위 밝은 달에서 그 모습 그려보네
自從湖海風流盡 이제부턴 강산에 풍류가 다 사라졌으니
何處人間更有詩 어느 곳 인간 세상에 다시 시가 있으리요

是得意友 故詩輒得意 마음에 맞는 벗을 그리워한 작품이기에 마음에 맞는 시가
될 수 있었다.

남산
終南

家住終南尺五天 집이 하늘 가까운[218] 남산에 있으니
却嫌名字世間傳 이름이 세상에 알려지는 것을 꺼려서라네
急流勇退知何日 급류에서 용퇴할 날은 그 언제이랴
細草閑花又一年 여린 풀 한적한 꽃에 또 한 해가 지나네

穠遠有韻 고우면서도 심원하여 운치가 있다.

다. 『진서(晉書)』 권80 「왕휘지열전(王徽之列傳)」

217 중열은 이행의 친구 박은의 자이다.

218 『신씨삼진기(辛氏三秦記)』에 "성 남쪽의 위씨와 두씨는 하늘과의 거리가 한 자 다섯 치이
네.[城南韋杜 去天尺五]"라고 하였다. 당나라 때 위씨와 두씨 집안이 모두 임금을 가까이
에서 모시며 영화를 누렸으므로 이런 말을 한 것이다. 이행이 살았던 남산 필동 집터에
"청학동이상국(靑鶴洞李相國) 용재서사유지(容齋書舍遺址)"라는 바위글씨가 남아 있
는데, 경복궁에서 가깝지 않기에 '천(天)'을 대궐이 아니라 하늘로 번역하였다.

술을 데워서 잔을 든다[溫酒擧白]는 시에 차운하다[219]
溫酒擧白韻

山間殘雪尙成堆　산 속에는 아직도 잔설이 쌓여 있는데
何事春風晩未回　무슨 일로 봄바람은 이리도 늦게 오는가
直把人功欺造化　바로 사람의 공을 빌려 조화옹을 속이노니
　　切而不俚 절실하면서도 속되지 않다.
一團和氣兩三盃　두세 잔 술에 기분이 온통 훈훈해지네[220]

꽃길
花徑

無數幽花隨分開　그윽한 꽃 수없이 제멋대로 피었고
登山小徑故盤廻　산에 오르는 오솔길은 짐짓 구부러졌네
殘香莫遺東風掃　남은 향기를 봄바람이여 쓸어가지 말아라
倘有閑人載酒來　행여 한가로운 사람이 술 싣고 찾아올라
　　鄭重 정중하다.

---

219 『용재집』에 실린 제목이 길다. 「숲 사이로 삼십 리쯤 가노라니 추위가 몹시 심하기에, 길가에 타다 남은 불에 술을 데워서 잔 가득 마시니 몸이 따스해졌다. 경부의 시에 차운하다.[行林間幾三十里 寒甚 道傍有殘火 溫酒擧白 方覺有煖意 次敬夫韻]」

220 "정명도(程明道)는 종일 흙으로 빚은 사람처럼 단정하게 앉아 있다가도 사람을 대하면 봄바람 같은 화기가 넘쳤다.[明道終日端坐 如泥塑人 其接人 渾是一團和氣]" 『근사록(近思錄)』 「관성현(觀聖賢)」

분성[221]에서 헤어지며 주다

盆城贈別   김안국(金安國)

燕子樓前燕子飛   연자루 앞에 제비가 날아다니는데
落花無數惹人衣   지는 꽃 무수히 사람 옷에 달라붙네
東風一種相離恨   봄바람은 한결같이 이별의 한을 더하건만
腸斷春歸客未歸   애타게[222] 봄은 가도 나그네 또 돌아가지 못하네
    婉切 곱고도 애절하다.

연자루[223]에서 포은의 시에 차운하다

燕子樓次圃隱韻

燕子雙飛日幾回   쌍쌍이 나는 제비 하루에 몇 번이나 오는가
江南行客逐春來   강남길 나그네는 봄을 좇아 왔네
    多情 다정하다.
東風落盡梅花樹   봄바람에 매화꽃은 다 떨어지고
唯見山茶帶雨開   동백꽃[224]만 비에 젖은 채로 피어 있구나

---

221 김해도호부의 고려 때 이름이 분성이다. 『대동지지(大東地志)』에 "분성(盆城)은 흙으로
쌓았다. 둘레 8천 6백 83척이다."라고 하였다.

222 환공(桓公)이 촉(蜀)에 들어가 삼협(三峽)에 이르렀을 때 원숭이 새끼를 잡자, 그 어미가
병선(兵船)을 바라보며 슬피 울부짖다가 배로 뛰어들어 죽었다. 환공이 어미의 배를 갈라
보니 창자가 마디마디 끊어져 있었다. 『세설신어(世說新語)』「출면(黜免)」제28.

223 『신증동국여지승람』권32「김해도호부」'누정(樓亭)'조에 "연자루(燕子樓)는 호계(虎溪)
위에 있다."고 하였으며, 정몽주의 시가 실려 있다.

224 산다화는 동백(冬柏)의 별칭인데, 동백꽃은 겨울부터 이른 봄까지 계속하여 핀다. 24번
풍 가운데 소한(小寒)의 2후가 산다풍(山茶風)이다.

길 가다가 본대로 짓다
途中卽事

天涯遊子惜年華　하늘 끝 나그네가 가는 세월 아쉬워하지만
千里思歸未到家　천리 밖에서 집을 그리워하고 가지는 못하네
一路東風春不管　온 길의 동풍을 봄이 상관하지 않아
野桃無主自開花　산복숭아는 주인도 없이 절로 꽃을 피웠구나
　　偶然到唐人境 우연히 당시의 경지에 이르렀다.

태수 박조의 방문을 받다
朴太守稠見訪

烟花粧點太平春　아지랑이 속 꽃이 태평한 봄날을 수놓았는데
太守乘閑訪逸民　태수가 틈을 타 숨어사는 백성을 찾아왔네
醉後不知天月上　취한 뒤에 달 뜬 줄 몰랐더니
滿庭紅影欲迷人　뜰에 가득한 붉은 그림자가 사람을 어지럽히네
　　極是得意 아주 마음에 드는 시이다.

빗속에 해바라기를 읊다
雨中詠葵

松枝籬下小葵花　솔가지 울타리 아래 작은 해바라기
意切傾陽奈雨何　해 바라는 마음 간절하건만 비가 오니 어쩌랴
我自愛君來冒雨　내 그대를 사랑해 비 맞으며 찾아왔으니
　　不妨喚作此君 (모란을) 차군이라 바꿔 불러도 무방하다.
不知姚魏日邊多　해 곁[225]에 많이 핀 모란[226]은 보지 않으리
　　思淵 생각이 깊다.

궁녀를 애도하다[227]

輓宮媛　　　　　　　　　　　　　　　　　　　　　　　이희보(李希輔)

宮門深鎖月黃昏　궁궐 문이 깊이 잠기고 달도 황혼이더니

十二鍾聲到夜分　열두 번 종소리에 한밤이 되었구나

何處青山埋玉骨　어느 곳 청산에 옥 같은 뼈를 묻었는지

秋風落葉不堪聞　가을바람에 지는 잎 소리 차마 듣지 못하겠구나

　詩自好 而貽誚則大 시도 절로 좋지만, 주는 꾸지람도 크다.

병중에 감회를 쓰다

病中書懷

金花牋上牧丹詞　꽃종이 위에 모란사를 지어서[228]

太白聲名動彩眉　이태백의 명성이 임금[229]을 감동시켰네

---

225 '일변(日邊)'은 동진(東晉)의 명제(明帝)가 어렸을 적에 부왕인 원제(元帝)에게 장안과 태양 사이의 거리를 답변한 고사에서 나온 말로, 도성(都城)의 별칭이다.

226 '요위(姚魏)'는 본디 낙양(洛陽)의 민가인 요씨(姚氏) 집과 재상 위인보(魏仁溥)의 집을 가리키는데, 요씨 집에서는 천엽 황화(千葉黃花)의 모란꽃이 나고, 위인보의 집에서는 천엽 홍화(千葉紅花)의 모란꽃이 났다. 이 두 가지가 모란꽃 가운데 명품종(名品種)으로 요황(姚黃) 위자(魏紫)라 일컬어졌다.

227 허균의 『성수시화』에 이 시를 지은 배경이 실려 있다. "언젠가 폐주(연산군)가 죽은 희첩(姬妾)을 슬퍼하여 사신(詞臣)들로 하여금 만시(挽詩)를 짓게 하였는데 이희보(李希輔)가 시를 지었다. (시 줄임) 폐주가 극찬하고 이조 정랑(吏曹正郎)에서 직제학(直提學)으로 발탁되었다. 두 편 시가 비록 좋기는 하나 두 사람도 또한 이 때문에 이름을 떨치지 못하게 되었다 한다."

228 당나라 현종(玄宗)이 침향정(沈香亭)에서 양귀비(楊貴妃)와 함께 목작약(木芍藥)을 완상하다가 금화전(金花牋)을 하사하며 한림(翰林) 이백(李白)을 불러 시를 짓게 하자, 그 자리에서 「청평조사(清平調詞)」 3장을 지어 바쳤다.

229 채미(彩眉)는 팔채미(八彩眉)의 준말이다. 『공총자(孔叢子)』 「거위(居衛)」에 "옛날 요임금은 키가 10척이었고, 눈썹은 여덟 가지 채색으로 나뉘어 있었다.[昔堯身脩十尺 眉分八彩]"라고 한 데서 온 말로, 성인(聖人) 또는 제왕의 눈썹을 가리킨다.

指何耶未曉 무엇을 가리키는지 모르겠다.

病裡如今輪歲月　이제는 병들어 세월만 보내다가

一年聊復一題詩　일 년 만에야 다시 한 번 시를 지어보네

여름을 그린 화첩에[230]

夏帖　　　　　　　　　　　　　　　　　　　　　　　　박상(朴祥)

樹雲幽境報南訛　나무와 구름 그윽한 곳에 여름[231] 소식 전해져서

休說東風捲物華　봄바람이 좋은 경치 걷어갔다고 말하지 말라

紅綻綠荷千萬柄　천만 푸른 연줄기에 붉은 꽃이 터져서

却疑天雨寶蓮花　하늘에서 보련화를 뿌린 줄 의심했네

亦自奇峭 역시 기이하고 산뜻하다.

효직[232]의 상을 당하여

逢孝直喪

無等山前曾把手　무등산 앞에서 일찍이 손을 잡았는데

牛車草草故鄕歸　소달구지로 초라하게 고향에 돌아가네[233]

破涕不禁 눈물이 터지는 것을 막을 수 없다.

他年地下相逢處　다음에 저승에서 만나게 되면

---

230 박상의 문집인 『눌재집(訥齋集)』에는 「題叔保令公四時圖小屛」 8수 가운데 한 편으로 실려 있다.

231 남와(南訛)는 『서경』 「요전(堯典)」의 '평질남와(平秩南訛)'라는 데서 온 말인데, 여름 농사를 잘 보살핀다는 뜻이다.

232 효직은 조광조(趙光祖)의 자이다.

233 1519년 기묘사화가 일어나면서 조광조가 전라도 능성에 유배되었다가 12월에 사약을 받고 죽었다. 이듬해 봄에 시신을 소달구지에 실어 고향으로 보냈다.

莫說人間謾是非　인간 세상 부질없는 시비는 말하지 마세
　　長歌之哀 甚於慟哭 시의 슬픔이 통곡보다 더 심하다.

강남
江南　　　　　　　　　　　　　　　　　　　　김정(金淨)

江南殘夢晝懕懕　강남 땅에 꿈 깨다말아 한낮에도 나른한데
愁逐年芳日日添　시름은 아름다운 꽃 따라 날마다 더해가네
雙燕來時春欲暮　쌍쌍이 제비 날아와 봄날 저물어가니[234]
杏花微雨下重簾　살구꽃 가랑비에 발을 내리네

의상암[235]
義相菴　　　　　　　　　　　　　　　　　　　　기준(奇遵)

孤臺矗矗入烟空　외로운 누대 우뚝 솟아 허공에 드니
雲盡滄溟一望窮　구름 다 걷힌 바다가 한 눈에 보이네
三十六峯秋夜月　서른여섯 봉우리에 달 밝은 가을 밤
玉簫吹徹海天風　퉁소 소리가 들려와 바다 바람을 뚫는구나
　　仙語 신선의 시어이다.

---

234 제비는 입춘(立春) 뒤 다섯 번째 무일(戊日)인 춘사일(春社日)에 왔다가 입추(立秋) 뒤
　　다섯 번째 무일인 추사일(秋社日)에 돌아갔다.
235 『동국여지지(東國輿地志) 권5 「부안현」 '사찰(寺刹)'조에 "의상암은 변산 꼭대기에 있다.
　　신라 승려 의상이 머물던 곳이다.[義相菴 在邊山絶頂 新羅僧義相所居]"라 설명하고,
　　이 시를 실었다.

내조에서 홀로 숙직하며 밤비 내리는 소리를 듣다

獨直內曹 聞夜雨   신광한(申光漢)

江湖當日亦憂君 강호에 있던 날에도 임금님 걱정하느라
白首無眠夜向分 흰 머리로 잠 못든 채 밤을 지새웠네
華省寂寥踈雨過 고즈넉한 궁궐에 성근 비 지나가니
隔窓桐葉最先聞 창 너머 오동잎에서 가장 먼저 들리는구나
　　淡雅而情穠 맑고 우아하면서 감정이 짙다.

산속 절에서 자며

投宿山寺

少年常愛山家靜 젊은 시절엔 늘 고요한 산속 집을 사랑하여
多在禪窓讀古經 자주 승방에서 옛 경서를 읽었지
白髮偶然重到此 백발 되어 우연히 다시 이곳에 이르니
佛前依舊一燈靑 부처 앞에는 여전히 등불 하나 켜져 있구나
　　婉切 완곡하고도 절실하다.

개현에 있는 김세필[236]의 옛 집을 지나며 감회가 있기에

過介峴金公碩世弼舊居有感

同時逐客幾人存 같이 쫓겨난 신하들 몇 사람이나 남았는가
立馬東風獨斷魂 봄바람에 말 세우고 홀로 애를 태우누나

---

236 공석은 김세필의 자로, 기묘명현의 한 사람이다. 조광조가 사사(賜死)되자 이듬해 경연에
　　서 그를 옹호하다가 유춘역으로 유배되었다. 신광한은 조광조의 일파라고 하여 삼척부사
　　로 좌천되었다가 파직되었다.

烟雨介山寒食路　안개비 자욱한 한식날 개산[237] 길에서
不堪聞笛夕陽村　석양녘 마을의 젓대 소리를 차마 듣지 못하겠네

　　終當爲情死 결국에는 정 때문에 죽는구나.

안성군 시판에 있는 시에 차운하다

次安城郡板上韻

當年潦倒過春城　그 당시에 봄날의 성을 초췌하게 찾았는데
杖節重來意未平　부절 들고[238] 다시 오자[239] 가슴이 설레이네
沽得濁醪知有主　탁주를 팔던 집에 주인이 그대로 있는지
杏花村戶不分明　살구꽃 핀 집이 아련히 보이는구나

　　曲暢 곡진하게 펼쳤다.

---

237 춘추시대 진(晉)나라 문공(文公)이 19년 동안 타국을 떠돌며 고생할 때 개자추(介子推)가 자신의 허벅지 살을 베어 요리를 할 정도로 충성하였다. 뒤에 문공이 진나라로 돌아와 즉위한 다음, 자신을 모시며 고생한 사람에게 상을 내렸다. 이때 개자추의 공을 잊고 봉록을 내리지 않아, 개자추가 어머니를 모시고 면산(綿山)에 은거하였다. 뒤늦게 문공이 산으로 찾아갔으나 개자추가 나오지 않았다. 그를 나오게 하려고 산에 불을 질렀는데, 개자추는 끝내 나오지 않고 어머니와 함께 나무를 껴안고 불에 타 죽고 말았다. 문공이 크게 슬퍼하여 산 아래 사당을 지어 제사를 지내게 하고, 그가 불에 타 죽은 날에는 불을 사용하지 못하도록 하였다. 이날이 바로 한식(寒食)이고, 면산은 개산(介山)이라 불리게 되었다. 『춘추좌씨전(春秋左氏傳)』 「희공(僖公) 24년」
　　여기서는 김세필이 살았던 개현을 뜻하기도 한다.

238 '장절(杖節)'은 부절을 잡는다는 말로 관찰사가 됨을 의미한다. 병마절도사가 부절(符節)과 부월(斧鉞)을 받는데, 관찰사가 병마절도사를 겸하였다.

239 1539년 11월에 경기 관찰사가 되어 안성을 순행하던 중에 지은 듯하다.

벗과 헤어진 뒤 밤에 저자도²⁴⁰에 배를 대고 있었던 일을 쓰다
別親舊 夜泊楮子島 書事

江湖浪迹已多年　강호를 떠돌아다닌 지 벌써 여러 해
纔到紅塵意惘然　홍진 세상에 이르자마자 뜻이 아득해지네
却怪酒醒淸入骨　술이 깨자 이상하게도 맑은 기운 뼈에 스며들어
不知身臥月明舡　내 몸이 달 밝은 배에 누워 있는 것도 아지 못했네
　　淸思逼人 맑은 생각이 사람에게 다가온다.

음성²⁴¹ 가는 길에
陰城道中

征驂羸盡一冬深　겨울이 깊어 나그네 말 지쳤건만
白首懷君正不禁　흰 머리로 임금님 생각을 금할 수 없네
家在石城歸亦好　집이 석성에 있어 돌아가기에 좋건만
朔風吹折倦遊心　북풍이 지친 나그네 마음을 꺾어 놓는구나
　　鏗爾有韻 성률이 아름다워²⁴² 운치가 있다.

---

240 저자도는 도성 동쪽 25리에 있다. 한강 가운데 작은 섬이 우뚝 솟아서 모래섬을 앞에 마주하고 있는데 고려 때 한종유(韓宗愈)가 이곳에 별장을 두었다. 본조 세종이 이 섬을 정의공주(貞懿公主)에게 하사하였는데, 공주의 아들 안빈세(安貧世)가 그 위에 정자를 짓고 화공에게 명하여 그림을 그리게 하니, 한때 이에 대해 시를 읊은 이가 매우 많았다. 『동국여지지』 권1 「한성부」 '산천(山川)'조
241 음성은 충청도 북단에 위치한 군인데, 신광한의 문집인 『기재집』에는 죽산(竹山)으로 되어 있다. 죽산은 경기도의 현으로, 현재 안성시 죽산면이다. 죽산 옆이 음성이다.
242 '갱이(鏗爾)'는 금석이나 옥에서 나는 맑고도 큰 소리이다. 공자가 증점에게 하고 싶은 일을 묻자, "증점이 조용히 거문고를 뜯고 있다가 크게 한바탕 튕기고서 내려놓은 뒤에 일어나서 대답하였다.[鼓瑟希 鏗爾 舍瑟而作 對曰]"

비에 막혀 신륵사에서 묵으며
阻雨 宿神勒寺

好雨留人故不晴　봄비[243]가 사람을 붙들려고 일부러 개지 않으니
隔窓終日聽江聲　창 너머로 온종일 강물 소리 들리네
斑鳩又報春消息　산비둘기도 또한 봄 소식을 전하려고
山杏花邊款款鳴　산살구꽃 가에서 다정스레 우는구나
　令人心醉 사람을 심취하게 한다.

간성에 부임하는 조카 원량[244]을 보내며
送堂姪元亮之任杆城

一萬峯巒又二千　일만 봉우리에 또 이천
海雲開盡玉嬋妍　바다 구름 다 걷히면 옥같이 고우리라
少因多病今傷別　젊어선 병이 많아, 지금은 이별이 슬퍼
辜負名山此百年　백년 인생에 이 명산을 저버렸구나
　此世所稱者 이 시가 세상에서 칭송되는 것이다.

追惟勝迹發長嗟　명승을 추억하며 길게 탄식하노니
三十年來夢一過　삼십 년 동안 꿈속에서 한번 찾아갔지

---

243 두보(杜甫)의 「춘야희우(春夜喜雨)」 시에 "좋은 비가 시절을 알아서, 봄을 당하여 만물을 발생시키네.[好雨知時節 當春乃發生]" 하였다.

244 원량은 신잠(申潛)의 자이다. 신잠이 상주목사에 임명된 『명종실록』 7년(1552) 4월 25일 사평(史評)에 간성군수 이야기가 실려 있다. "신잠은 기묘사화(己卯士禍)가 일어나자 바로 귀양가서 바닷가에 유락된 지가 거의 20년이나 되었다. 정유년에 김안로(金安老)가 처형되자 기묘제현(己卯諸賢)으로 요행히 생존된 자는 모두 소명(召命)을 받았다. … 산수나 즐기려는 뜻으로 간성군(杆城郡)을 얻어 부임하였는데, 얼마 안 되어 전조(銓曹)가 정의(廷議)에 의해 주의(注擬)하였으므로 상주 목사에 제수한 것이다."

疎雨落霞鳴玉路　성긴 비에 꽃 지고 옥소리 울리는[245] 길에

　穠而練洗 농염하면서도 잘 다듬어져 있다.

馬蹄曾踏海棠花　나의 말도 일찍이 해당화를 밟고 갔었지

한밤중에 비가 개자 달빛이 그림 같아 장탄 갈대밭에 배를 대고
夜分後雨霽 月色如畫 舟泊長灘荻花灣

孤舟一泊荻花灣　갈대꽃 핀 물 기슭에 외로운 배 매고 보니

兩道澄江四面山　두 갈래 맑은 강에 사면이 산이로구나

人世豈無今夜月　인간 세상에 어찌 오늘 같은 달밤 없을랴만

百年難向此中看　백년 가도 이 가운데 보기는 어려우리라

　說到此無欠 말이 여기에 이르렀으니 아무런 흠이 없다.

그리움
有所思[246]

秋草離離白露時　가을 풀 우거지고 흰 이슬 내리는데

夜深明月候虫悲　밤 깊어 밝은 달에 풀벌레 슬피 우네

牽牛只恨天津隔　견우는 은하수[247] 가로막혔다고 한탄할 뿐

不識人間有別離　인간 세상에도 이별 있는 줄은 아지 못하리

　亦好 이 시도 역시 좋다.

---

245 명옥(鳴玉)은 고관들이 허리에 찬 패물이 걸을 때마다 울리는 소리이기도 하지만, 말방울
　소리일 수도 있다.
246 한(漢)나라 요가(鐃歌) 18곡 명칭 가운데 하나로, 마음이 변한 님을 다시는 생각지도
　말고 만나지도 말아야겠다는 슬픈 내용으로 되어 있다. 후에 그리운 님에 대한 애정을
　읊는 악부(樂府) 제목으로 많이 지어졌다.
247 『진서(晉書)』「천문지(天文誌)」에, "천진(天津)의 아홉 별이 은한(銀漢) 중간을 가로 질
　렀다." 하였다.

동산역[248]

洞山驛

蓬島茫茫落日愁　봉래도 아득하여 지는 해가 시름겨운데
　曠懷 회포가 드넓다.
白鷗飛盡海棠洲　흰 갈매기 해당화 핀 섬으로 다 날아갔네
如今始踏鳴沙路　오늘에야 비로소 명삿길[249] 밟게 되니
二十年前舊夢游　이십 년 전[250] 옛꿈에 놀던 곳이라오
　何等淸思 이 얼마나 맑은 생각인가?

동년[251] 최익령의 경포 별장에서 박우[252]의 시에 차운하다

崔同年益岭鏡浦別墅 次昌邦朴祐韻

沙村日暮扣柴扉　사촌[253]에 날이 저물어 사립문 두드리니
夕露微微欲濕衣　저녁 이슬 옅게 내려 옷을 적시려 하네
江路火明聞犬吠　강둑길 불 밝고 개 짖는 소리 들리더니

---

248 동산은 강원도 양양도호부의 속현(屬縣)이다.

249 명사(鳴沙)는 고을 남쪽 18리에 있다. 모래 색이 눈 같고, 인마(人馬)가 지날 때면 부딪쳐서 소리가 나는데 쟁쟁(錚錚)하여 쇠소리 같다. 대개 영동(嶺東) 지방이 모두 그러하지만, 그중에서도 간성(奸城)·고성(高城) 간에 제일 많다. 『신증동국여지승람』 권45 「간성군」 '산천(山川)'조.

250 신광한이 20년 전인 1520년에 삼척부사로 부임하였다.

251 동년은 과거에 함께 급제한 사람을 가리키는데, 최익령은 1510년 문과에 급제하고 왕자 사부를 지냈다.

252 이대본에 '박우(朴禑)'라고 되어 있지만, 자가 창방이기에 '박우(朴祐)'로 고쳐 번역하였다. 박우는 박상(朴祥)의 아우이자 박순(朴淳)의 아버지이다.

253 허균의 외조부인 예조 참판 김광철(金光轍)이 살던 마을인데, 강릉시 사천면 사천진리 일대이다.

小童來報主人歸 주인님 돌아오신다고 아이가 알려오네

唐人正格 당나라 시인의 정격이다.

비바람 속에 월계협[254]을 지나며
風雨 過月溪峽

截壁嵯峨十里橫 우뚝 솟은 절벽이 십 리나 가로놓이고
緣江一路細縈縈 강을 따라 길 하나가 구불구불 이어졌구나
平生粗識安危分 평소에 안위와 분수를 조금 알았기에
脚底風波未足驚 발 아래 이는 풍파에는 놀라지 않네

練達之言 亦自老成 통달한 자의 말이라 또한 절로 노성하다.

유점의 고기잡이 불
柳店漁火

依依垂柳暗江濱 늘어진 수양버들이 강가에 어둑한데
人語黃昏未掩門 황혼에 문도 닫지 않아 사람 말소리 들리네
忽怪雨中星宿亂 빗속에 별빛이 쏟아지나 이상하게 여기다가

變幻得好 변환을 잘하였다.

却聞漁唱辨漁村 뱃노래 듣고 나서 어촌인 줄 알았네

---

254 팔당대교 부근의 광나루에서 양수리에 이르는 협곡의 옛 이름으로 달냇골이라고도 한다.

배 위에서 삼각산을 바라보니 느낌이 있어
船上望見三角山有感

孤舟一出廣陵津	외로운 배로 광나루를 한번 나와
十五年來未死身	열다섯 해 지나도록 죽지 못한 몸일세
我自有情如識面	나는야 정이 있어 아는 얼굴 같지만
青山能記舊時人	청산이야 옛사람을 기억할 수 있으랴

有都亭之感 도정[255]의 마음이 있다.

여망[256]
呂望

清渭東流白髮垂	맑은 위수[257] 동으로 흐르는데 흰 머리 드리우고
一竿誰見釣璜時	낚싯대 하나로 옥황 낚던[258] 것을 누가 보았으랴
悠悠湖海多漁父	많고 많은 호수와 바다에 어부가 많았으니
不遇文王定不知	문왕을 못 만났더라면 아무도 알아주지 않았으리

極好思 몹시 좋은 생각이다.

---

255 도읍(都邑) 안에 있는 전사(傳舍)를 말한다. 진(秦)나라 법에 10리 마다 1정(亭)을 두고 군현의 치소(治所)에는 도정(都亭)을 두었다. 관원에게 신세를 지려는 사람들이 도정에 머물렀으니, '도정의 마음'은 관직을 구하려는 마음이다.

256 본성은 강씨(姜氏)인데 주나라 문왕(文王)의 스승이 되어, 무왕(武王)을 도와 은나라 주왕(紂王)을 치고 나라를 세운 공으로, 제나라에 봉작되었다. 강태공(姜太公)이라는 별칭으로 더 널리 알려졌으며, 병서(兵書)『육도(六韜)』를 지었다고 전한다. 「여망」 이하 「항우」, 「한신」의 3수는 『기재집』에 「영사(詠史)」 65수 가운데 한 편으로 각각 실려 있다.

257 섬서성(陝西省) 장안(長安) 부근에서 위수(渭水)와 경수(涇水)가 합해지는데, 위수에는 맑은 물이 흐르고 경수에는 탁한 물이 흘러서 예로부터 청위탁경(清渭濁涇)이라고 하였다.

258 여상(呂尙)이 반계(磻溪)에서 낚시질을 하다가 옥황(玉璜)을 건져 올렸는데 그 옥황에 "희씨(姬氏)가 천명을 받고 여씨(呂氏)가 보좌하리라.[姬受命 呂佐之]"라는 글귀가 새겨져 있었다고 한다.

항우
項羽

堂堂氣力竟何如　당당한 기개와 힘[259]이 결국 어찌 되었나
學劍無成恥學書　검술 배워 이루지 못하고 글 배우기도 부끄러웠지[260]
密擊詐降皆戰罪　몰래 치고 속여 항복시킨 것이 모두 잘못 싸웠으니[261]
八年空爲漢驅除　팔년을 헛되게 한나라 몰이꾼만 되었구나

　　大議論 커다란 의논이다.

한신
韓信

英雄意氣負多多　영웅이 의기 있어 다다익선이라 자부했건만[262]
漢業成來聽楚歌　한나라 왕업 이루어지자 초나라 노래 들렸네[263]

---

259 항우가 한나라 군사와 싸우면서 해하(垓下)에 진을 치고 있을 때, 한나라 군사와 제후군(諸侯軍)의 겹겹 포위 속에서 밤중에 사방에서 초가(楚歌)가 울려 퍼지는 소리를 듣고는 슬피 노래하였다. "힘은 산을 뽑을 만하고 기개는 세상을 덮었건만, 시운이 이롭지 못함이여 오추마가 가지 않는구나.[力拔山兮氣蓋世 時不利兮騅不逝]"

260 항우가 어려서 글과 검술을 배웠지만 모두 이루지 못하자, 숙부 항량(項梁)이 꾸짖었다. 항우가 "글은 성명만 기록할 줄 알면 충분하고, 검은 한 사람을 상대하므로 배울 가치가 없다. 나는 만인을 상대하는 법을 배우고 싶다.[書足以記名姓而已 劍一人敵 不足學 學萬人敵]"라고 하니, 항량이 병법을 가르쳤다. 『사기(史記)』 권7 「항우본기(項羽本紀)」

261 항우가 해하(垓下)의 전투에서 유방에게 패하여 동성(東城)으로 쫓겨갔을 때, 자기를 따르는 28명의 기병들에게 지금 이런 곤경에 빠진 것은 "하늘이 나를 망하게 한 것이지, 싸움을 잘못한 탓이 아니다.[此天亡我 非戰之罪]"라고 하였다. 「항우본기」

262 고조가 물었다. "내가 몇 명의 군사들을 거느릴 수 있겠소?" 한신이 대답했다. "폐하께서 거느릴 군사는 십만을 넘지 않습니다." 고조가 말했다. "그대는 몇 명이나 거느릴 수 있소?" "신은 다다익선(多多而益善)이라 많으면 많을수록 좋습니다." 『사기』 권92 「회음후열전(淮陰侯列傳)」

263 항우와 유방이 해하(垓下)에서 마지막으로 싸우기 전날 밤 한신이 초나라 민요를 부르게 하여 초나라 군사들의 사기를 꺾어 놓았다. '사면초가(四面楚歌)'의 고사를 가리킨다.

知勇竟爲兒女困　지혜롭고 용맹해도 결국 아녀자에게 당했으니

一生操縱在蕭何　한 평생 조종한 것이 소하에게 달렸구나[264]

이화정에서 취해 쓰다

醉題梨花亭　　　　　　　　　　　　　　　　신잠(申潛)

　亦好 이 시도 역시 좋다.

此地來遊三十春　이곳에 와서 논 지가 삼십 년 되어

偶尋陳迹摠傷神　우연히 찾아오니 묵은 자취 마음 아파라

庭前只有梨花月　뜰 앞에는 그날처럼 배꽃에 달이 비치건만

不見當時歌舞人　당시에 노래하고 춤추던 이들 보이지 않는구나

---

264 유방이 천하를 얻은 뒤에 초왕(楚王) 한신(韓信)을 잡아 죽인 것을 말한다. 진희(陳豨)가
　　반란하자 한신이 진희와 동모한다고 고하는 자가 있어 여후(呂后)가 소하(蕭何)의 계책
　　에 따라 한신을 포박하여 베어 죽였다.

칠언절구(七言絶句)

옥당의 산수도에 쓰다[1]
題玉堂山水圖

소세양(蘇世讓)

百道飛泉掛樹梢　백 가닥 폭포가 나무줄기 끝에 걸치고
野橋橫斷跨江郊　허름한 다리는 가로질러 강가 기슭에 걸터앉았네
寶坊知在峯回處　아름다운 절이 산봉우리 휘돌아간 곳에 있음을 알겠
　　　　　　　　으니
滿地藤蘿細路交　땅에 가득한 덩굴들이 비좁은 길에 얽혀 있구나

좌의정 상진[2]의 기러기 화축에 쓰다[3]
題尙左相震畵鴈軸

蕭蕭孤影暮江潯　외로운 그림자 저문 강가에 쓸쓸한데

1　소세양의 문집인 『양곡집』 권1에는 「題金孝順山水圖」라는 제목으로 실려 있다.
2　상진(尙震, 1493~1564)의 자는 기부(起夫), 호는 범허정(泛虛亭), 시호는 성안(成安)이
　다. 영의정까지 올라 14년 동안 재상으로 조정을 이끌었다.
3　허균의 『성수시화』에 이 시를 지어준 배경이 실려 있다. "소퇴휴(蘇退休)가 젊었을 적에
　는 상좌상(尙左相)과 동료로 지냈는데 상(尙)이 하관(下官)으로 있었다. 그러다가 상진이
　재상이 되자 기러기 그린 화축(畵軸)을 가지고 퇴휴에게 시를 지어달라고 요청했다. 퇴휴
　가 절구 한 구를 지어 써 보냈는데 (시 줄임) 함축된 의사가 심원하여 상정승이 보고는
　탄식하며 서글퍼했다."

紅蓼花殘兩岸陰 붉은 여뀌꽃 시들어 두 기슭에 그늘졌구나
謾向西風呼舊侶 부질없이 가을바람에 옛 짝을 부른다지만
不知雲水萬重深 구름과 물이 만리나 깊은 줄 아지 못하네
　　殊有企羨之思 부러워하는 생각이 있다.

이아[4]가 죽림 서쪽 산기슭에 초당 터를 잡았기에

邇兒得草亭之基于竹林西麓

不論城市與山林 성시[5]인지 산림인지 따질 것 없이
卜築先須傍竹陰 집은 모름지기 대숲 그늘을 끼고 지어야지
好是餘生游息地 여생을 노닐며 쉴 곳이니 좋구나
世間何事更關心 세상 무슨 일에 다시 관심 가지랴

파산관에서 묵으며

宿巴山館　　　　　　　　　　　　　　　　　정사룡(鄭士龍)

天畔逢秋恨轉新 하늘가에서 가을을 만나 한이 더욱 새로우니
悲笳嘹唳起西隣 갈잎피리 소리 처량하게 서쪽 마을에서 일어나네
　　憭慄 처량하고 쓸쓸하다.
樹頭雲破初弦月 나무 끝에 구름 터져 초승달이 뜨는데
　　有力 힘이 있다.
步盡樓陰不見人 다락 밑을 다 걸어도 사람은 보이지 않는구나

4　신광한은 첫 부인 임씨에게서 딸 둘을 낳고, 둘째 부인 오씨에게서 아들 둘 딸 둘을 낳았으며, 측실에게서 아들 둘을 낳았는데, 이아(邇兒)는 둘째이다.
5　사람들이 많이 모이는 성읍과 시장이다.

장난으로 지어 마음을 달래다
戲自遣

宿酲扶起對朝陰　술이 덜 깬 몸을 억지로 일으켜 아침 햇살 대하니
落絮飛花滿院深　흩날리는 버들솜과 꽃잎이 뜰에 가득 쌓였구나
　　殊富 아주 넉넉하다.
惱得春愁無處寫　괴롭게도 봄날의 시름을 풀 곳이 없는데
一聲羌管水龍吟⁶　수룡음 피리⁷ 소리가 한 곡조 들려오는구나
　　如嘗大胾⁸ 咀嚼愈佳 커다란 고깃덩이를 맛보는 것 같아서, 씹을수록 아름답다.

봄날의 흥취
春興

花滿園林葉未齊　뜰에 꽃 가득하고 잎은 들쭉날쭉
恰回殘夢有鶯啼　꿈 깨기 알맞게 꾀꼬리 소리 들리네
　　風致 풍치가 있다.
蝦鬚不碍東風過　주렴⁹이 봄바람을 막지는 않지만
無奈輕陰壓額低　이마에 그늘 지는거야 어쩔 수가 없구나
　　構思入微 시상을 엮은 것이 미묘한 경지에 들었다.

6　송나라 시인 소식(蘇軾, 1037~1101)이 사패의 하나인 수룡음(水龍吟) 곡조에 맞추어 사(詞)를 지었는데, 관악기로 연주하는 곡조명이기도 하다. 우리나라에는 고려조에 수입되어 「포구락(抛毬樂)」의 반주 음악으로 쓰였으며 조선조 말기까지 궁중 연례악의 하나로 연주되었다.
7　강관(羌管)은 오랑캐 피리인데, 이 시에서는 변방의 피리소리를 가리킨다.
8　뼈가 붙어 있는 익은 고기를 저며 놓은 것을 효(殽)라고 하고, 순고기를 저며 놓은 것을 자(胾)라고 한다.
9　하수(蝦鬚)는 새우 수염이지만, 주렴의 이칭으로도 쓴다. 허균의 젊은 시절 작품을 편집한 『교산억기시(蛟山臆記詩)』에 많이 보인다.

이장군의 서호[10] 지족당에서
李將軍西湖知足堂   황여헌(黃汝獻)

龍山猺水杳茫邊   용산과 달천[11]이 아득히 멀어서
勝地逢人已十年   명승지에서 만난 지 벌써 십 년일세
日落海門天遠大   해 지는 포구에 하늘은 멀고 큰데
夜深燈火見陽川   밤 깊어지자 등불이 양천[12]에 보이네

능금[13]꽃이 떨어지다
來禽花落   심언광(沈彦光)

朱白扶春上老柯   붉고 흰 빛이 봄을 도와 늙은 가지에 올렸으니
爲誰粧點野人家   누구를 위해 촌사람 집을 단장하였나
三更風雨驚僝僽   한밤중 비바람이 초췌한 꽃에 사납더니
落盡來禽滿樹花   능금나무에 가득하던 꽃을 다 떨구었구나

    二絶俱有味 절구 두 수가 모두 맛이 있다.

---

10 조선시대 한강(漢江)은 지역마다 부르는 이름이 따로 있었으며, 특히 물길이 휘돌아 강폭
   이 넓고 물살이 고요한 곳은 모두 호수로 이름하였는데, 양화나루 일대를 흐르는 한강을
   두호 혹은 서호(西湖)라고 불렀다.
11 충주를 지나가는 남한강 줄기이다. 『신증동국여지승람』 권14 「충주목(忠州牧)」에 "달천
   (達川) 혹은 덕천(德川)이라 하고, 달천(獺川)이라고도 하는데, (충)주 서쪽 8리에 있다.
   근원이 보은현(報恩縣) 속리산(俗離山) 꼭대기에서 나와서 그 물이 세 갈래로 나뉘는데,
   그 하나가 서쪽으로 흘러 달천이 되었다."고 하였다.
12 한강 가에 있던 조선시대 현(縣)으로, 지금의 서울시 양천구 일대이다.
13 원문의 내금(來禽)은 능금인데, 임금(林檎)이라고도 한다. 능금의 맛이 달기 때문에 능금
   나무가 새들을 불러오게 하므로 이렇게 명명하였다는 설이 있다.

꽃이 지다[14]

落花

野桃花謝葉初生	들복숭아꽃 지고 잎이 막 돋았는데
雨後風前蝶翅輕	비온 뒤에 바람 불자 나비 날개처럼 가볍구나
枝上晚紅猶未落	가지에 늦게 핀 꽃잎은 아직 지지 않았으니
徐娘雖老尙多情	서랑이 비록 늙었어도 정이 많아서라네[15]

引譬好 비유를 끌어다 쓴 것이 좋다.

무위[16]

無爲   이언적(李彦迪)

萬物變遷無定態	만물은 변천하여 일정한 자태 없으니
一身閑適自隨時	이 한 몸 한적하게 절로 때를 따르노라
年來漸省經營力	근래에는 일 만드는[17] 힘을 차츰 줄인지라
長對靑山不賦詩	산을 오래 바라보며 시조차 짓지 않네

悟道之言 도를 깨달은 사람의 말이다.

---

14 이 시는 심언광의 문집인 『어촌집(漁村集)』에 실려 있지 않다.

15 서랑은 양 원제(梁元帝)의 비(妃)로 이름은 소패(昭佩)이다. 원제가 애꾸눈이었으므로, 얼굴 반쪽만 화장하고 임금을 맞이했다가 임금의 노여움을 샀다. 그 뒤에 그녀는 원제의 근신(近臣)인 계강(季江)과 간통하였는데, 계강이 "서랑은 늙었어도 여전히 다정하구나 [徐娘雖老 猶尙多情]"라고 하였다. 『남사(南史)』「양원제 서비전(梁元帝徐妃傳)」

16 인위적으로 하지 않으면서도 무엇인가 이루어지는 것이다. 『논어』「위령공(衛靈公)」에, "하는 일 없이도 다스린 자는 순이다.[無爲而治者 其舜也與]"라 하였다. 『노자(老子)』 제2장에선 "성인은 무위의 일을 처리하고 불언의 가르침을 시행한다.[聖人處無爲之事 行不言之敎]" 하였다.

17 『시경(詩經)』「대아(大雅) 영대(靈臺)」에, "영대를 세우려고 경영하시니, 백성들이 달려 들어 하루도 못 되어 완성했네.[經始靈臺 經之營之 庶民攻之 不日成之]"라고 하였다. 경(經)은 땅을 재는 것이고, 영(營)은 푯말을 세우는 것이니, 경영은 일을 기획하여 실천 하는 것이다.

해주 허백당에 쓰다

題海州虛白堂   서경덕(徐敬德)

虛白堂中憑几人　허백당[18] 속에 안석에 기댄 사람
一生心事淡無塵　한평생 심사가 맑아 티끌 하나 없구나
太平歌管來飄耳　태평한 노랫가락이 귀에 들어오니
便作羲皇以上身　문득 희황상인[19]이 된 듯하구나

　　自在超邁 不下唐家 절로 초매하여 당나라 시인보다 낮지 않다.

숲속의 사당[20]

叢祠   심사순(沈思順)

神鴉飛下石壇空　갈까마귀[21] 빈 돌 제단에 날아 내리고
腥雨淋淋滿綠叢　비릿한 비도 주룩주룩 푸른 숲에 내리네
日晚山椒人散盡　산마루에 날 저물고 사람 다 흩어지자
碧燈深閉古祠中　등불만 낡은 사당 속에 깊이 감춰졌구나

　　森邃 깊고 그윽하다.

---

18 『장자』「인간세(人間世)」에 "빈 방 안에는 흰빛이 생기고, 거기에 좋은 징조가 깃든다.[虛
室生白 吉祥止止]"라고 하였다. 허백(虛白)한 방이란 맑고 텅 빈 마음을 가리키는데,
마음이 청허(淸虛)하여 욕심이 없으면 도심(道心)이 절로 생겨나는 것을 의미한다. 해주
허백당이 누구의 집인지 알 수 없다.

19 희황(羲皇)은 복희씨(伏羲氏)이다. 도연명의 「여자엄등소(與子儼等疏)」에 "오뉴월 중에
북창 아래에 누워 있다가 서늘한 바람이 잠깐 지나가면, 스스로 희황 시대의 사람이 아닌
가 하고 생각했다.[北窓下臥 遇涼風暫至 自謂是羲皇上人]"고 하였다. '羲皇以上身'은
복희씨 이전 태곳적의 한가로운 백성이란 뜻이다.

20 총사(叢祠)는 숲속의 사당 외에 잡신(雜神)을 모신 사당이나 서낭당을 뜻하기도 한다.

21 신사(神祠)에서 제수를 먹고 사는 갈까마귀를 가리킨다.

범패 소리를 들으며

咏唄音   조욱(趙昱)

口中梵唄應黃鐘   입 속의 범패[22]가 황종[23]에 응하고
魚樂純如震法宮   어고 소리[24]도 맑게 법궁[25]을 흔드네
無限人天皆省悟   무한한 중생[26]들 모두 깨달음을 얻지만
收聲方覺本來空   소리가 거둬지면 알리라 본래 공이라는 것을

此駱老所惟服者 이 시는 낙봉[27]이 탄복한 시이다.

낙봉의 시에 차운하여 감호주인[28]에게 주다

次駱峯韻 贈鑑湖主人

十年長掩故山扉   십 년 동안 고향 사립문 늘 닫아두고
塵土東華幾染衣   먼지 이는 도성[29]에서 얼마나 옷을 더럽혔던가

---

22 인도(印度)의 소리라는 의미로 범음(梵音) 또는 어산(魚山)이라고도 한다. 불교의 의식을 진행할 적에 사용하는 염불을 포함한 모든 불가(佛家)의 노래를 이르는데, 주로 석가여래의 공덕을 찬미하는 내용이다.

23 십이율(十二律)의 하나인 양률(陽律)의 첫째 음. 대금의 첫째와 넷째 구멍을 떼고 나머지 구멍을 막고 낮게 불 때 나는 소리. 12율(律)의 첫째가 황종인데 율관(律管)을 제정할 때에 황종을 기본으로 한다.

24 어악(魚樂)은 어고(魚鼓) 소리인 듯하다. 어고는 목어(木魚)로서, 나무를 깎아 잉어 모양을 만들고 속을 파낸 것으로 불사(佛事)할 때 두들긴다.

25 대궐의 정전을 뜻하지만, 이 시에서는 불전을 가리키는 듯하다.

26 인천(人天)은 불교에서 육도(六道) 가운데 인도(人道)와 천도(天道), 또는 십계(十界) 가운데 인계(人界)와 천계(天界)를 가리키는 말로, 인간 세상을 뜻한다.

27 낙로(駱老)는 낙봉 노인이니, 신광한을 가리킨다.

28 이 시의 시화가 『한고관외사(寒皐觀外史)』본 『패관잡기(稗官雜記)』에 실려 있는데, 주인은 강릉 경포대 옆에 살았던 최익령(崔益齡)이다.

29 동화(東華)는 옛날 백관이 입조할 때 드나들던 궁성의 동문인데, 소식의 「종가경령궁(從駕景靈宮)」시의 자주에 의하면, "전배(前輩)의 장난 말에 '서호(西湖)의 풍월(風月)이

想得鏡湖春夜月　경포 봄날에 달이 뜨는 밤이면
子規應喚不如歸　자규가 응당 돌아오지 않는다고 울리라
　　譏切甚至 조롱함이 몹시 지극하다.[30]

벗에게

示友人　　　　　　　　　　　　　　　　임억령(林億齡)

古寺門前又送春　낡은 절 문 앞에서 또 봄을 보내니
殘花隨雨點衣頻　지는 꽃이 비를 따라 옷에 자주 달라붙네
歸來滿袖淸香在　돌아올 때 소매 가득 맑은 향기 남았으니
無數山蜂遠趁人　무수한 산벌들이 멀리 따라오는구나
　　有唐人風格 당나라 시인의 풍격이 있다.

화산폭포도

華山瀑布圖

急雨蒼崖掛白龍　푸른 벼랑에 소나기 내려 흰 용이 걸렸으니
詞人健筆氣成虹　시인의 힘찬 필치가 무지개 되었구나
侯家屛幛應無此　고관집 병풍에도 이런 그림은 없으리니
我是人間富貴翁　내가 바로 인간 세상의 부귀한 늙은이일세
　　氣颾語猛 기운이 거세고 말이 사납다.

　　동화문의 뿌연 먼지만 못하다.'고 하였다.'라고 하였다.
30 『패관잡기』에 의하면, 최익령이 이 시를 받아보고 "이 시는 참으로 나에게 침석(鍼石)이
　　다.[此詩眞我之鍼石也]"라고 받아들였다고 한다.

정읍 동헌 시에 차운하다[31]

次井邑東軒韻

護軍雖散亦王官	호군[32]은 산직이지만 이 또한 왕이 내리신 벼슬일세
內賜豳風再拜看	빈풍[33] 책을 내려주셔서 두 번 절하고 보았네
白髮老臣心耿耿	백발의 늙은 신하는 정신이 또렷한데
隔墻隣女夜舂寒	담 너머 이웃 아낙의 절구소리가 한밤에 차갑구나[34]

此詩絶筆 尤覺動人 이 시는 절필이어서, 사람을 더욱 감동시킨다.

와현[35]에 올라 관악을 바라보며

登瓦峴 望冠岳   정렴(鄭磏)

荒村古木嘯飢鳶	황량한 마을 고목에 굶주린 솔개가 울고
蘆荻蕭蕭薄暮天	갈대는 우수수 저문 하늘에 소리 내네
立馬溪橋回首望	시내 위 다리에 말 세우고 머리 돌려 바라보니
亂山遙在白雲邊	어지러운 산들이 아득히 흰 구름가에 있구나

淸遠有味 맑은 운치가 있다.

---

31 『석천시집』에는 자주(自註)가 실려 있다. "부호군 임아무개가 병으로 초야에 누워 있는데도 조정에서는 잇달아 서반(西班)에 이름을 올리고, 6월에 내사본(內賜本) 『이단변정빈풍칠월편(異端辨正豳風七月篇)』을 승정원에서 전달하여 이 고을까지 이르렀으니, 임금의 은총이 이에 이르렀기에 지은 것이다."

32 조선시대 오위(五衛)의 정4품 벼슬로 초기에는 실직(實職)이었지만, 차츰 문무관, 음직(蔭職)에서 임명하여 녹봉만 지급하고 실제의 직무가 없는 산직(散職)으로 변하였다.

33 『시경(詩經)』의 편명이다.

34 『시경』 「빈풍 칠월」은 월령(月令)이다. 천문과 기후의 변화를 관찰하고 곤충과 초목의 변화를 살펴서 천시(天時)를 파악하여 백성들에게 농사일을 일러주면, 백성들이 그에 따라 일을 하고 제사를 지내며 연향을 베푸는 모습을 노래하고 있다.

35 『일성록』에 "숭례문(崇禮門) 밖 와현(瓦峴)"이라고 하였다.

부여 낙화암

扶餘落花巖   홍춘경(洪春卿)

國破山河異昔時 나라 망하고 산과 물도 옛날과 다른데[36]
獨留江月幾盈虧 홀로 강 위에 달이 남아 몇 번이나 차고 기울었나
落花巖畔花猶在 낙화암 가에는 꽃이 아직도 남아 있으니
風雨當年不盡吹 당시의 비바람이 다 쓸어가지 못하였구나

의주에서

義州   이황(李滉)

龍淵雲氣曉凄凄 구룡연[37]의 구름기운이 새벽[38]에 서늘한데
鶻岫摩空白日低 송골산[39]이 하늘에 닿아 흰 해가 나지막하구나
坐待山城門欲閉 앉은 채로 산성문이 닫히기를 기다리니
角聲吹度大江西 뿔피리 소리가 큰 강 서편으로 건너가는구나
　　甚是遒壯 몹시 거세고 웅장하다.

---

36 두보(杜甫)의 「춘망(春望)」 시 "나라는 깨어져도 산하는 남았구나.[國破山河在]"와 「추흥(秋興)」 8수 중 제4수 "왕후의 저택은 모두 새 주인이요, 문무의 의관은 예전과 다르구나. [王侯第宅皆新主 文武衣冠異昔時]"를 환골탈태하였다.

37 의주에서 북으로 8리 떨어진 곳에 있는 못이다. 나라에서 봄가을로 제사하는 압록강사(鴨綠江祠)가 구룡연 위에 있다.

38 『퇴계집』이나 이대본 『국조시산』에는 '효(曉)'로 되어 있는데, 목판본 『국조시산』에는 '만(晚)'으로 고쳤다. 산성문이 닫히기를 기다린다 했으니, '만(晚)'이 더 어울린다.

39 압록강 건너편에 있는 산이다.

벗의 집에 이르러 솔뿌리 샘물을 길어다 마시며

抵友人家 汲松根水以飲   김인후(金麟厚)

憶昨雲泉漱石根　예전엔 산속의 샘[40]이 돌뿌리를 적셔
倚筇隨處見眞源　지팡이 짚고 이르는 곳마다 진원이 보였지
轆轤聲裡斜陽轉　두레박 소리 속에 저녁 해가 기우니
歸興翩翩滿故園　돌아갈 마음은 훨훨 고향 동산에 가득하구나
　亦超凡 역시 여느 사람을 뛰어넘는다.

시중대[41]

侍中臺   임형수(林亨秀)

龍公應妬勝筵開　용왕이 좋은 잔치 열린 것을 싫어해
風雨無端過海來　비바람이 그치지 않고 바다에서 불어오네
狼藉盃盤人去後　술잔과 그릇 흐트러지고 사람들 떠나간 뒤에
一天明月照空臺　온 하늘 밝은 달이 빈 누대를 비추는구나
　疎爽可人 활달하고 호방함이 사람에 어울린다.

수항정[42]

受降亭

醉倚胡床引兕觥　취해 호상[43]에 기대 물소뿔 술잔을 당기니

40　'운천(雲泉)'은 흰 구름과 맑은 샘물이 있는 승경(勝景)이라는 말로, 은자(隱者)의 처소를
　　가리킨다.
41　함경도 북청에 있는 누대로, 윤관(尹瓘)이 문하시중으로서 행영대원수(行營大元帥)가
　　되어 말갈(靺鞨)을 정벌하고 돌아온 것을 기념하여 세운 비석이 있다.
42　평안도 만포(滿浦)에 있는 정자로, 오랑캐들로부터 항복을 받는다는 뜻이다. 1531년에

佳人狎坐戞銀箏　미인이 붙어 앉아 은아쟁을 타는구나

　極其豪宕 지극히 호탕하다.

陰山獵罷歸來晚　음산[44]에서 사냥 마치고 느지막이 돌아오며

馳渡氷河劍戟鳴　말 달려 얼어붙은 강을 건너니 칼과 창이 우네

　俠氣翩翩 협객의 기상이 나는 듯하다.

극성[45]에 제사를 내리다

賜祭棘城　　　　　　　　　　　　　　　　　　　정유길(鄭惟吉)

聖朝枯骨亦霑恩　우리 조정에서 말라버린 주검에도 은혜 베푸사

香火年年降塞門　제향을 해마다 변방에 내리시네

祭罷上壇風雨定　제사 마친 단 위에 비바람도 잦아지니

白雲如海滿前村　바다 같은 흰 구름이 앞 마을에 가득하구나

　腴艶 기름지고 곱다.

만포 첨사(滿浦僉使) 장언량(張彦良)이 세웠다.

43　접을 수 있게 만든 의자이다. 예전에 높은 관원들이 가지고 다니다가 길에 깔고 앉거나 말 탈 때 디딤대로 사용하였다.

44　흉노족의 땅에 있던 산으로, 사시사철 눈과 얼음으로 덮여 있다 한다. 현재 내몽고(內蒙古)의 자치구(自治區) 남쪽으로부터 동북쪽으로 내흥안령(內興安嶺)까지 뻗어 있는 음산산맥을 가리키는데, 일반적으로 북쪽 변경의 산을 뜻하는 말로 쓰인다.

45　『신증동국여지승람』 권41 「황주목」 '사묘(祀廟)'조에 "고려 때에 극성이 여러 번 병란을 겪어 백골이 들판에 드러나 있기에, 하늘이 음침하고 비가 오면 귀신이 원통함을 부르짖고 모여서 여기(厲氣 전염병)가 되어 점차로 번져가서 황해도 지역에 백성들이 많이 죽었다. 이 때문에 나라에서 매년 봄가을로 극성제단에 향축을 내려보내어 제사 드리게 하였다. 본조 문종 때에, 경기도까지 전염되니 왕이 근심하여 친히 글을 지어 관원을 보내어 제사 드렸다."고 하였다.

영유 이화정[46]

永柔梨花亭

落花風雨古人詩	비바람에 꽃이 진다고 옛사람 시에 있거니와[47]
花到今年巧耐遲	꽃소식이 올해에는 공교롭게 더디구나
直至開時應有月	꽃 필 때가 되면 응당 달이 뜨리니
個中春色子規知	그 가운데 봄빛을 자규가 알리라

曲罄情態 정태(情態)를 곡진하게 펼쳤다.

몽뢰정[48] 춘첩[49]

夢賚亭春帖

白髮先朝老判書	선왕 때 판서 지낸 백발의 늙은이가
開忙隨分且安居	한가하든 바쁘든 분수 지켜 편안히 사네

安排得好 안배가 좋다.

漁翁報道春江暖	고기잡이 영감이 봄 강물이 따스하다 알리면서
未到花時進鱖魚	꽃이 피기도 전에 쏘가리를 바치네

---

46 평안도 영유현의 객관인 청계관의 정자로, 전망이 좋은데다 배꽃 야경으로도 이름났다.

47 당나라 시인 맹호연(孟浩然)의 시 「춘효(春曉)」에 "간밤에 비바람 소리 들렸으니 꽃이 얼마나 떨어졌을까?[夜來風雨聲 花落知多少]"라고 하였다.

48 한강 동호에 있던 정유길의 정자이다. 김상헌이 지은 정유길의 신도비명에 이 정자를 구입한 사연이 실려 있다. "부군께서 꿈에 어떤 정자에 이르렀는데, 아주 마음에 들었다. 뒤에 정자를 하나 샀는데 꿈속에서 본 정경과 똑같았기에 '몽뢰정(夢賚亭)'이라 이름하고, 편액에 '퇴우당(退憂堂)'이라 써 붙여 만년에 물러나 쉴 뜻을 담았다."

49 입춘에 집안의 기둥이나 대문에 써 붙이는 글귀로, 돌아오는 한 해의 복을 기원하거나 경계하는 내용을 위주로 한다. 춘첩자(春帖子) 또는 춘단첩자(春端帖子)라고도 부른다.

왕소군[50]을 읊다

咏王昭君   김질충(金質忠)

絕代佳人是女戎   절세미인은 나라의 재앙이니[51]
前車相望汙靑中   청사에서 전철을 볼 수 있도다[52]
畫圖不誤春風面   화공이 고운 얼굴 잘못 그리지 않았더라면
敵國分明在後宮   적국이 분명 후궁에 있었으리라

     千古確論 천고에 확실한 의논이다.

산사람이 신을 보내주어 고마워하다

謝山人寄鞋   윤결(尹潔)

故人遙寄一雙來   친구가 멀리서 신 한 켤레를 보내왔으니
知我庭中有綠苔   우리 집 뜰에 푸른 이끼가 덮인 것을 알고 있구나

     思好 생각이 좋다.

仍憶去年秋寺暮   지난 해 가을 절에서 해 저물 무렵
滿山紅葉踏穿回   산에 가득한 단풍잎을 밟으며 돌아다녔지

---

50 한(漢)나라 원제(元帝)의 후궁으로, 이름은 장(嬙)이고, 소군(昭君)은 자이다. 원제는 화공(畫工)에게 궁녀의 초상화를 그리게 하여 그림을 보고 마음에 든 궁녀의 처소에서 잤는데, 왕소군은 뇌물을 주지 않았기 때문에 화공 모연수(毛延壽)가 제대로 그리지 않아 원제의 사랑을 받지 못하다가 흉노(匈奴)의 선우(單于)에게 보내졌다. 『한서(漢書)』 권94 「흉노전(匈奴傳)」

51 『국어(國語)』 권7 「진어(晉語)」에 "남융이 있으면 반드시 여융도 있다.[夫有男戎 必有女戎]"라는 말이 나온다. 위소(韋昭)가 이에 주를 달아 "융(戎)은 병(兵)이라는 뜻이다. 여병(女兵)이라고 한 것은 그 화가 병(兵)과 같다는 말이다.[戎兵也 女兵言其禍猶兵也]"라고 하였다.

52 『순자(荀子)』 「성상(成相)」에 "앞의 수레가 이미 뒤집어졌는데 뒤따르는 수레가 길을 바꿀 줄 모르니 언제 깨달을 것인가.[前車已覆 後未知更 何覺時]"라고 하였다.

종형이 석가산(石假山)[53]을 주다

從兄惠石假山

愛山猶未住山間	산을 좋아하면서도 여태껏 산에서 살지 못하고
楓嶽頭流夢往還	금강산 지리산을 꿈속에서만 왕래하였네
從此無心凌絶頂	이제부터는 산의 절정을 오를 마음이 없으리라
案頭長對碧屛顔	책상머리에 우뚝 선 푸른 산[54]을 늘 마주할 테니

태사[55] 허성의 집에서 읊어 여러 사람에게 보이다

許太史筬家 吟示諸人[56]　　　　　　　　　　　노수신(盧守愼)

翰林風彩善持門	한림의 풍채가 가문을 잘 지켜서
花竹依依日涉園	꽃과 대나무 우거진 정원을 날마다 거니누나[57]
可惜商山餘一皓	애석하여라 상산에 남겨진 한 늙은이는
不知霜露滿丘原	서리 이슬이 언덕에 가득한 줄 모르는구나

　　亦從杜絶來 故姑存之 이 시도 역시 두보의 절구에서 나왔기에 짐짓 남겨 둔다.

---

53 기이하게 생긴 돌이나 나무에 인공(人工)을 가하여 만든 작은 산을 가산(假山)이라고 하는데, 옛사람들이 관상용으로 가산을 만들었다. 나무로 만든 것을 목가산(木假山), 돌로 만든 것은 석가산(石假山)이라 한다.

54 잔안(屛顔)은 큰 산이 우뚝 서 있는 모습을 말한다.

55 한림과 마찬가지로 예문관 검열(정9품)을 가리킨다. 편집 순서로 보면 이 시는 무인년(1578)에 지은 시이니, 1586년에 급제한 허성이 아니라 1572년에 급제한 아우 허봉(許篈)의 집에서 지은 듯하다.

56 『소재집』에는 「許翰林篈家吟示諸人」라는 제목으로 실려 있다.

57 도연명의 「귀거래사(歸去來辭)」에 "정원을 날로 거닐어 즐거운 정취 이루고, 문은 달려 있으나 항상 닫아 놓았다.[園日涉以成趣 門雖設而常關]"고 하였다.

다시 초당에 이르러 전날의 시에 차운하다

重到湖堂 次前韻　　　　　　　　　　　　　　　　　김귀영(金貴榮)

一別湖堂三十秋　한번 호당[58]을 떠난 지 삼십 년이라
南樓風月夢悠悠　남루[59]의 풍월이 꿈에 아련했지
重來物色渾依舊　다시 오니 물색은 모두 옛 그대로인데
猶恨劉郎雪滿頭　한스럽게도 유랑[60]은 흰 머리가 가득하구나

조처사의 산속 집을 찾아

訪曹處士山居　　　　　　　　　　　　　　　　　　박순(朴淳)

醉睡仙家覺後疑　신선 집에서 취해 자다가 깨어보니 의아하구나
白雲平壑月沈時　흰 구름 덮인 골짜기에 달이 잠기네
倐然獨出長林外　긴 숲 밖으로 훌쩍 혼자 나서니
石逕筇音宿鳥知　돌길에 지팡이 소리를 자는 새가 아는구나[61]

雖以欺世自嘲之 亦自淸楚 비록 세상을 비웃고 스스로 조롱하였지만, 또한 절로
맑다.

58　세종 때에 젊은 문신들에게 휴가를 주어서 진관사에서 독서하게 했는데, 1492년에 남호
　　(南湖)에 독서당(讀書堂)을 만들면서 호당(湖堂)이라 부르게 되었다. 동호(東湖) 북쪽
　　기슭, 즉 두모포(豆毛浦)에 가장 오래 있었다.
59　이식(李植)이 지은 「독서당남루기(讀書堂南樓記)」에 유래가 설명되었다.
60　유우석(劉禹錫)의 「현도관에 재차 와서 노닐며[再遊玄都觀]」 시에 "복숭아 심은 도사는
　　어디로 갔는가, 전에 왔던 유랑이 지금 또 왔다오.[種桃道士歸何處 前度劉郎今又來]"
　　하였다.
61　권응인의 『송계만록』에 "당시 사람들이 숙조지(宿鳥知) 선생이라 하였다. 이것은 정곡(鄭
　　谷)의 자고시(鷓鴣詩)와 조하(趙嘏)의 의루시(倚樓詩)와 같은 따위다. 박상국(朴相國)의
　　시는 이백(李白)에게서 나왔는데, 청신(淸新)하고 뛰어나 세상에 전하는 것이 매우 많다."
　　고 하였다.

호당의 구호[62]

湖堂口號

亂流經野入江沱	여러 물줄기가 들판을 질러 큰 강으로 드는데
滴瀝猶殘檻外柯	난간 너머 가지에는 아직도 물방울이 떨어지는구나
籬掛簑衣簷晒網	울타리에 도롱이 걸고 처마에 그물 말리노라니
望中漁屋夕陽多	바라다 보이는 어부의 집에 저녁 햇살 많기도 해라

사은한 뒤에 영평으로 돌아오며[63]

謝恩後 歸永平

答恩無術寸心違	은혜에 보답할 재주 없음이 마음에 거리껴져
收拾殘骸返野扉	늙은 몸 추슬러서 시골 집으로 돌아가네
一點終南看漸遠	한 점 남산이 볼수록 멀어지니
西風吹淚碧蘿衣	가을바람에 눈물이 처사의 옷[64]을 적시네

凄切 有去國之感 처절하여, 서울을 떠나는 감회가 있다.

---

62 시제(詩題)의 하나로, 글자를 쓰지 않고 마음에 떠오르는 대로 곧장 읊조린다는 뜻이다.

63 이선(李選)이 지은 박순의 행장에 이 시를 지은 사연이 실려 있다. "병술년(1586) 가을에 휴가를 얻어 영평 초정(椒井)에 가서 목욕하자, 왕이 내시를 보내어 동대문 밖 보제원(普濟院)에서 선온(宣醞)을 내리고, 특별히 호초(胡椒)와 호피(虎皮)를 내렸다. 이때 선생이 서울을 길이 떠나며 선면(扇面)에 이 시를 써서 뜻을 보이고는, 영평현 백운계(白雲溪)에 집을 지었다."

64 벽라의는 푸른 송라(松蘿) 덩굴로 만든 옷인데, 산에 숨어 사는 처사(處士)들의 옷을 말한다.

여산군에서 행사상인과 헤어지며

礪山郡別行思上人

王程那得駐征騑　왕명으로 가는 길에 어찌 말[65]을 멈추랴
愁外靑山幾夕暉　시름 속에 푸른 산이 몇 번이나 저물었던가
金馬古城相送處　금마 고성[66] 그대와 헤어지던 곳에
刺桐花落雨霏霏　음나무꽃[67] 떨어지고 부슬부슬 비가 내리네
　　晚李 만당(晚唐)의 솜씨이다.

남쪽으로 돌아가는 퇴계선생을 전송하며

送退溪先生南還

鄕心不斷若連環　고향생각 고리와 같아 끊이지 않으니
一騎今朝出漢關　한 필 말로 오늘 아침 도성 문을 나서시네
寒勒嶺梅春未放　추위가 고개 매화[68]를 붙들어 봄에도 꽃 피우지 못하니
留花應待老仙還　잡아두어 늙은 신선 돌아오길 기다리는 것이리

---

65 비(騑)는 네 마리 말 가운데 곁말이다.

66 충청도 여산군이 신라 때에 금마군의 영현이었다. 『신증동국여지승람』 권34 「여산군」 '고적(古跡)'조에 "군의 서쪽 8리에 토성(土城) 옛터가 있는데, 둘레가 3천 9백 척이고, 안에 샘물이 두 군데 있다."고 하였다.

67 엄나무, 해동피(海桐花)라고도 하는데, 줄기껍질을 벗겨내어 햇볕에 말려서 풍습비통(風濕痹痛), 이질, 치통을 개선하는 약재로 사용한다.

68 영매(嶺梅)는 기후 차이에 따라 남쪽과 북쪽의 개화(開花) 시기가 다르다는 대유령(大庾嶺)의 매화로, 친지들끼리 서로 매화꽃 가지를 부쳐주던 풍속이 있었다.

총병 양조[69]의 사당에 쓰다
題楊總兵照廟

鐵衣金劒已塵沙　철갑옷도 금빛칼도 이미 흙이 되었는데
廟閉松杉噪夕鴉　문 닫힌 사당 솔숲에 저녁 갈까귀 우네
惆悵漢家飛將死　슬프다 한나라에 비장군[70] 죽고 나자
胡笳頻度白狼河　오랑캐 피리소리 자주 백랑하[71]를 넘었네
　　儘佳 몹시 아름답다.

청풍 한벽루[72]
淸風寒碧樓

客心孤逈自生愁　나그네 마음 외롭고 아득하여 절로 시름 생기니
坐聽江聲不下樓　앉아서 강물소리 들으며 다락에서 내려오지 못하네
明日又登官道去　날이 밝으면 다시 큰 길로 떠나리니
白雲紅樹爲誰秋　흰 구름 붉은 단풍은 누구를 위한 가을인가

---

69 명나라 장군으로, 자는 명원(明遠)이다. 가정(嘉靖) 연간에 여러 번 무공을 세워서 요동 총병관(遼東總兵官)이 되었는데, 충성스럽고 용감하였으며 호적(胡賊)과 싸우다가 죽었다. 『명사(明史)』 권60 「양조열전(楊照列傳)」

70 『사기』 권109 「이장군전(李將軍傳)」에 "이광이 우북평(右北平)에 있자, 흉노가 듣고서 '한(漢)나라 비장군(飛將軍)이다.'라고 말하면서 수년간 피하여 감히 우북평을 침입하지 못하였다."라고 하였다.

71 대릉하(大淩河)라고도 하는데, 만주 요령성(遼寧省)에 있는 강 이름이다.

72 충청도 청풍군 객관 동쪽에 큰 강을 마주하고 있던 누각인데, 충주댐이 세워져 읍내가 수몰됨에 따라 1983년 현재의 위치인 제천시 청풍면 청풍호로 2048로 옮겼다.

견상인에게 주다

贈堅上人

久沐恩波役此心　오랫동안 입은 은혜[73]에 마음이 쓰여
曉鷄聲裡戴朝簪　새벽 닭소리 들으며 조복을 입네
江南野屋今蕪沒　강남의 시골집은 이제 황폐해져서
却倩山僧護竹林　산승에게 부탁하여 대숲을 돌보게 했네

嗚呼 士大夫孰不欲易退耶 畢竟不得如志願 負愧多矣 아이! 사대부 가운데 그 누가
쉬 물러나기를 원하지 않으랴만, 필경에는 마음과 같이 이룰 수 없어 부끄러움이
많다.

어양교[74]를 지나면서

過漁陽橋　　　　　　　　　　　　　　　　　　　양응정(梁應鼎)

樹色烟光畫太平　나무빛과 안개는 태평세월을 그렸는데
河橋猶帶舊時名　다리는 여전히 옛 이름이 걸려 있구나
伊涼若是簫韶曲　이주가 양주가[75]가 순임금의 음악[76]이었더라면
豈使胡雛犯兩京　어찌 오랑캐 놈들이[77] 두 수도[78]를 침범하였으랴

---

73 은파(恩波)는 은혜의 물결이니, 끝없는 임금의 은혜를 가리킨다.
74 당나라 현종 때에 계주(薊州)를 어양군으로 고쳤는데, 안록산이 이곳의 절도사로 있다가
난을 일으켰다.
75 「이주가(伊州歌)」와 「양주가(涼州歌)」는 대부분 전쟁에 나간 군사들의 고생과 향수, 남
편을 그리워하는 아내의 원망을 노래하였다.
76 소소곡(簫韶曲)은 순임금의 음악으로, 태평성대를 상징한다.
77 호추(胡雛)는 호인(胡人)을 깔보며 부르는 이름인데, 당나라 안녹산(安祿山)을 가리킨
다. 안녹산이 처음 범양 편교(范陽偏校)로 도성에 들어왔을 때 교만한 모습을 장구령(張
九齡)이 보고는 대뜸 배광정(裴光庭)에게 말하기를 "유주(幽州)에서 난리를 일으킬 사람
은 바로 이 호추일 것이다." 하였다. 『신당서(新唐書)』 권126 「장구령전(張九齡傳)」
78 당나라의 수도인 장안(長安)과 낙양(洛陽)을 가리킨다.

이제묘[79]를 배알하고

謁拜夷齊

| 像設中堂兩儼然 | 사당 가운데 모신 두 소상이 엄연하니 |

淸風吹到億千年   맑은 바람이 천년 만년 길이 이르는구나

　俚 비리하다.

生平景仰西山峻   평소에 높은 수양산을 경모하였는데

更覺灤河勝渭川   난하[80]가 위수[81]보다 나음을 다시금 깨닫겠네

무위에게 주다 승려 천연이다

贈無爲 僧天然

張拳一碎峯頭石   주먹 한번 휘둘러 산꼭대기 돌 깨부수니

　突兀壯猛 得稱其人 우뚝하게 용맹하여 그 사람과 어울린다.

魍魎無憑白晝啼   잡귀들이 갈 데 없어 대낮에 울었네

骨氣秪今誰可得   굳센 기운을 지금 그 누가 얻어내어

坐令衰魄壯虹霓   쇠잔한 기백을 무지개처럼 뻗치게 하려나[82]

---

79 백이(伯夷)·숙제(叔齊)의 사당으로, 지금의 하북성(河北省) 노룡현(盧龍縣)에 위치한
고죽성(孤竹城)의 옛터에 있다. 청나라 설복성(薛福成)의 『용암필기(庸盫筆記)』「일문
(軼聞) 고죽고송(孤竹古松)」에 "옛 고죽성은 영평부 대난하 서쪽 언덕에 있는데, 산 위에
는 이제묘가 있고 사당 앞에는 청풍대가 있으며, 아래로 난수를 내려다보면 거울처럼
맑게 빛난다.[古孤竹城 在永平府大灤河西岸 山上有夷齊廟 廟前有淸風臺 下望灤水 晶
瑩如鏡]"라고 하였다. 양응정이 1577년 성절사(聖節使)로 북경에 가는 길에 이제묘를
배알하고 이 시를 지었다.
80 고죽국이 하북성 난하 가에 있었다.
81 주나라 문왕이 위수에서 낚시질하던 여상(呂尙)을 재상으로 삼아 은나라를 멸망시켰다.
이 시에서는 건국을 도운 여상보다 절의를 지킨 백이 숙제가 더 낫다는 뜻으로 썼다.
82 무위자(無爲者) 천연(天然) 스님은 집안이 본래 좋았으나 잘못하여 중이 되었는데, 씩씩
하여 기개가 있었다. 언젠가 지리산(智異山) 성모(聖母) 음사(淫祠)가 대중들을 미혹하게

서원에서 기생에게 주다

西原贈妓 송인(宋寅)

　　권송계(權松溪)가 향렴체(香奩體)를 얻었다고 하였다.

臨分解帶當留衣　헤어질 때 띠를 풀어 옷 대신 전해 주며
教束纖腰玉一圍　이것으로 한 아름 가는 허리를 매게 하였네
想得粧成增宛轉　아마도 단장하여 더 아름답게 꾸미고는
被他牽挽入深幃　남의 손에 끌려서 깊은 방에 들어가리

　　頗婉曲 자못 완곡하다.

해주 부용당[83]

海州芙蓉堂 정현(鄭礥)

荷香月色可清宵　연꽃 향과 달빛이 맑은 밤에 어울리는데

　　下字好 글자를 잘 놓았다.

更有何人弄玉簫　게다가 누군가가 옥퉁소까지 불고 있네
十二曲欄無夢寐　열두 구비 난간에 잠 이루지 못하노라니
碧城秋色正迢迢　벽성[84]의 가을 시름이 정말 아득하구나

　　亦清絶 이 또한 매우 맑다.

　　한 것을 분하게 여겨, 이를 쳐부수었다. 남명 선생(南冥先生)이 「용사천연전(勇士天然傳)」을 지었으며 양송천(梁松川)이 그 책머리에 다음과 같이 제하였다. "주먹 한번 휘둘러 산꼭대기 돌 깨부수니, 잡귀들이 갈 곳 없어 대낮에 울었네." 양봉래(楊蓬萊)·박사암(朴思庵)과 나의 중형이 모두 천연의 친구가 되었다. 허균 『학산초담』

83　부용당(芙蓉堂)은 객관 서쪽에 있는데, 목사 김망(金望)공이 고쳐 지었다. 당이 연못 가운데 있어, 매우 맑은 운치가 있다. 『신증동국여지승람』 권43 「해주목(海州牧)」

84　푸른 노을로 된 성이라는 뜻으로, 신선이 거처하는 곳을 가리킨다. 『태평어람(太平御覽)』 권674 「도부16(道部十六) 이소(理所)」에, "원시천존이 자색 구름으로 된 궁궐에 거처하면서 푸른 노을로 성을 만들었다.[元始居紫雲之闕, 碧霞爲城.]"하였다.

국도[85]

國島   양사언(楊士彦)

金屋樓臺拂紫烟 금빛 누대에 자색 안개 스치고
躍龍雲路下群仙 용 꿈틀대는 구름길로 여러 신선이 내려오네
靑山亦厭人間世 청산도 또한 인간 세상을 싫어해
飛入滄溟萬里天 만리 하늘을 날아 넓은 바다로 들어오누나

벗의 시에 차운하다

次友人韻   강극성(姜克誠)

朝衣典盡酒家眠 조복을 모두 잡혀 마시고 술집에서 잠자고는
賜馬將謀數頃田 하사받은 말로는 몇 이랑 밭을 마련하려네
珍重國恩猶未報 진중한 나라 은혜 여태 갚지 못했기에
夢和殘月獨朝天 꿈이 저 새벽 달에 실려 홀로 임금을 뵙네[86]

귤을 먹으며

食橘   고경명(高敬命)

平生睡足小江南 평생을 소강남[87]에서 일없이 지냈기에[88]

---

85 함경도 안변도호부 동쪽 60리에 있는 아름다운 섬으로, 『신증동국여지승람』에 이곡의
   기문과 안축의 시가 실려 있다.
86 명종(明宗) 때 수찬(修撰) 강극성(姜克誠)이 파직을 당하자 시를 지었다. (위의 시 줄임)
   상(上)이 듣고서 다시 서용(叙用)하였다. 이익『성호사설』 권30 「시문문(詩文門)」
87 『신증동국여지승람』 권40 「순천도호부」 '형승(形勝)'조에 "순천의 산과 물이 기이하고
   고와 세상에서 소강남(小江南)이라고 말한다." 하였다. 고경명은 본관이 장흥으로, 임진
   왜란에 전사하자 화순에 장사지냈다.
88 '睡足'은 일없이 지낸다는 뜻이다. 소식(蘇軾)의 「박박주(薄薄酒)」 시에 "새벽 조회 기다리

橘柚林中路飽諳　굴밭 속 길을 환하게 아네
朱實宛然親不待　붉은 과일 먹음직하건만 어버이 기다리지 않으시니
陸郎雖在意難堪　육적[89]이 있다 해도 슬픔 견디기 어려우리

愴然風樹之懷 千古絶唱 서글프게 풍수지탄(風樹之歎)[90]이 있으니 천고의 절창이다.

고기잡이 배 그림에
漁舟圖

蘆洲風颭雪漫空　갈대섬에 바람 불어 눈발이 허공에 흩날리니
沽酒歸來繫短篷　술 사서 돌아와 작은 배를 매어 두었네
橫笛數聲江月白　젓대 몇 곡조를 비껴 부니 강 위에 달이 흰데
宿禽飛起渚烟中　자던 새가 물가 안개 속에서 날아 오르네

스님에게 주다
贈僧　　　　　　　　　　　　　　　　　　　　박지화(朴枝華)

逃世辭鄕歲又除　세상 벗어나 고향을 떠난 지 한 해가 또 저무니
亂山蕭寺曉鐘餘　어지러운 산속 절에 새벽종이 울리네
自憐心下無機事　좋기도 해라. 일 꾸며낼[91] 마음이 없어

느라 신발에 서리 가득한 벼슬살이가, 한여름 해가 중천에 솟도록 늦잠 자며 북창의 시원한
바람을 쐬는 것만 못하네.[五更待漏靴滿霜 不如三伏日高睡足北窓涼]"라고 하였다.

89 육적(陸績)이 6세 때 원술(袁術)을 찾아갔는데, 마침 귤을 내놓았다. 이 가운데 세 개를
육적이 가슴에 품고 있다가 하직하고 나오면서 절을 하는데, 귤이 품 안에서 떨어졌다.
원술이 "동자(童子)는 왜 귤을 품에 넣었는가." 물으니, "어머니에게 드리려 합니다."라고
대답하였다. 이로 인하여 원술이 육적을 기특하게 여겼다.

90 『한시외전(韓詩外傳)』 권9에 "나무는 고요히 있으려 하지만 바람이 그치지 않고, 자식은
봉양하려고 하지만 부모는 기다려 주지 않는다.[樹欲靜而風不止 子欲養而親不待也]"
라고 하였다.

白首挑燈讀古書　흰머리로 등불 돋우며 옛 글을 읽으니

淵古有味 태곳적 맛이 있다.

여성위 송인[92]의 가아(歌兒) 석개의 시축에 쓰다

題宋礪城家歌兒石介詩軸

主家亭子漢濱秋　한강 가 공주 댁 정자에 가을이 들어
庾月依俙逝水流　달빛[93] 은은한 가운데 강물이 흘러가네
唯有鳳凰天外曲　오직 하늘가에 봉황곡이 남아 있어
人間贏得錦纏頭　인간 세상에서 전두[94]를 받는구나

極好極好 몹시 좋다. 몹시 좋아.

감파산인 안천서[95]에게 주다

贈紺坡山人安天瑞　　　　　　　　　　　　　　　성혼(成渾)

一區耕鑿水雲中　물과 구름 속 한 구역에 밭 갈고 우물 파니

---

91 『장자』「천지(天地)」에 "기계를 가진 사람은 반드시 교묘한 일을 하게 되고, 교묘한 일을 하는 사람은 반드시 교묘한 마음을 지니게 된다.[有機械者必有機事, 有機事者必有機心.]"라고 하였다.

92 송인(宋寅, 1516~1584)은 중종의 부마로, 셋째 서녀인 정순옹주(貞順翁主)에게 장가들어 여성위에 봉해졌다.

93 '庾月'은 '유량의 달 (구경)'이다. 진(晉)나라 재상 유량(庾亮)이 정서장군(征西將軍)이 되어 무창(武昌)에 있을 때 장강(長江) 가에 누각(樓閣)을 세우고 '남루'라 하였는데, 어느 날 달이 떠오르고 천기(天氣)가 쾌청하자, 유량의 하속(下屬)인 은호(殷浩), 왕호지(王胡之) 등이 남루에 올라 막 시를 읊고 있었다. 유량이 그 자리에 나타나자 하속들이 일어나 자리를 피하려 했는데, 유량이 "제군들은 잠시 더 머물라. 이 늙은이도 이러한 일에 흥이 얕지 않다." 하고는, 호상(胡床)에 걸터앉아 함께 시를 읊으며 풍류를 즐겼다. 『진서(晉書)』권73「유량열전(庾亮列傳)」

94 기녀들이 가무를 마치면 비단을 상(賞)으로 머리에 얹어주는 것을 전두(纏頭)라 하였다. 두보(杜甫)의 「즉사(卽事)」에 "춤을 마치자 비단으로 머리 싸준다.[舞罷錦纏頭]" 하였다.

萬事無心白髮翁　세상만사에 관심 없는 백발의 늙은이일세
睡起數聲山鳥語　두어 마디 산새 소리에 잠에서 일어나
杖藜徐步遶花叢　지팡이 짚고 천천히 꽃떨기를 맴도네
　　超邁 不可及 초매하여 따를 수 없다.

우연히 읊다
偶吟

四十年來臥碧山　사십 년[96] 동안 푸른 산에 누웠으니
是非何事到人間　인간 세상 시비가 무슨 일로 이르겠는가
小堂獨坐春風地　봄바람 부는 작은 집에 홀로 앉았노라니
花笑柳眠閑又閑　꽃은 웃고 버들은 잠들어 한가롭기만 하구나
　　逸家故態 일민(逸民)의 옛모습이다.

청양군 만사[97]
挽青陽君

去留浮世定誰眞　뜬 세상에 떠나가고 남는 것 그 누가 참되랴
逆旅相逢是故人　나그네 길에서 서로 만나 친구가 되었지
今日江頭歌一曲　오늘 강머리에서 한 곡조 부르며
送君歸臥舊山春　그대를 보내노니 봄날 고향 산으로 돌아가 쉬시게
　　無限感愴 而寫得自好 끝없는 슬픔을 느끼게 쓴 것이 절로 좋다.

95　율곡의 문인인데, 자는 응휴(應休)이다.
96　성혼의 문집인 『우계집(牛溪集)』에는 '五十年'으로 되어 있다.
97　『우계집』에는 「挽沈方叔義謙」이라는 제목으로 실렸는데, 방숙(方叔)은 청양군 심의겸의
　　자이다.

박사암 만사[98]

挽朴思菴

世外雲山深復深　세상 밖에 구름 덮인 산이 깊고 또 깊어
溪邊草屋已難尋　시냇가 초가집은 이미 찾기 어려워졌네
拜鵑窩上三更月　배견와(拜鵑窩)[99] 위에 뜬 한밤의 달이
應照先生一片心　응당 선생의 일편단심을 비추리라

　挽思菴 當止是 若着黃閣事業 便不稱 사암의 만사는 여기서 그쳐야 한다. 만약 재상[100]의 사업을 썼다면 알맞지 않을 것이다.

스님에게 주다[101]

贈僧　　　　　　　　　　　　　　　　　　　　윤두수(尹斗壽)

關外羈懷不自裁　변방의 나그네 회포를 다스리기 어려워
一春詩興賴官梅　봄날의 시흥을 관아의 매화에 부치네
日長公館文書靜　날이 긴 공관에 문서 볼 일도 없는데
時有高僧數往來　마침 고승이 있어 자주 오가네

---

98 『우계집』에는 「挽思菴朴相公淳」이라는 제목으로 실렸는데, 사암(思菴)은 좌의정을 지낸 박순의 호이다.

99 ‘두견에 절하는 집’이라는 뜻인데, 『우계집』 세주에 “배견와는 상공(相公)이 영평(永平)의 산속에 마련한 서재(書齋)의 이름이다.”라고 하였다.

100 한(漢)나라 때에 승상(丞相)의 집무실 출입문을 황색으로 칠했기 때문에 황각이라 불렀는데, 후에는 재상이라는 뜻으로 썼다.

101 『오음유고』 권1에 실린 제목은 又인데, “위 두 수는 휴정 선사의 제자 쌍익(雙翼)에게 준 것이다.[贈靜師弟子雙翼]”라는 주가 붙어 있다.

이백생의 시에 차운하여 옥당의 작은 복사꽃을 읊다[102]

次李伯生 詠玉堂小桃 　　　　　　　　　　　　　황정욱(黃廷彧)

無數宮花倚粉墻　수없이 많은 궁중의 꽃이 고운 담장에 기대 있어
遊蜂戲蝶趁餘香　날며 노는 벌과 나비가 남은 향기를 좇아다니네
老翁不及春風看　늙은이는 봄바람의 따스함을 입지 못해
空有葵心向太陽　속절없이 해바라기 마음으로 해를 향하네

　　是豈隨衆看場者也 이 어찌 남들을 따라 잡극이나 구경하는[103] 자이겠는가.

수안군에 부임하는 허단보를 보내며[104]

送許端甫作遂安郡

詩才突兀行間出　시 짓는 재주 우뚝하여 무리 가운데 뛰어나건만
官況蹉跎分外奇　벼슬살이 어그러져 분수 밖에 기구하구나

　　暗中摸索亦可 암중모색하는 것도 또한 좋다.

摠是人生各有命　이 모두 인생에는 저마다 운명이 있으니
悠悠餘外且安之　하고많은 그 밖의 일들에는 느긋하시게

　　安排得好 안배가 뛰어나다.

---

102 백생(伯生)은 이순인(李純仁, 1543~1592)의 자이다. 그의 문집인『고담일고(孤潭逸稿)』
　　에는 이러한 제목의 시가 없고, 장(墻), 향(香), 양(陽)의 운을 사용한 칠언절구의 제목은
　　「直夜 四首」가운데 제2수이다. 이순인의 시에 차운한 시들은『고담일고』해당 시의
　　바로 뒤에 '原韻'이라는 제목으로 함께 실렸는데, 황정욱의 이 시는 「부록」에 따로 실려
　　있다.
103 '수중간장(隨衆看場)'과 비슷한 표현으로 '왜인간장(矮人看場)'이라는 말이 있다. 키가
　　작은 사람이 앞사람에 가려서 제대로 보지 못하다가 앞에 선 사람들이 웃으면 따라 웃는
　　다는 말로, 주견 없이 남을 따라하는 것을 비유한 것이다.
104 이 시를 받은 허균의『성수시화』에도 이 시가 실려 있는데, "내가 수안(遂安)에 부임하는
　　날 황지천이 시로 전송하여 (시 줄임)라 하였으니 자못 감개가 깊다."라고 하였다.

찰방 정사[105]를 보내며
送鄭察訪泗

世間榮辱儘悠悠　세간의 영욕은 모두 한이 없으니
何處藏身可自由　어느 곳에 몸을 감춘다고 자유로울 수 있으랴
只合任他牛馬我　남들이 우리를 우마로 부리라고 내버려두게나
蒼空來往白雲浮　창공에 오가는 흰 구름처럼 살면 된다네

　　試看此老之作 嚴重渾融 非等閑詞客可比肩 이 노인의 작품을 보면 엄중하면서도
　　혼융하여, 여느 시인들이 견줄 바가 아니다.

복천사
福泉寺　　　　　　　　　　　　　　　　　　　　　　유영길(柳永吉)

落葉鳴廊夜雨懸　낙엽 구르는 회랑에 밤비가 걸렸는데
佛燈明滅客無眠　절 등불 깜박거려 나그네 잠 못 이루네
仙山一躧傷遲暮　신선의 산 한번 밟았더니 늙은 것이 서러워라
烏帽欺人二十年　오사모[106]가 날 속인 게 이십 년이로구나

　　擲地有金石聲 땅에 던지면 쇳소리가 난다.[107]

105　『지천집』에 실린 제목은 「送居山察訪鄭泗」이니, 전라도 태인에 있던 거산역 찰방(종6
　　품)이다. 1606년 1월 10일에 임명되었다가, 1610년 8월 29일에 전적(典籍 정6품)으로
　　승진하였다.
106　검은 사(紗)로 짠 모자인데, 수(隋)·당(唐) 때는 존귀한 자가 썼으나 후대에는 관원의
　　일상 복장이 되었다. 관모(官帽)는 관직에 있었음을 뜻한다.
107　진(晉)나라 손작(孫綽)이 「천태산부(天台山賦)」를 짓자 범영기(范榮期)가 보고 "그대가
　　땅에 던지면 반드시 금석의 소리가 날 것이다.[卿試擲地 當作金石聲也.]"고 칭찬하였다.
　　『진서(晉書)』 권56 「손작열전(孫綽列傳)」

남쪽 고을의 동쪽 누각에

南州東閣

麥熟南州雨未休 보리 익는 남쪽 고을에 비 그치지 않아
綠槐門巷澗爭流 푸른 회나무 마을길에 냇물 다퉈 흐르네
山僧去後午囪靜 산 스님이 떠난 뒤에 한낮 창이 고요해
夢落烟波隨白鷗 꿈길에 연파 속의 흰 갈매기를 따르네

　字字皆出古套 而整整自妙 글자마다 모두 옛 투에서 나왔는데, 정돈되어 절로 묘
하다.

장연현감 홍적[108]에게 주다

贈洪長淵迪

天街明月舊時同 서울 거리 밝은 달은 옛날과 같은데
人世如何事易空 사람세상은 어쩌다 일이 쉽게 헛된가
秋半玉堂庭戶冷 옥당에 가을 깊어 뜨락이 서늘해지니
紅蘭無數墮西風 붉은 난초 수없이 서풍에 떨어지네

촉석루 시에 차운하다

次矗石樓韻

玉窓雲暖小桃嚬 고운 창에 구름 따뜻해 복사꽃 찡그리고
惘愴江梅已送春 슬프게도 강가 매화는 이미 봄을 보냈네

---

108 홍적(1549~1591)의 자는 태고(太古), 호는 하의(荷衣)로 1583년에 탄핵받는 이이를 편들
다가 장연현감으로 좌천되었다. 의정부 사인(舍人 정4품)까지 올랐으며, 『하의유고(荷衣
遺稿)』가 전한다.

　　穠艶 농염하다.
畫舸晩移芳洲泊　그림배를 저물녘에 꽃 덮인 물가에 대니
白鷗爭拂鏡中人　흰 갈매기 다투어 물에 비친 나를 스쳐 지나네

누에
蚕

侯家爭解製羅衣　고관댁 여인이 어찌 비단옷 지을 줄 알랴
舞向春風競落暉　봄바람에 춤을 추며 저녁 햇살과 다투네
野婦自嗟肌尙露　시골 아낙은 저 혼자 탄식하길, 맨살을 드러내고
天寒倚壁只空機　추운 날씨에 벽에 기대니 빈 베틀 뿐이라네
　　惻怛可以諷 측은한 마음을 불러 일으켜 풍자한다.

봄날의 산마을
春日山村　　　　　　　　　　　　　　　　　하응림(河應臨)

竹籬臨水是誰家　물가에 대울타리 누구 집인가
隱約靑帘出杏花　어렴풋이 푸른 깃발[109]이 살구꽃 위에 솟았구나
欲典春衣沽酒飮　봄옷 잡히고[110] 술 사다 마시려 하네
不堪芳艸日西斜　꽃과 풀에 기우는 해를 견디지 못하겠구나

---

109 청렴(靑帘)은 푸른 깃발이니 술 파는 집을, 홍탄(紅炭)은 차(茶) 파는 곳을 가리킨다.
110 두보(杜甫)의 「곡강(曲江)」 시에 "퇴근하면 하루하루 봄옷을 전당잡혀, 날마다 강 머리에서 실컷 취해 돌아오네.[朝回日日典春衣 每日江頭盡醉歸]"라고 하였다.

금동역[111]에서 장연현감 최립[112]에게 보내다[113]
金洞驛 束崔長淵立之

柳藏郵館馬嘶頻 버들에 가린 역관에서 말이 자주 울기에
暫借風軒寄病身 잠시 시원한 다락을 빌려 병든 몸을 부쳤네
君且不來花又老 그대도 오지 않고 꽃마저 늙어가니
可憐虛負一年春 한 해의 봄을 헛되이 저버리는 것이 아쉽기만 하구나

　　河詩甚淸絶 恨不多見 하응림의 시는 매우 맑고 뛰어난데, 그의 시를 많이 볼 수
　　없어 한스럽다.

함흥에서 시월에 국화를 보다
咸興十月看菊   정철(鄭澈)

秋盡關河候鴈哀 가을 끝난 변방에 기러기 슬피 울어
思歸日上望鄕臺 고향 생각에 날마다 망향대에 오르네
慇懃十月咸山菊 은근하구나, 시월 함흥의 국화여
不爲重陽爲客開 중양절이 아니라 나그네를 위해 피었구나

　　格超思淵 품격이 초매하고 생각이 깊다.

---

111 황해도 장연현에 있는 역이다.
112 장연은 장연현감을 줄인 것이고, 입지(立之)는 최립(崔岦, 1539~1612)의 자이며, 호는
　　간이(簡易)이다.
113 하응림의 마지막 시이다. 최립은 생원 진사에 모두 합격한 뒤에 하응림, 이산해, 최경창,
　　송익필, 이순인, 백광훈, 윤탁연과 함께 팔문장(八文章)으로 이름을 날렸는데, 1561년
　　문과에 장원급제하고 이듬해 장연현감으로 나갔다. 그가 하응림의 무덤에 찾아가 지은
　　시 「酹河大而墓」에 "역정에서 시를 지은 뒤에는 다시 지은 시가 없네.[驛亭詩後更無詩]"
　　라고 하였다.

회포를 쓰다
書懷

掖垣南畔樹蒼蒼　궁궐[114] 담 남쪽의 나무는 푸르고 푸르렀지
歸夢超超上玉堂　아련히 꿈에 돌아가 옥당에 오르네
杜宇一聲山竹裂　두견새 울음소리에 산속 대나무 갈라지니
孤臣白髮此時長　외로운 신하의 흰 머리가 이때에 길어지네

스님에게 주다
贈僧　　　　　　　　　　　　　　　　　　　　　　　　이순인(李純仁)

客遊山院已多時　나그네로 산속 절에서 여러 번 노닐었지만
不及梨花聽子規　배꽃 필 때 자규 소리는 듣지 못했네
欲識山中春早晚　산속의 봄이 빠른지 늦은지 알고 싶으니
莫敎僧札入京遲　스님의 편지가 서울에 늦게 오지 말게 하소

중양절
重陽　　　　　　　　　　　　　　　　　　　　　　　　정작(鄭碏)

世人最愛重陽節　세상 사람들은 중양절을 가장 좋아하지만
未必重陽引興長　중양절만 흥을 돋우는 것은 아닐세
若對黃花傾白酒　노란 국화 마주하고 막걸리를 기울이면
九秋無日不重陽　구월달 어느 하루도 중양절 아닌 날이 없으니
　世所稱絶佳者 세상 사람들이 매우 아름답다고 칭송하는 시이다.

---

114 액원(掖垣)은 대궐의 담장을 말한다. 두보(杜甫)의 「제성중원벽(題省中院壁)」 시에 "대
궐 곁의 대울타리에 오동나무가 열 길이라, 통문의 마주한 처마 밑은 항상 침침하구나.[掖
垣竹埤梧十尋 洞門對霤常陰陰]"라고 하였다.

갑오년 중원에[115]
甲午中元

中元之日薦亡魂 중원날 망자의 혼에게 제사를 올리니
亂後猶看舊俗存 난리 겪은 뒤인데도 옛 풍속을 보는구나
日暮四山聞衆哭 날 저문 사방 산에서 통곡소리 들리니
幾多新鬼有兒孫 새 귀신 몇에게나 자손이 남았으려나
　　惻憺傷心 측은하고 슬퍼서 마음을 아프게 한다.

문암폭포
題門巖瀑布[116]

洞裡尋春歸去遲 골짜기에서 봄을 찾다보니 돌아갈 길이 더디어
泉聲嶽色摠堪詩 샘물소리에 산빛이 모두 시를 짓게 하네
落花隨意東流出 떨어진 꽃은 제맘대로 동으로 흘러 나가니
一任漁郞知不知 어부에게 이곳을 모르게 하소

관아의 살구꽃
詠衙中杏花

文簿今朝挈舊圍 오래 된 문서를 오늘 아침에야 처리하고 나니
始知春事已芳菲 벌써 꽃이 핀 것을 이제야 알았네
墻頭紅杏多情思 담장에 붉은 살구꽃이 가장 사랑스러워

---

115 갑오년은 1594년이고 중원은 7월 보름이니, 임진왜란 중에 지은 시이다.
116 목판본 『국조시산』에는 이 시와 다음 시가 실려 있지 않고, 최경창의 「영월루」가 곧바로
　　이어진다. 이 2편의 시는 신응시의 『백록유고』에 실려 있다.

三度開花客未歸　세 차례나 꽃이 피니 나그네 돌아가지 못하네

二篇俱寬紋之藻 少思 두 편 다 넉넉하고 편안한 글이어서 생각을 적게 한다.

영월루

映月樓   최경창(崔慶昌)

玉檻秋來露氣淸　옥난간에 가을 들자 이슬 기운 맑은데

水晶簾冷桂花明　수정발 싸늘하니 달빛 더욱 밝구나

鸞驂不至銀橋斷　난새 수레는 오지 않고 은하 다리도 끊어지니

惆悵僊郎白髮生　서글프게도 선랑(仙郞)께선 백발만 성성해라

此君絶句 篇篇皆淸切 置之唐世 無讓少伯諸公 이분의 절구는 편마다 모두 청절하여, 당나라 시대에 있더라도 왕창령(王昌齡) 등 여러 시인보다 못하지 않다.

천단[117]

天壇

午夜瑤壇掃白雲　한밤중 천단에서 흰 구름을 다 쓸어내고

焚香遙禮玉宸君　향을 사르며 멀리 하늘나라 임금을 향해 절하네

月中拜影無人見　달빛 속엔 절하는 그림자뿐 사람은 보이지 않는데

琪樹千重鎖殿門　천 겹이나 되는 구슬나무가 궁궐 문을 에워쌌구나

三淸露氣濕珠宮　신선 세계의 이슬 기운이 구슬 궁궐을 적셨는데

鳳管徘徊月在空　봉황피리 소리만 돌고 돌 뿐 달은 하늘에 있네

冷然奏簫於絳霄之上 높은 하늘에서 서늘하게 피리 소리가 들린다.

---

117 환구(圜丘)라고도 하는데, 황제가 하늘에 제사하는 곳이다. 북경의 정양문(正陽門) 밖에 있으며, 명나라 가정(嘉靖) 연간에 3층으로 건립하였다. 원추형이며 흰돌과 청유리로 되었다.

苑路至今香輦絶　동산 길에는 이제 수레도 다니지 않는데
碧桃紅杏自春風　푸른 복사꽃 붉은 살구꽃만 스스로 봄바람에 겨워라
　　二篇俱無愧遊仙 두 편 모두 유선시(遊仙詩)로 부끄럽지 않다.

연광정[118]

練光亭

澄江如練浸紅亭　명주같이 맑은 강물에 붉은 정자 그림자 잠기고
烟樹依微極望平　내 낀 숲은 아슴푸레 멀리까지 퍼졌네
待得夜深歌舞散　밤 깊도록 잔치가 끝나기 기다렸다가
月明吹篴倚孤城　달 밝은 밤 피리를 불며 외로운 성에 기대네
　　大自在 얽매인데 없이 아주 자연스럽다.[119]

채련곡. 정지상의 시에 차운하다

采蓮曲 次鄭知常韻

水岸悠悠楊柳多　강 언덕엔 한가로이 버들만 드리웠는데
小船遙唱采蓮歌　조각배에선 아득히 연밥 따는 노래를 부르네
紅衣落盡秋風起　붉은 꽃 다 떨어지고 가을바람이 이니
日暮芳洲生白波　날 저문 모래펄엔 흰 물결만 일렁이네
　　無愧王龍標 李君虞 왕용표나 이군우에게 부끄럽지 않다.[120]

---

118 평양 대동강에 있는 정자이다. 최경창의 문집인『고죽유고』에는「練光亭 示而順立之」라는 제목으로 실렸는데, 이순(而順)은 고경명의 자이고, 입지(立之)는 최립(崔岦)의 자이다.
119 대자재(大自在)는『법화경(法華經)』「오백제자수기품(五百弟子受記品)」의 "제불(諸佛)은 대자재의 신통력(神通力)이 있다는 말을 들었다."라는 구절에서 나온 불교용어인데, 후세에 자유자재(自由自在)라는 말로 쓰였다.

변새의 시름

邊思

幼少離家音信稀 어렸을 때 집을 떠나 편지조차 드무니
秋來猶着戰時衣 가을이 와도 여전히 싸움하던 옷 입고 있네
城頭畫角吹霜急 성머리 뿔피리 소리가 서리를 몰아부쳐
一夜黃楡葉盡飛 느릅나무 누런 잎이 하룻밤 새에 다 날아갔네
　何愧王常耶 어찌 왕건(王建)과 상건(常建)[121]에게 부끄러우랴.

대은암 남지정[122]의 옛집에서

大隱巖 南止亭故宅

門前車馬散如烟 문 앞에 수레와 말들이 모두 연기처럼 흩어졌으니
相國繁華未百年 대감의 화려한 풍류도 백 년을 넘기지 못했구나
村巷寥寥過寒食 한식을 지내느라고 골목은 고요키만 한데
茱萸花發古墻邊 낡은 담장을 둘러가며 수유꽃만 피었어라
　諷刺入髓 풍자가 뼈에 사무친다.

양주목사 성의국에게 부치다

寄楊州成使君 義國

官橋雪霽曉寒多 관청 다리에 눈이 개이고 새벽이 많이 추운데

---

120 용표(龍標)는 용표위(龍標尉)에 좌천된 왕창령이고, 군우(君虞)는 이익(李益)의 자인데, 둘 다 대력십재자(大曆十才子)로 알려진 당나라 시인이다.
121 왕건과 상건은 둘 다 악부의 변새시(邊塞詩)로 이름난 당나라 시인이다.
122 지정(止亭)은 남곤(南袞)의 호이다. 대은암이 경복고등학교 뒷산에 있어, 교가가 "대은암 도화동 이름난 이곳"이라는 구절로 시작된다.

小吏門前候早衙　아전은 문 앞에서 아침 일거리를 아뢰는구나
莫怪使君常晏出　사또께서 늘 늦게 나오시는 걸 이상타 생각지 말게
醉開東閣賞梅花　취한 채로 동쪽 장지를 열고 매화를 즐기신다네[123]

　　風流不墜 正在斯人 풍류가 사라지지 않아 바로 이 사람에게 남아 있다.

의주산성 정자에서 부사 한준에게 주다

義州山亭 贈韓使君 準

山城小逕百花間　산성의 오솔길에 온갖 꽃이 피고
別院春晴燕入欄　별채에는 봄빛이 맑아 제비가 난간에 드네
聖代卽今邊警息　태평성대라 요즘에는 변방이 고요하기에
古書千卷閉門看　옛 책 천 권을 문 닫고서 읽으신다네

북관으로 가는 어사 정철을 보내며

送鄭御史澈之北關

咸關北上馬頻顚　함관[124] 북쪽으로 올라가면 말이 자꾸 거꾸러지고
雪嶺西看海接天　눈 덮인 고개 서쪽을 보면 바다가 하늘과 닿아 있네
客路重陽又何處　나그네 길 어디에서 중양절을 맞을런지

---

123 남조(南朝) 양(梁)나라 하손(何遜)이 수조관(水曹官)으로 양주(楊州)에 있을 때 관청 뜰에 매화 한 그루가 있어서 날마다 그 나무 아래서 시를 읊었다. 그 후 낙양(洛陽)에 돌아갔다가 매화가 그리워서 다시 양주로 발령해 주길 청한 끝에 양주에 이르니 매화가 피었기에, 그는 매화 나무 아래서 종일 서성거렸다. 두보의 「화배적등촉주동정송객봉조매상억견기(和裵迪登蜀州東亭送客逢早梅相憶見記)」에 "동각의 관매가 시흥을 움직이니, 하손이 양주에 있을 때 같구나.[東閣官梅動詩興 還如何遜在楊州]" 하였다.

124 함경도 함주군(咸州郡) 덕산면(德山面)과 홍원군(洪原郡) 용운면(龍雲面) 사이에 있는 고개로, 이곳에 이성계(李成桂)가 외적과 싸워 이긴 것을 기념하는 달단동승전기념비(韃靼洞勝戰紀念碑)가 있다. 함흥부에서 동쪽으로 70리 지점이다.

黃花零落古城邊　노란 국화가 옛 성가에서 떨어지겠지

무릉계
武陵溪

危石纔敎一逕通　위태한 바위 사이로 겨우 오솔길 하나 트여
白雲千古祕仙蹤　흰 구름이 천 년 동안 신선의 자취를 숨겼네
橋南橋北無人問　무릉교 남에도 북에도 물어볼 사람은 없고
落木寒流萬壑同　잎 떨어진 나무와 차가운 시내가 골짜기마다 같구나
　　甚淸峭 매우 맑고 산뜻하다.

성진상인에게[125]
寄性眞上人

茅菴寄在白雲間　띠로 엮은 암자가 흰 구름 사이에 얹혀 있는데
丈老西遊久未還　늙은 스님은 서쪽으로 가서 오래도록 돌아오지 않네
黃葉飛時疎雨過　누렇게 물든 나뭇잎 날리며 성긴 빗줄기 지나간 뒤에
獨敲寒磬宿秋山　차가운 경쇠를 홀로 두드리다 가을 산 속에서 잠드네
　　寒儉 스산하다.

스님의 시축에 쓰다
題僧軸

去歲維舟蕭寺雨　지난해 비 내리는 절에 배를 매고서
折花臨水送行人　물가에서 꽃 꺾어 나그넬 보냈었지

---

125 동국대본에 '眞'자가 빠졌지만, 『고죽유고』를 참조하여 고쳐 번역하였다.

山僧不管傷離別　스님은 이별의 슬픔 아랑곳 않고
閉戶無心又一春　문 닫은 채 무심히 또 한 봄을 보내네

用意做的 뜻을 말한 것이 적확하다.

스님에게 주다

贈僧

三月廣陵花滿山　삼월이라 광릉에는 꽃이 산에 가득한데
晴江歸路白雲間　맑은 강 따라 가는 길이 흰 구름 사이에 있네
舟中背指奉恩寺　배 안에서 뒤돌아보며 봉은사를 가리키니
蜀魄數聲僧掩關　소쩍새 울음소리에 스님은 문을 닫네

降涉晩李 만당(晚唐)의 기풍이 있다.

보운상인에게 주다

贈寶雲上人

一別金陵三十年　금릉[126]에서 한번 헤어진 지 삼십 년 만에
重逢此地却悽然　여기서 다시 만나니 도리어 서글퍼라
白蓮社老今誰在　백련사[127] 노승들은 이제 누가 남아 있나
舊日兒童雪滿顚　그 옛날 어린애가 흰 머리 되었으니

情事到頭 정다운 일이 극에 이르렀다.

---

126 전라도 강진현의 옛 이름이다.
127 강진 만덕산에 있는 절이다.

거듭 주다
重贈

征南省裏奉晨昏　정남성[128] 안에서 부모님을 모실 때[129]
幾度看花到寺門　몇 번이나 꽃을 보러 절 문에 이르렀던가
存沒祇今多少意　죽었나 살았나 지금까지 마음 쓰였는데
夕陽僧過灞陵原　석양에 스님이 파릉원에 들리셨네

感慨勝前篇 감개가 앞의 작품보다 낫다.

무제[130]
無題

玉頰雙啼出鳳城　고운 뺨에 두 줄기 눈물 흘리며 서울을 나서니
曉鶯千囀爲離情　새벽 꾀꼬리가 울고 울어 이별의 정을 돋우네
羅衫寶馬河關路　비단 적삼에 고운 말 타고 변방으로 가는 길
草色迢迢送獨行　아득한 풀빛만이 홀로 가는 님을 배웅해 주네

無限傷情 끝없이 마음을 아프게 한다.
崔白李三君有復古之功 但十首以後 較易厭 최경창 백광훈 이달 세 사람은 복고(復古)의 공이 있다. 그러나 10수 이후에는 비교적 질리기 쉽다.

---

128 최경창의 아버지 최수인(崔守仁)이 1550년대 전반에 전라병사로 강진 병영(兵營)에 머물 렀으므로, 전라도 병영을 정남성이라 칭한 듯하다.

129 신혼(晨昏)은 혼정신성(昏定晨省)의 준말이다. 최경창이 1561년에 사마시에 합격했으므로 이 시기에는 강진에서 부모를 모시고 살았던 듯하다.

130 최경창이 1575년에 병들어 서울에 누워 있자, 예전 북평사로 부임했을 때에 만났던 홍랑 (洪娘)이 이레 밤낮을 걸려 찾아왔지만 국상(國喪)으로 만나지 못하고 돌아가게 되자 정표로 지어준 시이다. 이와 관련된 내용이 선조실록 12년(1579) 6월 8일 기사에 보인다. "최경창은 사람됨이 검속(檢束)하는 바가 없어 국상을 당했을 때에 양계(兩界)의 창기(倡妓)를 데려다 첩으로 삼았으므로 당시 대간이 이를 논박했는데 서인들은 그가 지우(知友)라 하여 비호했습니다. 그 일 때문에 대간 2원(員)이 한때에 모두 함경도사(咸鏡都事)의 망(望)에 주의(注擬)되니, 당시의 인심이 모두 분하고 억울해 하였습니다."

송나라 고종[131]

宋高宗
백광훈(白光勳)

痛飲黃龍計亦疎　황룡부에서 실컷 마시려던[132] 계책도 또한 어그러져
廷臣爭議拜穹廬　조정 신하들 다툰 뒤에 오랑캐[133]에게 굴복했네
江南自有全身地　장강 남쪽에 몸을 보전할 땅을 가졌건만
河北空傳半臂書　장강 북쪽에서 쓸데없이 반비[134]에 글을 써서 보냈네
　好 좋다.

한천탄에서

寒川灘

寒川灘上水如藍　한천탄 물은 쪽빛처럼 푸르고
兩石巖西雪滿潭　양석암 서쪽에는 눈이 못에 가득하구나
明月不逢騎鶴侶　밝은 달밤에 학을 탄 벗을 만나지 못해
夜深鳴笛下江南　밤 깊도록 피리 불며 강 아래로 내려가네
　清亮 맑고도 밝다.

---

131 아버지 휘종(徽宗)과 형 흠종(欽宗)이 금나라에 포로로 잡혀간 뒤에 황제에 올라 도읍을 남쪽으로 옮긴 남송(南宋)의 첫 번째 황제 조구(趙構, 1107~1187)이다.

132 지금의 길림성(吉林省) 풍안현(農安縣)에 해당하는 황룡부(黃龍府)는 금(金)나라의 도성(都城)이었다. 『송사(宋史)』「악비열전(嶽飛列傳)」에 "곧장 황룡부에 들어가 그대들에게 술을 실컷 마시게 하겠다.[直抵黃龍府 與諸君痛飲爾]"라는 말이 있다.

133 『한서(漢書)』권110「흉노전(匈奴傳)」에 "흉노는 아비와 아들이 같은 궁려(穹廬)에서 잠을 잔다."라고 하였는데, 안사고(顔師古)의 주에 "궁려는 모전으로 만든 장막이다. 그 모양이 중앙은 높고 주위가 조금씩 낮아져서 마치 하늘처럼 생겼기 때문에 궁려라고 한 것이다."라고 하였다.

134 반비는 반견의(半肩衣)이니, 지금의 배자(背子) 따위다. 금나라에 붙잡혀 있던 송나라 휘종이 반비에 '정식으로 즉위하고, 부모를 구원하러 오라.'라고 써서 몰래 사람을 보내 이 글을 아들 고종에게 전하였다.

봄이 간 뒤에
春後

春去無如客病何　봄이 간다고 병든 나그네가 어찌하랴
出門時少閉門多　문을 나설 때가 적고 닫을 때가 많아졌네
杜鵑空有繁華戀　두견새는 부질없이 번화함을 좋아하여
　　雅致 아치가 있다.
啼在靑山未落花　푸른 산속 채 지지 않은 곳에서 울고 있구나

보이는 대로 읊어 스님에게 드리다[135]
卽事贈僧

歸心日夜建溪南　돌아가고픈 마음이 밤낮[136] 건계 남쪽에 있어
舊疾逢春更不堪　묵은 병에 봄을 만나니 더욱 견디지 못하겠구나
偶見山僧話新夢　우연히 스님을 만나 새로 꾼 꿈을 말하네
野梅香裡到西菴　들매화 향기 속에 서암에 이르렀다고
　　暗淡語好 암담한 말이 좋다.

---

135 백광훈의 문집인 『옥봉시집』에는 제목 뒤에 "지문에게 주었는데 봉은사 스님이다.[贈志
文 奉恩僧]"라고 더 적혀 있다.

136 동국대본에는 '一夜'로 되어 있지만, 문맥에 따라 『옥봉시집』을 참조하여 '日夜'로 고치고
번역하였다.

봄에 바라보며

春望

雛翼春深 새끼의 날개를 보니 봄이 깊었다.

望浦亭八咏中一絶 「망포정 팔경」 가운데 한 절이다.[137]

日日軒窓似有期　기약이나 있는 듯 날마다 창에 기대어
捲簾時早下簾遲　일찍 발을 걷고 늦게 발을 내리네
春風正在山頭寺　봄바람이 정녕 산마루 절에 불어도
花外歸僧不自知　꽃 너머로 돌아가는 스님은 아무것도 모르네

不可及 미칠 수 없다.

삼차강의 소나무에 걸린 달[138]

三叉松月

手持一卷蕊珠篇　손에 예주편[139] 한 권을 들고
讀罷空壇伴鶴眠　빈 단에서 다 읽고는 학을 짝해 잠들었네
驚起中宵滿身影　한밤중 놀라 깨니 온 몸에 솔그림자
冷霞飛盡月流天　찬 노을은 달빛 흐르는 하늘로 날아서 스러지네

懷氷 暑月亦有霜氣 얼음을 품은 듯, 한여름에도 서리기운이 있다.

---

137 『옥봉시집』 상권에는 「望浦亭八景」 가운데 제5수 「龍門春望」이라는 제목으로 실려 있
다. 세주에 "상공 노식(盧稙)의 강사(江舍)이다."라고 하였다.

138 「望浦亭八景」 가운데 제7수이다.

139 예주궁(蕊珠宮)은 신선들이 산다고 하는 꽃과 구슬로 장식한 궁전이며, 예주경(蕊珠經)
은 도가의 경전이다.

서군수의 집에서[140]

徐君受第

西出松坊舊路疑   서쪽으로 송방[141]을 나서니 옛길이 의심쩍어
古梧新柳問人知   늙은 오동 새 버들을 사람에게 물어 알았네
　　枯淡 메마르고 담담하다.
秋風無限江南思   가을바람에 강남 생각 끝없기에
半壁青燈一首詩   낮은 벽 등불 아래 시 한 수를 쓰네

개산[142]에서

介山

秋山雨過夕陽明   가을 산에 비 지나가자 저녁햇살이 환해
亂水交流引獨行   여기저기서 섞여 흐르는 물이 홀로 가는 나를 이끄네
岸上數村疎樹裏   언덕 위에 집 몇 채가 성근 나무 사이로 보이는데
寂無人語有蟬聲   사람 말소리 들리지 않고 매미 소리만 들리는구나
　　如顯處視目 마치 높은 곳에서 눈으로 보는 듯하다.

능양 북정에서[143]

綾陽北亭

長堤日晚少人行   긴 둑에 날 저물어 다니는 사람 적으니

---

140 『옥봉시집』의 제목은 「徐君受家」인데, 세주에 "이름은 익이다.[名益]"라고 하였다.
141 서쪽이라고 했으니 한성부 서대문 쪽에 있던 반송방(盤松坊)인 듯하다.
142 고구려의 개차산군(皆次山郡)을 신라 경덕왕 때에 개산군(介山郡)으로 고쳤는데, 백광
　　훈이 들린 시기에는 죽산도호부라 하였다. 지금의 경기도 안성시와 용인시 일부이다.
143 능양은 전라도 능성현의 별칭이다. 북쪽 개울가에 있는 정자라면 청흥정(淸興亭)인 듯하다.

楊柳靑靑江水聲　버드나무 푸르고 강물소리만 들리네
爲是昔年離別地　여기가 바로 예전에 헤어졌던 곳이라
不緣離別亦多情　이별하지 않으면서도 정이 많구나

궁사

宮詞　　　　　　　　　　　　　　　　　　　　　　　이달(李達)

　王仲初舊格 왕중초[144]의 옛 격조가 있다.

平朝日出殿門開　아침에 해가 떠서 궁전 문이 열리자
鳳扇雙行引上來　봉황부채 두 줄로 서서 임금님을 모셔가네
遙聽太儀宣詔語　저 멀리서 조칙을 전하는 소리 들리더니
罷朝新幸望春臺　조회를 마치고는 새로 망춘대에 납시네

東風院院落花飛　봄바람 부는 전각마다 떨어진 꽃잎 날리는데
侍女燒香掩夕扉　시녀는 향 피우고 저녁 문을 닫는구나
過盡一春君不見　온 봄이 다 가도록 임금님을 뵙지 못해
殿門金鎖綠生衣　궁전문 자물쇠에 푸른 녹이 슬었구나

　怨情 원망하는 마음이 담겨 있다.

양양곡[145]

襄陽曲

平湖日落大堤西　넓은 호수 큰 제방[146] 서편으로 해가 지는데

---

144 중초(仲初)는 「궁사」 100수를 지은 당나라 시인 왕건(王建)의 자이다.
145 악부 잡곡가사(雜曲歌辭) 가운데 하나로, 최국보(崔國輔), 이백(李白) 등의 작품이 있다.
146 중국의 호북성(湖北省) 양양현(襄陽縣)에 있는 큰 제방을 가리키는 말인데, 악부(樂府)

花下遊人醉欲迷   꽃 아래 놀던 사람 술에 취해 비틀거리네
更出教坊南畔路   다시 남쪽 길로 교방[147] 찾아 나서니
家家門巷白銅鞮   집집마다 골목마다 「백동제」[148] 소리로구나

　　風流文采 照映千古 풍류와 문채가 천고를 비춘다.

출새곡[149]

出塞曲

虜中傳出左賢王   좌현왕이 나왔다고 오랑캐가 전하니
塞馬如雲殺氣黃   구름 같은 변새의 말들이 살기가 누렇구나
已近居延山下獵   거연산 아래까지 다가와 사냥한다고
磧西烟火照天光   사막 저편에 봉화불이 하늘을 비추는구나

　　王少伯常徵君淸韻 왕소백과 상징군의 맑은 운이다.[150]

　　「양양악(襄陽樂)」 속에 「대제곡(大堤曲)」이 들어 있어서, 양양을 뜻하는 말로도 쓰인다. 여기서는 중국과 우리나라의 양양이 같은 이름이어서 적용한 것이다.

147 당나라 현종(玄宗) 때 설치하여 궁중 여인들에게 노래와 춤을 가르치던 곳이다.

148 남조(南朝) 양(梁)나라의 가요(歌謠) 이름으로, 「백동제(白銅蹄)」라고도 한다. 양나라 무제(武帝)가 옹진(雍鎭)에 있을 적에 "양양 땅의 백동제가, 도리어 양주 아이를 묶네.[襄陽白銅蹄 反縛揚州兒]"라는 동요가 있었는데, 식자들이 백동제는 말[馬]을 이른다고 하였다. 그 뒤에 의사(義師)가 일어나자 실제로 철기(鐵騎)들이 양주(揚州)의 선비들을 모두 묶어 동요와 같이 되었다. 무제가 즉위한 뒤에 다시 신성(新聲)을 만들었는데, 황제가 스스로 가사(歌詞)를 지어 세 곡으로 만들었다. 『隋書 卷13 晉樂志上』

149 국경의 요새를 거쳐 외국으로 나갈 때 불렀다는 악부(樂府) 「횡취곡(橫吹曲)」을 이른다. 한나라 초부터 불렀다고 하며, 당나라 때 두보(杜甫) 등 유명한 시인들이 가사를 지었다.

150 소백은 당나라 시인 왕창령(王昌齡)의 자이고, 징군은 상건(常建)의 자이다. 둘 다 악부(樂府)에 뛰어났다.

보허사
步虛詞

源出賓客 而覺愈穠莊 빈객[151]에게서 나왔지만 더욱 농염하고 장엄하다.

青童結伴婉凌華　청동이 완릉화[152]와 짝이 되어서
夜下三洲小玉家　한밤중에 삼주[153]의 소옥 집에 내려왔구나
閑說紫陽宮裡事　한가로이 자양궁 안의 일을 말하다가
玉階偸折碧桃花　옥 계단에서 벽도화 가지를 몰래 꺾누나
　　遊仙佳品 유선시의 가품이다.

채련곡. 정대간의 시[154]에 차운하다
采蓮曲 次鄭大諫韻

蓮葉參差蓮子多　연잎은 들쭉날쭉 연밥도 많은데
蓮花相間女郎歌　연꽃 사이에서 아가씨들 노래하네
來時約伴橫塘口　돌아갈 때 짝과 횡당 어구에서 만나기로 하고
辛苦移舟逆上波　애써 노를 저어 물결을 거슬러 올라오네
　　勝孤竹 고죽의 「채련곡」보다 낫다.

---

151 당나라 시인 유우석(劉禹錫)이 헌종(憲宗) 때 태자빈객(太子賓客)을 지냈다.
152 서왕모(西王母)의 시녀 이름이다.
153 신선이 사는 봉래(蓬萊), 방장(方丈), 영주(瀛洲)의 삼신산이다.
154 고려 인종(仁宗) 때에 좌사간(左司諫)을 역임한 정지상(鄭知常)의 시 「대동강(大同江)」
　　을 가리킨다.

장신궁 사시사

長信四時宮詞

何減王龍標耶 仲初以下不論矣 어찌 왕창령[155]보다 못하랴? 왕건 이하의 시인으로는 논할 수 없다.

別院無人楊柳齊 별궁에는 사람이 없고 버들이 늘어졌는데
早衙初散戟門西 아침 조회 마치고는 궐문[156] 서쪽으로 향하네
畫梁東角雙飛燕 고운 집 동쪽 귀퉁이에 쌍쌍이 나는 제비는
依舊春風覓舊栖 옛날처럼 봄바람 불자 옛 둥지를 찾는구나

龍興新幸建章宮 황제의 수레가 새로 건장궁으로 향하니
十部笙歌後苑中 십부[157]의 음악소리가 후원에 울리네
深院綠苔人不見 이끼 낀 깊은 궁 안에는 아무도 보이지 않고
石榴花影曲欄東 석류꽃 그림자만 굽은 난간 동쪽에 드리웠네

一作映 '影'자가 '映'자로 된 곳도 있다.[158]

殊有鳳毛 자못 뛰어난 재주가 있다.

玉蟲銷盡暗缸花 등불 심지 사그라지니 불꽃이 어둑하구나
六曲金屛倚綉霞 여섯 폭 금병풍에 붉은 노을 비치네

玄圃積玉 無非夜光 현포에 쌓인 옥은 야광주 아닌 게 없다.

---

155 동국대본에는 "何減王龍耶"로 되어 있는데, 목판본을 참조하여 "何減王龍標耶"로 고쳐 번역하였다. 왕창령이 범수위로 있다가 용표위로 좌천된 뒤에, '용표'를 호로 사용하였다.
156 극문은 화극문(畫戟門)의 준말로, 궁성이나 관아를 가리킨다. 화극은 채색한 목창(木槍)으로, 병졸들이 이 창을 쥐고서 문을 지켰다.
157 십부악(十部樂)의 준말로, 당대(唐代)의 열 가지 음악인 청상기(淸商伎)·서량기(西涼伎)·천축기(天竺伎)·고려기(高麗伎)·호선무(胡旋舞)·구자기(龜玆伎)·안국기(安國伎)·소륵기(疏勒伎)·강국기(康國伎)·문강기(文康伎)이다.
158 "석류꽃이 굽은 난간 동쪽에 비치네."라는 뜻이 된다.

一夜西宮風雨急   하룻밤 내내 서궁에 비바람이 치더니
滿庭紅葉曉來多   뜰 가득 붉은 잎이 새벽 되자 많아졌네

苑樹寒鴉凍不飛   궁궐 숲의 갈까귀 얼어서 날지 못하는데
玉鑪添炷篆烟霏   옥화로에 향 사르니 구불구불[159] 연기가 오르네
君王早御通明殿   군왕께서 아침 일찍 통명전에 납시니
宮女催呼進尙衣   궁녀가 상의[160]에게 의복 올리라 외치네

청평조[161]로 지은 사시사. 규정

四時詞 閨情 平調

> 調和格亮 彩絢俱均 眞盛唐能品 격조가 조화롭고 맑으며 색채가 모두 아름다워 참
> 으로 성당(盛唐)의 능품(能品)이다.

門巷晴明燕子來   마을에는 청명절이라 제비들 날아오고
綠楊如畫掩樓臺   그림같이 푸른 버들이 누대를 가렸구나
同隨女伴秋天下   친구와 짝이 되어 그네를 타다 내려와서
更向花間鬪草廻   다시 꽃밭으로 가 풀싸움 하고 돌아오네

五色絲針倦繡窠   오색실로 수를 놓다가 지겨워 내다보니
玉階新發石榴花   고운 계단에 석류꽃이 이제 막 피었구나
銀床氷簟無餘事   우물가[162] 시원한 대자리에 아무런 일도 없어

---

159 전연(篆烟)은 전자(篆字) 모양으로 구불구불 가늘게 피어 오르는 향연(香煙)이다.

160 임금의 의대(衣帶)를 만들어 바치고 대궐 안의 재물과 보물을 맡아 관리하던 관아인 상의
원(尙衣院)의 직책이다.

161 악부(樂府)의 하나이다. 당나라 현종(玄宗)이 달밤에 양귀비(楊貴妃)와 함께 침향정(沈
香亭)에서 모란꽃을 구경하다가 한림학사(翰林學士) 이백(李白)에게 명하여 청평조 삼
장(三章)을 지어 올리게 했었다.

盡日南園蛺蝶多 하루 종일 남쪽 정원에는 나비만 많구나

初發芙蓉 自然可愛 막 피어난 연꽃처럼 자연스럽고 사랑스럽다.

金井梧桐下玉欄 우물가 오동잎이 옥난간에 떨어지니

琵琶絃緊不堪彈 비파줄 팽팽해져 튕길 수가 없구나

欲將寶鏡均新黛 거울 들고 눈썹 단장 새로 하려 했지만

捲上珠簾却早寒 주렴 걷어올리자 이른 추위 선뜻하구나

千人亦見 萬人亦見 천 사람도 보고, 만 사람도 본 것이다.

錦幕圍香寶獸危 향기에 쌓인 휘장 안에 향로가 높다란데

曉粧臨鏡澁臙脂 거울 보며 아침 단장하니 연지 굳어 딱딱해라

爛若披錦 無處不鮮 현란하기가 마치 비단을 펼친 듯하여, 아름답지 않은 곳이 없다.

繡籠鸚鵡嫌寒重 새장 속의 앵무새는 추위 몹시 싫어해서

猶向簾間覓侍兒 주렴 사이로 바라보며 시녀 아이를 찾는구나

강릉에서 있었던 일을 쓰다

江陵書事

三月江陵花滿枝 삼월이라 강릉에는 가지마다 꽃이 가득해

折花還有去年悲 꽃 따다 보니 지난해 슬픔이 떠오르는구나

傷心莫問東流水 동쪽으로 흐르는 물[163]에게 상심하여 묻지 마세

---

162 은상(銀床)은 은빛 난간으로, 우물 난간을 가리킨다. 이백(李白)의 시 「증별사인제대경
  지강남(贈別舍人弟臺卿之江南)」에 "오동잎이 금정에 떨어지니, 잎 하나 은상에 날리누
  나.[梧桐落金井 一葉飛銀床]"라고 하였다.

163 소식(蘇軾)의 시 「별세(別歲)」에 "세월아! 너 어디로 가느냐? 멀리 하늘 끝에 있구나.
  냇물 따라 동쪽으로 흘러가고 나면, 바다에 이르러 돌아올 날이 없네.[問歲安所之 遠在
  天一涯 已逐東流水 赴海歸無時]"라고 하였다.

日夜悠悠無歇時 밤낮으로 유유히 쉬지 않고 흐르는 까닭을
　故自濯濯 절로 맑고 윤기가 있다.

산행
山行

近水踈籬紅杏花 물가 성긴 울타리에 붉은 살구꽃
掩門垂柳兩三家 닫힌 문에 버들 늘어진 서너 집
溪橋處處連芳草 시내 다리 여기저기 방초가 이어졌는데
山路無人日自斜 산길에는 사람 없고 해만 절로 비껴 있구나
　如入輞川畵中 마치 망천[164]의 그림 속에 들어온 것 같다.

송경[165]에서
松京

前朝臺殿草烟深 전 왕조의 궁전에는 풀 위에 안개 깊은데
落日牛羊下夕陰 지는 해에 소와 양들이 저녁 어스름에 내려오네
同是等閑亡國地 둘 다 등한한 망국의 땅 되었건만
笑看黃葉滿雞林 계림에 누런 잎[166] 가득하다고 비웃었었지
　意好 뜻이 좋다.

---

164 당나라 시인 왕유(王維)의 별장이 있던 곳인데, 여기서는 '시중유화(詩中有畵)'라는 평을 받던 왕유의 시를 가리킨다.

165 개성이 송악산 밑에 있었으므로 송경, 또는 송도(松都)라고도 불렸다.

166 최치원(崔致遠)이 신라가 망하고 고려가 흥할 것을 알고 고려 태조에게 "곡령에 솔이 푸르고 계림엔 잎이 누르다.[鵠嶺靑松 鷄林黃葉]"라는 글을 올렸다는 이야기가 『삼국사기』 권46 「최치원열전」에 실려 있다. 곡령은 개성에 있는 송악산이다.

영곡¹⁶⁷에서 봄을 찾다

靈谷尋春

東峯雲氣沈翠微　동쪽 봉우리 구름이 산자락에 잠겼는데
澗道竹杖尋芳菲　시냇가 길 따라 대지팡이로 고운 풀을 찾아 나서네
深林幾處早花發　깊은 숲속 어느 곳에 이른 꽃이 피었는지
時有山蜂來撲衣　이따금 산벌이 옷에 와 달라 붙는구나

가야산에서

伽倻山

中天笙鶴下秋霄　중천의 학¹⁶⁸이 가을 하늘에서 내려오건만
　空中布景 覽之冷然 공중에서 경물을 펼쳐 놓아, 읽어보면 시원하다.
千載孤雲已寂寥　천 년 전 고운¹⁶⁹의 자취는 이제 적막하구나
明月洞門流水在　달 밝은 골짜기에 흐르는 물만 남았는데
不知何處武陵橋　무릉으로 가는 다리¹⁷⁰가 어디였는지 아지 못하겠네

---

167 도봉산 자락인 듯하다. 도봉서원 설립에 참여한 유희경의 「행록(行錄)」 '도봉서원' 세주에 "이 서원은 본래 폐허가 된 영국사 터에 세워졌으므로 처음에는 영곡서원이라고 불렀다.[院本寧國廢寺基 故初以靈谷書院稱之.]"라고 하였다.
168 생학(笙鶴)은 신선이 타고 다니는 학을 말한다. 『열선전(列仙傳)』에 주(周)나라 영왕(靈王)의 태자(太子) 왕자 교(王子喬)가 학을 타고 생황을 불며 하늘로 올라가 신선이 되었다고 한다.
169 가야산에서 신선이 되었다는 최치원(崔致遠)의 호이다.
170 합천 해인사 입구 홍류동(紅流洞)에 무릉교가 있는데, 무릉도원으로 가는 다리라는 뜻이다.

그림에 쓰다. 2수
題畫 二首

寒林烟暝鷺絲飛　찬 숲에 안개 자욱하고 백로가 나는데
江上漁家掩竹扉　강가의 어부 집엔 대사립문 닫혀 있구나
斜日斷橋人去盡　날 저물자 끊어진 다리에 사람들 모두 가버리고
亂山空翠滴霏微　어지러운 산마다 푸른 기운이 방울 맺혔네
　　清勁拔俗 맑고도 힘이 있어 속세로부터 벗어났다.

綠楊閉戶是誰家　푸른 버들 닫힌 집은 누구의 집인가
半出紅樓映斷霞　반쯤 드러난 붉은 누각에 스러지는 노을 비치네
無賴流鶯鳴盡日　믿지 못할 꾀꼬리가 하루 종일 울어대더니
晚晴門巷落花多　맑게 갠 저녁 골목에 떨어진 꽃잎 많구나
　　穠麗稱情 고와서 정을 끈다.

종성[171] 가는 길에
鍾城道中

玉門關外雪漫山　옥문관 바깥 산에는 눈이 펄펄 날리고
月照沙河亂磧間　달빛이 사하(沙河)의 어지러운 모래벌을 비추네
何處悲歌鳴遠戍　어디선가 슬픈 피리소리가 먼 수자리에 울리더니
夜深遊騎射鵰還　밤 깊자 사냥갔던 기병이 수리를 잡아 돌아오네
　　塞曲悲忼之言 변새시의 슬프고 강개한 말이다.

---

171 함경도에 설치된 도호부로, 세종 때에 개척한 육진(六鎭) 가운데 하나이다.

병중에 꽃을 꺾고 술을 마주하여
病中 折花對酒

花時人病閉門深　꽃 피는 철에 병들어 문을 깊이 닫은 채
强折花枝對酒吟　억지로 꽃가지를 꺾고 술을 마주해 읊조리네
惆悵流光夢中過　서글프게도 흐르는 세월이 꿈결에 지나가니
賞春無復少年心　봄을 즐길래도 젊은 시절 마음이 다신 없구나

서울에서 감회가 일어나
洛中有感

好爵高官處處逢　고관 대작들을 곳곳에서 만나니
車如流水馬如龍　수레는 물 흐르듯, 말은 용 같구나
長安陌上時回首　장안 거리에서 이따금 머리를 돌려보니
咫尺君門隔九重　지척의 궁궐 문이 아홉 겹으로 막혀 있네[172]
　　翩翩濁世 혼탁한 세상을 초탈하였다.[173]

城闕參差甲第連　궁궐에 들쭉날쭉 저택들이 이어져
五侯歌管沸雲烟　고관[174]들의 음악소리가 구름 안개를 헤치네
灞陵橋上騎驢客　파릉교 위에 나귀 탄 나그네가

---

172 『초사』 「구변(九辯)」에 "답답한 이 심정 어찌 군왕을 생각지 않으랴만, 군왕의 궁문은
　　구중으로 닫혀 있네.[豈不鬱陶而思君兮 君之門以九重]"라고 하였다.
173 『사기』 권76 「평원군열전(平原君列傳)」에 "평원군은 혼탁한 세상을 초탈한 훌륭한 공자
　　이다.[平原君 翩翩濁世之佳公子也]"라고 하였다.
174 한(漢)나라 성제(成帝)의 외삼촌인 평아후(平阿侯) 왕담(王譚), 성도후(成都侯) 왕상(王
　　商), 홍양후(紅陽侯) 왕립(王立), 곡양후(曲陽侯) 왕근(王根), 고평후(高平侯) 왕봉시
　　(王逢時) 등 다섯 사람이 같은 날에 봉작되었으므로 오후라 한다. 그들은 다른 사람들과
　　왕래하지 않고 자기들끼리 산해진미만 먹으며 음식과 거처에 사치하였다

不獨襄陽孟浩然　양양 땅 맹호연만은 아니로구나[175]

長袖善舞 긴 소매로 춤을 잘 춘다.

파산에서 고죽[176]의 집을 바라보며

坡山望孤竹庄

遙望村庄淚滿巾　멀리 촌집을 바라보니 눈물이 수건에 가득한데
五年墳樹蔽荊榛　오년 동안 무덤가 나무가 가시덤불에 덮였네
西州門外羊曇醉　서주문 밖의 양담처럼 취하였으니[177]
更有山陽笛裏人　산양의 피리 소리 듣는 사람[178]이 또 있구나

不勝感涕 눈물을 흘리지 않을 수 없다.

격암 남사고를 애도하며

挽南格菴 師古

鸞馭飄然弱木津　난새를 타고 약수[179]를 날아 건넜으니

---

175 소식(蘇軾)의 시 「증사진하수재(贈寫眞何秀才)」에 나귀를 타고 파교를 지나가는 맹호연(孟浩然)을 읊어 "또 보지 못했는가, 눈 속에 나귀를 탄 맹호연이 눈썹을 찌푸리고 시를 읊으니 솟구친 어깨가 산처럼 높네.[又不見雪中騎驢孟浩然 皺眉吟詩肩聳山]" 하였다.

176 이달과 함께 삼당시인(三唐詩人)으로 불렸던 최경창의 호이다.

177 동진(東晉)의 재상 사안에게 양담이라는 외조카가 있었는데, 양담이 총명하여 무척 사랑하였다. 사안이 죽은 뒤에 양담은 너무 슬퍼서 사안의 무덤이 있는 서문(西門)쪽으로는 다니지 않았다. 어느 날 술에 취하여 자신도 모르는 사이에 서문으로 가게 되었는데, 주위 사람들이 여기가 서문이라고 알려주자, 양담이 "살아서 화려한 집에 머물더니, 죽어서는 산언덕에 돌아가네.[生存華屋處 零落歸山丘]"라는 조식(曹植)의 「공후인(箜篌引)」을 높이 읊조리고는 통곡하면서 가버렸다. 『진서(晉書)』 권79 「사안열전(謝安列傳)」

178 진(晉)나라 상수(向秀)가 전에 살던 산양(山陽) 땅을 지나다가 이웃 사람이 부는 피리 소리를 듣고 죽은 벗 혜강(嵇康)과 여안(呂安)을 그리는 마음을 금할 수가 없어 「옛 벗을 그리며[思舊賦]」를 지었다. 『진서(晉書)』 권49 「상수열전(向秀列傳)」

179 소식(蘇軾)의 「금산묘고대(金山妙高臺)」에 "봉래산에 이를 수 없으니, 약수가 삼만 리나

君平簾下更何人　발 내린 엄군평[180]이 또 누구 있으랴
床東弟子收遺草　사위[181]와 제자들이 유고를 모으니
玉洞桃花萬樹春　옥동의 복사꽃이 그루마다 봄이로구나

　理亦應阿堵上 이치가 마땅히 이것에 있다.

스님에게 주다

贈僧　　　　　　　　　　　　　　　　　　송익필(宋翼弼)

連宵寒雪壓層臺　밤새 차가운 눈이 내려 누대를 덮었는데
僧到何山宿未回　스님은 어느 산에서 자는지 돌아오지 않네
小閣燈殘靈籟靜　작은 불전에 등불 깜박거리고 바람 소리[182] 고요한데
獨看淸月過松來　소나무 넘어 오는 맑은 달을 나 홀로 보는구나

　卽此一篇 可稱寸璧 이 한 편을 대하면 작은 보옥이라 부를 만하다.

펼쳐져 있네.[蓬萊不可到 弱水三萬里.]"라고 하였다.

180 군평(君平)은 양웅(揚雄)의 스승인 엄준(嚴遵)의 자이다. 그는 평생 벼슬을 사양하고 성도에서 점을 쳐주며 살았는데, "하루에 몇 사람만 점을 쳐주고 100전을 벌어서 먹고 사는 데 충분하면, 가게 문을 닫아 발을 내리고 『노자』를 강의하였다.[裁日閱數人 得百錢足自養 則閉肆下簾而授老子]"『한서(漢書)』권72「왕공양공포전(王貢兩龔鮑傳)」

181 극감(郤鑒)이 문생으로 하여금 왕도(王導)의 문하에서 사윗감을 간택하게 하였더니, 왕씨 문중(王氏門中)의 여러 소년들이 이 말을 듣고 모두 자신을 내세웠으나, 왕희지(王羲之)만은 배를 드러내고 동상(東床)에 누워 모른 체하자 그를 사위로 삼았다. 그 뒤로 사위를 동상(東床)이라고도 하였다.

182 '영묘한 소리[靈籟]'란 바람 소리를 가리킨다. 두보의 「유용문봉선사(遊龍門奉先寺)」시에 "그늘진 골짝에선 영묘한 소리 나오고, 달빛 아래 숲엔 맑은 그림자 산란해라.[陰壑生靈籟 月林散淸影]"라고 하였다.

절 벽에 쓰다

題僧壁   서익(徐益)

樵笛依依隔暮林　나무꾼의 피리 소리 저녁 숲 너머 아련한데
佛龕寥落白雲深　고즈넉한 절간[183]에 흰 구름이 깊구나
天寒古木棲鴉盡　날이 차서 고목에 갈까마귀 다 흩어지니
流水空山處處陰　흐르는 물 텅빈 산에 곳곳마다 음산하구나
　羚羊掛角 영양이 뿔을 나무에 걸었다.[184]

스님에게 주다

贈僧   홍적(洪迪)[185]

郊外逢僧坐晚沙　교외에서 스님 만나 날 저문 모래밭에 앉았노라니
白嵓歸路亂山多　백암으로 가는 길에 첩첩 산이 많구나
江南物候春猶冷　강남의 날씨가 봄인데도 차가우니
野寺叢梅未着花　산사의 매화도 꽃을 피우지 않았으리

---

183 불감(佛龕)은 부처, 보살 등을 안치하는 감실(龕室)인데, 불사(佛寺)나 불단(佛壇)을 말하기도 한다.

184 남송(南宋) 엄우(嚴羽)의 『창랑시화(滄浪詩話)』 「시변(詩辨)」에 "시란 성정을 읊조리는 것이다. 성당의 시인들은 오직 흥취에 주력하여 영양이 뿔을 나무에 걸은 것처럼 자취를 찾을 수 없다.[詩者 吟詠性情也 盛唐諸人 惟在興趣 羚羊掛角 無迹可求]"라고 하였다.

185 이 시는 홍적의 『하의유고(荷衣遺稿)』에 「증산인(贈山人)」이라는 제목으로 실려 있고, 서익의 『만죽헌선생문집』 권1에는 「증승(贈僧)」이라는 제목으로 실려 있다. 제4구의 '未着花'가 『하의유고』에는 '未作花'로 실려 있다.

고산역[186]

高山驛   임제(林悌)

胡虜曾窺二十州   오랑캐가 일찍이 스무 고을[187]을 엿볼 적엔
將軍躍馬取封侯   장군이 말을 달려 봉후를 쟁취하였지
如今絶塞無征戰   이제는 먼 변방에도 전쟁이 없으니
壯士閑眠古驛樓   장사가 낡은 역루에서 한가로이 잠을 자네
　　豪氣 호기롭다.

경성으로 판관 황찬을 보내면서

送鏡城黃判官 璨

元帥臺前海接天   원수대[188] 앞 바다가 하늘과 닿아 있는데
曾將書劍醉戎氈   내 일찍이 책과 검을 가지고 융단에서 취했었지[189]
陰山八月恒飛雪   음산은 팔월에도 항상 눈이 날리니
時逐長風落舞筵   이따금 긴 바람 따라 춤추는 자리에 떨어지리라
　　氣槪洋洋 기개가 양양하다.

---

186 함경도 안변도호부 남쪽 75리에 있는 역이다. 임제가 31세 되던 1579년에 고산도 찰방으로 부임하였다.

187 함경도에 함흥부를 비롯해 스물두 고을이 있었다.

188 함경도에 원수대가 두 군데 있는데, "경성도호부의 남쪽 8리에 있으며 남쪽은 바다에 닿아 있는" 원수대를 가리킨다.

189 32세 되던 1580년에 북도병마평사가 되어 이 일대를 돌았다.

무제

無題

瑤海漫漫碧落寬	바다는 아득하고 푸른 하늘은 넓은데
玉娘消息楚雲寒	옥랑[190]은 소식 끊겨 남방 구름이 차구나
秋風一合相思淚	한바탕 가을바람에 님 그리워 눈물 흘리니
月照瓊樓十二欄	달이 고운 누각 열두 난간[191]을 비추네

琴臺一別眼中人	금대[192]에서 그리운 님과 한번 헤어지고는
羅韤微瀾夢裡春	비단버선 살며시 꿈속의 봄을 걸어가네
欲向東湖問消息	동호[193]에서 그대 소식 묻고 싶건만
寒潮不上廣陵津	차가운 밀물이 광나루까지 올라오지를 않네

이별하면서 남기다

留別   정지승(鄭之升)

細草閑花水上亭	풀 여리고 꽃 한적한 물가의 정자에
綠楊如畫掩春城	푸른 버들이 그림같이 봄날의 성을 가리웠네
無人爲唱陽關曲	나를 위해 양관곡[194]을 부르는 이 하나 없어

---

190 초운(楚雲)과 연관시켜 보면 자신을 운우(雲雨)로 소개한 초나라 무산(巫山)의 신녀(神
     女)를 뜻하는 듯하다.
191 '십이(十二)'는 난간이 굽이굽이 꺾어진 것을 형용하는 말로, 꺾인 곳이 많기 때문에 '십
     이'라고 하는 것이다. 규모가 큰 누정은 대개 십이난간이라고 표현한다.
192 고유명사라기보다는 마지막으로 만나 거문고를 타던 곳을 가리키는 듯하다.
193 한강 가운데 뚝섬에서 옥수동에 이르는 곳으로, 두뭇개[豆毛浦]라고도 하였다. 한강과
     중랑천이 만나 수역이 넓고 잔잔해서 이렇게 불렀다. 지금의 동호대교와 성수대교 사이의
     한강이다.
194 왕유(王維)의 「송원이사안서(送元二使安西)」 시를 가리키는데 "위성의 아침 비가 가벼

只有靑山送我行   푸른 산만 내 갈 길을 배웅하는구나

從郎君冑送王司直詩 點出來 낭사원(郎士元)[195]의 「송왕사직(送王司直)」 시에서 점화(點化)한 것이다.

밤에 간의대[196]에 올라

夜登簡儀臺   태산수(泰山守) 체(棣)

攉空龍柱濕秋霞   공중에 솟은 기둥은 가을 이슬에 젖었고
宮漏沈沈月欲斜   궁궐의 물시계소리 희미해 달도 기울려 하네
風露滿壇星斗近   바람과 이슬이 가득한 단은 북두성에 가까운데
夜深無夢看天河   밤 깊도록 잠 못 이루고 은하수를 바라보네

此荷各所稱嘆者 이는 여러 곳으로부터 칭탄을 받은 시이다.

임진년 유월 이십팔일에 짓다

壬辰六月二十八日作   신노(申櫓)

是日明廟忌辰 이날이 명종의 기일이다.

先王此日棄群臣   선왕께서 이 날에 여러 신하를 버리실 적에
末命丁寧托聖人   마지막 명령으로 간곡히 상감을 부탁하셨네[197]

운 먼지를 적시니, 객사의 푸른 버들 빛이 새롭구나. 한 잔 술 더 기울이라 그대에게 권하노니, 서쪽으로 양관을 나가면 친구가 없기 때문일세.[渭城朝雨浥輕塵 客舍靑靑柳色新 勸君更進一杯酒 西出陽關無故人]"라고 한 시에서 나머지 3구를 재창하기 때문에 「양관곡」이라고도 하였다. 이별하는 노래를 가리킨다.

195 군주(君冑)는 당나라 대력 십재자(大曆十才子)의 한 사람인 낭사원의 자이다. '送王司直'은 '送麴司直'을 잘못 쓴 것이다.

196 천문을 관측하는 곳인데, 『신증동국여지승람』 권1 「경도(京都)」 '궁궐'조에 "궁성(宮城)의 서북쪽 모퉁이에 있다."는 설명과 함께 김돈(金墩)이 지은 기문(記文)을 소개하였다.

197 1567년 6월 28일에 영의정 이준경이 입시하여 마지막 유언을 묻자 명종이 말을 못하고

二十六年香火絶　스물이라 여섯 해에 향불이 끊어지니[198]
白頭號哭只遺民　백발로 통곡하는 사람은 선왕의 유민(遺民)뿐일세

> 無一字不緊要 情事可涕 況親睹之者乎 한 글자도 긴요하지 않은 것이 없다. 정이 가득한 말이 눈물겨우니, 하물며 친히 눈으로 본 자이겠는가.

승축

僧軸　　　　　　　　　　　　　　　　　　　　　　　　이영(李嶸)

疎雲山口草萋萋　몇 점 구름이 산 어구에 있고 풀은 무성한데
夜逐香烟到水西　밤에 향 연기를 따라 물가 서쪽에 이르렀네
醉後高歌答明月　취해서 크게 노래하며 밝은 달을 맞이하니
江花落盡子規啼　강가의 꽃은 다 지고 자규만 우는구나

송강의 무덤을 지나며 감회가 있어[199]

過松江墓有感　　　　　　　　　　　　　　　　　　　　권필(權韠)

空山木落雨蕭蕭　빈산에 낙엽 지고 비는 부슬거리니
相國風流此寂寥　상국의 풍류가 여기에서 적막하구나
惆悵一盃難更進　서글퍼라 한 잔 술 다시 올리기 어려우니
昔年歌曲卽今朝　옛날 그 가곡이 바로 오늘 아침의 일일세

붕어하였는데, 중전이 전교하였다. "지난 을축년에 하서(下書)한 일이 있었는데【그해에 상이 미령하여 덕흥군(德興君)의 셋째 아들 휘(諱) 이균(李鈞)을 후사로 삼은 일이다.】 그 일은 경들 역시 이미 알고 있다. 지금 그 일을 정하고자 한다." 덕흥군의 셋째 아들 이균(李鈞)이 바로 선조이다.

198 명종이 붕어한 지 26년 되던 1592년에 임진왜란이 일어난 것을 가리킨다.

199 송강은 정철(鄭澈, 1536~1593)의 호인데, 권필이 찾아간 무덤은 충청도 진천 지장산으로 옮기기 전에 경기 고양군 신원(新院)에 있던 무덤이다.

鄭有短歌 道死後墳土無一盃相勸之意 故詩中及之 정송강이 단가(短歌)를 읊어 "죽은 뒤에 무덤에 술 한 잔 권할 사람이 없다"는 뜻을 말했기에 시 가운데 언급한 것이다.

임처사의 창랑정에서[200]

林處士滄浪亭

蒲團岑寂篆香殘　부들자리 고즈넉하고 향연기는 스러지는데
獨抱仙經靜裡看　홀로 신선의 경전을 안고 조용히 보네
江閣夜深松月白　강가 누각에 밤이 깊어 소나무에 달이 밝으니
渚禽飛上竹闌干　물가의 새가 대난간으로 날아 오르는구나

한식

寒食

祭罷原頭日已斜　제사 마친 언덕에 해는 이미 기울어
紙錢翻處有鳴鴉　지전 흩날리는 곳에 갈까마귀만 우네
山蹊寂寞人歸去　적막한 산길에 사람들 돌아가자
雨打棠梨一樹花　한 그루 팥배나무 꽃잎을 빗발이 때리누나
　　逼唐 당시(唐詩)에 가깝다.

200 임제(林悌)의 막내동생인 임탁(林忨, 1566~1610)의 창랑정이 전라도 나주에 있었다. 이이명(李頤命)의 「증별이생무숙(贈別李生茂叔)」 시의 원주(原註)에 "창랑정은 바로 임덕함이 거처하는 곳으로, 나주 회진강 가에 있다.[滄浪亭卽林德涵所居 羅州會津江上]"라고 하였다.

숨어 사는 곳의 즐거움
幽居漫興

篇篇皆法杜絶 而脫去頓滯處 自成一家語 高妙難摸捉 이 편들이 모두 두보(杜甫)의 절구를 배운 것이지만 그의 돈체(頓滯)를 벗어나 절로 일가를 이루었으니 그 높고 묘한 경지를 포착할 수 없다.

老去扶吾有短筇	늙어가며 내 몸을 부축할 지팡이가 있으니
林居無日不從容	시골 생활 한가롭지 않은 날이 없구나
淸晨步到澗邊石	맑은 새벽에 걸어서 시냇가 바위에 이르러
落日坐看波底峯	날 저물 때까지 앉아 물에 비친 봉우리를 보노라

池岸纔容人往還	연못가 언덕은 겨우 사람이 오갈 만한데
兩池分蘸一邊山	양쪽 연못에 한쪽 산이 나누어 담겼구나
靑荷葉小不掩水	푸른 연잎사귀가 작아서 물을 덮지 못해
時見魚兒蒲葦間	이따금 갈대[201] 사이로 물고기가 보이네

引水作潭聊自娛	물을 끌어다 못 만들어 혼자 즐기려 했더니
平地波濤遽如許	평지에 파도가 갑자기 이렇게 이는구나
飛湍落石風雨喧	물줄기 날아서 바위에 떨어져 비바람소리 요란하니
隔岸人家不聞語	저편 기슭 인가의 말소리가 들리지 않네

當日溪流深尺餘	엊그제 시냇물이 한 자 남짓 깊어져
兩岸狹窄纔容車	양쪽 기슭은 좁아서 겨우 수레가 지나다녔네
今朝化作滄浪水	오늘 아침에 푸르고 맑은 물[202]이 되어

---

201 포위(蒲葦)는 부들과 갈대이다.
202 굴원(屈原)의 「어부사(漁父辭)」에 "창랑의 물이 맑으면 나의 갓끈을 씻으면 되고, 창랑의

已有水禽來捕魚　벌써 물새들이 와서 고기를 잡아먹누나

最好 (4수 가운데 이 시가) 가장 좋다.

양주에서 구대수[203]의 상구(喪柩)에 곡하고 머물러 잔 뒤에 날이 밝자 산을 나왔다

哭具大受喪柩于楊州 留宿 天明出山

幽明相接杳無因　이승과 저승이 서로 닿았어도 아득해 만날 길 없더니
一夢慇懃未是眞　한바탕 꿈이 은근했지만 생시는 아니었네[204]
掩涕出山尋舊路　눈물 닦으며 산을 나와 옛 길을 찾노라니
曉鶯啼送獨歸人　새벽 꾀꼬리가 울어 홀로 가는 사람을 전송하네

情鍾正在此 정이 바로 이곳에 모여 있다.

죽은 이를 애도하여, 정랑 이자민[205]에게 부쳐 보이다

悼亡 寄示李正郎子敏

親知零落已無存　친지들은 영락해 살아남은 이가 없으니
萬事人間只斷魂　인간 세상 만사가 그저 애절한 슬픔뿐

情事欲絶 정이 가득한 말이 애절하다.

　물이 흐리면 나의 발을 씻으면 된다.[滄浪之水淸兮 可以濯我纓 滄浪之水濁兮 可以濯我足]" 하였다.
203 구대수는 김화현감 구용(具容 1569~1601)으로, 자는 대수(大受)이고 호는 죽창(竹窓)이다. 임진왜란이 일어나자 곧바로 권필과 함께 상소하여 "유성룡(柳成龍)의 강화 주장과 이산해(李山海)의 나라 그르침은 실로 오늘날의 진회(秦檜)와 양국충(楊國忠)이니, 참수하여 백성에게 사죄하게 하소서."하였으나, 응답하지 않았다.
204 권필의 문집인『석주집』에 "이날 밤 꿈속에서 구 김화를 만났는데 평소와 같았다.[是夜夢 金化 如平生]"라는 세주가 있다.
205 권필과 함께 구용의 친구였던 이안눌(李安訥, 1571~1637)의 자이다. 1601년 1월 22일에 예조정랑이 되었으니, 구용이 세상을 떠나던 해이다.

爲問如今風雨夜　묻노니 지금 비바람 치는 이 밤에
也能重夢具綾原　또한 구 능원[206]을 다시 꿈속에서 보시는가

   李嘗有夜雨殘燈夢具容之句 이안눌이 일찍이 "밤비 내리고 등잔은 가물거리는데 구용을 꿈에 보았네.[夜雨燈殘夢具容]"라는 시구를 읊었다.

성산에 있는 구용의 옛집을 지나며
城山過具容故宅

城山南畔是君家　성산 남쪽이 바로 그대의 집이니
小巷依依一逕斜　작은 마을에 경사진 오솔길이 아련하구나
浮世十年人事變　덧없는 세상 십 년에 인간사 변하였는데
春來空發滿山花　봄이 오니 산에 가득 부질없이 꽃은 피었구나

   具是君得意友 故三篇俱得意 구용이 권군에게는 득의의 벗이기에 이 세 편이 함께 득의의 작품이다.

추랑에게 주다
贈秋娘

楊州一夢杳難追　양주의 하룻밤 꿈[207] 아득해 좇기 어렵기에
此地舉尊本不期　이곳에서 술잔을 들 줄이야 기약하지 못했네
莫唱江南斷腸曲　강남의 단장곡일랑 부르지 말라

---

206 본관이 능성(綾城)인 친구 구용을 가리킨다. 이 시도 위의 시와 마찬가지로 구용의 죽음을 슬퍼한 시이다.

207 두목(杜牧)이 강남(江南)의 번화지인 양주에서 우승유(牛僧孺)의 막료(幕僚)로 있을 적에 홍등가(紅燈街)에서 마음껏 풍류를 즐겼는데, 뒤에 낙양(洛陽)에서 지은 시 「견회(遣懷)」에 "십 년 만에 양주의 꿈을 한 번 깨고 보니, 청루에서 박정하다는 이름만 실컷 얻었구나.[十年一覺楊州夢 贏得靑樓薄倖名]"라고 하였다.

向來存沒不勝悲　예부터 생사의 슬픔은 견디기 어려워라

　情眞語切 감정이 진실하고 시어가 절절하다.

성천을 그리워하며

憶成川

雲雨高唐夢裏還　비구름에 덮인 고당[208]을 꿈속에 돌아가보니
滿空蒼翠是巫山　하늘 가득 푸르른 여기가 무산[209]이구나

　容易語動人 쉬운 말로 사람을 감동시킨다.

至今最有關心處　지금까지도 가장 마음 끌리는 곳 있으니
人在樓臺縹渺間　아스라한 누대에 그 사람이 있었지

님에게 주다

贈人　　　　　　　　　　　　　　　　　　　　　　　　　정용(鄭鎔)

萬里鯨波海日昏　만리라 큰 파도 위에 해가 저무는데
碧桃花影照天門　벽도화 그림자가 하늘 문에 비치네

　仙耶鬼耶 自足動人 신선인지 귀신인지 절로 사람을 감동시킨다.

鸞驂一息空千載　난새 수레 한 번 쉬자 천 년이 지나
緱嶺靈簫半夜聞　구령의 신선 피리 소리[210]가 한밤중에 들리누나

　音響幽脩 음향이 그윽하다.

---

208 초나라 회왕(懷王)이 무산 고당에 노닐다가 꿈속에 신녀(神女)를 만나 동침을 하였는데, 신녀가 떠나면서 "첩은 무산(巫山) 남쪽 높은 봉우리에 사는데, 아침에는 구름이 되고 저녁에는 비가 되어 매일 아침저녁 양대(陽臺) 아래에 있습니다." 하였다.

209 평안도 성천도호부 흘골산(紇骨山)에 무산십이봉(巫山十二峰)이 있다.

210 왕자교(王子喬)는 주나라 영왕의 태자 진(晉)이다. 생황을 잘 불어 봉황의 울음소리를 내었다. 이수(伊水)와 낙수(洛水) 사이에서 노닐었는데, 도사 부구공(浮丘公)이 그를 데

경포대

鏡浦臺   최전(崔澱)

蓬壺一入三千年　봉래산[211]에 한번 든 지 삼천 년
銀海茫茫水清淺　은빛 바다는 아득한데 물은 맑고 얕구나
鸞笙今日獨飛來　난새 타고 피리 불며 오늘 홀로 날아왔건만
碧桃花下無人見　벽도화 아래에 사람은 보이지 않는구나

　洽洽如吹笙雲表 맑고 시원해서 마치 구름 너머에서 생황을 부는 것 같다.

향포[212]

香浦

朝元何處去不逢　노자를 모시는 사람 어디 갔는지 만날 수 없고
碧洞渺渺桃千樹　도관에는 복사나무 천 그루만 아련하구나
瑤壇明月寒無眠　제단에 밝은 달빛 차가워 잠 못 드는데
萬里天風滿香浦　만리의 하늘 바람이 향포에 가득하구나

　亦佳 또한 아름답다.

리고 숭고산으로 올라갔다. 30여년 뒤에 (사람들이) 산 위에서 그를 찾았는데, (왕자교가)
백량 앞에 나타나 말하길, "7월 7일에 구씨산 정상에서 나를 기다리라고 내 집에 알려
주게"라고 했다. 그날이 되자 (왕자교가) 과연 흰 학을 타고 산마루에 내려앉았다. (사람
들은) 멀리서 그를 바라보았으며, 가까이 다가갈 수는 없었다. (왕자교는) 손을 들어 사람
들과 이별하고 며칠 후에 떠났다. 유향『열선전(列仙傳)』

211『습유기(拾遺記)』「고신(高辛)」에, "삼호(三壺)는 바다 속에 있는 세 산으로, 첫 번째는
방호(方壺)인데 이는 방장산(方丈山)이고, 두 번째는 봉호(蓬壺)인데 이는 봉래산이며,
세 번째는 영호(瀛壺)인데 이는 영주산(瀛洲山)으로, 모양이 마치 술병과 같이 생겼다."
하였다.

212 강릉 경호에서 강문교 넘어 북쪽에 향호가 있다. 경호와 향호를 경포, 향포라고도 하였다.
지금은 호수가 작아지고, 주문진읍 향호리라는 지명으로 남아 있다. 고려 충선왕 때
(1309)에 고을 수령들이 향도집단과 함께 태백산지의 동해사면을 흐르는 하곡의 계류와
동해안의 바닷물이 만나는 지점에 향나무를 묻고 미륵보살이 다시 태어날 때 이 침향으로

이제독[213]의 비각에 쓰다

題李提督碑閣   구용(具容)

征東勳業冠當時 왜(倭)를 정벌한 훈업이 당시 으뜸이었는데
一夕遼河戰不歸 하룻밤 요하에서 싸우다가 돌아가지 못했네[214]
莫道峴山能墮淚 현산만이 눈물 흘리게 한다[215] 말하지 말라
行人到此盡霑衣 지나던 사람들 여기에 이르면 모두 옷깃을 적시네

  石洲推以爲絶唱 석주가 절창이라고 칭찬하였다.

신천에서 중양절에 황독석에게 지어주다

信川重陽題寄黃獨石   윤충원(尹忠源)

重陽歸思倍多端 중양절이라 돌아가고픈 마음 더욱 많건만
鴻鴈南飛不可攀 남쪽으로 날아가는 기러기를 잡을 수 없구나
欲上高峯望鄕國 높은 산에 올라 고향을 바라보고 싶지만
信州城外本無山 신주성[216] 밖에는 본래 산이 없구나

  直下翰寫 且有曲折 곧바로 썼는데도 곡절이 있다.

  공양을 드릴 수 있도록 해달라고 했다는 매향(埋香)의 전설이 있다.
213 임진왜란에 파병된 명나라 장수 이여송(李如松)을 가리키는데, 『선조실록』에 실린 첫
   번째 공식 칭호는 '흠차 제독 계요 보정 산동 등처 방해 어왜 군무 총병관 중군 도독부
   도독 동지(欽差提督薊遼保定山東等處防海禦倭軍務摠兵官中軍都督府都督同知) 이
   여송(李如松)'이다.
214 이여송이 1597년에 요동총병이 되었는데, 이듬해 요동을 침범한 토만(土蠻)을 막다가
   노룡새(盧龍塞)에서 전사하였다.
215 진(晉)나라 양호(羊祜)가 양양(襄陽)을 진수(鎭守)하면서 현산(峴山)에 자주 올라 놀았
   는데, 그가 죽은 뒤에 양양 사람들이 그의 덕을 사모하여 현산에 비(碑)를 세웠다. 그
   앞을 지나는 사람은 모두 그를 그리워하여 눈물을 떨어뜨렸으므로 그 비를 타루비(墮淚
   碑)라 불렀다 한다. 『진서(晉書)』 권34 「양호전(羊祜傳)」
216 신주는 황해도 신천군의 옛 이름인데, 고구려 때에 승산군(升山郡)이라 하다가 고려 때에

설날 아우에게 부치다[217]

新正寄舍弟   양경우(梁慶遇)

天時苒苒又新年   세월이 흐르고 흘러 또 새해가 되었는데

到老離居益可憐   늙을 때까지 떨어져 사니 더욱 가련하구나

想得讀書燈欲盡   아마도 책 읽다가 등불심지 꺼지려 하고

西峯殘月草堂前   서쪽 봉우리 스러지는 달이 초당 앞을 비치겠지

    寫情十分 한껏 정을 그렸다.

죽은 벗의 옛집을 지나가며

過亡友故宅   정작(鄭碏)

二十年來事已非   이십 년 동안 일이 이미 그릇되어

    奇哉 기이하다.

舊時庭園亦依俙   예전 노닐던 정원도 아련하구나

白頭唯有羊曇在   흰 머리의 양담[218]만이 남아서

露菊霜楓涕一揮   이슬 맺힌 국화 서리 내린 단풍에 눈물 뿌리네

   朴逢菴以爲近代無此作 박수암이 "근대에 이러한 작품이 없다."고 하였다.

    신주로 고쳤으며, 조선 태종 때에 신천으로 고쳤다.

217 양경우의 문집인『제호집』에는 제목 아래 "동애공(東崖公)"이라는 세주가 있는데, 양형우(梁亨遇, 1570~1623)의 호가 동애로, 본관은 남원(南原), 자는 자발(子發)이다. 부친은 의병대장(義兵大將) 청계도인(淸溪道人) 양대박(梁大樸)으로, 형제가 함께 의병에 종군하였다. 1799년에 정조의 어명으로 부친 양대박의『청계집(淸溪集)』, 형 양경우의『제호집(霽湖集)』과 함께 그의 문집인『동애집』이『양대사마실기(梁大司馬實記)』로 합편하여 간행되었다.

218 진(晉)나라의 재상 사안(謝安)은 생질 양담(羊曇)을 지극히 사랑하였다. 사안이 죽자 양담이 다시는 사안이 살던 서주(西州)로 가지 않았는데, 어느 날 만취하여 자신도 모르게 서주의 문에 이르자, "살아서는 화려한 집에 살더니 죽어서는 산언덕에 묻혔구나.[生存華屋處 零落歸山丘]"라는 조자건(曹子建)의 시를 옮고 통곡하며 떠났다고 한다.『진서(晉書)』권79「사안열전(謝安列傳)」

규수(閨秀) 3인

밤길

夜行   조씨(曺氏)

幽澗泠泠月未生　그윽한 시냇물 졸졸 흐르고 달은 아직 안 떴는데
暗藤垂地少人行　거무스름한 등넝쿨이 늘어져 다니는 이 적구나[219]
村家知在山回處　촌집이 산굽이 돌아가는 곳에 있는지
淡霧疎星一杵鳴　옅은 안개 성긴 별빛 속에 절구소리 들리네

　似鬼語 귀신의 말 같다.

규방의 원망

閨怨   양사기(楊士奇) 첩

西風摵摵動梧枝　가을바람이 우수수 오동나무 가지를 흔들고
碧落冥冥鴈去遲　아득한 하늘에 기러기 더디게 날아가네
斜倚綠窓仍不寐　푸른 창에 비스듬히 기대어 잠 못 이루노라니
一眉新月下西池　눈썹 같은 초생달이 서쪽 연못에 지는구나

　脂粉常調 상투적인 여인의 시이다.

---

219 동국대본에는 “少行人”으로 되어 있는데 운이 맞지 않아, 목판본을 참조하여 “少人行”으
로 고쳐 번역하였다.

영월 가는 길에

寧越道中 이원(李媛)

千里長關三日越 천리 멀고 험한 산을 사흘에 넘어가니

絶絶 절절하다.

哀歌唱斷魯陵雲 슬픈 노래가 노릉[220]의 구름에 스러지네

妾身自是王孫女 이 몸도 또한 왕손의 딸이라[221]

此地鵑聲不忍聞 이곳의 두견 소리는 차마 듣지 못하겠구나

悲憤慷慨 비분 강개하다.

비

雨

終南壁面懸靑雨 종남산 벼랑에 푸른 빗줄기 걸렸는데

紫閣霏微白閣晴 자각봉엔 빗방울 흩날리건만 백각봉[222]엔 개었네

雲葉散邊殘照漏 구름 흩어진 사이로 햇살이 새어 나오니

漫天銀竹過江橫 하늘 가득 은빛 댓가지[223]가 강을 질러 걸쳤구나

奇拔壯麗 一洗脂粉 기발하고도 장려해서 단번에 분내를 씻었다.

---

220 1455년 강요에 의해 숙부 수양대군에게 왕위를 넘겨주고 1457년 노산군(魯山君)으로
　　강등되어 영월에 유배되었다가 자살을 강요당해 죽은 단종(端宗)의 능을 가리킨다. 1698
　　년에 복위되어, 묘호가 장릉(莊陵)으로 추존되었다.

221 이원의 호는 옥봉(玉峯)으로 조원(趙瑗)의 첩인데, 옥천군수를 지낸 전주이씨 이봉(李
　　逢)의 서녀이다.

222 섬서성 종남산에 자각봉, 백각봉, 황각봉이 있다. 이백이 「종남산 바라보며 자각봉 은자
　　에게 부친다[望終南山寄紫閣隱者]」는 시를 지었다.

223 은죽(銀竹)은 퍼붓는 빗줄기가 마치 은빛 대나무들이 서 있는 것과 같음을 비유한 말이
　　다. 이백(李白)의 시 「숙하호(宿鰕湖)」에 "겨울 산을 비추며 내리는 하얀 비, 흩뿌리는
　　모습이 은빛 대와 흡사하네.[白雨映寒山 森森似銀竹]"라고 하였다.

누각 위에서
樓上

紅欄六曲壓銀河　붉은 난간 여섯 구비가 은하수에 닿아 있고
瑞霧霏微濕翠羅　상서로운 안개 가물거리며 푸른 휘장을 적시네
明月不知滄海暮　달빛 밝아 창해에 날 저문 줄 모르겠는데
九疑山下白雲多　구의산[224] 아래에는 흰 구름이 많구나

　　九霄笙鶴 聽之泠泠 높은 하늘[225]의 학 울음소리 같아서 들으면 시원하다.

눈에 본대로 쓰다
卽事

柳外江頭五馬嘶　버드나무 너머 강 언덕에 오마[226]가 울어
半醒愁醉下樓時　술은 깨도 시름에 취해 누각을 내려왔네
春紅欲瘦臨粧鏡　붉은 봄꽃 야위어지자 경대를 마주하고
試畫梅囱却月眉　매화창에서 반달 눈썹을 그려보네

　　風韻瀏脩 풍운이 시원하고 맑다.

---

224 중국 호남성(湖南省) 영원현(寧遠縣)의 남쪽에 있다. 『사기(史記)』 「오제기(五帝紀)」에 "순(舜)이 제위(帝位) 39년에 남쪽으로 순수(巡狩)하다가 창오의 들판에서 죽었으므로 강의 남쪽 구의산에 장사 지냈다."라고 하였다.

225 구소(九霄)는 하늘의 가장 높은 곳인데, 신소(神霄)·청소(靑霄)·벽소(碧霄)·단소(丹霄)·경소(景霄)·옥소(玉霄)·낭소(琅霄)·자소(紫霄)·태소(太霄)이다.

226 오마(五馬)는 태수(太守)를 가리키는 말로, 지방관을 의미한다. 『둔재한람(遁齋閑覽)』에 "한나라 때 조정 신하가 사자로 가면, 말 네 필이 끄는 수레를 탔는데, 태수는 말 한 필을 더해 주었기 때문에 오마라 한다.[漢時朝臣出使以駟馬 爲太守增一馬 故謂五馬]"라고 하였다.

도사(道士) 1인

삼일포[227]

三日浦   전우치(田禹治)

秋晚瑤潭霜氣淸   늦가을 아름다운 못에 서리가 맑은데
仙風吹送紫簫聲   신선의 바람이 통소 소리를 불어 보내네
靑鸞不至海天闊   푸른 난새는 오지 않고 하늘 바다 넓으니
三十六峯秋月明   서른여섯 봉우리에 가을 달이 밝구나

> 田君有異術 世傳仙去 至今人或有遇之者 詩率淺 而此作最高 전군은 기이한 술법이 있어서 세상 사람들에게 "신선이 되어 갔다"고 전한다. 지금도 어쩌다 그를 만났다는 사람이 있다. 시는 대개 얕은데, 이 작품이 가장 높다.

귀작(鬼作) 1인

눈에 본대로 쓰다

卽事   이현욱(李顯郁)

風驅驚鴈落平沙   바람에 몰려 놀란 기러기가 편편한 모래밭에 내리니
水態山光薄暮多   물맵시 산빛이 저물녘에 곱구나

---

227 안축(安軸)의 기문에, "삼일포가 고성 북쪽 7·8리에 있는데 밖으로는 중첩한 봉우리들이 둘러쌌으며 그 안에 36봉이 있다. 동학(洞壑)이 맑고 그윽하며 소나무와 돌이 기이하고 예스럽다. 물 가운데 작은 섬이 있고, 푸른 돌이 평평하니 옛날 네 신선이 여기서 놀며 3일간이나 돌아가지 않았다고 하여 이렇게 이름한 것이다. 물 남쪽에 또 작은 봉우리가 있고, 봉우리 위에 돌 감실[龕]이 있으며, 봉우리의 북쪽 벼랑 벽에 단서(丹書) 여섯 자가 있으니, '영랑도 남석행(永朗徒南石行)'이라 하였다. 작은 섬에 옛날에는 정자가 없었는데 존무사(存撫使) 박공(朴公)이 그 위에 지으니 곧 사선정이다." 하였다. 『신증동국여지승람』 권45 「강원도 고성군」

欲使龍眠移畫裏 용면[228]에게 이 경치를 그림폭에 옮기게 하고 싶지만
其如漁艇笛聲何 고깃배의 젓대 소리는 이를 어떻게 하나
　　非鬼莫逮 귀신이 아니면 지을 수 없다.

납자(衲子) 3인

성천부사에게 주다
贈成川倅　　　　　　　　　　　　　　　　　　참료(參寥)

水雲蹤迹已多年 물과 구름 같은 자취로 이미 여러 해더니
針芥相投喜有緣 자석이 바늘 당기듯 투합하여[229] 인연됨이 기쁘구려
盡日客軒春寂寞 종일토록 객사에 봄날이 적막한데
落花如雪雨餘天 비온 뒤 하늘에 꽃이 눈처럼 떨어지네
　　超然有悟想 초연하여 깨달음이 있다.

해남에서 옥봉[230]을 찾아가다
海南訪玉峯　　　　　　　　　　　　　　　　　석행사(釋行思)

相思人在海南村 그리운 사람이 해남촌에 있건만
消息天涯久未聞 하늘 끝 소식을 오랫동안 듣지 못했네

---

228 송나라 때 산수화를 잘 그린 화가 이공린(李公麟)의 호인데, 용면산(龍眠山)에 살면서
　　용면거사(龍眠居士)라 자호하였다.
229 '침개(針芥)'는 침개상투(針芥相投)의 준말로 성정이 서로 잘 투합함을 비유한 말이다.
　　자석(磁石)은 철침(鐵針)을 잘 끌어들이고, 호박(琥珀)은 개자(芥子)를 잘 습득한다는
　　데서 나온 말이다.
230 해남 출신의 시인 백광훈(白光勳)의 호이다.

今日獨尋芳草路　오늘 방초 덮인 길을 홀로 찾아간다만
夕陽何處閉柴門　석양에 어느 곳에서 사립문 닫고 있으려나

　　稍雅而萎 조금 고아하지만 힘이 처진다.

적멸암
寂滅庵　　　　　　　　　　　　　　　　　　　　석경운(釋慶雲)

花臺秋盡萬峯青　연화대에 가을이 지나니 온 산봉우리 파랗고
泉落銀橋轉翠屛　샘물 줄어든 은하수는 푸른 벼랑으로 기우는구나
向夜月明看北海　밤이 되어 달이 밝기에 북해를 바라보니
金波千里浸寒星　천리 금물결에 차가운 별빛 스며드네

실명씨자(失名氏者) 4인

님에게
贈人

　　秋江冷話『추강냉화』에서 가져왔다.

懶倚紗囱春日遲　사창에 게을리 기대보니 봄날이 더디건만
紅顔空老落花時　꽃 지는 시절에 홍안은 부질없이 늙어가네
世間萬事皆如此　세상 만사가 모두 이와 같으니
扣角狂歌誰得知　쇠뿔 두드리며 미친 노래[231] 불러본들 누가 알아주랴

---

231 춘추시대 제(齊)나라 영척(甯戚)이 소를 기르고 있을 때 쇠뿔을 두드리면서 "남산은 선명
하고 백석은 찬란하도다. 태어나서 요순 세상 만나지 못하니 긴 밤이 아득하다, 어느
때 밝아질까.[南山矸 白石爛 生不逢堯舜也 長夜漫漫何時旦]"라고 노래하였다.『몽구
(蒙求)』「영척구각(甯戚扣角)」

世固有此等人 特未之知也 詩亦佳矣哉 세상에는 정말 이러한 사람이 있는데, 다만 이름을 알지 못할 뿐이다. 시도 또한 좋구나.

빗

梳

尹斯文勉 奉使湖南 見逸士書贈此詩 問其姓名 不對而去 사문 윤면(尹勉)이 사명을 받들고 호남으로 갔다가 한 일사(逸士)를 만났더니 이 시를 써 주었다. 그의 성명을 물었지만, 대답하지 않고 가버렸다.

木梳梳了竹梳梳　나무빗으로 빗고 나서 참빗으로 빗으니
梳却千回蝨已除　빗질 천 번에 이가 이제 없어졌구나
安得大梳長萬丈　어찌하면 만 길 되는 큰 빗을 얻어다가
盡梳黔首蝨無餘　백성[232]들의 이를 남기잖고 다 빗어낼까

풍산역[233]에 쓰다

題豐山驛

仲兄奉使北道 見之於驛壁 郵卒言有兵營軍官稱孫萬戶者書之云 중형이 명을 받들어 함경도에 갔다가 (풍산)역 벽에서 본 시이다. 역졸이 말하기를, '병영 군관 손만호[234]가 썼다'고 하였다.

世上無人識駿才　세상에 준재를 알아주는 이 없으니
黃金誰是築高臺　황금으로 누가 높은 대를 쌓아주랴[235]

---

232 검수(黔首)는 관(冠)을 쓰지 않아 검은 머리를 드러내고 있다는 뜻에서 백성을 가리킨다. 『사기(史記)』 권6 「진시황본기(秦始皇本紀)」에 "민(民)의 명칭을 바꾸어 검수라고 하였다.[更民名曰黔首.]"라고 하였다.
233 함경도 회령도호부 남쪽 55리 풍산보(豐山堡)에 있는 역이다.
234 만호는 진(鎭)에 딸린 종4품 무관이다.
235 전국시대 연(燕)나라 소왕(昭王)이 곽외(郭隗)의 말을 듣고 역수(易水) 동남쪽에 황금대

邊霜染盡靑靑鬢   변방 서리가 검던 귀밑머리를 다 물들이도록
匹馬陰山十往來   필마(匹馬)로 음산[236]을 열 번이나 오고 갔네

　感慨 (말이) 강개하다.

스님에게

贈僧

　林子順於僧軸見之 每稱道不已 임자순이 어떤 스님의 시축에서 보고 칭찬하여 마지
않았다.

竊食東華老學官   동화문[237]에서 밥을 훔쳐 먹던 옛날의 늙은 학관에게
盆山雖小可盤桓   분산이 비록 작지만 노닐만 하구나
十年夢繞毗盧頂   십 년 동안 꿈이 비로봉을 감도니
一枕松風夜夜寒   베갯머리 솔바람이 밤마다 서늘하네

　淸峭 맑고도 험하다.

　(黃金臺)를 짓고서 천하의 현사(賢士)들을 이곳에 초빙하여 극진하게 대우하였다.
236 음산은 오늘날의 하투(河套) 이북과 대막(大漠) 이남에 있는 여러 산의 통칭으로, 흔히
　중국 북방의 오랑캐 지역에 있는 산들을 가리키는 말로 쓰인다. 여기서는 두문강 건너편
　의 여진 땅을 뜻한다.
237 송나라 궁성의 동쪽 문 이름인데, 관원들이 입조(入朝)할 때 이 문을 이용했으며, 전하여
　도성을 가리킨다.

국조시산 부록

허문세고(許門世藁) 휘류(彙類)

永嘉權韠汝章 批選 영가 권필 여장이 비선하다

오언고시(五言古詩)

지문상인에게 주다
贈志文上人   허엽(許曄)

志文惠瓊徒　　지문은 혜경의 제자인데
惠瓊吾故人　　혜경은 나의 친구일세
惠瓊老而病　　혜경이 늙고 병들자
志文事如親　　지문이 스승을 어버이처럼 섬겼네
織屨衣食之　　신을 삼아 의식을 마련했으니
可知其酸辛　　그 고생스러움을 알 만하구나
故人苦飢寒　　친구가 굶주림과 추위에 고생하니
豈不傷吾神　　나의 마음 어찌 아프지 않겠는가
我願文上人　　내가 바라노니 지문상인이여
此心常日新　　이 마음을 날로 새롭게 다짐하라
身心無愧怍　　몸과 마음에 부끄러움이 없어야만
乃是淸平津　　그것이 바로 청평(淸平)의 나루일세

　　情理到頭 정리가 지극하다.

상원부인
上元夫人　　　　　　　　　　　　　　　　　　　　　　　　허봉(許篈)

岧嶢崑山頂	까마득한 곤륜산 꼭대기에는
淸淺弱水流	맑고 얕은 약수가 흐른다네
弱水不可涉	약수를 건널 수 없어
相思三千秋	삼천 년 세월을 그리워했네
霜飛烟空闊	서리 날리고 안개 낀 하늘은 넓고

　　洪鹿門云 逼太白佳處 홍녹문이 "태백의 아름다운 곳에 가깝다"고 하였다.

月照巖桂幽	달빛 비친 바위엔 계수나무 그윽하구나
乞君黃金液	그대에게 황금액을 구하노니
換我紫綺裘	내가 입은 자색 비단 갖옷을 바꿔 주리다
崑山有歸鶴	곤륜산으로 돌아가는 학이 있어
惆悵寄離愁	서글프게 헤어지는 시름을 부쳐 보내네

희상인에게 주다
贈熙上人

春風回暖律	봄바람이 따뜻하게 부니
澗水鳴幽潺	시냇물이 깊은 골짜기에 졸졸 흐르네
裊裊門外柳	문 앞의 버들이 바람에 간들거려
今朝已堪攀	오늘 아침 내가 손으로 잡고 있네
我有雙白鹿	나에게 두 마리 흰 사슴이 있어
獨往靑崖間	홀로 푸른 벼랑 사이로 가니
他年倘相憶	다음에 혹 생각이 나시면
訪我蓬萊山	나를 봉래산에서 찾으시게나

칠언고시(七言古詩)

관음굴 앞 시냇가에서 밤에 술을 마시며

觀音窟前溪夜飲　　　　　　　　　　　　　　허침(許琛)

天磨山深深幾許	천마산 깊다더니 얼마나 깊은지
萬壑烟霞祕陰雨	만 골짝의 안개와 노을이 비를 간직했네
蒼崖終古有神窟	벼랑에 태곳적부터 있던 신굴
一朝造物煩雷斧	조물주가 하루아침에 도끼로 쪼개 내고
鑿向雲根開上房	산 중턱에 구멍을 뚫어 상방을 열었으니
舳艫金碧爭輝煌	전각¹의 금벽이 다투어 휘황하구나
俯視鴻濛撫一氣	우주를 굽어보니 한 기운이 널려 있어
分明沆瀣栖層梁	분명히 항해²가 들보 위에 놓인 듯
回頭兩儀間	천지간에 머리를 돌리니
一笑破天慳	대자연의 큰 선물이 우습구나
赤城高起石橋斷	적성이 높이 솟고 돌다리가 끊겼으니
定是仙界非人寰	분명 선계이지 인간이 아니로다
周游日欲落	두루 놀다 해 질녘에
偶坐溪邊石	우연히 시냇가 돌에 앉아
流霞洗我肝	흐르는 노을로 내 간을 씻고
淸泉濯吾足	맑은 샘물로 내 발을 씻네
窮探恣戲嬉	끝까지 탐방하며 마음껏 노니니

1　고릉(舳艫)은 전각의 기와등[瓦脊]을 말한다. 반고(班固)의 「서도부(西都賦)」에 "고릉에 올라 금작에 깃든다.[上舳艫而棲金爵]"라고 하였다.

2　신선이 마신다는 맑은 이슬인데, 북방의 밤기운이 어려서 맺힌 것이라고 한다. 『한서』 권57 「사마상여전(司馬相如傳)」에 "밤이슬을 마시고 아침노을을 먹는다.[呼吸沆瀣兮 餐朝霞]"라고 하였다.

幽興愜心期	그윽한 흥취가 마음에 드는구나
須臾瑞色驅祥雲	이윽고 상서로운 빛이 구름을 몰더니
危峯月湧玻瓈盆	높은 봉우리에 달이 솟아 유리동이일세
碧羅天淨山如洗	푸른 비단 하늘이 깨끗해 산이 씻은 듯
金波瀲灩浮淸樽	금물결이 찰랑찰랑 술잔이 뜨는구나
中郞膝上焦尾琴³	중랑 무릎 위에 놓인 초미금³
剛風宛轉生徽音	된바람에 스르릉 소리를 내니
夜鶴驚飛發淸唳	한밤중 학이 놀라 날며 울음을 울고
幽蚓何苦來悲吟	이무기도 얼마나 고된지 슬피 우는구나
長嘯樂未半	휘파람에 즐거움이 반도 못 되고
擧爵知無筭	잔을 드니 계산은 끝이 없구나⁴
醉後紅綠眩生纈	취한 뒤에 만산홍록이 가물가물
起舞花影相凌亂	춤을 추니 꽃 그림자 너울거리네
怪底神淸骨欲凍	괴이하게 정신은 깨끗해도 뼈가 어는 듯
不知晨鼓猶喧闐	새벽 북소리도 모르고 떠들어댔네
明日忽忽山下路	내일 총총히 산 아래 길을 가노라면
怳然一覺瑤臺夢	한바탕 요대 꿈이 깬 듯하리라

氣格自厚 기격이 절로 온후하다.

3　오나라 사람 중에 오동나무로 불을 피워서 밥을 짓는 이가 있었는데, 채옹이 불타는 소리
　　를 듣고 좋은 재목인 것을 알았다. 채옹이 그것을 달라고 해서 거문고를 만들었는데,
　　과연 소리가 아름다웠다. 그 나무 끝에 불탄 흔적이 있어 초미금이라 하였다.[吳人有燒桐
　　以爨者 邕聞火烈之聲 知其良木 因請而裁爲琴 果有美音 而其尾猶焦 故時人名曰焦尾
　　琴焉]『후한서(後漢書)』권90하「채옹열전(蔡邕列傳)」
　　중랑은 한나라 헌제(獻帝) 때 좌중랑장(左中郞將)를 지낸 채옹(蔡邕)를 가리키지만, 이
　　시에서는 일행 가운데 한 사람이다.
4　무산(無算)은 고대에 차수(次數)를 한정하지 않고 술이 취할 때까지 마시던 음주례(飮酒
　　禮)인 무산작(無算爵)을 가리킨다.『의례』「연례(燕禮)」의 무산작조(無筭爵條)에 자세한
　　내용이 나온다.

청평산에서 신을 맞이하고 전송하는 노래를 은상인에게 주다

淸平山迎送神曲 贈闇上人   허봉(許篈)

淸平山中鼓闐闐 청평산 속에서 북소리 둥둥 울리고

歡喜嶺外雲冥冥 환희령 밖에는 구름 자욱이 끼어 있네

冥冥漠漠迷處所 구름 자욱해 있는 곳을 모르니

神之未來長天靑 신이 오시기 전에 긴 하늘이 푸르구나

長天靑晚霞赤 긴 하늘 푸르고 저녁 노을은 붉은데

婆娑亂舞日將夕 어지러이 춤을 추니 해가 이제 지려 하네

瓊筵竽瑟陳浩倡 좋은 자리에 젓대와 비파 울리며 큰 소리로 노래하니

神之來兮月華白 신이 오신다고 달도 휘영청 밝아라

叢桂蕭蕭寒露零 계수나무 숲에 바람소리 들리는데 찬 이슬 떨어지고

長河渺渺層氷橫 긴 은하수 아득한데 얼음 층이 비껴 있네

層氷橫路斷絶 얼음 층이 비껴 있어 길이 끊어졌으니

神之去兮何勞苦 신이 돌아가실 때 얼마나 힘드실까

飄颻六銖衣 육수의[5]는 바람에 나부끼고

寂歷三珠樹 삼주수[6]는 고요하니

願神留此千年萬年壽 비옵건대 신께서 이곳에 천년만년 머무시어

淸平山中長作主 청평산 속에서 길이 주인이 되소서

李蓀谷云 此篇曲折婉轉 深得盛唐歌行法 荷谷歌行中 最是第一 이손곡이 말했다. "이 편은 곡절이 완전하여 성당의 가행법을 깊이 터득하였으니, 하곡의 가행 가운데 으뜸이다."

---

5 천인(天人)이 입는다는 아주 얇고 가벼운 옷이다. 『장아함경(長阿含經)』에 "도리천(忉利天)에는 옷의 무게가 육수(六銖)이고, 염마천(炎摩天)에는 삼수(三銖)이고, 도솔천(兜率天)에는 이수 반(二銖半)이다." 하였다.

6 구슬이 열린다는 신선 세계의 나무이다. 『산해경(山海經)』「해외남경(海外南經)」에 "삼주수는 염화 북쪽, 적수 가에 자라는데, 그 나무가 잣나무와 같고 잎은 모두 구슬이다.[三株樹 在厭火北 生赤水上 其爲如栢葉 皆爲珠.]"라고 하였다.

원참학에게 주다
贈元參學

花宮星斗寒垂影	화궁과 북두성이 찬 그림자를 드리웠는데
重疊春山聞夜磬	첩첩이 겹친 봄산에 밤 경쇠 소리 들려오네
楚客初招萬里魂	초나라 나그네는 처음 만리의 혼을 부르고
胡僧蹔起經年定	호승은 한 해 넘게 선정(禪定) 든 몸 일으키네
王孫艸綠漸芳菲	왕손의 풀은 푸르게 차츰 자라나는데
松月留人歸不歸	솔과 달이 사람을 붙드니 가려나 안 가려나
歡喜嶺頭叢桂暗	환희령 고개 마루 계수나무 우거졌고
芙蓉峰下怪禽飛	부용봉 산 아래엔 이름 모를 새가 나네
荷衣蕙帶宿雲濕	연잎 옷 난초 띠는 구름 감겨 축축한데
寶殿沈沈鬼神入	불전은 침침하여 귀신이 들어오네
明日昭陽江上行	내일 아침 소양강 강가를 갈 적에
知君惆悵溪頭立	그대는 시냇가에 서글피 서 있겠지

語脫俗 시어가 세속을 벗어났다.

산자고
山鷓鴣詞

山鷓鴣行不得	산자고새가 가지를 못하니
碧霄彩霞沒	푸른 하늘에 채색노을 스러지고
綠蘿寒月黑	푸른 등라에 차가운 달 어두워지네
苦竹嶺上秋聲起	고죽령 위에 가을 소리 일어나니
苦竹嶺下行人稀	고죽령 아래에 다니는 사람 드물구나
蒼梧雲氣鴈門霜	창오산에는 구름 끼고 안문에는 서리 내리니
南禽北禽相背飛	남쪽 새와 북쪽 새가 서로 등지고 날아가네

鴈門迢迢一千里 안문은 아득히 천리 길이니

此是行人斷腸處 여기가 길 가는 나그네 애끓는 곳이라오

憑君莫問南與北 그대여! 남과 북을 묻지 마소

君不聞想澄成國土 그대는 상징이 국토를 이룬다[7]는 말 듣지 못했던가

使內典語 불경 용어를 사용하였다.

奇作 기이한 작품이다.

청양군의 정자
青陽亭子

水南亭子無垢氛 물가 남쪽 정자에 더러운 기운 없어

朝朝暮暮南山雲 아침 저녁마다 남산에 구름이 뜨네

東牕虛老綠玉樹 동창엔 녹옥수[8]가 헛되이 늙고

路人猶說青陽君 길 가는 나그네는 아직도 청양군[9]을 이야기하네

青陽豪貴今蕭索 청양군은 호걸스런 귀인이었건만 지금은 쓸쓸하고

鷺渚鷲梁斜日曛 물가 해오라기와 도랑의 물수리에게 날이 저무네

有客登臨重感慨 정자에 오른 나그네 거듭 감격스럽건만

西風隣笛不堪聞 서풍의 피리소리는 차마 들을 수 없구나

無恨悲慨 한이 없으면서도 슬프다.

---

7 『능엄경』에 이르되 미망(迷妄)으로 허공(虛空)이 있고 허공에 의해 세계를 건립하며, 상
   징(想澄)은 국토를 이루고 지각(知覺)은 곧 중생이니, 대각 중에 허공이 생겨남이 바다에
   한 거품이 일어남과 같다.[楞嚴經六云 迷妄有虛空 依空立世界 想澄成國土 知覺乃衆生
   空生大覺中 如海一漚發]『선문염송집(禪門拈頌集)』권4 제128칙

8 천상의 상제(上帝)가 사는 곳에 있다는 선수(仙樹)로, 그 빛이 벽록색(碧綠色)이고 옥처
   럼 맑다고 한다. 이백(李白)의「의고(擬古)」12수 중 넷째 수에 "하늘 궁전의 녹옥수가
   요대의 봄에 환히 빛나네.[清都綠玉樹 灼爍瑤臺春]"하였다.

9 심의겸(沈義謙, 1535~1587)의 본관이 청송(青松)으로, 1562년 문과에 급제하여 청요직
   에 임명되었다. 1580년 예조 참판으로 함경 감사를 역임하였다. 명종의 비인 인순왕후(仁
   順王后)의 동생이고, 아버지가 청릉부원군(青陵府院君) 심강(沈鋼)이므로 세습으로 청
   양군(青陽君)에 피봉되었다.

강가 정자에서 새벽에 생각하다

江樓曉思

西飛燕東流水	서쪽으로 나는 제비 동쪽으로 흐르는 물
人生倏忽春夢裡	인생살이 한순간의 봄꿈과도 같구나
一夜悲歡不盡情	하룻밤 슬픔과 기쁨이 정을 다 나타내지 못하고
十年契闊無窮事	십 년을 만나고 헤어져도 일은 끝이 없네
渚烟汀樹春朦朧	안개 낀 물가 나무 봄이라 흐릿하고
曲欄珠箔星在東	굽은 난간 주렴 사이로 새벽별 동쪽에 떴네
蘭臺聽鼓聲鏖鏖	난대에 북을 쳐 둥둥 소리 들리고
風沙滅沒浮雲驄	모래바람 스러지자 청총마 구름같이 달리네

신선세계를 바라보며

望仙謠　　　　　　　　　　　　　　　　　　허씨(許氏) 난설헌(蘭雪軒)

瓊花風軟飛青鳥	구슬꽃 산들바람 속에 파랑새[10]가 날더니
王母麟車向蓬島	서왕모는 기린 수레 타고 봉래섬으로 가시네
蘭旌蒻岐白鳳駕	난초 깃발 꽃배자에다 흰 봉황을 타고
笑倚紅欄拾瑤草	웃으며 난간에 기대 요초를 뜯네
天風吹擘翠霓裳	푸른 무지개 치마가 바람에 날리니
玉環瓊佩聲丁當	옥고리와 노리개가 쟁그랑 소리를 내며 부딪치네
素娥兩兩鼓瑤瑟	달나라 선녀[11]들은 쌍쌍이 거문고를 뜯고
三花珠樹春雲香	계수나무[12] 위에는 봄구름이 향그러워라

---

10 청조(青鳥)는 서왕모의 심부름꾼인데, 사람 머리에 발이 셋 달린 새이다.
11 원문의 소아(素娥)는 달나라 선녀인데, 흰 옷을 입고 흰 난새를 탄다고 한다.
12 원문의 삼화주수(三花珠樹)는 선궁에 있는 계수나무인데, 일 년에 세 번이나 꽃이 피고,

平明宴罷芙蓉閣　동틀 무렵에야 부용각 잔치가 끝나
碧海靑童乘白鶴　푸른 옷 입은 동자는 흰 학을 타고 바다를 건너네
紫簫吹徹彩霞飛　붉은 퉁소 소리에 오색 노을이 걷히자
露濕銀河曉星落　이슬 젖은 은하수에 새벽별이 지는구나

　　長吉之後 僅得二篇 장길 이후에 겨우 2편을 얻었다.

소상강 거문고 노래

湘絃謠

蕉花泣露湘江曲　소상강 굽이 파초꽃은 이슬에 젖고
九點秋烟天外綠　아홉 봉우리[13]에 가을빛 짙어 하늘이 푸르네
水府涼波龍夜吟　수궁 찬 물결에 용은 밤마다 울고
蠻娘輕夏玲瓏玉　남방 아가씨 영롱한 구슬 구르듯 노래하네
離鸞別鳳隔蒼梧　짝 잃은 난새와 봉황새는 창오산이 가로막히고
雨氣侵江迷曉珠　빗기운이 강에 스며 새벽달 희미하구나
閑撥神絃石壁上　한가롭게 벼랑 위에서 거문고를 뜯으니
花鬟月鬢啼江姝　꽃 같고 달 같은 큰머리의 강 아가씨가 우네
瑤空星漢高超忽　하늘 은하수는 멀고도 높은데
羽蓋金支五雲沒　일산과 깃대가 오색구름 속에 가물거리네
門外漁郎唱竹枝　문밖에서 어부들이 죽지사를 부르는데
銀潭半掛相思月　은빛 호수에 조각달이 반쯤 걸려 있구나

　　新都王世鍾云 此作非我明以後諸人所可及 假使溫李操翰 亦未必遽過之 신도 왕
　세종이 말했다. "이 시는 우리 명나라 이후의 여러 시인들이 따라갈 수 없다. 온정균
　(溫庭筠)이나 이상은(李商隱)이 시를 짓더라도 역시 더 낫지는 못할 것이다."

　　오색 열매가 열린다고 한다.
13 순임금 사당을 구의산(九疑山)에 모셨는데, 구점(九點)은 그 아홉 봉우리를 가리킨다.

오율(五律)

압호정

壓胡亭   허봉(許篈)

塞國悲寒望	국경에서 스산하게 바라다 보니
人烟接鬼方	인가의 연기는 귀방과 접했구나
山圍孤障外	산은 외로운 장막 밖을 에웠고
水入毁陵傍	물은 무너진 능 옆으로 흘러드는구나
白屋經年病	초가집에 해 바뀌도록 병들었는데
靑苗一夜霜	푸른 모에 한밤중 서리 내렸네
登臨最蕭瑟	이곳에 오르면 가장 서글퍼지니
衰鬚葉俱黃	까칠한 수염은 낙엽처럼 누렇구나

騷人語 當如是 시인의 말이 마땅히 이같아야 한다.

六七 林子順亟稱之 故其詩曰 白屋靑苗十字史 6,7구를 임자순이 몹시 칭찬하였으므로, 그의 시에 "백옥 청묘는 열 글자의 시사(詩史)로다"라고 하였다.

유배지에서 생질 박군[14]을 배웅하며
謫中送朴甥

爾去向庭闈	네가 고향 집으로 떠나면
余還掩舊扉	나는 돌아와 낡은 사립문을 닫겠지
重逢難自料	다시 만나는 것은 헤아리기 어려우니
一別更誰依	한번 헤어지면 다시 누구 덕분에 만나랴
北闕春雲滿	임금 계신 궁궐에는 봄 하늘 구름이 가득하고

---

14 박순원(朴舜元)에게 시집간 둘째 누이의 아들이다.

西山夕照微　서산에 저무는 저녁 햇빛 희미하구나
當筵欲忍淚　너와 헤어지는 술자리에서 눈물 참으려 했는데
不覺已沾衣　나도 모르는 사이에 벌써 옷을 적셨구나

변방에 출정하는 노래

出塞曲　　　　　　　　　　　　　　　　　　　　　　　허씨(許氏)

烽火照長河　변방의 봉홧불이 황하에 비치니
天兵出漢家　군사들이 서울 집을 떠나가네
枕戈眠白雪　창을 베고 흰 눈 위에서 자며
驅馬到黃沙　말을 몰아서 사막에 다다르네
朔氣傳霄柝　북풍에 딱따기 소리 들려오고
邊聲入暮笳　오랑캐 소식은 저녁 호드기 소리에 들려오네
年年長結束　해마다 잘 지키건만
辛苦逐輕車　전쟁에 끌려다니기 참으로 괴로워라

이의산의 체를 본받아

效李義山

鏡暗鸞休舞　거울이 어두워 난새도 춤추지 않고[15]
梁空燕不歸　빈 집이라서 제비도 돌아오지 않네
香殘蜀錦被　비단 이불엔 아직도 향기가 스며 있건만
淚濕越羅衣　옷자락에는 눈물 자국이 젖어 있네

---

15 거울에다 난새를 새겼는데, 남녀 간의 사랑을 뜻한다. 님이 없어서 거울을 볼 필요가
  없으므로 오랫동안 거울을 닦지 않았기 때문에, 난새의 모습이 먼지에 덮여 보이지 않은
  것이다.

楚夢迷蘭渚　님 그리는 단꿈은 물가에 헤매고
荊雲落粉闈　형주의 구름은 궁궐[16]에 감도는데
西江今夜月　오늘 밤 서강의 저 달빛은
流影照金微　흘러 흘러서 임 계신 금미산에 비치네

심아지의 체를 본받다[17]
效沈下賢

春雨梨花白　봄비에 배꽃은 하얗게 피고
宵寒小燭紅　새벽 추워지자 촛불이 밝구나
井鴉驚曙色　우물가 갈까마귀는 날이 밝자 놀라 날아가고
梁燕劫晨風　대들보 제비도 새벽 바람에 깜짝 놀라네
錦幬凄涼捲　비단 휘장 처량해 걷어치웠더니
銀床寂寞空　침상은 쓸쓸하게 비어 있구나
雲軿回鶴馭　구름 수레에 학 타고 가는 듯한데
星漢綺樓東　다락 동쪽에 은하수가 고와라

---

16 원문의 분위(粉闈)는 상서성(尙書省)의 별칭인데, 벽에 분을 발라서 분성(粉省), 또는 화성(畵省)이라고도 불렀다.

17 하현(下賢)은 당나라 시인 심아지(沈亞之, 781~832)의 자이다. 젊어서 한유의 문하에 들어가 이하(李賀)와 사귀었고, 나중에 두목(杜牧), 장호(張祜), 가도(賈島)와도 친했다. 풍골은 약하지만 신기한 시어와 아름다운 이미지로 이하의 시풍에 가까운 시를 썼다.

칠언율시(七言律詩)

지세포로 부임하는 만호 임훈을 배웅하며

送任萬戶訓赴知世浦   허침(許琛)

爛熳春光去路遙   난만한 봄 경치에 가는 길이 멀기에
羽林初輟紫宸朝   우림[18]에서 처음으로 자신궁의 조회를 그쳤네
韜深虎豹能開闔   도략이 깊어 범과 표범을 열었다 닫았다[19] 하고
威重湖山可動搖   위엄이 무거우니 강과 산도 흔들 수 있네
水府晚烟迷蜃市   수부의 늦은 연기는 신기루가 아득하고
海門殘雨送鮪潮   해문의 쇠잔한 비는 추조[20]를 보내리라
貂蟬本自兜鍪出   초선은 본래 투구에서 나오는[21] 것이니
努力功名鬢未彫   구레나룻 시들기 전에 공명을 힘쓸지니라

화원[22]

花園

血射無成便自嗔   피를 쏘아[23] 이뤄지지 않자 곧 스스로 성내니

---

18 한나라 무제(武帝) 때에 궁궐을 금위(禁衛)하는 군사를 우림(羽林)이라 하였다.

19 병서에 육도(六韜) 삼략(三略)이 있는데 육도는 문도(文韜)·무도(武韜)·용도(龍韜)·호
    도(虎韜)·표도(豹韜)·견도(犬韜)의 6권이다. 열었다 닫았다는 말은 변화개합(變化開闔)
    한다는 뜻이다.

20 『산해경(山海經)』에 "바다 미꾸리의 출입하는 것이 조수(潮水)가 된다"고 하였다.

21 초선(貂蟬)은 임금에게 근시(近侍)하는 중상시(中常侍)의 관에 꽂는 장식이다. 남북조
    (南北朝)시대에 주반룡(周盤龍)이 변방에 대장으로 있다가 불려와서 중상시가 되었다.
    임금이 묻기를, "초선이 투구보다 어떤가." 하니, "초선이 투구에서 나왔습니다."라고 대
    답하였다.

22 고려 때 개성 남산에 화원(花園)을 마련하고 팔각전을 세워 별궁을 만들었는데, 이성계(李
    成桂)가 위화도(威化島)에서 회군하여 개성으로 들어와 화원을 포위하고, 우왕(禑王)과

到頭兵氣繞鉤陳　마침내 군사들이 구진²⁴을 에워쌌네
聚車未必能遮道　수레를 모은다고 반드시 길을 막을 수 없으니²⁵
橫槊空勞枉殺人　창을 비껴 들고 공연히 사람을 죽이느라 애쓰네²⁶
運去君臣同掩涕　운수가 가니 임금과 신하 다같이 눈물을 가리우고
惡浮天地不容身　죄악이 넘치니 천지에 용납할 곳 없구나
蒼皇一罷繁華夢　경황없이 번화한 꿈을 한 번 마치자
廢苑殘花寂寞春　거친 동산 쇠잔한 꽃에 봄이 적막하구나

　　三篇皆足爲有國以諷 當國者之戒 詩可如此盖 3편이 모두 나라를 가진 자들에게
　　풍간이 되고 나라를 맡은 자들에게 경계가 되기에 넉넉하다. 시는 이같아야 한다.

송도 본궐 옛터
松都本闕舊基

操鷄搏鴨已雄飛　닭을 잡고 오리를 쳐서 이미 웅비하였으니²⁷
一炬秦宮舊業微　진나라 궁궐 한 번 불붙자 옛 왕업이 쇠미해졌네
天下董公元自健　천하에 동공은 원래 스스로 건장하건만²⁸

　　최영(崔瑩)을 포로로 잡은 다음 최영을 고봉현에 유배하였다.
23　은나라 임금 무을(武乙)이 가죽 주머니에 피를 담아서 나무에 걸어 놓고 활로 쏘아 터뜨리
　　고는, "내가 하늘과 싸워서 이겼다." 하였다. 여기서는 최영이 명(明)나라를 토벌하려던
　　것을 뜻한다.
24　장군과 삼공(三公)을 맡은 별이다.
25　이성계가 군사를 돌려서 개성으로 쳐들어 오자, 최영이 수레를 모아서 시가(市街)의 길을
　　막았다.
26　최영이 쫓겨서 화원으로 들어오면서 분을 이기지 못해 문 지키는 군사를 창으로 찔러
　　죽였다.
27　고려 태조가 계림(鷄林 신라)을 얻고 압록강 남쪽을 차지한 것을 말한다.
28　한나라 동탁(董卓)이 황제를 폐하고 새 황제를 세우려고 조정에 의논하니, 원소(袁紹)가
　　성을 내며, "천하에 건장한 자[健者]가 어찌 동공(董公)뿐이냐." 하였다. 여기서는 우왕
　　(禑王)을 폐한 일을 말한다.

輦前愍紹竟何歸　연 앞의 혜소는 결국 어디로 돌아갔나[29]
假威不恤窺神器　여우가 범의 위엄을 빌어 신기를 엿보다가[30]
躡尾方知觸駭機　꼬리를 밟고야 비로소 막을 수 없음을 알았네
未待百年悲麥秀　백 년 뒤 맥수를 슬퍼하길[31] 기다릴 것도 없이
君王當日亦沾衣　당일에 이미 군왕의 눈물이 옷을 적셨지[32]

수창궁
壽昌宮

扶蘇王氣欲沈淪　부소산의 왕기가 잠겨 빠지려 하자
仲父潛謀巧奪秦　중보의 비밀스런 꾀가 교묘히 진나라를 빼앗았네[33]
尙有童心窮逸欲　그래도 아직 아이 마음이 있어 한껏 놀고 즐겼지만
豈知天意屬眞人　어찌 하늘의 뜻이 진인에게 돌아간 줄 알았으랴
無情鳥語珠欄曉　구슬 난간 새벽에 무정한 새가 지저귀고
滿目苔斑玉座春　옥좌의 봄에 덮인 이끼가 눈에 가득 들어오네
莫向前朝耆舊說　전 왕조의 노인들을 향해 말하지 말지니
摩挲銅狄會沾巾　동적을 어루만지며[34] 눈물이 수건을 적시리라

---

29 진(晉)나라 혜제(惠帝)의 군사가 탕음(蕩陰)에서 패하였는데, 시중(侍中) 혜소(嵇紹)가 임금을 호위하다가 연(輦) 앞에서 맞아 죽었다.

30 우왕(禑王)이 공민왕(恭愍王)의 참 아들이 아니면서 그 위세를 빌어 임금의 자리[神器]를 엿보았다.

31 기자(箕子)가 은(殷)나라 터를 지나다가 옛 궁궐 터에 보리가 자라난 것을 보고 「맥수가(麥秀歌)」를 지어 슬퍼하였다.

32 우왕이 울면서 최영을 내보냈다.

33 진(秦)나라 여불위(呂不韋)가 자기 아이를 밴 첩을 진왕(秦王)에게 바쳐서 낳은 아들이 바로 진시황(秦始皇)인데, 진나라에서 여불위를 높여 중보(仲父)라 하였다. 이 시에서는 신돈(辛旽)을 가리킨다.

34 진시황(秦始皇)이 동인(銅人)을 만들어 함양(咸陽 장안)에 세워 두었는데, 후한(後漢) 때에 선인(仙人) 계자훈(薊子訓)이 동인을 어루만지면서, "전일에 우리가 이것을 만들

거산역[35]

居山驛   허봉(許篈)

長途鼓角帶晨星	새벽 별빛 띠고 먼 길 떠나는 고각 소리 들리는데
倦向靑州古驛亭	터벅터벅 청주 옛 역정으로 향하네
羅下洞深山簇簇	나하동[36] 그윽하고 산은 옹기종기
侍中臺逈海冥冥	시중대 멀고 바다는 아득하구나
千年折戟沈沙短	천 년 전 부러진 창이 모래에 묻혀 짧게 보이고

短字非本色 '단(短)' 자는 본색이 아니다.

十里平蕪過雨腥	십 리 황무지는 비 온 뒤에 비린내 나네
舊事微茫問無處	옛일이 아득해 물을 데 없으니
數聲橫笛不堪聽	두어 가락 젓대 소리를 차마 어이 들으랴

간성 영월루

杆城詠月樓

危樓高架郡城隅	높은 누대가 고을의 성 모퉁이에 솟아
坐閱濂翁太極圖	여기 앉아서 염옹[37]의 태극도를 보네

車五山常稱此句 차오산이 이 구절을 늘 칭찬하였다.

鯨引火珠沈碧海	고래는 화주를 끌어와 푸른 바다에 잠기고
鶴扶銀闕上淸都	학은 은궐을 붙들어 청도[38]에 오르네

때에 보았는데, 지금 벌써 5백 년이 되었구나." 하였다 한다.

35 함경도 북청도호부 동쪽 60리에 있는 역이다. 고려 때 북청을 이성계가 건국한 뒤에 청주 (靑州)로 고쳤는데, 태종이 '청주(淸州)와 음이 같다'고 하여 다시 북청으로 고쳤다.

36 함경도 이성현 남쪽 45리에 있는 지명으로, 북청 가는 길목에 있다.

37 「태극도설(太極圖說)」을 지은 북송의 유학자 주돈이(周敦頤, 1017~1073)의 호가 염계 (濂溪)이어서, 염옹이라고도 불렀다.

寒暉蕩漾開明鏡　차가운 달빛 물에 일렁이니 밝은 거울을 열어 놓은 듯
下界微茫瞰積蘇　하계는 아득히 작아 나뭇단을 보는 듯하구나
惆悵秦京一千里　서글피 바라보니 서울은 천릿길이라
滿衣凉露楚臣孤　옷에 가득 찬 이슬에 초나라 신하는 외롭구나

가운데 오라버니의 「고원 망고대」 시에 차운하여 짓다

次仲氏高原望高臺韻　　　　　　　　　　　　　　　허씨(許氏)

層臺一柱壓嵯峨　한 층대가 높은 산을 누르고 서니
西北浮雲接塞多　서북 하늘 뜬구름이 변방에 닿아 일어나네
鐵峽霸圖龍已去　철원에서 나라 세웠던 궁예는 떠나가고
穆陵秋色鴈初過　목릉에 가을이 되자 기러기가 날아오네
山連大陸蟠三郡　산줄기가 대륙에 이어져 세 고을에 웅크리고
水割平原納九河　강물은 벌판을 가로지르며 아홉 물줄기를 삼켰네
萬里登臨日將暮　만리 나그네가 망대에 오르자 날이 저무는데
醉憑長劍獨悲歌　취하여 긴 칼에 기대 홀로 슬픈 노래를 부르네

　一洗萬古脂粉態 만고에 화장하는 여인의 자태를 한번에 씻어냈다.

38　천제(天帝)가 거주하는 궁궐과 제왕(帝王)이 거주하는 도성을 이른다. 『열자(列子)』 「주
목왕(周穆王)」에 "청도와 자미, 균천, 광악은 상제가 거처하는 곳이다.[淸都 紫微 鈞天
廣樂 帝之所居.]"라고 하였다.

오언절(五言絶)

최국보의 체를 본받다
效崔國輔體   허씨(許氏)

池頭楊柳踈　못가의 버들잎은 몇 남지 않고
井上梧桐落　오동 잎사귀도 우물에 떨어지네요
簾外候虫聲　발 밖에 가을 벌레 우는 철 되었건만
天寒錦衾薄　날씨가 쌀쌀한데다 이불까지도 얇네요

막수의 노래
莫愁樂

家居石城下　우리 집은 석성[39] 아래에 있어
生長石城頭　석성 바닥에서 낳아 자랐죠
嫁得石城婿　시집까지 석성 남정네에게 가고 보니
來往石城遊　오가며 석성에서 놀게 되었지요

강남곡
江南曲
　咄咄逼唐 아아! 당시에 가깝구나.

人言江南樂　남들은 강남이 좋다지마는
我見江南愁　나는야 강남이 서럽기만 해요

---

39 호북성 종상현 서쪽에 있던 마을이다. 막수가 노래를 잘 불러 「막수악」이 유명해졌으므로, 뒤에 막수촌이 생겼다.

年年沙浦口　해마다 모래밭 포구에 나가
腸斷望歸舟　돌아오는 배가 있나 애타게 바라만 보니

湖裏月初明　호수에 달빛이 처음 비치면
採蓮中夜歸　연밥 따서 한밤중에 돌아왔지요
輕橈莫近岸　노 저어서 언덕 가까이 가지 마세요
恐驚鴛鴦飛　원앙새가 놀라서 날아간답니다

生長江南村　강남 마을에서 낳고 자랐기에
少年無別離　어렸을 적엔 이별이 없었지요
那知年十五　어찌 알았겠어요, 열다섯 나이에
嫁與弄潮兒　뱃사람에게 시집갈 줄이야

가난한 여인의 노래

貧女吟

豈是乏容色　얼굴 맵시야 어찌 남에게 떨어지랴
工針復工織　바느질에 길쌈 솜씨도 모두 좋건만
少小長寒門　가난한 집안에서 자라난 탓에
良媒不相識　중매할미 모두 나를 몰라준다오

夜久織未休　밤 늦도록 쉬지 않고 베를 짜노라니
軋軋鳴寒機　베틀 소리만 삐걱삐걱 처량하게 울리네
機中一匹練　베틀에는 베가 한 필 짜여 있지만
終作阿誰衣　결국 누구의 옷감 되려나

手把金剪刀　손에다 가위 쥐고 옷감을 마르면

夜寒十指直　밤도 차가워 열 손가락 곱아오네
爲人作嫁衣　남들 위해 시집갈 옷 짓는다지만
年年還獨宿　해마다 나는 홀로 잠을 잔다오

칠언절(七言絶)

밤에 앉아서

夜坐卽事　　　　　　　　　　　　　허종(許琮) 상우당(尙友堂)

滿庭花月寫窓紗　뜰에 가득한 꽃과 달이 비단 창에 비치더니
花易隨風月易斜　꽃은 쉬이 바람을 따르고 달은 쉬이 기우네
明月固應明夜又　밝은 달은 아마 내일 밤에도 비치련만
十分愁思屬殘花　끝없이 시름겨운 생각을 쇠잔한 꽃에 붙이네

봄추위. 태허의 시에 차운하다

春寒次太虛韻　　　　　　　　　　　　　허침(許琛)

銅壺滴瀝佛燈殘　구리병에 물 떨어지고 부처 등불 꺼지니
萬壑松濤夜色寒　만 골짜기 솔 물결에 밤빛이 차가워라
喚起十年塵土夢　티끌 흙 십 년 꿈을 깨워서 일으켜
擁爐新試小龍團　화로를 껴안고 새로 소룡단을 시험하네
　情境宛然 정경이 완연하다.

실성사

實性寺   허집(許輯)

梵宮金碧照山椒 범궁의 단청이 산 아래를 비추고
萬壑雲深一磬飄 만 골짜기 구름 깊은 곳에서 풍경소리 들려오네
僧在竹房初入定 승려는 죽방에서 막 입정을 하고
佛燈明滅篆香銷 불등 깜박이며 향 연기 서려 있네

　　筠按 公是護軍祖 父子司諫篁之子 少以詩名 賜暇湖堂 官至知中樞 균은 적는다.

　　공은 호군의 조부로, 부자 사간인 황(篁)의 아들이다. 젊어서 시를 잘 짓는다고 이름

　　났으며, 호당에서 사가독서하였다. 벼슬은 지중추부사에 이르렀다.

흥덕사 법석

興德寺 法席

梵音初徹衆香焚 범종소리 막 그치고 여러 향을 사르니
五色瓊毫射靄雲 오색의 붓글씨가 상서로운 구름을 쏘네
奔走龍天來聽法 하늘의 용도 분주히 와서 법어를 듣노라니
半空花雨落繽粉[40] 반공의 꽃비[41]가 어지러히 떨어지네

시골집

村庄卽事   허한(許澣)

春霖初歇野鳩啼 봄 장마가 막 개이고 들비둘기 우는데

---

40 동국대본에는 "半空花落繽粉雨"로 되어 있는데 운이 맞지 않아서, 목판본에 따라 고쳤다.
41 제천(諸天)이 부처가 설법한 공덕에 감탄하여 꽃을 비처럼 뿌리는 것을 말한다. 『인왕경
　　(仁王經)』「서품(序品)」에 "그때 무색계(無色界)에서 향화(香華)가 내렸는데, 그 향기가
　　수미(須彌)와 같았고 그 꽃잎이 거륜(車輪)과 같았다."라고 하였다.

遠近平原草色齊　원근의 평원에 풀빛 가지런하구나
步啓柴門閒一望　걸어가 사립문 열고 한가로이 바라보니
落花無數漲南溪　떨어진 꽃잎 수없이 앞 시내에 떠 있네

　　羅長吟極稱之 以爲不可及 나장음이 몹시 칭찬하면서, "그에 미칠 수 없다"고 하였다.

기성에서 장난삼아 짓다

箕城戱題　　　　　　　　　　　　　　　　　　　　　허엽(許曄)

許椽東來下界塵　허연[42]이 하계의 진세로 놀러와
大同江上喚眞眞　대동강 위에서 진진[43]을 불렀다네
相將去作吹簫伴　데리고 가서 퉁소 부는 짝[44]을 삼으니
浮碧樓高月色新　부벽루는 높고 달빛은 새롭구나

　　戱語得體 희어의 체를 얻었다.

새하곡

塞下曲　　　　　　　　　　　　　　　　　　　　　허봉(許篈)

貂裘半脫控靑驪　담비 갖옷 반쯤 벗겨진 채 청려마를 당겨도
雪滿長城獵下遲　장성에 눈 가득차 사냥이 더디구나
小白山前日欲落　소백산 앞에 해 떨어지려 하니

---

42 동진(東晉) 사람 허순(許詢)으로 산택에 노닐기를 좋아하였는데, 당시 사람들이 그에 대해 "명승지를 사랑하는 마음이 있을 뿐 아니라 제승지구(濟勝之具)도 있다." 하였다. 제승지구는 명승지를 다니는 도구, 즉 다니기에 적합한 튼튼한 팔다리를 이른다. 『세설신어(世說新語) 서일(栖逸)』

43 당나라 조안(趙顔)이 화공에게서 얻은 미인도 속의 인물로, 그의 이름을 백일동안 불러 사람이 되자 혼인하였다.

44 동국대본에는 '簫畔'으로 되어 있지만, 목판본을 참조하여 '簫伴'으로 고쳐 번역하였다.

朔風吹裂大紅旗 삭풍이 불어 큰 붉은 깃발이 찢어지려 하네

　　鹿門云 極其豪宕 녹문[45]이 말했다. "몹시 호탕하다."

이산[46]

夷山

春來三見洛陽書 봄이 되어 세 번이나 낙양 편지를 보니

聞說慈親久倚閭 어머님께서 오랫동안 마을 문에 기대어[47] 기다리셨
　　　　　　　　다네

白髮滿頭斜景短 백발이 머리에 가득하고 그림자는 작다기에

逢人不敢問何如 사람을 만나고도 어떠하신지 감히 묻지 못하였네

　　不忍再[48]讀 차마 다시 읽을 수 없다.

마음 아프기에 아우에게 부치다

傷懷 寄舍弟

簷鐸丁當欲二更 처마 앞 목탁 소리는 이경이 되어가는데

不眠遙聽讀書聲 자지 않고 책 읽는 소리를 멀리서 듣네

因君更洒思親淚 너 생각하다 어버이가 생각나 눈물 흐르니

漢水南邊草又生 한강 남쪽 가[49]에 봄풀이 돋았겠구나

---

45 홍경신(洪慶臣, 1557~1623)의 호이다. 1594년 문과에 급제하여 병조 참의·좌승지 등을
　　지냈고, 저술로 『녹문집』이 있다.

46 함경도 갑산도호부의 옛 이름이다. 허봉이 33세 되던 1583년 7월에 이이(李珥)와 심의겸
　　(沈義謙)을 비판한 일 때문에 창원부사(昌原府使)로 좌천되어 가다가, 8월에 갑산으로
　　유배되어 지은 시이다.

47 동국대본에는 '倚廬'로 되어 있지만, 허균이 편집한 『하곡집』에 따라 '倚閭'로 고쳐 번역
　　하였다. 『하곡집』에는 「夷山八絶」 가운데 제6수로 실려 있다.

48 동국대본에는 '十'자로 보이는데, 목판본에 따라 '再'자로 입력하였다.

사면받은 뒤에 함원역에서 짓다
蒙赦回 題咸原驛

日下歸人背朔風　해질 무렵 돌아오며 삭풍을 등지고는
聖恩如海泣無窮　성은이 바다 같아 하염없이 우네
郵亭坐算平生事　역정(驛亭)에 앉아 평생의 일을 헤아려보니
玉署金華似夢中　옥서와 금화⁵⁰ 시절이 꿈속 같구나

새하곡
塞下曲　　　　　　　　　　　　　　　　　　　　허씨(許氏)

前軍吹角出轅門　선봉이 나팔 불며 진영⁵¹을 나서는데
雪撲紅旗凍不翻　눈보라에 얼어붙어 깃발이 펄럭이지 않네
雲暗磧西看候火　구름 자욱한 사막 서쪽⁵²에 봉화 살펴보고는
夜深遊騎獵平原　밤 깊었는데도 기병들이 평원으로 달리네

虜馬千群下磧西　오랑캐 천여 무리가 사막 서쪽으로 내려오니
孤山烽火入銅鞮　고산의 봉화가 동제로 들어가네

---

49 아버지 초당의 묘가 한강 남쪽 상초리(霜草里), 지금의 서초구 서초동에 있었다.
50 옥서는 한림원의 별칭이고, 금화는 한나라 미앙궁(未央宮) 안의 금화전(金華殿)으로 성제(成帝) 때 정관중(鄭寬中)과 장우(張禹)가 이곳에서 『상서(尙書)』와 『논어』를 진강(進講)하였던 고사에 의거하여 학사원(學士院)의 별칭으로 썼다. 허봉이 유배되기 전에 오랫동안 언관 노릇을 한 홍문관을 가리킨다.
51 원문(轅門)은 원래 제왕이 지방을 순수할 때에 임시로 설치했던 문인데, 뒤에는 군영이나 감영(監營)의 문을 가리켰다. 원(轅)은 전차(戰車)의 채인데, 예전에 이것을 좌우에 세워서 군영의 문을 만들었기 때문이다.
52 적(磧)은 사막이니, 적서(磧西)는 고비사막의 서쪽, 즉 청해성 밖의 안서(安西) 일대를 가리킨다.

將軍夜發龍城北　장군은 밤새 용성으로 떠나고
戰士連營擊鼓鼙　군사들은 군영에서 북[53]을 둥둥 울리네

寒塞無春不見梅　추운 변방이라 봄이 없어 매화도 볼 수 없는데
邊人吹入笛聲來　누가 부는지 피리 소리만 들려오네
夜深驚起思鄉夢　깊은 밤 고향 꿈꾸다 놀라서 깨어나보니
月滿陰山百尺臺　밝은 달빛 혼자서 음산[54]의 망대를 비추네

　　浙人吳明濟云 王少伯遺韻 절강성 사람 오명제가 말했다. "왕소백의 유운이 있다."

요새로 들어가는 노래
入塞曲

落日狼烟度磧來　해가 지자 사막 서쪽에서 봉화[55]가 건너와
塞門吹角探旗開　요새에 호각 불며 탐정 깃발 펼치네
傳聲漠北天驕破　사막 북쪽의 오랑캐[56]를 쳐부쉈다고 소식 들리더니
白馬將軍入塞回　백마 탄 장군이 요새로 돌아오네

騂弓白羽黑貂裘　붉은 활 흰 화살에 검은 갖옷 입었는데
綠眼胡鷹踏錦鞲　눈이 파란 보라매가 비단 토시에 앉았네
腰下黃金印如斗　허리에 찬 황금 장군인이 말만큼 크니
將軍初拜北平侯　장군께서 이제 방금 북평후에 제수되셨네

---

53 원문의 비(鼙)는 말 위에서 치는 작은 북이다.
54 곤륜산맥의 한 줄기인데, 중국 서북방에 있다. 이 산으로 흉노가 자주 쳐들어왔다.
55 사막에서는 말이나 승냥이의 똥을 말려서 연기를 냈으므로 낭연(狼煙)이라고 하였다.
56 천교(天驕)는 강대한 북방의 오랑캐를 가리키는 말이다. 한나라 무제(武帝) 때 흉노의
　선우(單于)가 글을 보내면서 "우리 호인은 하늘이 아끼는 아들이다.[胡者, 天之驕子也]"
　라고 자칭하였다. 『한서(漢書)』 권94 「흉노전(匈奴傳)」

궁녀의 노래
宮詞

淸齋秋殿夜初長　　할 일 없는 가을의 대궐은 초저녁이 길기도 한데
不放宮人近御床　　궁인이 다가와서 임금님을 모시지 못하게 하네
時把剪刀裁越錦　　이따금 가위 잡고 월 땅의 비단을 잘라
燭前閑綉紫鴛鴦　　촛불 앞에서 한가롭게 원앙새를 수놓네

新擇宮人直御床　　새로 간택된 궁녀가 임금님을 모시니
錦屛初賜合歡香　　병풍을 둘러치고 합환의 은총을 내리셨네
明朝阿監來相問　　날이 밝아 아감님이 어찌 되었냐 물으니
笑指胸前小佩囊　　가슴에 찬 노리개 주머니를 웃으며 가리키네

유선사 16수
遊仙詞 十六首
　　篇篇決非烟火食人語 편마다 결코 불 때어 밥을 지어 먹는 사람의 시어가 아니다.

新詔東妃嫁逑郎　　동비에게 새로 분부하사 술랑에게 시집가라시니
紫鸞烟駕向扶桑　　붉은 난새와 노을 타고 부상으로 향하네
花前一別三千歲　　벽도화 앞에서 한 번 헤어진 지 삼천 년이나 되니
却恨仙家日月長　　신선세상의 해와 달 긴 것이 도리어 한스러워라

烟鎖瑤空鶴未歸　　하늘엔 안개 끼고 학은 돌아오지 않네
桂花陰裏閉珠扉　　계수나무 꽃그늘 속에 구슬문도 닫혔네
溪頭盡日神靈雨　　시냇가엔 하루 종일 신령스런 비가 내려
滿地香雲濕不飛　　땅에 뒤덮인 향그런 구름이 날아가질 못하네

閑携姊妹禮玄都　한가롭게 자매를 데리고 현도관에 예를 올리니
三洞眞人各見呼　삼신산 신선들이 저마다 보자고 부르시네
敎着赤龍花下立　붉은 용을 타고 벽도화 밑에 세운 뒤
紫皇宮裏看投壺　자황궁 안에서 투호 놀이를 구경하였네

瑞露微微濕玉虛　상서로운 이슬이 부슬부슬 내려 허공을 적시는데
碧牋偸寫紫皇書　푸른 종이에 자황의 글을 몰래 베끼네
靑童睡起捲珠箔　동자가 잠에서 깨어나 주렴을 걷자
星月滿壇花影踈　별과 달이 단에 가득해 꽃그림자 성글어라

雲角靑龍玉絡頭　옥으로 머리 꾸미고 피리 부는 청룡을
紫皇騎出向丹丘　옥황께서 타시고 단구로 향하시네
閑從壁戶窺人世　한가롭게 문에 기대어 인간 세상을 엿보니
一點秋烟辨九州　한 점 가을 아지랑이로 천하를 알아보겠네

催呼滕六出天關　서둘러서 등륙[57]을 불러 하늘문 나오는데
脚踏風龍徹骨寒　바람과 용을 밟고 가려니 추위가 뼈에 스미네
袖裏玉塵三百斛　소매 속에 들었던 옥티끌 삼백 섬이
散爲飛雪落人間　흩날리는 눈송이 되어 인간 세상에 떨어지네

玲瓏花影覆瑤碁　영롱한 꽃그림자가 바둑판을 덮었는데
日午松陰落子遲　한낮의 소나무 그늘에서 천천히 바둑을 두네
溪畔白龍新賭得　시냇가의 흰 용을 내기해서 얻고는
夕陽騎出向天池　석양에 그를 타고 천지(天池)를 향해서 가네

---

57 눈을 내리게 하는 신으로, 『유괴록(幽怪錄)』「등륙강설(滕六降雪)」에 보인다.

騎鯨學士禮瑤京　고래 탄 한림학사[58]가 백옥경에 예를 올리니
王母相留宴碧城　서왕모 반겨하며 벽성에서 잔치 벌렸네
手展彩牋書玉字　무지개붓을 손에 쥐고 옥(玉) 자를 쓰니
醉顔猶似進淸平　취한 얼굴이 마치 「청평조」 바칠 때[59] 같아라

皇帝初修白玉樓　옥황께서 처음 백옥루를 지으실 제
碧階璇柱五雲浮　푸른 계단 옥기둥에 오색 구름이 떠 있었지
閑呼長吉書天篆　장길을 부르시어[60] 하늘의 전자를 쓰게 해
掛在瓊楣最上頭　구슬문 상인방에 가장 높이 거셨지

別詔眞人蔡小霞　진인 채소하에게 특별히 조서를 내려
八花磚上合丹砂　여덟 가지 꽃벽돌 위에서 단사를 만들게 하셨네
金爐壁炭成圓汞　향로에다 구슬 숯으로 수은을 만들어서
白玉盤盛向帝家　백옥 소반에 담아 궁궐로 향하네

彤軒璧瓦餙瑤墀　붉은 난간 옥기와에 구슬로 섬돌 꾸미고도
不遣靑苔染履綦　푸른 이끼를 그대로 두어 신을 적시네
朝罷列仙爭拜賀　조회 끝나자 여러 신선들이 다투어 하례 올리고
內家新領八霞司　안에서는 새로이 팔하사를[61] 거느리네

---

58 한림학사는 이백(李白)을 가리킨다. 이태백이 채석강에서 뱃놀이를 하다가 술에 취해, 강에 비친 달을 잡으려다가 빠졌다는 전설이 있다. 그래서 고래를 타고 하늘에 올라가 신선이 되었다고 한다.

59 당나라 현종이 침향정에서 양귀비와 함께 모란을 구경하며 즐기다가 이태백에게 명령하여 시를 짓게 하였는데, 그가 악부체 「청평조」 3수를 지어 올렸다.

60 장길은 당나라 시인 이하(李賀)의 자이다. 선시(仙詩)를 많이 지었으며, 헌종 때에 협률랑(協律郎) 벼슬을 했다. 어느날 낮에 붉은 옷 입은 사람이 나타났는데, 판(板) 하나를 가지고 왔다. 그 판에는 "옥황상제가 백옥루를 다 짓고, 그대를 불러 기(記)를 짓게 하셨다"라고 쓰여 있었다. 그는 곧 죽었는데, 겨우 27세였다.

氷屋春回桂有花　얼음집에 봄이 오자 계수나무에도 꽃이 피는데
自驂孤鳳出彤霞　손수 봉황을 타고 붉은 노을 밖으로 나가네
山前逢着安期子　산 앞에서 안기생을[62] 만났는데
袖裡携將棗似瓜　소매 속에 참외만한 대추를 가지고 왔네

蓬萊歸路海千重　봉래산 가는 길은 바다가 천겹이어서
五百年中一度逢　오백년 만에 한 번 건너갈 수가 있네
花下爲沽瓊液酒　꽃 아래서 경액주를 사 마시고 싶으니
莫敎靑竹化蒼龍　푸른 대를 푸른 용으로 변치 않게 하소서

身騎靑鹿入蓬山　푸른 사슴을 타고 봉래산으로 들어가니
花下僊人各破顏　꽃 아래서 신선들이 얼굴을 펴고 웃네
爭說衆中看易辨　다투어 말하길, 그대는 우리 가운데 가려내기 쉽다네
七星符在頂毛間　북두칠성 표지가 이마에 있다네

六葉羅裙色曳烟　여섯 폭 비단치마를 노을에 끌면서
阮郎相喚上芝田　완랑[63]을 불러서 난초밭으로 올라오네
笙歌暫向花間盡　피리 소리가 홀연히 꽃 사이에 스러지니
便是人寰一萬年　그 사이 인간 세상에선 일만 년이 흘렀네

簷鈴無語閉珠宮　추녀 끝의 풍경도 고요하고 대궐문은 닫혔는데

---

61 팔방의 선계를 다스리는 관아이다.

62 안기생은 낭야군 부향 사람인데, 동해 가에서 약을 팔았다. 신선의 대추를 먹고 천년을
살았다고 하여, 사람들이 그를 '천세노인'이라고 불렀다.

63 완조(阮肇)가 천태산에 들어가 약초를 캐다가 복숭아를 먹고 선녀를 만나 반년 머물다가
고향 집으로 돌아왔는데 이미 7대나 지나 있었다는 이야기가 『소흥부지(紹興府志)』에
실려 있다. 이 시에서는 난설헌이 신선세계에 노닐며 「유선사」 87수를 짓는 동안, 인간
세상에선 오랜 세월이 흘렀을 것이라는 뜻으로 썼다.

紫閣凉生玉潭風　옥 같은 못에 바람 이니 다락이 서늘하구나
孤鶴夜驚滄海月[64]　한밤중 외로운 학은 바다에 뜬 달 보고 놀라는데
洞簫聲在綠雲中　통소 소리가 푸른 구름 속에 울려 퍼지네

蘭嵎朱太史之蕃曰 飄飄乎塵埃之外 秀而不靡 沖而有骨 遊仙諸作 更
屬當家 惺田梁黃門有年曰 颾颾乎古先 飄飄乎物外 誠匪人間世所恒有
者 난우 주지번 태사가 말하였다. "(난설헌의 시는) 진세의 밖에 표표히
날아, 빼어나면서도 사치스럽지 않고 공허하면서도 골격이 있으며, 유선
사 여러 작품은 더욱 대장부의 시에 속한다." 성전 양유년 황문[65]이 말하
였다. "신선의 유풍이 물씬 풍겨 물외에 표표히 흩날리니, 참으로 인간
세상에 항상 있는 작품이 아니다."

當宁元年庚戌六月二十二日 謄出華南精舍 淸之道光三十載 우리 임금
(철종) 원년 경술 6월 22일 화남정사에서 베껴내니, 청나라 도광 30년
(1850)이다.

64　동국대본에 '夢'자 옆에 "一作月"이라 하였으므로, 『난설헌시』에 따라 '月'로 입력하고
　　번역하였다.
65　환자(宦者) 즉 내시를 말한다. 동한(東漢) 황문령(黃門令) 안에 여러 관직을 모두 내시가
　　맡았으므로 이 명칭이 생겼다. 환관 가운데 황제의 신임을 받는 신하들이 많았으므로
　　우리나라에 사신으로 많이 파견되었다.

허경진

연세대학교 국문과를 졸업하고 「허균 시 연구」로 문학박사학위를 받았다. 목원대학교 국어교육과와 연세대학교 국문과 교수로 재직하였고, 지금은 연세대학교 연합신학대학원 객원교수로 있다.
저서로는 『허균평전』, 『사대부 소대헌 호연재 부부의 한평생』, 『중인』, 『한국 고전문학에 나타난 기독교의 편린들』, 『소남 윤동규』, 『허난설헌 강의』 등이 있으며, 역서로는 '한국의 한시' 총서 40여 권 외에 『삼국유사』, 『연암 박지원 소설집』, 『서유견문』 등이 있다.

구지현

충남 천안 출생
연세대학교 국어국문학과 및 동대학원 졸업
현 선문대학교 국어국문학과 교수

허균전집 4

국조시산(國朝詩刪)

2022년 12월 30일 초판 1쇄 펴냄

옮긴이 허경진·구지현
발행인 김흥국
발행처 보고사

책임편집 황효은
표지디자인 김규범

등록 1990년 12월 13일 제6-0429호
주소 경기도 파주시 회동길 337-15 보고사
전화 031-955-9797(대표), 02-922-5120~1(편집), 02-922-2246(영업)
팩스 02-922-6990
메일 kanapub3@naver.com / bogosabooks@naver.com
http://www.bogosabooks.co.kr

ISBN 979-11-6587-401-8 94910
      979-11-6587-374-5 (세트)
ⓒ 허경진·구지현, 2022

정가 43,000원